普通高校“十二五”规划教材

质量工程技术基础

康　锐　何益海　主编

北京航空航天大学出版社

内容简介

在跟踪国内外质量工程技术发展与应用的基础上，从工程的角度，对适用于产品规划、设计与制造过程的主要质量工程技术的概念、原理和应用，进行了系统的整理和编写。

本书共分8章。首先定义了质量工程的相关概念，讲述了产品规划阶段需要的质量要求的分解与转换技术；然后介绍了产品设计阶段需要的系统设计、参数设计和容差设计技术；接着阐述了生产制造阶段需要的统计过程控制技术及质量检验与抽样技术；最后简单介绍了常用的质量数据分析基本方法。

本书着重阐述了质量工程技术的基本原理，在突出技术特色的同时，力求内容的系统性与可操作性。

本书可供高等院校本科生和研究生学习使用，也可供相关工程技术人员学习与参考。

图书在版编目(CIP)数据

质量工程技术基础 / 康锐，何益海主编. --北京 ：北京航空航天大学出版社，2012.8

ISBN 978-7-5124-0799-2

Ⅰ. ①质… Ⅱ. ①康… ②何… Ⅲ. ①质量管理 Ⅳ. ①F273.2

中国版本图书馆 CIP 数据核字(2012)第 078751 号

质量工程技术基础

康 锐 何益海 主编

责任编辑 张冀青

*

北京航空航天大学出版社出版发行

北京市海淀区学院路 37 号(邮编 100191) http://www.buaapress.com.cn

发行部电话：(010)82317024 传真：(010)82328026

读者信箱：bhpress@263.net 邮购电话：(010)82316936

北京时代华都印刷有限公司印装 各地书店经销

*

开本：787×960 1/16 印张：17.75 字数：398 千字

2012 年 8 月第 1 版 2012 年 8 月第 1 次印刷 印数：2 000 册

ISBN 978-7-5124-0799-2 定价：39.00 元

前　言

2006年，经教育部批准，我国高等院校增设了“质量与可靠性工程”本科专业。北京航空航天大学率先开始招收该专业的本科生。在培养计划中设立了“质量工程技术基础”专业基础核心课，本书就是为适应该课程的教学需要而编写的。

一般认为，质量工程基础知识是由技术与管理两部分组成的。本书侧重于按照产品寿命周期介绍适用于产品规划、设计与制造过程的主要质量工程技术方法，对各种方法的概念、原理及运用步骤结合实例进行详细阐述。在突出技术特色的同时，力求内容的系统性与可操作性。

本书由8章组成。第1章介绍质量工程基本概念；第2章介绍产品规划阶段需要的质量要求的分解与转换技术；第3章～第5章介绍产品设计阶段需要的系统设计、参数设计和容差设计技术；第6章和第7章介绍生产制造阶段需要的统计过程控制技术、抽样检验技术；第8章介绍常用的质量数据分析基本方法。

本书的编写工作得到了北京航空航天大学教改项目、北京航空航天大学精品课程建设项目及“十一五”国防特色专业建设项目的资助，同期建设了课程配套网站(http://qet.buaa.edu.cn)供读者学习参考。

本书由康锐教授与何益海博士编写，康锐教授负责全书结构的设计及第1～3章的编写，何益海博士负责第4～8章的编写，全书由康锐教授统编。在本书编写过程中得到常文兵副教授和付革利、温玉红、杨春等老师的帮助，以及牟伟萍、马召、米凯、武春晖、毛一岚、沈珍、曾志国、崔亦谦、阳纯波等同学的支持，在此一并表示衷心的感谢。本书初稿完成后，在北京航空航天大学可靠性与系统工程学院2006级、2007级、2008级及2009级本科生中试用4届。试用过程中，同学们提出了很多好的意见和建议，在此向这些同学表示感谢。本书初稿的多个版本得到赵宇教授、曾声奎教授的指正。在正式出版前，北京航空航天大学教务处组织了专家审阅，在此对这些专家表示衷心的感谢。

本书在编写过程中，参考了大量国内外各种有关著作、论文与报告，已极尽可能在参考文献中列出，在此谨向所有作者表示衷心感谢。若有遗漏，特此致歉。

质量与可靠性工程是一个新专业，质量工程技术内涵十分丰富，由于作者水平有限，在如何办好新专业，如何把握内容取舍方面，难免有疏漏，还请国内外学者给予批评指正。

编　者

2012年2月

目　录

第1章 概 述

1.1 基本概念

1.1.1 质 量

常用的质量(Quality)定义是“一组固有特性满足要求的程度”。在该定义中没有对质量的载体做出界定,是为了说明质量存在于各个领域和任何事物之中。在工业领域,质量的载体主要是指产品和过程。产品是一个非限定性的术语,用来泛指任何元器件、零部件、组件、设备、分系统或系统,它可以指硬件、软件或两者的结合。产品质量是指反映产品满足明确的和隐含需要的能力的特性总和。需要指出的是,不同领域、不同类型的产品,其质量内涵的构成是不同的,因此要根据具体产品的实际情况,选择和定义其质量内涵。

产品的质量是由过程形成的,过程是由一系列子过程(活动)组成的,包括产品寿命周期各个过程,如规划过程、设计过程、制造过程、使用过程、服务过程、报废处理过程等。图1-1所示是过程的一般图解模型。过程是一组将输入转化为输出的相互关联或相互作用的活动。其中,输入包括用户的需求和资源。资源可包括人员、资金、设备、设施、技术和方法。由于产品是过程或活动的结果,因此要提高产品质量,就必须保证形成产品质量的所有过程的质量。

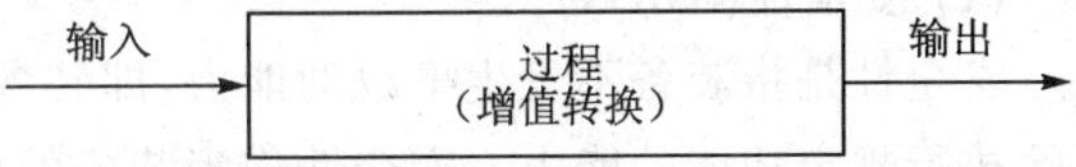

图1-1 过程的一般图解模型

在质量定义中,“满足要求”包括两个方面的含义:一方面是满足在标准、规范、图样、技术要求和其他文件中已经明确规定的要求;另一方面是满足用户和社会公认的、不言而喻的、不必明确的惯例和习惯要求,或必须履行的法律法规的要求。只有全面满足这些要求,才能称为质量好。需要指出的是,由于要求是动态的、发展的和相对的,因此应当定期进行审查,按照要求的变化相应地改变产品和过程的质量,才能确保持续满足用户和社会的要求。

在质量定义中,固有特性是通过过程形成的产品的属性,反映了满足要求的能力。固有特性是通过要求转化而来的。产品(包括不同的产品类型,如软件、硬件)和过程具有不同的质量特性,每一质量特性都有其度量与评价方法。如产品的体积、重量、功率和可靠性、过程的时间性等,均具有各自的度量和评价方法。这些属性的度量和评价方法应当是定量的,或通过定性的途径得到定量的结果。

1.1.2 质量特性

在质量定义中,"一组固有特性"既可以对应产品,也可以对应过程。一般来说,产品的质量特性比较容易定义和度量,那么常见的产品质量特性主要包括哪些呢?下面以武器装备为例来说明质量特性的内涵。

武器装备的质量特性可以划分为专用质量特性和通用质量特性两个方面。专用质量特性反映了不同武器装备类别和自身特点的个性特征。例如,对于军用飞机而言,其专用质量特性一般包含飞行速度、飞行高度、加速度、作战半径、最大航程、载重等。表1-1给出了几类典型武器装备的专用质量特性的示例。

表1-1 典型武器装备的专用质量特性

序 号	装备类型	主要专用质量特性
1	火炮	口径、射程、射击精度、射速、配备弹种
2	军用飞机	飞行速度、飞行高度、加速度、作战半径、最大航程、载重
3	坦克装甲车辆	战斗全重、发动机马力、火力性能、速度、越野能力、最大行程、装甲防护能力
4	水面舰艇	吨位、排水量、续航力、自持力、速度、抗沉性
5	地面雷达	抗干扰能力、射频频率
6	制导武器	射程、精度、威力、抗干扰性、控制方式

通用质量特性可以反映不同类别武器装备均应具有的共性特征,一般包括安全性、可靠性、维修性、保障性与经济可承受性等,具体如下:

(1) 安全性(Safety)

安全性是指装备不发生事故的能力,即装备在规定的条件下和规定的时间内,以可接受的风险执行规定功能的能力。安全性作为装备的设计特性,是装备设计中必须满足的首要特性。

(2) 可靠性(Reliability)

可靠性是指装备在规定条件下和规定时间内,完成规定功能的能力。可靠性反映了装备是否容易发生故障的特性,其中基本可靠性反映了装备故障引起的维修保障资源需求,任务可靠性反映了装备专用特性的持续能力。

(3) 耐久性(Durability)

耐久性是指装备在规定的使用和维修条件下,其使用寿命的一种度量,是可靠性的一种特殊情况。

(4) 环境适应性(Environment Suitability)

环境适应性是指装备在变化的环境条件下的正常工作能力,是可靠性的一种特殊情况。其中,环境条件包括自然环境、诱发环境和人工环境等。例如,对硬件产品,环境条件可以是温度、湿度、振动、冲击、噪声、灰尘、电磁干扰等；对于软件产品，环境条件可以是操作系统、计算机系统等。

(5) 维修性(Maintainability)

维修性是指装备在规定的条件下和规定的时间内，按规定的程序和方法进行维修时，保持或恢复其规定状态的能力。

(6) 测试性(Testability)

测试性是指装备(系统、子系统、设备或组件)能够及时而准确地确定其状态(可工作、不可工作或性能下降)，并隔离其内部故障的一种设计特性。

(7) 保障性(Supportability)

保障性是指装备的设计特性和计划的保障资源能满足平时战备和战时使用要求的能力。保障性描述的是装备使用和维修过程中保障是否及时的能力。保障性可分为使用保障性和维修保障性两个方面，前者是针对装备的正常使用，后者是针对装备的故障维修。

(8) 经济可承受性(Affordability)

经济可承受性是指装备全寿命周期所需费用的可承受程度。全寿命周期费用一般由研制费用、生产费用、使用与保障费用三大部分组成。经济可承受性是一个设计特性，同样要靠技术手段去实现。

(9) 需求适应性(Flexibility)

需求适应性也称柔性，它反映了装备适应用户需求随时间变化的能力。需求的变化可以包括对上述各种属性要求的变化，如使用模式的变化(功能性)、使用环境的变化(环境适应性)、使用时间的变化(耐久性)。

(10) 易用性(Usability)

易用性是指装备在特定使用环境下为特定用户用于特定用途时所具有的有效性(Effectiveness)、效率(Efficiency)和用户主观满意度(Satisfaction)。其中，有效性是用户完成特定任务和达到特定目标时所具有的正确和完整程度；效率是用户完成任务的正确和完整程度与所使用资源(如时间)之间的比率；满意度是用户在使用产品过程中所感受到的主观满意和接受程度。

易用性实际上是从用户角度所看到的产品质量，是产品竞争力的核心。易用性是以人为核心因素，运用心理学、生理学、解剖学、人体测量学等人体科学知识于工程技术设计和作业管理，以人为本，着眼于提高人的工作绩效(Human Performance)，防止作业中人的失误(Human Error)，在保证作业人员安全以及尽可能舒适的条件下，达到人-机-环境系统总体性能优化的目标。

(11) 可生产性(Producibility)

可生产性也称为生产性，是指装备设计可以以最经济而快速的方法稳定地生产出符合质量要求的装备的可能性。也就是说，可生产性是系统在规定的工艺、材料、人力、时间和成本等生产规划的约束下，被生产/建造出来的能力，即生产/建造系统的相对难易程度。

(12) 可处置性(Disposability)

可处置性是指装备在全寿命周期内可再次利用以及废弃时不引起任何环境恶化的能力。再利用包括再使用(Reuse)、再制造(Remanufacture)、再循环(Recycle)，英文缩写为3R。环境恶化包括产生不能分解并带来健康危害的固体废物、空气污染(有害的气体、液体和悬浮物)、水污染、噪声污染、辐射等。传统上，产品和生产过程的设计者主要关注于寿命周期中从原料的提取到生产这一阶段。现在，设计者越来越多地考虑如何循环利用他们的产品，同时，他们必须考虑消费者如何使用他们的产品。生产过程的设计者必须避免生产场地的污染，简单地说，设计者必须对产品(包括加工过程)的整个寿命周期负责。

1.1.3 质量工程

按照工程的定义，工程是以某组设想的目标为依据，应用有关的科学知识和技术手段，通过一群人的有组织活动，将某个(或某些)现有实体(自然的或人造的)转化为具有预期使用价值的人造产品过程。GJB 1405—92 给出的质量工程的定义如下：

将现代质量管理的理论及其实践与现代科学和工程技术成果相结合，以控制、保证和改进产品质量为目标而开发、应用的技术和技能。

GB/T 19000—2008(《质量管理体系基础和术语》)给出的质量管理(Quality Management)的定义如下：

在质量方面指挥和控制组织的协调的活动。在质量方面的指挥和控制活动，通常包括制定质量方针和质量目标，以及质量策划、质量控制、质量保证和质量改进等活动。

从上面定义看出：管理与技术是质量工程的两个重要基石，缺一不可。如果离开质量工程的技术支撑，那么质量管理将成为空洞的理念与模式；如果离开质量管理的指导、集成和应用，那么质量工程技术将是无序的和离散的知识点。

需要指出的是，质量工程技术是在工业化进程中逐渐产生的，包括一系列用于产品和过程质量特性的需求论证、设计分析、试验评估、检验控制和缺陷分析的理论和方法。这些理论与方法具有共性和通用的特征，普遍适合于大部分产品和过程，因此质量工程技术是质量工程师必须掌握的基础。

1.2 质量工程技术

1.2.1 质量检验技术

在人类社会发展史上，产品质量很早就被人们所重视。早在远古时代，人类从事生产劳动，就存在着对生产成果最简单的检验活动。中文的“质”在古文中写为“質”，即斤斤计较的意思，可以看出古代中国人对质量的理解还是非常深入的。

20世纪以前，科学技术落后，生产力低下，工业生产是在手工作坊中进行的，产品的需求论证、设计分析、生产检验往往集中在一个"能工巧匠"身上，产品质量好坏完全取决于这个"能工巧匠"的能力和水平。公元前403年，在《周礼·考工记》中，就曾提出"审曲面势，以饰五材，以辨民器"的产品质量要求。北宋年间，军事家曾公亮的《武经总要》和科学家沈括的《梦溪笔谈》中，都分别记载了兵器制造中的质量要求和控制标准。但是，这些质量要求和控制标准往往是定性并依赖于人的主观判断的，所以这个时期被称为"操作者的质量"时期。

到20世纪初，随着工业革命的兴起，生产力迅速发展，手工作坊式的质量检验已不能满足工业生产的复杂要求，出现了专门的产品质量检验人员，并形成了一定的检验组织形式，并逐渐产生了专门的质量检验技术。质量检验的核心是对已生产出来的产品通过"事后把关"的方式，通过专门的检验发现不合格的产品。其主要做法是，预先制定产品的技术要求和加工精度要求，检验人员按要求利用各种测试手段对零部件和成品进行检查，做出合格与不合格的判断，不允许不合格产品进入下一道工序或出厂。质量检验中所采用的检验技术是依附于各质量特性的专业基础的，比如，对机械性能的检验要用到机械工程技术，对电气性能的检验要用到电气工程技术。质量检验的专业化在质量工程的发展史上具有里程碑的意义。

质量检验实施的初期，采用的是全数检验方法，但随着产品产量的增加，这种方法的检验时间长，生产效率低，于是产生了基于概率论与数理统计理论的抽样检验方法。抽样检验方法的基本原理是，对同一批次的产品，按照预先制定的比例，抽取少量的产品样本进行检验，根据产品样本的检验结果来判定整个批次产品是否合格。这种方法在生产过程稳定的条件下，在极大地提高检验效率的同时，也能保证批量产品的质量。可以这样说，抽样检验方法的出现标志着质量工程技术作为一个新的专业技术门类的诞生。

1.2.2 质量控制技术

虽然抽样检验可以提高检验工作的效率，但其本质是"事后把关"，如果检验中出现批次性的质量问题，将极大地增加生产成本，延迟交货时间，损失巨大。因此，人们开始寻求预防废品产生的方法。在20世纪二三十年代，英国数学家费希尔(R. A. Fisher)提出的方差分析与试验设计理论，美国贝尔实验室休哈特(W. A. Shewhart)提出的统计过程控制(SPC)理论及过程控制工具——控制图，均为缺陷预防提供了重要的理论基础。尤其是美国贝尔实验室的休哈特认为：质量管理应该具有预防废品的职能。1924年他利用概率论原理，提出了生产过程中的"质量控制图法"，提出了"缺陷预防"的概念。从那时起，基于数理统计方法的质量控制技术不断产生，使质量管理插上了技术的翅膀。

质量特性的数据分析方法、试验设计方法、统计过程控制方法等新的技术进一步丰富了质量工程技术的内涵，奠定了质量工程的技术基础。当然，从事后的缺陷检验到事前的缺陷预防也是质量管理观念的一大飞跃。

1.2.3 质量设计技术

20 世纪 50 年代末期，随着科学技术的发展，工业产品不断更新换代，大规模工程系统相继问世，对这些新产品，除原有的机械、电气等专用质量特性要求外，还提出了安全性、可靠性、维修性、适应性、经济性等新的通用质量特性要求。这些新的特性要求，一方面扩大了人们对质量特性的认识，同时，对应着这些特性也产生了一批新的专业技术方法。这些新要求也使人们认识到，单纯依靠对生产过程的统计控制和抽样检验技术已不能满足对产品的高质量要求，必须从"产品设计"这个源头开始预防和控制缺陷与故障。因此，陆续产生了可靠性、安全性等新的技术方法来预防产品故障，产生了质量功能展开(Quality Funcation Deployment，QFD)方法来分析产品质量需求，产生了三次设计方法来优化产品质量特性，产生了维修性、测试性、保障性技术来快速诊断产品故障和维修产品等。这些新的技术方法，又一次更新和扩充了质量工程技术的内涵。

1.3 质量工程管理

管理是指挥和控制组织的协调的活动，基于此，GB/T 19000—2008(《质量管理体系基础和术语》)给出了质量管理的定义。

随着质量内涵的不断扩充和质量工程技术方法的不断出现，质量工程管理的理念和体系也在不断创新。在 20 世纪 60 年代初，产生了全面质量管理(TQM，Total Quality Management)的概念，其代表人物是美国的费根堡姆(A. V. Feigenbaum)和朱兰(J. M. Juran)。

全面质量管理是系统工程原理在质量工程领域的具体应用，符合系统工程的基本特性——整体性、综合性、择优性和社会性。

全面质量管理的整体性体现在必须对产品设计、生产和使用的全寿命周期过程进行控制。这是因为质量是在产品设计、生产中形成的，在使用中表现出来。一般来说，在产品的不同发展阶段，由于质量缺陷带来的经济损失是不同的，越在寿命周期的后期暴露出来缺陷，其产生的经济损失越大。因此全面质量管理强调，在设计阶段缺乏质量管理，是产生低劣质量的最主要原因。产品质量不是检验出来的，而是首先设计和制造出来的。以质量特性中的可靠性为例，可靠性设计的目的在于将未来产品可能发生的故障或隐患消灭在设计完成之前，因而加强可靠性管理(全面质量管理的重要组成部分)对消灭设计缺陷是至关重要的。因此，应当贯彻"设计质量与制造质量并重，服务质量与产品质量并重"的原则，将质量管理向产品寿命周期的两头延伸，变为对产品研制、生产、使用全过程的质量管理。

全面质量管理的综合性体现在质量管理必须对产品的性能、可靠性、维修性、测试性、保障性、安全性、经济性等各种质量特性进行全特性的综合。全面的质量是产品满足顾客要求的全部特性或特征的综合。一个产品，尤其是武器装备，其效能不仅取决于它的性能，而且依赖于它的可靠性、维修性、测试性、保障性、安全性等因素。这些因素还共同决定了产品全寿命周期费用和效费比。因此全面质量管理的观念和方法不仅要贯穿到性能的设计过程与生产过程，还必须渗透到可靠性、维修性、测试性、保障性、安全性等技术领域，也就是要对产品进行全方位的质量管理。

全面质量管理的择优性体现在质量管理必须有明确的目标，即保证产品在全寿命周期中费用最少、效能最高。全面质量管理必须把质量效益放在第一位，"质量第一，永远第一"不是一句空洞的口号，而是企业追求的永恒目标。

全面质量管理的社会性体现在质量管理要求全体人员注重不断改进产品质量。必须认识到在企业中推行全面质量管理，领导者是关键。只有各级领导者重视质量，才可能带动全体员工，有效地开展以"全员"为其重要特征之一的全面质量管理。因此搞好产品质量是企业全体人员的共同任务，绝不仅仅是质量管理部门的责任。

从质量工程技术与管理的发展过程可以看出，质量工程的时间、空间观念在不断变化，深度、广度和过程都在不断发展，每一次质量观念的飞跃都伴随着科学技术的变革。进入21世纪后，质量工程将进入一个新的发展阶段，在这一过程中，必然要求有更加先进的质量工程技术作为质量工程管理的支撑。

1.4 实施质量工程的重要性

1.4.1 实施质量工程对武器装备建设的重要性

在武器装备建设与发展中全面实施质量工程具有多方面的重要意义。

(1) 提高军事竞争力的必然要求

武器装备建设是一个国家军事实力的重要组成部分。构成武器装备质量的性能、耐久性、可靠性、安全性、维修性、测试性、保障性、适应性、经济性等各种属性的最佳组合，决定了武器装备的作战能力和保障能力。在武器装备的全寿命过程实施质量工程是武器装备获得优良质量的有效途径，也是提高国际军事竞争实力的必然要求。

(2) 应对军事技术复杂性的有效手段

人类科学技术发展史表明，大多数先进科学技术首先应用于军事领域，使得武器装备的技术先进性和技术复杂性大大领先于其他产品领域。技术的先进性和复杂性决定了影响武器装备质量的要素和环节增多，这些要素和环节之间的相互关系复杂，只有全面实施质量工程，才能保证武器装备达到优良的质量要求。当前，我国正在利用信息技术等先进科学技术实现武器装备建设的跨越式发展，更显现出质量工程的重要性。

(3) 适应武器装备严酷使用环境的重要途径

武器装备作战需求多变，使用强度大，使用环境恶劣，要适应各种地理和气象条件，在这些环境条件下，如果武器装备的质量低劣，必然难以满足复杂的作战和训练任务要求，进而影响武器装备作战能力的发挥。因此，全面实施质量工程，是保证武器装备具有良好环境适应性的重要途径。

(4) 降低巨额投资风险的基本保证

武器装备的研制和保障费用高昂，研制和使用周期长，一旦失败，造成的政治、经济和军事影响巨大。全面实施质量工程是实现武器装备研制"一次成功"的重要保证。所谓"一次成功"，是指武器装备的研制质量是建立在对组成产品的各零部组件、各分系统以及全系统的精心设计、精心试制和严格充分的验证基础上，以达到全系统集成时首次就能成功。在我国综合国力还不十分强大的现实情况下，更应该珍惜每一项投资，严格实施质量工程，千方百计提高装备质量，降低武器装备研制的风险，避免给社会造成巨大损失。

1.4.2 实施质量工程对民用产品开发的重要性

在民用产品的开发中，实施质量工程同样具有重要意义。

(1) 赢得市场竞争的必经之路

我国正在全面建设社会主义市场经济体制，从社会整体上看，市场经济的充分竞争有助于社会总体的产品质量水平不断提高，广大消费者最终受益。但是对于一个具体的企业来说，这种竞争具有某种程度的残酷性。贯彻现代质量观，全面实施质量工程，不断提高本企业产品和服务的质量，是企业赢得市场竞争的必经之路。

(2) 实现企业利润最大化的有效手段

在社会法律和道德的约束下，企业必须追逐最大的利润，而优良的产品质量和服务质量是降低企业产品研制成本、生产成本，特别是售后服务成本并获取最大利润的有效手段。

(3) 打造"百年老店"的战略基础

国内外成功企业的实践表明，企业的发展和壮大大都经历产品价格竞争、售后服务竞争、产品质量竞争和企业品牌竞争这几个阶段。全面实施质量工程，进行质量文化建设，是实施企业品牌战略的重要组成部分。在国际化背景下，全面实施质量工程对企业发展的战略意义更加重要。

习　题

1-1　从身边的例子说说你对质量的理解。

1-2　提高产品质量对我国国防和经济建设有何重要意义？

1-3　试列举你所知道的产品质量问题导致企业经营失败的案例。

1-4　列出一种你所熟悉的产品的常用质量特性。

第 2 章　质量要求的分解与转换

在产品的开发过程中，其质量特性要求都是通过论证提出的。但是，在论证过程中应该关注哪些技术指标，当这些技术指标发生矛盾和冲突时，如何进行权衡和取舍，对这些问题的决策结果往往直接决定了产品开发的成败。这是因为，在某些情况下，用户的需求是明确的，比如，开发一项电子产品，如果主要用于国内市场，那么其电源电压的要求就是明确和具体的，而可靠性要好，这样的要求就是模糊的，企业必须综合考虑成本、竞争、研发进度等多种要素后，才能明确一个具体的技术指标。因此，对用户的各种需求要进行归纳和权衡，明确开发一个什么样的产品至关重要。以往，企业在开发一个新产品时，常常是由研发部门来论证要研制一个什么样的产品，然后由销售部门将它“推销”给用户。这样做出的产品不是根据用户需要来设计、制造的，即使利用“推销”、“促销”等手段也难有起色，所以，采用什么样的程序和方法论证提出产品的各项质量特性的技术指标，对一个企业在推进质量工程过程中是一个十分重要的技术与管理问题。随着技术日益先进，竞争日趋激烈，高质量的产品必须首先满足用户需求，因此，为了准确地从用户需求中获取便于设计人员理解的质量特性，需要有一种科学的、规范化的方法来进行需求分析，以便把用户的需求转换为质量特性的设计要求，再进一步转换为生产工艺等要求。这是成功进行产品研发的前提。

质量功能展开(QFD)方法提供了将用户需求转换为相应的质量特性要求的具体方法，可以保证用户需求落实到产品设计和生产过程。通过这种方法，能使每一项用户需求都尽量得到满足。通俗地讲，QFD 是把用户的期望和要求转换为企业内部的“语言和程序”，并进行传递和实现的闭环方法。现代化的产品涉及众多的专业技术领域，而用户的需求也涉及各个方面，因此必须建立一个多专业人员构成的综合小组，才能胜任将用户需求转化为产品设计、工艺要求的任务。例如，这个小组可以由产品设计部门各专业技术方向的代表、制造部门的工艺设计师、销售和售后服务部门的工程师以及管理部门的骨干组成。有时，也可吸收个别有代表性的用户参加。这个小组的任务不仅应当形成和确定各种质量特性的技术要求，而且还应当在整个研发过程中跟踪产品和工艺的技术要求，以确保用户的需求主宰产品的设计和生产过程。

2.1　质量屋

QFD 过程实际就是构建一个或多个矩阵，这些矩阵称为“质量屋”，如图 2-1 所示。

左墙：需求矩阵(WHATS)。表示用户需求。用户的需求是各种各样的，此项矩阵的建

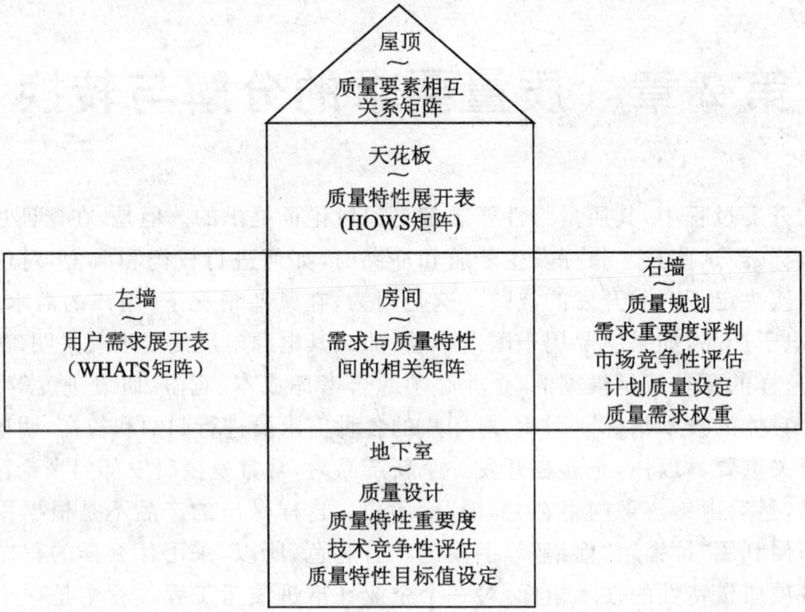

图 2－1 "质量屋"的构成

立应尽量充分、准确和合理，否则后续的所有需求展开工作可能会偏离真实的用户需求。

天花板：实现矩阵（HOWS）。表示针对用户需求，在设计、生产中如何实施。这里是设计开发人员的语言，用来描述对应于用户需求的设计、生产要素要求，即：有什么样的用户需求，就应有什么样的设计、生产要素要求来对应保证。设计、生产要素要求是用户需求的映射变换结果。

房间：相关关系矩阵。表示需求矩阵（WHATS）与实现矩阵（HOWS）的相互关系。每个用户需求与设计要素之间的关系，可以用"1—3—5"或者"1—3—9"来表示其"弱相关"、"一般相关"、"强相关"的关系。

屋顶：自相关关系矩阵。表示实现矩阵内各项目的关联关系。各质量特性之间难免会出现冲突，降低其中一个指标的同时必然会影响到其他指标的完成情况。QFD 用正相关、不相关和负相关来定性描述质量特性之间的关系。

右墙：评价矩阵。从用户角度描述竞争性评估。用户需求有主次、轻重之分，QFD 方法中对此的处理是：对用户的各项需求给予权重因子以便进行排序；另外，通过专业人员的判断，确定竞争对手在实现每个用户需求上的竞争力，并与自身产品进行比较，找出改进点。

地下室：输出矩阵。它表示实现矩阵（HOWS）中每一项的技术成本评价等情况，通过定性和定量分析得到输出项——细化的实现矩阵项，即完成了"需求什么"到"怎样去做"的转换。该矩阵是通过相关关系矩阵和评价矩阵中的用户需求重要度得出的设计、生产要素重要度。

之后同样由专业人员判断竞争对手和公司本身对于每个设计、生产要素可以达到的水平，找出不足之处，提出改进措施。

QFD 方法用于需求分析时，将主观的一系列权重各不相同的用户需求转化为一系列系统级的设计需求。在随后的研制过程的每个阶段中将系统级的设计需求转化为一系列更为详细的需求时，将用到类似的方法。如图 2-2 所示，前一个质量屋的“目标”是下一个质量屋的“需求”。就这样，需求逐级往下分解，可以转换出系统需求、子系统需求、部件需求、制造工艺需求、保障设施需求等。这样做的目的是保证需求的正确性和从上到下的可跟踪性。

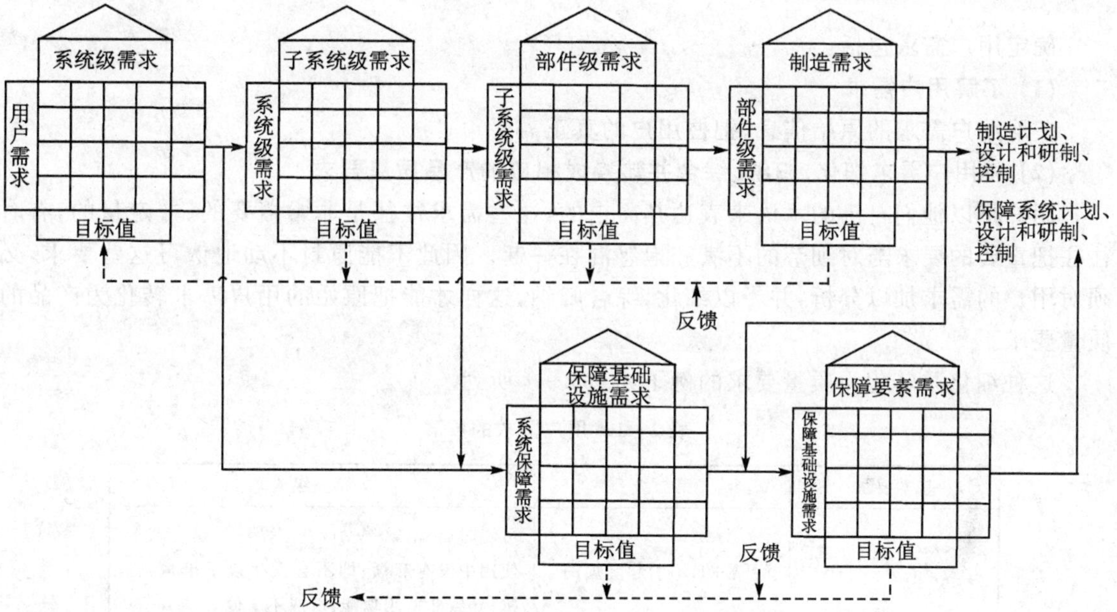

图 2-2　质量屋群——实现需求的可跟踪

2.2　质量要求的分解与转换过程

实施质量功能展开 QFD 的步骤包括：

① 确定用户需求；

② 根据用户需求确定产品相应的质量特性，并构建“规划矩阵”；

③ 确定用户需求与质量特性的关系矩阵；

④ 确定质量特性之间的关系；

⑤ 与其他产品进行比较分析；

⑥ 列出现有产品质量特性的量值；

⑦ 确定竞争策略；

⑧ 为每个质量特性确定技术指标；

⑨ 计算每个质量特性的重要度；

⑩ 确定技术难度；

⑪ 选择应进一步开展的质量特性；

⑫ 将产品质量特性转化为零件特性、工艺要求和生产要求。

2.2.1 确定用户需求

确定用户需求包括：

(1) 了解用户需求

获取用户需求的原始信息，把握用户的真正需要。

(2) 将用户需求细化、归纳、综合并转换成相应的产品质量要求

用户是以他们自己的术语来表达其需求的，这些需求往往是非常概要的、非定量的，有时往往把重要的要求与对细节的不满和抱怨混在一起。因此不能原封不动地认可这些要求，必须对用户的需求加以分析，并予以细化，综合归纳，这样才能把原始的用户需求转化为产品的质量要求。

这种细化并转化为质量要求的例子如表 2-1 所列。

表 2-1 用户需求的推演

基本要求	第二级	第三级
产品应当是可信的和可靠的	可靠的，不引起麻烦的	可随时启动； 使用中没有麻烦，即不会发生以下事情：停机；导致非使用功能；造成不方便
	寿命长	没有非预期的部件损耗； 没有非预期的状态恶化
	很容易、很快地投入使用	能很快地投入使用； 部件很容易适用； 使用是有效的

(3) 用户需求重要度排序

用户需求重要度是表示其要求程度的指标。重要度的计算方法有三种：

① 在根据原始情报转化为质量要求时，统计每个要求重复出现的次数，次数越多，则表示大多数用户重视该要求，该要求的重要度就高，反之则低；

② 在用户需求定义完成后，对用户进行调查，要求用户对各项质量要求的重要度打分，然后根据返回的信息进行统计处理后得到用户需求重要度的排序；

③ 通过层次分析法，对各质量要求的作用或影响进行对比分析，并分配适当的权重，以合理反映各个质量要求的相对重要性，从而了解各项质量要求的重要度。

(4) 卡诺模型

卡诺模型是由日本的 Noriaki Kano 博士 20 世纪 70 年代提出的，它表示了实现不同的用户需求与用户满意度之间的关系，它可以帮助我们更好地理解如何全面满足用户需求，辅助确定用户需求的权重。卡诺模型将用户需求分为三类：基本型（基本质量）、期望型（期望质量）和兴奋型（魅力质量），如图 2－3 所示。

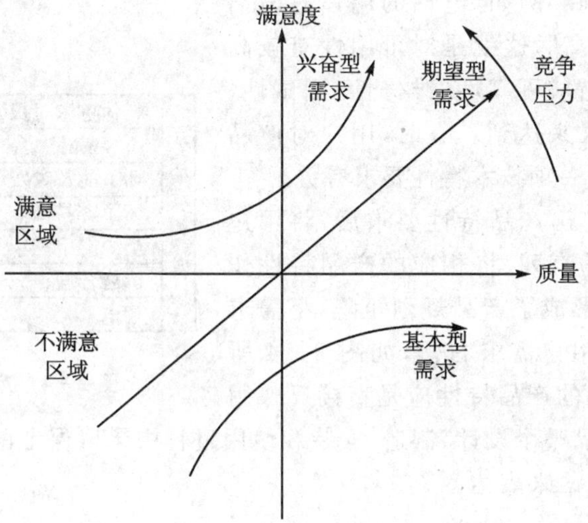

图 2－3　卡诺模型

① 基本质量：产品的基本质量是对用户基本需求的一种体现。用户认为产品达到该质量是理所当然的，如果产品或服务未能达到该质量，将会引起用户强烈的不满。如拥有私人轿车的用户认为，轿车应该容易启动，无剧烈的振动感，车内噪声较小，这些都是轿车的基本质量。但是，仅仅提供基本质量远远不能满足今天的用户要求。

② 期望质量：产品的期望质量是用户明确考虑和期望的质量，如用户在购物超市收银台前排队的时间。期望质量用直线表示，期望质量满足得越好，质量越高；反之用户就不满意。

③ 魅力质量：产品的魅力质量是那些用户未曾想到的，但又确实需要的。这种质量来自于创新。对产品魅力质量的微小改进，都将引起用户满意程度的较大提高。如售价相当的轿车，其“外形很酷”对用户来说就是一种魅力质量。

竞争压力将持续增加用户的期望值，今天的魅力质量将成为明天的基本质量。所以，企业要引领市场，就需要持续创新，仅仅跟随竞争对手是不够的，因为，外界其他的因素也影响用户的期望值。

2.2.2 确定产品质量特性

用户需求并不全是产品的质量特性要求，例如，用户对产品希望“坏了容易修”，就需要转化为产品特性要求“维修性好”；再比如，用户希望产品“不容易坏”，则应转化为产品特性要求MTBF大、使用寿命长等。因此，需要根据用户需求确定产品相应的技术特性。

有时用户对产品的某项需求，可通过一项或几项技术特性要求来达到。例如，电话的用户对电话有一项需求为“接通率高”，这就是对可用性有较高要求，需要通过系统配置、可靠性、维修性、测试性、保障性等一组技术要求来达到。有时，用户对产品的多项要求又可能仅与一项技术特性要求有关。

根据用户需求确定出产品特性要求后，将用户需求作为规划矩阵的垂直列，将相应的产品特性作为该矩阵的水平行，就形成了产品规划矩阵，将需求重要度评分结果置于用户需求右侧，如图 2－4 所示。在矩阵水平行所列的产品特性应是直接反映用户需求的，并必须在产品整个设计、制造、安装和使用过程中予以保证的产品要求。因此，这些特性必须以可测度的术语来表达。

			产品设计特性					
		需求重要度评分	反应时间短	可靠性好	寿命长	耗电量低	成本低	维修性好
用户需求	气体过浓时报警	5						
	不容易坏	5						
	坏了能及时发现	4						
	坏了容易修	4						
	至少能用三年	5						
	价格合理	4						
	省电	3						

图 2－4 产品规划矩阵示例

2.2.3 确定关系矩阵

在产品规划矩阵的基础上，通过用户要求和质量要素分析，可建立用户需求与质量要素两两之间的关系矩阵，并选用特定符号表示诸用户的需要与产品质量要素之间关系强弱的程度。这种关系可用质量屋的中心表示。

通常使用下列符号（也可选用更多种类的符号）：◎为强关系（9）；○为中等关系（3）；△为弱关系（1）；空白表示无关系（0）。括号中的数为对应的分值，一般采用 10 分制。

在第 i 项用户需要所在行与第 j 项质量要素所在列的交汇格中，填上表示两者关系强弱的符号，这就形成质量屋的关系矩阵，如图 2－5 所示。

			产品设计特性					
		需求重要度评分	反应时间短	可靠性好	寿命长	耗电量低	成本低	维修性好
用户需求	气体过浓时报警		◎	○	△			○
	不容易坏			◎	△			
	坏了能及时发现							
	坏了容易修							◎
	至少能用三年			△	◎			
	价格合理		△	△	△	△	◎	△
	省电					◎		

图 2－5 产品关系矩阵示例

2.2.4　确定相关矩阵

在产品设计特性之间必然存在一定的相关关系。即某个设计特性的变化，会影响到其他设计特性。这种关系表示的就是产品设计特性间的相关矩阵，可用质量屋的屋顶表示，如图 2－6 所示。

图 2－6　产品相关矩阵示例

通常使用下列符号（也可选用更多种类的符号）：◎为强正关系；○为正关系；※为强负关系；X 为负关系；空白表示不相关。

2.2.5　市场分析

在确定产品特性的指标值之前，应当将本企业产品的现状与其他企业类似产品的现状进行比较分析。如果可能，最好对用户进行调查，让用户来评价本企业产品和其他企业的产品在产品特性上的优劣，从而了解本企业产品在质量方面满足用户的程度。此外，也可在本企业内组织有经验的设计、管理和销售人员或外部专家来进行客观的评价。一般说来，用户的评价是最客观的。

			产品设计特性						市场评价			
		需求重要度评分	反应时间短	可靠性好	寿命长	耗电量低	成本低	维修性好	本公司产品	对手1产品	对手2产品	对手3产品
用户需求	气体过浓时报警								3	2	5	4
	不容易坏								3	4	5	4
	坏了能及时发现								5	5	5	5
	坏了容易修								4	3	4	5
	至少能用三年								5	3	3	4
	价格合理								3	2	4	5
	省电								3	2	4	5

图 2－7　市场评价示例

为了进行比较分析，应在产品规划矩阵的右方（即质量屋的右侧）建立“市场评价”栏，给出本企业产品与其他企业产品在满足每一项用户要求的竞争性评价，竞争性评价的给分范围为 1～5 分，图 2－7 是市场评价的示例。

竞争能力的比较和评价数据代表了用户对各有关企业产品的看法和满意程度，以及在满足某一特定的用户需求中，本企业在竞争中所处的地位。它表示了产品在市场中的长处和短处。

2.2.6　技术评价

因为评价的对象都是已有的产品，所以很容易列出进行竞争能力评价的各项产品设计特性的量值。

这些设计特性量值应当是以客观的、可测度的参数表示，并将它们列在产品规划矩阵的下方（即质量屋的底部），如图 2－8 所示。

			产品设计特性					
		需求重要度评分	反应时间短	可靠性好	寿命长	耗电量低	成本低	维修性好
用户需求	气体过浓时报警							
	不容易坏							
	坏了能及时发现							
	坏了容易修							
	至少能用三年							
	价格合理							
	省电							
技术评价	现有水平		80	2 000	6 000	15	40	25
	对手1产品		90	1 700	4 000	20	45	30
	对手2产品		80	3 000	4 000	10	35	25
	对手3产品		70	2 500	5 000	5	30	20

图 2-8　技术评价示例

2.2.7　确定竞争策略

确定竞争策略，就是在考虑现有产品（包括本企业产品和其他企业类似产品）的竞争能力评价后，本公司在新产品研制中所选择的、在竞争中要采取的方针。

在选择竞争策略时，应考虑以下几方面因素：

① 用户需求的重要度大小；

② 在这些领域中，本企业过去和现在的状况；

③ 与产品特性相关联的成本和进度；

④ 竞争对手（对武器装备而言，则是敌方）的潜在能力，等等。

最后，将通过选定的竞争策略所能生产出的"目标产品"的评价记录在市场评价右方（在质量屋的右侧），如图 2-9 所示。

2.2.8　确定技术要求目标值

在确定竞争策略后，便可为每个技术要求确定具体的指标。这些指标的确定主要取决于竞争策略、用户需求重要度和本企业现有产品的长处和短处等因素。

技术要求指标必须是可测度的量化值，这些指标要在产品研制的各个阶段予以测定和验证，并最后通过验收。技术要求指标填入技术评价的下方（即质量屋的底部），如图 2-10 所示。

			产品设计特性						市场评价				
		需求重要度评分	反应时间短	可靠性好	寿命长	耗电量低	成本低	维修性好	本公司产品	对手1产品	对手2产品	对手3产品	目标产品
用户需求	气体过浓时报警												5
	不容易坏												5
	坏了能及时发现												5
	坏了容易修												4
	至少能用三年												5
	价格合理												4
	省电												4

图 2－9　目标产品评价示例

			产品设计特性					
		需求重要度评分	反应时间短	可靠性好	寿命长	耗电量低	成本低	维修性好
用户需求	气体过浓时报警							
	不容易坏							
	坏了能及时发现							
	坏了容易修							
	至少能用三年							
	价格合理							
	省电							
技术评价	现有水平							
	对手 1产品							
	对手 2产品							
	对手 3产品							
技术要求目标值			80 s	MTBF=3 000 h	6 000 h	10 W	35 元	MTTR=25 min

图 2－10　技术要求目标值示例

2.2.9 计算技术要求重要度

在确定技术目标值后，便可以计算每个技术目标确定重要程度，技术要求重要程度是用户需求重要度与对应关系矩阵权重系数的乘积，公式如下：

$$Z_j = \sum_{i=1}^{m} W_i \gamma_{ij} \qquad (j = 1,2,\cdots,n) \tag{2.1}$$

式中：Z_j——第 j 个技术要求的重要度；

W_i——第 i 个用户需求的重要度评分；

γ_{ij}——关系矩阵中第 i 个用户需求与第 j 个设计特性之间的关系所对应的加权系数，对应强、中等和弱相关的加权系数分别为 9、3、1；

m——用户需求项的总数；

n——产品设计特性项的总数。

计算所得的技术要求重要度填入技术指标的下方（即质量屋的底部），如图 2－11 所示。

		需求重要度评分	产品设计特性：反应时间短	可靠性好	寿命长	耗电量低	成本低	维修性好
用户需求	气体过浓时报警							
	不容易坏							
	坏了能及时发现							
	坏了容易修							
	至少能用三年							
	价格合理							
	省电							
技术评价	现有水平							
	对手1产品							
	对手2产品							
	对手3产品							
技术要求目标值								
技术要求重要度			49	69	59	31	36	55

图 2－11 技术要求重要度示例

2.2.10　确定技术难度

技术难度是指达到各个技术要求的困难程度。

技术难度一般可分 1～5 等，数值越大表示难度越高。各个技术要求的技术难度可由确定要求的综合产品研制小组商定，也可用评分法确定，并填入“技术要求重要度”的下方(即质量屋的底部)，如图 2－12 所示。

			产品设计特性					
		需求重要度评分	反应时间短	可靠性好	寿命长	耗电量低	成本低	维修性好
用户需求	气体过浓时报警							
	不容易坏							
	坏了能及时发现							
	坏了容易修							
	至少能用三年							
	价格合理							
	省电							
技术评价	现有水平							
	对手1产品							
	对手2产品							
	对手3产品							
技术要求目标值								
技术要求重要度								
技术难度			4	4	2	3	4	2

图 2－12　技术难度示例

2.2.11　选定进一步展开的技术要求

在众多的技术要求中，应当选择若干重要的技术要求，使其从规划阶段直到生产的全过程中，继续展开并得以控制，以保证用户的需求在产品及其工艺的设计中始终都能正确地予以反映，并一直继续到产品交付用户使用。一般应当选择重要度高、难度大的技术要求予以控制，并进一步展开，选定的技术要求在技术难度的下方(即质量屋的底部)填入“是”，如图 2－13 所示。

至此，产品规划矩阵的活动已完成，形成完整的规划矩阵，如图 2－14 所示。

		需求重要度评分	反应时间短	可靠性好	寿命长	耗电量低	成本低	维修性好
			产品设计特性					
用户需求	气体过浓时报警							
	不容易坏							
	坏了能及时发现							
	坏了容易修							
	至少能用三年							
	价格合理							
	省电							
技术评价	现有水平							
	对手1产品							
	对手2产品							
	对手3产品							
技术要求目标值								
技术要求重要度								
技术难度								
是否展开			是	是		是	是	

图 2-13　综合决策示例

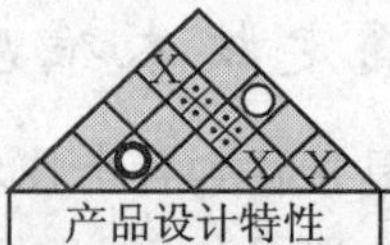

		需求重要度评分	反应时间短	可靠性好	寿命长	耗电量低	成本低	维修性好	本公司产品	对手1产品	对手2产品	对手3产品	目标产品
			产品设计特性						市场评价				
用户需求	气体过浓时报警	5	◎	○	△			○	3	2	5	4	5
	不容易坏	5		◎	△				3	4	5	4	5
	坏了能及时发现	4							5	5	5	5	5
	坏了容易修	4						◎	4	3	4	5	4
	至少能用三年	5		△	◎				5	3	3	4	5
	价格合理	4	△	△	△	△	◎	△	3	2	4	5	4
	省电	3				◎			3	2	4	5	4
技术评价	现有水平		80	2000	6000	15	40	25					
	对手1产品		90	1 700	4000	20	45	30					
	对手2产品		80	3 000	4000	10	35	25					
	对手3产品		70	2 500	5 000	5	30	20					
技术要求目标值			80 s	MTBF=3 000 h	6 000 h	10 W	35 元	MTTR=25 min					
技术要求重要度			49	69	59	31	36	55					
技术难度			4	4	2	3	4	2					
是否展开			是	是		是	是						

图 2-14　完整的规划矩阵示例

2.2.12　产品技术要求瀑布式分解

在规划矩阵中确定的都是产品系统级的技术要求，应将其转化为分系统、部件，直到零件的技术要求可以通过一系列的矩阵转换来实现这一过程，即产品技术要求的瀑布式分解。如图 2-15 所示，将原“产品规划”矩阵水平行中所列的系统级技术要求转移到下一个“零件展开”矩阵中的垂直列，将从相应的系统级技术要求分解出来的要求列在该矩阵的水平行。这样，通过一系列的转换，就可以完成技术要求的分配工作。

“零件规划”矩阵的功能是把前一阶段传下来的技术要求（或设计特性）转化为对应的零件特性与技术要求；特别应确定出关键的零件特性，然后将其转入“工艺规划”矩阵。

“工艺规划”矩阵的任务是把前一阶段传递下来的零件特性转化为对应的工艺要求，并为每个零件特性各准备一份工艺计划图表。该阶段要确定关键的工艺要求，对于这些关键的工艺要求，首先要在该阶段采取措施，如果问题在本阶段不能解决，还要向下一个步骤转移，作为“生产规划”矩阵的输入。

“生产规划”矩阵的功能是把工艺要求转化为相应的生产要求，并通过操作指令单传递到生产现场。

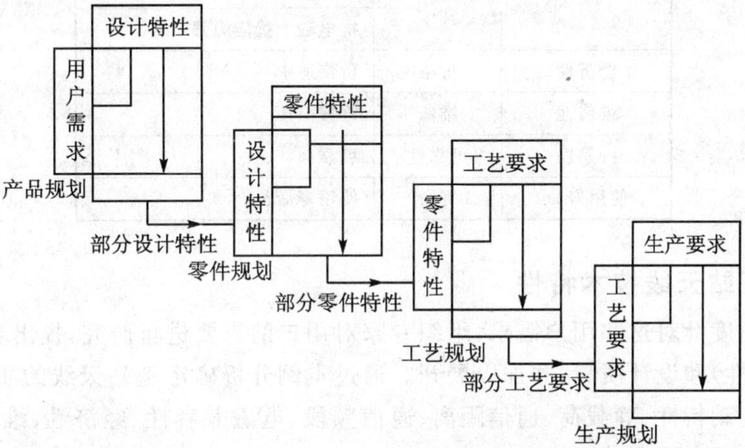

图 2-15　从设计特性到生产要求的逐步展开流程图

以上 QFD 的实施过程是一般情况下的划分方法，实际应用中可根据具体产品状况进行适当增减。

2.3　质量功能展开 QFD 示例

本节以某种通信基站天线的研制过程为例介绍质量屋的构造过程和 QFD 的应用步骤。

2.3.1　产品规划

1. 确定用户需求

基站天线的用户主要是各通信运营商。通过了解用户对基站天线的需求现状、其他生产厂家同类产品的性能和研制动态，以及基站天线维护和故障信息等，经过分析，整理出用户对基站天线的需求，如表 2-2 所列。

经研究，确定出各个用户需求的重要度，用数字 1～9 表示，数字越大，重要度越高。

将用户需求及重要度填入左墙，如图 2-16 所示。

表 2-2 用户对基站天线的需求

功能要求	物理特性	外形尺寸小
		良好的气动外形
		结构坚固
	电性能	通信距离远
		通信频带宽
		抗电磁干扰能力强
经济性	价格	价格适中
维修性	维修	维修简便
可靠性	可靠性	可靠
使用寿命	寿命	使用寿命长

2. 确定基站天线技术特性

从技术的角度针对这些用户需求，组织专家对用户的需要进行研究，提出基站天线的质量要素（或质量特性）和设计质量，并加以展开。通过本例分析确定基站天线的质量要素如下10项：外形尺寸、气动特性、静载荷、通信距离、通信频段、电磁兼容性、经济性、维修性、可靠性及使用寿命。将诸质量要素填入天花板上，如图 2-16 所示。

3. 确定关系矩阵

在确定用户需求与产品特性之间的相关程度时，需理论分析与实践经验相结合，并充分重视企业的质量保证现状和能力。由基站天线设计、制造、维护等方面的专家，共同确定和配置出用户需求与技术需求之间的相关程度值。例如，对用户需求“通信距离远”，天线的尺寸对其通信距离的影响很大，从原理上讲，尺寸越大通信距离就越长，因此将“外形尺寸”、“通信距离远”定为强相关关系。将该关系矩阵填入质量屋的房间内，如图 2-16 所示。

4. 确定相关矩阵

根据经验可知，减小天线尺寸对其承受的静载荷将产生有益的结果，因此它们相互的关系为正相关，但减小天线尺寸对改善通信频带和距离将产生副作用，因此它们之间的关系为负关系。这里只研究相互关系的正负，不再进一步讨论强弱，因此，凡是正关系用符号○表示，负关系用符号 X 表示。将相关矩阵填入，如图 2-16 所示。

5. 市场分析

与其他厂家的天线在满足用户需求上进行评价与比较，以反映现有天线的优势和弱点及其需要改进的地方。用户提出了 10 条需求，市场上的基站天线及本企业生产的基站天线是否满足这 10 条需求，满意度又是多少，需要进行评价。数字 1～5 表示用户对各项需求的满意

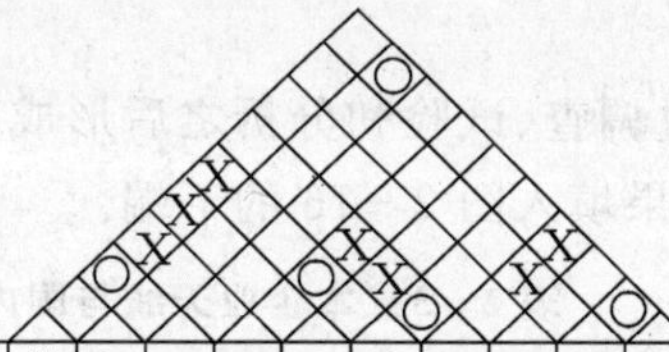

				重要性评分	外形尺寸	气动特性	静载荷	通信距离	通信频段	电磁兼容性	价格	维修性	可靠性	使用寿命	市场分析 本企业	市场分析 竞争者	目标产品
用户需求	功能要求	物理特性	外形尺寸小	9	◎	○	△	◎	○	△	△				2	4	3
			良好的气动外形	5	○	◎							○		4	5	4
			结构坚固	7	○	○	◎						○	△	3	3	4
		电性能	通信距离远	9	◎			◎	○	○	○				2	1	4
			通信频带宽	9	○				◎						2	4	3
			抗电磁干扰能力强	9	△			◎	○	◎			○		3	4	4
	经济性	价格	价格适中	8				△	○	△	◎		○	○	3	2	3
	维修性	维修	维修简便	7								◎			3	2	3
	可靠性	可靠性	可靠	8		○		○			△		◎	○	2	3	2
	寿命	寿命	使用寿命长	7		△	○						○	◎	3	2	3
技术评价		对手产品			300 mm×190 mm	对称流线型	3 000 N	空-地≮140 km	30～88、108～174、225～400 MHz	该国国家规范	昂贵	可快拆	99.9%	5 000 h			
		现有水平			355 mm×218 mm	对称流线型	3 000 N	空-地≮150 km	30～88、100～174、225～400 MHz	MIL-6271C隔离度≥45 dB	适中	固定螺钉可快拆	99.9%	5 500 h			
技术要求目标值					330 mm×190 mm	对称流线型	3 300 N	空-地≮150 km	30～88、100～174、225～400 MHz	ML-6271C隔离度≥45 dB	适中	固定螺钉可快拆	99.9%	5 000 h			
技术要求重要度					234	124	93	275	186	125	116	63	180	118			
技术难度					4	2	3	3	3	2	3	2	2	2			
是否展开					是		是	是		是							

图 2-16　基站天线的质量屋

度，数字越大，满意度越高。经过调查并把本企业的天线与国内外相关企业所生产的同类产品进行对比性评估，用户普遍对本企业天线的“外形尺寸”感到不太满意，所以将满意度定为 2；而对于气动外形，顾客较为满意，故将“气动外形参数”的满意度定为 4。市场分析的结果填入图 2-16 右侧。

6. 技术评价

表 2-3 是通过调查、试验和分析之后形成的本企业同国外某企业基站天线技术指标的比较。将指标评价结果填入图 2-16 的下端。

表 2-3　本企业天线与国内外同类产品技术指标比较

序　号	技术指标	国外某公司的基站天线	本企业的基站天线
1	外形尺寸	300 mm×190 mm	355 mm×218 mm
2	气动特性	对称流线型	对称流线型
3	静载荷	3 000 N	3 000 N
4	通信距离	空-地≮140 km	空-地≮150 km
5	通信频段	30～88 MHz、108～174 MHz、225～400 MHz	30～88 MHz、100～174 MHz、225～400 MHz
6	电磁兼容性	该国家规范	MIL-6271C 隔离度≥45 dB
7	价格	高	适中
8	维修性	可快拆	固定螺钉可快拆
9	可靠性	99.9%	99.9%
10	使用寿命	5 000 h	5 500 h

7. 确定竞争策略

根据对比国内外产品，确定本企业竞争策略，本企业将主要着力于以下几方面的改进：增大天线气动外形，增大产品可承受的静载荷，增加通信距离，同时保持价格不变。让用户对目标产品的满意度进行评价，填入图 2-16 的右侧。

8. 确定技术指标

在天线规划矩阵中，技术需求的目标值将作为天线设计的技术指标，直接指导着天线的整体详细设计。选取技术需求的目标值，应综合考虑各方面的因素，并结合以往的研制经验，由相关的专家来确定。最后，将确定下来的技术指标填入图 2-16 的下端。

9. 确定技术要求重要度

为了从天花板所列的各项质量要素中确定出关键要素，应对用户的需求进行评估，以给出各项需求的重要度系数。其过程如下：

(1) 对关系矩阵的关系评分

例如：◎给 9 分；○给 3 分；△给 1 分；空白不给分(算 0 分)，当然也可以定义其他分值。

(2) 建立关系矩阵

将两两对应关系阵转化为配分矩阵$[r_{ij}]$，其中 r_{ij} 是第 i 项用户需要与第 j 项质量要素的关系配分。

本例的配分矩阵$[r_{ij}]$如下：

$$[r_{ij}] = \begin{bmatrix} 9 & 3 & 1 & 9 & 3 & 1 & 1 & 0 & 0 & 0 \\ 3 & 9 & 0 & 0 & 0 & 0 & 0 & 0 & 3 & 0 \\ 3 & 3 & 9 & 0 & 0 & 0 & 0 & 0 & 3 & 1 \\ 9 & 0 & 0 & 9 & 3 & 3 & 3 & 0 & 0 & 0 \\ 3 & 0 & 0 & 0 & 9 & 0 & 0 & 0 & 0 & 0 \\ 1 & 0 & 0 & 9 & 3 & 9 & 0 & 0 & 3 & 0 \\ 0 & 0 & 0 & 1 & 3 & 1 & 9 & 0 & 3 & 3 \\ 0 & 0 & 0 & 0 & 0 & 0 & 0 & 9 & 0 & 0 \\ 0 & 3 & 0 & 3 & 0 & 0 & 1 & 0 & 9 & 3 \\ 0 & 1 & 3 & 0 & 0 & 0 & 0 & 0 & 3 & 9 \end{bmatrix}$$

(3) 计算质量要素重要度权数

第 j 项技术要求的相对重要度 Z_j 为诸 r_{ij} 的加权 w_i 之和，即

$$Z_j = \sum_{i=1}^{10} w_i r_{ij}$$

例如

$$\begin{aligned} Z_1 = & w_1 r_{11} + w_2 r_{21} + w_3 r_{31} + w_4 r_{41} + w_5 r_{51} + \\ & w_6 r_{61} + w_7 r_{71} + w_8 r_{81} + w_9 r_{91} + w_{10} r_{10,1} = \\ & 9\times 9 + 5\times 3 + 7\times 3 + 9\times 9 + 9\times 3 + \\ & 9\times 1 + 8\times 0 + 7\times 0 + 8\times 0 + 7\times 0 = 234 \end{aligned}$$

$$Z_2 = 124,\quad Z_3 = 93,\quad Z_4 = 275,\quad Z_5 = 186,$$

$$Z_6 = 125,\quad Z_7 = 116,\quad Z_8 = 63,\quad Z_9 = 180,\quad Z_{10} = 118$$

10. 确定技术难度

根据这些质量要素的诸重要度权数就可以定出哪些是关键的、重要的质量要素。一般来说，重要度权数越大的质量要素就是所谓的关键要素，为了实现这些关键要素而采取的工程技术就是关键技术。需要说明的是，关键的、重要的质量要素不一定就是技术上不易实现的关键、重要技术，即所谓瓶颈技术。在本例中，经过权衡考虑，天线的气动外形技术难度最大，难度定为 4 级，其他如图 2－16 底部所示。

11. 选择应进一步展开的技术要求

选择重要度高、难度大以及用户评价不满意的技术予以控制，并进一步展开，本例中需要进一步展开的产品特性包括：外形尺寸、静载荷、通信距离和电磁兼容性，如图 2－16 底部所示。

12. 将产品技术要求转化为零件特性、工艺要求和生产要求

建造质量屋是一项反复迭代与完善的技术工作。在实际运行中,在对用户要求进行展开的同时,也应充分考虑承制方的工程技术展开,使产品能够最大限度地满足最终用户的要求。QFD 工作小组在产品的研制过程中,必须随时发现问题,并及时修改质量屋,使质量屋不断得到迭代与完善,直到所有阶段的质量屋都能很好地满足产品设计、工艺规程、生产和制造规划等全过程的需要。

如果把设计质量达到的定量目标水平予以分级,或更进一步把满足用户需求的程度分级,则还可以用于设计方案的比较、权衡与决策。

零件特性、工艺要求和生产要求质量功能展开的详细过程如下。

2.3.2 零件规划

首先制定零件规划质量屋。对于天线而言,主要的零部件包括:用于辐射或接收电磁波的电路板、天线罩体、天线底盘、导电橡胶和填充物。

基站天线的 5 个主要零部件,各有着自己的主要技术特征。例如,对于天线罩体,其技术性能的保证主要取决于天线罩体材料、结构强度、透波性和表面涂层。所有主要零部件的关键技术特征都与天线整体的技术性能有着密切的关系。只有这些主要零部件的关键技术特征得到了保证,天线整体的技术性能才能得以实现,用户才会满意。基站天线零部件规划的目的是找出关键的零部件,并确定关键零部件的关键特征,为基站天线零部件的设计工作提供指南,以保证这些关键零件特征的设计质量。

基站天线零件规划质量屋的建立步骤、方法及技术等与产品规划质量屋的建立步骤、方法、技术相似,在此不再展开,只给出最后的配置结果,如图 2-17 所示。

在该基站天线零件规划质量屋中,质量屋的屋顶没有画出,市场分析和目标产品等也没给出,这并不是说它们在该阶段的质量功能配置中不需要进行设置,而是针对具体应用所做的一种取舍。在其他具体的应用中,也可能质量屋的所有栏目及所有项目都要求设置。质量屋的形式具有多样性,针对不同的应用环境和应用对象,允许有所调整。

2.3.3 工艺规划

按照产品研制开发程序,零件设计完成之后,接下来是零件的工艺过程设计。为了对零件工艺过程的设计予以指导,保证工艺过程的设计质量,进而保证零件的质量和产品的质量,需要进行 QFD 工艺规划矩阵的配置。工艺规划矩阵的输入及用户需求栏目的内容,来自零件规划矩阵质量屋最终选择的关键零件及其主要特征(技术要求)。这些特征在零件制造完成之后能否达到设计要求,在很大的程度上取决于工艺过程设计的合理与否,取决于工艺路线中的若干关键的工艺步骤。至于哪些是关键的工艺步骤以及这些步骤应该达到什么样的技术水

			零件特性													
			电路板				天线罩体				天线底盘			导电橡胶	填充物	
		重要性评分	通信电路	罗盘电路	元器件	材料	材料	强度	透波性	表面涂层	材料	强度	导电性	导电电阻	透波性	耐高低温
技术需求	通信距离	9	◎		◎	△	◎		◎	○			◎	◎	◎	
	外形尺寸	9	◎	◎							◎					
	静载荷	8					○	○	◎			◎				○
	电磁兼容性	9	◎	◎	◎		○						○	○	◎	
零件特征目标值			印制板电路	印制板电路	按给定目录	双面覆铜板 73~300 cm	玻璃钢	≥300 N	≥85 %	白色透波漆	YL-12	满足相关国家标准	≤500 μΩ	50~200 Ω	耗损≤5%	-50~+60 ℃
零件特征重要度			243	162	162	1	132	24	153	27	81	72	108	108	162	24

图 2-17　基站天线零件规划质量屋

准，可通过该工艺规划矩阵来确定。

通过工艺规划矩阵寻找关键工艺步骤及其关键工艺特征，首先需要确定工艺方案。在参照原有工艺方案的基础上，确定出新的工艺方案。整个基站天线的加工工艺流程如图 2-18 所示。结合该工艺流程，制定出各关键零件的工艺线路，如表 2-4 所列。各关键零件的工艺路线由领域专家或工程技术人员制定。

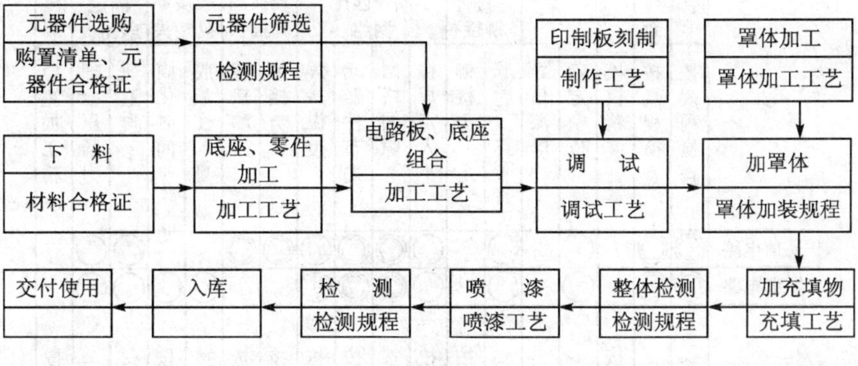

图 2-18　基站天线加工工艺流程

表 2-4　关键零件的工艺路线

工艺步骤	电路板	填充物
1	按图样检查印制板覆铜质量、线路排列、尺寸、孔位、渐变线角度等	检查工作环境
2	按图样领取配套零件、元器件、通信插座	零件准备
3	检查元器件、零件有无缺陷	模具准备
4	钻底座与电路板连接件孔	填料准备
5	去毛刺	发泡
6	铆接连接件	固化与实效
7	焊接元器件、制作匹配网络	铆空心铆钉
8	将电路板固定在连接件上	整修表面
9	将通信插座(高频插头)铆接在底座上	间隙处理
10	将罗盘接头用 618 环氧树脂胶胶接到位	检验
11	深入检查天线罩,检查是否能顺利到位	—
12	转入实验室	—

按照天线加工工艺流程及其各关键零件的工艺方案,确定天线电路板、罩体、底盘和填充物的工艺规划矩阵。由表 2-4 可以看出,各零件的工艺路线不相同,差别很大,很难把它们都集中在一个质量屋之下。即便工艺上雷同,可以放在同一质量屋之下,但是,当关键零件数量很大时,势必造成该工艺规划质量屋非常庞大,也会给实际应用带来不便。因此,需要针对各个关键零件,分别制定其工艺规划质量屋。图 2-19、图 2-20 分别是其中电路板、充填物的工艺规划矩阵质量屋。

	查印刷板	检查	钻孔			连接件铆接		制作匹配网络				连接高频插头		胶接罗盘接头		固定电路板		检测
	按规程检查	按规程检查	模板精度	确定空位	导角深度	底座与连接垂直度	铆接力	铆焊点大小	网络间隙	元器件布局	焊接温度	铆接力	铆接顺序	胶液注入量	固化时间	垂直度	螺栓压紧力	检测加工精度
通信电路	◎	◎		○		○		○	◎	◎	○	◎	◎			○	○	
罗盘电路	◎	◎		○		○		○	◎	◎	○			○	○	○	○	
	按表检查	按表检查	按技术要求	采用模板	1.3 mm	90°±10°	按技术要求	按技术规范	按技术规范	按技术规范	按技术规范	按技术规范	按工艺规程	按工艺规程	按技术规范	90°±10°	定力板手	按检验规程

图 2-19　电路板的工艺规划矩阵

		检查工作环境			零件准备		模具准备	配置填料		发泡			铆空心铆钉	整修表面	处理间隙	检验
		温度	湿度	清洁度	检查零件	罩体扣合	间隙	总量	比例	压紧力	固化温度	固化时间	铆接精度	表面平整度	底座与罩体结合面间隙	按检验规程
耐高低温性	−50~+60℃	○					○		◎			◎				
透波性	≥85%			◎					◎					○	○	
		25±5℃	<70%	无浮尘	数量规格	垂直度	1~3 mm	按要求	A~B	适中	15~25℃	15 min	垂直度 90°±10°	光滑平整	三倍放大镜观察	8TDXIA文件

图 2-20　填充物的工艺规划矩阵

2.3.4　生产规划

由工艺规划矩阵确定的关键工艺步骤，需要转化为生产规划，主要是生产过程中的质量控制问题。通过对关键工艺步骤的生产规划，确定它们的工艺参数、质量控制点、控制方法、检验方法及检验样本的容量等。

基站天线的质量控制规划矩阵与前面的产品规划矩阵、零件规划矩阵、工艺规划矩阵在形式上和结构上差别很大，这主要是考虑了实际应用的方便性和有效性。企业在应用 QFD 进行生产规划时，应结合本企业的实际。充分利用在长期生产中积累的一套行之有效的生产规划方法。

针对每一个关键工序，都要规划出其质量控制方法。表 2-5 以天线电路板制作及其底座的装配生产规划为例，展示生产规划的形式和内容。

表 2-5　天线电路板制作及其底座的装配生产规划

序　号	工艺步骤	工艺参数	控制点	控制方法	样本容量	检验方法
1	制作印制板	尺寸 表面 线形宽度 空位 渐变线角度	原材料购置 下料 刻制	原材料合格证 操作人员业务水平	按国标	按检验规程
2	检查元器件	型号 电性能测试	合格证 检测	检查合格证 检测	按国标	按检验规程
3	钻孔	孔位 孔径	孔定位	钻孔精度	全部	按检验规程

续表 2-5

序　号	工艺步骤	工艺参数	控制点	控制方法	样本容量	检验方法
4	铆接连接件	将连接件与电路板铆接	垂直度	采用专用夹具	全部	按检验规程
5	制作匹配网络	制作电路板 焊接线路、元器件 电性能测试	线路、元器件焊接质量	专业人员 按操作规程	全部	按检验规程
6	连接高频插头	检查插头 铆接	铆接质量	铆接规格 铆接力	全部	按检验规程
7	胶接罗盘接头	配置胶液 固化 磨制	牢固性 平整度	配置比例 固化时间	全部	按检验规程
8	固定电路板	将电路板与底盘连接	垂直度 牢固性	螺钉紧度 专用夹具	全部	按检验规程
9	检测	机械性能 电性能	机械、电性能满足要求	仪器精度 测试方法	全部	按检验规程

习　题

2-1　什么是 QFD？

2-2　简要阐述 QFD 的步骤。

2-3　QFD 可用于分析哪些问题？试举例说明。

2-4　试论述获取用户需求在 QFD 中的重要意义。

2-5　某产品质量屋局部图（见图 2-21），若用户需求和质量特性间相关的加权系数分别为 9、3、1、0.2，试计算质量特性“反应时间短”的重要度。

			质量特性					
		需求重要度评分	反应时间短	可靠性好	寿命长	耗电量低	成本低	维修性好
用户需求	气体过浓时报警	5	◎	○	△			○
	不容易坏	4		◎	△			
	坏了能及时发现	4						
	坏了容易修	4						◎
	至少能用三年	3		△	◎			
	价格合理	4	△	△	△	△	◎	△
	省电	3				◎		

图 2-21　某产品质量屋

2-6　用户对自动售咖啡机要求的质量是：热的、色正、味香的、口感好的、价格适当的、量足的。经分析，质量要素为咖啡温度、香料成分、香味浓度、咖啡成分、咖啡因含量、售价、体积。试根据读者理解，做出质量屋。

2-7　结合工程实际，选择一款产品，设计一个 QFD 示例。

第3章 系统设计

3.1 概 述

系统设计是三次设计方法中的第一步。三次设计方法是日本质量工程专家田口玄一(Genichi Taguchi)博士提出的，也称田口方法。三次设计是指在产品研发过程中要经过系统设计(System Design)、参数设计(Parameter Design)和容差设计(Tolerance Design)三个阶段，通过这三个阶段实现对产品设计方案的优化，从而保证制造稳健性与最终产品的使用健壮性，也保证了产品的可靠性。

系统设计的目的是进行产品的功能设计和结构设计，它是稳定产品质量的基础。系统设计是基于专业领域知识的创新过程，在掌握相关领域的专业知识基础上，还要掌握产品设计的一般方法和创新设计的基本原则。

参数设计的目的是确定产品质量特性和技术指标的最佳组合，它是稳定产品质量的核心。参数设计利用正交试验方法处理产品质量特性值之间的非线性关系，通过选择可控因素的水平，确定产品中元件或构件参数的干扰作用，达到稳定产品质量的目的。

容差设计的目的是在参数设计确定了系统各元件参数的最佳组合之后，进一步确定这些参数波动的允许范围，它是参数设计的重要补充、进一步稳定产品质量的有效途径。容差也就是允许偏差，即公差。容差设计要将误差因子本身控制在狭小的范围之内，必须提高元件的质量等级，所以产品的成本也会提高。在参数设计时，一般都是选用具有较大容差的元器件和材料，如果在参数设计后能够达到减小产品质量特性波动的目的，则一般就不再进行容差设计。因此，容差设计一般是在参数设计后还需进一步提高产品质量时才进行。所以容差设计也是用于调整产品质量与成本关系的一种重要方法，是产品三次设计的最后一个阶段。

作为一种先进的质量工程技术，三次设计方法与传统设计方法相比有如下特点：

(1) 设计思想不同

传统设计方式是被动应付式的，在产品研制后期有大量的工程更改，甚至局部或全部重新设计，造成人力、物力的极大浪费和研发进度的拖延。而三次设计方式则是积极主动的，通过采取各种手段，把可能出现的问题消灭在“萌芽”阶段，使得大部分工程更改都出现在产品研制早期，而且在图样上进行，从而大大降低了成本，缩短了研制周期。更重要的是可以增强产品的“体质”和“生命力”，从根本上提高了产品的质量。

(2) 设计目标不同

传统设计方式以产品满足验收标准的上、下限为目标,即使是合格产品,质量也存在着较大的波动。当产品不能满足要求时,往往用缩小容差(公差)指标的办法来控制产品质量,这样会造成大量的超差报废现象,经济性较差。三次设计则是以要求的指标为目标值,用参数设计方法来控制产品的质量波动,使产品质量特性稳定在目标值附近。

(3) 评价标准不同

传统的设计方式对产品质量的评价,主要采用单一指标的达标方式,只要各个质量特性指标均满足要求,则产品质量合格,这样虽然产品质量有缺陷,但难以找到进一步改进的方向。而三次设计对产品质量的评价采用信噪比和质量损失函数等综合性的指标,由于质量波动和质量损失的减小是无止境的,因此,产品质量的改进需持续不断地进行。

(4) 产生效益不同

利用传统设计方式设计的产品成本高、质量不稳定,常常不能满足或不能全部满足用户需求,从而损害企业的声誉,丢失市场份额。而采用三次设计方式设计的产品成本低、质量稳定,受到了用户的青睐,可以带来良好的经济效益和社会效益。

3.2 系统设计的主要方法

长期以来,系统设计方法很不完备,田口玄一在三次设计方法中,虽然提到系统设计的步骤,但未为其提供任何可操作的技术方法。随着技术的发展,人们对系统设计的认识也逐渐加深,认为系统设计可分为两个不同的过程:分析过程和创造过程。分析过程将顾客对产品的需求加以分解,落实到产品的方案选择和结构安排中;创造过程通过工程知识、设计原则与实际情况结合,创造新产品,或对原有产品进行优化革新。QFD 方法的产生,可以视为系统设计中的分析方法,但还没有解决如何设计满足这些要求的产品功能和结构这一问题。

在本节中,结合现代产品设计方法与质量工程技术的最新发展,介绍如下几种比较实用的系统设计方法。

3.2.1 试错法与启发法

早期开发新产品的方法是具有随机性质的,称为试错法。试错法是面对问题,从随机产生的一个想法开始进行理论和实践的验证,若不成功,则转向下一个想法,直至成功解决问题,如图 3-1 所示。需要从“问题”出发,到达未知的“答案”。首先沿着某个方向形成一个搜寻概念(SC),从该方向展开对问题的探索,直至证明整个方向是错误的。

使用试错法创新效率很低,需要非常多的尝试才能得到满意的成果。随着系统的复杂化,混乱无序的探索需要付出高昂的代价,于是出现了解决创造性问题的科学——启发法。

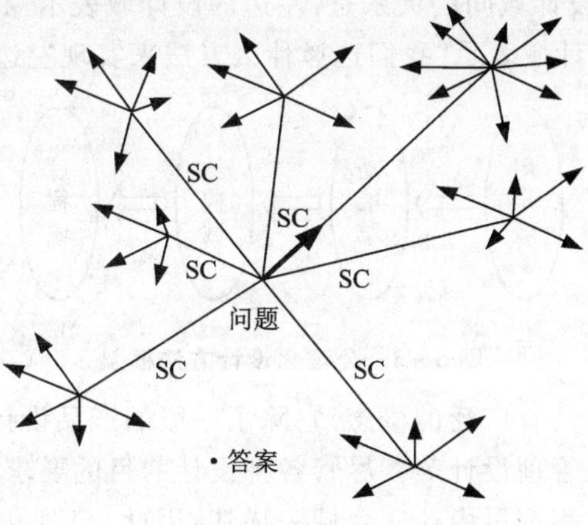

图 3-1 试错法的搜索方法图

启发法的广义目标：找到一些普遍规律，能用在人类活动的所有领域，解决任何创新的难题。原苏联科学家恩格曼建立了如图 3-2 所示的创新过程模型。

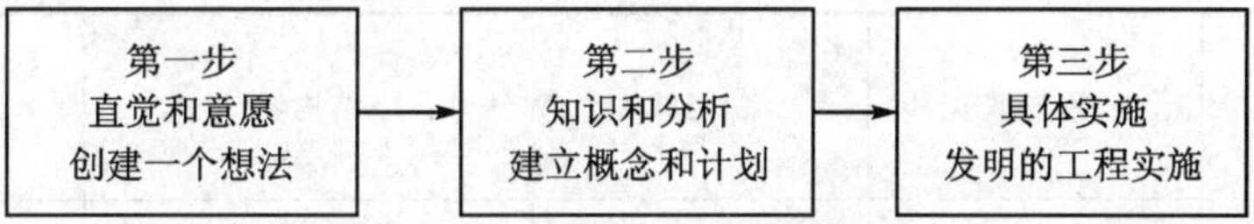

图 3-2 启发法过程模型

启发法有一些逻辑的成分，但没有被明确定义，很少详述，对工程系统设计的创新过程缺乏实质性的帮助。

3.2.2 公理化设计方法

公理化设计(Axiomatic Design)方法是 N. P. Suh 教授于 20 世纪 70 年代中期提出的一种设计优化方法。公理是从实践中总结出来的无需证明的，而被大家公认的真理，是一种具有普遍性、显而易见的理论。公理没有反例，是不可推翻的。公理在科学技术的各个领域都有非常重要的影响。例如，欧几里德(古希腊数学家)公理，至今仍是几何学的理论基础；牛顿三大定律是经典力学的公理；热力学定律也是公理。

域(Domain)是公理化设计中最基本和最重要的概念，贯穿于整个设计过程。公理化设计将整个设计过程划分为四个不同的设计活动，即四个域，分别是用户域(Customer Domain)、功能域(Functional Domain)、结构域(Physical Domain)和过程域(Process Domain)。域中的元素分别对应为用户需求(Customer Needs)、功能要求(Function Requirements)、设计参数(Design Parameters)和过程变量(Process Variables)。产品设计过程就是相邻两个设计域之间相互映射的过程，如图 3-3 所示。相邻两个域是紧密联系在一起的，两者的设计元素有一定的映射关系。相邻两个设计域间的关系是:左边的设计域表示“我们要完成的或想要完成的工作(What)”,而右边的设计域表示“我们选择什么方法来实现左边域的要求(How)”。

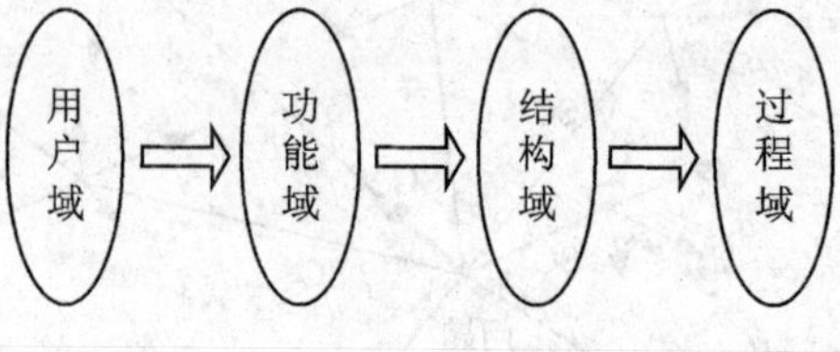

图 3-3 公理化设计方法框架

在公理化设计中,设计具有广泛的概念,它除了一般的产品设计外,还包括软件设计、系统设计、组织设计、材料设计、管理设计等。尽管各种设计的目的要求不同,但所有的设计都具有相同的思考过程,其设计过程都可由这 4 个域来描述,因此,公理化设计框架是一个具有普遍意义的设计框架,它适合于所有的设计。表 3-1 表示了几种常见设计任务在这 4 个设计域中的特性。

表 3-1 几种常见设计任务在设计域中的特性

设计任务 \ 域	用户域	功能域	结构域	过程(工艺)域
产品开发	用户需求的产品质量特性	产品功能要求	满足功能要求的结构参数(物理参数)	实现设计参数的工艺变量
材料开发	期望的材料性能	材料特性	微观结构	制作工艺
软件开发	需求说明	软件的功能	程序输入参数、运算法则、模型、程序代码	编程规则、编译器、开发环境、测试环境
组织结构设计	用户满意	组织的功能	机构设置、职责分工、工作流程、	人力资源
商业设计	投资回报	商业目标	商业结构	人、财、物

公理化设计最为显著的特点就是运用独立性公理和信息公理来指导整个设计过程。独立性公理是指在设计时要保持单个功能的独立性,这样可以保证在对某一功能对应的设计进行调整时,不会影响其他的功能。信息公理是指功能要求向设计参数的映射过程中,信息含量要最小化。此外,该方法的整个设计过程是自顶向下展开的,通过相邻两个域之间的多级交叉映射,对 4 个域中的设计内容进行逐层分解、细化,得到各个域的层次结构,从而将抽象的用户需求转化为具体的设计细节。以往的设计大多是基于设计人员个人所具备的经验和专业知识,从而使设计的成败和优劣在很大程度上依赖于设计人员的个人因素。而公理化设计方法使得设计问题可以按照程式化的步骤进行,可以有效地提高设计的成功率和质量,适用于创新过程

中的任何设计问题。

3.2.3　功能分析与分配法

系统欲实现的功能目标通过综合论证明确后，具体的设计规程就是功能分析与分配。换言之，功能分析与分配就是将综合论证结果抽象为功能目标的过程。

1. 功能分析

功能分析的主要任务是逐层地分解系统的功能，把系统的功能和技术需求逐步分解到低层次系统，乃至最底层的人员、机构、元器件、子程序和接口等基本单元，形成详细设计标准，为后面的综合分析和评价提供依据。系统的功能分解结构称为功能系统，系统功能分解后的各个分功能称为功能元，如图 3-4 所示。

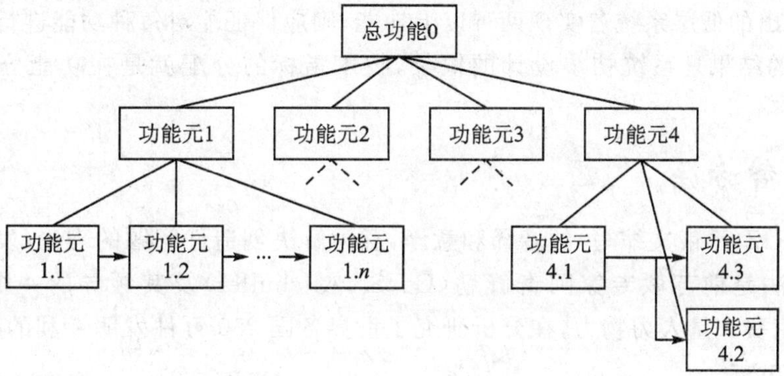

图 3-4　功能系统结构图

2. 功能分配

通过功能分析给定系统的顶层描述后，下一步要做的就是将系统中使用共同资源的密切相关的功能组合成包，将这些功能划归到子系统及低层系统。系统到低层系统的功能分解如图 3-5 所示。

对系统功能进行分配时，可以考虑下列因素：

① 按功能所需的结构位置、所需环境、实现方式（硬件、软件）来进行划分，即：所需结构位置间隔远的功能不要集中在一个单元中；对环境要求差异大的功能不要集中在一个单元中；实现方式不同的功能不要集中在一个单元中。

② 所划分出的低层系统要相对独立，尽量少与其他低层系统有联系。其目的是如果更改一个低层系统，不需要在过程中更改其他系统。

③ 所划分出的低层系统包要相对独立，目的是如果替换或移除一个低层系统，不需要在过程中替换或移除其他系统。

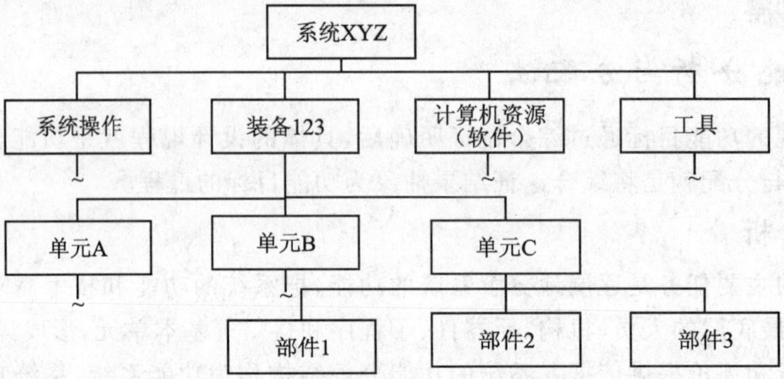

图 3-5　系统到低层系统的功能分解

④ 所划分出的低层系统若实现两种以上功能,则应保证能对每种功能进行单独测试。

功能分配的结果是系统初步设计的框架,技术指标的分配就是在功能分配的基础上进行的。

3.2.4　萃智方法

萃智是 TRIZ(系俄文缩写)的音译和意译,意为解决创造性问题的理论(发明问题解决理论)。TRIZ 方法是前苏联专家阿奇舒勒(G. S. Altshuller)及其领导的一批研究人员,自 1946 年开始,花费大量人力物力,在分析研究了世界各国 250 万件发明专利的基础上,提出的发明问题解决方法。

萃智方法的提出源于以下认识:在不同的技术领域,大量发明创造面临的基本问题和矛盾(称之为系统冲突和物理矛盾)其实是相同的,在某一技术领域的发明原则和相应的解决方案一次次地在多年后被其他技术领域重新使用,所以技术系统的进化和发展并不是随机的,而是遵循着一定的客观规律。因此,将这些有关的知识进行提炼和重新组织,就可以指导后来者的产品创新和开发。萃智方法体系正是基于这一思路产生的,它打破了人们思考问题的心理惰性和知识面的制约,避免了创新过程中的盲目性和局限性,指出了解决问题的方向和途径,并开发了计算机辅助软件工具。应用萃智方法有助于充分激发我们的创造力和想象力,规范创新的过程,避免盲目探索,缩短系统开发的时间,找出近于理想的解决方案。

3.3　萃智方法的原理和过程

发明问题的解决理论核心是技术进化原理。根据这一原理,技术系统一直处于进化之中,解决矛盾是其进化的推动力。进化速度随技术系统一般矛盾的解决而降低,使其产生突变的唯一方法是解决阻碍其进化的深层次矛盾。阿奇舒勒依据世界上著名的发明,研究了消除矛盾的方法，他建立了一系列基于各学科基础知识的发明创造模型。这些模型包括发明原理(Inventive Principles)、发明问题解决算法 ARIZ(Algorithm for Inventive Problem Solving)及标准解(TRIZ Standard Techniques)等。在利用 TRIZ 解决问题的过程中，设计者首先将待设计的产品表达成为萃智问题；然后利用萃智中的工具，如发明原理、标准解等，求出该萃智问题的普适解或称模拟解(Analogous Solution)；最后设计者再把该解转化为该领域的解或特解。

3.3.1　发明创新等级

各国家不同的发明专利中蕴含的科学知识、技术水平都有很大的区别和差异，在没有分清这些发明专利的具体内容时，很难区分出不同发明专利的知识含量、技术水平、应用范围、重要性、对人类的贡献大小等问题。在萃智方法中，把发明专利按照其对科学的贡献程度、技术的应用范围及为社会带来的经济效益等情况划分为以下五个等级。

(1) 第 1 级:微小发明

微小发明是指那种在产品的单独组件中进行少量的变更，但这些变更不会影响产品系统的整体结构的情况。该类发明并不需要任何相邻领域的专门技术或知识。特定专业领域的任何专家，依靠个人专业知识基本都能做到该类创新。在产品设计中就是常规的设计问题，或对已有系统的简单改进。这一类问题的解决主要凭借设计人员自身掌握的某一领域的知识和经验，不需要创新，只是知识和经验的应用。例如，通过厚度隔离可以减少热损失，大卡车可以改善运输成本、效率等。据统计，大约有 32%的发明专利属于第 1 级发明。

(2) 第 2 级:小型发明

小型发明是指通过解决一个技术冲突对已有系统进行少量改进。这时产品系统中的某个组件发生部分变化，改变的参数约数十个，即以定性方式改善产品。创新过程中利用本行业知识，通过与同类系统的类比即可找到创新方案。解决这类问题的常用方法是折中法。例如，在焊接装置上增加一个灭火器、可调整的方向盘，再如中空的斧头柄可以储藏钉子等。约有45%的发明专利属于第 2 级。

(3) 第 3 级:中型发明

中型发明一般是指对已有系统的根本性改进。这一类问题的解决主要采用本行业以外的已有方法和知识，设计过程中要解决冲突。产品系统中的几个组件可能出现全面变化，其中大概要有上百个变量加以改善。此类的发明如原子笔、登山自行车、汽车上用自动传动系统代替机械传动系统，电钻上安装离合器，计算机上用的鼠标等。约有 18%的发明专利属于第 3 级。

(4)第 4 级:大型发明

大型发明是指创造新的事物，采用全新的原理完成对已有系统基本功能的创新，需要数千个甚至数万个变量加以改善的情境。这一类问题的解决主要是从科学的角度而不是从工程的角度出发，充分控制和利用科学知识、科学原理实现新的发明创造。它一般需引用新的科学知识而非利用科技信息,该类发明需要综合其他学科领域知识的启发方可找到解决方案。例如,第一台内燃机的出现、集成电路的发明、充气轮胎、记忆合金制成锁、虚拟现实等。大约有4%的发明专利属于第4级发明。

(5) 第5级:特大发明

特大发明是指罕见的科学原理导致一种新系统的发明、发现。这一类问题的解决主要是依据自然规律的新发现或科学的新发现。一般是先有新的发现,建立新的知识,然后才有广泛的运用。例如,计算机、形状记忆合金、蒸汽机、激光、晶体管的首次发明。该类的发明创造或发明专利不足所有发明创造或发明专利总数的1%。

平时我们遇到的绝大多数发明都属于第1、2和3级。虽然高等级发明对于推动技术文明进步具有重大意义,但这一级的发明数量相当稀少。而较低等级的发明则起到不断完善技术的作用。

实际上,发明创新的级别越高,获得该发明专利时所需的知识就越多,这些知识所处的领域就越宽,搜索有用知识的时间就越长。同时,随着社会的发展、科技水平的提高,发明创新的等级随时间的变化而不断降低,几十年前的最高级别的发明创新逐渐成为人们熟悉和了解的知识。发明创造的等级划分及知识领域见表3-2。

表3-2 发明创造的等级划分及知识领域

发明创造级别	创新的程序	比　例	知识来源	参考解的数量
1	明确的解	32%	个人的知识	10
2	少量的改进	45%	专业领域内的知识	100
3	根本性的改进	18%	跨专业领域知识	1 000
4	全新的概念	4%	跨学科知识	10 000
5	发现	<1%	最新产生的知识	100 000

由表3-2可以发现,95%的发明专利是利用了专业领域内的知识,只有小于5%的发明专利是利用了专业领域外及整个社会的知识。因此,如果遇到技术冲突或问题,可以先在专业领域内寻找答案;若不可能,再向专业领域外拓展,寻找解决方法。若想实现创新,尤其是重大的发明创造,就要充分挖掘和利用专业领域外的知识,正所谓"创新设计所依据的科学原理往往属于其他领域"。发明创新级别越高,创新的过程越难,产品的市场竞争力则越强。高级别的发明不仅需要设计人员自身的素质,更需要专业领域以外或全人类的已有研究成果。

通过以上对发明的分类可以看出,发明和创新看起来很困难,似乎是很遥远的事情,但其实大部分发明都是那些较低层次的创新,只要充分发挥每个人的创新潜能,掌握科学的创新原理和方法,那么每个人都可以拥有自己的发明创造。而企业要不断地吸收不同领域的知识创新成果和专业人才,并在自己的产品中应用,以永远保持企业的市场竞争力。

3.3.2 技术进化法则

随着科学技术的发展和顾客对产品要求的不断提高，各类技术系统总是处在更新换代的过程中，无例外地，都要经历产生、发展和成熟的阶段，进入衰退期，直到被全新的更好的系统取代，重新开始产生、发展、成熟和衰退的循环。萃智研究人员对这一系列过程作了深入研究，发现不同领域的系统有着相似的发展规律，对此作了归纳和总结。工程技术人员在解决具体问题时，可以根据这些趋势寻找合理的解决方案，也可以根据这些规律指导新产品开发。

主要的技术进化法则有：

(1) 提高理想度法则

技术系统的理想度是系统功能指数和消耗指数的比值。功能指数用于描述系统实现功能的范围和程度，消耗指数则反映系统的生产和维护所需的人力、物力和财力，以及系统中隐含的不利或有害因素带来的消极影响。这是一个广义的"效费比"定义公式。从工程角度而言，创造性问题的解决和创新的设计应该能增加技术系统的理想度，否则肯定不是好的解决方案。如果希望通过开发高新技术来解决问题，则有必要计算系统改进前后理想度的变化情况；如果高新技术对功能的改进抵消不了改进可能带来的成本上升、可靠性下降、维护难度增加等不利因素的影响，则应考虑放弃这样的技术方案。

曾有人对 1947 年到 1997 年家庭用品的价格变化作了统计(1997 年币值)，发现 1997 年的洗衣机、烘干机、电视机及电冰箱在功能上与 1947 年相比有了飞跃性的提高，而价格要低得多，这清楚地表明它们已在提高理想度的道路上走了多么远。在现实生活中，系统发展遵循"提高理想度的规律"的例子比比皆是，以计算机产品的开发为例，近年来，计算机流行配置的价位一直相对稳定，性能则飞速提升，也是这一规律的形象反映。对机械设备而言，虽然售价可能在不断上涨，但由于其生产和加工的质量与效率提高更多，因而理想度也是在提高过程中。

(2) 子系统演化不一致的法则

通常，技术系统可视为分层的多级结构，不但可分解出次一级的子系统，而且系统本身也是另一个更大系统的一部分。这一分层结构导致系统各部分难以同步演化。同时，系统的任一改变，都会引起相邻系统及子系统的连锁反应，这些反应通常是有害的、消极的。这种不一致性引发系统冲突，决定了技术系统的发展方向及创造性问题的解决方式。

(3) 系统向更高层次发展的法则

如前所述，系统具有内在的层次性，在产品初创时期，功能往往较为单一，随着发展的深入，以该系统为基础，附加更多的系统，构成层次更高的系统，以具有更强大的功能。表现在演化方式上，即为从单一系统向二元及复合系统的方向演化，如：单一系统——刀子，二元系统——剪刀，复合系统——多功能剪刀。

向二元及复合系统演化的规律反映了一个很重要、很强大的趋势，方式有两种：将相同或相似的子系统进行叠加；将不同种类(甚至属性相反)的子系统进行叠加。通过子系统之间的巧妙组合,加强各子系统的功能,产生新的功能。刀子向剪刀的演化属于相同的子系统的叠加,其结果是产生的新系统强化了刀子的剪切功能。剪刀向多功能剪刀的演化则是不同种类的子系统的叠加,赋予了剪刀开启瓶塞、刮削等新功能。

(4) 增加柔性的法则

为了使产品更加适应环境的变化,在发展过程中,有必要将产品原有的刚性结构转换为柔性结构,增加产品的使用范围,提高产品的适应能力,减少产品的使用限制。这一规律反映了一个通行的趋势,那就是产品向结构刚性更小、更适应环境变化的方向演化。

为增加系统的柔性,常用方法有:把固定件替换为运动件;把刚性连接替换为分段的用铰链相联的连接;把刚性部件换成液压或气压之类的柔性系统,引入非线性部件,等等。

(5) 缩短能量流动途径的法则

应使能量方便快捷地到达系统的工作机构。这一规律主要包括两个方面:

① 减少能量的转换次数,如电能与机械能的转换,机械能传输中力与扭矩的转换等。

② 采用易于控制的能量形式,例如,几种能量形式可控性由易到难依次为:重力、机械能、热能、磁能、电能、电磁能。

(6) 从宏观层次向微观层次演化的法则

一个全新的技术系统在刚开发时,可按“大处着眼”的方式进行,只要总体结构设定合理,基本就可满足顾客要求。随着产品日趋成熟,系统的演化则需要按“小处着手”的方式进行。表现在产品上,就是产品的结构更为精细化,产品的子系统进一步分解,原来的一个零部件分解为几个特性和功能各有不同的零部件,以便将系统内部的矛盾加以隔离,增加系统的可控性。

除此之外,还有提高自动化程度的法则等。

鉴于技术系统总是遵循特定的法则向前演化,客观上可以通过这些法则科学地预测产品的发展前景,并以此指导更新换代产品的开发和工程技术问题的攻关。

阿奇舒勒提出的技术系统进化法则论可以与自然科学中的达尔文生物进化论和斯宾塞的社会达尔文主义齐肩,并称为“三大进化论”。它告诉我们:产品和生物系统一样,是按照一定的规律发展和进化的。技术系统进化论深刻地揭示了人类创造的产品/技术系统进化的规律和基本模式,指明了创新的目标和途径。

3.3.3 冲突解决方法

1. 系统冲突与物理矛盾

(1) 系统冲突

系统冲突是萃智方法的一个核心概念,表示隐藏在问题后面的固有矛盾。如果要改进系统的某一部分属性,其他的某些属性就会恶化,就像天平一样,一端翘起,另一端必然下沉,这种问题就称为系统冲突。在飞机的结构设计中,结构的质量和强度是一对矛盾,通常,减轻结构的重量就必然削弱结构的强度，相反，要增加结构的强度则必须增加结构的重量。二者都是飞机结构的关键属性，构成了一对系统冲突。典型的系统冲突除了重量与强度冲突外，还有：形状与速度冲突、可靠性与复杂性冲突等。萃智认为，发明可视为系统冲突的解决过程。

对于属性间的彼此冲突，传统的解决办法是折中，即寻找一个可接受的平衡。如果要求一个物体既要雪白又要漆黑，传统的解决方法就是把它设定为灰色。这样的解决方案并不完美，有时还无法被接受，这时就需要以创造性的思维，把冲突彻底消除。

阿奇舒勒经过对大量的发明作研究分析后发现，虽然它们所属技术领域及所处理的问题千差万别，但隐含其中的系统冲突数量是有限的。典型的系统冲突只有 1 250 种，而解决这些冲突所需的典型技术则更少，计 40 种，每项技术可能含有子技术，总计达 100 种。这一系列技术构成了创造性问题的解决原则。

(2) 物理矛盾

如果互相对立的属性集中于系统的同一元素上，就称为存在物理矛盾。物理矛盾的定义是：同一物体必须处于互相排斥的物理状态。也可以表述为：为实现功能 F_1，元素应有属性 P_1；为实现功能 F_2，元素应有对立的属性 P_2。在萃智方法中，物理矛盾可以用三种方法解决：

① 把对立属性在时间上加以分隔；

② 把对立属性在空间上加以分隔；

③ 把对立属性所在的系统与部件分开。

在超声速飞机的发展过程中曾经必须解决气动力上的一个难题：为了优化飞机的亚声速性能，要求采用小后掠角、大展弦比的机翼；为了满足超声速的要求，要求采用大后掠角、小展弦比的机翼。两种要求使机翼必须处于互相排斥的物理状态。这一矛盾可以用第一种方法(即时间分隔法)解决，即采用变后掠翼设计。通过在飞行的不同阶段(不同时间)相应调整后掠角，满足了飞机在亚声速与超声速状态下的不同气动要求。

采用第一种方法和思路的还有起落架的设计。在起降过程中要求飞机用起落架，支持飞机在地面的滑行过程；在飞行中则要求不要有起落架，以免增加飞行阻力。为此设计了可收放的起落架，在起降时伸出机体外，飞行时则收回起落架舱中。

2. 通用技术参数的种类

在对专利研究中，阿奇舒勒发现，仅有有限的工程参数在彼此相对改善和恶化，而这些专利都是在不同的领域解决这些工程参数的冲突与矛盾。这些矛盾不断地出现，又不断地被解决。由此他总结提炼出了解决冲突和矛盾的 40 个创新原理。之后，将这些冲突及冲突解决原理组成一个由改善参数和恶化参数构成的矩阵，即著名的技术矛盾矩阵。矩阵的横轴表示希望得到改善的参数，矩阵的纵轴表示某技术特性改善引起恶化的参数，横轴和纵轴各参数交叉处的数字表示用来解决系统矛盾时所使用创新原理的编号。阿奇舒勒矛盾矩阵为问题解决者提供了一个可以根据系统中产生矛盾的两个工程参数，从矩阵表(见表 3-3)中直接查找化解该矛盾的发明原理来解决问题。

表 3-3 48 类常用的技术参数

序 号	技术参数	序 号	技术参数	序 号	技术参数	序 号	技术参数
1	运动物体的质量	13	静止物体的作用时间	25	物质损失	37	安全性
2	静止物体的质量	14	速度	26	时间损失	38	易受伤性
3	运动物体的长度	15	力	27	能量损失	39	美观
4	静止物体的长度	16	运动物体的能量消耗	28	信息损失	40	作用于物体的有害因素
5	运动物体的面积	17	静止物体的能量消耗	29	噪声	41	可制造性
6	静止物体的面积	18	功率	30	有害的发散	42	制造精度
7	运动物体的体积	19	应力或压强	31	有害的副作用	43	自动化程度
8	静止物体的体积	20	强度	32	适应性	44	生产率
9	形状	21	结构的稳定性	33	兼容性或连通性	45	系统的复杂性
10	物质的数量	22	温度	34	操作的方便性	46	控制和测量的复杂性
11	信息的数量	23	照度	35	可靠性	47	测量的难度
12	运动物体的作用时间	24	运行效率	36	易维修性	48	测量的精度

3. 冲突解决矩阵

为了直观地反映对应于每一对典型系统冲突的问题解决原则，构造了矛盾矩阵表，表 3-4 是其局部示意图。

表 3-4 为具体问题的解决提供了重要的向导。表格中的第一行表示在问题中需改善的系统属性，第一列表示在改善了这些属性后会恶化的系统属性。对具体问题进行分析，明确要改善的是表中第 j 项属性，且由此将导致表中第 i 项属性恶化，则第 i 项属性所在的行与第 j 项属性所在的列相交的格子里的数字就是对应于这一对系统冲突的问题解决原则的编号。

表 3-4 典型的冲突解决矩阵

改善的属性 / 恶化的属性		1 运动物体质量	2 静止物体质量	3 运动物体长度	4 静止物体长度	5 运动物体面积	…	22 能量损失	…	30 影响物体的有害因素	39 生产能力
1	运动物体质量			15,8, 29,34		29,17, 38,34	…	6,12, 34,19	…	22,21, 18,27	35,3, 24,37
2	静止物体质量				10,1, 29,35		…	18,19, 28,15	…	2,19, 22,37	1,28, 15,35
3	运动物体长度	8,15, 29,34				15,17, 4	…	7,2, 35,39	…	1,15, 17,24	14,4, 28,29

续表 3-4

恶化的属性 \ 改善的属性		1 运动物体质量	2 静止物体质量	3 运动物体长度	4 静止物体长度	5 运动物体面积	…	22 能量损失	…	30 影响物体的有害因素	39 生产能力
4	静止物体长度		35,28,40,29				…	6,28	…		30,14,7,26
5	运动物体面积	2,17,29,4		14,15,18,4			…	15,17,30,26	…		10,26,34,2
…	…	…	…	…	…	…	…	…	…	…	…
33	操作简便性	25,2,15,13	6,13,1,25	1,17,13,12		1,17,13,16	…	2,19,13	…		15,1,28
…	…	…	…	…	…	…	…	…	…	…	…
39	生产能力	35,26,24,37	28,27,15,3	18,4,28,38	30,7,14,26	10,26,34,31	…	28,10,29,35	…	22,35,13,24	

注:表中的代号是创新原理的编号,详见表 3-5。

4. 发明创新原理

系统冲突解决原理共 40 条,与各种系统冲突模式分别对应,直接指导创造者对新设计方案的开发,详见表 3-5。

表 3-5　40 条基本发明创新原理

编　号	创新原理	编　号	创新原理	编　号	创新原理	编　号	创新原理
1	分割原理	11	预先应急措施原理	21	紧急行动(跃过)原理	31	多孔材料原理
2	抽取原理	12	等势原理	22	变害为利原理	32	改变颜色、拟态原理
3	局部质量原理	13	逆向思维(相反)作用	23	反馈原理	33	同质原理
4	不对称原理	14	曲面化(球形)原理	24	“中介”原理	34	抛弃或再生原理
5	组合、合并原理	15	动态原理	25	自我服务原理	35	物理或化学参数变化
6	普便性(多功能)原理	16	不足或超额行动原理	26	复制原理	36	相变原理
7	嵌套原理	17	一维变多维原理	27	廉价替代品原理	37	热膨胀原理
8	配重(反重量)原理	18	机械振动原理	28	机械系统替代原理	38	加速氧化原理
9	预先反作用原理	19	周期作用原理	29	气压与液压结构原理	39	惰性环境原理
10	预先作用原理	20	连续有效作用原理	30	柔性壳体或薄膜原理	40	复合材料原理

对应表 3－5 中的 40 条发明创新原理解释如下：

1　分割原理：

a. 将物体分成独立的部分。

b. 使物体成为可拆卸的。

c. 增加物体的分割程度。

例如：货船分成同型的几个部分，必要时，可将船加长些或变短些。

2　抽取(拆出)原理：从物体中拆出“干扰”部分(“干扰”特性)，或者相反，分出唯一需要的部分或需要的特性。

与上述把物体分成几个相同部分的技法相反，这里是要把物体分成几个不同的部分。

例如：一般小游艇的照明和其他用电是由艇上发动机带动发电机供给的，为了停泊时能继续供电，要安装一个由内燃机传动的辅助发电机，发动机必然造成噪声和振动。建议将发动机和发电机分置于距游艇不远的两个容器里，用电缆连接。

3　局部质量(性质)原理：

a. 从物体或外部介质(外部作用)的一致结构过渡到不一致结构。

b. 物体的不同部分应当具有不同的功能。

c. 物体的每一部分均应具备最适于它工作的条件。

例如：为了防治矿山坑道里的粉尘，向工具(钻机和料车的工作机构)呈锥体状喷洒小水珠。水珠越小，除尘效果越好，但小水珠容易形成雾，致使工作增加困难。解决办法：环绕小水珠锥体外层再造成一层大水珠。

4　不对称原理：

a. 物体的对称形式转为不对称形式。

b. 如果物体不是对称的，则加强它的不对称度。

例如：防撞汽车轮胎具有一个高强度的侧缘，以抵抗人行道路缘石的碰撞。

5　合并(联合)原理：

a. 把相同的物体或完成类似操作的物体联合起来。

b. 把时间上相同或类似的操作联合起来。

例如：双联显微镜组，由一个人操作，另外一个人观察和记录。

6　普遍性(多功能)原理：一个物体执行多种不同功能，因而不需要其他物体。

例如：提包的提手可同时作为拉力器(原苏联发明证书 187964)。

7　嵌套原理：

a. 一个物体位于另一物体之内，而后者又位于第三个物体之内，等等。

b. 一个物体通过另一个物体的空腔。

例如：弹性振动超声精选机是由两个互相夹紧的半波片构成的。其特征是，为了减小弹性振动超声精选机的长度和增加它的稳定性，两个半波片制成相互套在一起的空锥体(原苏联发明证书 186781)。在原苏联发明证书 462315 中,也采用该解决方案来缩小变压器压电元件输出部分的外形尺寸。在原苏联发明证书 304027 中,金属拉制设备的“玩偶”由拉模组成。

8　配重(反重量)原理:

a. 将物体与具有上升力的另一物体结合以抵消其质量。

b. 将物体与介质(最好是气动力和液动力)相互作用以抵消其质量。

例如:调节转子风力机转数的制动式离心调节器安在转子垂直轴上。其特征是,为了在风力增大时把转子转速控制在小的转数范围内,调节器离心片做成叶片状,以保证气动制动(原苏联发明证书 167784)。

有趣的是,在发明公式中明显地反映了发明所克服的矛盾。在给定风力和离心片质量的条件下,获得了一定的转数;为了减少转数(当风力增大时),必须增大离心片质量,但离心片在旋转,很难靠近它。于是矛盾这样消除:使离心片具有形成气动制动的形状,即把离心片制成具有负迎角的翼状。

总的设想显而易见:如果需要改变转动物体的质量,而其质量又不能按照一定的要求改变,那么应使该物体成为翼状的,并且改变翼片运动方向的倾斜角度,便可获得需要方向的附加力。

9　预先反作用原理:如果按课题条件必须完成某种作用,则应提前完成反作用。

例如:杯形车刀车削方法是在车削过程中车刀绕自己的几何轴转动。其特征是,为了防止产生振动,应预先向杯形车刀施加负荷力,此力应与切削过程中产生的力大小相近,方向相反(原苏联发明证书 536866)。

10　预先作用原理:

a. 预先完成要求的作用(整体的或部分的)。

b. 预先将物体安放妥当,使它们能在现场和最方便的地点立即完成所需要的作用。

11　预先应急措施原理:以事先准备好的应急手段补偿物体的可靠性。

例如:用等离子束加工无机材料(如光纤)。其特征是为提高机械强度,预先往无机材料上涂敷碱金属或碱土金属的溶液或熔融体(原苏联发明证书 522150)。还有人事先涂敷可使小裂缝愈合的物质。按原苏联发明证书 456594 的办法,树枝在锯掉之前套上一个紧箍环,树木感到该处“有病”,于是向那里输送营养物质和治疗物质。这样,在树枝被锯之前这些物质便积聚起来,锯后锯口会迅速愈合。

12　等势原理:改变工作条件,使物体上升或下降。

例如:有一种装置不必使沉重的压模升降。这种装置是在压床上安装了带有输送轨道的附件(原苏联发明证书 264679)。

13　逆向思维(相反)原理:

a. 不实现课题条件规定的作用而实现相反的作用。

b. 使物体或外部介质的活动部分成为不动的,而使不动的成为可动的。

c. 将物体颠倒。

例如：在研究关于消除灰尘的过滤器时，原苏联发明证书 156133 中，过滤器用两块磁铁制成，在磁铁之间是铁磁粉末。7 年之后又有了原苏联发明证书 319325，它的过滤器是相反的，即对液体或气体进行机械清洗的电磁过滤器，它包括有磁场源和颗粒状磁性材料制的过滤元件。其特征是，为降低单位耗电量和提高生产率，过滤元件放在磁场源的周围，以形成外部闭式磁路。

14 曲面化(球形)原理：

a. 从直线部分过渡到曲线部分，从平面过渡到球面，从正六面体或平行六面体过渡到球形结构。

b. 利用棍子、球体、螺旋。

c. 从直线运动过渡到旋转运动，利用离心力。

例如：把管子焊入管栅的装置能够滚动球形电极。

15 动态原理：

a. 物体(或外部介质)的特性的变化应当在每一工作阶段都是最佳的。

b. 将物体分成彼此相对移动的几个部分。

c. 使不动的物体成为动的。

例如：用带状电焊条进行自动电弧焊的方法，其特征是，为了能大范围地调节焊池的形状和尺寸，把电焊条沿着母线弯曲，使其在焊接过程中成曲线形状(原苏联发明证书 258490)。

16 不足或超额行动(局部作用或过量作用)原理：如果难以取得百分之百所要求的功效，则应当取得略小或略大的功效。这样可能把课题大大简化。

17 一维变多维(向另一维度过渡)原理：

a. 如果物体作线性运动(或分布)有困难，则使物体在二维度(即平面)上移动。相应地，在一个平面上的运动(或分布)可以过渡到三维空间。

b. 利用多层结构替代单层结构。

c. 将物体倾斜或侧置。

d. 利用指定面的反面。

e. 利用投向相邻面或反面的光流。

原理编号 17a 可以同原理编号 7 和 15b 联合，形成一个代表技术系统总发展趋势的链，即从点到线，然后到面，到体，最后到许多个物体的共存。

例如：越冬圆木在圆形停泊场水中存放。其特征是，为了增大停泊场的单位容积和减小受冻木材的体积，将圆木扎成捆，其横截面的宽和高超过圆木的长度，然后立着放(原苏联发明证书 2236318)。

18 机械振动原理：

a. 使物体振动。

b. 如果物体已在振动，则提高它的振动频率（达到超声波频率）。

c. 利用共振频率。

d. 用压电振动器替代机械振动器。

e. 利用超声波振动同电磁场配合。

例如：无锯末断开木材的方法。其特征是，为减少工具进入木材的力，使用脉冲频率与被断开木材的固有振动频率相近的工具（原苏联发明证书 307986）。

19　周期作用原理：

a. 从连续作用过渡到周期作用（脉冲）。

b. 如果作用已经是周期的，则改变周期性。

c. 利用脉冲的间歇完成其他作用。

例如：用热循环自动控制薄零件的触点焊接方法是基于测量温差电动势的原理。其特征是，为提高控制的准确度，用高频脉冲焊接时，在焊接电流脉冲的间隔测量温差电动势（原苏联发明证书 933612）。

20　连续有效作用原理：

a. 连续工作（物体的所有部分均应一直满负荷工作）。

b. 消除空转和间歇运转。

例如：加工两个相交的圆柱形的孔（如加工轴承分离环的槽）的方法。其特征是，为了提高加工效率，使用在工具的正反行程均可切削的钻头（扩孔器）（原苏联发明证书 262582）。

21　紧急行动（跃过）原理：高速跃过某过程或其个别阶段（如有害的或危险的）。

例如：生产胶合板时用烘烤法加工木材。其特征是，为保持木材的本性，在生产胶合板的过程中直接用 300～600 ℃的燃气火焰短时作用于烘烤木材（原苏联发明证书 338371）。

22　变害为利原理：

a. 利用有害因素（特别是介质的有害作用）获得有益的效果。

b. 通过有害因素与另外几个有害因素的组合来消除有害因素。

c. 将有害因素加强到不再是有害的程度。

例如：恢复冻结材料的颗粒状的方法。其特征是，为加速恢复材料的颗粒和降低劳动强度，使冻结的材料经受超低温作用（原苏联发明证书 409938）。

例如：1993 年，一家著名航空公司为了改进火箭气动外形，引入了“蜂腰”结构，但发现由此带来了负面影响。这种改变将引起强烈的振动，使安装在“蜂腰”结构内壁的传感测量设备无法工作。受已有设计的限制，对问题的解决不允许在系统中进行大量更改。公司无法解决这一问题，请格利高雷·叶泽尔斯基（Gregory Yezersky，当时是系统化研究组织的一员）加以分析和解决。叶泽尔斯基巧妙地运用了这一原则，提出用带子把该处的设备捆在一起，就可避免振动带来的危害，使问题得以解决。

例如：在美国专利中有一项“给薄玻璃板打圆角”的专利，内容是给一块薄玻璃板打圆角容易把玻璃震碎,解决办法是把几块薄玻璃板临时粘合在一起,共同打圆角,就避免了问题的发生。

23 反馈(反向联系)原理:

a. 进行反向联系。

b. 如果已有反向联系,则改变它。

例如:自动调节硫化物沸腾层焙烧温度规范的方法是随温度变化改变所加材料的流量,其特征是,为提高控制指定温度值的动态精度,随废气中硫含量的变化而改变材料的供给量(原苏联发明证书 302382)。

24 "中介"原理:

a. 利用可以迁移或有传送作用的中间物体。

b. 把另一个(易分开的)物体暂时附加给某一物体。

例如:校准在稠密介质由测量动态张力仪器的方法是在静态条件下装入介质样品及置入样品中的仪器。其特征是,为提高校准精度,应利用一个柔软的中介元件把样品及其中的仪器装入(原苏联发明证书 354135)。

25 自我服务原理:

a. 物体应当为自我服务,完成辅助和修理工作。

b. 利用废料(能的和物质的)。

例如:一般都是利用专门装置供给电焊枪中的电焊条,建议利用电焊电流工作的螺旋管供给电焊条。

26 复制原理:

a. 用简单而便宜的复制品代替难以得到的、复杂的、昂贵的、不方便的或易损坏的物体。

b. 用光学复制(图像)代替物体或物体系统。此时要改变比例(放大或缩小复制品)。

c. 如果利用可见光的复制品,则转为红外线的或紫外线的复制。

例如:大地测量学直观教具是一个平面艺术全景。其特征是,为进行地形图像全景测量摄影,教具按视距摄影数据制成,在地形的有代表性的各点上配备缩微视距尺(原苏联发明证书 86560)。

27 廉价替代品(用廉价的不持久性代替昂贵的持久性)原理:用一组廉价物体代替一个昂贵物体,放弃某些品质(如持久性)。

例如:一次性的捕鼠器是一个带诱饵的塑料管,老鼠通过圆锥形孔进入捕鼠器,孔壁是可伸直的,老鼠只能进,不能出。

28 机械系统替代(代替力学原理)原理:

a. 用光学、声学、"味学"等设计原理代替力学设计原理。

b. 用电场、磁场和电磁场同物体相互作用。

c. 由恒定场转向不定场,由时间固定的场转向时间变化的场,由无结构的场转向有一定结构的场。

d. 利用铁磁颗粒组成的场。

例如：在热塑材料上涂敷金属层的方法是将热塑材料同加热到超过它的熔点的金属粉末接触。其特征是，为提高涂层与基底的结合强度及密实性，在电磁场中进行此过程（原苏联发明证书 445712）。

29　气体与液压结构（利用气动和液压结构）原理：用气体结构和液体结构代替物体的固体的部分，如充气结构——气枕，充液的结构——静液的和液体反冲的结构。

例如：为使船的推进器轴同螺杆套连接，在轴内做一槽，槽内放一弹性空容器（窄“气袋”），如果此容器充进压缩空气，则胀大并将螺杆套挤到推进器轴上（原苏联发明证书 313741）。一般在这种情况下利用金属连接元件，但同“气袋”连接比较简易，因为不需要精磨连接平面。此外，这种连接可以消除冲击负荷。此项发明与后来发表的原苏联发明证书 445611 比较，颇为有趣。该项发明是：运输易碎制品（如排水管）的集装箱里面有一个充气囊，使制品在运输中相互靠紧不致撞坏。技术领域虽然不同，但课题和解决方法是绝对相同的。在原苏联发明证书 249583 中，起重机抓斗利用充气元件工作；在原苏联发明证书 409875 中，在锯木装置中利用气囊夹持易碎制品。这类发明极多。看来是停止授予此种建议的专利的时候了。但是，设计教材中规定一个简单原理：如果需要短时间使一种物体与另一种物体紧紧靠住，则应使用“气袋”法。当然，这并不意味着，原理编号 29 将不再是发明创造的技法了。

“气袋”使一个制品紧靠另一个制品，这是典型的物场系统，在该物场系统中，“袋”起着机械场的作用。按照物场系统发展的一般规则，该场必然会过渡到铁磁场系统，这种过渡确实发生了：在原苏联发明证书 534351 中提议在“气袋”中加入铁磁粉末，利用磁场使物体挤靠紧。

30　柔性外壳或薄膜（利用软壳和薄膜）原理：

a. 利用软壳和薄膜代替一般的结构。

b. 用软壳和薄膜使物体同外部介质隔离。

例如：充气混凝土制品的成型方法是在模型里浇注原料，然后在模中静置成型。其特征是，为提高膨胀程度，在浇注模型里的原料上罩以不透气薄膜（原苏联发明证书 339406）。

31　多孔材料原理：

a. 把物体做成多孔的或利用附加多孔元件（镶嵌、覆盖，等等）。

b. 如果物体是多孔的，则事先用某种物质填充空孔。

例如：电机蒸发冷却系统的特征是，为了消除给电机输送冷却剂的麻烦，活动部分和个别机构元件由多孔材料制成，比如渗入了液体冷却剂的多孔粉末钢，在机器工作时冷却剂蒸发，因而保证了短时、有力和均匀的冷却（原苏联发明证书 187135）。

32　改变颜色、拟态原理：

a. 改变物体或外部介质的颜色。

b. 改变物体或外部介质的透明度。

c. 为了观察难以看到的物体或过程，利用染色添加剂。

d. 如果已采用了这种添加剂，则采用荧光粉。

例如：美国专利3425412，透明绷带不必取掉便可观察伤情。

33　同质（一致）原理：同指定物体相互作用的物体应当用同一（或性质相近的）材料制成。

例如：获得固定铸模的方法是用铸造法按芯模标准件形成铸模的工作腔。其特征是，为了补偿在此铸模中成型的制品的收缩，芯模和铸模使用与制品相向的材料制造（原苏联发明证书456679）。

34　抛弃与再生（部分剔除和再生）原理：

a. 已完成自己的使命或已无用的物体部分应当剔除（溶解、蒸发等），或者在工作过程中直接变化。

b. 消除的部分应当在工作过程中直接再生。

例如：检查焊接过程的高压区的方法是向高温区加入光导探头。其特征是，为了改善在电弧焊和电火花焊接过程中检查高温区的可能性，利用可熔化的探头，以不低于自己的熔化速度被不断地送入检查的高温区（原苏联发明证书433397）。

35　改变物体聚合态原理：这里包括的不仅是简单的过渡，比如从固态过渡到液态，还有向“假态”（假液态）和中间状态的过渡，或者采用弹性固体。

例如：联邦德国专利1291210，降落跑道的减速地段建成“浴盆”形式，里面充满粘性液体，上面再铺上一层厚厚的弹性物质。

36　相变原理：利用相变时发生的现象，例如体积改变、放热或吸热。

例如：密封横截面形状各异的管道和管口的塞头。其特征是，为了规格统一和简化结构，塞头制成杯状，里面装有低熔点合金。合金凝固时膨胀，从而保证了结合处的密封性（原苏联发明证书319806）。

37　热膨胀原理：

a. 利用材料的热膨胀（或热收缩）。

b. 利用一些热膨胀系数不同的材料。

例如：温室盖用铰链连接的空心管制造，管中装有易膨胀液体。温度变化时，管子重心改变，导致管子自动升起和降落。这是原理30的答案。当然，还可以利用双金属薄板固定在温室盖上（原苏联发明证书463423）。

38　加速氧化（利用强氧化剂）原理：

a. 用富氧空气代替普通空气。

b. 用氧气替换富氧空气。

c. 用电离辐射作用于空气或氧气。

d. 用臭氧化了的氧气。

e. 用臭氧替换臭氧化的(或电离的)氧气。

例如:利用在氧化剂媒介中化学输气反应法制取铁箔。其特征是,为了增强氧化和增大镜箔的均一性,该过程在臭氧媒质中进行(原苏联发明证书 261859)。

39　惰性环境(采用惰性介质)原理:

a. 用惰性介质代替普通介质。

b. 在真空中进行某过程。

编号 39 的原理与编号 38 的原理内容正好相反。例如:预防棉花在仓库中燃烧的方法。其特征是,为了提高棉花储存的可靠性,在向储存地点运输的过程中用惰性气体处理棉花(原苏联发明证书 270170)。

40　复合(混合)材料原理:由同种材料转为混合材料。

例如:在热处理时,为保证规定的冷却速度,采用介质做金属冷却剂。其特征是,冷却剂由气体在液体中的悬浮体构成(原苏联发明证书 187060)。

3.3.4　萃智方法应用流程

解决产品设计的问题,首先要对当前的问题进行清晰、全面的陈述,然后构想最终的理想解,再定义当前技术系统中的冲突元素是什么,再根据当前系统中最重要、最突出的冲突,建立一个能反映整个系统关键问题的矛盾模型,然后对该矛盾进行判断。

如果是技术矛盾,则运用矛盾矩阵,找到相应的解决该矛盾的创新原理,并且在创新原理的指导下,找到实际问题的解决方案。

如果是物理矛盾,则有两种方式可以选择。一种方式是运用分离原理,在创新原理指导下找到问题的解决方案;另一种方式是运用标准解法,在标准解法的指导下找到问题的解决方案。

在执行萃智的解题流程时,利用萃智提供的工具分析问题、解决问题,并将萃智的解决方案转化为实际问题的解决方案后,再进入对方案的筛选和评价阶段。如果对获得的方案满意,则执行方案;如果不满意,则要返回到最初的分析问题阶段,再次执行整个分析步骤,直到获得满意的方案。萃智运用流程如图 3-6 所示。

3.3.5　应用示例

1. 扳手内壁形状优化

(1) 应用背景

实际应用中,标准的六角形螺母常常会因为拧紧时用力过大或者使用时间过长,螺母的六角形外表面被腐蚀或表面遭到破坏。螺母被破坏后,使用普通的传统型扳手往往不能再松动螺母,有时甚至会使情况更加恶化,也就是说螺母外缘的六角形在扳手作用下破坏更加严重,扳手更加无法作用于螺母。在这种情况下,通常需要一种新型的扳手来解决这一问题。

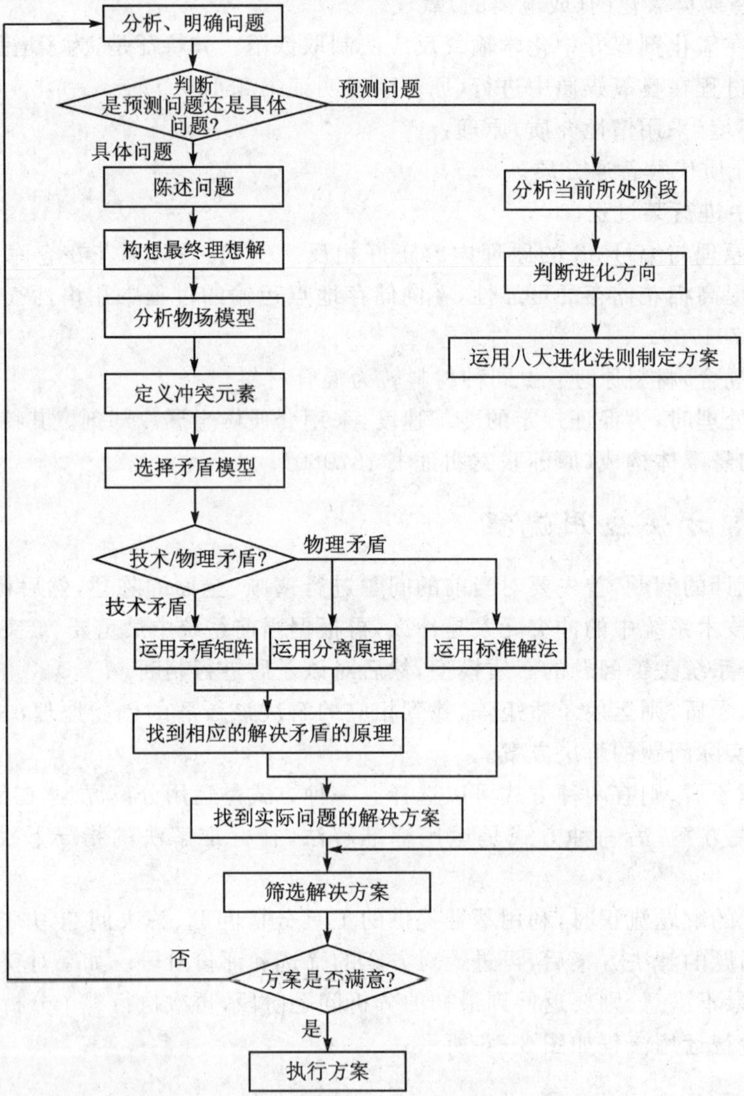

图 3-6　萃智运用流程图

传统型扳手之所以会损坏螺母，其主要原因是扳手作用在螺母上的力主要集中于六角形螺母的某两个角上，如图 3-7 所示。

经济效益和社会效益：用扳手拧紧或松动螺母是机械领域中的一个基本操作。以新型扳手取代传统型扳手，必将会使机械安装工作更加简单、方便，提高机械安装工作的工作效率。

(2) 问题描述

在拧紧或松动螺母的过程中，扳手同时会损坏螺母的六角形表面。使用扳手时用力越大，螺母损坏就会越严重；而使得扳手作用于螺母上的力大大减小，又会降低工作效率。

在这一系统中存在的技术矛盾是：若想通过改变扳手形状降低扳手对螺母的损坏程度，就有可能会使扳手制造工艺复杂化。

如果可以找到一种制造不是很复杂，而且又可以避免对螺母的严重损坏的扳手，无疑是解决这一问题的最佳途径。

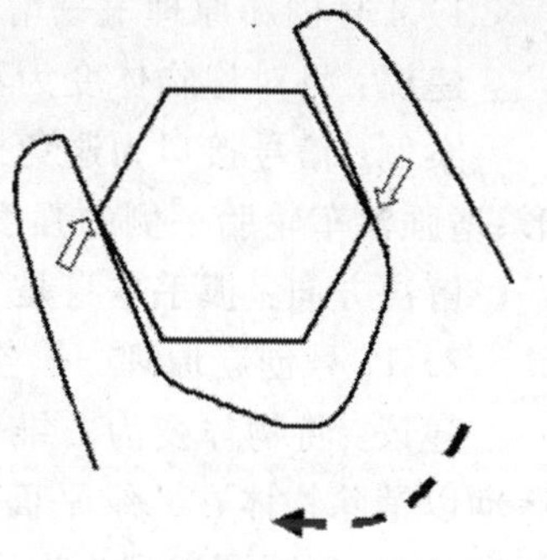

图 3－7　传统型扳手作用方式

(3) 解决思路

应用萃智解决这一问题时，首先必须明确判定出存在于系统中对立的技术特性。在现有设计中，扳手作用于螺母时会损坏螺母是现有设计中的一个重要缺陷。而这一缺陷恰恰可以提示我们，必须找出解决技术矛盾的方法以改进现有的传统设计。

若想彻底解决这一对技术矛盾，首先需要将"降低螺母的损坏程度"这一目标转换为萃智语言——矛盾矩阵中的某一个或几个参数。通过查找矛盾矩阵表，很明显，"物体产生的有害因素"就是我们希望提高的技术特性。

其次，需要分析在降低螺母的损坏程度时，又有哪些技术特性恶化。相对于确定得以改善的技术特性而言，确定恶化的技术特性则比较难。最简单的方法是分别将 39 个技术特性对号入座，寻找适合的技术特性。

根据对传统型扳手的分析，以下几个方面是可以尝试的改良方向：

① 使扳手的各个表面与螺母的外表面完全吻合，也就是说，扳手的表面与螺母表面要完全接触，避免扳手平面只与螺母的角接触。

② 在扳手上增加一个"小附件"，使得扳手的表面可以自由移动，可以和不同的螺母表面相接触。

③ 使用比螺母材料硬度小的材料制造扳手，这样可以在操作过程中损坏扳手而不是螺母。

严格说来，这些都不是扳手设计过程中的"恶化的技术特性"，我们要把它转化成为萃智语言才可以使用矛盾对立矩阵。在解决这一问题时，第一个改良方向"改变扳手的形状"是最实际的，最符合"缩小问题"的思想，致力于使系统保持不变甚至简化，而消除系统的缺点。然而，改变扳手的形状不免要增加扳手制造的复杂程度，因此，"制造精度"即为恶化的技术特性。

根据上述分析可得：有待提高的技术特性——物体产生的有害因素；恶化的技术特性——制造精度。

查找矛盾矩阵表，得到四个创新原理及相应的解决实例以帮助设计者完成设计。这四个创新原理分别为：

1）4 号创新原理——增加不对称性

建议：将对称物体变为不对称的；增加不对称问题的不对称程度。

案例：信号接口为避免插反，设计成正反不对称形状；气缸密封圈的截面由圆形改为椭圆形；增强汽车轮胎一侧的强度；木梳的梳齿间距有疏有密。

解决方向：扳手本身是一个不对称的形状，改变其形状，加强其形状的不对称程度。

2）17 号创新原理——空间维数变化

建议：将物体变为二维平面运动以克服一维直线运动或定位的困难，或过渡到三维空间运动以消除物体在二维平面运动或定位的问题；单层排列的物体变为多层排列；将物体倾斜或侧向放置；利用照射到临近表面或物体背面的光线。

案例：利用螺旋式楼梯减少占地面积；隔音保暖的双层玻璃；立体停车场。

解决方向：改变传统扳手上、下钳夹的两个直线平面的形状，使其成为曲面；改变、增加受力的接触面。

3）34 号创新原理——抛弃或再生

建议：采用溶解、蒸发等手段，抛弃已完成功能的零部件，或在系统运行过程中直接修改它们；在工作过程中，迅速补充系统或物体中消耗的部分。

案例：药物胶囊起到包裹药粉的作用，进入体内后自动溶解；完成升空后，火箭助推器与卫星运载舱分离；美工刀片变钝以后可以掰去；机关枪射击后自动抛出弹壳。

解决方向：去除在扳手工作过程中对螺母有损害的部位，使其无法破坏螺母六角形的外表面。

4）26 号创新原理——复制

建议：经过简化的廉价复制品，代替不易获得的、复杂的、昂贵的、不方便的或易碎的物体；用光学复制品（图像）代替实物或实物系统，可以按一定比例放大或缩小。

案例：用虚拟现实技术模拟战场状况，支持射击练习；用影子测量电视塔高度。

根据 4 号、17 号和 34 号创新原理，这一问题的最终解决方案原理图如图 3－8 所示。

在图 3－8 中，H 为扳手手柄的中心线；W 为扳手上、下两个钳夹的平分线；X 为中心线 H 和平分线 W 的交点；直线 P 通过点 X 且与直线 W 垂直。上、下两个钳夹各有一个凸起。上钳夹上凸起的圆心点 C 到直线 P 的距离为 S，而下钳夹上凸起的圆心点 C' 到直线 P 的距离为 $1.5S$。因此扳手的上、下两个钳夹并不对称。

在上、下钳夹的凸起两端各有一个凹槽与之平滑连接。

图 3－8 这一设计可解决使用传统扳手时遇到的问题。当使用扳手时，螺母六角形表面的其中两条边刚好与扳手上、下钳夹上的凸起相接触，使得扳手可以将力作用在螺母上。而六角形表面与扳手接触的角则刚好位于扳手上的凹槽中，因而不会有力作用于其上，螺母不会被损坏，如图 3－9 所示。

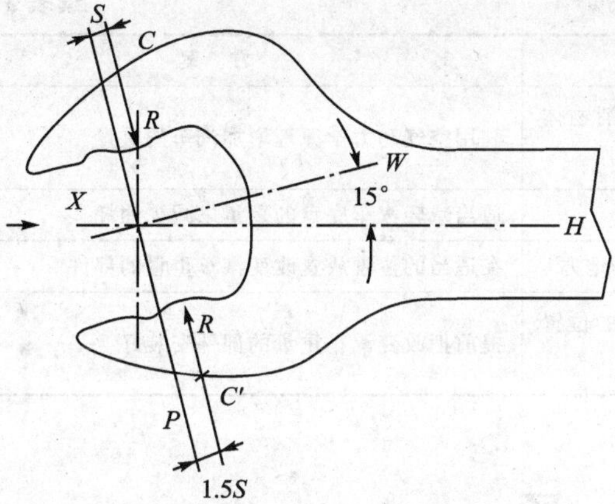

图 3－8　新型扳手草图

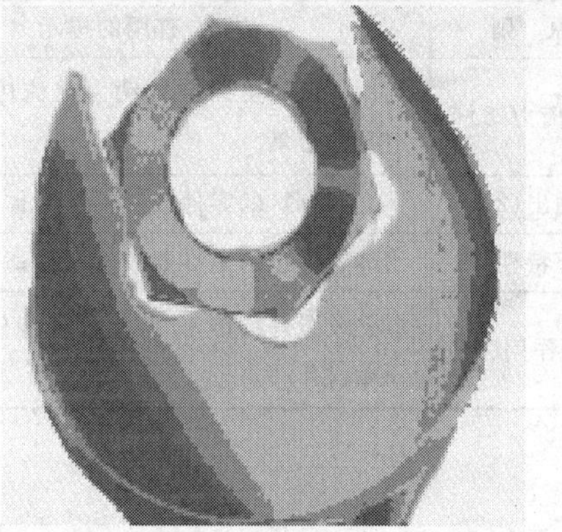

图 3－9　新型扳示意图

2. 汽车导流装置设计

汽车为了便于加速并降低加速的油耗，汽车底盘的重量越小越好。但为了保证高速行驶时汽车的安全，底盘重量越大越好。这种要求底盘同时具有大重量和小重量的情况。对于汽车底盘的设计来说就是物理矛盾，解决该矛盾是汽车设计的关键。

分析：这个设计与汽车底盘的重量有关。汽车属于移动物体，解决此问题应该分析的特征参数是“移动物体的重量”，引导表格查得的创新原则分别为 35、28、31、8、2、3、10。表 3－6 是对个性创新原则的分析，从中选出合适的方案。

图 3－10　导流装置示例

最后的解决方案：在汽车上安装汽车导流装置，通过该装置产生的重力场获得重量，使汽车的速度越快达到的重力场就越大，以达到最后的设计要求，见图 3－10。

表 3－6　可能设计方案

原　则	有用的提示	方　案
改变状态(35)	改变系统的物理状态	改变汽车获取重量的物理状态
替换机械系统(28)	取代场，包含：①以可变的取代恒定的；②以随时变化的取代固定的	原有汽车利用底盘的重量保证车的稳定性。要利用可变的重力场取代固定的重量
多孔材料(31)	使物体变成多孔性的或加入具有多孔性的元素(如嵌入、覆盖等)	把某些部件变成多孔结构，以减轻汽车的重量，或利用孔增加重量

续表 3-6

原　则	有用的提示	方　案
平衡力(8)	利用外部环境的空气动力或流体力来抵消物体本身的重量	利用空气动力学原理增加汽车的重量
抽出(2)	将会“妨碍”的零件或属性从物体中抽出	适当减轻汽车底盘的重量以减少油耗
局部特性(3)	物体各部位的零件要放置于最适合运行的地方	在适当的位置放置改变汽车重量的部件
预先作用(10)	事先放置好物体,如此便可直接从最方便的位置开始操作	提前把改变汽车重量的部件安装好

习　题

3-1　系统设计的目的是什么？都有哪些技术方法？

3-2　什么是设计的映射观点和流转换观点？根据这一流派的观点,方案设计是如何一步一步完成的？

3-3　萃智方法由哪几部分组成？什么是理想的技术系统？什么是缩小的问题？什么是系统冲突？什么是物理矛盾？发明级别的划分意义是什么？

3-4　请找出解决“力与可靠性”之间技术矛盾的创新原理。

3-5　物理矛盾与技术矛盾的区别是什么？

3-6　请举出解决系统冲突的三条原则,解决物理冲突的三个常用方法。

3-7　公理性设计原则所提出的两条公理是什么？

3-8　当前玻璃杯的制造工艺是将融状态的玻璃注入相应的模具中成形。外观带棱角的玻璃杯如果用整体模成形,模具的制造会很困难;如果模具精度不好会影响杯子的外形。尝试在矛盾矩阵的引导下解决这一问题。

3-9　现代社会大量人群涌入城市,为了满足人们的居住需求,城市启动大量高楼建设项目。楼房一高会引来一系列问题:抗震性能下降,影响周边建筑采光,楼房集中造成交通堵塞,车位紧张等。请从实际问题中提炼出1到2个技术矛盾,并尝试给出解决方案。

3-10　普通的胶是一种粘稠的液体,使需要粘连的物体粘连到一起,但当我们把胶涂在物体表面时,也常常会粘手指,这种情况是不希望发生的。请对上述情况进行分析,定义其中的物理矛盾,并使用分离原理加以解决。

3-11　请结合你的生活,应用萃智方法解决一个实际问题。

第4章　参数设计

运用QFD方法和系统设计方法明确了产品的功能需求和技术要求之后，就需要进行系统的参数设计。参数设计的目的是保证产品输出特性在其寿命周期内的稳定性，即指产品在各种内部或外部干扰因素的作用下，其质量特性能稳定地保持在一个尽可能小的波动范围内。这里的参数指的是可以影响到产品质量特性的技术参数。

影响系统（产品）质量特性波动的因素有很多，但并不是所有因素都能被认识到并可以加以控制，所以在参数设计时将这些因素分为可控因素和不可控因素。不可控因素有时也称为系统的干扰噪声。要分析各种因素对系统质量特性波动的影响大小，就需要用到正交试验方法。简而言之，参数设计是运用正交试验法等优化方法确定影响系统质量特性波动的可控因素的最佳组合，同时也尽可能减少不可控因素（干扰噪声）的影响，最终使产品的质量波动最小，从而保证质量特性的最稳定，这样的系统就是健壮的、可靠的。

正交试验方法是开展参数设计的基础与工具，因此，本章首先介绍正交试验的方法原理，然后介绍参数设计方法的原理，考虑到计算过程比较复杂，手工操作很难实现，因此本章借助Minitab软件来完成试验设计的分析与计算，基于Minitab软件的完整参数设计过程见附录A。

4.1　正交试验方法

4.1.1　基本概念

试验设计方法早在1920年就由英国著名统计学家费歇尔（R. A. Fisher）发展起来。他先在农业试验上采用多因素配置方式，对不同因素的每一种水平组合进行试验，并用方差分析方法分析因素对指标的影响。但是，采用这种方法进行试验，当因素与位级增加时，试验次数将急剧增加。从而导致试验周期长，成本增加，甚至根本无法进行试验。20世纪40年代，芬尼（D. J. Finney）提出多因素试验的部分实施方法，奠定了减少试验次数的正交试验法的理论基础。20世纪50年代初期，日本电讯研究所的田口玄一（Taguchi）博士，又在此基础上开发了正交试验方法，应用一套规范化的正交表来安排试验，采用一种程序化的计算方法来分析试验结果。由于这种方法的试验次数少，分析简便，重复性好，适用面广，因此在日本企业界得到迅速普及，成为质量设计的重要工具。以后田口玄一博士又在正交试验方法的基础上，开发了参数设计方法，充分利用产品或系统中存在的非线性效应，以取得高质量、低成本的综合效果,因而在国际上得到广泛应用。正交试验设计方法广泛应用于产品和工艺参数稳定性设计及工艺过程的优化中。

1. 可控因素与非可控因素

将过程模型简化为图 4-1,其中,$Y_1,Y_2,\cdots,Y_n$ 是我们关心的 n 个输出变量,这些常被称为响应变量或指标。

我们将影响响应变量的那些变量称为试验问题中的因素。假定 $X_1,X_2,\cdots,X_k$ 是人们在试验中可以加以控制的因素,它们是输入变量,是影响过程最终结果的。这些变量可以是连续型的(通常是这样),也可以是离散型的。影响过程及结果的变量除了这些可控因素外,还可能包含一些可以记录但不可控制的非可控因素($U_1,U_2,\cdots,U_m$),它们通常包括环境状况、操作员、材料批次等。这些变量可能取连续值,也可能取离散值。对于这些变量,通常很难将它们控制在某个精确值上,实际问题中它们确实也可能取不同的值。我们也把这些非可控因素称为噪声因素,常把它们当做试验误差来处理。

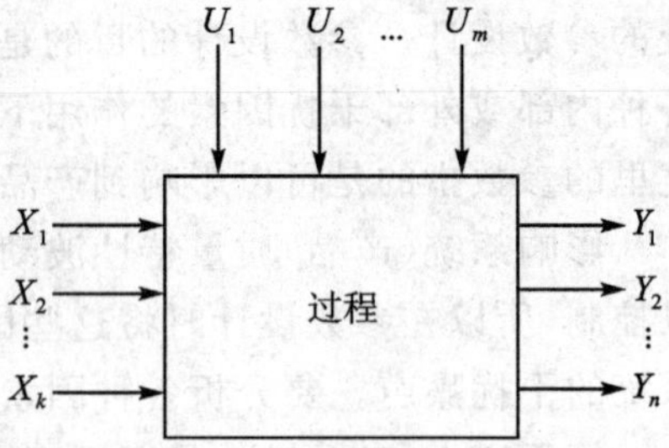

图 4-1 过程模型示意图

2. 水平及处理

为了研究因素对响应的影响,需要用到因素的两个或更多个不同的取值,这些取值称为因素的水平或设置。各因素皆选定了各自的水平后,其组合称为处理。一个处理的含义是,各因素按照设定的水平的一个组合,按此组合能够进行试验并获得响应变量的观测值(当然也可以进行多次试验)。因此,处理也可以代表一种安排,它比试验含义更广泛些,因为一个处理可以进行多次试验。这里的试验也是广义的,包括了按照一定的函数或逻辑关系进行的计算或仿真运行的情况。

3. 试验单元与试验环境

试验单元指对象、材料或制品等载体,即处理(即试验)应用其上的最小单位。例如,按因素组合规定的工艺条件所生产的一件(或一批)产品。

试验环境是指以已知或未知的方式影响试验结果的周围条件,通常包括温度、湿度、电压等非可控因子。

4. 模型与误差

考虑到影响响应变量 y 的可控因子是 $x_1,x_2,\cdots,x_k$,因此,在试验设计中建立的数学模型如下:

$$y = f(x_1,x_2,\cdots,x_k) + \varepsilon$$

式中：y——响应变量；

$x_1, x_2, \cdots, x_k$——可控因素；

f——某个确定的函数关系（模型）。

式中的误差 ε 除了包含由非可控因子（或噪声）所造成的试验误差外，还可能包含失拟误差。失拟误差是指所采用的模型函数 f 与真实函数间的差异。试验误差与失拟误差这两种误差的性质是不同的，分析时也要分别处理。有时为了分析方便，可以对失拟误差或试验误差进行适当地简化。

5. 主效应和交互效应

在多因素试验研究中，主效应就是在其他因素都不变化的情况下，单独考察一个因素对响应变量发生的变化效应。交互效应就是两个或两个以上因素相互依赖、相互制约，共同对响应发生的变化效应。如果一个因素对响应变量的影响效应会因另一个因素的水平不同而有所不同，则说这两个因素之间具有交互效应。

4.1.2 正交表

正交表是正交试验方法的基本工具，它是根据均衡分散的思想，运用组合数学理论在拉丁方和正交拉丁方的基础上构造的一种表格。两张最常用的正交表，如表 4-1 和表 4-2 所列。

表 4-1　正交表 $L_8(2^7)$

试验号 \ 列号	1	2	3	4	5	6	7
1	1	1	1	1	1	1	1
2	1	1	1	2	2	2	2
3	1	2	2	1	1	2	2
4	1	2	2	2	2	1	1
5	2	1	2	1	2	1	2
6	2	1	2	2	1	2	1
7	2	2	1	1	2	2	1
8	2	2	1	2	1	1	2

表 4-2　正交表 $L_9(3^4)$

试验号 \ 列号	1	2	3	4
1	1	1	1	1
2	1	2	2	2
3	1	3	3	3
4	2	1	2	3
5	2	2	3	1
6	2	3	1	2
7	3	1	3	2
8	3	2	1	3
9	3	3	2	1

正交表 $L_8(2^7)$ 有 8 行 7 列，由数码“1”和“2”组成。它有两个特点：

① 每个直列恰有 4 个“1”和 4 个“2”，即每个数码出现的机会是均等的；

② 任意两个直列，其横方向形成的 8 个数字对中，(1,1)、(1,2)、(2,1)、(2,2)恰好各出现两次，即任意两列间数码“1”和“2”的搭配是均衡的。

正交表 $L_9(3^4)$ 有 9 行 4 列，由数码“1”、“2”和“3”组成。它也具有两个特点：

① 每个直列中，“1”、“2”和“3”出现的次数相同，都是三次；

② 任意两个直列，其横方向形成的 9 个数字对中，(1,1)、(1,2)、(1,3)、(2,1)、(2,2)、(2,3)、(3,1)、(3,2)和(3,3)出现的次数相同，都是一次，即任意两列的数码“1”、“2”和“3”的搭配是均衡的。

其他一些常用正交表见附录 C。它们也都具有机会均等与搭配均衡的特点。这些特点即为正交表的“正交性”的含义。正交表记号所表示的意思如图 4-2 所示。

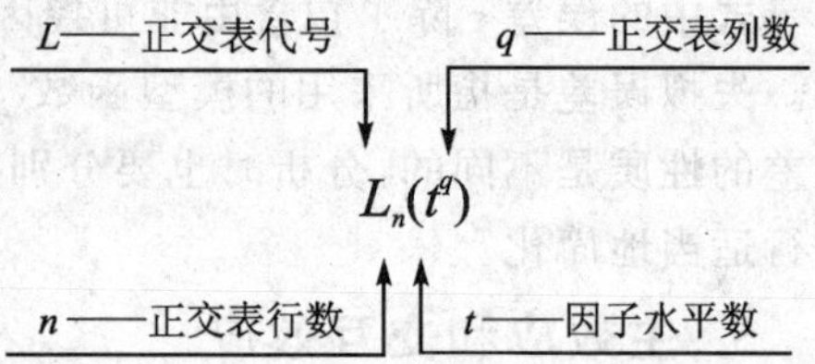

图 4-2 正交表符号内涵

即用正交表 $L_n(t^q)$ 安排试验时，t 表示因素的水平为 t，q 列表示最多可安排 q 个因素，行数 n 表示要做 n 次试验。

常用的正交表中，主要有下列四种类型：

① $L_{t^u}(t^q)$ 型正交表：属于这一类正交表的有 $L_4(2^3)$、$L_8(2^7)$、$L_{16}(2^{15})$、$L_{32}(2^{31})$、$L_{64}(2^{63})$、$L_9(3^4)$、$L_{27}(3^{13})$、$L_{81}(3^{40})$、$L_{16}(4^5)$、$L_{64}(4^{21})$、$L_{25}(5^6)$、$L_{125}(5^{31})$ 等，这类正交表的特点是 $q=\dfrac{t^u-1}{t-1}$，是饱和正交表，也就是说它的列数已达到最大值。

② $L_{4k}(2^{4k-1})$ 型正交表：属于这类正交表的有 $L_{12}(2^{11})$、$L_{20}(2^{19})$、$L_{24}(2^{23})$、$L_{28}(2^{27})$ 等，它也是饱和正交表。

③ $L_{\lambda p^2}(p^{2p+1})$ 型正交表：属于这类正交表的有 $L_{18}(3^7)$、$L_{32}(4^9)$、$L_{50}(5^{11})$ 等，它是非饱和正交表。

④ 混合型正交表：属于这类正交表的有 $L_8(4\times2^4)$、$L_{12}(3\times2^4)$、$L_{12}(6\times2^2)$、$L_{16}(4\times2^{12})$、$L_{32}(2\times4^9)$ 等。

4.1.3 正交试验的一般步骤

下面通过一个实例来说明正交试验方法的一般步骤。

例 4-1 某机电研究所研制一种新型材料，要求应力越小越好，希望不超过 2 kPa，必须通过退火工艺来达到应力要求，现通过正交试验希望能找到最佳的降低应力的工艺条件。

解

(1) 试验方案设计

1) 明确试验目的，确定试验指标

试验目的：降低材料的应力，应力越小越好。

试验指标：应力(单位：kPa)。

2）制定因素水平表

经过考察、分析，本试验中有升温速度、恒温温度、恒温时间和降温速度共 4 个因素，分别用 A、B、C、D 表示。每个因素取 3 个水平（位级），因素水平表如表 4－3 所列。

表 4－3　试验因素水平表

水平＼因素	升温速度/(℃·h^{-1})	恒温温度/℃	恒温时间/h	降温速度
	A	B	C	D
1	30	600	6	1.5 ℃/h(自然冷却)
2	50	450	2	1.7 ℃/h(自然冷却)
3	100	500	4	15 ℃/h(强迫冷却)

3）选正交表，安排表头

因素水平确定之后就可选用合适的正交表，然后排表头。本例有 4 个因素，每个因素有 3 个水平，可选用正交表 $L_9(3^4)$，因素安排如表 4－4 所列。

表 4－4　$L_9(3^4)$表头安排

列　号	1	2	3	4
因　素	A	B	C	D

选用正交表的原则是正交表的列数要等于或大于因素的个数，试验次数应取最少的。在排表头时各因素可任意排在各列中，但是一经排定，在试验过程中就不能再变动。

4）排列试验条件

表头排好之后，将表中每一列的数字 1、2、3 看成该列中每个因素应取的水平，每一行就是每次试验的条件。例如，$L_9(3^4)$表的第一列是升温速度（因素 A），在 1 的位置上写 $A_1=30$ ℃/h，在 2 的位置上写 $A_2=50$ ℃/h，在 3 的位置上写 $A_3=100$ ℃/h，其他因素也是同样写法（叫对号入座），如表 4－5 所列。

表 4－5 就是具体的实施方案，共试验 9 次，每次试验都是不同因素不同水平的随机搭配。例如，第一个试验就是 $A_1B_1C_3D_2$，即升温速度为 30 ℃/h，恒温温度为 600 ℃，恒温时间为 4 h，降温速度为 1.7 ℃/h，自然冷却。

(2) 试验过程实施

试验排定之后就必须严格按照排定的试验方案进行试验，不能再变动，但试验的次序可以任意进行，不一定按照正交表的试验号的顺序依次试验，每做一次试验都要记下所得的结果（即达到的指标），填入表 4－5 的“应力结果”一列。

表 4－5　试验方案

试验号＼因素	升温速度 A	恒温温度 B	恒温时间 C	降温速度 D	应力结果/kPa
	1	2	3	4	
1	1 (30 ℃/h)	1 (600 ℃)	3 (4 h)	2 (1.7 ℃/h)	
2	2 (50 ℃/h)	1 (600 ℃)	1 (6 h)	1 (1.5 ℃/h)	
3	3 (100 ℃/h)	1 (600 ℃)	2 (2 h)	3 (15 ℃/h)	
4	1 (30 ℃/h)	2 (450 ℃)	2 (2 h)	1 (1.5 ℃/h)	
5	2 (50 ℃/h)	2 (450 ℃)	3 (4 h)	3 (15 ℃/h)	
6	3 (100 ℃/h)	2 (450 ℃)	1 (6 h)	2 (1.7 ℃/h)	
7	1 (30 ℃/h)	3 (500 ℃)	1 (6 h)	3 (15 ℃/h)	
8	2 (50 ℃/h)	3 (500 ℃)	2 (2 h)	2 (1.7 ℃/h)	
9	3 (100 ℃/h)	3 (500 ℃)	3 (4 h)	1 (1.5 ℃/h)	

(3) 试验结果分析

通过不同试验方案得到数个试验指标，例如，表 4－6 中得到 9 种(应力)，下面分析试验结果并对试验方案进行评价。对试验结果的分析有两种方法：一是直观分析法，二是极差分析法。

直观分析法就是直观比较试验方案的试验结果。从表 4－6 看出第 5 号试验应力最低(0.5 kPa)，试验组合是 $A_2B_2C_3D_3$。这是从试验直接得到的结果来分析，但是否有更好的试验组合，需要通过极差分析来探索。

极差分析法就是通过计算同一因素不同水平试验指标的极差，了解试验结果的波动情况，然后比较不同因素的极差值，以便找到效果更好的试验方案。通过极差比较还可以找出影响试验的主要因素，进而寻找更优的试验方案。下面用表 4－6 讲述极差分析法分析问题的步骤。

表 4－6　试验方案

试验号＼因素	升温速度 A	恒温温度 B	恒温时间 C	降温速度 D	应力结果/kPa
	1	2	3	4	
1	1 (30 ℃/h)	1 (600 ℃)	3 (4 h)	2 (1.7 ℃/h)	6
2	2 (50 ℃/h)	1 (600 ℃)	1 (6 h)	1 (1.5 ℃/h)	7
3	3 (100 ℃/h)	1 (600 ℃)	2 (2 h)	3 (15 ℃/h)	15
4	1 (30 ℃/h)	2 (450 ℃)	2 (2 h)	1 (1.5 ℃/h)	8

续表 4-6

试验号＼因素	升温速度 A 1	恒温温度 B 2	恒温时间 C 3	降温速度 D 4	应力结果 /kPa
5	2 (50 ℃/h)	2 (450 ℃)	3 (4 h)	3 (15 ℃/h)	0.5
6	3 (100 ℃/h)	2 (450 ℃)	1 (6 h)	2 (1.7 ℃/h)	7
7	1 (30 ℃/h)	3 (500 ℃)	1 (6 h)	3 (15 ℃/h)	1
8	2 (50 ℃/h)	3 (500 ℃)	2 (2 h)	2 (1.7 ℃/h)	6
9	3 (100 ℃/h)	3 (500 ℃)	3 (4 h)	1 (1.5 ℃/h)	13
Ⅰ	15	28	15	28	总和 T=Ⅰ+Ⅱ+Ⅲ=63.5
Ⅱ	13.5	15.5	29	19	
Ⅲ	35	20	19.5	16.5	
极差 R	21.5	12.5	14	11.5	

注：Ⅰ为同一因素水平 1 的三次试验结果之和；Ⅱ为同一因素水平 2 的三次试验结果之和；Ⅲ为同一因素水平 3 的三次试验结果之和。

1）数据计算

① 计算各因素不同水平的指标和。用Ⅰ、Ⅱ、Ⅲ分别表示对应各因素水平 1、2、3 的指标和。例如，对于因素 A，水平 1、2、3 的指标和分别用 $Ⅰ_A$、$Ⅱ_A$、$Ⅲ_A$ 表示。

$$Ⅰ_A = 6 + 8 + 1 = 15$$

$$Ⅱ_A = 7 + 0.5 + 6 = 13.5$$

$$Ⅲ_A = 15 + 7 + 13 = 35$$

其他因素用同样方法计算其结果，见表 4-6。

② 计算各因素不同水平指标的极差 R。极差是指 $Ⅰ_A$、$Ⅱ_A$、$Ⅲ_A$ 三个数中最大值和最小值之差，如因素 A 的极差为

$$R_A = 35 - 13.5 = 21.5$$

其他因素以此类推，其结果见表 4-6。

③ 计算指标值总和 T，公式如下：

$$T = Ⅰ + Ⅱ + Ⅲ = 15 + 13.5 + 35 = 63.5 \quad (\text{因素 } A)$$

本例结果为 63.5，各因素Ⅰ、Ⅱ、Ⅲ的指标和是相等的，都等于 9 次试验结果指标值之和，即

$$6+7+15+8+0.5+7+1+6+13=63.5$$

2）对计算结果进行分析

① 找比较优的试验搭配方案。较优的试验搭配方案，是以每个因素中试验指标效果较好的水平进行搭配。对上例来说，因为指标是应力度，指标值越低试验效果越好。按此搭配较优试验方案为 $A_2B_2C_1D_3$。

② 排出主次因素。极差所反映的是指标值的波动，对每个因素来说，指标值的波动是由于因素所取不同的水平而引起的。所以极差越大，说明该因素的不同水平对试验指标的影响越大，那么它就应该是试验的主要控制对象，也就是主要因素。对主要因素要以较优的水平搭配试验。相反，极差较小的因素，说明该因素所处的状态，即所取的不同水平对试验指标影响不大，那么该因素就不作为主要控制对象，它就是一般因素。对一般因素的水平就可以根据试验方便、资金节约的原则而选取的。当然这里所说的主要因素或一般因素是对特定的试验条件下而言的，例 4－1 各因素的主次排列是对特定的试验条件下而言的，按极差从大到小的主次排列如图 4－3 所示。

主 ——→ 次
A　C　B　D

图 4－3　因素主次排列

于是，除 $L_9(3^4)$ 正交表之外，通过计算后还可以采用一个搭配较优的试验方案为 $A_2C_1B_2D_3$。

③ 画趋势图展望下批试验的好条件。

为了进一步降低指标应力，以每个因素的实际水平为横坐标，其试验结果总和为纵坐标，画出各因素的趋势图，如图 4－4 所示。

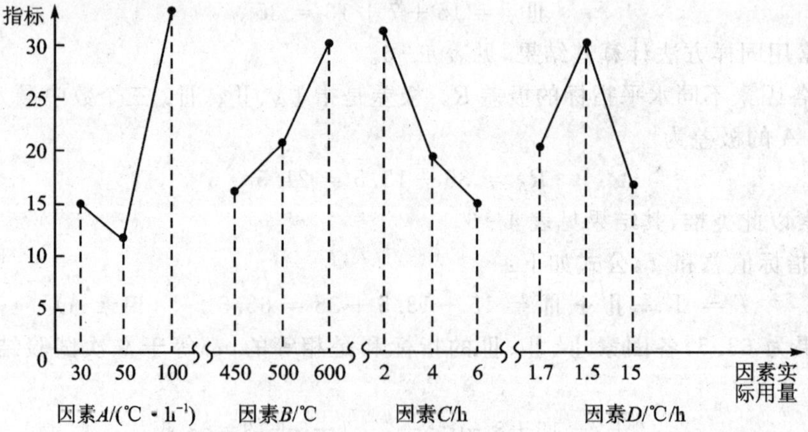

注：因素 A 为升温速度，因素 B 为恒温温度，因素 C 为恒温时间，因素 D 为恒温速度。

图 4－4　趋势图

从图 4-4 中可以看出这些因素的发展趋势，可以作进一步的分析。

恒温温度(因素 B)：450 ℃、500 ℃、600 ℃三个高度逐步上升，说明如果温度下降，应力还将继续降低，这意味着原来的三个位级都选高了，就是 450 ℃的恒温温度也是比较高的。再试验时可将此温度降至 400 ℃或更低一些。

恒温时间(因素 C)：2 h、4 h、6 h 逐步下降，这也证实了过去"时间长应力低"的看法是正确的。恒温 6 h 最好，但考虑到节约电力和提高工效等综合效益，恒温时间取 4 h 也是可以的。

这样一个新的试验方案将形成，最后把展望的 4 个好的位级结合到一起得出一个新的试验方案，即：恒温温度降到 400 ℃，记为 B_4，恒温时间为 4 h，升温速度为 50 ℃/h，降温速度为 15 ℃/h。得试验新方案 $A_2B_4C_3D_3$，就是最终确定的退火工艺的工艺条件。

4.1.4　有多指标要求的正交试验

在实际问题中，有许多试验需要用多个指标来衡量试验效果，被称之为多指标试验。在多指标试验中，各个指标之间可能存在一定的矛盾，一项指标好了，另一项指标却差了。怎样兼顾各项指标，找出使得每项指标都尽可能好的生产条件呢？常用的方法有两种：综合平衡法与综合评分法。

1. 综合平衡法

综合平衡法的基本做法：

① 对各项指标进行分析，与单指标的分析方法完全一样，找出各项指标的较优生产条件；

② 将各项指标的较优生产条件综合平衡，找出兼顾各项指标都尽可能好的生产条件。

例 4-2　某汽车配件厂进行后视镜加工工艺试验，以提高其光洁度合格率和缩短工时，选取的因素水平如表 4-7 所列。

表 4-7　后视镜加工工艺试验因素水平表

水平 \ 因素	抛光液含量/%	抛光模新旧	玻璃	抛光模硬度
	A	B	C	D
1	99	新	退修料	正常
2	45	旧	新料	偏硬

解　根据本试验的目的，需要考察的指标有两项，即光洁度合格率和工作时间。

光洁度合格率 Y，越高越好；工作时间 Z，越短越好。选用正交表 $L_8(2^7)$来安排该试验，试验方案、结果和所做的计算与分析列于表 4-8 中。

表 4-8　后视镜加工工艺试验结果分析计算表

因素 / 试验号	D	B	A	C	指标	
	1	2	4	7	合格率 Y/%	工作时间 Z/h
1	1(正常)	1(新)	1(99%)	1(退修料)	93	4
2	1	1	2(45%)	2(新料)	91	10
3	1	2(旧)	1	2	29	6
4	1	2	2	1	56	6
5	2(偏硬)	1	1	2	71	4
6	2	1	2	1	73	11
7	2	2	1	1	83	3
8	2	2	2	2	84	14
合格率的极差运算	Ⅰ	269	328	276	305	因素主次：$BDCA$ 较优生产条件： $B_1D_2C_1A_2$
	Ⅱ	311	252	304	275	
	R	42	76	28	30	
工作时间的极差运算	Ⅰ	26	29	17	24	因素主次：$ACDB$ 较优生产条件： $A_1C_1D_1B_{1,2}$
	Ⅱ	32	29	41	34	
	R	6	0	24	10	

综合平衡的一般原则：当各项指标的重要性不一样时，选取水平应保证重要的指标；当各指标的重要性相仿时，选取水平应优先照顾主要因素或多数的倾向。例 4-2 中，因素 A 对于"工作时间"而言是主要因素，对"合格率"而言是次要因素，故取 A_1；因素 B 对于"合格率"而言是主要因素，对"工作时间"而言是次要因素，且两个水平的作用相近，故取 B_1；因素 C 在两项指标中都是 C_1 好，故取 C_1；因素 D 对"合格率"而言是较主要的因素，对"工作时间"而言是较次要的因素，故取 D_2。经综合平衡，最后得到的较优生产条件为 $A_1B_1C_1D_2$。

2. 综合评分法

综合评分法是用评分的办法，将多个指标综合成单一的指标——得分，用每次试验的得分来代表本次试验的结果，用各试验号的分数作为数据进行分析的方法。综合评分法的关键是评分。评分既要能反映各指标的要求，也要能反映出各个指标的重要程度。

常用的评分方法有以下两种：

① 排队评分法，即把各项试验结果按优劣排队，顺序排好后，根据相邻名次的实际差别，给出统一的分数。评分可以采用百分制，也可以采用 10 分制或 5 分制。排队评分法不仅简单易行而且应用面广，不仅适用于将多指标化为单指标情况，还适用于将定性指标化为定量指标

的情况。

② 公式评分法，即首先对每项指标按优劣评分，然后把各项指标的得分按一定的公式组合起来，综合成一个综合得分。

下面以例 4－2 为例来说明如何用综合评分法分析多个指标试验的结果。

首先，对每项指标单独评分。对合格率，规定合格率为 93％者评为 9.3 分，合格率为 91％者评为 9.1 分，其余类推。对工作时间，规定时间最少者(3 h)评为 10 分，多 1 h 扣 1 分，时间最多者评为 0 分，因为合格率是一项重要指标，工作时间是一项次要指标，因此以“加权”方式得到综合评分：

$$综合评分=2\times合格率得分+工作时间得分$$

例如，第 1 号试验综合评分$=2\times9.3+9=27.6$，全部综合评分和以综合评分为数据的计算、分析列于表 4－9。

表 4－9　试验结果综合评分分析计算表

因素 / 试验号	D	B	A	C	指标		综合得分
	1	2	4	7	合格率 y_i/%	工作时间 Z_i/h	
1	1	1	1	1	93	4	27.6
2	1	1	2	2	91	10	21.2
3	1	2	1	2	29	6	12.8
4	1	2	2	1	56	6	18.2
5	2	1	1	2	71	4	23.2
6	2	1	2	1	73	11	16.6
7	2	2	1	1	83	3	26.6
8	2	2	2	2	84	14	16.8
Ⅰ	79.8	88.6	90.2	89	因素主次：$ACBD$ 较优生产条件：$A_1B_1C_1D_2$		
Ⅱ	83.2	74.4	72.8	74.0			
R	3.4	14.2	17.4	15.0			

由表 4－9 看出，按综合评分法所得的较优生产条件 $A_1B_1C_1D_2$ 与综合平衡法的结论一致。

综合评分的方法不仅可用于定量指标的试验结果的分析，而且也可适用于定性指标的试验，下面通过实例来说明。

例 4－3　某发动机厂提高精铸模体的性能试验。指标：模体用于浇注时是否炸裂，所选因素水平如表 4－10 所列。试验需要考虑交互作用 $A\times C$ 和 $B\times C$。

表 4-10　精铸模体性能试验因素水平表

水平＼因素	硬化剂比重	硬化剂温度/℃	硬化时间/min	晾干时间/min	脱蜡条件
	A	B	C	D	E
1	1.18	13	2	15	氯化剂
2	122	25	4	40	盐酸

解　选用 $L_8(2^7)$安排试验，试验方案如表 4-11 所列。把 8 个试样按优劣排队。2 号最好，排第 1 名，1 号排第 2 名，3 号排第 3 名，8 号排第 4 名，4 号、5 号、6 号、7 号最差，然后按工艺要求，按名次顺序以及相邻两个名次差别大小，统一打分。

评分结果如下：

第 1 名　　2 号　　　　　　10 分
第 2 名　　1 号　　　　　　8 分
第 3 名　　3 号　　　　　　6 分
第 4 名　　8 号　　　　　　4 分
　　　　　4 号、5 号、6 号、7 号　　0 分

把评分结果及试验结果的分析列于表 4-11 中。

表 4-11　精铸模体性能试验结果分析表

试验号＼因素	A	C	$A\times C$	B	D	$B\times C$	E	综合评分
	1	2	3	4	5	6	7	
1	1	1	1	1	1	1	1	8
2	1	1	1	2	2	2	2	10
3	1	2	2	1	1	2	2	6
4	1	2	2	2	2	1	1	0
5	2	1	2	1	1	1	2	0
6	2	1	2	2	2	2	1	0
7	2	2	1	1	1	2	1	0
8	2	2	1	2	2	1	2	4
Ⅰ	24	18	22	14	18	12	8	$T=28$
Ⅱ	4	10	6	14	10	16	20	因素主次：$A,A\times C,E,C,D,B\times C,B$
R	20	8	16	0	8	4	12	最优生产条件：$A_1B_2C_1D_1E_2$

4.1.5 有交互效应的正交试验

前面介绍的试验方案的设计和试验结果的分析方法都是指没有交互效应的情况。当因素间有交互作用，而且希望通过试验分析交互作用对指标的影响时，试验方案的设计与前面所讲的稍有不同。为此先介绍一下正交表中两列间的交互作用列表这个概念。

在常用正交表中，有的表后面附有一张“两列间的交互作用列表”，这是专门用来分析交互作用而使用的表。现以 $L_8(2^7)$ 的“两列间的交互作用列表”(见表 4-12)为例，说明这类表的用法。

表 4-12 $L_8(2^7)$ 交互作用查询表

1	2	3	4	5	6	7	行号 \ 列号
(1)	3	2	5	4	7	6	1
	(2)	1	6	7	4	5	2
		(3)	7	6	5	4	3
			(4)	1	2	3	4
				(5)	3	2	5
					(6)	1	6
						(7)	7

表 4-12 中的所有数字都是正交表 $L_8(2^7)$(见表 C-2)的列号。最右边和最上边的数字是本表的行号和列号，括号里的数字也是本表的行号(也是列号)。若要查 $L_8(2^7)$ 的第 1、2 列的交互列，则从表 4-12 中“(1)”横着向右看，从“(2)”竖着向上看，它们的交叉点是 3，则第 3 列就是第 1 列与第 2 列的交互作用列。同理，可查出第 2 列与第 4 列的交互作用列是第 6 列，其他任意两列的交互作用列可用类似的办法查得。在设计试验方案时，若因素 A 排在第 1 列，因素 B 排在第 2 列，则因素 A 与 B 的交互作用在第 3 列。这时由第 3 列的计算可分析出交互作用 $A\times B$ 对指标影响的大小。这时若第 3 列再排了另一因素，则该因素对指标的影响就与交互作用对指标的影响混在一起，不能区分开来，这称之为产生了“混杂”。因此，在试验时，往往把交互作用单独作为一个因素来考察，交互作用所在的列不能再排其他因素。

$L_{16}(2^{15})$ 和 $L_{32}(2^{31})$ 等正交表“两列间的交互作用列表”的用法与 $L_8(2^7)$ 的完全类似。$L_4(2^3)$ 任两列的交互列是剩下的一列。特别指出的是，对二水平正交表，两列间的交互作用列只有一列；对三水平正交表，两列间的交互作用列要占二列；一般地，对 n 水平正交表($n\geqslant 2$)，两列间的交互作用列占 $n-1$ 列。在 $L_{27}(3^{13})$ 的“两列间的交互作用列表”(见表 4-13)中，每行每列的交叉处都有两个数字。例如，第 2 列第 5 行上的数字是 8 和 11。这就是说，如果因

素 A 在第 2 列，因素 B 在第 5 列，则因素 A、B 的交互作用 $A\times B$ 在第 8 列和第 11 列上。$A\times B$ 对指标影响的大小，可由第 8 和第 11 这两列计算分析出来。

表 4－13　$L_{27}(3^{13})$ 交互作用查询表

1	2	3	4	5	6	7	8	9	10	11	12	13	行号 / 列号
(1)	3 4	2 4	2 3	6 7	5 7	6 5	9 10	8 10	8 9	12 13	11 13	11 12	1
	(2)	1 4	1 3	8 11	9 12	10 13	5 11	6 12	7 13	5 8	6 9	7 10	2
		(3)	1 2	9 13	10 11	8 12	7 12	5 13	6 11	6 10	7 8	5 9	3
			(4)	10 12	8 13	9 11	6 13	7 11	8 12	7 9	5 10	6 8	4
				(5)	1 7	1 6	2 11	3 13	4 12	2 8	4 10	3 9	5
					(6)	1 5	4 13	2 12	3 11	3 10	2 9	4 8	6
						(7)	3 12	4 11	2 13	4 9	3 8	2 10	7
							(8)	1 10	1 9	2 5	3 7	4 6	8
								(9)	1 3	4 7	2 6	3 5	9
									(10)	3 6	4 5	2 7	10
										(11)	1 13	1 12	11
											(12)	1 11	12

当试验要考察因素间的交互作用时，表头设计的原则是不能产生混杂。

例 4－4　某铸造厂为了消除 $Al_{17}Ni_2$ 叶片的脆性，试验指标是延伸率，选取的因素水平如表 4－14 所列。根据实际经验，浇铸速度固定在 3～5 s，模壳预热为 108 ℃，保温 1 h。另外，

还需考察交互作用 $A\times B$、$A\times C$、$B\times E$、$D\times E$。其他交互作用可以忽略。希望用较小的试验摸清这 5 个因素和 4 个交互作用中，哪些对指标延伸率影响较大，哪些影响较小，并找出使延伸率较高的生产条件。

表 4－14　叶片延伸率试验因素水平表

因素 / 水平	含碳量/%	含铝量/%	含铜量/%	出炉温度/℃	冷却方式
	A	B	C	D	E
1	0.12	2.5	0	1 620	不造型
2	0.07	4.0	3.5	1 560	造　型

解　试验要考察 5 个因素，4 个交互作用。设计试验方案时，表头设计与以前不同。选表时应注意，这里不仅每个因素要占一列，而且 4 个交互作用（$A\times B$、$A\times C$、$B\times E$、$D\times E$）也要各占一列，共占 9 列。本试验是二水平试验，所以要选用至少有 9 列的二水平正交表。$L_{16}(2^{15})$满足这个要求，故使用 $L_{16}(2^{15})$来安排这个试验。

先把因素 A 排在第 1 列，因素 B 排在第 2 列，查 $L_{16}(2^{15})$的交互作用表，$A\times B$ 应排在第 3 列。因素 C 不能放在第 3 列，否则就产生“混杂”了，现将因素 C 排在第 4 列，查表知 $A\times C$ 在第 5 列。然后将因素 E 排在第 15 列，则 $B\times E$ 应排在第 13 列。再将因素 D 排在第 8 列，查表知 $D\times E$ 应排在第 7 列。这样就完成了表头设计。

本试验的表头设计、试验方案、试验结果、计算与分析均列于表 4－15 中。

表 4－15　试验结果分析计算表

因素 / 试验号	A	B	$A\times B$	C	$A\times C$		$D\times E$	D					$B\times E$		E	y_i
	1	2	3	4	5	6	7	8	9	10	11	12	13	14	15	
1	1	1	1	1	1	1	1	1	1	1	1	1	1	1	1	9.2
2	1	1	1	1	1	1	1	2	2	2	2	2	2	2	2	4.8
3	1	1	1	2	2	2	2	1	1	1	1	2	2	2	2	2.0
4	1	1	1	2	2	2	2	2	2	2	2	1	1	1	1	3.8
5	1	2	2	1	1	2	2	1	1	2	2	1	1	2	2	3.8
6	1	2	2	1	1	2	2	2	2	1	1	2	2	1	1	3.6
7	1	2	2	2	2	1	1	1	1	2	2	2	2	1	1	8.6
8	1	2	2	2	2	1	1	2	2	1	1	1	1	2	2	9.6
9	2	1	2	1	2	1	2	1	2	1	2	1	2	1	2	9.4
10	2	1	2	1	2	1	2	2	1	2	1	2	1	2	1	12.0
11	2	1	2	2	1	2	1	1	2	1	2	2	1	2	1	8.6

续表 4-15

因素 / 试验号	A	B	$A\times B$	C	$A\times C$		$D\times E$	D					$B\times E$		E	y_i
	1	2	3	4	5	6	7	8	9	10	11	12	13	14	15	
12	2	1	2	2	1	2	1	2	1	2	1	1	2	1	2	9.8
13	2	2	1	1	2	2	1	1	2	2	1	1	2	2	1	9.2
14	2	2	1	1	2	2	1	2	1	1	2	2	1	1	2	9.6
15	2	2	1	2	1	1	2	1	2	2	1	2	1	1	2	3.0
16	2	2	1	2	1	1	2	2	1	1	2	1	2	2	1	2.4
Ⅰ	45.4	59.6	44.0	61.6	45.2	59.0	69.4	53.8	57.4	54.4	58.4	57.2	59.6	57.0	57.4	
Ⅱ	64.0	49.8	65.4	47.8	64.2	50.4	40.0	55.6	52.0	55.0	51.0	52.2	49.8	52.4	52.0	$T=109.4$
极差 R	18.6	9.8	21.4	13.8	19.0	8.6	29.4	1.8	5.4	0.6	7.4	5.0	9.8	4.6	5.4	

需要注意，交互作用不是具体因素，而是因素之间的联合搭配作用，当然也就无所谓水平。因此，交互作用所在的列，在试验方案中是不起作用的，只是在分析试验结果时用。例如，第 1 号试验条件是：含碳量为 0.12%，含铝量为 2.5%，含铜量为 0，出炉温度为 1 620 ℃，冷却方式为不造型等。其他各号试验条件可类似写出。

有交互作用的试验，其结果的分析与无交互作用试验结果的分析在方法上没有本质的不同。事实上，如果把每个交互作用作为一个“因素”看待，其计算分析的方法与没有交互作用试验的一致。所不同的主要是最后一步，即较优生产条件的选择。

前已述及，某因素极差 R 的大小，代表了该因素对指标影响的大小。同样，某交互作用列极差 R 的大小，也代表了该交互作用对指标影响的大小。于是比较各列极差的大小来确定各因素与交互作用的主次顺序。由表 4-15 最末一行的极差 R 可得，本例各因素与交互作用的主次顺序为 $D\times E, A\times B, A\times C, A, C, B, B\times E, E, D$。

根据以上分析，因素 D 和 E 本身对指标影响不大，但它们的交互作用影响却最大，其次是 $A\times B$ 和 $A\times C$，再次是含碳量因素 A，含铜量因素 C，含铝量因素 B，交互作用 $B\times E$，出炉温度因素 D 与冷却方式因素 E 影响较小。

有交互作用的试验，选取水平时要区分两类因素：

① 不涉及交互作用的因素或交互作用影响较小的因素，它们水平的选取和以前一样，选取合计指标值较好的所对应的水平。

② 有交互作用的因素，它们水平的选取不能单独考虑，而要列出二元表，根据各种搭配情况，选取对指标影响较好的水平组合。

例如，对出炉温度因素 D 和冷却方式因素 E 的交互作用列出二元表，如表 4-16 所列。

表 4-16　因素 D 和 E 交互作用分析二元素

因素 E / 因素 D	E_1	E_2
D_1	$\frac{9.2+8.6+8.6+9.2}{4}=8.9$	$\frac{2.0+3.8+9.4+3.0}{4}=4.55$
D_2	$\frac{3.8+3.6+12.0+2.4}{4}=5.45$	$\frac{4.8+9.6+9.8+9.6}{4}=8.45$

从表 4-16 看出，取 D_1E_1 搭配较好，即 $D_1=1\ 620$ ℃，E_1＝不造型。对交互作用 $A\times B$，同样可列出二元表(见表 4-17)。从表 4-17 看出，取 A_2B_1 较好，即 $A_2=0.07$，$B_1=2.5$。类似地，可列出 $A\times C$ 的二元表，并看出应选 A_1C_2 或 A_2C_1 搭配。但因素 A 已取 A_2，从而决定选 A_2C_1 搭配。

表 4-17　因素 A 和 B 交互作用分析二元素

因素 B / 因素 A	B_1	B_2
A_1	$\frac{9.2+4.8+2.0+3.8}{4}=4.95$	$\frac{3.8+3.6+8.6+9.6}{4}=6.4$
A_2	$\frac{9.8+9.4+12+8.6}{4}=9.95$	$\frac{9.2+9.6+3.0+2.4}{4}=6.05$

综上所述，得到较优生产条件为 $A_2B_1C_1D_1E_1$，即含碳量为 0.07%，含铝量为 2.5%，含铜量为 0，出炉温度为 1 620 ℃，冷却方式为不造型。

需要指出的是，有许多问题，往往衡量试验效果的指标不止一个而是多个，本例中除了考虑延伸率这个指标外，还需考虑抗拉强度、断面收缩率、硬度等指标。

4.1.6　正交试验结果的方差分析

前面介绍的多因素正交试验的分析方法叫做直观分析法。这种方法简单直观，只要对试验结果做少量计算，通过综合分析比较，便能知道因素的主次，得出较好的生产条件。但直观分析不能估计试验误差的大小。也就是说，不能区分因素各水平所对应的试验结果间的差异究竟是因为因素水平不同所引起的，还是因为试验的误差所造成的，因而不能知道分析的精度。为了弥补直观分析法的这些不足，可采用方差分析方法。

多因素正交试验方差分析的基本思想和方法与单因素方差分析差不多，只是要多计算几个因素的偏差平方和与自由度，误差的估计稍微复杂一点，需分别对各个因素进行分析、检验和推断。在多因素正交试验中，各因素间交互作用和误差对试验指标影响的大小仍通过其相应的偏差平方和来表示，各偏差平方和中独立数据的个数仍用相应的自由度表示，也有偏差平方和与自由度的分解公式。它们的计算方法与单因素试验的基本一致。

首先引入正交表的是列偏差平方和的概念。公式如下：

$$S_i^2 = 第\ i\ 列\left(\frac{同水平数据之和的平方和}{水平重复数}\right) - \frac{(数据之和)^2}{数据总个数}$$

式中，S_i^2 为正交表第 i 列的偏差平方和。其自由度 f_i 公式如下：

$$f_i = 第\ i\ 列的水平数 - 1$$

在没有重复试验、重复取样的情况下，总偏差平方和与列偏差平方和、总自由度与列自由度之间，一般有如下关系：

正交表的平方和分解 $$S_T^2 = \sum S_i^2$$

正交表的自由度分解 $$f_T = \sum f_i$$

在正交试验中，若将因素 A 排在某正交表的第 i 列上，则此因素 A 的偏差平方和就是第 i 列的偏差平方和，即

$$S_A^2 = S_i^2$$

因此，要计算某因素的偏差平方和，只需把该因素所在列的偏差平方和计算出来即可。交互作用的偏差平方和，同样是它所在列的偏差平方和。交互作用占有几列，其偏差平方和就是所占的各列的偏差平方和之和。

用同水平数据之和的符号Ⅰ、Ⅱ、Ⅲ，…及数据总和符号 T 可把正交表的列偏差平方和的公式写成如下形式：

$$S_i^2 = \frac{\text{Ⅰ}_i^2 + \text{Ⅱ}_i^2 + \text{Ⅲ}_i^2 + \cdots}{水平重复数} - \frac{T^2}{数据总个数}$$

例如，对于二水平正交表，其具体形式为

$$S_i^2 = \frac{\text{Ⅰ}_i^2 + \text{Ⅱ}_i^2}{水平重复数} - \frac{T^2}{数据总个数}$$

对于三水平正交表，其具体形式为

$$S_i^2 = \frac{\text{Ⅰ}_i^2 + \text{Ⅱ}_i^2 + \text{Ⅲ}_i^2}{水平重复数} - \frac{T^2}{数据总个数}$$

但是，对于二水平正交表，可简写为如下形式：

$$S_i^2 = \frac{(\text{Ⅰ}_i - \text{Ⅱ}_i)^2}{数据总个数}$$

正交试验方差分析表如表 4-18 所列。

表 4-18 正交试验方差分析表

来 源	偏差平方和 S^2	自由度 f	平均偏差平方和 $\overline{S^2}$	F 值	临界值
A	S_A^2	$f_A = r-1$	$\overline{S}_A^2 = \frac{S_A^2}{f_A}$	$F_A = \frac{\overline{S}_A^2}{\overline{S}_e^2}$	$F_\alpha(f_A, f_e)$

续表 4-18

来 源	偏差平方和S^2	自由度f	平均偏差平方和$\overline{S^2}$	F值	临界值
B	S_B^2	$f_B=r-1$	$\overline{S}_B^2=\frac{S_B^2}{f_B}$	$F_B=\frac{\overline{S}_B^2}{\overline{S}_e^2}$	$F_\alpha(f_B,f_e)$
…	…	…	…	…	…
$A\times B$	S_{AB}^2	$f_{AB}=(r-1)^2$	$\overline{S}_{AB}^2=\frac{S_{AB}^2}{f_{AB}}$	$F_{AB}=\frac{\overline{S}_{AB}^2}{\overline{S}_e^2}$	$F_\alpha(f_{AB},f_e)$
…	…	…	…	…	…
误差e	S_e^2	f_e	$\overline{S}_e^2=\frac{S_e^2}{f_e}$		
总和T	S_T^2	$f_T=n-1$			

注：F显著性可以查附录D，如果F值大于临界值，则显著；反之不显著。

下面通过一个实例说明正交试验的方差分析方法。

例 4-5 某晶片加工工艺的合格率试验。据生产经验，影响合格率的有加工温度、冷却时间、晶片纯度、真空度四个因素，分别用A、B、C、D表示，且因素A与B之间可能存在交互作用$A\times B$，因素水平表如表4-19所列。

表 4-19 某晶片加工工艺合格率试验因素水平表

因素 / 水平	加工温度/℃	冷却时间/h	纯 度	真空度/Pa
	A	B	C	D
1	60	2.5	1.1∶1.0	500
2	80	3.5	1.2∶1.0	600

解 这是一个四因素二水平的试验，选用$L_8(2^7)$正交表。考察的指标是合格品率（越高越好），试验方案、试验结果及其计算如表4-20所列。

表 4-20 某晶片加工工艺合格率试验结果分析计算表

因素 / 试验号	A	B	$A\times B$	C			D	合格率/%
	1	2	3	4	5	6	7	y_i-90
1	1(60 ℃)	1(2.5 h)	1	1(1.1∶1)	1	1	1(500 Pa)	−4
2	1	1	1	2(1.2∶1)	2	2	2(600 Pa)	5
3	1	2(3.5 h)	2	1	1	2	2	1
4	1	2	2	2	2	1	1	4

续表 4-20

试验号 \ 因素	A	B	$A\times B$	C			D	合格率/%
	1	2	3	4	5	6	7	y_i-90
5	2(80 ℃)	1	2	1	2	1	2	1
6	2	1	2	2	1	2	1	6
7	2	2	1	1	2	2	1	−7
8	2	2	1	2	1	1	2	−2
Ⅰ	6	8	−8	−9	1	−1	−1	$T=4$
Ⅱ	−2	−4	12	13	3	5	5	$S_T^2=146$
S_i^2	8	18	50	60.5	0.5	4.5	4.5	

1）计算各因素的偏差平方和及其自由度

$$S_A^2=S_1^2=\frac{(\text{Ⅰ}_1-\text{Ⅱ}_1)^2}{8}=\frac{(6+2)^2}{8}=8,\quad f_A=2-1=1$$

$$S_B^2=S_2^2=\frac{(\text{Ⅰ}_2-\text{Ⅱ}_2)^2}{8}=\frac{(8+4)^2}{8}=18,\quad f_B=2-1=1$$

$$S_{AB}^2=S_3^2=\frac{(\text{Ⅰ}_3-\text{Ⅱ}_3)^2}{8}=\frac{(-8-12)^2}{8}=50,\quad f_{AB}=1$$

$$S_C^2=S_4^2=\frac{(\text{Ⅰ}_4-\text{Ⅱ}_4)^2}{8}=\frac{(-9-13)^2}{8}=60.5,\quad f_C=1$$

$$S_D^2=S_7^2=\frac{(\text{Ⅰ}_7-\text{Ⅱ}_7)^2}{8}=\frac{(-1-5)^2}{8}=4.5,\quad f_D=1$$

总的偏差平方和为

$$S_T^2=\sum_{i=1}^{8}y_i^2-\frac{T^2}{8}=[(-4)^2+5^2+\cdots+(-7)^2+(-2)^2]-\frac{4^2}{8}$$

$$f_T=8-1=7$$

由平方和分解公式得误差的平方和为

$$S_e^2=S_T^2-S_A^2-S_B^2-S_{AB}^2-S_C^2-S_D^2=$$

$$146-8-18-50-60.5-4.5=5$$

$$f_e=7-5=2$$

另一方面

$$S_e^2=S_5^2+S_6^2=\frac{(\text{Ⅰ}_5-\text{Ⅱ}_5)^2}{8}+\frac{(\text{Ⅰ}_6-\text{Ⅱ}_6)^2}{8}=\frac{(1-3)^2}{8}+\frac{(-1-5)^2}{8}=5$$

$$f_e=f_5+f_6=1+1=2$$

由上式计算可知：

误差平方和 = 空列的平方和之和

误差平方和的自由度 = 空列的自由度之和

2）显著性检验

因素的显著性检验与二因素的方差分析相同，可在方差分析表 4－21 中进行。

表 4－21　方差分析表

来　源	偏差平方和 S^2	自由度 f	平均偏差平方和 $\overline{S^2}$	F 值	临界值		显著性
					0.05	0.01	
A	8	1	8	3.2	18.5	98.5	
B	18	1	18	7.2	18.5	98.5	
$A\times B$	50	1	50	20.0	18.5	98.5	* *
C	60.5	1	60.5	24.2	18.5	98.5	* *
D	4.5	1	4.5	1.8	18.5	98.5	
e	5	2	2.5				
T	146	7					

注：* * 为显著性标志。

3）选择较优生产条件

方差分析表明，交互作用 $A\times B$ 和因素 C 对指标合格品率有显著影响。为此，需要寻找因素 C 及 $A\times B$ 的最好的水平组合。由表 4－20 知，C 取二水平 C_2 好。为寻找 $A\times B$ 的最好搭配，列出二元表，如表 4－22 所列。

表 4－22　因素 A 与 B 交互作用二元表

因素 B \ 因素 A	A_1	A_2
B_1	$\frac{-4+5}{2}=0.5$	$\frac{1+6}{2}=3.5$
B_2	$\frac{1+4}{2}=2.5$	$\frac{-7-2}{2}=-4.5$

由表 4－22 知，A_2B_1 搭配平均合格品率最高，所以因素 A 取 A_2，因素 B 取 B_1 较好。因此，最后选择的较优加工条件为 $A_2B_1C_2D_0$。即加工温度为 80 ℃，冷却时间为 2.5 h，配比为 1.2∶1，D_0 表示真空度(Pa)对合格品率影响不显著，可任意选取。

下例说明考虑三水平因素交互作用的正交试验方差分析方法。

例 4－6　为了提高某种产品产量，寻求较好的工艺条件，进行了正交试验。考察的因素与水平如表 4－23 所列，并希望考虑因素间的交互作用。

表 4-23　因素水平表

水平 \ 因素	反应温度/℃	反应压力/kg	溶液浓度/%
	A	B	C
1	60	2	0.5
2	65	2.5	1.0
3	70	3	2.0

解　这里选用正交表 $L_{27}(3^{13})$。表头设计、试验方案、试验结果与基本结果如表 4-24 所列。

表 4-24　试验结果分析计算表

试验号 \ 因素	A	B	$(A\times B)_1$	$(A\times B)_2$	C	$(A\times C)_1$	$(A\times C)_2$	$(B\times C)_1$	$(B\times C)_2$	产量/10 kg
	1	2	3	4	5	6	7	8	11	
1	1(60 ℃)	1(2 kg)	1	1	1(0.5%)	1	1	1	1	1.30
2	1	1	1	1	2(1.0%)	2	2	2	2	4.63
3	1	1	1	1	3(2.0%)	3	3	3	3	7.23
4	1	2(2.5 kg)	2	2	1	1	1	2	3	0.50
5	1	2	2	2	2	2	2	3	1	3.67
6	1	2	2	2	3	3	3	1	2	6.23
7	1	3(3 kg)	3	3	1	1	1	3	2	1.37
8	1	3	3	3	2	2	2	1	3	4.73
9	1	3	3	3	3	3	3	2	1	7.07
10	2(65 ℃)	1	2	3	1	2	3	1	1	0.47
11	2	1	2	3	2	3	1	2	2	3.47
12	2	1	2	3	3	1	2	3	3	6.13
13	2	2	3	1	1	2	3	2	3	0.33
14	2	2	3	1	2	3	1	3	1	3.40
15	2	2	3	1	3	1	2	1	2	5.80
16	2	3	1	2	1	2	3	3	2	0.63
17	2	3	1	2	2	3	1	1	3	3.97
18	2	3	1	2	3	1	2	2	1	6.50
19	3(70 ℃)	1	3	2	1	3	2	1	1	0.03
20	3	1	3	2	2	1	3	2	2	3.40

续表 4-24

试验号 \ 因素	A	B	$(A\times B)_1$	$(A\times B)_2$	C	$(A\times C)_1$	$(A\times C)_2$	$(B\times C)_1$	$(B\times C)_2$	产量/10 kg
	1	2	3	4	5	6	7	8	11	
21	3	1	3	2	3	2	1	3	3	6.80
22	3	2	1	3	1	3	2	2	3	0.57
23	3	2	1	3	2	1	3	3	1	3.97
24	3	2	1	3	3	2	1	1	2	6.83
25	3	3	2	1	1	3	2	3	2	1.07
26	3	3	2	1	2	1	3	1	3	3.97
27	3	3	2	1	3	2	1	2	1	6.57
Ⅰ	36.73	33.46	35.63	34.30	6.27	32.94	34.21	33.33	32.98	
Ⅱ	30.70	31.30	32.08	31.73	35.21	34.66	33.13	33.04	33.43	T=100.64
Ⅲ	33.21	35.88	32.93	34.61	59.16	33.04	33.30	34.27	34.23	

注：9、10、12、13列为空白列。

此时，各列的偏差平方和由下述公式计算：

$$S_i^2=\frac{\text{Ⅰ}_i^2+\text{Ⅱ}_i^2+\text{Ⅲ}_i^2}{9}-\frac{T^2}{27}\qquad(i=1,2,\cdots,13)$$

由此可得

$$S_A^2=S_1^2=\frac{36.73^2+30.70^2+33.21^2}{9}-\frac{100.64^2}{27}=2.038\,7$$

$$S_B^2=S_2^2=\frac{33.46^2+31.30^2+35.88^2}{9}-\frac{100.64^2}{27}=1.166\,6$$

$$S_C^2=S_5^2=\frac{6.27^2+35.21^2+59.16^2}{9}-\frac{100.64^2}{27}=155.869\,5$$

交互作用的偏差平方和用它所在列的偏差平方和之和来计算，即

$$S_{AB}^2=S_3^2+S_4^2=\left(\frac{35.63^2+32.08^2+32.93^2}{9}-\frac{100.64^2}{27}\right)+\left(\frac{34.30^2+31.73^2+34.61^2}{9}-\frac{100.64^2}{27}\right)=1.318\,9$$

$$S_{AC}^2=S_6^2+S_7^2=\left(\frac{32.94^2+34.66^2+33.64^2}{9}-\frac{100.64^2}{27}\right)+\left(\frac{32.21^2+33.13^2+33.30^2}{9}-\frac{100.64^2}{27}\right)=0.282\,0$$

$$S_{BC}^2 = S_8^2 + S_{11}^2 = \left(\frac{33.33^2 + 33.04^2 + 34.27^2}{9} - \frac{100.64^2}{27}\right) + \left(\frac{32.98^2 + 33.43^2 + 34.23^2}{9} - \frac{100.64^2}{27}\right) = 0.1810$$

误差的偏差平方和由总的偏差平方和 S_T^2 减去所有因素与交互作用的偏差平方和来计算，也可用所有空列的偏差平方和之和来估计，即

$$S_T^2 = (1.30^2 + 4.63^2 + \cdots + 6.57^2) - \frac{100.64^2}{27} = 161.2015$$

$$S_e^2 = S_T^2 - S_A^2 - S_B^2 - S_C^2 - S_{AB}^2 - S_{AC}^2 - S_{BC}^2 = 0.3346$$

关于自由度，因素的自由度等于水平数减 1，交互作用的自由度等于两个因素的自由度的乘积，误差的自由度等于总的自由度减去各因素与交互作用的自由度，即

$$f_A = 3 - 1 = 2, \quad f_B = 3 - 1 = 2, \quad f_C = 3 - 1 = 2$$

$$f_{AB} = 2 \times 2 = 4, \quad f_{AC} = 2 \times 2 = 4, \quad f_{BC} = 2 \times 2 = 4$$

$$f_e = 26 - 2 - 2 - 2 - 4 - 4 - 4 = 8$$

显著性检验在方差分析表 4-25 中进行。其中 S_{AC}^2 与 S_{BC}^2 较小，与 S_e^2 相加为 $S_{e^\Delta}^2$。

表 4-25　方差分析表

来　源	偏差平方和 S^2	自由度 f	平均偏差平方和 $\overline{S^2}$	F 值	F 临界值		显著性
					0.05	0.01	
A	2.0389	2	1.0195	20.2	3.63	6.23	**
B	1.1666	2	0.5833	11.6	3.63	6.23	**
C	155.8695	2	77.9348	1543.0	3.63	6.23	**
$A\times B$	1.3199	4	0.3300	6.5	3.01	4.77	**
$A\times C$	0.2820	4					
$B\times C$	0.1810	4					
e	0.3446	8					
总　和	161.2015	26					
e^Δ	0.8076	16	0.0505				

注：e^Δ 表示最终误差。** 为显著性标志。

由表 4-25 可知，因素 A、B、C 均高度显著，因素 A 的较好水平为 A_1，因素 B 的较好水平为 B_3，因素 C 的较好水平为 C_3。又因为交互作用 $A\times B$ 也高度显著，可列二元表算出因素 A 和因素 B 各种水平组合下的平均结果，如表 4-26 所列。

表 4-26 中以 A_1B_3 搭配的平均结果 4.39 最大，A_1B_3 搭配较好，它与单独考察因素 A 和因素 B 取的好水平一致，故较优的工艺条件为 $A_1B_3C_3$。

表 4-26　因素 A 与 B 的交互作用二元表

因素 A / 因素 B	A_1	A_2	A_3
B_1	4.38	3.36	3.41
B_2	3.47	3.18	3.79
B_3	4.39	3.70	3.87

4.2　参数设计的概念与原理

4.2.1　基本概念

1. 望目、望小和望大特性

产品的质量特性指标可以分为三类，即望目特性、望小特性和望大特性。

(1) 望　目

所谓望目特性，是指产品的质量特性 y 具有固定的目标值 m，此时的 y 值即为望目特性。假设 y 的期望值为 μ，方差为 σ^2，我们希望一个理想的望目特性 y 的设计，应该是 $\mu=m$，且 σ^2 很小。例如，加工的长度等一般均是望目特性。

(2) 望　小

当产品的质量特性 y 为望小特性时，一方面希望其数值越小越好，由于 y 一般意义上不取负值，所以等价于希望质量特性 y 的期望值 μ 越小越好。另一方面，希望 y 的波动越小越好，亦即方差 σ^2 越小越好。例如，机加轴、孔的同轴度或机加零件的平行度、垂直度等形状位置偏差、测量误差、磨损量、杂质或有害成分含量等，均属望小特性。

(3) 望　大

当产品的质量特性 y 为望大特性时，一方面希望其数值越大越好，由于 y 一般意义上不取负值，所以等价于希望质量特性 y 的期望值 μ 越大越好；另一方面，希望 y 的波动越小越好，亦即方差 σ^2 越小越好。例如，产品的强度、寿命都是望大特性。可以看到，望大特性 y 的倒数 $1/y$ 就是望小特性。

2. 信噪比

在概率论里面，通常会使用如下变异系数，作为随机变量的欠佳指标，即变异系数 γ 越小，说明随机变量的可能值的密集程度越高。变异系数的优点是既考虑了标准差 σ 的影响，又考虑了期望值 μ 的影响。公式如下：

$$\gamma = \frac{\sigma}{|\mu|}$$

变异系数并不适用于望大与望小质量特性，所以在评估质量特性的波动时，我们定义了信噪比。信噪比起源于通信领域，原本是作为评价通信设备、信号等优劣的指标，采用信号的功率和噪声的功率之比即信噪比作为指标，原理公式如下：

$$\eta = \frac{S}{N}$$

式中：S——有用信号(Signal)；

N——无用信号，即噪声(Noise)；

η——信噪比，在应用中一般用符号 SN 来表示。

参数设计的目的是信噪比越大越好。

信噪比作为评价设计优劣的一种量度，也作为产品质量特性的稳定性指标，已经成为参数设计中的重要工具。

(1) 望目特性

对于望目特性，定义其信噪比为变异系数平方的倒数，即

$$\eta = \frac{\mu^2}{\sigma^2} \tag{4-1}$$

设由 n 件样品测得望目特性 y 的数据为 $y_1, y_2, \cdots, y_n$，根据数理统计知识，μ 和 σ^2 的无偏估计分别为

$$\hat{\mu} = \bar{y} = \frac{1}{n}\sum_{i=1}^{n} y_i \tag{4-2}$$

$$\hat{\sigma}^2 = V_e = \frac{1}{n-1}\sum_{i=1}^{n}(y_i - \bar{y})^2 \tag{4-3}$$

μ^2 的无偏估计为

$$\hat{\mu}^2 = \bar{y}^2 - \frac{V_e}{n} = \frac{1}{n}(n\bar{y}^2 - V_e) \tag{4-4}$$

令 $S_m = n\,\bar{y}^2 = \frac{1}{n}\left(\sum_{i=1}^{n} y_i\right)^2$，并代入式(4-4)中则有：

$$\hat{\mu}^2 = \frac{1}{n}(S_m - V_e) \tag{4-5}$$

定义信噪比为 $\hat{\mu}^2$ 与 $\hat{\sigma}^2$ 的比值，即

$$\hat{\eta} = \frac{\hat{\mu}^2}{\hat{\sigma}^2} = \frac{(S_m - V_e)/n}{V_e} \tag{4-6}$$

借用通信理论，在实际计算时，先取常用对数后再乘以 10，化为以 dB 为单位的信噪比，记作：

$$\eta = 10\lg \frac{(S_m - V_e)/n}{V_e} \tag{4-7}$$

这就是望目特性信噪比的计算公式。

如果说 μ^2 代表了有效信号，σ^2 为噪声，那么信噪比就是“有效信号与噪声的比值”。像收音机，往往随着所收信号的增强，相应的噪声也会增强，因此对其质量的评价，应该采用信噪比。

广义地讲，信噪比就是研究对象的有效部分与无效部分的比值。

(2) 望小特性

对于望小特性，既希望 y 的期望值 μ 越小越好，又希望 y 的方差 σ^2 越小越好。因此，定义望小特性的信噪比为

$$\eta = \frac{1}{\mu^2 + \sigma^2} \tag{4-8}$$

η 越大，产品的输出特性就越小，其表现就越稳定。

设 $y_1, y_2, \cdots, y_n$ 为望小特性 y 的 n 个观测值，由

$$\hat{\mu}^2 = \bar{y}^2 - \frac{\hat{\sigma}^2}{n} = \bar{y}^2 - \frac{V_e}{n}$$

可知：

$$\hat{\mu}^2 + \hat{\sigma}^2 = \bar{y}^2 - \frac{V_e}{n} + V_e = \bar{y}^2 + \frac{1}{n}\sum_{i=1}^{n}(y_i - \bar{y})^2 =$$

$$\frac{1}{n}\left(\sum_{i=1}^{n} y_i^2 - n\bar{y}^2 + n\bar{y}^2\right) = \frac{1}{n}\sum_{i=1}^{n} y_i^2 \tag{4-9}$$

式(4-9)为 $\mu^2 + \sigma^2$ 的无偏估计，于是可取：

$$\hat{\eta} = \frac{n}{\sum_{i=1}^{n} y_i^2} \tag{4-10}$$

将 $\hat{\eta}$ 取常用对数再乘以 10，化为分贝值(dB)，并仍以 η 记之，则有：

$$\eta = -10\lg\left(\frac{1}{n}\sum_{i=1}^{n} y_i^2\right) \tag{4-11}$$

式(4-11)即为衡量望小特性稳定性的信噪比计算公式。

(3) 望大特性

望大特性就是希望输出特性越大越好，波动越小越好，且不取负值的计量值特性。由于望大特性 y 的倒数 $1/y$ 就是望小特性，因此，可以通过倒数变换，把望大特性转换为望小特性来处理。

由望小特性的信噪比公式(4-10)和式(4-11)可知，望大特性的信噪比公式应为

$$\hat{\eta} = \frac{n}{\sum_{i=1}^{n} \frac{1}{y_i^2}} \tag{4-12}$$

若以 dB 为单位，则有：

$$\eta = -10\lg\left(\frac{1}{n}\sum_{i=1}^{n}\frac{1}{y_i^2}\right)$$

3. 灵敏度

与望大、望小特性不同，我们会希望望目特性的期望值在目标值附近，除了使用信噪比来评估望目特性的波动情况外，还需要引入灵敏度来评估望目特性的期望值大小。定义 μ^2 为望目质量特性 y 的灵敏度。

设由 n 件样品测得望目特性 y 的数据为 $y_1, y_2, \cdots, y_n$，根据数理统计知识，μ 和 σ^2 的无偏估计分别为

$$\hat{\mu} = \bar{y} = \frac{1}{n}\sum_{i=1}^{n} y_i$$

$$\hat{\sigma}^2 = V_e = \frac{1}{n-1}\sum_{i=1}^{n}(y_i - \bar{y})^2$$

μ^2 的无偏估计为

$$\hat{\mu}^2 = \bar{y}^2 - \frac{V_e}{n} = \frac{1}{n}(n\bar{y}^2 - V_e) \tag{4-13}$$

令 $S_m = n\bar{y}^2 = \frac{1}{n}\left(\sum_{i=1}^{n} y_i\right)^2$，并代入式(4－13)中则有：

$$\hat{\mu}^2 = \frac{1}{n}(S_m - V_e) \tag{4-14}$$

这样就得到了望目特性 y 的灵敏度估计公式。对式(4－14)取常用对数再乘以 10，化为分贝值(dB)，则灵敏度计算公式为

$$\mu^2 = 10\lg\left[\frac{1}{n}(S_m - V_e)\right] \tag{4-15}$$

4. 因　素

我们称影响质量特性变化的原因为因素。在进行参数设计之前，一个较好的建议是利用因素-系统关系图来找出对系统会产生影响的各个因素，如图 4－5 所示。

由图 4－5 可以看到，因素可以分为可控因素和不可控因素(噪声)两类。

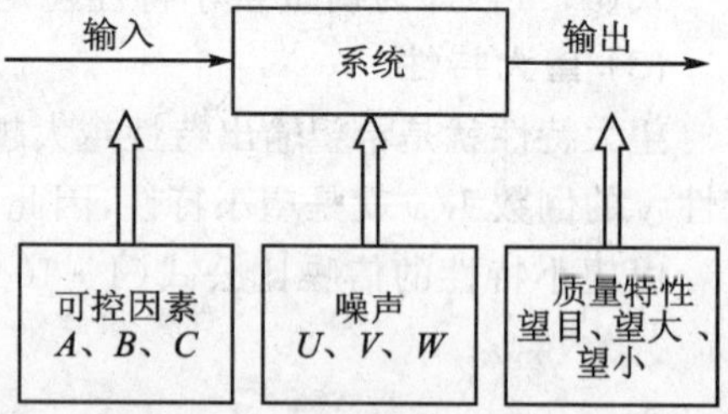

图 4－5　因素-系统关系图

(1) 可控因素

可控因素是指可以制定并加以挑选，也就是水平可以人为地加以控制的因素。换言之，可控因素是为改进产品质量，减少输出特性值的波动，以选取最适宜水平为目的而提出考察的因素。可控因素的值应

能在一定范围内自由选择(如时间、温度、材料种类和切削速度等)。

(2) 不可控因素(噪声)

会造成产品质量波动的非可控因素被称为噪声。噪声又可以分为三类,即内部噪声、外部噪声和产品间噪声。

① 内部噪声,是指在产品存储时造成的老化以及使用时造成的磨损等对产品的质量特性带来的变化影响。如电阻值随时间的变化,运动部件之间的磨损均属内干扰。

② 外部噪声,一般包括产品操作环境因素(例如环境温度、湿度等),以及在对产品进行操作时可能受到的干扰。这种干扰会影响产品的工作质量,使输出特性产生波动。

③ 产品间噪声,因为制造过程中机器设置等造成的产品与产品之间质量特性参差不齐,所以称为产品间噪声。这种变动是客观存在的。因为即使按同一规格生产出来的产品,由于各种条件的变化,输出特性总是参差不齐的。通过控制工艺过程的 5M1E(即人员(Man)、设备(Machine)、物料(Material)、操作规程(Method)、检测(Measurement)和环境(Environment))等因素,可以显著减少产品间干扰。

4.2.2 基本原理

参数设计即是需要设计产品的可控因素,使得产品在面临这些不可控的噪声时,依然可以表现得令人可以接受,亦即产品具备面对这些噪声的健壮性。需要注意的是,在参数设计过程中,只有当噪声与可控因素存在交互作用时,才能得到令人满意的设计结果。举例说明,环境温度是可以影响到化学反应过程的,但是通常而言,实验者很难控制环境温度,此时环境温度即为噪声。环境温度的变化也会导致最后反应结果的变化,这种变化通常是不希望被看到的。如果实验者希望能够找到合理的化学反应时间,希望面临环境温度的变化时,经过这一时间的化学反应,可以得到一个波动较小的产出。如果环境温度(噪声)和可控因素(反应时间)之间没有交互作用,那么由环境温度所造成的产出的波动和反应时间的设置就没有关系。自然的,很难通过参数设计的办法得到合适的结果。这一问题可以进一步由图 4-6 进行阐述。

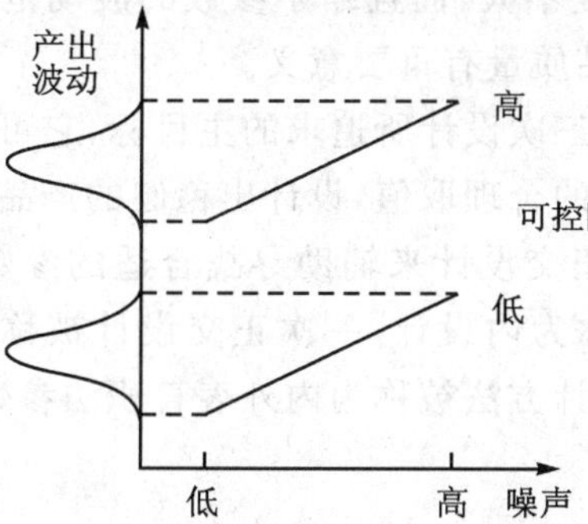

(a) 无交互作用

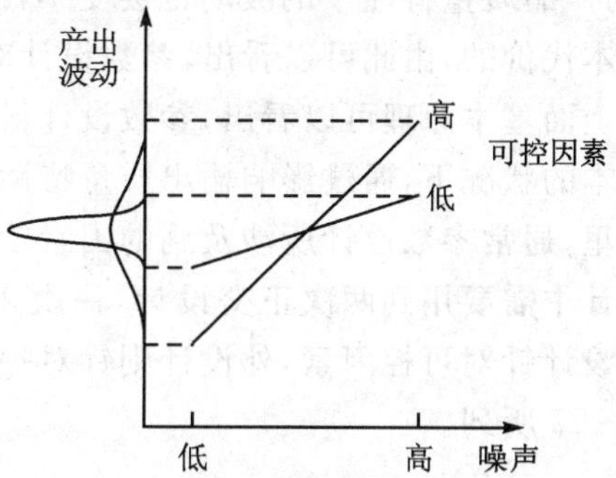

(b) 存在交互作用

图 4-6　噪声对产出波动的影响

图 4-6 给出了水平 2 噪声对产品波动的影响。在图(a)中，由于噪声与可控因素之间没有相互作用，所以无论是低水平的可控因素还是高水平的可控因素，由噪声造成的波动是一样的。而在图(b)中，可以看到当可控因素处于低水平时，产出的波动较小，所以有理由相信低水平的可控因素是较好的一组设计。事实上，图 4-6 显示了一个噪声、一个可控因素的参数设计，这可以被认为是最简单的参数设计过程了。

参数设计基本原理如图 4-7 所示。

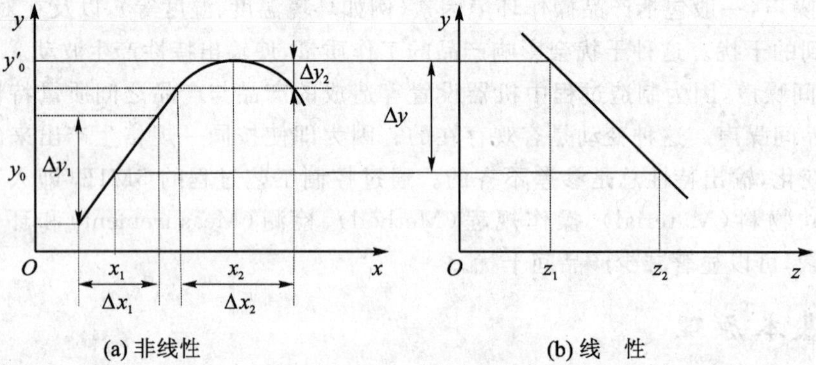

图 4-7　参数设计原理图

若某产品的输出特性 Y 与某一参数 x 的关系如图 4-7(a)所示，当参数 x 取为 x_1 时，其波动范围是 Δx_1，由此引起 Y 的波动范围为 Δy_1。通过参数设计，将 x_1 移到 x_2，此时对于同样的波动范围 Δx_1，输出特性值 Y 的波动范围变为 Δy_2，它远远小于 Δy_1。与此同时，却产生了一个新的矛盾，即 Y 从目标值 y_0 移到了 y_0'，偏移量 $\Delta y = y_0' - y_0$。

为了校正偏移量 Δy，使输出特性值既围绕目标值分布，且波动又小，可设法找一个与产品输出特性 Y 呈线性关系，且便于调节的该产品的参数 z，即 $y=\Phi(z)=a+bz$(见图 4-7(b))，只要把 z 从 z_1 调到 z_2，即可补偿偏移量 Δy。若不进行参数设计，只是把参数 x 的波动范围缩小，此时产品质量特性 y 的波动也会变小，但变化的幅度不大，而且缩小参数的波动范围是要付出成本代价的，由此可以看出，参数设计对于改进产品质量有重要意义。

从上面基本原理可以看出，参数设计很好地解决了三次设计所追求的主目标，它可以在不增加成本的状况下，通过影响输出质量特性的因素水平的合理取值，设计出稳健的产品。在实际情形里，通常参数设计所涉及到的因素较多，会应用正交设计来辅助寻找合适的参数位置。参数设计中需要用到两次正交设计，一次正交设计被称为内设计，一次正交设计被称为外设计。内设计针对可控因素，外设计则针对噪声。这种设计方法被称为内外表直积法参数设计，如表 4-27 所列。

表 4-27 针对 5 个可控因素(A、B、C、D、F)以及 3 个噪声因素(U、V、W)进行设计。8 个因素均采用二水平。其中内表由正交设计 $L_8(2^7)$组成,外表由 $L_4(2^3)$组成。可以看到试验中共有 32(=8×4)组观测数据。例如,y_{22}这个数值是在 $A_0B_0C_0D_1F_1$ 以及 $U_0V_1W_1$ 条件下取得的。根据试验条件的限制以及综合考虑其他的方面,试验也可以采用三水平设计。当然如果进行试验的费用较贵,可以对外表进行简化,考虑“综合误差因素”,寻找对产品质量特性影响最大的误差。这样外表简化为两列。如果采用二水平设计的话,则会大大减少试验的次数。

表 4-27 内外表直积法参数设计

内设计								外设计					
$L_8(2^7)$								噪声因素	$L_4(2^3)$				
									1	2	3	4	
可控因素	A	B	C	D	F	e	e	U	0	0	1	1	信噪比
	1	2	3	4	5	6	7	V	0	1	0	1	
试验号								W	0	1	1	0	
1	0	0	0	0	0	0	0		y_{11}	y_{12}	y_{13}	y_{14}	SN_1
2	0	0	0	1	1	1	1		y_{21}	y_{22}	y_{23}	y_{24}	SN_2
3	0	1	1	0	0	1	1		y_{31}	y_{32}	y_{33}	y_{34}	SN_3
4	0	1	1	1	1	0	0		…				
5	1	0	1	0	1	0	1		…				
6	1	0	1	1	0	1	0		…				
7	1	1	0	0	1	1	0		…				
8	1	1	0	1	0	0	1		y_{81}	y_{82}	y_{83}	y_{84}	SN_8

在获得了各个观测值 y_{ij}之后,计算每一行的信噪比(SN_i)。如前所述,信噪比可以反映出产品的质量特性在相应的条件下的波动情况。对于望目特性,还需要计算其灵敏度。这样计算出来之后,就可以进行相应的正交试验设计方差分析了。

这样可以给出参数设计的实施框架。参数设计的具体实施过程主要是借鉴正交试验设计,首先确定影响输出质量特性的因素及其水平,然后对因素进行分类,利用内外正交表安排试验并计算结果,最后通过信噪比(SN)和灵敏度这两个指标确定因素的最佳水平。具体参数设计过程如图 4-8 所示。

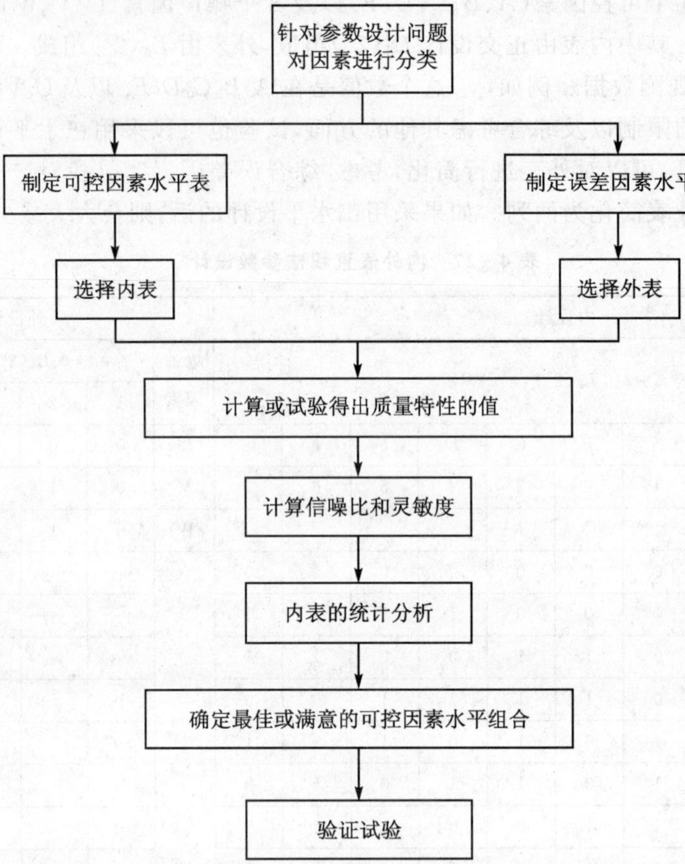

图 4-8　参数设计过程

4.3　望目特性的参数设计

望目特性参数设计步骤如下：

1）绘制因素-系统关系图，寻找相关因素。

2）参照正交试验表，设计内外表。

3）进行试验，计算每行的灵敏度及信噪比。

4）通过方差分析（Analysis Of Variance，ANOVA）或者其他方法，寻找显著影响信噪比及灵敏度的因素。将可控因素分为下列几类：

① 稳定因素：显著影响信噪比的因素。

② 调整因素：显著影响灵敏度的因素。

③ 次要因素：其他的因素。

需要注明的是，如果某一个因素既显著影响信噪比，又显著影响灵敏度，那么认为该因素是归类于稳定因素。

5）按照下述步骤寻找优化的参数组合。

① 稳定因素：寻找稳定因素，使得信噪比最大。

② 调整因素：寻找调整因素，使得产出接近目标值。

③ 次要因素：考虑经济性、可操作性、简洁性等决定次要因素的值。

6）估计在优化条件的产出情况，进行相应的试验验证。

对于稳定因素、调整因素、次要因素可以使用图 4－9 进一步解释。

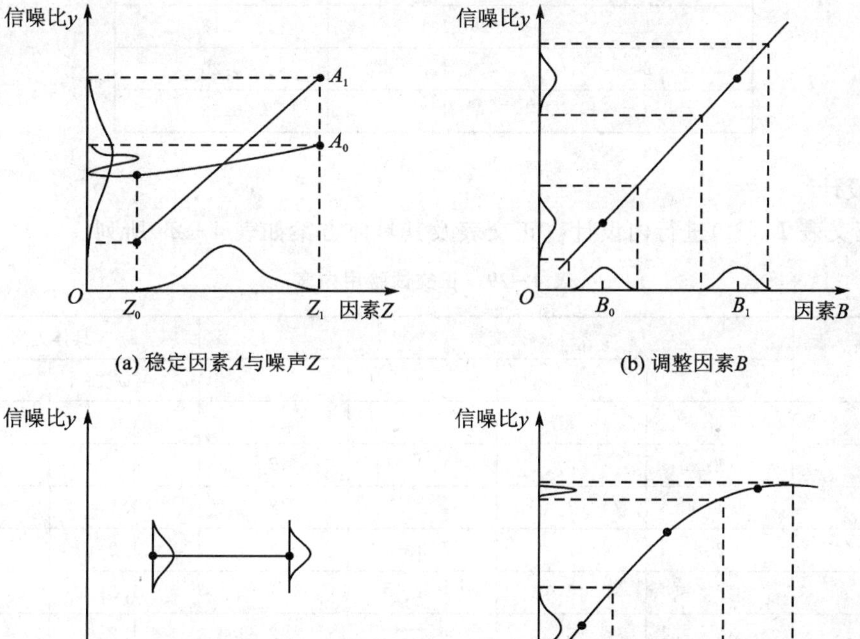

图 4－9　因素分析

下面给出例子说明望目特性参数设计的方法。

例 4－7　根据产品发展规划，某动力公司需研制一种新的曲轴。在研制任务书中，规定这种曲轴的半径为 10±2(无量纲量)。工程技术人员已设计了曲轴试样，并进行了试验，发现作用半径达不到技术要求，拟采用参数设计进行半径优化。

解 用半径这一质量特性作为望目特性，目标值 $m=10$，公差 $\Delta=2$。

1）确定可控因素及其水平

据以往的设计经验和专业知识可知，在影响曲轴半径的可控因素中，两个主要的因素是 ω 和 α。

可控因素的水平确定为三个。水平 2 为系统设计阶段初步确定的参数值；水平 1 和水平 3 分别采取等差数列，具体取值见可控因素水平表，见表 4－28。

表 4－28 可控因素水平表

水平＼因素	ω	α
1	1.1	0.18
2	1.2	0.20
3	1.3	0.22

2）内设计

选用正交表 $L_9(3^4)$ 进行内设计。正交表及其具体方案如表 4－29 所列。

表 4－29 正交试验用内表

试验号＼因素	正交表				具体方案	
	ω	α	e		ω	α
1	1	1	1	1	1.1	0.18
2	1	2	2	2	1.1	0.20
3	1	3	3	3	1.1	0.22
4	2	1	2	3	1.2	0.18
5	2	2	3	1	1.2	0.20
6	2	3	1	2	1.2	0.22
7	3	1	3	2	1.3	0.18
8	3	2	1	3	1.3	0.20
9	3	3	2	1	1.3	0.22

3）确定误差因素及其水平

在曲轴设计中，由于试验很困难，我们只考虑生产过程对可控因素的影响，故误差因素只取两个：ω' 和 α'。

误差因素的水平主要根据工厂的生产能力和设备情况而定。ω' 和 α' 的波动均按 10% 考虑（见表 4－30）。

表 4-30　误差因素水平表

水平 \ 因素	ω'	α'
1	$\omega_0-0.1\omega_0$	$\alpha_0-0.1\alpha_0$
2	ω_0	α_0
3	$\omega_0+0.1\omega_0$	$\alpha_0+0.1\alpha_0$

注：ω_0 和 α_0 数值采用表 4-29 中给出的参数值。

4）外设计

为了减少试验次数，我们把所有误差因素综合为一个“综合误差因素 N'”，考察综合误差因素的三个水平。这种外设计称为综合误差因素法。下面以表 4-28 为例，讨论如何综合的问题。

N'_1——负侧最坏条件，也就是使输出特性取最小值的误差因素水平组合。在可计算的场合，由输出特性计算公式可找到这种条件；在不可计算的场合，则由经验或其他方法估计这种条件。

N'_2——标准条件，也就是各误差因素均取水平 2 的组合。

N'_3——正侧最坏条件，也就是使输出特性取最大值的误差因素水平组合。

以综合误差因素 N' 的三个水平 N'_1、N'_2 和 N'_3 代替外表 $L_9(3^4)$，可使试验次数比原来减少 2/3，倘若不考虑 N'_2，那么试验次数还可进一步减少。

在本例中，综合误差因素选取二水平，即负侧最坏条件 N'_1 和正侧最坏条件 N'_3：

$$N'_1——\omega'_1,\alpha'_1;\qquad N'_3——\omega'_3,\alpha'_3$$

试验方案数为 9 次×2=18 次。

5）求输出特性

把综合误差因素代入表 4-29，并按规定做试验，求出作用半径（见表 4-31）。

6）计算灵敏度 S 及信噪比 η

以表 4-31 中试验 1 的数据为例，计算过程如下：

$$S_m=\frac{1}{n}\left(\sum_{i=1}^{n}y_i\right)^2=\frac{1}{2}\times(21.5+38.4)^2=1\ 794.0$$

$$V_e=\frac{1}{n-1}\sum_{i=1}^{n}(y_i-\bar{y})^2=\frac{1}{n-1}\left(\sum_{i=1}^{n}y_i^2-S_m\right)=$$

$$\frac{1}{2-1}\times[(21.5^2+38.4^2)-1\ 794.0]=142.81$$

$$\eta=10\lg\frac{(S_m-V_e)/n}{V_e}=10\lg\frac{\frac{1}{2}\times(1\ 794.0-142.81)}{142.81}=7.62$$

$$S=10\lg\left[\frac{1}{n}(S_m-V_e)\right]=10\lg\left[\frac{1}{2}\times(1\ 794.0-142.81)\right]=29.17$$

仿此，可求得其余方案的灵敏度及信噪比（见表 4－31）。

表 4－31　输出特性表

试验号＼因素	ω	α	e		N_1' ω'	N_1' α'	N_3' ω'	N_3' α'	Y y_1	Y y_3	η/dB	灵敏度 S
1	1	1	1	1	0.99	0.162	1.21	0.198	21.5	38.4	7.6	29.2
2	1	2	2	2	0.99	0.180	1.21	0.220	10.8	19.4	7.5	23.2
3	1	3	3	3	0.99	0.198	1.21	0.240	7.2	12.9	7.6	19.7
4	2	1	2	3	1.08	0.162	1.32	0.198	13.1	20.7	9.7	24.3
5	2	2	3	1	1.08	0.180	1.32	0.220	9.0	15.2	8.5	21.4
6	2	3	1	2	1.08	0.198	1.32	0.240	6.6	11.5	8.0	18.8
7	3	1	3	2	1.17	0.162	1.43	0.198	8.0	12.2	10.4	19.9
8	3	2	1	3	1.17	0.180	1.43	0.220	6.7	10.7	9.5	18.6
9	3	3	2	1	1.17	0.198	1.43	0.240	5.5	9.1	8.9	17.0

7）内表的统计分析

下面做信噪比方差分析表。

$$S_T^2=\sum_{i=1}^{n}(\eta_i-\bar{\eta})^2=\sum_{i=1}^{n}\eta_i^2-\frac{1}{n}\left(\sum_{i=1}^{n}\eta_i\right)^2=$$

$$(7.6^2+7.5^2+\cdots+8.9^2)-670.81=8.92$$

$$f_T=n-1=9-1=8$$

$$S_\omega^2=\frac{22.7^2+26.2^2+28.8^2}{3}-670.81=6.25$$

$$f_\omega=3-1=2$$

仿此可求出：

$$S_\alpha^2=1.79,\qquad f_\alpha=2;\qquad S_e^2=0.88,\qquad f_e=4$$

下面对内表作信噪比方差分析（见表 4－32）。

表 4－32　信噪比方差分析表

来　源	偏差平方和 S^2	自由度 f	平均偏差平方和 $\overline{S^2}$	F 值	$F_{\alpha=0.01}$	$F_{\alpha=0.05}$	显著性
ω	6.25	2	3.125	14.2			**
α	1.79	2	0.895	4.07	18.00	6.94	
e	0.88	4	0.220				
T	8.92	8					

对内表作灵敏度方差分析(见表4-33)。

表4-33　灵敏度方差分析表

来　源	偏差平方和S^2	自由度f	平均偏差平方和$\overline{S^2}$	F值	$F_{\alpha=0.01}$	$F_{\alpha=0.05}$	显著性
ω	46.04	2	23.02	7.81			* *
α	53.75	2	26.88	9.12	18.00	6.94	* *
e	11.79	4	2.95				
T	111.57	8					

于是可以认定,α的变动对信噪比影响不大,但是对灵敏度有显著影响,可以将其归为调整因素;而ω的变动将同时影响信噪比和灵敏度,应视其为稳定因素。在进一步试验时,应当对调整因素α进行调整,使得试验的结果趋向于目标值。

4.4　望小与望大特性的参数设计

由于望大与望小特性较为类似,本节以望小特性的参数设计进行介绍。其参数设计步骤如下:

① 绘制因素-系统关系图,寻找相关因素。

② 参照正交试验表,设计内外表。

③ 进行试验,计算每行的信噪比。

④ 通过方差分析或者其他方法,寻找显著影响信噪比的因素,并且寻找这些参数组合使系统的波动最小。

⑤ 根据经济性等其他原则,寻找不显著因素的合适的值。

⑥ 估计在优化条件的产出情况,进行相应的试验验证。

下面通过具体的例子说明望小特性的参数设计方法。

例4-8　设计一种新型发动机泵,使阀头部位摩擦副的磨损尽可能小。以磨损量y作为产品的输出特性,y为望小特性。

解　1) 确定可控因素水平表

选取的可控因素有:摩擦副材料(因素A)、负载(因素B)、表面粗糙度(因素C)、配合间隙(因素D)、摩擦副壳体材料(因素E)。各因素均取两个水平,同时还要考察$A\times B$、$A\times C$的交互作用。

可控因素水平表如表4-34所列。

表 4-34　可控因素水平表

因素 水平	摩擦副材料	负　载	表面粗糙度	配合间隙	摩擦副壳体材料
1	A_1	B_1	C_1	D_1	E_1
2	A_2	B_2	C_2	D_2	E_2

2）内设计

选用 $L_8(2^7)$ 作为内表，安排可控因素。其表头设计如表 4-35 所列。本例造成摩擦副磨损量波动的误差因素是摩擦副的部位不同，其磨损量也不同。质量的稳定性表现在各重要部位的磨损程度都小，而且磨损程度均匀。因而对内表试验方案号测量摩擦副 8 个部位 $R_1, R_2, \cdots, R_8$ 的磨损量数据。为了与现行产品比较，同样测量了现行产品以上 8 个部位的磨损量数据（见表 4-35）。

表 4-35　内表及磨损试验数据

因素 试验号	A	B	$A\times B$	C	$A\times C$	D	E	磨损量/μm								η/dB	$\eta'=\eta+20$
	1	2	3	4	5	6	7	R_1	R_2	R_3	R_4	R_5	R_6	R_7	R_8		
1	1	1	1	1	1	1	1	12	12	10	13	3	3	16	20	−21.9	−1.9
2	1	1	1	2	2	2	2	6	10	3	5	3	4	20	18	−20.6	−0.6
3	1	2	2	1	1	2	2	9	10	5	4	2	1	3	2	−14.8	5.2
4	1	2	2	2	2	1	1	8	8	5	4	3	4	9	9	−16.5	3.5
5	2	1	2	1	2	1	2	10	14	8	8	3	2	20	33	−24.2	−4.2
6	2	1	2	2	1	2	1	18	26	4	2	3	3	7	10	−21.7	−1.7
7	2	2	1	1	2	2	1	14	22	7	5	3	4	19	21	−23.0	−3.0
8	2	2	1	2	1	1	2	16	13	5	4	11	4	14	30	−23.3	−3.3
现行产品	—							17	22	7	12	10	8	18	25	−24.1	−4.1
T_1	6.2	−8.4	−8.8	−3.9	−1.7	−5.9	−3.1										$T=-6$
T_2	−12.2	2.4	2.8	−2.1	−4.3	−0.1	−2.9										

3）计算信噪比

根据式(4-11)计算信噪比，如试验 1 方案的 η 为

$$\eta=-10\lg\left(\frac{1}{n}\sum_{i=1}^{n}y_i^2\right)=-10\lg\frac{1}{8}(12^2+12^2+10^2+\cdots+20^2)\ \text{dB}=-21.9\ \text{dB}$$

各试验号计算的结果记入表 4-35 中。为计算、分析简便，将信噪比 η 都加上 20。

4）对内表进行方差分析

首先计算总波动平方和、各因素波动平方和及自由度。

$$\mathrm{CT}=\frac{1}{n}\Big(\sum_{i=1}^{n}\eta_i'\Big)^2=\frac{(-6)^2}{8}=4.5$$

$\mathrm{CT}=\dfrac{T^2}{n}$，是一组样本和的平方的算术平均值。

$$S_T^2=(-1.9)^2+(-0.6)^2+\cdots+(-3.3)^2-\mathrm{CT}=79.18,\qquad f_T=7$$

$$S_{\mathrm{A}}^2=S_1^2=\frac{1}{8}(T_1-T_2)^2=\frac{1}{8}[6.2-(-12.2)]^2=42.32,\qquad f_{\mathrm{A}}=1$$

$$S_{\mathrm{B}}^2=S_2^2=\frac{1}{8}[-8.4-2.4]^2=14.58,\qquad f_{\mathrm{B}}=1$$

$$S_{\mathrm{AB}}^2=S_3^2=\frac{1}{8}[-8.8-2.8]^2=16.82,\qquad f_{\mathrm{AB}}=1$$

$$S_{\mathrm{C}}^2=S_4^2=\frac{1}{8}[-3.9-(-2.1)]^2=0.4,\qquad f_{\mathrm{C}}=1$$

$$S_{\mathrm{AC}}^2=S_5^2=\frac{1}{8}[-1.7-(-4.3)]^2=0.84,\qquad f_{\mathrm{AC}}=1$$

$$S_{\mathrm{D}}^2=S_6^2=\frac{1}{8}[-5.9-(-0.1)]^2=4.21,\qquad f_{\mathrm{D}}=1$$

$$S_{\mathrm{E}}^2=S_7^2=\frac{1}{8}[-3.1-(-2.9)]^2=0.01,\qquad f_{\mathrm{E}}=1$$

然后进行方差分析，如表 4-36 所列。

表 4-36　方差分析表

来　源	偏差平方和 S^2	自由度 f	平均偏差平方和 $\overline{S^2}$	F 值	$F_{\alpha=0.05}$	显著性
A	42.32	1	42.32	105.8	10.13	* *
B	14.58	1	14.58	36.45	10.13	* *
$A\times B$	16.82	1	16.82	42.05	10.13	* *
C	0.40	1△	—	—		
$A\times C$	0.84	1△	—	—		
D	4.21	1	4.21	10.5	10.13	* *
E	0.01	1△	—			
$(\tilde{e})$	(1.25)	(3)	(0.4)			
T	79.18	7				

注：标有符号“△”的项加以合并。“* *”为显著性标志。

在方差分析中，将方差小于 1 的项并为 $\overline{S}_e$。经方差分析得出，因素 A、B、D 及交互作用 A

$\times B$ 均为显著因素。

5）确定最佳参数组合并进行工程平均估计

由于 A、B、$A\times B$ 均为显著因素，因此作二元配置表（见表 4-37），选取因素 A 和 B 的最佳参数组合。由二元配置表可以看出，A_1B_2 为因素 A 和 B 的最优水平搭配。

表 4-37　因素 A 和 B 二元配置表

因素 A / 因素 B	A_1	A_2
B_1	$\frac{-1.9-0.6}{2}=-1.25$	$\frac{-4.2-1.7}{2}=-2.95$
B_2	$\frac{5.2+3.5}{2}=4.35$	$\frac{-3.0-3.3}{2}=-3.15$

由表 4-35 知，D 的最优水平为 D_2。最后得到最佳参数组合为 $A_1B_2C_0D_2E_0$。在最佳参数组合条件下，信噪比的工程平均估计计算如下：

$$\hat{\eta}_{A_1B_2C_0D_2E_0}=\overline{T}+(\overline{A}_1-\overline{T})+(\overline{B}_2-\overline{T})+(\overline{A_1B_2}-\overline{A}_1-\overline{B}_2+\overline{T})+(\overline{D}_2-\overline{T})-20=$$
$$4.35\text{ dB}-0.02\text{ dB}-(-0.75)\text{ dB}-20\text{ dB}=-14.92\text{ dB}$$

6）确定最佳参数组合的质量水平及收益

现制品条件下的信噪比数值为 -24.10 dB，改进设计后，信噪比增益为 -14.92 dB-(-24.10) dB=9.18 dB，其真数增益为

$$\hat{\eta}_{现}-\hat{\eta}_{佳}=-10\lg\frac{\frac{1}{n}\sum_{i=1}^{n}y_{i现}^2}{\frac{1}{n}\sum_{i=1}^{n}y_{i佳}^2}=-10\lg\frac{\hat{\sigma}_{现}^2}{\hat{\sigma}_{佳}^2}=-9.18$$

$$\frac{\hat{\sigma}_{现}^2}{\hat{\sigma}_{佳}^2}=10^{9.18/10}=8.28$$

即在最佳参数组合的条件下，磨损量的波动均方值将比现制品缩小 8.28%。

习　题

4-1　简述正交表的格式与特点。

4-2　如果各指标权重不相等，那么多指标试验设计应使用什么方法综合平衡？如何平衡？

4-3　如果各指标权重相等，那么多指标试验设计应使用什么方法综合平衡？如何平衡？

4-4　简述水平不等的正交试验设计的处理方法。

4-5　简述存在交互作用情况下正交试验设计的处理方法。

4-6　某研究所为确定钢材热处理适宜工艺参数，提高产品质量，选定因素水平如表所列：

水平＼因素	淬火温度/℃	回火温度/℃	回火时间 /min
	A	B	C
1	830	400	35
2	840	420	55
3	850	440	75

现选用正交表 $L_9(3^4)$ 进行试验，试验方案及试验结果如表所列：

试验号＼因素	A	B	C	D	试验结果
1	1	1	1	1	150
2	1	2	2	2	210
3	1	3	3	3	175
4	2	2	3	1	160
5	2	3	1	2	230
6	2	1	2	3	185
7	3	3	2	1	160
8	3	1	3	2	200
9	3	2	1	3	135

要求：试验结果的取值越大越好。试采用极差分析和方差分析确定因素的显著性次序及因素的适宜水平组合。

4-7　参数设计的目的是什么？为什么说参数设计是三次设计的核心？

4-8　归纳参数设计的步骤和方法。

4-9　将质量 $m=2$ kg 的物体进行抛掷，设抛掷水平距离 y 与作用力 F、仰角 α 和方向 θ 间的关系式为 $y=\frac{1}{g}\left(\frac{FE}{m}\right)^2\sin^2(\alpha+\beta)$，$g=9.807\ \mathrm{m/s^2}$。现设目标距离为 25 m，力的范围为 1～20 N，仰角 α 为 45°～135°，试进行参数设计。

控制因素的误差水平如下：

质量：−0.2 kg、0 kg、0.2 kg；　力 F：1 N、10 N、20 N；　仰角 α：−10°、0°、10°。

噪声的三个水平如下：

$E=0.9、1、1.1$；　　$\beta=-5°、0°、5°$

4-10　为减少废气中 SO_2 的含量，取 $A、B、C、D、E、F、G$ 共 7 个因素进行试验，每个因素取两个水平，用正交表 $L_8(2^7)$ 进行内设计。每种试验汽车用三种行驶状态行驶，测量 SO_2 含量，数据如表所列：

试验号＼因素	A	B	C	D	E	F	G	R_1	R_2/g	R_3	η/dB
	1	2	3	4	5	6	7				
1	1	1	1	1	1	1	1	1.04	1.20	1.54	−2.1
2	1	1	1	2	2	2	2	1.42	1.76	2.10	
3	1	2	2	1	1	2	2	1.01	1.23	1.52	−2.1
4	1	2	2	2	2	1	1	1.50	1.87	2.25	
5	2	1	2	1	2	1	2	1.28	1.34	2.05	−4.1
6	2	1	2	2	1	2	1	1.14	1.26	1.88	
7	2	2	1	1	2	2	1	1.33	1.42	2.10	−4.4
8	2	2	1	2	1	1	2	1.33	1.52	2.13	

用望小特性计算 2、4、6、8 号试验的 η 值，进行方差分析，并确定最佳条件。

4-11　某产品输出特性为抗拉强度，希望越大越好。今用正交表 $L_9(3^4)$ 安排试验，每号条件取两个样品，其抗拉强度的测量值如表所列：

试验号＼因素	A	B	C	D	Y	
	1	2	3	4	y_1	y_2
1	1	1	1	1	540	520
2	1	2	2	2	580	570
3	1	3	3	3	835	810
4	2	1	2	3	560	550
5	2	2	3	1	580	570
6	2	3	1	2	556	610
7	3	1	3	2	809	855
8	3	2	1	3	700	660
9	3	3	2	1	610	605

试确定最佳参数组合。

第 5 章　容差设计

5.1　概　述

容差就是设计中所规定的最大允许偏差。规定的容差越小，则该产品的某尺寸的可制造性就越差，制造费用或成本也就越高。为此，在参数设计阶段，出于经济方面的考虑，一般选择波动范围较宽的零部件尺寸。若经参数设计后，产品能达到质量特性的要求，则一般就不再进行容差设计，否则就必须调整各个参数的容差。

容差设计是对各种参数寻求最佳的允许误差，使得质量和成本综合起来达到最佳经济效益，其核心思想是根据各参数的波动对产品质量特性贡献（影响）的大小，从技术的可实现性和经济性角度考虑有无必要对影响大的参数给予较小的公差（例如用较高质量等级的元件替代较低质量等级的元件）。因此，容差设计可以认为是参数设计的补充。通过参数设计确定了系统各零部件或元器件参数的最佳组合之后，进一步确定这些参数波动的允许范围，这就是容差设计。这样，一方面可以进一步减少质量特性的波动，提高产品的稳定性，减少质量损失；另一方面，由于采用一、二级品代替三级品，使产品的成本有所提高。因此，容差设计阶段既要考虑减少参数设计阶段所带来的质量损失（增大容差），又要考虑缩小一些零部件或元器件的容差，这样会交替地增加成本，因此，要权衡两者的利弊得失，采取最佳决策。

1. 基本原理

容差设计是在参数设计得到的最优试验方案的基础上，通过非线性效应，调整可控因素的容差范围，通过正交试验设计和方差分析（也可以不用），利用质量损失函数得出最佳的容差水平。其非线性效应的原理同参数设计。

2. 容差设计实施框架

容差设计中的正交试验设计过程与参数设计过程相似，但评价的指标不同，容差设计需要用质量损失函数来确定质量水平，即综合衡量最优的容差组合。其基本框架如图 5－1 所示。

3. 容差设计方法分类

根据系统的输出特性，可以将容差设计方法分为静态容差设计法和动态容差设计法；根据系统质量特性的特点，静态特性系统的容差设计法又可分为望目特性的容差设计法、望小特性的容差设计法和望大特性的容差设计法。

在容差设计中，一方面要考虑提高零部件的精度以改进质量，另一方面也要考虑提高零部

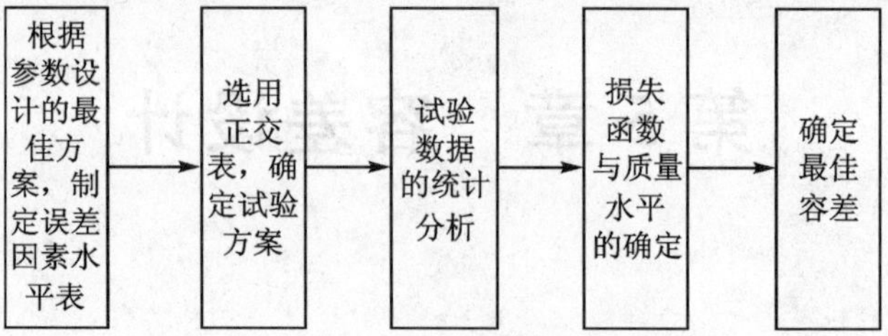

图 5-1　容差设计实施框架图

件精度所增加的成本，通过权衡，仅当改进质量所获取的效益大于成本的增加时，才能采用提高零部件的精度的方法。质量损失函数是容差设计的主要工具，运用其计算出的产品质量损失谋求产品的成本与质量损失达到最佳平衡，并以“使社会总损失（也即质量损失与成本之和）最小”原则来确定合适的容差。

5.2　质量损失函数

产品质量的波动是客观存在的，有质量波动就会造成社会损失。也就是说，只要产品的质量特性偏离预定的目标值，就会给客户或者社会造成损失，而且这种损失大小与“波动”的程度成正比。例如，灯泡的真空度目标值是 100%，此时的使用寿命为无限长，但工厂制造时达不到 100%的真空度，99%即算合格。顾客买到 99%真空度的灯泡，虽然能使用，但使用寿命缩短，给客户和社会造成了损失。为了对质量作出定量评价，可以采用质量损失函数的概念。所谓质量损失函数，就是定量表述“经济损失”与“功能波动”之间相互关系的函数。

1. 望目特性的质量损失函数

设产品（系统）的输出特性（质量特性）为 y，目标值为 m。若 $y\neq m$，即 $|y-m|\neq 0$，则造成经济损失，且偏差越大，损失也越大。当 $y=m$ 时，损失最小（零损失）。输出特性为 y 的产品，其质量损失记作 $L(y)$。将函数 $L(y)$ 在目标值 m 周围用泰勒公式展开，得到：

$$L(y)=L(m)+\frac{L'(m)}{1!}(y-m)+\frac{L''(m)}{2!}(y-m)^2+\cdots+\frac{L^{(n-1)}(m)}{(n-1)!}(y-m)^{(n-1)}+\cdots \tag{5-1}$$

因为，当 $y=m$ 时，$L(y)=0$，即 $L(m)=0$；又因为当 $y=m$ 时，$L(y)$ 存在最小值，所以 $L'(m)=0$；再略去二阶以上高阶项，则式(5-1)可简化为

$$L(y)=\frac{L''(m)}{2!}(y-m)^2 \tag{5-2}$$

由于常数项 $L''(m)/2!$ 与质量特性 y 无关，令 $k=L''(m)/2!$，把它代入式(5-2)，得到

$$L(y)=k(y-m)^2 \tag{5-3}$$

式(5-3)即为望目特性的质量损失函数。

在质量损失函数中,$(y-m)^2$ 反映了质量特性与目标值的接近程度,亦即质量波动程度;比例常数 k 反映了单位平方偏差的经济损失,k 值越大,损失越大。图 5-2 为不同比例常数 k 时质量损失函数的变化曲线,它们是以 m 为中心的一簇抛物线。

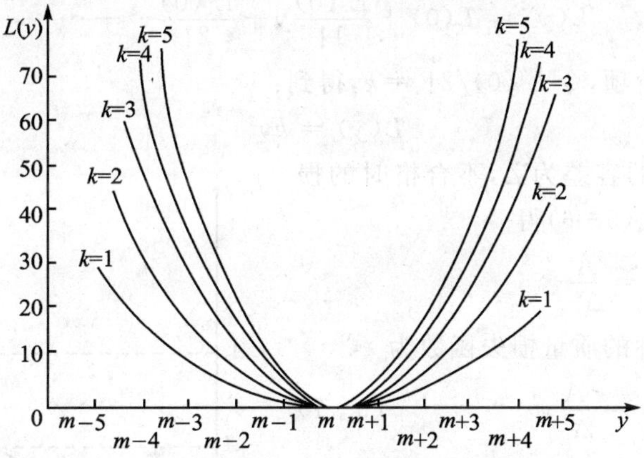

图 5-2　$L(y)$ 曲线图

原则上讲,只要知道抛物线 $L(y)$ 上的一个点,便可求得比例常数 k。下面分两种情况来介绍 k 值的确定方法。

① 根据功能界限 Δ_0 和相应的损失 A_0 计算 k。所谓功能界限 Δ_0,是指产品能够正常发挥其功能的界限值。若产品的输出特性为 y,目标值为 m,则当 $|y-m|\leqslant\Delta_0$ 时,产品可正常发挥功能;而当 $|y-m|>\Delta_0$ 时,产品将丧失功能,且造成的经济损失为 A_0,由式(5-3)得到

$$A_0 = k\Delta_0^2$$

或

$$k=A_0/\Delta_0^2$$

② 根据容差 Δ 和相应的损失 A 计算 k。所谓容差 Δ,是指允许的偏差或判断产品合格与否的界限。当 $|y-m|\leqslant\Delta$ 时,产品为合格品,而当 $|y-m|>\Delta$ 时,产品为不合格品,相应的损失为 A,由式(5-3)得到 $A=k\Delta^2$,故有:

$$k = \frac{A}{\Delta^2} \tag{5-4}$$

上述情况是功能界限或容差对称条件下比例常数的求法,相应的平均质量损失为

$$\overline{L}(y) = \begin{cases} \dfrac{A_0}{\Delta_0^2}\dfrac{1}{n}\sum\limits_{i=1}^{n}(y_i-m)^2 \\ \dfrac{A}{\Delta^2}\dfrac{1}{n}\sum\limits_{i=1}^{n}(y_i-m)^2 \end{cases}$$

2. 望小特性的质量损失函数

望小特性是不取负值,希望越小越好的一种质量特性。望小特性理想的取值是"0",即质

量特性 y 越接近零值，产品质量就越高。它相当于目标值为"0"的望目特性。仿照望目特性，可求出望小特性的质量损失函数。

设 y 是望小特性，当 $y=0$ 时，质量损失最小且为零，即 $L(0)=0, L'(0)=0$，其泰勒展开式为

$$L(y)=L(0)+\frac{L'(0)}{1!}y+\frac{L''(0)}{2!}y^2+\cdots \tag{5-5}$$

舍去二阶以上高阶项，令 $L''(0)/2!=k$，得到：

$$L(y)=ky^2 \tag{5-6}$$

设技术文件规定的容差为 Δ，不合格时的损失为 A，把 Δ、A 代入式(5-6)得

$$k=\frac{A}{\Delta^2}$$

由此得到望小特性的质量损失函数为

$$L(y)=\frac{A}{\Delta^2}y^2 \tag{5-7}$$

望小特性质量损失函数的图形如图 5-3 所示。

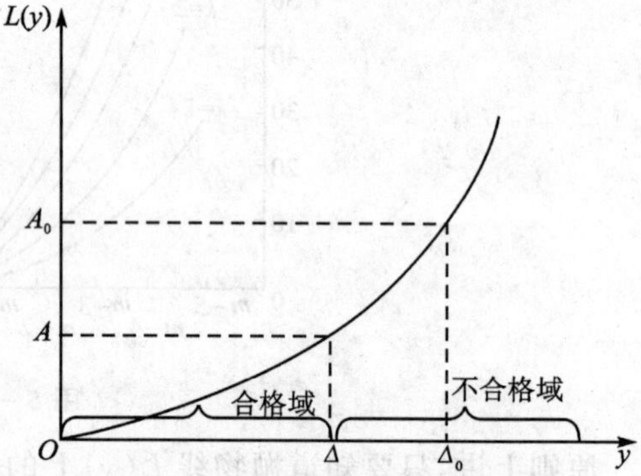

图 5-3　望小特性质量损失函数

对于 n 件产品，设其输出特性分别取值 $y_1, y_2, \cdots, y_n$，则平均质量损失为

$$\overline{L}(y)=\frac{A}{\Delta^2}V_T \tag{5-8}$$

式中，$V_T=\frac{1}{n}\sum_{i=1}^{n}y_i^2=\frac{1}{n}(y_1^2+y_2^2+\cdots+y_n^2)$。

3. 望大特性的质量损失函数

望大特性是不取负值，希望越大越好的一种质量特性。设 y 为望大特性，在 $y\to\infty$ 处损失为 0(即 $L'(\infty)=0, L(\infty)=0$)。按照 $y=\infty$ 的泰勒展开式，得到

$$L(y)=L(\infty)+\frac{L'(\infty)}{1!}\frac{1}{y}+\frac{L''(\infty)}{2!}\frac{1}{y^2}+\cdots=k\frac{1}{y^2} \tag{5-9}$$

设技术文件规定的容差为 Δ，不合格时的损失为 A，分别把 Δ 和 A 代入式(5-9)得到 $A=k(1/\Delta^2)$，即 $k=A\Delta^2$，把 k 值代回式(5-9)，便得到单件产品条件下望大特性的质量损失函数为

$$L=\frac{k}{y^2}=\frac{A\Delta^2}{y^2} \tag{5-10}$$

对于 n 件产品，设其输出特性分别取值为 $y_1, y_2, \cdots, y_n$，相应的平均质量损失计算式为

$$\overline{L}(y)=\frac{1}{n}\sum_{i=1}^{n}\frac{A\Delta^2}{y_i^2}=\frac{A\Delta^2}{n}\left(\frac{1}{y_1^2}+\frac{1}{y_2^2}+\cdots+\frac{1}{y_n^2}\right) \tag{5-11}$$

望大特性质量损失函数的图形如图 5-4 所示。

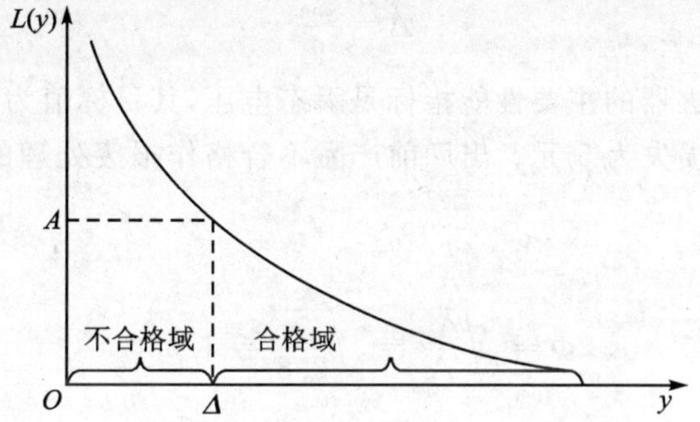

图 5-4　望大特性质量损失函数图

5.3　容差的确定方法

5.3.1　安全系数法确定容差

设 A_0 为达到功能界限时的平均损失(主要为用户损失),A 为不合格品时的工厂损失,则安全系数 Φ 为

$$\Phi=\sqrt{\frac{A_0}{A}} \tag{5-12}$$

由于 $A_0>A$,所以安全系数 Φ 大于 1。安全系数越大说明丧失功能时的损失就越大。对于要求有很高安全性的产品,安全系数应比较大。一般情况下采用 $\Phi=4\sim5$。

1. 望目特性

设产品的输出特性 y 为望目特性,容差为 Δ,当产品不合格时,工厂要进行返修或作报废处理,造成的损失为 A,产品的功能界限为 Δ_0,丧失功能时的损失为 A_0,那么质量损失函数为

$$L(y)=\frac{A_0}{\Delta_0^2}(y-m)^2 \tag{5-13}$$

当 $|y-m|=\Delta$ 时,$L(y)=A$,代入式(5-13)得 $A=\frac{A_0}{\Delta_0^2}\Delta^2$,可转化为

$$\Delta=\sqrt{\frac{A}{A_0}}\Delta_0 \tag{5-14}$$

若定义安全系数为

$$\Phi=\sqrt{\frac{A_0}{A}}$$

则容差计算公式为

$$\Delta = \frac{\Delta_0}{\Phi} \tag{5-15}$$

例 5-1 某电子点火器的主要性能指标是瞬态电压，其目标值为 13 kV，功能界限为Δ_0= 500 V，丧失功能带来的损失为 5 元。出厂前产品不合格作报废处理的损失为 2.8 元，求该产品的出厂容差。

解 安全系数为

$$\Phi = \sqrt{\frac{A_0}{A}} = \sqrt{\frac{5}{2.8}} = 1.336$$

容差为

$$\Delta = \frac{\Delta_0}{\Phi} = \frac{500\ \text{V}}{1.336} = 374.25$$

即产品的瞬态电压指标为(13 000±374) V。

2. 望小特性

当产品输出特性 y 为望小特性时，其质量损失函数为

$$L(y) = \frac{A_0}{\Delta_0^2} y^2 \tag{5-16}$$

若已知不合格损失为 A，即 $y=\Delta$ 时，$L(y)=A$，则 $A=\frac{A_0}{\Delta_0^2}\Delta^2$，可转化为

$$\Delta = \sqrt{\frac{A}{A_0}}\Delta_0 = \frac{\Delta_0}{\Phi} \tag{5-17}$$

若定义安全系数为

$$\Phi = \sqrt{\frac{A_0}{A}}$$

则容差计算公式为

$$\Delta = \frac{\Delta_0}{\Phi}$$

由式可以看出，容差计算公式与望目特性一样。

例 5-2 某电子晶片的关键特性之一是清洁度，即每片中含杂质的毫克数要求越小越好。当每片含杂质超过 20 mg 时，产品丧失功能，需花费 70 元进行修理，而产品不合格时工厂的返修损失仅为 10 元，求产品的出厂容差。

解 已知 Δ_0=20 mg，A_0=70 元，A=10 元，则：

$$\Phi = \sqrt{\frac{A_0}{A}} = \sqrt{\frac{70}{10}} = 2.646 \qquad \text{和} \qquad \Delta = \frac{\Delta_0}{\Phi} = \frac{20\ \text{mg}}{2.646} = 7.559\ \text{mg}$$

所以工厂验收的合格标准为 $y \leqslant 7.559$ mg。

3. 望大特性

望大特性的质量损失函数为

$$L(y) = A_0 \Delta_0^2 \frac{1}{y^2} \tag{5-18}$$

若已知不合格损失为 A，即 $y=\Delta$ 时，$L(y)=A$，则 $A=A_0\Delta_0^2\dfrac{1}{\Delta^2}$，可转化为

$$\Delta = \sqrt{\frac{A_0}{A}}\Delta_0 = \Phi\Delta_0 \tag{5-19}$$

例 5-3　用 PVC 材料加工塑料门窗。当材料的拉伸强度低于 31 MPa 时，门窗就会断裂，此时造成的损失为 200 元，而因材料不合格工厂报废处理的损失为 120 元，试求所用 PVC 材料的容差。

解　已知 $\Delta_0=31$ MPa，$A_0=200$ 元，$A=120$ 元，质量特性(拉伸强度)为望大特性，故：

$$\Phi = \sqrt{\frac{A_0}{A}} = \sqrt{\frac{200}{120}} \approx 1.29$$

$$\Delta = \Phi\Delta_0 = (1.29 \times 31)\ \text{MPa} \approx 40\ \text{MPa}$$

所以，所用 PVC 材料的强度下限约为 40 MPa。

5.3.2　由上位特性确定下位特性容差

产品质量形成的全部过程包括下列阶段：市场调研、设计和研制、采购、工艺准备、生产制造、检验和试验、包装和储存、销售和发运、安装和运行、技术服务和维护。在每一阶段都存在质量特性。一般来说，位于前面阶段的是原因特性，称为下位特性；而位于后面阶段的是结果特性，称为上位特性。例如：在销售和发运阶段，用户的产品质量特性是上位特性，而制造商提供的产品质量特性是下位特性；前道工序产品质量特性为下位特性，后道工序产品质量特性为上位特性；子系统的质量特性为下位特性，总系统的质量特性为上位特性。

设产品的上位特性为 y，下位特性为 x。考虑最简单的情况，设当下位特性 x 变化单位量时，相应上位特性 y 的变化量为 b，则 y 与 x 之间存在以下线性关系：

$$y = a + bx \tag{5-20}$$

记 Δ_y——上位特性容差；

A_y——上位特性的不合格损失；

Δ_{0y}——上位特性的功能界限；

A_{0y}——上位特性丧失功能的损失；

Δ_x——下位特性容差；

A_x——下位特性的不合格损失；

m_y——上位特性的目标值；

m_x——下位特性的目标值；

a——$x=0$ 时，相应 y 的值。

下位特性 x 的容差 Δ_x 有以下两个计算公式，即

$$\Delta_x = \sqrt{\frac{A_x}{A_y}} \times \frac{\Delta_y}{|b|} \tag{5-21}$$

$$\Delta_x = \sqrt{\frac{A_x}{A_{0y}}} \times \frac{\Delta_{0y}}{|b|} \tag{5-22}$$

例 5-4 某电路板稳压电源的质量特性为输出电压 u，公差为$(m \pm 2.5)$ V。在稳压电路中，某个电阻的中心值为 m_R（单位：kΩ），阻值变化对输出电压的影响为 $b=0.4$ V/kΩ。当输出电压超出容差时，导致产品不合格的损失为 $A_y=30$ 元。在组装前发现电阻不合格时，工厂损失 $A_x=1$ 元。求该电阻的容差。

解 已知 $\Delta_y=2.5$ V，$A_y=30$ 元，$A_x=1$ 元，$b=0.4$ V/kΩ，由式(5-21)可计算出电阻容差 Δ_x 为

$$\Delta_x = \sqrt{\frac{A_x}{A_y}} \times \frac{\Delta_y}{|b|} = \left(\sqrt{\frac{1}{30}} \times \frac{2.5}{0.4}\right) \text{k}\Omega \approx 1.141 \text{ k}\Omega$$

因此电阻的容差约为 1.141 kΩ。

5.3.3 由老化特性确定老化系数容差

随时间推延而向统一倾向发生变化的特性称为老化特性。例如，电阻的阻值随着时间的延长而逐渐增大；机械零件的磨损量随时间的延长而逐渐变大等。由于特性随时间推延而老化，老化量在不同截止时间是不同的，若要计算老化系数的容差，首先要确定设计寿命。现以老化特性随时间呈线性变化作简单介绍。

设产品老化特性 y 的设计寿命为 T，老化系数为 β，α 为初始值，y 随时间 t 呈线性变化，则有下式成立：

$$y = \alpha - \beta t \quad (0 < t < T) \tag{5-23}$$

老化系数的容差 Δ' 的含义是：在整个寿命周期内，若 $\beta > \Delta'$，表示为不合格品，此时相应的损失为 A'。

下面讨论老化特性 y 的功能界限 Δ_0、丧失功能的损失 A_0 和设计寿命 T 已知时，老化系数容差的计算方法。

1. 初始值等于目标值

设老化特性 y 的目标值为 m，当 $t=0$ 时，$y=m$，则

$$y = \alpha - \beta t \quad (0 < t < T)$$

此时，老化系数 β 的容差 Δ' 的计算公式为

$$\Delta' = \sqrt{\frac{3A'}{A_0}} \times \frac{\Delta_0}{T} \quad (5-24)$$

初始值等于目标值时的老化特性曲线如图 5-5 所示。

例 5-5　某机械零件尺寸 y 的设计初始值为目标值 n(单位:mm),设计寿命 $T=5$ 年,当磨损量达到 10 mm 时就不能正常使用,即功能界限 $\Delta_0=10$ mm,此时的损失 $A_0=80$ 元。若每年平均磨损量 β 不合格,产品降级使用的损失为 $A'=5$,求 β 的容差。

解　将所有已知条件代入式(5-25),可计算得

$$\Delta' = \sqrt{\frac{3A'}{A_0}} \times \frac{\Delta_0}{T} = \left(\sqrt{\frac{3\times 5}{80}} \times \frac{10}{5}\right) \text{mm/ 年} \approx 0.866 \text{ mm/ 年}$$

因此 β 的容差约为 0.866 mm/年。

2. 初始值不等于目标值

设老化特性 y 的初始值为 $y_0 \neq m$,则

$$y = a + m - \beta t \qquad (0 < t < T) \quad (5-25)$$

其中 $a \neq 0$。如图 5-6 所示,当 $t=\beta/T$ 时,$y=m$(以 $y_0>m$ 为例)。

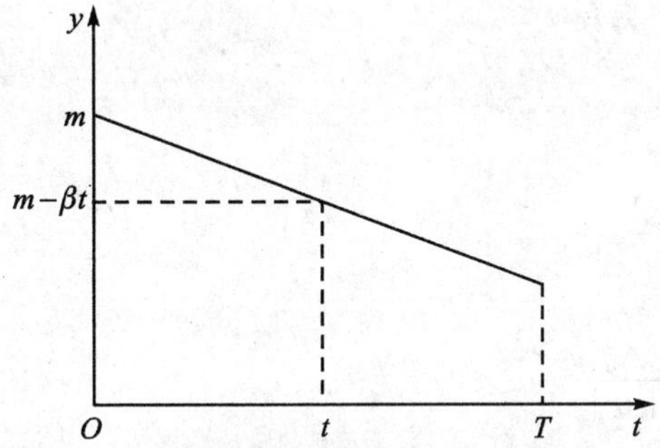

图 5-5　初始值等于目标值时的老化特性曲线

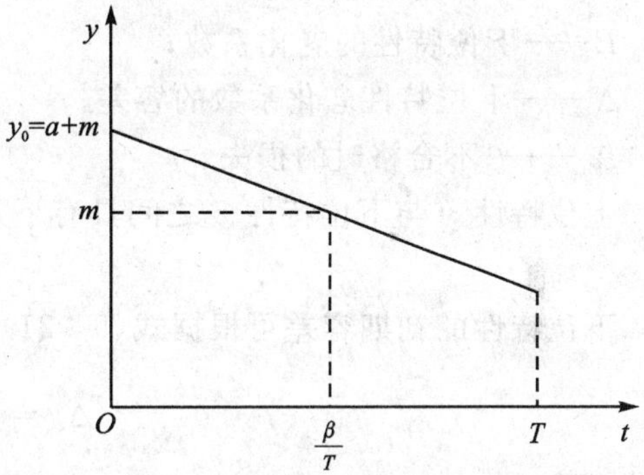

图 5-6　初始值不等于目标值的老化特性曲线

此时,老化系数 β 的容差 Δ' 计算公式为

$$\Delta' = \sqrt{\frac{12A'}{A_0}} \times \frac{\Delta_0}{T} \quad (5-26)$$

很显然,当初始值大于目标值的情况下,老化系数的容差大于初始值且等于目标值,因此,在进行容差设计时应尽量选取初始值大于目标值的情况。

例 5-6　设某零件的初始值不等于目标值,当 $t=2$ 年时,零件的尺寸等于目标值 m,设计寿命 10 年,当磨损量达到 300 μm 时不能正常使用,此时的损失为 $A_0=80$ 元。若每年平均磨损量 β 不合格,降级使用的费用为 $A'=8$,求 β 的容差。

解　将所有已知条件代入式(5-24),可计算得

$$\Delta' = \sqrt{\frac{12A'}{A_0}} \times \frac{\Delta_0}{T} = \left(\sqrt{\frac{12 \times 8}{80}} \times \frac{300}{8}\right) \mu\text{m/年} \approx 41.1\ \mu\text{m/年}$$

即老化系数 β 的容差约为 41.1 μm/年。

5.3.4 下位特性的老化系数容差

设产品的上位特性为 y,下位特性为 x,y 与 x 之间具有线性关系。记

Δ_y——上位特性容差;

A_y——上位特性的不合格损失;

Δ_x——下位特性容差;

A_x——下位特性的不合格损失;

m_y——上位特性的目标值;

m_x——下位特性的目标值;

a——$x=0$ 时,相应 y 的值;

b——x 每变化一个单位,y 的变化量;

T——下位特性的设计寿命;

B——下位特性的老化系数;

Δ'——下位特性老化系数的容差;

A'——β 不合格时的损失。

上位特性 y 与下位特性 x 之间具有下列关系

$$y = a + bx$$

下位特性的初期容差可根据式(5-21)给出,即

$$\Delta_x = \sqrt{\frac{A_x}{A_y}} \times \frac{\Delta_y}{|b|}$$

则老化系数 β 的容差可由下式给出

$$\Delta' = \sqrt{\frac{3A'}{A_y}} \times \frac{\Delta_y}{|b|T} \tag{5-27}$$

例 5-7 在车间照明中,当灯泡的照度变化 $\Delta_y=40$ lx(勒克斯)时,因功能损失发生故障的修理费用为 $A_y=200$ 元。当灯泡的发光强度变化 1 cd(坎德拉)时,相应照度要变化 0.9 lx。灯泡的初期发光强度超出规格时,调整费用为 $A_x=5$ 元。当老化超过规格时,损失为 $A'=32$ 元。设计寿命为 20 000 h,老化特性初始值与目标值相等。试求灯泡初期发光强度的容差 Δ 及发光强度老化系数的容差 Δ'。

解 根据式(5-21),将 Δ_y、A_y、A_x、b 代入可计算得

$$\Delta = \sqrt{\frac{A_x}{A_y}} \times \frac{\Delta_y}{|b|} = \left(\sqrt{\frac{5}{200}} \times \frac{40}{|0.9|}\right) \text{cd} \approx 7.03\ \text{cd}$$

则灯泡初期发光强度的容差为 7.03 cd。

根据式(5-27)，将 A_y、A'、Δ_y、b、T 代入可得

$$\Delta' = \sqrt{\frac{3A'}{A_y}} \times \frac{\Delta_y}{|b|T} = \left(\sqrt{\frac{3\times 32}{200}} \times \frac{40}{0.9\times 20\,000}\right) \text{cd/h} \approx 0.001\,5\ \text{cd/h}$$

发光强度老化系数的容差约为 0.001 5 cd/n。

5.4　容差设计方法

容差确定和容差设计是两个不同的概念。容差确定是根据功能界限确定系统或零部件的容差。容差设计则是质量和成本之间的平衡。容差设计时，须遵循的原则是使产品的生产成本与质量损失之和(即总损失)最小，使总损失达到极小点的方案为容差设计的最佳方案。因此，一方面要考虑提高一个或几个零部件的精度以改进质量；另一方面又要考虑因提高零部件精度所增加的成本。两者相权衡，仅当改进质量所获取的收益大于成本增加的费用时，才应提高零部件的精度。具体方法是对影响产品输出特性的诸因素进行考察，通过分析找出关键因素，逐个改变其精度，并计算损失函数，分析、权衡质量收益，从而确定使产品寿命周期成本最低的零部件容差。

5.4.1　损失函数法

1. 望小与望目特性的容差设计

在容差设计中，主要运用质量损失函数来计算产品的质量损失，并按照"使社会总损失最小"原则来确定合适的容差。

例 5-8　设计某机械产品，材料可以从 M_1、M_2、M_3 三种材料中任选。三种材料的温度系数 b(温度每变化 1 ℃的伸长率)、每年的磨损量 β(每年磨损量的百分率)及价格如表 5-1 所列。产品的功能界限 $\Delta_0=6$ mm，丧失功能时的损失 $A_0=180$ 元，$\sigma_{温}=15$ ℃，$T=20$ 年。产品在标准温度下出厂的尺寸等于目标值 m，试问选用哪种材料比较合理？

表 5-1　材料特性的数据

材　料	b/%	β/%	价格/元
M_1	0.08	0.15	1.80
M_2	0.03	0.06	3.50
M_3	0.01	0.05	6.30

解　已知 $A_0=180$ 元，$\Delta_0=6$ mm，Δ^2 是由温度和老化造成波动的合计方差，即 $\Delta^2=\Delta_1^2+\Delta_2^2$。其中，$\Delta_1$ 为温度波动的方差，$\Delta_1^2=b^2\sigma_{温}^2$；$\Delta_2$ 为老化波动的方差。设 T 为设计寿命；β 为每

年的老化量；m 为出厂时的尺寸；在任意时刻 t，老化偏离为 βt。在 $0\sim T$ 内，偏离目标值的平均平方偏差为

$$\Delta_2^2=\frac{1}{T}\int_0^T(m-\beta t-m)^2\mathrm{d}t=\frac{T^2}{3}\beta^2$$

由此，最终质量损失函数计算公式如下：

$$L(y)=\frac{A_0}{\Delta_0^2}\Delta^2=\frac{A_0}{\Delta_0^2}(\Delta_1^2+\Delta_2^2)=\frac{A_0}{\Delta_0^2}\left(b^2\sigma_{温}^2+\frac{T^2}{3}\beta^2\right)$$

将 $\sigma_{温}=15$ ℃和 $T=20$ 年代入上式，分别求得 M_1、M_2、M_3 三种材料的方差及质量损失为

$$M_1:\Delta^2=0.08^2\times15^2+\frac{20^2}{3}\times0.15^2=4.44$$

$$L(y)=\frac{180\text{ 元}}{6^2}\times4.44=22.2\text{ 元}$$

$$M_2:\quad \Delta^2=0.03^2\times15^2+\frac{20^2}{3}\times0.06^2=0.682\,5$$

$$L(y)=\frac{180\text{ 元}}{6^2}\times0.682\,5\approx3.41\text{ 元}$$

$$M_3:\quad \Delta^2=0.01^2\times15^2+\frac{20^2}{3}\times0.05^2=0.355\,8$$

$$L(y)=\frac{180\text{ 元}}{6^2}\times0.355\,8\approx1.78\text{ 元}$$

将上述计算结果整理成表 5－2。

表 5－2　容差设计

材　料	b/%	β/%	价格/元	质量损失/元	总损失/元
M_1	0.08	0.15	1.8	22.2	24
M_2	0.03	0.06	3.5	3.41	6.91
M_3	0.01	0.05	6.3	1.78	8.08

表 5－2 中总损失为价格与质量损失之和，其最小值为 6.91 元，故选用材料 M_2 最为合理。

2. 望大特性的容差设计

例 5－9　某产品设计中需要确定某钢管截面面积，其强度越大越好。设钢材的强度和价格与管子的截面积成正比，单位截面积强度 $b=80\ \mathrm{N/mm^2}$，单位截面积价格 $a=40$ 元/mm^2。当应力 $\Delta_0=5\,000$ N 时，钢管会断裂，此时的损失 $A_0=30$ 万元。试计算该钢管的最佳截面积。

解　如果令截面积为 x，其价格满足 $P=ax$，强度满足 $y=bx$，则相应的损失函数为

$$L=L(y)=\frac{A_0\Delta_0^2}{(bx)^2}$$

因此，总损失 $L_N = P + L = ax + \frac{A_0\Delta_0^2}{(bx)^2}$。截面积的最佳值使 L_N 取得最小值。

令 $\frac{dL_N}{dx} = 0$，可得 $x = \left(\frac{2A_0\Delta_0^2}{ab^2}\right)^{\frac{1}{3}}$。将 a、b、A_0、Δ_0 代入，可得 $x = 388\ \text{mm}^2$。

因此，成本 P、质量损失 L 和总损失 L_N 分别为

$$P = ax = 40\ \text{元}/\text{mm}^2 \times 380\ \text{mm}^2 = 15\ 520\ \text{元}$$

$$L = L(y) = \frac{A_0\Delta_0{}^2}{(bx)^2} = \frac{3\times10^5\ \text{元} \times (5\ 000\ \text{N})^2}{(80\ \text{N/mm}^2 \times 388\ \text{mm}^2)^2} = 7\ 784\ \text{元}$$

$$L_N = P + L = 15\ 520\ \text{元} + 7\ 784\ \text{元} = 23\ 304\ \text{元}$$

$x = 388\ \text{mm}^2$ 就是生产成本与质量损失之和达到最小的截面积。最佳条件下，成本 P 等于不合格品的损失 A。则强度的容差为

$$\Delta = \varphi\Delta_0 = \sqrt{\frac{A_0}{A}} \times \Delta_0 = \sqrt{\frac{3\times10^5\ \text{元}}{15\ 520\ \text{元}}} \times 5\ 000\ \text{N} = (4.4\times 50\ 00)\ \text{N} = 22\ 000\ \text{N}$$

5.4.2　贡献率法

1. 单因素情况

设望目特性 y 的目标值为 m，容差为 Δ，不合格品损失为 A。误差因素与特性之间存在线性关系，公式如下：

$$y = \alpha + \beta x \tag{5-28}$$

单因素容差设计的问题是：如果误差因素 x 的容差 Δ_x 改进为

$$\Delta'_x = \lambda\Delta_x \tag{5-29}$$

此时产品成本每件将增加 P'，问新的容差设计方案是否有利？

针对此问题，利用贡献率法进行解决，主要计算步骤如下：

(1) 确定回归直线

通过试验，得到 n 对数据：$(x_1, y_1), (x_2, y_2), \cdots, (x_n, y_n)$，则

$$\left.\begin{aligned}
\bar{x} &= \frac{1}{n}\sum_{i=1}^{n} x_i \\
\bar{y} &= \frac{1}{n}\sum_{i=1}^{n} y_i \\
L_{xx} &= \sum_{i=1}^{n}(x_i - \bar{x})^2 \\
L_{xy} &= \sum_{i=1}^{n}(x_i - \bar{x})(y_i - \bar{y}) \\
L_{yy} &= \sum_{i=1}^{n}(y_i - \bar{y})^2
\end{aligned}\right\} \tag{5-32}$$

回归系数 α 和 β 的估计值 a 和 b 分别为

$$\left.\begin{aligned} a &= \bar{y} - b\bar{x} \\ b &= \frac{L_{xy}}{L_{xx}} \end{aligned}\right\} \tag{5-31}$$

回归直线为

$$\hat{y} = a + bx \tag{5-32}$$

(2) 试验数据的统计分析

利用方差分析法将总偏差平方和 $S_T'^2$ 分解为偏差平方和 S_m^2、回归平方和 S_x^2 与误差平方和 S_e^2。利用贡献率法进行分析，如表 5-3 所列。

表 5-3 贡献率分析表

来 源	偏差平方和 S	自由度 f	平均偏差平方和 $\overline{S^2}$	纯波动	贡献率 ρ/%
m	$S_m^2=n(\bar{y}-m)^2$	1	S_m^2	$S'^2_m=S_m^2-\overline{S_e^2}$	$\rho_m=S'^2_m/S'^2_T$
x	$S_x^2=b^2L_{xx}$	1	S_x^2	$S'^2_x=S_x-\overline{S_e^2}$	$\rho_x=S'^2_x/S'^2_T$
e	$S_e^2=S'^2_T-S_m^2-S_x^2$	$n-2$	$\overline{S_e^2}=S_e^2/(n-2)$	$S'^2_e=S_e^2+2\overline{S_e^2}$	$\rho_e=S'^2_e/S'^2_T$
T'	$S'^2_T=\sum_{i=1}^{n}(y_i-m)^2$	n	S'^2_T/n	S'^2_T	100

(3) 校正系统偏差

$\bar{y}-m$ 称为系统偏差，当系统不为 0 时，可将它校正为 0，从而使 $\rho_m=0$，这就是系统偏差校正。

(4) 确定平均质量损失

计算平均质量损失，公式如下：

$$\overline{L} = \frac{A}{\Delta^2}\left[\frac{1}{n}\sum_{i=1}^{n}(y_i-m)^2\right]$$

(5) 容差设计

当进行方差调整后，容差设计如表 5-4 所列。

表 5-4 容差设计

方 案	成 本	平均质量损失 L	总损失
原方案 Δ_x	0	$\overline{L}=\frac{A}{\Delta^2}V_T$	$L_T=\overline{L}$
新方案 Δ'_x	P'	$\overline{L_N}=\overline{L}\left\{1-\rho_m-\rho_x\left[1-\left(\frac{\Delta'_x}{\Delta_x}\right)^2\right]\right\}$	$L'_T=P'+\overline{L_N}$

如果在新的容差设计方案下总损失小于原方案，则新方案有利。

2. 多因素情况

已知望目特性 y 的目标值为 m，容差为 Δ，不合格损失为 A。误差因素 $x_1, x_2, \cdots, x_L$ 与特性之间存在函数关系，即

$$y = f(x_1, x_2, \cdots, x_L) \tag{5-33}$$

多因素容差设计的问题是：如果误差因素 x_i 的容差改进 Δ_i 为

$$\Delta_i' = \lambda_i \Delta_i \tag{5-34}$$

此时产品成本将增加 P_i'，即

$$P' = \sum_{i=1}^{L} P_i' \tag{5-35}$$

问新的容差设计是否更好？

针对这个问题，利用贡献率法进行解决，主要计算步骤如图 5-7 所示。

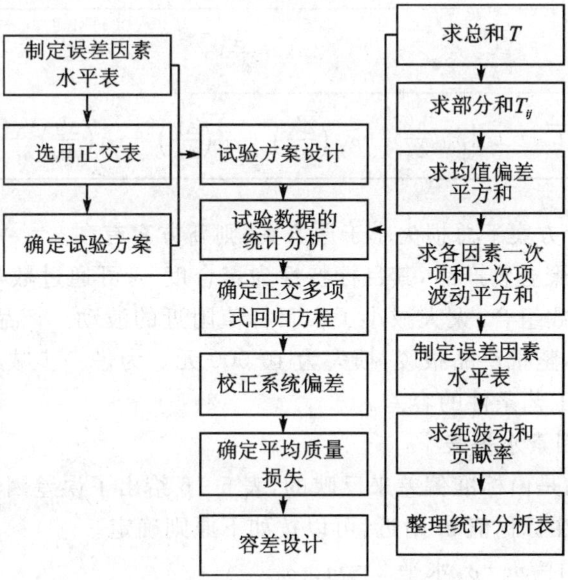

图 5-7 多因素容差设计步骤

(1) 试验方案设计

有 L 个误差因素 $x_1, x_2, \cdots, x_L$，属于多因素试验，通常采用正交试验法来设计试验方案。

(2) 试验数据的统计分析

得到试验数据后对数据进行统计分析。由于误差因素的水平是等间隔的，可用正交多项式回归理论把因素引起的波动平方和分解为一次项、二次项引起的波动平方和，并求出相应的贡献率。

(3) 正交多项式回归方程的确定

由正交多项式回归理论,确定质量特性 y 与各个因素之间的正交多项式。

(4) 系统偏差的校正

当系统不为 0 时,可将它校正为 0,从而使 $\rho_m=0$,这就是系统偏差校正。

(5) 确定平均质量损失

通过质量损失函数计算每个产品的质量损失,并计算平均质量损失 $\overline{L}$,可表示如下:

$$\overline{L}=\frac{A}{\Delta^2}\frac{1}{n}\sum_{i=1}^{n}(y_i-m)^2 \tag{5-38}$$

(6) 容差设计

当进行方差调整后,容差设计表如表 5-5 所列。

表 5-5 容差设计

方 案	成 本	平均质量损失 L	总损失
原方案 Δ_x	0	$\overline{L}=\frac{A}{\Delta^2}V_T$	$L_T=\overline{L}$
新方案 Δ'_x	P'	$\overline{L}_N=\overline{L}\left\{\rho_{A1}(\frac{\Delta'_A}{\Delta_A})^2+\rho_{Aq}\left(\frac{\Delta'_A}{\Delta_A}\right)^2+\rho_{B1}\left(\frac{\Delta'_B}{\Delta_A}\right)^2+\rho_{Bq}\left(\frac{\Delta'_B}{\Delta_B}\right)^2+\cdots+\rho_e\right\}$	$L'_T=P'+\overline{L}_N$

如果新的容差设计方案下总损失小于原方案,则新方案有利。

例 5-10 开发一聚合物产品,其目标特性为聚合度 y,可通过数学模型计算。首先进行参数设计,确定最佳参数组合,大大减小了在目标值附近的波动。产品技术指标为 $y=500\pm60$,当 y 超出此容差时,整批产品报废,损失为 10 000 元。为进一步减小质量波动,降低损失,需在最佳参数下,确定工艺条件的容差。

解 1) 确定误差因素水平表

各误差因素的波动是由标准偏差来反映的,表 5-6 给出了误差因素和标准偏差。在容差设计中,误差因素水平在标称值 m 附近,可以按如下原则确定。

二水平因素:水平 $1=m-\sigma$,水平 $2=m+\sigma$。

三水平因素:水平 $1=m-\sqrt{\frac{3}{2}}\sigma=m-1.22\sigma$,水平 $2=m$,水平 $3=m+\sqrt{\frac{3}{2}}\sigma=m+1.22\sigma$。

例如,因素 A 的标准偏差是 1.25,A 的三个水平定为

$$A_1=m_A-1.22\times1.25\ ℃=m_A-1.53\ ℃$$

$$A_2=m_A,\qquad A_3=m_A+1.53\ ℃$$

表 5-6　误差因素和标准偏差

误差因素		标准偏差 σ	误差因素		标准偏差 σ
聚合温度	A	1.25 ℃	溶剂计量误差	E	5.00%
催化剂计量误差	B	2.50%	单体计量误差	F	2.50%
催化剂进料时间误差	C	5.00%	单体不纯度	G	0.50%
单体进料时间误差	D	5.00%			

其他因素可以类似地确定，见表 5-7。

表 5-7　误差因素水平表

因素 \ 水平		1	2	3
聚合温度/℃	A	−1.53	0	+1.53
催化剂计量误差/%	B	−3.06	0	+3.06
催化剂进料时间误差/%	C	−6.12	0	+6.12
单体进料时间误差/%	D	−6.12	0	+6.12
溶剂不纯度/%	E	−6.12	0	+6.12
单体计量误差/%	F	−3.16	0	+3.16
单体不纯度/%	G	0.09	0.70	1.31

2）正交表的安排与试验

把上述误差因素配置于 $L_{18}(2^1\times 3^7)$ 表中，根据数学模型计算出各种条件下的聚合度 y，填入表 5-8 中。为简化计算，将每个条件下的结果减去目标值 500。

3）方差分析

下面对表 5-8 中的 18 个结果进行方差分析。由于误差因素水平是等间隔的，因此可以用正交多项式进行波动平方和的分解。

首先，列出偏差平方和的分解公式：

$$S'^2_T = \sum_{i=1}^{n}(y_i-500)^2 = S^2_m + S^2_T =$$

$$S^2_m + S^2_{\mathrm{A}} + S^2_{\mathrm{B}} + S^2_{\mathrm{C}} + S^2_{\mathrm{D}} + S^2_{\mathrm{E}} + S^2_{\mathrm{F}} + S^2_{\mathrm{G}} + S^2_e =$$

$$S^2_m + (S^2_{\mathrm{Al}} + S^2_{\mathrm{Aq}}) + (S^2_{\mathrm{Bl}} + S^2_{\mathrm{Bq}}) + (S^2_{\mathrm{Cl}} + S^2_{\mathrm{Cq}}) + (S^2_{\mathrm{Dl}} + S^2_{\mathrm{Dq}}) +$$

$$(S^2_{\mathrm{El}} + S^2_{\mathrm{Eq}}) + (S^2_{\mathrm{Fl}} + S^2_{\mathrm{Fq}}) + (S^2_{\mathrm{Gl}} + S^2_{\mathrm{Gq}}) + S^2_e$$

其次，计算各种波动平方和及自由度。为方便起见，先列出方差分析辅助表（见表 5-9）。

表 5-8 输出特性试验结果

试验号 \ 因素	A	B	C	D	E	F	G	结果	
	2	3	4	5	6	7	8	y	y−500
1	1	1	1	1	1	1	1	517	17
2	1	2	2	2	2	2	2	516	16
3	1	3	3	3	3	3	3	557	57
4	2	1	1	2	2	3	3	548	48
5	2	2	2	3	3	1	1	464	−36
6	2	3	3	1	1	2	2	488	−12
7	3	1	2	1	3	2	3	506	6
8	3	2	3	2	1	3	1	476	−24
9	3	3	1	3	2	1	2	432	−68
10	1	1	3	3	2	2	1	519	19
11	1	2	1	1	3	3	2	535	35
12	1	3	2	2	1	1	3	534	34
13	2	1	2	3	1	3	2	505	5
14	2	2	3	1	2	1	3	516	16
15	2	3	1	2	3	2	1	475	−25
16	3	1	3	2	3	1	2	451	−49
17	3	2	1	3	1	2	3	490	−10
18	3	3	2	1	2	3	1	471	29

表 5-9 方差分析辅助表

水 平	因素 A	因素 B	因素 C	因素 D	因素 E	因素 F	因素 C
1	178	46	−3	33	10	−86	−78
2	−4	−3	−4	0	2	−6	−73
3	−174	−43	7	−33	−12	92	151

$$S_T'^2 = \sum_{i=1}^{n}(y_i - 500)^2 = 17^2 + 16^2 + \cdots + (-29)^2 = 19\ 764, \qquad f_T = 18$$

$$S_m^2 = n(\bar{y} - m)^2 = 18 \times (500 - 500)^2 = 0, \qquad f_m = 1$$

$$S_{\mathrm{Al}}^2 = \frac{(W_1T_1 + W_2T_2 + W_3T_3)^2}{r\lambda^2 S} =$$

$$\frac{[(-1)\times 178+0\times(-4)+1\times(-174)]^2}{6\times 2}=10\ 325,\qquad f_{Al}=1$$

$$S_{Aq}^2=\frac{(W_1T_1+W_2T_2+W_3T_3)^2}{r\lambda^2 S}=$$

$$\frac{[1\times 178+(-2)\times(-4)+1\times(-174)]^2}{6\times 6}=4,\qquad f_{Aq}=1$$

其中，W_1、W_2、W_3、λ、S 的数值可查有关手册。

仿此可以计算出 S_{Bl}^2、S_{Bq}^2、S_{Cl}^2、S_{Cq}^2 等，最后由分解公式计算出 S_e^2，将这些计算结果整理为方差分析表，如表 5－10 所列。

4）容差设计

缩小误差因素的容差后，新的误差方差可由下式计算：

$$V_N=V_T'\left[\rho_{Al}\left(\frac{\sigma_A'}{\sigma_A}\right)^2+\rho_{Aq}\left(\frac{\sigma_A'}{\sigma_A}\right)^2+\rho_{Bl}\left(\frac{\sigma_A'}{\sigma_A}\right)^2+\rho_{Bq}\left(\frac{\sigma_A'}{\sigma_A}\right)^2+\cdots+\rho_e\right]\qquad(5-39)$$

式中：V_N——新的方差；

V_T'——现行方差；

ρ_{Al}——A_l 的贡献率；

ρ_{Aq}——A_q 的贡献率；

σ_A'——因素 A 的新的波动标准偏差；

σ_A——A 的现行波动标准偏差；

σ_B'——B 的新的波动标准偏差；

σ_B——B 的现行波动标准偏差。

表 5－10　方差分析表

来　源	S^2	f	$\overline{S^2}$	S'	ρ/%
S_m	0*	1*	0		
A l	10 325	1	10 325	10 246.64	51.84
A q	4*	1*	4		
B l	660*	1*	660		
B q	2*	1*	2		
C l	8*	1*	8		
C q	4*	1*	4		
D l	363*	1*	363		
D q	0*	1*	0		

续表 5-10

来 源	S^2	f	$\overline{S^2}$	S'	ρ/%
E l	40*	1*	40		
E q	1*	1*	1		
F l	2 640*	1	2 640	2 561.64	12.96
F q	9*	1*	9		
G l	4 370	1	4 370	4 291.64	21.71
G q	1 332	1	1 332	1 253.6	6.34
e	6*	3*	2		
($\bar{e}$)	(1 097)	(14)	(78.36)		(1.14)
T'	19 764	18	1 098	19 764	100

注:标有符号"*"的项加以合并。

由表 5-10 可见,A_l 即聚合度对输出特性 y 贡献率最大,因而应考虑装备一台自动温度控制器来减小由温度而引起的波动。安装温度控制器后聚合温度的波动可由现在的 $\sigma=1.25℃$ 降低到 $\sigma'_A=0.25℃$,但这一设备需要花费 6 万元。

容差设计就是要权衡安装温度控制器后的收益以及由此而引起的成本增加,从而确定是否需要引进该设备。这就要采用质量损失函数来比较。

首先,计算安装温度控制器后的新方差,由于 A_q 不显著,故只考虑线性部分 A_l。

$$V_N = V'_T\left\{1-\rho_{Al}\left[1-\left(\frac{\sigma'_A}{\sigma_A}\right)^2\right]\right\} = 1\ 098\times\left\{1-0.518\ 4\times\left[1-\left(\frac{0.25}{1.25}\right)^2\right]\right\} = 551.5$$

其次,计算安装温度控制器前后的质量损失。质量损失函数为

$$L(y) = kV'_T,\qquad k = A_0/\Delta_0^2$$

当 $\Delta_0=60$ 时,$A_0=10\ 000$ 元,故 $k=10\ 000/60^2=2.78$。

将现行方差和新方差代入质量损失函数,得

$$L_{现} = (2.78\times 1\ 098)\ 元/批 = 3\ 052.4\ 元/批$$

$$L_{新} = (2.78\times 551.53)\ 元/批 = 1\ 533.3\ 元/批$$

因此,每批收益为

$$L_{现} - L_{新} = 3\ 052.4\ 元/批 - 1\ 533.3\ 元/批 = 1\ 519.1\ 元/批$$

假定一年生产 12 批,则每年收益为

$$1\ 519.1\ 元/批\times 12\ 批 = 18\ 229.2\ 元$$

一台温度控制器投资 60 000 元,每年折旧费为 8 671 元,每年净收益为

$$18\ 299.2\ 元 - 8\ 671\ 元 = 9\ 558.2\ 元$$

所以应安装该设备。

习　题

5 - 1　说明质量损失函数在容差设计中的作用。

5 - 2　请推导由老化特性确定老化系数容差的公式(包括初始值等于目标值的情况和初始值不等于目标值的情况)。

5 - 3　请总结容差设计的基本步骤并说明在实施过程中的注意事项。

5 - 4　加工一零件,其规格为(95±5) mm,当超出规格时,即作为废品,此时的损失为 70 元,试求该零件尺寸的质量损失函数。

5 - 5　设汽车车门的尺寸功能界限 $\Delta_0 = 4\ \mu m$,车门关不上造成的社会损失 $A_0 = 500$ 元,在工厂内,车门尺寸不合格报废造成的损失 $A = 150$ 元。试求车门的出厂容差。

5 - 6　某制药过程的目标是氨基糖苷含量 y,要求其越大越好。当 $y < 180$ mg/g 时,产品丧失功能,损失为 $A_0 = 352\ 200$ 元/批,设工序中各因素及波动范围如下:A(磨粉时间)为±1%;B(成型压力)为±3%;C(炭化温度)为±2%;D(炭化时间)为±5%。

将现行条件作为第二水平,按上述因素的波动范围确定第一、第三水平,配置于 $L_9(3^4)$正交表中,试验结果如表所列:

试验号＼因素	A 1	B 2	C 3	D 4	$y/(\mathrm{mg \cdot g^{-1}})$
1	1	1	1	1	253.5
2	1	2	2	2	249
3	1	3	3	3	249.5
4	2	1	2	3	252.5
5	2	2	3	1	233.5
6	2	3	1	2	244.5
7	3	1	3	2	253
8	3	2	1	3	241
9	3	3	2	1	242

如果引进一台自控设备,各因素波动可减少一半,此设备每年折旧费为 5 万元,以每年生产 100 批计算,问引进该设备是否合理?

第6章　统计过程控制

6.1　统计过程控制基础

6.1.1　过程质量控制

过程质量控制是为了达到质量要求所采取的作业技术和活动，其目的在于监视过程，并排除产品质量形成过程中导致质量问题的因素，以此来确保产品质量。无论是零部件产品还是最终产品，它们的质量都可以用质量特性围绕设计目标值波动的大小来描述。若波动越小，则质量水平越高。当每个质量特性值都达到设计目标值，即波动为零时，该产品的质量达到最高水平。但实际上这是永远不可能的，所以我们必须进行生产过程质量控制，最大限度地减少波动。

现代质量工程把质量控制划分为若干阶段，在产品开发设计阶段的质量控制称为质量设计。在制造中需要对生产过程进行监测，该阶段称为质量监控阶段。以抽样检验来控制质量属于传统质量控制，称之为事后质量控制。在上述若干阶段中，最重要的是质量设计（在第2～5章中作了详细描述），其次是质量监控，再次是事后质量检验。综上所述，过程监控是从源头控制产品质量的重要手段。过程质量控制的重要性可用如图6-1所示的质量杠杆形象说明。

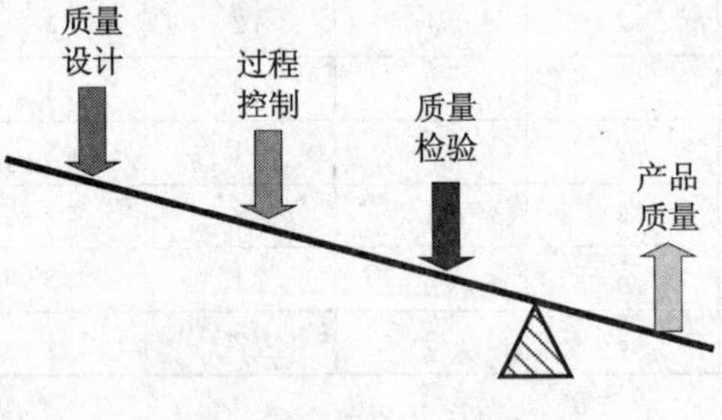

图6-1　质量杠杆示意图

美国著名质量专家休哈特于1924年首次提出用于过程质量控制的技术手段——控制图，后来经过发展形成现在的统计过程控制（Statistical Process Control，SPC）技术。统计过程控制（SPC）是应用统计技术对过程进行控制，从而达到改进与保证产品质量的目的。统计技术泛指以控制图理论为主线的任何可以应用的数理统计方法。统计过程控制技术的研究虽然是从制造过程开始的，但其研究成果适于各种过程，如设计过程、管理过程、流程式生产等。

6.1.2　过程质量统计观点

质量的统计观点是现代质量管理的基本观点之一。若推行这样的观点，就表示是现代的质量管理，否则即为传统的质量管理。

质量的统计观点包括质量具有变异性和质量变异具有统计规律性，如图 6－2 所示。

质量的统计观点{质量具有变异性
质量变异具有统计规律性

图 6－2　质量的统计观点

1. 质量具有变异性

质量具有变异性是众所周知的事实，但在工业革命以后，人们曾误认为：现在由机器来进行生产，生产出的产品应该是一样的。经过一百多年的实践，随着测量理论与测量工具的进步，人类才终于认识到：尽管是机器生产，产品质量仍然具有变异性。公差制度的建立就是承认质量具有变异性的一个标志。

2. 质量变异具有统计规律性

质量变异是有规律性的，但它不是通常的确定性现象的确定性规律，而是随机现象的统计规律，参见图 6－3。所谓确定性现象，就是在一定条件下必然发生的或不可能发生的事件(Event)。例如，在一个大气压(1.013×10^5 Pa)、常温($0℃<t<100℃$)下，水(H_2O)一定处于液体状态(必然事件)，而不是处于气体或固体状态(不可能事件)。但是，质量问题经常遇到的却是随机现象，即在一定条件下事件可能发生也可能不发生的现象。例如，无法预知电灯泡的寿命是否一定在 1 000 h 以上，但在对大量统计数据进行分析的基础上，可以得出结论：电灯泡的寿命有 80%的可能会大于 1 000 h。这是对随机现象的一种科学的描述。

规律{确定性现象 ⇒ 确定性规律
随机现象 ⇒ 统计规律

图 6－3　不同性质的现象具有不同的规律

对于随机现象通常应用分布(Distribution)来描述，分布可以告诉我们变异的幅度有多大。出现这么大幅度变异的可能性(概率，Probability)有多大。这就是统计规律。对于计量特性值，如长度、质量、时间、强度、纯度、成分等连续性数据，最常见的是正态分布(Normal Distribution)，参见图 6－4。对于计件特性值，如特性测量的结果只有合格与不合格两种情况的离散性数据，最常见的是二项分布(Binomial Distribution)，参见图 6－5。对于计点特性值，如铸件的沙眼数、布匹上的疵点数、电路板上的焊接不良数等离散性数据，最常见的是泊松分布（Poisson Distribution），参见图 6－6。计件值与计点值又统称计数值，都是可以 0 个、1 个、2 个……这样数下去的数据。掌握这些数据的统计规律可以用于保证和提高产品质量。

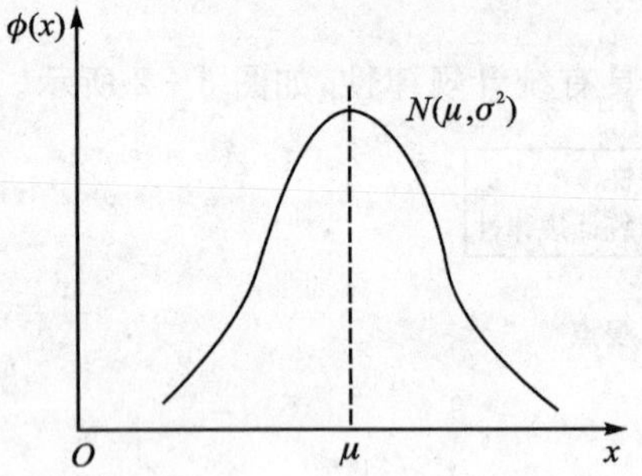

图 6－4　正态分布

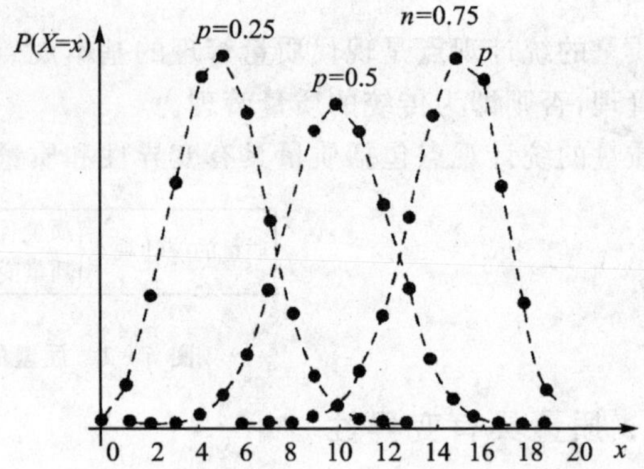

图 6－5　二项分布

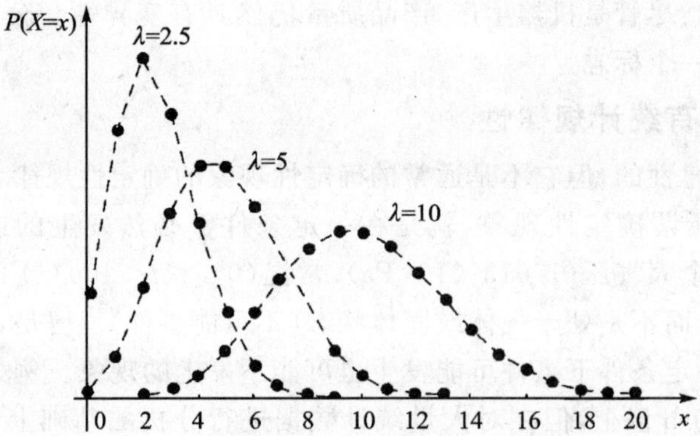

图 6－6　泊松分布

6.2　控制图基本原理

6.2.1　控制图统计模型

概率统计理论认为“概率很小的事件在一次试验中实际上是不可能发生的”，如果概率很小的事件真的在一次试验中发生了，就认定该事件发生的概率不是很小。控制图就是将概率论的这种理论，运用于生产实践的抽样，认为从处于稳定状态（统计受控状态）的生产过程中抽取的任一产品，其特征值不符合过程总体分布的事件是一小概率事件。如果抽样中发生了此类事件，则说明过程不是处于稳定状态。控制图的诊断实质上是一种统计推断，它建立在生产过程处于稳定状态的基础上，根据抽取的一定数量的产品质量信息，利用概率统计理论推断全体产品质量状况。正是因为控制图的诊断是统计推断，是根据有限的样本信息来判断总体分布是否具有指定的特征，是一种假设检验，因此，利用控制图诊断存在假设检验固有的两类错误，即“弃真”的错误和“取伪”的错误。

工序质量控制过程就是利用样本统计量检验总体均值 μ 和标准差 σ 是否发生显著性变化的过程。当质量特性为连续值时，最常见的质量特性值分布为正态分布，若抽样得到的样本均值为 $\bar{x}$，n 为样本大小，使得

$$P\left(\left|\frac{\bar{x}-\mu}{\sigma/\sqrt{n}}\right|< z_{\alpha/2}\right)=1-\alpha \tag{6-1}$$

成立，则认为当显著性水平为 α 时，总体均值 μ 未发生显著变化，即工序处于稳定状态。

式(6-1)说明如下：

$P\left(\left|\frac{\bar{x}-\mu}{\sigma/\sqrt{n}}\right|< z_{\alpha/2}\right)$——$\left|\frac{\bar{x}-\mu}{\sigma/\sqrt{n}}\right|< z_{\alpha/2}$ 的概率；

μ——总体均值；

σ——总体标准差；

α——显著水平；

$z_{\alpha/2}$——标准正态分布右侧分位点。

式(6-1)中给出了总体均值 μ 没有发生显著变化的样本均值 $\bar{x}$ 的取值范围：$\left(\mu-z_{\alpha/2}\frac{\sigma}{\sqrt{n}},\mu+z_{\alpha/2}\frac{\sigma}{\sqrt{n}}\right)$。显然，$\mu-z_{\alpha/2}\frac{\sigma}{\sqrt{n}}$ 和 $\mu+z_{\alpha/2}\frac{\sigma}{\sqrt{n}}$ 是工序总体均值 μ 是否发生显著变化的分界线，如图 6-7 所示。

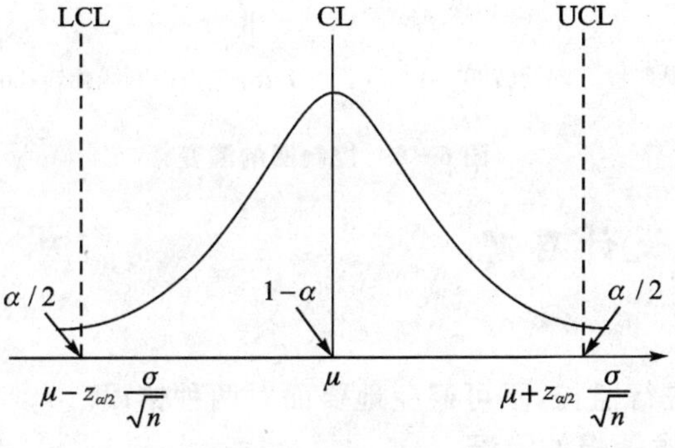

图 6-7 正态分布示意图

对于不同的 α 值，查正态分布表 $z_{\alpha/2}$，便可按下式计算出相应的控制界限。

上控制线(Upper Control Line，UCL)：

$$\text{UCL}=\mu+z_{\alpha/2}\frac{\sigma}{\sqrt{n}}$$

中心线(Centre Line,CL):

$$\text{CL}=\mu$$

下控制线(Lower Control Line,LCL):

$$\text{LCL}=\mu-z_{\alpha/2}\frac{\sigma}{\sqrt{n}}$$

正态分布的一个结论对质量控制很有用,即无论均值 μ 和标准差 σ 取什么值,若取 $\frac{z_{\alpha/2}}{\sqrt{n}}=3$,则 $\bar{x}$ 落在 $\left(\mu-z_{\alpha/2}\frac{\sigma}{\sqrt{n}},\mu+z_{\alpha/2}\frac{\sigma}{\sqrt{n}}\right)$ 范围内的概率为 99.73%,也就是说,超出这个范围的概率仅为 0.27%。而超出范围一侧,即大于 $\mu+z_{\alpha/2}\frac{\sigma}{\sqrt{n}}$ 或小于 $\mu-z_{\alpha/2}\frac{\sigma}{\sqrt{n}}$ 的概率为 0.135%(约 0.1%)。通常用的控制图是先将图 6-7 顺时针方向旋转 90°,如图 6-8(a)所示,然后以中心线为对称轴将上下控制线翻转 180°,这样就得到了一张控制图,如图 6-8(b)所示。

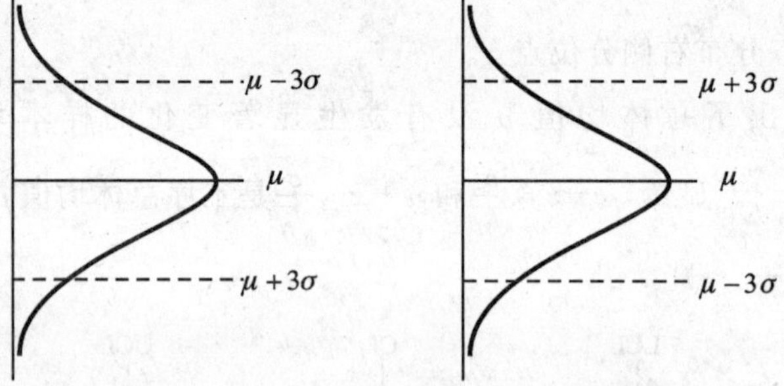

(a) 顺时针方向旋转90° (b) 上下控制线翻转180°

图 6-8 控制图的演变

6.2.2 控制图的设计思想

1. 两种错误

利用控制图对过程进行监控,不可避免地要面对两种错误。

(1) 第一种错误:虚发警报的错误

过程正常而点子偶然超出控制界外,根据“点出界就判异”的原则,判断过程处于异常,于是就犯了第一种错误,亦称为虚发警报的错误。通常将犯第一种错误的概率记为 α,参见图 6-9。

(2) 第二种错误:漏发警报的错误

过程已经出现了异常,但仍会有部分产品,其质量特性值的数值大小会位于控制界内。如果抽取到这样的产品，点子就会落在控制界内，而不能判断过程出现了异常，从而犯了第二种错误，即漏发警报的错误。通常将犯第二种错误的概率记为 β，参见图 6－9。

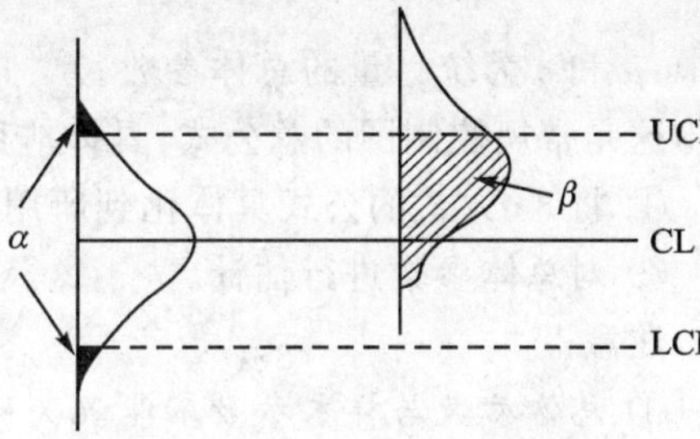

图 6－9　控制图的两种错误

国家标准 GB/T 4091—2001 对此做了如下解释：

应用控制图时可能发生两种类型的错误。第一种错误称作第一类错误。这是当所涉及的过程仍然处于控制状态，但有某点由于偶然原因落在控制限之外，而得出过程失控的结论时所发生的错误。此类错误将导致对本不存在的问题而去无谓地寻找原因而增加费用。

第二种错误称作第二类错误。当所涉及的过程失控，但所产生的点由于偶然原因仍落在控制限之内，而得出过程仍处于控制状态的错误结论。此时由于未检测出不合格品的增加而造成损失。第二类错误的风险是以下三项因素的函数：控制限的间隔宽度、过程失控的程度以及子组大小。这三项因素的性质决定了对于第二类错误的风险大小只能作出一般估计。

2. 减少两种错误所造成损失的方法

(1) 两种错误不可同时避免

休哈特提出的常规控制图共有三根控制线，中心线 CL 居中，UCL 与 LCL 互相平行，UCL 和 LCL 关于 CL 对称，故能改动的只有 UCL 与 LCL 二者之间的间隔距离，因而，两种错误是不可同时避免的，参见图 6－10。

间距增大 $\Rightarrow \alpha$ 减少，β 增大
间距缩小 $\Rightarrow \alpha$ 增加，β 减小
} 故错误不可避免

图 6－10　两种错误是不可同时避免的

(2) 解决办法

根据“使两种错误造成的总损失最小”这一点来确定控制图的最优间距。根据“点出界就判异”作出判断，即使有时判断错误，虚发警报，但从长远来看仍是经济的。当然，这个“最优间距”是随着产品不同、产地不同等引起的成本变化而变化，不存在放之四海而皆准的控制图最优间距。经验证明，休哈特所提出的 3σ 方式较好。

3. 3σ 方式

利用 3σ 方式构造的常规控制图的控制限为

$$UCL = \mu + 3\sigma$$

$$CL = \mu$$

$$LCL = \mu - 3\sigma$$

式中：μ 和 σ 为统计量的总体参数。

这是常规控制图的总公式，具体应用时需要经过两个步骤：

① 将 3σ 方式的公式具体化到所用的具体控制图。

② 对总体参数进行估计。

注意：

① 总体参数与样本参数不能混为一谈，总体包括过去已制成的产品、现在正在制造的产品以及未来将要制造的产品的全体，而样本只是过去已制成产品的一部分。故总体参数的数值是不可能精确知道的，只能通过以往已知的数据来加以估计，而样本参数的数值则是已知的。

② 规格界限不能用做控制限。规格界限是区分合格与不合格的科学界限，控制限则是区分偶然波动与异常波动的科学界限。二者完全是两码事，不能混为一谈，参见例 6-1。

例 6-1 某车间根据现场数据进行计算所得到的工作差错率控制图如图 6-11(a)所示，但该车间又把设计要求的差错率指标作为 UCL，另编制了一张图（见图 6-11(b)），而且设计要求与图 6-11(a)的 CL 水平相近。试分析图 6-11(b)是否还有控制图的作用？

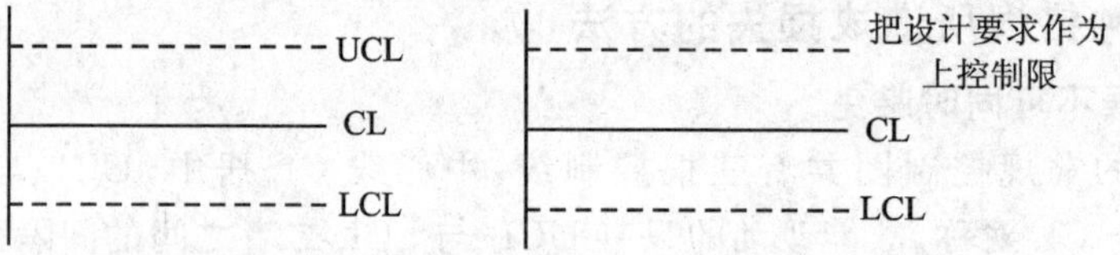

(a) 根据计算得出的控制图　　(b) 根据设计要求所作的控制图

图 6-11　把设计要求作为上控制界的图只是显示图

解　应用分布的观点分析：将图 6-11(a)稳态下的正态分布图形平移到图 6-11(b)中，立即可以看出，在生产正常的情况下，点子超出 UCL 的概率有 50%之多，根本谈不上小概率事件，当然也就用不上小概率事件原理。故图 6-11(b)没有控制图的作用，而只是一张反映设计要求满足情况的显示图而已。

4. 常规控制图的设计思想

常规控制图的设计思想是先定 α，再看 β。

① 按照 3σ 方式确定 UCL 和 LCL 就等于确定了虚发警报的概率 $\alpha=0.27\%$。当然，也有人取虚发警报的概率 $\alpha=0.2\%$，这样，控制限 $\mu\pm3\sigma$ 就变为 $\mu\pm3.09\sigma$。但是，为了方便实际使用，大多数的常规控制图都选择 $\mu\pm3\sigma$，作为控制限。

② 通常的统计假设检验一般采用 $\alpha=1\%$、5%、10%三档，但休哈特为了增强使用者的信心，把常规控制图的 α 取得特别小（若想把常规控制图的 α 取为零是不可能的，事实上，若 α 取为零，则 UCL 与 LCL 之间的间隔将为无穷大，从而 β 为 1，必然发生漏报），但这样 β 就很大，

故在休哈特提出常规控制图以后，人们又在判异准则“点出界就判异”的基础上，为常规控制图增加了其他的判异准则，参见 6.2.3 小节。

常规控制图并非依据“使两种错误造成的总损失最小”为原则来设计。从 20 世纪 80 年代起诞生了经济质量控制(Economic Quality Control,EQC)学派，这个学派的特点就是从“两种错误造成的总损失最小”这一点出发来设计控制图与抽样方案。其学术带头人为德国乌尔茨堡(Würzbürg)大学经济质量控制中心主任冯・考拉尼(Elart von Collani)教授。

6.2.3　判稳准则与判异准则

1. 判稳准则

稳态是生产过程追求的目标。那么，在控制图上如何判断过程是否处于稳态？为此，需要制定判断稳态的准则。

在统计量为正态分布的情况下，由于第一类错误的概率 $\alpha=0.27\%$，取得很小，所以只要有一个点子打在界外就可以判断有异常。但既然 α 很小，第二类错误的概率 β 就大，只根据一个点子在界内远不能判断生产过程处于稳态。如果连续有许多点子，如 25 个点子，全部都在控制界限内，情况就大不相同。这时，根据概率乘法定理，$\beta_{总}=\beta^{25}$ 要比 β 小很多。如果连续在控制界内的点子更多，则即使有个别点子偶然出界，过程仍可看做是稳态的，这就是判稳准则的思路。

判稳准则：在点子随机排列的情况下，符合下列条件之一就认为过程处于稳态。

① 连续 25 个点子都在控制界限内；

② 连续 35 个点子至多有 1 个点子落在控制界限外；

③ 连续 100 个点子至多有 2 个点子落在控制界限外。

当然，即使在判断稳态的场合，为了保险，对于界外点也必须执行“查出异因，采取措施，保证消除，不再出现，纳入标准”的“20 字方针”来处理。

现在，可进行一些概率计算以便对上述准则有更深入的理解。先分析条件②，若过程正常为正态分布，令 d 为界外点数，则连续 35 点 $d\leqslant 1$ 的概率为

$$P(\text{连续 35 点}, d\leqslant 1)=C_{35}^{0}(0.997\,3)^{35}+C_{35}^{1}(0.997\,3)^{34}(0.002\,7)=0.995\,9$$

于是，$\alpha_2=1-P(\text{连续 35 点}, d\leqslant 1)=1-0.995$，表示与 $\alpha_0=0.002\,7$ 为同一个数量级的小概率。因此，若过程处于稳态，则连续 35 点在控制界外的点子超过 1 个点($d>1$)的事件为小概率事件。它在一次试验中实际上不发生，若发生则判断过程失控，$\alpha_2=0.004\,1$ 就是条件②的显著性水平。

类似地，可求出 α_1 与 α_3，于是有

$$\alpha_1=0.065\,4,\qquad \alpha_2=0.004\,1,\qquad \alpha_3=0.002\,6$$

根据 α_1、α_2、α_3 的数值，可见它们依次递减，也就是说，这三条判稳准则判断的可靠性依次递增。另一方面，三条判稳准则的样品个数依次递增，也即成本越来越高。故对过程进行判稳

时，应从判稳条件①开始，若不能判稳，则进行条件②；若仍不能判稳，则接着进行条件③；若条件③依旧不能判稳，则不能继续再应用判稳准则，而应该对该过程执行“20 字方针”，尽力查找出异因。注意：由于 $\alpha_1=0.0654$，比较大，虚报较多，应尽量采用判稳条件②与③。

2. 判异准则

什么是异常？我们知道 SPC 的基准是稳态，也即统计控制状态，若过程显著偏离稳态就称为异常。因此，所谓异常可以有异常好与异常坏两类。初学者很容易产生误会，以为判异一定是异常坏。

判异原理有两类：

原理①　点出界就判异；

原理②　界内点排列不随机判异。

由于对点子的数目未加限制，故后者的模式理论上可以有许多种，但现场能够保留下来继续使用的只有具有明显物理意义的若干种，在控制图判断中要注意对这些模式加以识别。

休哈特控制图(Shewhart Control Charts)的国际标准 ISO 8258:1991，也即国标 GB/T 4091—2001，引用了西方电气公司统计质量控制手册(Western Electric(1966)，Statistical Quality Control Handbook)的 8 种判异准则，如图 6-12～图 6-19 所示。实际上，其中有些物理意义不够明显的准则，不易被参与质量管理的工程技术人员所理解和记忆。反之，图 6-12中的准则 1“一点在 A 区之外(点出界就判异)”是休哈特亲自提出来的，称为准则 1(Criterion 1)。由于物理意义非常明显，故应用最为广泛。

为了在判异后能够采取纠正行动，需要搞清楚判异准则所判断的异常是由下列什么情况造成的：

① 参数 μ 或 σ 发生变化。例如，若 μ 增大，则设法将其减少，反之亦然，以此保持稳态或所要求的状态。

② 数据分层不够。这时应采取措施将数据分层。

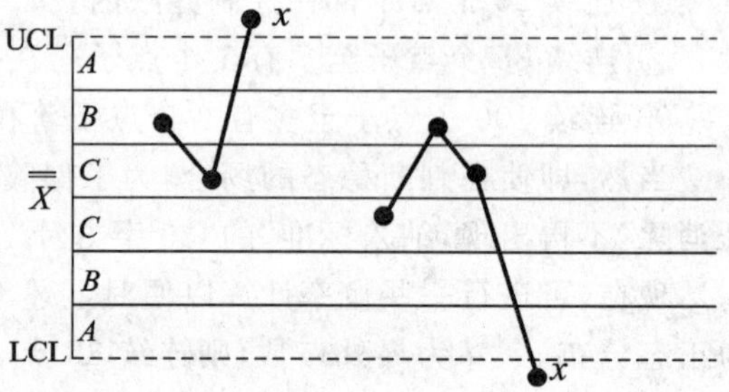

图 6-12　准则 1 的图示

现将 8 条判异准则分别介绍如下：

准则 1　一点落在 A 区以外。

图 6-12 中的 A、B、C 表示将整个控制图划分为 6 个相等的区域，每个区的高度为一个 σ，以便将判异准则表达得更清楚。

此准则由休哈特在 1931 年提出，在许多应用中，它甚至是唯一的判异准则。准则 1 可对参数 μ 的变化或参数 σ 的变化给出信号，变化越大，给出的信号越快。对于 $\overline{X}-R$ 控制图而言，若 R 图保持为稳态，则可除去参数 σ 变化的可能。准则 1 还可对过程中的单个失控作出反应，如计算错误、测量误差、原材料不合格、设备故障等。若过程正常，准则1犯第一种错误，即虚发警报的概率，或称显著性水平(Level of Significance)，$\alpha_0=0.0027$。8条判异准则都是尽量保持α在$\alpha_0=0.0027$左右来设计的。

准则2　连续9点落在中心线同一侧。

连续出现在中心线同一侧的点子称为链，链中包含的点子数目称为链长。故上述准则2也可表述为：链长≥9，判异。

准则2通常是为了补充准则1而设计的，以便改进控制图的灵敏度。选择9点是为了使其犯第一种错误的概率α与准则1的$\alpha_0=0.0027$大体相仿，同时也使得准则2采用的点数比格兰特(Grant)和列文沃斯(Levenworth)在1980年提出的"7点链判异"准则所增加点数仅多两点。

出现图6-13中居于中心线之下的9点链现象，主要是分布的μ值减小的缘故。当然，若分布的μ增加，9点链也可以出现在中心线之上。

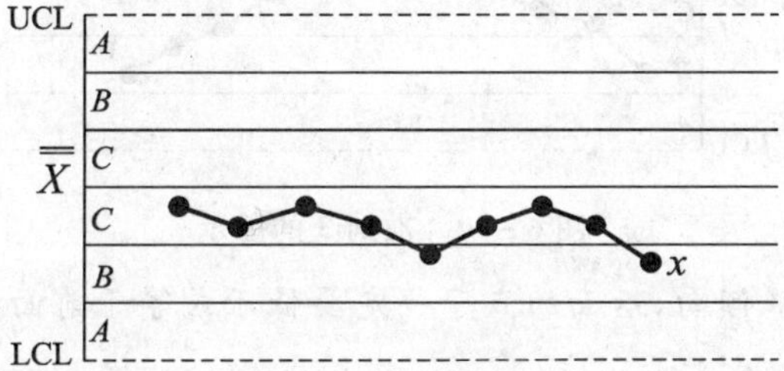

图6-13　准则2的图示

现对准则2进一步分析如下：若过程正常，那么在控制图中心线一侧出现下列点数的链的α分别为

$$P(\text{中心线一侧出现长为 7 的链})=2\left(\frac{0.9973}{2}\right)^7=0.0153=\alpha_7$$

$$P(\text{中心线一侧出现长为 8 的链})=2\left(\frac{0.9973}{2}\right)^8=0.0076=\alpha_8$$

$$P(\text{中心线一侧出现长为 9 的链})=2\left(\frac{0.9973}{2}\right)^9=0.0038=\alpha_9$$

$$P(\text{中心线一侧出现长为 10 的链})=2\left(\frac{0.9973}{2}\right)^{10}=0.0019=\alpha_{10}$$

旧国标GB 4091—1983采取"7点链判异"，则$\alpha_7=0.0153$，比准则1的α_0大得多了。

准则3　连续6点递增或递减。

准则3是针对过程平均值的倾向(Trend)进行设计的，它在判定过程平均值的较小倾向上要比准则2更为灵敏，参见图6-14。

产生倾向的原因可能是工具逐渐损坏、维修水平逐渐变差、操作人员技能的逐渐改进等，

从而使得参数 μ 值随着时间而变化。若过程正常,不难导出:

$$P(n\text{ 点倾向}) = \frac{2}{n!}(0.9973)^n$$

故

$$P(5\text{ 点倾向}) = 0.01644 = \alpha_5$$
$$P(6\text{ 点倾向}) = 0.00273 = \alpha_6$$
$$P(7\text{ 点倾向}) = 0.00039 = \alpha_7$$

显然,6 点倾向的 α_6 最接近准则 1 的 $\alpha_0 = 0.0027$,故 6 点倾向判异是合适的。旧国标 GB 4091—1983 的相应准则为 7 点倾向判异,显然,α_7 是过分小了。

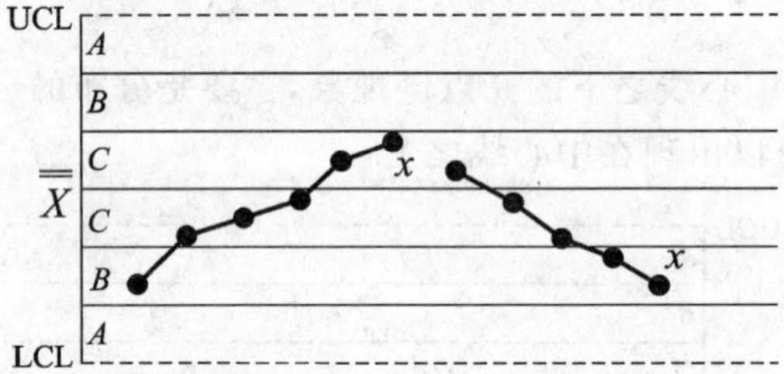

图 6-14 准则 3 的图示

注意:对于递减的下降倾向,后面的点子一定要低于或等于前面的点子,否则倾向中断,需要重新计算,递增的倾向也如此。

准则 4 连续 14 点中相邻点上下交替。

出现准则 4 的现象(参见图 6-15)是由于一位操作人员轮流使用两台设备或由两位操作人员轮流操作一台设备而引起的系统效应。例如,在食品工业,为了加快包装速率,常常采用两头秤甚至多头秤来加速包装的秤料。实际上,这就是一个数据分层不够的问题。选择 14 点是通过蒙特卡罗(Monte Carlo)统计模拟试验而得出的,以使其 α 大体与准则 1 的 $\alpha_0 = 0.0027$ 相当。

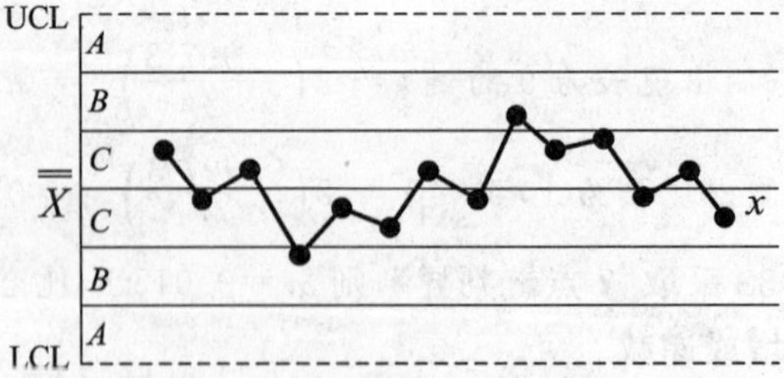

图 6-15 准则 4 的图示

准则 5 连续 3 点中有 2 点落在中心线同一侧的 B 区以外(参见图 6-16)。

过程平均值的变化通常可由本准则判定，它对于变异的增加也较灵敏。这里需要说明：三点中的两点可以是任何两点，至于这第三点可以在任何处，甚至可以根本不存在。

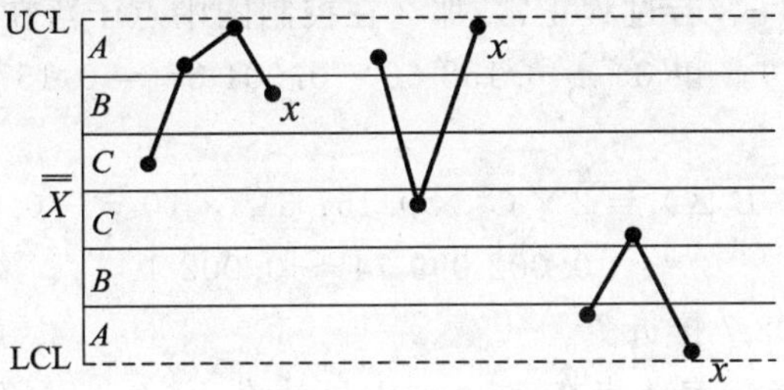

图 6-16　准则 5 的图示

现在计算一下本准则的 α。我们知道：若过程正常，那么点子落在中心线一侧 2σ 界限与 3σ 界限之间的概率等于 0.021 4

准则 5 包含以下两种情况：

① 3 点中有 2 个点子落在中心线同一侧的 A 区，另一个点子在控制界限内的任何处。这表明参数 μ 产生了变化。若过程正常，发生这种情况的概率为

$$2 \times C_3^2 \times 0.021\,4^2 \times (0.997\,3 - 0.021\,4) = 0.002\,68$$

这与 $\alpha_0 = 0.002\,7$ 接近。

② 若再考虑下列情况：3 点中的 2 个点子，一个在中心线一侧的 A 区中，另一个在中心线另一侧的 A 区中，第 3 个点子在控制界限内的任何处。这表明参数 σ 增大。发生这种情况的概率为

$$C_3^2 \times 0.021\,4^2 \times (0.997\,3 - 2 \times 0.021\,4) = 3 \times 0.000\,437\,123 \approx 0.00\,13$$

则上述情况①与②的概率之和为

$$0.002\,68 + 0.001\,31 = 0.003\,99$$

这个概率值较 $\alpha_0 = 0.002\,7$ 大得过多了，因此，准则 5 不包含上述情况②。故准则 5 中有“同一侧”的字样是合理的。旧国标 GB 4091—1983 则包含情况②，过分大了。

准则 6　连续 5 点中有 4 点落在中心线同一侧的 C 区以外（参见图 6-17）。

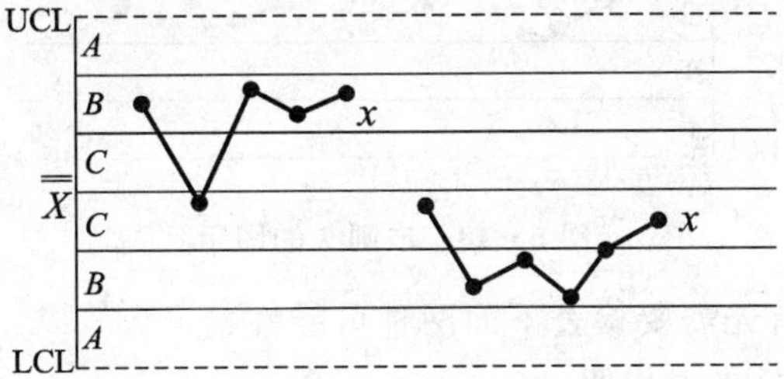

图 6-17　准则 6 的图示

与准则 5 类似，这第 5 点可在任何处。本准则对于过程平均值的偏移也是较灵敏的。出现本准则的现象是由于参数 μ 发生了变化。

接下来计算准则 6 的 α。若过程正常，那么在控制图中点子落在 1σ 与 3σ 之间的概率为

$$\Phi(1)-\Phi(3)=0.158\ 66-0.001\ 35=0.157\ 31$$

故

$$P(5\text{ 点中有 }4\text{ 点在 }A+B\text{ 区})=2\times C_5^1\times 0.157\ 31^4\times(0.5-0.001\ 35-0.157\ 31)=0.002\ 099\ 74\approx 0.002\ 1$$

结果与准则 1 的 $\alpha_0=0.002\ 7$ 接近。

注意，这里只考虑 5 点中有 4 点在上$(A+B)$区或在下$(A+B)$区的情况，而没有考虑下列两种情况：

① 5 点中有 3 点在上$(A+B)$区、1 点在下$(A+B)$区，或者 1 点在上$(A+B)$区、3 点在下$(A+B)$区。发生这种情况的概率为

$$2\times C_5^1\times C_4^1\times 0.157\ 31^4\times(0.997\ 3-2\times 0.157\ 31)=0.016\ 797\ 9$$

② 5 点中有 2 点在上$(A+B)$区、2 点在下$(A+B)$区。发生这种情况的概率为

$$C_5^1\times C_4^1\times 0.157\ 31^4\times(0.997\ 3-2\times 0.157\ 31)=0.008\ 398\ 95$$

上述情况①与②的概率之和为

$$0.016\ 797\ 9+0.008\ 398\ 95=0.025\ 196\ 85\approx 0.025$$

显然，此概率较之 $\alpha_0=0.002\ 7$ 过分大了，不能考虑。因此，准则 6 只考虑 5 点中有 4 点在上$(A+B)$区或在下$(A+B)$区的情况。

准则 7　连续 15 点在 C 区中心线上下。

出现准则 7 的现象是由于参数 σ 变小。对于准则 7，不要被它的良好“外貌”所迷惑（参见图 6-18），而应该注意到它所隐含的非随机性。造成准则 7 现象的原因可能是数据虚假，也可能是数据分层不够等。

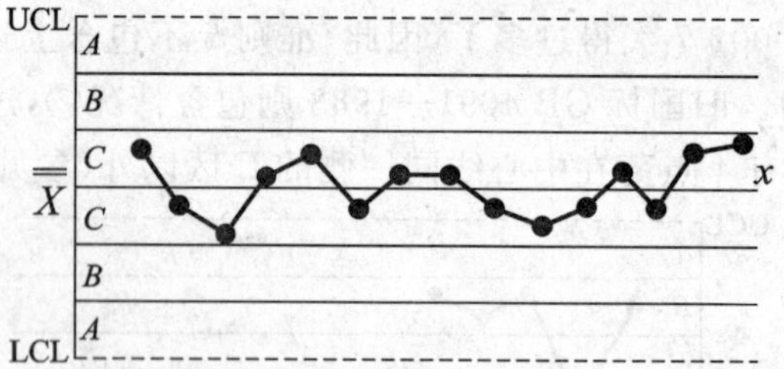

图 6-18　准则 7 的图示

因此碰到这种情况，首先需要检查下面两种可能性：

① 是否应用了假数据，弄虚作假；

② 是否数据分层不够。

以老师傅车制螺丝为例，设老师傅与年轻工人早晚两班倒，操作同一台车床，作控制图时两人的数据未分层，即未分类。于是，由数理统计知

$$\sigma_{总}^2 = \sigma_{老}^2 + \sigma_{青}^2$$

故

$$\sigma_{总} > \sigma_{青}$$

现在若用 $6\sigma_{总}$（控制图上、下控制界限的间隔距离）作控制图，恰好又碰上用老师傅的数据打点，这样就会出现本模式。

在排除了上述两种可能性之后，这时才能总结现场减少标准差 σ 的先进经验。

现在分别计算下列各种点子集中在中心线附近的 α。若过程正常，

① 连续 14 个点子集中在中心线附近的 α 为 $\alpha_{14} = 0.682\,68^{14} \approx 0.004\,78$；

② 连续 15 个点子集中在中心线附近的 α 为 $\alpha_{15} = 0.682\,68^{15} \approx 0.003\,26$；

③ 连续 16 个点子集中在中心线附近的 α 为 $\alpha_{16} = 0.682\,68^{16} \approx 0.002\,23$。

其中，$\alpha_{15} = 0.003\,26$ 比较接近准则 1 的 $\alpha_0 = 0.002\,7$，故有准则 7。

注意，本准则也可用来判断数据的分层不够。

准则 8 连续 6 点在中心线两侧，且无一在 C 区中（参见图 6-19）。

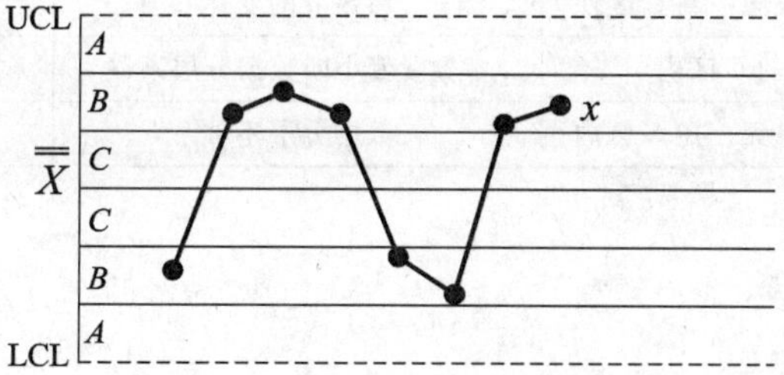

图 6-19 准则 8 的图示

造成本准则现象的主要原因是数据分层不够。现在计算本准则的 α。若过程正常，则由于点子落在 1σ 界限与 3σ 界限之间的概率为

$$\Phi(1) - \Phi(3) = 0.158\,66 - 0.001\,35 = 0.157\,31$$

于是本准则的 α_6 为

$$\alpha_6 = 2 \times [C_6^1 + C_6^2 + C_6^3 + C_6^4 + C_6^5 + C_6^6] \times 0.157\,31^6 = 2 \times 63 \times 0.157\,31^6 \approx 0.001\,9$$

这里，α_6 是在连续 6 点情形下的各种组合，即 1 点、2 点、…、6 点在上 $(A+B)$ 区的概率之和。

类似地，可求出

$$\alpha_7 = 2 \times 127 \times 0.157\,31^7 \approx 0.000\,6$$

$$\alpha_6 = 2 \times 63 \times 0.157\,31^6 \approx 0.001\,9$$

$$\alpha_5 = 2\times 31\times 0.157\ 31^5 \approx 0.006$$

根据上述计算，显然 $\alpha_6 = 0.001\ 9$ 与 α_0 比较接近，属于同一个数量级。故准则 8“连续 6 点在中心线两侧，但无一在 C 区中”是合理的。

判异准则的小结见表 6-1。从表中可见，判异准则 1～7 的控制范围已经覆盖了整个控制图，而判异准则 4 和 8 则用来判断数据分层问题。由于数据分层问题绝不止于表 6-1 中所提到的两三种，故可断言，表 6-1 中的 8 种判异准则不可能用于判别休哈特控制图所有可能发生的异常情形。当然，出现判别不了情形的可能性是相当小的。

表 6-1　判异准则小结

判异准则	针对对象	控制图上的控制范围
准则 1：点出界	界外点	控制界限以外
准则 2：链长≥9	参数 μ 的变化	控制界限内全部
准则 3：6 点倾向	参数 μ 随时间的变化	控制界限内全部
准则 4：14 点中相邻点上下交替	数据分层不够	数据分层不够
准则 5：3 点中 2 点落在中心线同一侧 B 区外	参数 μ 的变化	控制图 A 区
准则 6：5 点中 4 点落在中心线同一侧 C 区外	参数 μ 的变化	控制图 B 区
准则 7：15 点落在中心线两侧的 C 区内	参数 σ 变小或数据分层不够	控制图 C 区或数据分层不够
准则 8：6 点落在中心线两侧且无一在 C 区内	数据分层不够	数据分层不够

6.2.4　控制图分类

1. 按控制图的用途分

① 分析用控制图。分析用控制图就是利用控制图对已经完成的生产过程进行分析，以此评估该过程是否稳定，也可以利用分析用控制图确认改进的效果。

② 控制用控制图。控制用控制图是对正在进行的生产过程实施质量控制，以保持过程的稳定状态所采用的控制图。

从控制图原理可知，控制图的主要功能是使生产过程（或工序）处于稳定状态，因此，在应用上述两种控制图时，应首先采用分析用控制图对要控制的生产过程（或工序）进行分析和诊断，当确定生产过程处于稳定受控状态时，再将分析用控制图的控制界限延长，转化为控制用控制图。

2. 按控制对象质量数据的性质分

常用的质量数据有计量值和计数值之分，因此，按质量数据的性质可将控制图分为计量值控制图和计数值控制图两大类。

(1) 计量值控制图

质量控制中常用的计量值控制图有以下 4 种：

① 均值-极差控制图($\overline{X}-R$ 图)；

② 均值-标准差控制图($\overline{X}-S$ 图)；

③ 中位数-极差控制图($\widetilde{X}-R$ 图)；

④ 单值-移动极差控制图($X-R_s$ 图)。

(2) 计数值控制图

质量控制中常用的计数值控制图有以下 4 种：

① 不合格品率控制图(p 图)；

② 不合格品数控制图(np 图)；

③ 单位缺陷数控制图(u 图)；

④ 缺陷数控制图(c 图)。

6.2.5 控制图界限计算

控制图中的上下控制界限是判断工艺过程或工序是否失控的主要依据。因此，在应用控制图工具时，如何经济、合理地确定上下控制界限便成为关键。

在产品的生产过程中，如果工序处于稳定状态，即使有各种偶然性因素的影响，但产品总体的质量特性值还是呈正态分布的。根据正态分布曲线的性质，质量特性值在 $\mu\pm3\sigma$ 范围内的概率值为 99.73%，如果取 $\mu\pm3\sigma$ 作为控制图的上下控制界限，则产品质量特性值出现在 3σ 界限以外的概率很小，只有 0.27%，并在 $\mu\pm3\sigma$ 范围能使 99.73% 的产品处于合格状态，从而使生产过程基本上达到受控的目的。

以质量特性值的平均值 μ(或 $\bar{x}$)作为中线，取质量特性值的平均值 $\pm3\sigma$ 作为上下控制界限，这样作出来的控制图称为 $\bar{x}$ 控制图。这就是休哈特博士最早提出的控制图形式。在传统的工业企业中，人们一般都是按照 3σ 原理控制质量，以保证不合格品率在 0.3% 以下，这时采用的控制图又称为 3σ 控制图。在 3σ 质量管理中，控制图的上下控制界限是根据 3σ 法来计算的，计算公式如下：

中心线　　$\mathrm{CL}=\mu$

上控制界限　　$\mathrm{UCL}=\mu+3\sigma$

下控制界限　　$\mathrm{LCL}=\mu-3\sigma$

式中：μ——质量特性的平均值。

控制界限更一般的表达式如下：

上控制界限　　$\mathrm{UCL}=\mathrm{E}(x)+3D(x)$

下控制界限　　$\mathrm{LCL}=\mathrm{E}(x)-3D(x)$

中心线 $CL=E(x)$

式中：x——样本统计量；

$E(x)$——x 的期望值；

$D(x)$——x 的标准差。

下面以最常用的均值-极差控制图（$\overline{X}-R$ 图）为例，介绍控制图上下控制界限的确定方法。

由数理统计理论可知，当质量特性值 x 服从总体为 $N(\mu,\sigma^2)$ 的正态分布时，n 个样本 x_1，x_2，…，x_n 的平均值 $\bar{x}$、极差 R 具有以下性质：

① $\bar{x}$ 的期望值 $E(\bar{x})=\mu$；

② $\bar{x}$ 的标准偏差 $D(\bar{x})=\frac{\sigma}{\sqrt{n}}$；

③ R 的期望值 $E(R)=d_2\sigma$；

④ R 的标准偏差 $D(R)=d_3\sigma$。

μ 和 σ 可以通过样本容量为 n 的 k 组样本数据求得：

$$\mu \text{ 的估计值} = \bar{\bar{x}}, \qquad \sigma = \text{的估计值} = \frac{\overline{R}}{d_2}$$

式中：$\bar{\bar{x}}$——$\bar{x}$ 的平均值；

$\overline{R}$——R 的平均值；

d_2 和 d_3——由 n（这里 n 为子组大小，不是样本大小）确定的系数，可由控制图系数表查出（见表 D-2）。

因此，$\bar{x}$ 图的控制界限为

$$UCL = E(\bar{x}) + 3D(\bar{x}) = \mu + \frac{3\sigma}{\sqrt{n}} = \bar{\bar{x}} + \frac{3\overline{R}}{d_2\sqrt{n}} = \bar{\bar{x}} + A_2\overline{R}$$

$$LCL = E(\bar{x}) - 3D(\bar{x}) = \mu - \frac{3\sigma}{\sqrt{n}} = \bar{\bar{x}} - \frac{3\overline{R}}{d_2\sqrt{n}} = \bar{\bar{x}} - A_2\overline{R}$$

$$CL = \bar{\bar{x}}$$

R 图的控制界限为

$$UCL = E(R) + 3D(R) = d_2\sigma + 3d_3\sigma = \left(1 + 3\frac{d_3}{d_2}\right)\overline{R} = D_4\overline{R}$$

$$LCL = E(R) - 3D(R) = d_2\sigma - 3d_3\sigma = \left(1 - 3\frac{d_3}{d_2}\right)\overline{R} = D_3\overline{R}$$

$$CL = \overline{R}$$

式中：A_2、D_4、D_3——由 n 确定的系数，其值可以通过计算得到，也可由表 D－2 直接查出。

其他类型控制图的控制界限的确定方法与 $\overline{X}-R$ 图类似，而且几种常用控制图的控制界限目前已经标准化，见国家标准 GB/T 4091—2001。常用控制图控制界限计算公式如表 6－2 所列，因此，在工程实际应用中，不需要再去推导烦琐的控制界限公式，而只需要查表 6－2（表中系数由表 D－2 查出）就可以直接得到所需控制图的控制界限了。

表 6－2　常用控制图的控制界限及应用范围

序　号	质量数据分布形式	控制图名称	代　号	图　名	中心线	控制界限	标　准	应用范围
1	正态分布（计量值数据）	均值-极差控制图	$\overline{X}-R$	$\overline{X}$ 图	$\overline{\overline{x}}$	$\overline{\overline{x}}\pm A_2\overline{R}$	GB/T 4091.2	计量值数据控制，检出力较强
				R 图	$\overline{R}$	$D_4\overline{R}, D_3\overline{R}$		
2		均值-标准差控制图	$\overline{X}-S$	$\overline{X}$ 图	$\overline{\overline{x}}$	$\overline{\overline{x}}\pm A_3\overline{s}$	GB/T 4091.3	计量值数据控制，检出力最强
				S 图	$\overline{s}$	$B_4\overline{s}, B_3\overline{s}$		
3		中位数-极差控制图	$\widetilde{X}-R$	$\widetilde{X}$ 图	$\overline{\tilde{x}}$	$\overline{\tilde{x}}\pm A_4\overline{R}$	GB/T 4091.4	计量值数据控制，检验时间应短于加工时间
				R 图	$\overline{R}$	$D_4\overline{R}, D_3\overline{R}$		
4		单值-移动极差控制图	$X-R_s$	X 图	$\overline{x}$	$\overline{x}\pm 2.66\overline{R}_s$	GB/T 4091.5	计量值数据控制，用于一定时间内只能取得一个数据的场合
				R_s 图	$\overline{R_s}$	$UCL=3.267\overline{R}_s$		
5	二项分布（计件值数据）	不合格品率控制图	p	p 图	$\overline{p}$	$\overline{p}\pm 3\sqrt{\overline{p}(1-\overline{p})/n}$	GB/T 4091.6	关键件全检场合
6		不合格品数控制图	np	np 图	$\overline{np}$	$\overline{np}\pm 3\sqrt{\overline{np}(1-\overline{p})}$	GB/T 4091.7	零部件的样本容量一定的场合
7	泊松分布（计点值数据）	单位缺陷数控制图	μ	μ 图	$\overline{\mu}$	$\overline{\mu}\pm 3\sqrt{\overline{\mu}/n}$	GB/T 4091.8	全数检验单位缺陷数的场合
8		缺陷数控制图	c	c 图	$\overline{c}$	$\overline{c}\pm 3\sqrt{\overline{c}}$	GB/T 4091.9	要求每次检验样本容量一定的场合

6.2.6　控制图的应用程序

一般来讲，控制图的应用程序如图 6－20 所示。

① 明确采用控制图的目的。应用控制图时，应首先明确控制图的使用目的。通常应用控制图的目的有：发现工序异常点，追查原因并加以消除，使工序保持受控状态；对工序的质量特性数据进行时间序列分析，以掌握工序的质量状态。

② 确定受控对象的质量特性。确定受控对象的质量特性就是选出符合应用控制图目的、

可控、易于评价的主要质量特性。如:对产品的使用效果有重大影响的质量特性;对下道工序加工质量有重大影响的质量特性;本工序的主要质量指标;生产过程中波动大的质量特性;对经济性、安全性和可靠性有重大影响的质量特性等。

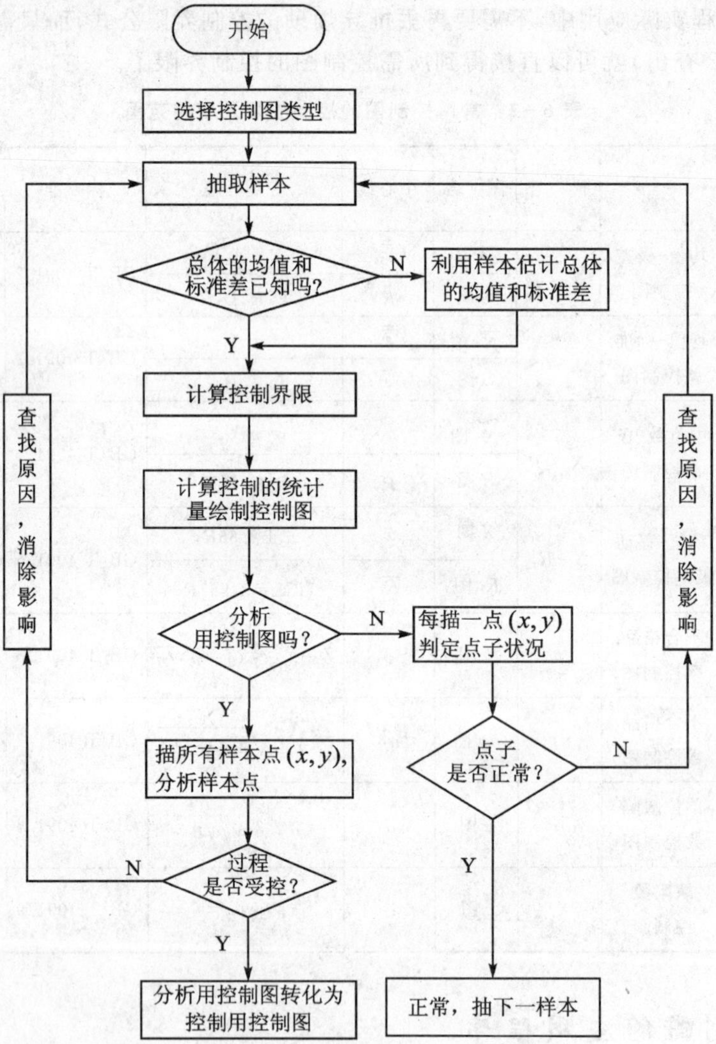

注:x为样本序号,y为序号x对应的控制统计量。

图 6-20　控制图实施的一般步骤

③ 选择控制图类型。控制图的类型要根据质量特性和质量数据的收集方式来决定,其选择过程如图 6-21 所示。

④ 绘制分析用控制图。随机收集 20～25 个以上的样本,绘成控制图,描出质量波动折

线，分析判断过程是否处于受控状态。如果判定过程处于受控状态，则转入下一步骤；否则，继续追查原因，采取措施，直到过程回到受控状态。

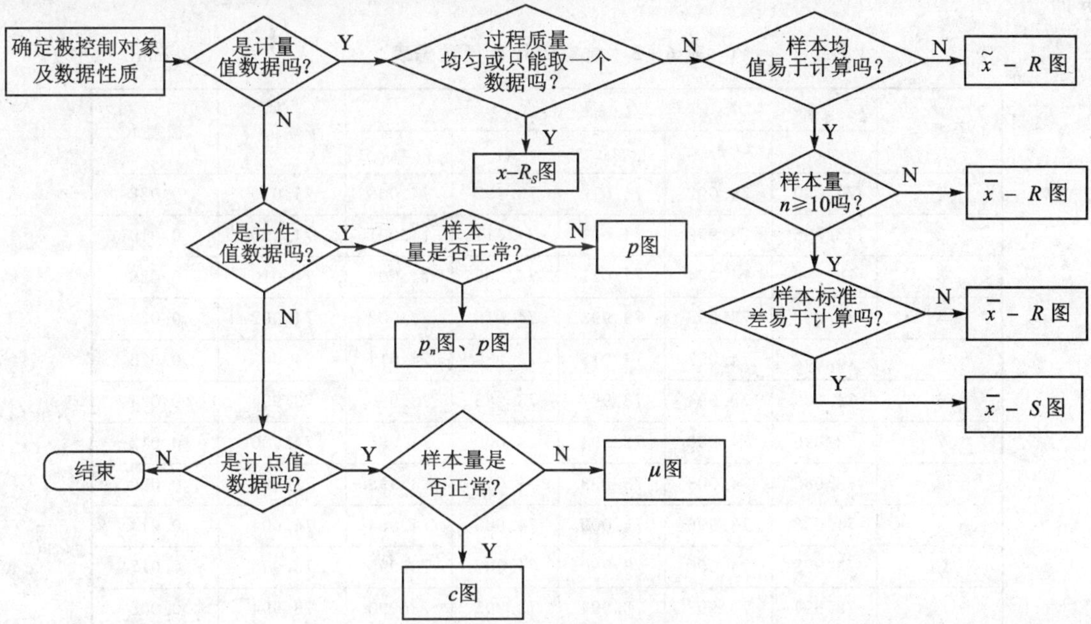

图 6-21　控制图类型的选择

⑤ 绘制控制用控制图。当判定过程处于控制状态，且过程能力指数达到规定要求时，可延长控制线，作为控制用控制图。

⑥ 进行日常工序质量控制。在日常生产活动中，随机间隔取样，进行测量和计算，在控制图上描点并观察分析过程状态。若无异常现象，则维持现状进行生产；若出现质量降低的信息，则应采取措施消除异常；若出现质量提高的信息，则应总结经验，进行标准化和制度化。

⑦ 修订控制界限。为使控制图的控制界限能反映工序的实际质量状况，应定期修订控制界限。除定期修订外，当遇到下列情况时，还应进行不定期的修订：

- 通过对积累的数据进行分析，表明工序质量发生了显著变化。
- 工序条件（如材料成分、工艺方法、工艺装备）和环境条件发生了显著变化。
- 取样方法已改变。修订时，应重新收集数据，通过第④、⑤两步，得到新的控制界限。

下面以最常用的均值-极差控制图（$\overline{X}-R$）应用为例来说明控制的应用步骤。

例 6-2　某航空发动机制造厂要求对叶片的制造过程建立 $\overline{X}-R$ 图以进行质量控制。

解　叶片的 $\overline{X}-R$ 图应用步骤如下：

1）预备数据的收集

随机抽取近期生产的25组叶片直径样本，每个样本包括5个叶片直径的观测值，如表6-3所列。

表6-3　航空叶片直径数据表　mm

子组号	直径					平均值 $\bar{x}$	极差 R
	x_1	x_2	x_3	x_4	x_5		
1	74.030	74.002	74.019	73.992	74.008	74.010	0.038
2	73.995	73.992	74.001	74.011	74.001	74.000	0.019
3	73.998	74.024	74.021	74.005	74.002	74.010	0.026
4	74.002	73.996	73.993	74.015	74.002	74.002	0.022
5	73.992	74.007	74.015	73.989	74.014	74.003	0.026
6	74.009	73.994	73.997	73.985	73.996	73.996	0.024
7	73.995	74.006	73.994	74.000	74.005	74.000	0.012
8	73.985	74.003	73.993	74.015	73.998	73.997	0.030
9	74.008	73.995	74.009	74.005	74.004	74.004	0.014
10	73.998	74.000	73.990	74.007	73.995	73.998	0.017
11	73.994	73.998	73.994	73.995	73.990	73.994	0.008
12	74.004	74.000	74.007	74.000	73.996	74.001	0.011
13	73.983	74.002	73.998	73.997	74.012	73.998	0.029
14	74.006	73.967	73.994	74.000	73.990	73.991	0.039
15	74.012	74.014	73.998	73.999	74.007	74.006	0.016
16	74.000	73.984	74.005	73.998	73.996	73.997	0.021
17	73.994	74.012	73.998	74.005	74.007	74.003	0.018
18	74.006	74.010	74.018	74.003	74.000	74.007	0.018
19	73.984	74.002	74.003	74.005	73.997	73.998	0.021
20	74.000	74.010	74.013	74.020	74.003	74.009	0.020
21	73.998	74.001	74.009	74.005	73.996	74.002	0.013
22	74.004	73.999	73.990	74.006	74.009	74.002	0.019
23	74.010	73.989	73.990	74.009	74.014	74.002	0.025
24	74.015	74.008	73.993	74.000	74.010	74.005	0.022
25	73.982	73.984	73.995	74.017	74.013	73.998	0.035
小计						1850.024	0.581
平均						$\bar{\bar{x}}$=74.001	$\bar{R}$

2）计算统计量

① 计算每一组样本的平均值 $\bar{x}_i = \dfrac{1}{5}\sum_{j=1}^{5} x_{ij}$，记入表 6-3 中。如第一组：

$$\bar{x}_1 = \frac{74.030 + 74.002 + 74.019 + 73.992 + 74.008}{5} = 74.010$$

② 计算每一组样本的极差 R_i，记入表 6-3 中。如第一组：

$$R_1 = x_{\max} - x_{\min} = 74.030 - 73.992 = 0.038$$

③ 计算 25 组样本平均值的总平均值 $\bar{\bar{x}} = \dfrac{1}{25}\sum_{i=1}^{25} \bar{x}_i$。本例 $\bar{\bar{x}}=74.001$。

④ 计算 25 组样本极差的平均值 $\overline{R} = \dfrac{1}{25}\sum_{i=1}^{25} R_i$。本例 $\overline{R}=0.023$。

3）计算 $\overline{X}$ 图和 R 图的控制界限

当 $n=5$ 时，由表 D-2 可查得：$A_2=0.577$，$D_4=2.115$，D_3 不考虑。又由表 6-2 可查得：

$\overline{X}$ 图的控制界限：

$$\mathrm{UCL} = \bar{\bar{x}} + A_2\overline{R} = 74.001 + 0.577 \times 0.023 = 74.014$$

$$\mathrm{LCL} = \bar{\bar{x}} - A_2\overline{R} = 74.001 - 0.577 \times 0.023 = 73.988$$

$$\mathrm{CL} = \bar{\bar{x}} = 74.001$$

R 图的控制界限：

$$\mathrm{UCL} = D_4\overline{R} = 2.115 \times 0.023 = 0.049$$

$$\mathrm{LCL} = D_3\overline{R} = 0$$

$$\mathrm{CL} = \overline{R} = 0.023$$

4）作分析用控制图

根据所计算的 $\overline{X}$ 图和 R 图的控制界限数值，分别建立两个图的坐标系，并对坐标轴添加刻度。分别以各组数据的统计量、样本号相对应的一组数据在控制图上打点、连线，即得到分析用控制图。本例图形见图 6-22。

5）作控制用控制图

从图 6-22 可以看出，$\overline{X}$ 图和 R 图都处于稳定状态，且又知该叶片生产过程能力指数达到规定要求，因此，可以将图 6-22 的控制界限加以延长，作为控制用控制图。

6）归　档

在控制图的空白处记录零件名称、件号、工序名称、质量特性、测量特性、测量单位、标准要

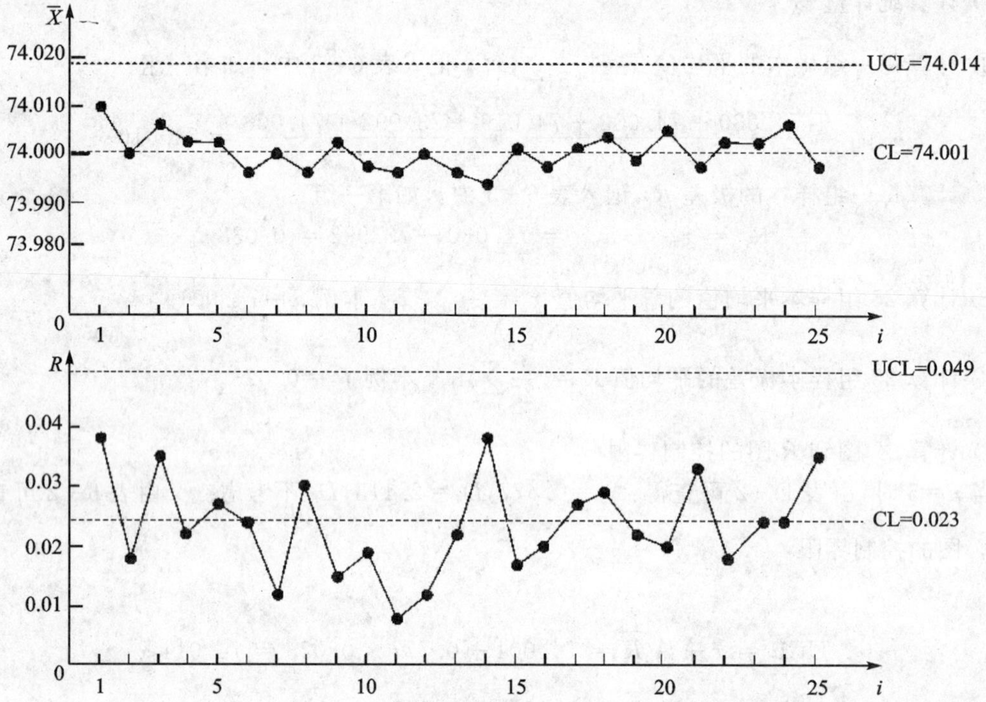

图 6-22 $\overline{X}$-R 控制图

求、使用设备、操作者、记录者和检验者等内容，并记载查明原因的经过和处理意见等，计算过程和数据也应保留。

6.3 典型控制图技术

6.3.1 控制图技术的发展

自控制图概念于 1924 年首次被休哈特提出后，经过 80 多年的发展，控制图技术得到了长足的发展，总体而言，比较重要的有下列几种。

(1) 常规控制图

常规控制图是基于休哈特提出的控制图原理构建的所有控制图的统称，所以也叫休哈特控制图。常规控制图要求从过程中近似等间隔来抽取子组数据，每个子组由具有相同可测量单位和相同子组大小的同一产品或服务组成。从每一子组可以得到一个或多个子组统计特性，如子组平均值 $\bar{x}$、子组极差 R 及子组标准差。基于这些统计特征及 3σ 原理确定控制界限，并利用子组特性值与子组序号绘制相应图形。基于小概率事件在一次试验中不可能发生的原理，根据图形形状来确定质量状况。主要包括如表 6-2 所列的 8 种控制图。

(2) 累积和控制图

常规控制图仅利用了过程当前点子的信息，并未充分利用整个样本点子的信息，因此对过程的小变动（例如小于 1 σ 的变动）不够灵敏。为此，1954 年佩基（E. S. Page）应用序贯分析原理，首先提出了累积和控制图（Cumulative Sum Control Chart，CUSUM）。它可以将一系列点子的微弱信息累积起来，因此对过程的小变动比较灵敏。

(3) 指数加权移动平均控制图

指数加权移动平均控制图（Exponentially Weighted Moving Average Control Chart，EWMA）是另一种用于检出过程小波动的控制图，其性能几乎与累积和控制图相同，最早由罗伯茨（S. W. Roberts）于 1959 年提出。由于 EWMA 是所有过去与当前观测值的加权平均，所以它对正态分布假设不敏感。

(4) 小批量生产控制图

小批量生产控制图包括：无先验信息小批量生产控制图（小样本单值——移动极差控制图和 Q 控制图）；将相似工序同类分布的产品的质量特性值数据，通过数学变换成为同一分布从而累积成大样本的控制图（目标控制图与比例控制图）。

(5) 高合格品率过程控制图

现代电子元器件生产的不合格品率已经达到 $10^{-6} \sim 10^{-9}$ 的水平，为了监控这些高质量与“零缺陷”的生产线，20 世纪 80 年代 IBM 公司的专家卡尔因（Thomas W. Calvin）提出了累积合格品数控制图（Cumulative Counts of Conformance Chart，CCC），用于高合格率产品生产过程的计数型变量的过程控制，避免当不合格率极低时，计数型变量控制图的样品量过大的问题。

(6) 多元控制图

最早的多元控制图是 1947 年侯特林（H. Hotelling）提出的多元均值 T^2 控制图，多元控制图在 20 世纪 80 年代到 90 年代初得到较快发展。多元控制图比一元控制图复杂得多。例如，在生产线的工序中，指标往往是多个，对于多指标的控制问题，一个很自然的想法就是，应用休哈特控制图分别对每一个指标进行控制。但是这样做没有考虑指标间的相关性，通常会导致错误的结论。因为在一定的显著性水平下，各变量的分别控制与全部变量的联合控制的控制域不同，用前者代替后者会出现过控或欠控两种报警错误。因此，无论各变量之间是否存在相关关系，都不能用对各变量的分别控制代替对全部变量的联合控制。多元情况时必须采用多元控制图进行控制。

多元控制图有两种基本的类型：一种是用来控制均值向量，如 χ^2 图和 T^2 图等；另一种是用来控制离差（协方差），如 W 图、L 图和 $|S|$ 图等。实际应用时，两种多元控制图也需要联合使用。

(7) 选控控制图

上述各类控制图都是对生产过程中的所有异常因素都加以控制的控制图，被称为全控图。我国质量管理界著名学者张公绪教授于 1979 年提出了选控控制图(Cause-Selecting Control Chart)理论，即有选择地对引起质量波动的部分因素加以控制，从而缩小查找异常因素的范围，提高了工作效率。选控图应用数学变换实现选控，选控图与全控图具有一一对应的关系。

由于现在产品生产过程质量水平要求越来越高，生产过程稳定性越来越高，异常波动越来越小，小波动控制图已经开始在工程实践中得到广泛应用。2006 年，我国颁布了《累积和图—运用累积和技术进行质量控制和数据分析指南》GB/T 4887—2006。为此，本节在介绍典型休哈特控制图均值-标准差(计量)与不合格品率(计数)的基础上，还简要介绍了两种典型的小波动控制图的基本原理：累积和控制图和指数加权移动平均控制图。

6.3.2 均值-标准差控制图

1. 原 理

根据数理统计公式，样本均值与标准差的计算公式如下：

$$\bar{x}_i = \frac{\sum_{j=1}^{n_i} x_{ij}}{n_i} \quad (i = 1,2,3,\cdots,m)$$

$$s_i = \sqrt{\frac{\sum_{j=1}^{n_i} (x_{ij} - \bar{x}_i)^2}{n_i - 1}} \quad (i = 1,2,3,\cdots,m)$$

式中：x_{ij}——第 i 个样本的第 j 个观测值；

$\bar{x}_i$——第 i 个样本的均值；

n_i——第 i 个样本的大小，也称为样本容量；

m——样本个数；

s_i——第 i 个样本的标准差。

根据统计理论，若 σ^2 为一概率分布的未知方差，则样本方差 $s^2 = \frac{1}{n-1}\sum_{i=1}^{n}(x_i - \bar{x})^2$ 为 σ^2 的无偏估计量，但样本标准差 s 并非是总体标准差 σ 的无偏估计量。若总体服从正态分布，s 与 σ 的关系为

$$s = c_4\sigma$$

c_4 是一个与子样大小 n 有关的常数，c_4 如表 D-2 所列。

均值-标准差控制图的控制限计算步骤如下：

(1) σ 已知

在 σ 已知时，$E(s) = c_4\sigma$，因此可以得到 S 控制图的控制线，即

$$\left.\begin{aligned}\mathrm{UCL} &= c_4\sigma + 3\sigma\sqrt{1-(c_4)^2}\\ \mathrm{CL} &= c_4\sigma\\ \mathrm{LCL} &= c_4\sigma - 3\sigma\sqrt{1-(c_4)^2}\end{aligned}\right\}\tag{6-2}$$

定义

$$B_5 = c_4 - 3\sqrt{1-(c_4)^2}, \qquad B_6 = c_4 + 3\sqrt{1-(c_4)^2}$$

则代入式(6-2)后,得到 σ 已知情况的 S 控制图的控制线为

$$\begin{cases}\mathrm{UCL} = B_6\sigma\\ \mathrm{CL} = c_4\sigma\\ \mathrm{LCL} = B_5\sigma\end{cases}$$

系数 B_6 和 B_5 可由表 D-2 查出。

$\overline{X}$ 控制图的控制界限按下式计算:

$$\begin{cases}\mathrm{UCL} = \mu + 3\sigma\\ \mathrm{CL} = \mu\\ \mathrm{LCL} = \mu - 3\sigma\end{cases}$$

(2) σ 未知

在 σ 未知时,则必须对 σ 进行估计。由于 $E(s)=c_4\sigma$,因此 $\hat{\sigma}=\bar{s}/c_4$,$\bar{s}$ 为样本标准差的平均值,即 $\bar{s}=\dfrac{1}{m}\sum\limits_{i=1}^{m}s_i$,此时 S 控制图的控制线为

$$\left.\begin{aligned}\mathrm{UCL} &= \bar{s} + 3\frac{\bar{s}}{c_4}\sqrt{1-(c_4)^2}\\ \mathrm{CL} &= \bar{s}\\ \mathrm{LCL} &= \bar{s} - 3\frac{\bar{s}}{c_4}\sqrt{1-(c_4)^2}\end{aligned}\right\}\tag{6-3}$$

定义

$$B_3 = 1 - \frac{3}{c_4}\sqrt{1-(c_4)^2}, \qquad B_4 = 1 + \frac{3}{c_4}\sqrt{1-(c_4)^2}$$

则代入式(6-3)后,得到 σ 未知情况的 S 控制图的控制线为

$$\begin{cases}\mathrm{UCL} = B_4\bar{s}\\ \mathrm{CL} = \bar{s}\\ \mathrm{LCL} = B_3\bar{s}\end{cases}$$

系数 B_4 和 B_3 可由表 D-2 查出。

相应的 $\overline{X}$ 图的控制界限也要用 $\hat{\sigma}=\bar{s}/c_4$,这时 $\overline{X}$ 图的控制线为

$$\begin{cases} \text{UCL} = \bar{\bar{x}} + \dfrac{3\bar{s}}{c_4\sqrt{n}} \\ \text{CL} = \bar{\bar{x}} = \dfrac{1}{m}\sum\limits_{i=1}^{m}\bar{x}_i \\ \text{LCL} = \bar{\bar{x}} - \dfrac{3\bar{s}}{c_4\sqrt{n}} \end{cases}$$

定义

$$A_3 = \frac{3}{c_4\sqrt{n}}$$

则 $\overline{X}$ 图的控制界限可以写成：

$$\begin{cases} \text{UCL} = \bar{\bar{x}} + A_3\bar{s} \\ \text{CL} = \bar{\bar{x}} \\ \text{LCL} = \bar{\bar{x}} - A_3\bar{s} \end{cases}$$

系数 A_3 可由表 D－2 查出。

2. 绘制步骤

(1) 数据准备

① 收集数据。制定检验规程，并使有关人员正确掌握；确定数据合理分组的原则，组(样本)内样品应在基本相同的条件下生产，即组内变化只由随机原因造成，组间变化是由异常原因造成的，也就是组内散差仅由偶然因素造成，组间若有显著差别则是系统因素造成的，因此每组样本要尽量在短时间内抽取；确定抽样间隔时间与样本大小，抽样间隔或抽样频数取决于生产需要和检查成本，长时间大样本可以查明均值的较小变动，而短间隔小样本可以更快查明均值的较大变化，抽样间隔在达到控制状态前应较短而达到控制状态后可较长。

② 若有现成的数据可选取，则选取的数据应尽可能是近期的数据，且能与目前和今后过程的工序状态一致。

③ $\overline{X}-S$ 图样大小取 4～5，分析用控制图的样本个数取 25 以上。

(2) 控制图的绘制

均值-标准差控制图控制的统计量是样本均值与标准差，控制图的实施步骤如图 6－20 所示，现结合实例讲解 $\overline{X}-S$ 控制图的绘制过程。

例 6－3 表 6－4 所列数据是从某轴承生产工序随机抽得的样本，$m=30$，每个样本的样本大小 $n=10$，测得各个样品的电阻值。试利用 $\overline{X}-S$ 控制图分析该工序是否处于稳定受控状态。

解 1) 计算各个样本的均值

抽样的样品测量值见表 6－4 中 $x_{i1}\sim x_{i10}$ 列，利用均值计算公式计算各个样本的均值 $\bar{x}_i$。

如第 1 个样本的均值为

$$\bar{x}_1 = \frac{x_{11} + x_{12} + \cdots + x_{1,10}}{n} = \frac{81.50 + 81.86 + \cdots + 82.05}{10} = 81.767$$

其余各样本的均值见表 6－4 中的样本“均值”栏。

表 6－4　样本数据　　kΩ

序　号	测量值										均　值	标准差
	x_{i1}	x_{i2}	x_{i3}	x_{i4}	x_{i5}	x_{i6}	x_{i7}	x_{i8}	x_{i9}	x_{i10}	$\bar{x}_i$	s_i
1	81.50	81.86	81.61	81.34	82.79	82.12	80.90	81.65	81.85	82.05	81.767	0.507
2	80.78	81.32	80.20	82.56	83.52	82.10	79.54	81.25	82.32	79.55	81.314	1.327
3	79.87	80.76	81.35	82.00	79.99	81.65	82.78	80.76	79.83	80.99	80.998	0.972
4	82.15	82.35	80.77	81.01	80.84	83.02	83.09	81.82	80.98	81.78	81.781	0.873
5	81.52	80.55	79.52	80.76	83.15	79.89	81.89	81.90	83.00	82.16	81.434	1.231
6	83.19	81.33	82.31	81.56	81.65	80.77	79.98	82.03	80.00	82.17	81.499	1.021
7	79.76	80.76	82.19	82.33	81.67	80.79	79.66	80.87	81.04	79.22	80.829	1.052
8	82.75	79.87	81.96	79.87	79.78	81.99	81.47	79.72	82.21	79.90	80.952	1.226
9	81.38	81.73	81.54	81.55	80.54	82.16	82.76	79.99	81.20	82.06	81.491	0.796
10	81.82	82.56	80.65	81.94	81.87	81.69	81.89	81.90	83.11	81.33	81.876	0.653
11	82.08	83.12	79.90	82.33	81.54	83.19	80.82	82.29	82.09	83.34	82.070	1.087
12	83.00	80.56	79.85	81.78	80.88	80.77	79.88	81.35	80.76	82.56	81.139	1.047
13	81.88	80.64	81.58	82.37	81.98	80.65	81.45	81.84	79.95	81.78	81.412	0.754
14	82.52	81.66	81.84	81.09	79.76	79.86	83.01	82.37	81.03	82.05	81.519	1.086
15	80.67	81.97	81.33	80.44	82.65	82.65	82.77	81.48	82.49	81.22	81.767	0.861
16	81.52	82.39	82.67	81.46	83.12	80.33	81.96	81.65	80.72	82.01	81.783	0.847
17	80.97	82.39	79.76	79.42	79.65	83.18	79.83	80.81	80.18	81.87	80.806	1.291
18	82.15	81.87	80.65	82.84	80.12	79.76	79.87	80.62	79.45	79.98	80.731	1.157
19	81.33	81.56	79.11	83.06	81.84	80.88	80.98	79.81	82.88	82.34	81.379	1.259
20	79.89	80.68	79.87	81.37	81.75	81.54	81.54	82.14	82.76	81.87	81.341	0.936
21	80.85	80.36	82.73	81.42	80.54	82.04	82.80	81.36	80.78	79.86	81.274	0.992
22	81.67	81.56	81.93	80.66	79.82	81.09	83.43	82.36	81.33	80.76	81.461	0.997
23	81.53	82.34	81.25	79.65	81.65	79.95	82.03	82.56	82.09	80.87	81.392	0.980
24	82.53	81.89	80.79	79.77	79.99	80.00	80.31	80.53	83.21	81.87	81.089	1.200
25	80.88	83.05	79.57	82.42	82.54	82.31	81.08	81.64	81.42	80.02	81.493	1.130
26	82.66	82.01	82.36	81.65	81.79	82.09	82.33	81.89	81.43	80.87	81.908	0.514

续表 6-4

序 号	测量值										均 值	标准差
	x_{i1}	x_{i2}	x_{i3}	x_{i4}	x_{i5}	x_{i6}	x_{i7}	x_{i8}	x_{i9}	x_{i10}	$\bar{x}_i$	s_i
27	82.42	81.72	81.21	81.98	80.76	79.87	80.11	82.77	80.65	81.56	81.305	0.961
28	81.53	81.54	81.98	80.33	81.19	81.65	82.65	80.09	79.87	81.00	81.183	0.878
29	81.54	80.54	82.51	82.78	80.75	81.56	81.04	79.66	80.22	82.01	81.261	1.004
30	82.54	81.78	80.45	79.87	81.25	80.76	83.05	79.34	81.08	82.26	81.238	1.186
合 计											2441.492	29.824
总均值											81.383	0.994

2）计算样本的标准差

各个样本的标准差利用标准差计算公式可得，如第 30 号样本：

$$s_{30}=\sqrt{\frac{(82.54-81.238)^2+(81.78-81.238)^2+\cdots+(82.26-81.238)^2}{9}}=1.186$$

3）计算控制图的控制线

根据 $\overline{X}-S$ 控制图控制线计算公式可得

$$\bar{\bar{x}}=\frac{\bar{x}_1+\bar{x}_2\cdots+\bar{x}_m}{m}=\frac{81.767+81.314+\cdots+81.238}{30}=81.383$$

$$\bar{s}=\frac{1}{m}\sum_{i=1}^{m}s_i=\frac{0.507+1.327+\cdots+1.186}{30}=0.994$$

进而得到如下控制线：

$\overline{X}$ 控制图：

$$\mathrm{UCL}=\bar{\bar{x}}+A_3\bar{s}=81.383+0.975\times0.994=82.352$$

$$\mathrm{CL}=\bar{\bar{x}}=81.383$$

$$\mathrm{LCL}=\bar{\bar{x}}-A_3\bar{s}=81.383-0.975\times0.994=80.414$$

S 控制图：

$$\mathrm{UCL}=B_4\bar{s}=1.716\times0.994=1.706$$

$$\mathrm{LCL}=B_3\bar{s}=0.284\times0.994=0.282$$

$$\mathrm{UCL}=1.706,\quad \mathrm{CL}=0.994,\quad \mathrm{LCL}=0.282$$

4）绘制 $\overline{X}-S$ 图

把 $\overline{X}$ 图和 S 图绘制在同一张纸上，$\overline{X}$ 图在上，S 图在下。横坐标为样本序号 i，纵坐标为 $\overline{X}$ 和 S，先画出控制线，然后，在相应的图上描出样本的点，如图 6-23 所示。

5）分析图

从图 6-23 上的描点来看，所有的点均在控制界限内，且随机分布，表明该过程处于稳定受控状态。

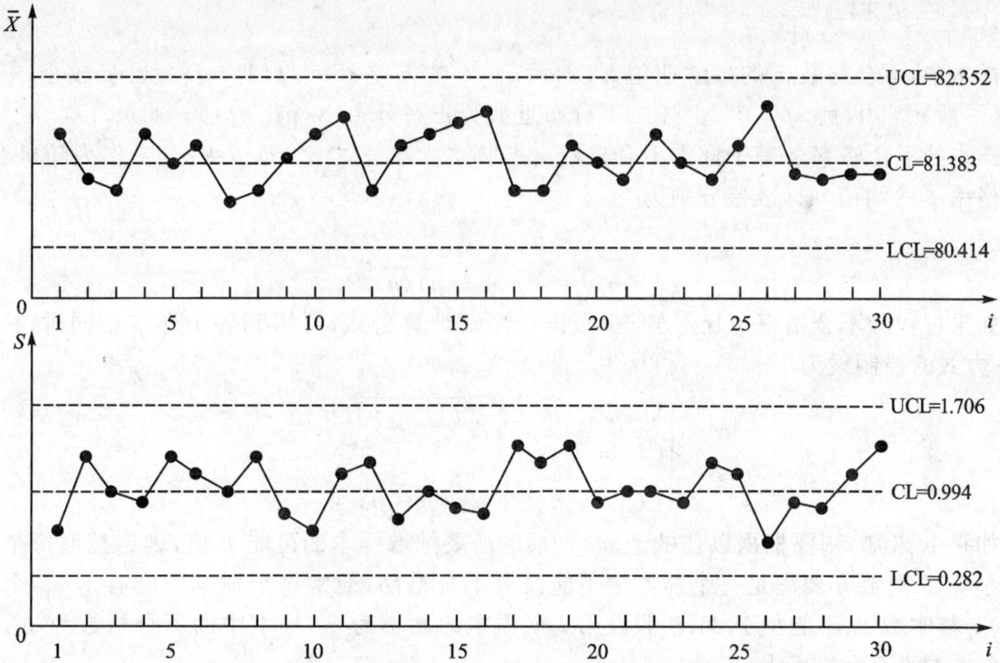

图 6－23　均值-标准差控制图

6.3.3　不合格品率控制图

不合格品率控制图(简称 p 控制图)用于判断生产过程的产品不合格率是否处于或保持在所要求的水平。不合格品率控制图通过控制产品不合格品率的变化来控制过程质量。p 控制图所表述的含义是:过程处于稳定状态是指任何单位产品是不合格品的概率为一常数 P,并且所生产的各个单位产品都是独立的。p 控制图属于计数值控制图中的计件值控制图,主要用于对电子元器件和光学元器件的不合格品率进行控制,也用于极限规格检查零件外形尺寸或用目测检查零件外观而确定不合格品率的场合。除了不合格品率外,合格率、材料利用率、缺勤率和出勤率等也可使用 p 控制图。

1. 原　理

p 控制图的理论基础是二项分布,即:若生产过程处于受控,则认为所生产的每一单位产品合格与否都是具有常数 P(单位产品是不合格品的概率)的二项随机变量的一个结果。概率理论认为,从稳定状态下大量生产的一批产品中,随机抽取样品数(样本大小)为 n 的样本,如果单位产品出现不合格品的概率是 P,则样本中样品不合格的个数 x 的概率分布服从参数为 n 和 p 的二项分布,即有:

$$P(x) = C_n^x p^x (1-p)^{n-x} \qquad (x = 0,1,2,\cdots,n)$$

式中：$C_n^x = \frac{n!}{x!\ (n-x)!}$。

样本中，不合格数 x 的数学期望 $E(x) = np$，x 的方差 $\sigma^2 = np(1-p)$。当 p 较小，n 足够大时（一般 $n>50$，且 $np>5$），上述二项分布近似为正态分布 $N(np, np(1-p))$。

样本的不合格率 p 等于样本不合格数 x 与样本大小 n 之比，即 $p = x/n$。作为随机变量，不合格率 p 的均值和标准差分别为

$$\mu_p = p$$

$$\sigma_p = \sqrt{p(1-p)/n}$$

如果过程的不合格率 p 已经知道，根据控制线计算公式，可得到各个样本相同时，p 控制图 3σ 方式的控制线为

$$\begin{cases} \text{UCL} = p + 3\sqrt{p(1-p)/n} \\ \text{CL} = p \\ \text{LCL} = p - 3\sqrt{p(1-p)/n} \end{cases}$$

如果 p 未知，则要根据以往的经验，先预测所要抽取样本的可能 p 值，确定抽取每个样本的大小 n（原则上 n 要满足每个样本中不能没有不合格品，通常每个样本中应有 1～5 个不合格品）。样本数 m 不能小于 25 。假设第 i 个样本的大小为 n_i，样本中的不合格数为 x_i，那么第 i 个样本的不合格率为

$$p_i = x_i / n_i$$

样本数为 m 的样本平均不合格率为

$$\bar{p} = \frac{\sum_{i=1}^{m} x_i}{\sum_{i=1}^{m} n_i}$$

$\bar{p}$ 可作为不合格品率 p 的估计量，因此，p 未知时的 p 控制图第 i 个样本的精确控制线为

$$\begin{cases} \text{UCL} = \bar{p} + 3\sqrt{\bar{p}(1-\bar{p})/n} \\ \text{CL} = \bar{p} \\ \text{LCL} = \bar{p} - 3\sqrt{\bar{p}(1-\bar{p})/n} \end{cases}$$

样本大小不同时，如果 $\bar{n} = \frac{1}{m}\sum_{i=1}^{m} n_i$ 满足 $\frac{1}{2}n_{\max} < \bar{n}$ 和 $n_{\min} > \frac{1}{2}\bar{n}$，可用下式简化计算得到近似的控制线

$$\begin{cases} \text{UCL} = \bar{p} + 3\sqrt{\bar{p}(1-\bar{p})/\bar{n}} \\ \text{CL} = \bar{p} \\ \text{LCL} = \bar{p} - 3\sqrt{\bar{p}(1-\bar{p})/\bar{n}} \end{cases}$$

对于落在近似控制界限附近的点子，应进行精确计算，以确定该点究竟在控制界限内还是在控制界限外。

2. 绘制步骤

① 数据准备。与计量值控制图的数据抽取原则相同，同时要求每个样本大体包含 1～5 个不合格品，若要计算控制线，样本应不少于 25 个。为了便于计算，各样本大小应尽量相同。

② 绘图。p 图控制的统计量是 p，绘图步骤参照图 6-20。

下面结合实例来介绍 p 控制图的具体绘制方法。

例 6-4　某生产集成电路的公司，大量生产某型号的模拟电路。试绘制出分析用 p 控制图，分析生产是否处于统计受控状态。

解　1）确定抽样时间、样本大小及样本数

根据生产的情况，公司上、下午各工作 4 h，决定抽样时间为早班、中班和晚班。样本数为 30，根据以前的经验，不合格率估计为 0.03，故样本大小 n 取 $\frac{1}{0.03} \sim \frac{5}{0.03}$。抽样情况与结果见表 6-5。

表 6-5　样本数据

样本序号 i	样本大小 n_i	不合格品数 x_i	不合格品率 p_i	UCL_i	LCL_i
1	85	3	0.04	0.111	−0.023
2	75	5	0.07	0.116	−0.027
3	100	2	0.02	0.106	−0.017
4	105	4	0.04	0.105	−0.016
5	80	6	0.08	0.113	−0.025
6	90	4	0.04	0.110	−0.021
7	95	3	0.03	0.108	−0.019
8	100	5	0.05	0.106	−0.017
9	80	4	0.05	0.113	−0.025
10	85	6	0.07	0.111	−0.023
11	95	5	0.05	0.108	−0.019
12	100	2	0.02	0.106	−0.017
13	100	5	0.05	0.106	−0.017
14	95	3	0.03	0.108	−0.019
15	110	6	0.05	0.103	−0.015
16	95	4	0.05	0.111	−0.023
17	80	5	0.06	0.113	−0.025

续表 6-5

样本序号 i	样本大小 n_i	不合格品数 x_i	不合格品率 p_i	UCL_i	LCL_i
18	90	5	0.06	0.110	−0.021
19	90	5	0.06	0.110	−0.021
20	90	3	0.03	0.110	−0.021
21	95	6	0.06	0.108	−0.019
22	100	2	0.02	0.106	−0.017
23	85	3	0.04	0.111	−0.023
24	100	6	0.06	0.106	−0.017
25	95	4	0.04	0.108	−0.019
26	95	3	0.03	0.108	−0.019
27	100	5	0.05	0.106	−0.017
28	100	3	0.03	0.106	−0.017
29	85	3	0.04	0.111	−0.023
30	80	4	0.05	0.113	−0.025
合　计	2 775	124	0.045		

2）计算各样本的不合格品率 p_i

利用 $p_i=\frac{x_i}{n_i}$ 计算各样本不合格品率，得到的各样本不合格品率见表 6-5 中的“不合格品率 p_i”栏。

3）计算样本的平均不合格品率 $\bar{p}$

$$\bar{p}=\frac{\sum_{i=1}^{m}x_i}{\sum_{i=1}^{m}n_i}=\frac{x_1+x_2+\cdots+x_{30}}{n_1+n_2+\cdots+n_{30}}=\frac{124}{2\ 775}\approx 0.045$$

4）计算 p 控制图的控制线

利用控制线公式计算出各样本 UCL 和 LCL 的值，见表 6-5 各相应的栏。因为不合格品率不可能小于 0，因此把 LCL<0 的控制线定为 LCL=0。

5）绘　图

在纸上画出 $p-i$ 坐标系。横坐标为样本序号 i，纵坐标为 p。画出 CL=0.045，用实线表示；LCL=0（因所有计算出的 LCL 都是负数，故将 LCL 定为 0），用虚线表示。然后，在相应的图上描出样本 UCL 和 p 值的点。UCL 值用虚线相连，p 值用实线相连，见图 6-24。

6）分析图

从图 6－24 上可以看出，所有的点都在控制界限内。本控制图的 1σ 界限为

$$0.045-\sqrt{0.045(1-0.045)/n_i}(\approx 0.021)\sim 0.045+\sqrt{0.045(1-0.045)/n_i}(\approx 0.066)$$

点 11～30 连续 20 个点都在此界限内。根据点子随机排列的准则，有连续 15 点在离中心线 1σ 之内判定点子排列异常，因此判定生产不是处于受控状态。

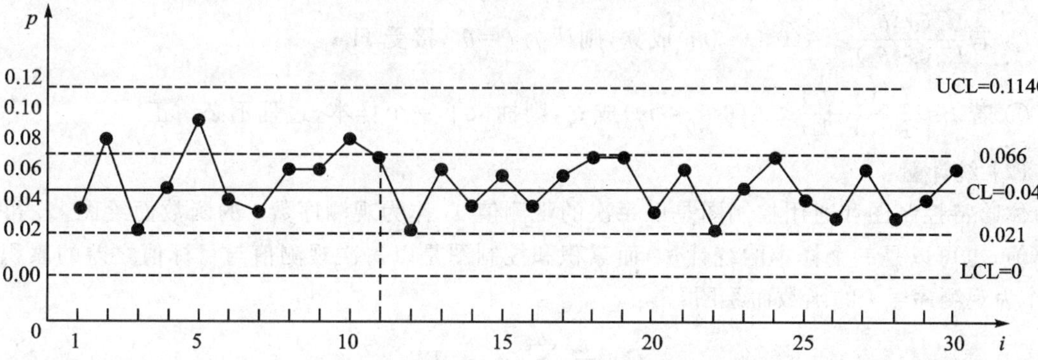

图 6－24　不合格品率控制图

6.3.4　累积和控制图

累积和(CUSUM)控制图利用序贯分析原理，以历次样本观测结果的累积和为依据，根据样本中检验的质量特性值对其目标值 T(或参考值 K)偏差的累积和，对过程是否异常进行判定。累积和控制图与休哈特控制图相比，对判断生产过程小波动是否异常具有更高的灵敏度，对样本信息的利用也更充分，可以节省检验工作量。应用累积和控制图的生产过程必须满足过程的连续性与过程的平稳性两个要求。

1. 原　理

(1) 理论基础

假设 $x_1,x_2,\cdots,x_m$ 是按生产顺序抽取的表示质量特性值水平的独立样本统计量，过程要求作的假设是：

零假设 H_m——所有样本都取自相同分布，有分布函数 $F(x|\theta=\theta_0)$ 或 $P(x|\theta=\theta_0)$，其中 θ 为函数的参数。

备择假设 H_i——前 i 个样本(即 $x_1,x_2,\cdots,x_i$)取自 $F(x|\theta=\theta_0)$ 或 $P(x|\theta=\theta_0)$，而后面的 $m-i$ 个样本(即 $x_{1+i},x_{2+i},\cdots,x_m$)来自 $F(x|\theta=\theta_1)$ 或 $P(x|\theta=\theta_1)$，其中 i 未定，但满足 $0\leqslant i<m$。

将上述过程检验问题当做一个假设检验来考虑。令 $\theta_1>\theta_0$，将给定的样本序列以 $X=(x_1,x_2,\cdots,x_m)$ 表示，那么有 $m+1$ 个假设来检验，其中备择假设内改变点在 $i(i=1,2,\cdots,m-1)$。

令 $L_m(x,\theta_0)$ 表示 H_m 成立时，获得 $x_1,x_2,\cdots,x_m$ 的密度函数或概率密度函数；令 $L_m(x,$

θ_1)表示 H_i 成立时,获得 $x_1,x_2,\cdots,x_m$ 的密度函数或概率密度函数。那么,$\frac{L_m(x,\theta_1)}{L_m(x,\theta_0)}$为 H_i 对 H_m 的似然比,$0\leqslant i<m$。

检验准则:

① 若$\frac{L_m(x,\theta_1)}{L_m(x,\theta_0)}\leqslant B(0\leqslant i<m)$成立,则认为 $\theta=\theta_0$,接受 H_m;

② 若$\frac{L_m(x,\theta_1)}{L_m(x,\theta_0)}\geqslant A(0\leqslant i<m)$成立,则认为 $\theta=\theta_1$,接受 H_i;

③ 若 $B<\frac{L_m(x,\theta_1)}{L_m(x,\theta_0)}<A(0\leqslant i<m)$成立,则抽取下一个样本,过程不必纠正。

(2) 统计量

休哈特控制图和通用控制图是以每次的观测值 x_i 作为观测序数 i 的函数而绘图,x_i 可以是单值,也可以是一个样本的统计量,而累积和控制图是以每次观测值与目标值之差的累积和 C_{jT} 作为观测序号 i 的函数而绘图:

$$C_{jT}=\sum_{i=1}^{j}(x_i-T)$$

式中:T——目标值。

2. 计量型变量的累积和控制图

计量型累积和控制图判异准则有两种形式,即满足下列条件之一就判定为异常:

① $\sum(x_i-K_1)\geqslant H$ 或 $\sum(x_i-K_2)\leqslant -H$;

② $\sum(x_i-T)\geqslant H+m\times F$ 或 $\sum(x_i-T)\leqslant -H-m\times F$。

式中:$K_1=T+F,K_2=T-F,H=h\sigma$;

H——各样本点相对于 K_1 值的偏差累积和临界值(称为判定矩);

K_1 和 K_2——目标状态 T 与某个明确的异常状态间的一个中间状态(称为参考值,通常用 K 表示);

F——目标状态 T 与 K_1 或 K_2 状态的偏差(称为 V 形模板斜率);

m——参与累积的样本数。

当实际过程的均值与目标值 T 的偏差不超过 F 时,相对 K_1 或 K_2 的偏差累积和就不会超过 H,因此就认为此刻实际状态相对于目标值 T 的偏差是由于偶然原因造成的,过程不存在异常因素。相反,则说明偏差已达到足以认为过程已经受到异常因素的干扰,即过程存在异常因素。

根据上述两种判定形式,实际使用的累积和图有两种形式:列表法(带控制界限的累积和图)与图上作业法(又称为 V 形模板法)。

下面分别说明应用列表法和 V 形模板法的步骤。假定样本统计量服从正态分布,已知方

差为 σ_0^2，得到一组样本序列 $x_1, x_2, \cdots, x_m$。利用累积和技术，分析这组数据所代表的实际过程是否有显著变化。

(1) 带控制界限的累积和图列表法计算与应用步骤

计算步骤如下：

① 选择合适的方案参数 H、K_1 和 K_2，一般 $F=\dfrac{\Delta}{2}=\dfrac{|\mu_1-\mu_0|}{2}$，规定从 $C_{0K}=C'_{0k}=0$，$i=1$ 开始计算。

② 计算累积和，即

$$C_{iK} = \max[C_{(i-1)K} + (x_i - K_1), 0]$$
$$C'_{iK} = \min[C'_{(i-1)K} + (x_i - K_2), 0]$$

③ 若 $C_{iK} \geqslant H$，则认为对本段累积和做出贡献的样本观测值所代表的该段过程均值显著变大；若 $C'_{iK} < -H$，则判定过程均值显著变小。

④ $i=i+1$，重复步骤②和③，一直到所有样本观测值都经过判定为止。

步骤③判定了过程均值变化的起始点。实际上，一般只需要判定某点均值已变就可以了，由于累积和方法利用了过去的信息，因此可以判定过程均值是在本段累积和开始点上变动的。

在步骤②中，当 $C_{iK}<0$ 时就不再在此基础上继续计算，而从下一点重新开始计算。这是因为计算 C_{iK} 的目的是为了监测均值增大的变化，当某段累积和(C_{iK})小于 0 时，完全可认为这段数值所代表的过程均值至少不会高于目标值，因此只需要对以下一个观测数据为始点的新的一段数据所代表的过程状态进行检测即可，所以从 0 开始重新进行计算。对 $C'_{iK}>0$ 时的处理方法与之类似。

应用步骤如下：

① 列表。计算

$$C_{mk} = \sum_{i=m_0}^{m} (x_i - K)$$

按前述方法判别 C_{mK}，确定累积和的起始点；将 C_{mK} 与 H 比较，根据表判定过程正常与否。

② 绘制带控制界限的累积和图。将列表法的数据画在 C_{mK}-m 直角坐标系中，并将 $C_{mK}=H$ 和 $C_{mK}=-H$ 画出，根据图判定过程正常与否。列表法示意图见图 6-25。

(2) 累积和控制图均值 V 形模板法步骤

V 形模板法因为要制作一个形如英文字母“V”的模板而得名。V 形模板法的示意图如图6-26 所示。

① 选择合适的方案参数 T、H 和 F。依据商定，发生第 1 类错误的概率为 α，发生第 2 类错误的概率为 β，假设检验过程的均值由 μ_0 偏移到 $\mu_1=\mu_0+\delta\sigma$，其中 $\delta>0$，σ 是过程的标准差且已知，就可确定 H 和 F。

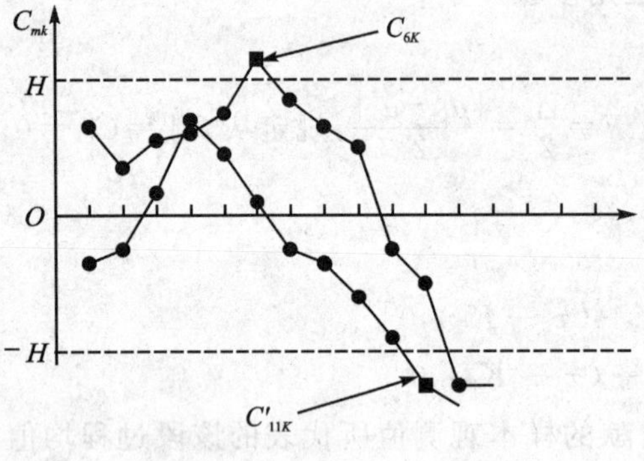

图 6-25 列表法示意图

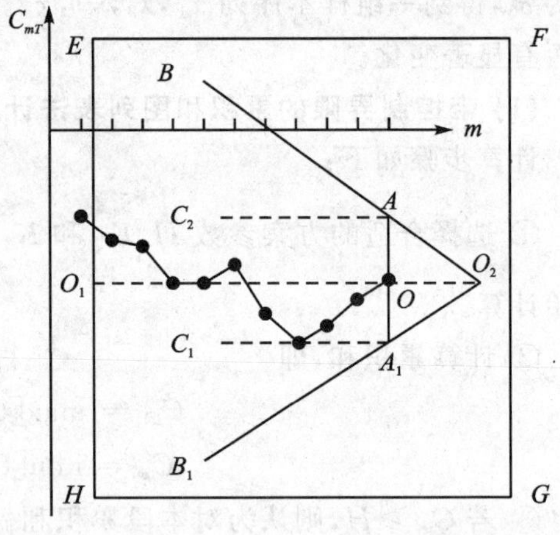

图 6-26 V形模板法示意图

② 在合适的媒介上制作V形模板。如图6-26所示，矩形 $EFGH$ 是制作V形模板的媒介，$BAO_2A_1B_1$ 就是一个V形模板。如果媒介是透明的，则通常将折线 $BAOA_1B_1$ 画成粗线，O_1OO_2 画成细线。如果媒介是不透明的，则将折线 $BAOA_1B_1$ 内的左半部分切除，OO_2 画成细线，V形模板是以 O_1OO_2 为对称轴对称。

③ V形模板的使用：

a. 画直角坐标系，以样本序号 m 为横轴，累积和 $C_{mT}=\sum_{i=1}^{m}(x_i-T)$ 为纵轴，将对应横轴各点 m 所计算出的累积和 $C_{mT}=\sum_{i=1}^{m}(x_i-T)$ 标在图上，各点用折线相连。

b. 从第1点开始，将V形模板的 O 点与检测点（称为基点）重叠，而且 O_1O 与横轴平行，V形模板开口朝 m 方向，若有一点达到或超过V形模板边缘 AB 或（和）A_1B_1，则认为过程均值发生了异常，与V形模板的 O 点重叠的检测点（即基点）就是异常点，达到或超过V形模板边缘的点就是均值开始变化的点。具体说来，若有一点达到或超过射线 AB，则判定过程均值从该点（称为异常始点）至基点这段时间内的实际值低于目标值 T；若有一点达到或超过射线 A_1B_1，则判定过程均值从该点至基点这段时间内的实际值高于目标值 T；若上述两种情况都没有发生，则判定这段时间内均值没有变动，仍保持为目标值 T（准确地说是没有理由认为该段时间内的过程均值有变化）。

实际使用时，常常只画出V形模板的一半，即 $BAOO_1$ 或 $B_1A_1OO_1$，检测时对称使用。

(3) 计量型累积和控制图目标值及纵坐标单位长度的选择

① 选择目标值 T 主要考虑绘制累积和图的目的。

a. 对预测模型，需要知道的是预测是否正确，因此将某一时刻的实际值作为该时刻预测值的目标值。

b. 对两个时段(过程)的样本数据进行对比研究时,应将前一时段或过程的样本数据的均值作为后一时段的目标值。

c. 在抽样检查产品质量是否满足规定标准时,将规定标准定为目标值。

d. 一般情况下,将样本的均值作为目标值。

② 纵坐标单位长度的选择。

对于列表法的累积和控制图,无论是使用列表还是使用直角坐标系,对纵坐标和横坐标的单位长度都没有要求,以方便描点为原则。

对于使用 V 形模板的累积和控制图,由于是利用模板的缺口作为判断是否异常的判据,因此对纵坐标与横坐标单位长度表示的数值大小有一定的要求。若 A 是累积和坐标轴的尺度系数(A 是在坐标轴单位长度相同时,纵轴所度量的累积和与横轴两个相邻样本序号间的距离之比,即坐标单位长度相同时纵轴的数值与横轴的数值之比),A 选择过大,将使图上折线过于接近水平线,会压缩有用的信息,导致不能清楚地显示平均水平的变化;A 选得过小,会增大正常波动的图面信息。根据经验,一般取 $A=2\sigma_{\bar{x}}$ 较好,即应使得纵轴坐标代表大小为 $2\sigma_{\bar{x}}$ 累积和的单位长度相当于横轴坐标单位长度。例如,对于一个 $\sigma_{\bar{x}}=0.05$ 的累积和控制图坐标,若横坐标两个样本的间距为 0.5 cm(横坐标的单位刻度为 0.5 cm,代表两样本的间距),那么,纵坐标的标尺为每 0.5 cm 代表的累积和是 $2\sigma_{\bar{x}}=2\times0.05=0.1$。考虑到绘图的方便,在计算出 $2\sigma_{\bar{x}}$ 之后将其修改为 1.0、2.0、2.5、5.0 和 10.0 等方便数值,而当 $2\sigma_{\bar{x}}$ 位于两个数值之间时,取较小的一个。

(4) 均值累积和控制图中 H 和 F 的确定

假定样本统计量服从正态分布,方差已知。要求检验出过程的均值由 μ_0 偏移到 $\mu_1=\mu_0+\delta\sigma$ 的变化,$\delta>0$,σ 是过程的标准差且已知。商定发生第 1 类错误的概率为 α,发生第 2 类错误的概率为 β。令样本大小为 n,得到一组样本均值序列为 $\bar{x}_i(i=1,2,\cdots,m)$。

令 $\sigma_{\bar{x}}=\sigma/\sqrt{n}$,$\delta'=\delta\sqrt{n}$,$\delta=\dfrac{\Delta}{\Delta/\sigma_{\bar{x}}}$,$\Delta=|\mu_1-\mu_0|$,则 $\bar{x}_i$ 的概率密度函数为

$$f(\bar{x}/\mu)=\frac{1}{\sqrt{2\pi}\sigma_{\bar{x}}}\exp\left[-\frac{1}{2\sigma_{\bar{x}}^2}(\bar{x}-\mu)^2\right]$$

H_i 对 H_m 的似然比为

$$\frac{L_m(X,\mu_1)}{L_m(X,\mu_0)}=\exp\left\{-\frac{1}{2\sigma_{\bar{x}}^2}\sum_{j=i+1}^{m}\left[(\bar{x}_j-\mu_0-\delta'\sigma_{\bar{x}})^2-(\bar{x}_j-\mu_0)^2\right]\right\}$$

式中:
$$L_m(X,\mu)=L_m(\bar{x}_1,\bar{x}_2,\cdots,\bar{x}_m;\mu)=\prod_{i=1}^{m}f(\bar{x}_i/\mu)$$

对于监控过程,关键在于对过程异常做出判断,故在 H_i 成立时,应有

$$\frac{L_m(X,\mu_1)}{L_m(X,\mu_0)}=\exp\left\{-\frac{1}{2\sigma_{\bar{x}}^2}\sum_{j=i+1}^{m}\left[(\bar{x}_j-\mu_0-\delta'\sigma_{\bar{x}})^2-(\bar{x}_j-\mu_0)^2\right]\right\}\geqslant\frac{1-\alpha}{\beta}$$

检验过程均值的决策准则：若任一个 $i(0\leqslant i<m)$ 存在，使得

$$C_{mk}-C_{ik}\geqslant\frac{1}{\delta'}\ln\frac{1-\beta}{\alpha}\qquad(6-1)$$

或者

$$C'_{mk}-C'_{iT}\geqslant\frac{1}{\delta'}\ln\frac{1-\beta}{\alpha}+\frac{1}{2}\delta'(m-i)$$

成立，则认为过程已经发生异常。

式中：$C_{ik}=\frac{1}{\sigma_{\bar{x}}}\sum_{j=1}^{i}(\bar{x}_j-k),i=1,2,\cdots,m(C_{0k}=0)$；$k=\mu_0+\frac{1}{2}\delta'\sigma_{\bar{x}}$；

$C'_{iT}=\frac{1}{\sigma_{\bar{x}}}\sum_{j=1}^{i}(\bar{x}_j-\mu_0),i=1,2,\cdots,m(C'_{0T}=0)$。

式(6-1)也就是应用V形模板下界限的决策准则，如图6-27所示。

在图6-27中：

$$\tan\theta=\frac{1}{2}\delta'=f,\qquad\tan\theta=h/d$$

$$h=\frac{1}{\delta'}\ln\frac{1-\beta}{\alpha}$$

$$d=h/\tan\theta=\frac{2}{(\delta')^2}\ln\frac{1-\beta}{\alpha}$$

$$\theta=\arctan\frac{1}{2}\delta'$$

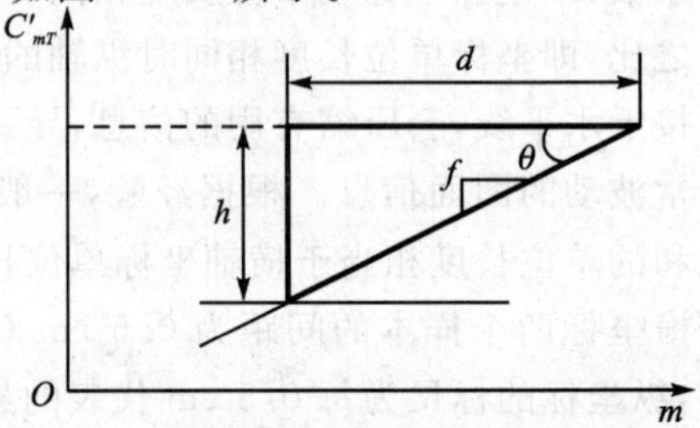

注：f 为参考值，指V形模板臂的斜度。

图6-27　V形模板下界限示意图

根据 θ 和 d 就可绘出V形模板，θ 和 d 分别称为V形模板的倾角和前置距离。如图6-26中所示，线段 OO_2 等于 d，d 的单位长度与横坐标相同，$\angle OO_2A_1=\theta$。

AA_1 的长度相当于判断准则中 H 的两倍，直线 AB 或 A_1B_1 斜率的绝对值相当于判断准则中的 F，有：

$$H=h\sigma_{\bar{x}}=\frac{\sigma_{\bar{x}}}{\delta'}\ln\frac{1-\beta}{\alpha}=\left(\frac{1}{\delta\sqrt{n}}\ln\frac{1-\beta}{\alpha}\right)\times\sigma_{\bar{x}}=\frac{\sigma}{n\delta}\ln\frac{1-\beta}{\alpha}\qquad(6-2)$$

$$F=f\sigma_{\bar{x}}\qquad(6-3)$$

在实际工作中，若是应用V形模板，通常不是利用式(6-2)和式(6-3)计算 H 和 F 来制作V形模板，而是考虑坐标轴的尺度系数，利用 d 和 $\angle C_1A_1B_1$ 来制作V形模板。考虑坐标轴的尺度系数为 A，前置距离 d 任由原式求得，V形模板的倾角 $\angle C_1A_1B_1$ 由下式求得：

$$\angle C_1A_1B_1=\theta'=\arctan\frac{\delta\sigma}{2A}$$

3. 均值累积和控制图的应用

例6-5　某零件外形直径规格要求为(12±0.5)mm，根据以前的统计，过程的 $\sigma=0.1$，试利用样本累积和控制图对其外形直径进行过程控制。约定：$\alpha=0.01,\beta=0.05$。

解　① 根据规格要求确定均值得上下最大偏差 μ_1 和 μ_{-1}。

根据生产要求，确定生产过程控制图上下界限的不合格品率都应低于万分之一（此时正态分布分界点 $z_{0.0001}=3.73$），即

$$(12.5-\mu_1)/\sigma=(\mu_{-1}-11.5)/\sigma=3.73$$

$$\mu_1=12.5-3.73\times\sigma=(12.5-3.73\times0.1)\ \text{mm}=12.13\ \text{mm}$$

$$\mu_{-1}=11.5+3.73\times\sigma=(11.5+3.73\times0.1)\ \text{mm}=11.87\ \text{mm}$$

因为 $T=\mu_0=12$ mm，那么

$$\delta=\frac{12.13-12}{0.1}=1.3$$

② 若取样本大小 n 为 5，据上式可得

$$\ln\frac{1-\beta}{\alpha}=\ln\frac{1-0.05}{0.01}=4.55$$

$$F=f\sigma_{\bar{x}}=\left(\frac{1}{2}\times1.3\times\sqrt{5}\right)\times\frac{0.1}{\sqrt{5}}=0.065$$

$$H=h\sigma_{\bar{x}}=\left(\frac{1}{\delta'}\times4.55\right)\times\sigma_{\bar{x}}=\left(\frac{1}{1.3\times\sqrt{5}}\times4.55\times\frac{0.1}{\sqrt{5}}\right)\ \text{mm}=0.35\ \text{mm}$$

$$K_1=T+F=(12+0.065)\ \text{mm}=12.065\ \text{mm}$$

$$K_2=T-F=(12-0.065)\ \text{mm}=11.935\ \text{mm}$$

根据 H 和 F 的值可绘制出 V 形模板。根据 K_1、K_2 及 H 值可得到列表判断的标准。每次抽取 5 个样品进行描点或计算就可进行过程质量的控制。

若考虑 $A=2\sigma_{\bar{x}}=2\times0.1/\sqrt{5}=0.089$，当 n 取 5 时，可得

$$d=\frac{2}{(\delta\sqrt{n})^2}\times\ln\frac{1-\beta}{\alpha}=\frac{2}{1.3\times1.3\times5}\times\ln\frac{1-0.05}{0.01}=2.41$$

$$\theta'=\arctan\frac{\delta\sigma}{2A}=\arctan\frac{1.3\times0.1}{2\times0.089}=41.8^\circ$$

即坐标系的尺度系数 $A=2\sigma_{\bar{x}}=2\times0.1/\sqrt{5}=0.089$ 时，V 形模板倾角 θ 和前置距离 d 分别为 41.8°和 2.41。

6.3.5　指数加权移动平均控制图

指数加权移动平均（Exponentially Weighted Moving Average，EWMA）控制图，它是移动平均控制图的一种变形图。考虑了当前样本的信息比先前样本提供的信息更重要的移动平均控制图就称为指数加权移动平均控制图。它不仅能够及时检测出生产过程均值所发生的较小波动（小于 2σ），而且对当前过程的突变性变异具有一定的检出效果。

1. 参　数

假设有一过程总体参数是服从正态分布 $N(\mu_0,\sigma_0^2)$ 的特征量，其特征值为 $\bar{x}$，按顺序抽取样本序列 $\bar{x}_1,\bar{x}_2,\cdots\bar{x}_m,\cdots$，在 m 时刻（第 m 个样本），指数加权移动平均值 Z_m 定义为

$$Z_m = \lambda \bar{x}_m + (1-\lambda) Z_{m-1} \qquad (m = 1,2,\cdots)$$

式中:λ——加权系数,$0<\lambda\leqslant 1$;

Z_0——开始的值。

下面对 Z_m 进行变换

$$\begin{aligned} Z_m = \lambda \bar{x}_m + (1-\lambda) Z_{m-1} = \\ & \lambda \bar{x}_m + (1-\lambda)[\lambda \bar{x}_{m-1} + (1-\lambda Z_{m-2})] = \\ & \lambda \bar{x}_m + \lambda(1-\lambda)\bar{x}_{m-1} + (1-\lambda)^2[\lambda \bar{x}_{m-2} + (1-\lambda)Z_{m-3})] = \\ & \sum_{i=0}^{m-1}[\lambda(1-\lambda)^i \bar{x}_{m-i}] + (1-\lambda)^m Z_0 \end{aligned}$$

若接近的样本 $\bar{x}_m$ 对 Z_m 权重为λ,则第 i 个 $\bar{x}$ 即 $\bar{x}_i$ 在 Z_m 中的权重为

$$\omega_{m-i} = \lambda(1-\lambda)^i \qquad (i = 0,1,\cdots)$$

设 μ 为过程均值,σ 为过程标准差,则 Z_m 的数学期望和方差分别为

$$\mathrm{E}(Z_m) = \lambda\mu\sum_{i=0}^{m-1}(1-\lambda)^i + (1-\lambda)^m \mathrm{E}(Z_0) = \mu + (1-\lambda)^m[\mathrm{E}(Z_0) - \mu]$$

$$D(Z_m) = \sigma^2_{\mathrm{EWMA}} = \frac{\lambda\sigma^2}{n} \times \frac{1-(1-\lambda)^{2m}}{2-\lambda} + (1-\lambda)^{2m} \times D(Z_0)$$

① 如果开始过程的 Z_0 是一个接近目标值的常数,则

$$\mathrm{E}(Z_m) = \lambda\mu\sum_{i=0}^{m-1}(1-\lambda)^i + (1-\lambda)^m \mathrm{E}(Z_0) = \mu + (1-\lambda)^m(Z_0 - \mu)$$

$$D(Z_m) = \sigma^2_{\mathrm{EWMA}} = \frac{\lambda\sigma^2}{n} \times \frac{1-(1-\lambda)^{2m}}{2-\lambda}$$

② 当开始过程的 $Z_0 = \bar{x}_1$ 时,则有

$$\mathrm{E}(Z_m) = \lambda\mu\sum_{i=0}^{m-1}(1-\lambda)^i + (1-\lambda)^m \mathrm{E}(Z_0) = \mu + (1-\lambda)^m[\mathrm{E}(\bar{x}_1) - \mu] = \mu$$

$$D(Z_m) = \sigma^2_{\mathrm{EWMA}} = \frac{\lambda\sigma^2}{n} \times \frac{1-(1-\lambda)^{2m}}{2-\lambda} + (1-\lambda)^{2m} \times D(Z_0) = \frac{\sigma^2}{n(2-\lambda)}[\lambda + 2(1-\lambda)^{2m-1}]$$

③ 当 m 足够大时,无论 Z_0 为何值,可得

$$\mathrm{E}(Z_m) = \mu$$

$$D(Z_m) = \sigma^2_{\mathrm{EWMA}} = \frac{\lambda\sigma^2}{(2-\lambda)n}$$

上述计算都是假设过程参数服从正态分布。对于非正态分布,根据中心极限定理,只要选择合适的 n,仍可认为 Z_m 服从正态分布。

2. 控制界限与判定准则

(1) 控制界限

在上节已经介绍,对于不同的 Z_0(等于目标值或非目标值),严格意义上讲,$D(Z_m) = \sigma^2_{\mathrm{EWMA}}$

的计算公式不同，但在实际工作中相差不大；并且在过程稳定的情况下，Z_0 很接近目标值，且基本是一个常数，因此通常用

$$D(Z_m)=\sigma_{\text{EWMA}}^2=\frac{\lambda\sigma^2}{n}\times\frac{1-(1-\lambda)^{2m}}{2-\lambda}$$

计算指数加权移动平均的方差。

如果指数加权移动平均控制图的控制界限系数为 K，总体服从正态分布 $N(\mu_0,\sigma_0^2)$，则抽样的样本大小为 n，其控制线为

$$\begin{cases}\text{UCL}=\mu_0+K\sigma_{\text{EWMA}}\\ \text{CL}=\mu_0\\ \text{LCL}=\mu_0-K\sigma_{\text{EWMA}}\end{cases}$$

式中的 σ_{EWMA} 根据“参数”中所介绍的方法求得，一般采用

$$\sigma_{\text{EWMA}}=\sqrt{\frac{\lambda\sigma_0^2}{n}\times\frac{1-(1-\lambda)^{2m}}{2-\lambda}}$$

若过程均值和标准差未知，则先用样本的平均值和样本标准差来估计过程均值和标准差。标准差的估计方法可用极差法和样本方差法，当然，样本数不应少于 20。当 $m\geqslant5$ 时，可用 $\sigma_{\text{EWMA}}=\sqrt{\lambda\sigma_0^2/[n(2-\lambda)]}$ 计算标准差。

(2) 判定准则

若有任意样本指数加权移动平均值 Z_m 落在移动平均控制图的控制界限上或之外，则认定过程均值发生偏移，即过程存在异常；否则，认为过程正常。

3. 绘制示例

指数加权移动平均控制图的绘制与移动平均控制图的绘制基本相同，区别在于需要考虑加权系数以及第 m 样本点描点坐标 (m,Z_m)，具体步骤如例 6-6 所示。

例 6-6　利用表 6-6 中的数据，设 $Z_0=\mu_0=22.00$，$\lambda=0.20$，绘制一个 $3\sigma_{\text{EWMA}}$ 的指数加权移动平均控制图。

表 6-6　样本数据

m	$\bar{x}_i$	M_m	UCL(M_m)	LCL(M_m)
1	22.000	22.000	21.995	22.045
2	21.99	21.995	21.968	22.032
3	22.02	22.003	21.973	22.026
4	22.01	22.005	21.997	22.023
5	22.00	22.005	21.997	22.023
6	22.00	22.007	21.997	22.023

续表 6-6

m	$\bar{x}_i$	M_m	$UCL(M_m)$	$LCL(M_m)$
7	22.00	22.002	21.997	22.023
8	21.98	21.995	21.997	22.023
9	22.00	21.995	21.997	22.023
10	22.00	21.995	21.997	22.023
11	22.01	21.997	21.997	22.023
12	21.99	22.000	21.997	22.023
13	22.00	22.000	21.997	22.023
14	22.00	22.000	21.997	22.023
15	21.97	21.990	21.997	22.023
16	21.97	21.985	21.997	22.023
17	22.00	21.985	21.997	22.023
18	21.99	21.982	21.997	22.023
19	22.00	21.990	21.997	22.023
20	21.98	21.992	21.997	22.023

解 取 $n=4$，有

$$Z_1=\lambda\bar{x}_1+(1-\lambda)Z_0=0.20\times 22.00+(1-0.20)\times 22.00=22.00$$

$$Z_2=\lambda\bar{x}_2+(1-\lambda)Z_1=0.20\times 21.99+(1-0.20)\times 22.00=21.998$$

$$Z_3=\lambda\bar{x}_3+(1-\lambda)Z_2=0.20\times 22.02+(1-0.20)\times 21.998=22.002$$

利用 $\sigma_{\mathrm{EWMA}}=\sqrt{\dfrac{\lambda\sigma_0^2}{n}\times\dfrac{1-(1-\lambda)^{2m}}{2-\lambda}}$，$\mathrm{UCL}=\mu_0+3\sigma_{\mathrm{EWMA}}$，$\mathrm{LCL}=\mu_0-3\sigma_{\mathrm{EWMA}}$，计算指数加权移动平均控制图的控制线，如第 1 个样本

$$\mathrm{UCL}(Z_1)=\left[22.00+3\times 0.030\times\sqrt{\frac{0.2(1-0.8^{2\times 1})}{4\times(2-0.2)}}\right]\ \mathrm{mm}=22.009\ \mathrm{mm}$$

$$\mathrm{LCL}(Z_1)=\left[22.00-3\times 0.030\times\sqrt{\frac{0.2(1-0.8^{2\times 1})}{4\times(2-0.2)}}\right]\ \mathrm{mm}=21.991\ \mathrm{mm}$$

其他结果见表 6-7。

表 6-7 计算结果

m	$\bar{x}_i$	Z_m	$UCL(Z_m)$	$LCL(Z_m)$
1	22.000	22.000	22.009	21.991
2	21.99	21.998	22.012	21.988

续表 6-7

m	$\bar{x}_i$	Z_m	UCL(Z_m)	LCL(Z_m)
3	22.02	22.002	22.013	21.987
4	22.01	22.003	22.014	21.986
5	22.00	22.003	22.014	21.986
6	22.00	22.003	22.014	21.986
7	22.00	22.002	22.015	21.985
8	21.98	21.998	22.015	21.985
9	22.00	21.998	22.015	21.985
10	22.00	21.998	22.015	21.985
11	22.01	22.000	22.015	21.985
12	21.99	22.000	22.015	21.985
13	22.00	22.000	22.015	21.985
14	22.00	22.000	22.015	21.985
15	21.97	21.994	22.015	21.985
16	21.97	21.989	22.015	21.985
17	22.00	21.991	22.015	21.985
18	21.99	21.991	22.015	21.985
19	22.00	21.993	22.015	21.985
20	21.98	21.990	22.015	21.985

由表 6-7 可见，当 m 足够大时，控制界限保持不变。通常 $m \geqslant 5$，就认为 m 足够大。

所绘制的指数加权移动平均控制图见图 6-28，结果显示指数加权移动平均值是正常的，未发生偏移。

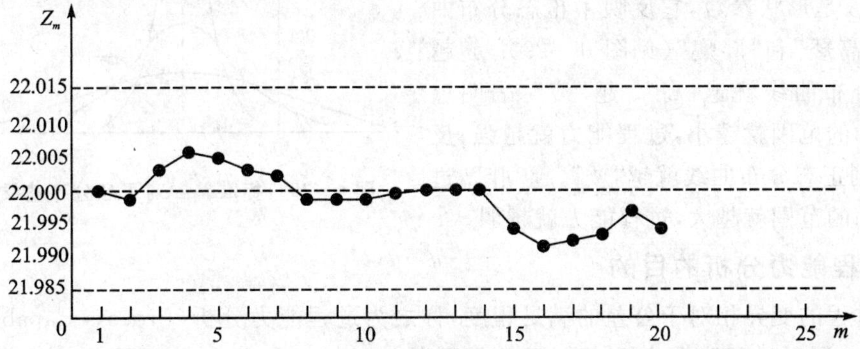

图 6-28　指数加权移动平均控制图

6.4 过程能力分析

在过程质量分析与控制中，计算与分析过程能力指数是一项非常重要的工作，许多企业都定期在企业内部各主要过程上计算过程能力指数。通过过程能力分析，可以发现过程的质量瓶颈和过程中存在的问题，从而进一步明确质量改进的方向。实践中，一般采用 C_p 和 C_{pk} 两个指数来衡量计量值的过程能力。也有一些学者提出了其他的过程能力指数，如基于田口提出的质量损失函数的过程能力指数 C_{pm}；还有一些过程能力指数太复杂，没有太大的应用价值。多变异分析是用来分析过程质量特征值变异规律的一个重要方法，通过多变异分析，可为过程能力分析确定合理的抽样方案，对过程质量分析和控制起着重要的作用。

本节将主要介绍 C_p 和 C_{pk} 的基本概念和计算，给出过程能力分析的流程，简要介绍计数值的过程能力分析。

6.4.1 基本概念

1. 过程能力和过程变异

产品的制造过程能力是指过程处于受控状态或稳定状态下在加工精度方面的实际能力。过程能力体现了过程稳定地实现加工质量的范围。但任何过程客观上都会存在变异，显然，过程的变异是衡量过程质量特征值一致性的指标。产生过程变异的主要因素有 6 个，即 5M1E。5M1E 导致的变异有两种：随机性变异和系统性变异。随机性变异引起产品质量的正常波动，系统性变异引起产品质量的异常波动。通常情况下，受控过程仅受随机性因素的影响，因此，过程质量特征值服从正态分布。

由概率理论可知，一个正态分布曲线可用两个参数表征，即均值 μ 和标准差 σ。均值 μ 是个位置参数，它反映了正态分布曲线所处的位置；标准差 σ 是形状参数，它反映了正态分布曲线形状的"高矮"和"胖瘦"(见图 6-29)。σ 越小则正态分布曲线就越"高"、越"瘦"，表明过程质量波动的范围就越小，过程能力就越强；反之，σ 越大则正态分布曲线就越"矮"、越"胖"，过程质量波动的范围就越大，过程能力就越弱。

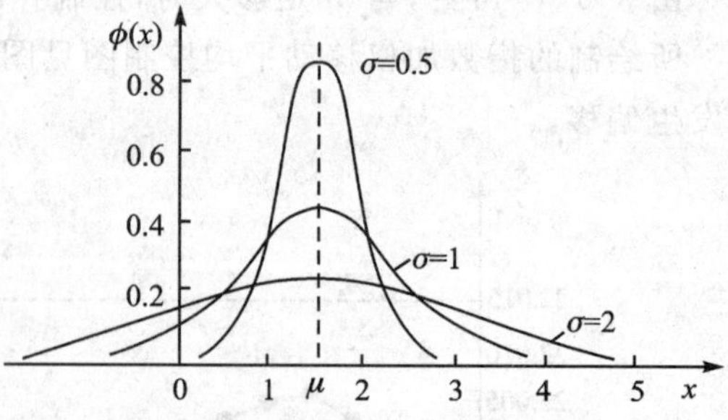

图 6-29 标准差 σ 对正态分布曲线的影响

2. 过程能力分析的目的

研究过程的变异相对于公差的满足程度，称之为过程能力分析(Process Capability Analysis，PCA)。通过过程能力分析，可达到以下目的：

① 预测过程质量特征值的变异对公差的符合程度；
② 帮助产品开发及过程开发者选择和设计产品/过程；
③ 对新设备的采购提出要求；
④ 为供应商评价和选择提供依据；
⑤ 为制定工艺规划提供依据；
⑥ 找出影响过程质量的瓶颈因素；
⑦ 减少制造过程的变异，从而进一步明确质量改进的方向。

3. 过程能力分析的流程

过程能力分析首先从确定关键质量特征值开始，确定其是否为计量值，若是，则按照计量值过程能力分析的步骤进行；若关键质量特征值是计数值，则按照计数值过程能力分析的步骤进行。为了便于实际应用，给出了过程能力分析的一般流程，如图 6－30 所示。

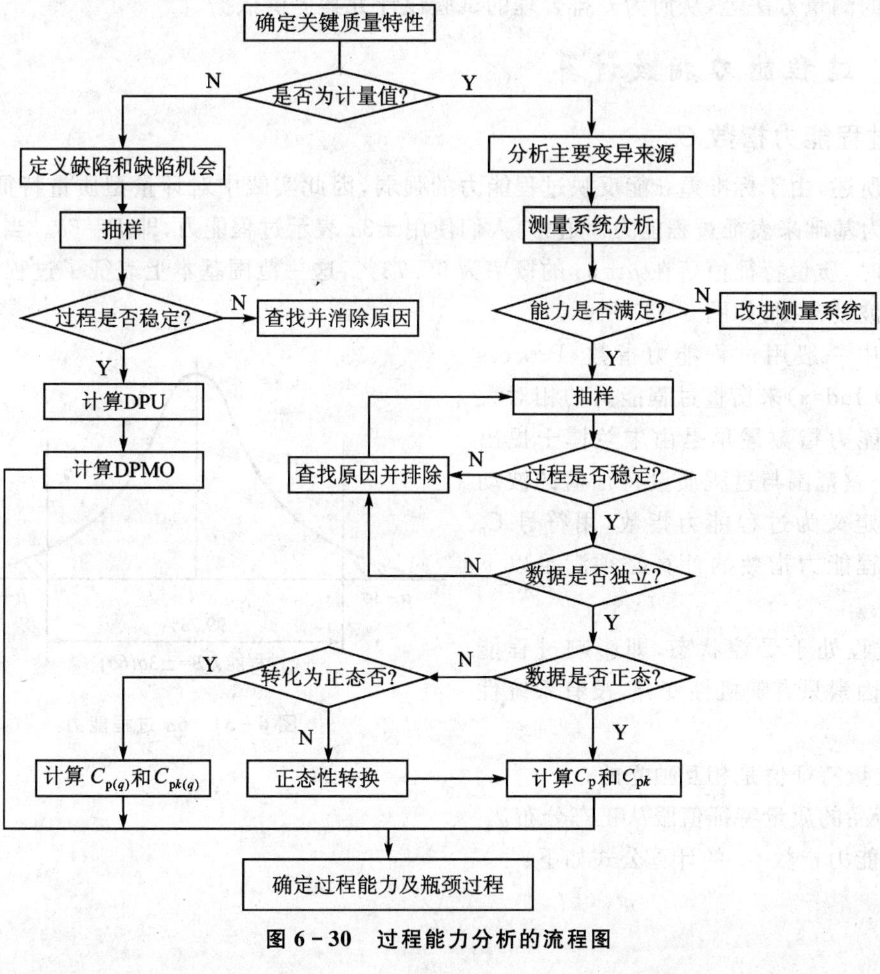

图 6－30　过程能力分析的流程图

4. 过程多变异分析试验

通过设计多变异分析试验，收集数据，并进行方差分析和方差估计，可以清楚地了解过程质量变异的主要来源，为改善过程质量或在过程控制中合理抽样指明了方向。这一方法对过程质量分析和控制的意义体现在以下几个方面：

① 进行过程能力分析时。若产品质量特征值存在上述三种变异，应根据多变异分析结果确定合理的抽样方案。对于短期过程能力分析，一般要求样本数据应包含产品内变异和产品间变异。在长期过程能力分析时，还应考虑时间变异。

② 进行过程控制时。首先在选择和设计控制图之前应进行多变异分析，明确变异来源，才能选择适宜的控制图和设计合理的抽样方案。

③ 进行试验设计时。试验设计的目标往往是为了减少变异，在产品质量特征值存在多变异的情形下，也应事先进行多变异分析找出变异的来源，确定采用重复试验或仿真试验，以及试验数据的测量方法等，从而为安排合理的试验设计方案提供依据。

6.4.2 过程能力指数计算

1. 过程能力指数 C_p

如前所述，由于标准差 σ 能反映过程能力的强弱，因此实践中对计量型质量特征值，人们常用 σ 作为基础来表征过程能力。通常，人们使用 $\pm 3\sigma$ 表示过程能力，即 $B=6\sigma$。当过程处于受控状态时，质量特征值落在 $\mu \pm 3\sigma$ 的概率为 99.73%，这一范围基本上表征了过程质量特征值的正常波动范围，如图 6-31 所示。

实践中一般用过程能力指数(Procees Capability Index)来衡量过程能力的相对大小。过程能力指数最早是由朱兰博士提出的，他将公差范围与过程质量特征值的波动范围之比定义为过程能力指数，用符号 C_p 表示。过程能力指数的计算必须满足以下三个条件：

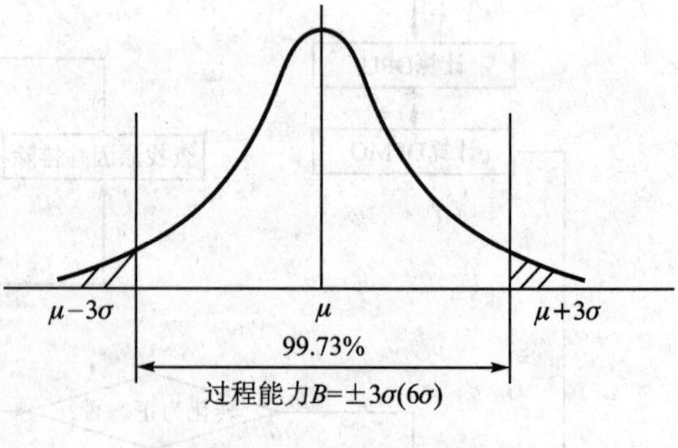

图 6-31 6σ 过程能力

① 过程处于受控状态，即影响过程能力指数的因素只有随机性变异，没有系统性变异；

② 质量特征值是相互独立的；

③ 产品的质量特征值服从正态分布。

过程能力指数 C_p 的计算公式如下：

$$C_p = \frac{\text{公差范围}}{\text{过程质量特征值的波动范围}}$$

如果公差范围用 T 表示，过程能力用 6σ 描述，则过程能力指数的一般表达式为

$$C_p = \frac{T}{6\sigma}$$

当过程分布中心 μ 与公差中心 M 重合时（见图 6－32），对于双侧规格情况，C_p 的计算公式为

$$C_p = \frac{T}{6\sigma} = \frac{T_U - T_L}{6\sigma}$$

式中：T_U——公差上限；

T_L——公差下限。

实际上，σ 是未知参数，一般用样本标准差 s 作为对 σ 的估计，即

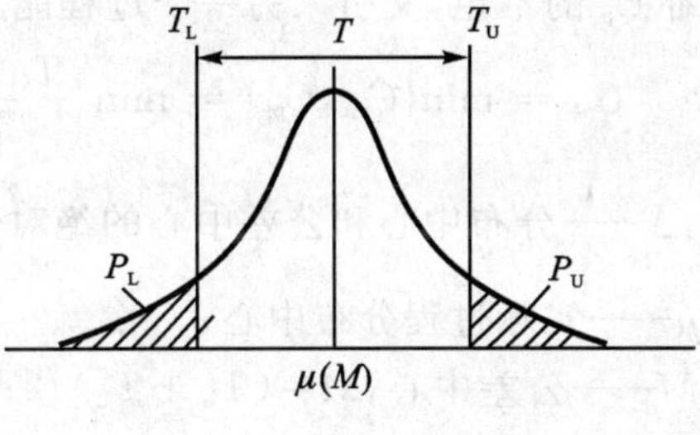

图 6－32　过程分布中心与公差中心重合的情况

$$s = \sqrt{\frac{\sum_{i=1}^{n}(x_i - \bar{x})^2}{n-1}}$$

式中：x_i——第 i 个观测值；

n——样本容量。

这样，$\hat{C}_p$ 的计算式为

$$\hat{C}_p = \frac{T_U - T_L}{6s}$$

从上式中可以看出，C_p 值与公差范围的大小成正比，与标准差的大小成反比。

对于单侧规格情况，若只有公差上限要求而无下限要求，则过程能力指数计算公式为

$$C_{pu} = \frac{T_U - \mu}{3\sigma}$$

若只有公差下限要求而无上限要求，则过程能力指数计算公式为

$$C_{pl} = \frac{\mu - T_L}{3\sigma}$$

例 6－7　某批零件直径的设计尺寸为（10±0.03）mm，通过随机抽样检验，经计算得知样本的均值与公差中心重合，s＝0.01，求该过程的过程能力指数 C_p。

解

$$\hat{C}_p = \frac{T}{6s} = \frac{T_U - T_L}{6s} = \frac{0.03-(-0.03)}{6\times 0.01} = 1$$

2. 过程能力指数 C_{pk}

由 C_p 计算公式可以看出，C_p 只是反映了过程的潜在能力，也有人称其为理想的过程能力指数，因为 C_p 的计算并未考虑均值的大小偏移。同样的 C_p 值，当均值发生偏移时，即产品质量分布中心 μ 与公差中心 M 不重合时(见图 6-33)，过程的不良品率会发生很大的变化。为了弥补 C_p 的不足，又引入另一个过程能力指数 C_{pk}，其计算公式为

$$C_{pk}=\min\{C_{pu},C_{pl}\}=\min\left\{\frac{T_U-\mu}{3\sigma},\frac{\mu-T_L}{3\sigma}\right\}=\frac{T_U-T_L-2\Delta}{6\sigma}=(1-k)C_p$$

式中：Δ——分布中心和公差中心的绝对偏移量，$\Delta=|\mu-M|=\left|\mu-\frac{T_U+T_L}{2}\right|$；

μ——实际过程分布中心；

M——公差中心，$M=(T_U+T_L)/2$；

k——相对偏移系数，$k=\frac{2\Delta}{T_U-T_L}$。

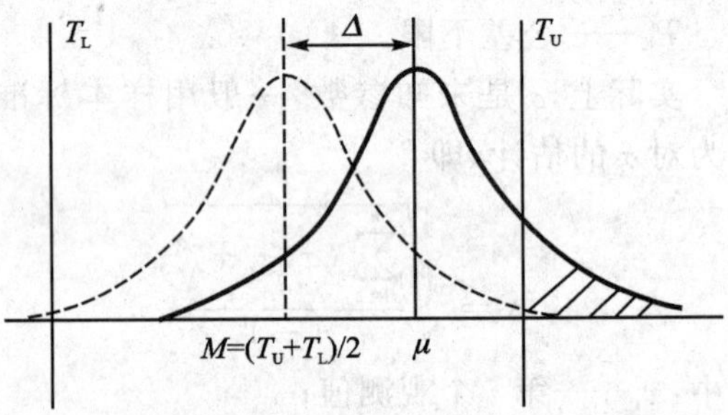

图 6-33　产品质量分布中心与公差中心不重合情况

当仅有公差上限要求而无下限要求时，$C_{pk}=C_{pu}$；当只有公差下限要求而无上限要求时，$C_{pk}=C_{pl}$；另外，当 $\mu=M$ 时，$k=0$，$C_{pk}=C_p$；当 $\mu=T_U$ 或 $\mu=T_L$ 时，$k=1$，$C_{pk}=0$。

这里 $C_{pk}=0$ 表示过程能力由于过程发生漂移而严重不足，需要采取措施加以纠正。

当 $\mu\neq M$ 时，$C_{pk}<C_p$。C_{pk} 和 C_p 的差异反映了过程分布中心与公差中心偏离程度的大小。例如：

① 若 C_p 和 C_{pk} 都较小而两者差别不，如 $C_p=0.70$，$C_{pk}=0.67$，则说明过程能力严重不足，过程的主要问题是 σ 太大，改进过程应首先着眼于降低过程的波动。

② 若 C_p 较大而 C_{pk} 很小，如 $C_p=1.50$，$C_{pk}=0.67$，则说明过程的主要问题是过程分布中心 μ 偏离 M 太多，改进过程应首先移动 μ 使之更接近 M。

③ 若 C_p 和 C_{pk} 都较小而两者相差较大，如 $C_p=0.80$，$C_{pk}=0.36$，则说明过程的 μ 和 σ 都有问题，解决的办法通常是先移动 μ，使之更接近于 M，然后设法降低过程的波动。

因此考虑问题时要同时考虑 C_p 和 C_{pk} 两个指数，以便对整个过程的状况有较全面的了解。

例 6-8　某批零件孔径设计尺寸的上、下限分别为 $T_U=\phi15.02$，$T_L=\phi14.98$，通过随机抽样检验并经过计算得知：$\mu=14.990$，$s=0.005$，求过程能力指数。

解

$$\hat{C}_p=\frac{T}{6s}=\frac{T_U-T_L}{6s}=\frac{0.04}{6\times0.005}=1.33$$

$$M=(T_U+T_L)/2=(15.02+14.98)/2=15$$

由于 $\mu=14.990\neq M$，因此公差中心与实际分布中心不重合。

$$\Delta=|\mu-M|=|14.990-15.00|=0.01$$

$$\hat{C}_{pk}=\frac{T_U-T_L-2\Delta}{6s}=\frac{15.02-14.98-2\times 0.01}{6\times 0.005}=0.67$$

3. 过程能力指数与不合格品率的关系

当质量特性 y 的分布呈正态分布时，一定的能力指数与一定的不合格品率相对应。例如，当 $C_p=1$ 时，即 $B=6\sigma$ 时，质量特性的标准的上下限与 $\pm 3\sigma$ 重合，由正态分布的概率函数可知，此时的不合格品率为 0.27%，如图 6－34 所示。

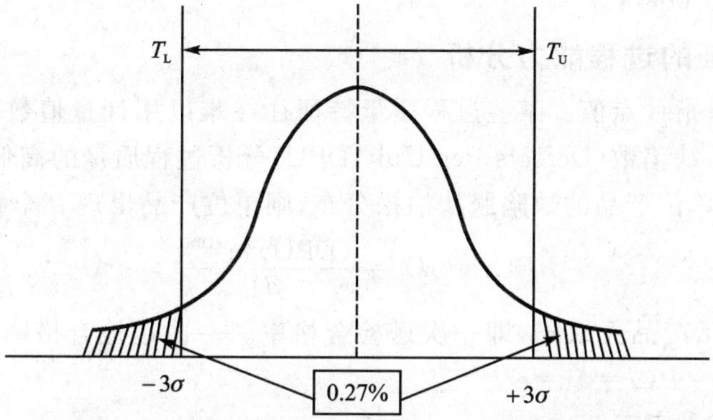

图 6－34　当 $C_p=1$ 时，$p=0.27\%$ 的示意图

(1) 重合时

当受控过程的质量特征值 y 服从正态分布 $N(\mu,\sigma^2)$ 时，其不合格品率为 p，其计算公式为

$$p=p_L+p_U=P(y<T_L)+P(y>T_U)=\Phi\left(\frac{T_L-\mu}{\sigma}\right)+\left[1-\Phi\left(\frac{T_U-\mu}{\sigma}\right)\right]$$

式中：Φ——标准正态分布的概率分布函数。

(2) 不重合时

如果过程分布中心 μ 位于公差中心 M 与公差上限 T_U 之间，则

$$C_{pk}=C_{pu}=\frac{T_U-\mu}{3\sigma} \tag{6-4}$$

另外，

$$\frac{T_L-\mu}{3\sigma}=\frac{(T_U-\mu)-(T_U-T_L)}{3\sigma}=C_{pk}-2C_p \tag{6-5}$$

把式(6－4)和(6－5)代入下式可得

$$p=\Phi[3(C_{pk}-2C_p)]+1-\Phi(3C_{pk})=\Phi[-3(2C_p-C_{pk})]+\Phi(-3C_{pk}) \tag{6-6}$$

如果过程分布中心 μ 位于公差下限 T_L 与公差中心 M 之间，则同样也可得到式(6－6)，它又可表达成

$$p = \Phi[-3(1+k)C_p] + \Phi[-3(1-k)C_p]$$

当 $k=0$ 时，$p=2\Phi(-3C_p)=2-2\Phi(3C_p)$。

例 6-9 求 $C_p=1.0, k=0.2$ 时的不合格品率 P。

解

$$\begin{aligned} p &= \Phi[-3\times(1+0.2)\times1.0]+\Phi[-3\times(1-0.2)\times1.0]= \\ &\Phi(-3.6)+\Phi(-2.40)= \\ &1-\Phi(3.60)+1-\Phi(2.40)= \\ &2-0.999\,841-0.991\,802= \\ &0.008\,357 \end{aligned}$$

4. 计数值特征的过程能力分析

这里的计数值只指计点值。某些过程质量特征往往难以用计量值数据来表示，只能根据生产过程的单位产品缺陷数(Defects Per Unit,DPU)分析过程质量的高低。当缺陷以随机方式出现时，可以认为单位产品的缺陷服从泊松分布，则单位产品出现 d 个缺陷的概率为

$$P(x=d)=\frac{(\mathrm{DPU})^d \mathrm{e}^{-\mathrm{DPU}}}{d!}$$

当 $d=0$ 时，表示产品无缺陷，即一次送检合格率。一次送检合格率用 FTY(First Time Yield)表示，则 $\mathrm{FTY}=P(x=0)=\mathrm{e}^{-\mathrm{DPU}}$。

DPU 和 FTY 的关系可写成

$$\mathrm{DPU}=-\ln(\mathrm{FTY})$$

对于某些生产过程，往往没有必要检测出所有缺陷，一旦发现产品质量缺陷即判定不合格(不返修)，可由上述公式近似估计 DPU。为了方便计算与交流，DPU 还可用 DPHU(每百单位产品缺陷数)表示：

$$\mathrm{DPHU}=100\times\mathrm{DPU}$$

DPU 虽然可以较好地反映过程质量，但不同复杂度产品的 DPU 不具备横向可比性。为了使不同复杂度的产品具备横向可比性，这里引入“缺陷机会”的概念。所谓“缺陷机会”，是指在生产过程中由于工人、机器或零部件等原因可能对产品造成的缺陷的机会。一般来讲，过程越多，产品越复杂，产品可能出错的机会就越多，例如，在 PCB 板上插 10 个插件和 100 个插件，其缺陷机会肯定不同，前者为 10 个缺陷机会，后者为 100 个缺陷机会。百万缺陷机会缺陷数(Defects Per Million Opportunities,DPMO)就是考虑到不同复杂度产品缺陷机会后的规范化的指标，它可用于不同复杂度产品间的横向比较。

$$\mathrm{DPMO}-\frac{\mathrm{DPU}\times10^6}{\text{单位产品平均缺陷机会数}}$$

DPMO 的公式还可以具体表示成

$$\text{DPMO} = \frac{\text{总的缺陷数}}{\text{产品数} \times \text{机会数}} \times 10^6$$

根据 DPU 和 DPMO 可分析计数值质量特征的过程能力。需要指出的是，有些学者或企业使用 ppm(百万分之缺陷率)作为衡量过程质量的指标，实际上 ppm 与 DPMO 的概念是一致的。而 ppm 经常会使人误解，建议使用 DPMO 指标。

例 6-10　检验员小王一天检验了 100 个电路板，每张电路板上有 1 000 个检验点，总共有 80 个错误，计算该过程的 DPMO。

解　$\text{DPMO} = \frac{80}{100 \times 1\,000} \times 10^6 = 800$

6.4.3　过程能力评价

1. 过程能力判定

当工序能力指数求出后，就可以对工序能力是否充分作出分析和判定；即判断 C_p 值在多少时，才能满足设计要求。

① 根据工序能力的计算公式，如果质量特性分布中心与标准中心重合，这时 $K=0$，当标准界限范围是 $\pm 3\sigma$(即 6σ)时，这时的工序能力指数 $C_p = 1$，可能出现的不良品率为 0.27%，工序能力基本满足设计质量要求。

② 如果标准界限范围是 $\pm 4\sigma$(即 8σ)，$K=0$，则工序能力指数为 $C_p = 1.33$。这时的工序能力不仅能满足设计质量要求，而且有一定的富余能力，这种工序能力状态是比较理想的状态。

③ 如果标准界限范围是 $\pm 5\sigma$(即 10σ)，$K=0$，则工序能力指数为 $C_p = 1.67$。这时工序能力有更多的富余，也就是说工序能力非常充分。

④ 当工序能力指数 $C_p < 1$ 时，就认为工序能力不足，应采取措施提高工序能力。

根据以上分析，工序能力指数 C_p 值(或 C_{pk})的判断标准列于表 6-8，可作参考。

表 6-8　工序能力的判断标准

项目 / 级别	工序能力指数 C_p 或(C_{pk})	对应关系 T 与 σ	不合格品率 p	工序能力分析
1	$C_p > 1.67$	$T > 10\sigma$	$p < 0.000\,06\%$	很充分
2	$1.67 \geq C_p > 1.33$	$10\sigma \geq T > 8\sigma$	$0.000\,06\% \leq p \leq 0.006\%$	充分
3	$1.33 \geq C_p > 1$	$8\sigma \geq T > 6\sigma$	$0.006\% \leq p \leq 0.27\%$	尚可
4	$1 \geq C_p > 0.67$	$6\sigma \geq T > 4\sigma$	$0.27\% \leq p \leq 4.45\%$	不足
5	$C_p \leq 0.67$	$T \leq 4\sigma$	$p \geq 4.45\%$	严重不足

2. 提高过程能力的对策

(1) $C_p>1.33$

当 $C_p>1.33$ 时，表明工序能力充分，这时就需要控制工序的稳定性，以保持工序能力不发生显著变化。如果认为工序能力过大，则应对标准要求和工艺条件加以分析，这样一方面可以降低要求，以避免设备精度的浪费，另一方面也可以考虑修订标准，提高产品质量水平。

(2) $1.0\leqslant C_p\leqslant 1.33$

当工序能力处于1.0～1.33时，表明工序能力基本满足要求，但不充分。当 C_p 值很接近1时，则会产生超差的危险，应采取措施加强对工序的控制。

(3) $C_p<1.0$

当工序能力小于1时，表明工序能力不足，不能满足标准的需要，应采取改进措施，改变工艺条件，修订标准，或严格进行全数检查等。

3. 提高过程能力指数的途径

在实际的工序能力调查中，工序能力分布中心与标准中心完全重合的情况是很少的，在大多数情况下都存在一定量的偏差，所以在进行工序能力分析时，计算的工序能力指数一般都是修正工序能力指数。从修正工序能力指数的计算公式 $C_{pk}=\dfrac{T-2\varepsilon}{6\sigma}$ 中看出，有三个影响工序能力指数的变量，即质量标准 T、绝对偏移量 ε 和工序质量特性分布的标准差 σ。那么要提高工序能力指数就有三个途径，即减小偏移量、降低标准差和扩大精度范围。

(1) 调整工序加工的分布中心，减少偏移量

偏移量是工序分布中心和技术标准中心偏移的绝对值，即 $\varepsilon=|M-\mu|$。当工序存在偏移量时，会严重影响工序能力指数。假设在两个中心重合时工序能力指数是充足的，但由于存在偏移量，使工序能力指数下降，造成工序能力严重不足。

例 6-11 某零件尺寸标准要求为 $\phi 8^{-0.05}_{-0.10}$，随机抽样后计算出的样本特征值为：$\bar{x}=7.945$，$s=0.005\ 19$。计算工序能力指数。

解 已知

$$T_L=7.9,\qquad T_U=7.95$$

$$T=T_U-T_L=7.95-7.9=0.05$$

$$M=\frac{T_U+T_L}{2}=\frac{7.95+7.9}{2}=7.925$$

$$\varepsilon=|\overline{X}-M|=|7.945-7.925|=0.02$$

$$K=\frac{2\varepsilon}{T}=\frac{2\times 0.02}{0.05}=0.8$$

$$C_p=\frac{T}{6s}=\frac{0.05}{6\times 0.00519}=1.6$$

$$C_{pk} = C_p(1-K) = 1.6 \times (1-0.8) = 0.32$$

由例 6－11 看出，$C_p=1.6$ 是很充足的，但由于存在偏移量，使工序能力指数下降到 0.32，造成工序能力严重不足。所以调整工序加工的分布中心，消除偏移量，是提高工序能力指数的有效措施。

(2) 提高工序能力，减少分散程度

由 $B=6\sigma$ 可知，工序能力 $B=6\sigma$，是由人、机、物、法和环境五个因素所决定的，也是工序固有的分布宽度。当技术标准固定时，工序能力对工序能力指数的影响是十分显著的，因此，减小标准差 σ 就可以减小分散程度，从而提高工序能力，以满足技术标准的要求程度。一般来说，可以通过以下一些措施减小分散程度。

① 修订工艺，改进工艺方法；修订操作规程，优化工艺参数；补充或增添中间工序，推广应用新工艺、新技术。

② 改造更新与产品质量标准要求相适应的设备，对设备进行周期点检，按计划进行维护，从而保证设备的精度。

③ 提高工具、工艺装备的精度，对大型的工艺装备进行周期点检，加强维护保养，以保证工艺装备的精度。

④ 按产品质量要求和设备精度要求保证环境条件。

⑤ 加强人员培训，提高操作者的技术水平和质量意识。

⑥ 加强现场质量控制，设置关键、重点工序的工序管理点，开展 QC 小组活动，使工序处于控制状态。

(3) 修订标准范围

标准范围的大小直接影响对工序能力的要求，当确信若降低标准要求或放宽公差范围不致影响产品质量时，就可以修订不切实际的现有公差的要求。这样既可以提高工序能力指数，又可以提高劳动生产率。但必须以切实不影响产品质量、不影响用户使用效果为依据。

习　题

6－1　判稳的思路是什么？试用简洁的语言加以叙述。

6－2　判异的思路是什么？试用简洁的语言加以叙述。

6－3　"点出界就判异"是判异原理之一，为什么在判稳准则条件②中又有"若连续 35 点中即使有一点出界也判稳"？

6－4　根据判稳准则，如果取数据至少应该取多少组？

6－5　有了判稳准则条件①，为什么还需要条件②和③？

6－6　判断图 6－35 中各个控制图的异常。

6－7　$\overline{X}-R$ 控制图有何优点？

6-8　用 $\overline{X}-R$ 控制图控制产品的质量特性时应遵循怎样的抽样原则？

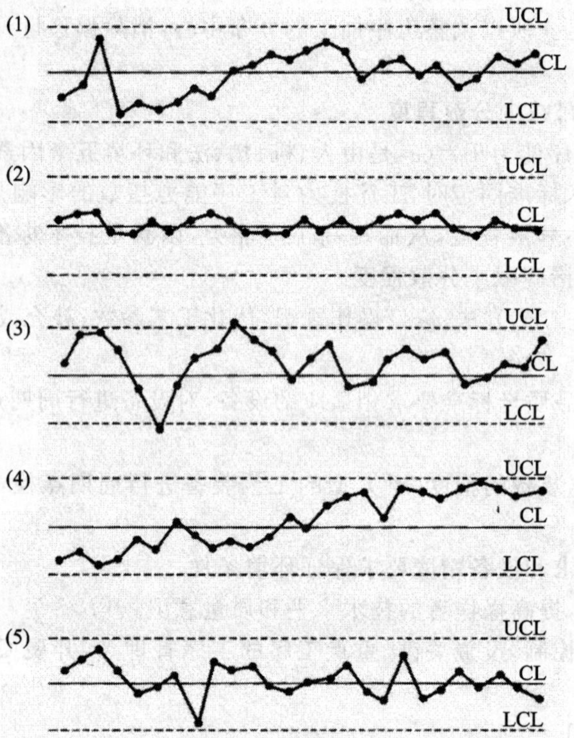

图 6-35　控制图(1)～(5)

6-9　某工序加工一产品，其计量数据如表所列：

样本序号	J1	J2	J3	J4	样本序号	J1	J2	J3	J4	样本序号	J1	J2	J3	J4
1	6	9	10	15	11	8	12	14	16	21	9	8	13	12
2	10	4	6	11	12	6	13	9	11	22	5	7	10	14
3	7	8	10	5	13	7	13	10	12	23	6	10	15	11
4	8	9	7	13	14	7	13	10	12	24	8	12	11	10
5	9	10	6	14	15	11	7	10	16	25	10	13	9	7
6	12	11	10	10	16	15	10	11	14	26	7	14	10	8
6	12	11	10	10	17	9	8	12	10	27	5	13	9	12
8	7	5	9	4	18	15	7	10	11	28	12	11	10	9
9	9	7	10	12	19	8	6	9	12	29	7	13	8	6
10	15	16	8	13	20	14	15	12	16	30	4	10	13	9

作 $\overline{X}-R$ 图并判断该工序是否处于稳定状态。

6－10　假设过程处于稳定状态时的总体标准差为 $\sigma=2.4$，现每小时从过程抽取 5 个样品，已抽得 30 组样本的均值 $\overline{X}$ 和极差 R，算得 $\sum_{i=1}^{30}\bar{x}_i=458.4$ 与 $\sum_{i=1}^{30}R_i=127.6$。试计算 $\overline{X}-R$ 图控制界限。

6－11　已知有控制图的中心线为 95，样本大小 $n=4$，该过程总体标准差 $\sigma=6$。如果过程均值从 $\mu_0=95$ 偏移到 $\mu_1=101$，试问偏移后第一组样本就能被检出的概率有多少？

6－12　从某生产过程定期抽取样本大小 $n=7$ 的样本。设质量特性服从正态分布，我们对每一样本中的样品进行测量并计算样本的 $\bar{x}$ 值和 s 值。在抽取了 50 个样本后，有

$$\sum_{i=1}^{50}\bar{x}_i=1\,000\qquad\sum_{i=1}^{50}s_i=70$$

试计算 $\overline{X}-S$ 图。如果该过程处于稳定状态，试估计该过程总体标准差 σ。

6－13　在一制造过程中，某直径的检验数据如表所列：

样本序号	x	样本序号	x	样本序号	x	样本序号	x	样本序号	x
1	1.01	7	0.99	13	1.05	19	1.07	25	1.01
2	0.98	8	1.01	14	1.00	20	1.02	26	1.04
3	1.04	9	0.98	15	0.97	21	0.98	27	0.99
4	1.06	10	1.02	16	0.99	22	1.01	28	1.05
5	1.03	11	1.05	17	1.03	23	1.03	29	1.02
6	1.03	12	1.02	18	1.01	24	0.96	30	1.01

试作 $X-R_s$ 图对此过程进行控制。

6－14　在橡皮垫圈生产过程中，检查 30 批产品的数据如表所列：

样本序号	样本大小 n	样本不合格品数 D	样本序号	样本大小 n	样本不合格品数 D	样本序号	样本大小 n	样本不合格品数 D
1	2 405	230	7	2 311	285	13	2 500	456
2	2 614	436	8	2 460	311	14	2 443	394
3	2 013	221	9	2 187	342	15	2 170	285
4	2 200	346	10	2 067	308	16	2 254	331
5	2 306	235	11	2 153	294	17	2 012	198
6	2 278	327	12	2 315	267	18	2 517	414

样本序号	样本大小 n	样本不合格品数 D	样本序号	样本大小 n	样本不合格品数 D	样本序号	样本大小 n	样本不合格品数 D
19	1 995	131	23	2 339	358	27	2 027	218
20	2 189	269	24	2 477	343	28	2 249	234
21	2 099	221	25	2 340	246	29	2 468	245
22	2 481	401	26	2 145	223	30	2 538	274

试用 p 图分析过程是否处于控制状态。

6-15　为什么 np 图与 c 图不适用于样本大小 n 变化的场合？在这些场合应采用什么方法？

6-16　通用控制图是利用什么方法把常用控制图统一成 UCL＝3、CL＝0、LCL＝－3 的控制图？其关键何在？

6-17　假设建立某 p 图，其中心线为 $\bar{p}=0.10$。如果要求：当过程不合格品率由 0.10 偏移到 0.16 时，被检出的概率为 0.50，则样本至少为多少？

6-18　如何理解过程能力和过程能力指数？

6-19　已知某零件尺寸要求 $50^{+0.3}_{-0.1}$ mm，取样实际测定后求得 $\bar{x}$ 为 50.05，标准差 s 为 0.061，求过程能力指数及不合格品率。

6-20　某零件图纸尺寸要求长度为(30±0.2) mm，样本标准差为 $s=0.038$，$\bar{x}=\mu=30.1$，其规格上限 $T_U=30.2$，求过程能力指数，并对过程能力是否充足做出分析。

第 7 章 抽样检验

7.1 质量检验

1. 质量检验的定义

国际标准 ISO 9000:2000 对质量检验下的定义是：通过观察和判断，必要时结合测量、试验或度量所进行的符合性评价。对于产品而言，质量检验是指根据产品标准或检验规程对原材料、半成品、成品进行观察、测量或试验，并把所得到的特性值和规定值作比较，判定出各个物品或成批产品合格与不合格，以及决定接收还是拒收该产品或零件的技术性检查活动。

质量检验的另外一项功能是，根据检测结果判断工序的质量状况，尽早发现工序异常现象并予以消除。质量检验数据作为重要的质量记录，也是判断质量管理体系是否正常运行的重要依据。

从以上的定义可以看出，质量检验过程实质上是一个观察、测量和分析判定的过程，并根据判定结果实施处理。这里的处理是指单个或一批被检物品的合格放行以及对不合格品作出返工、报废或拒收的结论。

在产品质量形成过程中，质量检验起着非常重要的作用，它是产品质量管理和质量保证的重要环节，是企业生产经营活动中必不可少的组成部分。任何一种产品，在生产制造完成后，如果未经质量检验，就无法判断其质量的好坏。

2. 质量检验的目的和意义

质量检验的目的：

① 判断产品质量是否合格。

② 确定产品质量等级或产品缺陷的严重性程度，为质量改进提供依据。

③ 了解生产工人贯彻标准和工艺的情况，督促和检查工艺纪律，监督工序质量。

④ 收集质量数据，并对数据进行统计、分析和计算，提供产品质量统计考核指标完成的状况，为质量改进和质量管理活动提供依据。

⑤ 当供需双方因产品质量问题发生纠纷时，实行仲裁检验，以判定质量责任。

质量检验的重要意义：

① 通过进货质量检验，企业可以获得合格的原材料、外购件及外协件，这对保证企业产品质量特别重要。此外，通过进货检验还可以为企业的索赔提供依据。

② 通过过程检验不仅可以使工艺过程处于受控状态,而且还可以确保企业生产出合格的零部件。

③ 通过最终检验可以确保企业向用户提供合格的产品,不仅可以减少用户的索赔、换货等损失,而且可以得到用户的信赖,不断扩大自己的市场份额。

总之,加强质量检验可以确保不合格原材料不投产,不合格半成品不转序,不合格零部件不装配,不合格产品不出厂,避免由于不合格品投入使用给用户、企业和社会带来损失。另外,在质量成本中,检验成本往往占很大的份额,通过合理确定检验工作量,对降低质量成本具有重要意义。

因此,企业的检验工作在任何情况下都是完全必要、不可缺少的。开展质量管理工作决不意味着可以削弱、合并甚至取消检验机构。恰恰相反,越是深入开展质量管理,就越应充实、完善和加强质量检验工作,充分发挥检验工作的职能作用。

3. 质量检验的职能和工作程序

(1) 质量检验的职能

在产品质量的形成过程中,检验是一项重要的质量职能。概括起来说,质量检验职能就是在正确鉴别的基础上,通过判定把住产品质量关,通过质量信息的报告和反馈,采取纠正和预防措施,从而达到防止质量问题重复发生的目的。

① 鉴别职能。检验活动实质上是进行质量鉴别的过程。它是根据产品规范,按规定的程序和方法,对受检对象的质量特性进行度量,并将结果与规定的要求进行比较,对被检查对象合格与否作出判定。这就是检验的质量鉴别职能。

② 把关职能。在生产的各个环节,通过质量检验挑选并剔除不合格产品,并对不合格产品作出标记,进行隔离,防止在做出适当处理前被误用。通过产品质量形成全过程的检验,层层把住“关口”,保证产品的符合性质量,这就是检验的质量把关职能。

③ 预防职能。通过检验可获得质量数据和信息,为质量控制提供依据。通过工序质量控制,把影响工序质量的因素管理起来,以实现“预防为主”的目的。

④ 报告职能。把检验过程中获得的数据和异常情况认真记录下来,及时进行整理、分析和评价,并向有关部门和领导报告企业的产品质量状况和质量管理水平,提供质量改进信息。

⑤ 监督职能。监督职能是在新形势下对质量检验工作提出的新要求,它包括:参与企业对产品质量实施的经济责任制考核,为考核提供数据和建议;对不合格产品的原材料、半成品、成品和包装实施跟踪监督;对产品包装的标志以及出、入库等情况进行监督管理;对不合格品的返工处理及产品降级后更改产品包装等级标志进行监督;配合工艺部门对生产过程中违反工艺纪律的现象进行监督等.

(2) 质量检验的工作程序

① 熟悉和掌握技术标准,制订质量检验计划。首先把有关的技术标准转换成具体、明确的质量要求和检验方法,通过标准的具体化,使有关人员熟练掌握产品的合格标准。

② 测量。测量就是采用各种计量器具、检验设备和理化分析仪器，对产品的质量特性进行定量或定性的测量，以获取所需信息。

③ 比较。比较就是把检验结果与质量标准进行对比，观察质量特性值是否符合规定的标准。

④ 判定。根据比较的结果，判定被检验对象是否合格。

⑤ 处理。处理阶段包括：对合格产品予以放行，及时转入下道工序；对不合格产品给出返修、降级使用或报废的决定；对不合格品进行跟踪管理；对批量产品（包括外协配套件、原材料等）根据产品批质量情况和检验判定结果，分别作出接受、拒收、筛选或复检等结论，向有关部门和领导进行“报告”。

4. 质量检验的分类及特点

(1) 按生产过程划分

1）进货检验

进货检验是由企业的检验部门对进厂的物品，如原材料、辅料、外购件、外协件等进行入库前的检验。进货检验分为首批检验和成批检验两种。所谓首批检验，就是对满足下列条件的进厂物品进行严格检验：

① 首次交货。

② 产品结构和原材料成分有较大的改变。

③ 制造方法有较大的变化。

④ 该物品在停产较长时间后又恢复生产等。

首批检验的目的是了解物品的质量水平，以便建立明确具体的验收标准，在以后成批验收物品时，就以这批货物的质量水平为标准。所谓成批检验，就是对批量进厂的物品进行检验。其目的是防止由于不合格物品入厂而降低产品质量，破坏正常的生产秩序。在进货检验中，对关键物品一般采用全数检验，对次要物品或无法全检的重要物品进行抽样检验，对一般物品可进行少量的抽检或只查合格证。

2）过程检验

过程检验是对零件或产品在工序过程中进行的检验。其目的是确保不合格品不流入下道工序，并防止产品成批不合格的现象。此外，过程检验的结果可以作为判断工序是否处于受控状态的依据。过程检验可分为逐道工序检验和集中检验两种。逐道工序检验是指对零部件生产的每个工序都进行检验，逐道工序检验对保证产品质量、预防不合格产品的产生具有良好的效果，但检验工作量大，花费高，只在重要工序上采用。集中检验不是在每个工序都进行检验，而是在几道工序完成后集中进行检验。如果产品质量比较稳定，而又不便于进行逐道工序检验时，可以在几道工序完毕后集中进行检验。过程检验的重点是首件检验，如果首件检验不合格时，则应立即采取措施对工序进行调整。进行首件检验的条件是：

① 交接班后生产的第一件产品。

② 调整设备后生产的第一件产品。

③ 调整或更换工装后加工的第一件产品。

④ 改变工艺参数和加工方法后生产的第一件产品。

⑤ 改变原材料、毛坯、半成品后加工出来的第一件产品。

3）零件完工检验

零件完工检验是对已经全部加工结束后的成品零件进行的检验。应着重检验以下几个方面：

① 应加工的工序是否全部完成。

② 是否符合质量的要求。

③ 外观是否有磕、碰、刮伤等表面缺陷。

④ 零件的编号是否齐全和清楚等。完工检验是保证不合格件不出车间、不出厂的重要工作内容。

4）成品检验

所谓成品检验，是指对组装成的产品在准备入库或出厂前所进行的检验。由于成品检验是在成品入库或出厂前所进行的最后一次检验，对防止不合格品出厂至关重要，因此必须予以重视。成品检验的内容包括：

① 按照技术要求逐条、逐项进行产品性能检验。

② 对产品的外观进行检验。

③ 对产品的安全性进行检验。

④ 对备用件进行检查。

⑤ 认真作好记录。

(2) 按检验地点划分

1）固定地点检验

在固定地点设置检验站，由生产工人或搬运工将产品送到检验站进行检验。固定地点检验适用于检验设备不便移动或检验设备频繁使用的情况。检验地点的选择应使搬运路线最短，当然还应考虑检验设备对环境的要求。

2）流动检验

流动检验又可分为巡回检验和派出检验两种。巡回检验是由检验人员到生产现场进行的定期或随机性检验。巡回检验的优点是：

① 能及时发现质量问题，充分发挥检验的预防作用，特别是可以预防成批质量问题的发生。

② 有利于对操作工人进行技术指导，帮助做好质量分析工作，并监督工序质量控制工作。

③ 减少零件的搬运工作量，并避免搬运中的磕、碰、刮伤等现象。

④ 节省操作工人等待检验的辅助时间。

⑤ 可以指导操作工人正确地进行自检和互检，正确使用量具，也可以将检验结果随时标

注在控制图上，有利于改进和提高产品质量。但巡回检验提高了对检验工人的要求，如检验工人应熟悉工艺过程，应有丰富的实际工作经验，有较高的技术水平，要有较强的责任心，坚持原则等。派出检验是把检验工人派到用户单位和供货单位进行的检验，对于重要产品和长期供货的产品，常采用这种检验方式。但派出检验方式不能取代企业的正常检验，只能作为一种辅助措施。

(3) 按检验目的划分

① 生产检验。生产检验是在工作过程中进行的检验。其目的是及时发现问题，使工序处于受控状态，也可以防止不合格品流向下道工序。

② 验收检验。验收检验的目的是检查产品是否合格，以决定是否出厂（对生产者而言）、是否接受（对接收方而言）；另外，通过验收检验还可分清质量责任，避免质量纠纷。

③ 复查检验。复查检验是对已检查过的零部件和产品进行抽检，以考核检验工人的工作质量。

(4) 按检验数量划分

① 全数检验。全数检验是对一批产品中的所有个体逐一进行检验，以判断其是否合格。全数检验适用于下列情况：零件的检验是非破坏性的；需要检验的质量特性的数量允许全部检验；关键件的关键项目必须确保质量；如果不全数检验就不能保证产品质量。

② 抽样检验。抽样检验是按数理统计的方法，从待检的一批产品中随机抽取一定数量的样本，并对样本进行检验，然后根据样本的合格情况推算这批产品的质量状况。

(5) 按检验的后果性质划分

① 非破坏性检验。在检验时产品不会受到破坏，检验后受检产品应保持完好。

② 破坏性检验。在检验时产品受到一定程度的损坏，检验后产品可能完全无法使用，或降低了使用价值。破坏性检验常采用抽样检验方法。

(6) 按检验人员划分

① 自检。自检是由生产工人自己对零部件或产品质量进行检验，可随时发现问题，是提高工人积极性和责任心的重要手段之一。

② 互检。互检是指生产工人之间对工序过程中的产品进行相互检验。互检的方式包括：同班组之间进行互检；同机床倒班者之间的交接互检；下道工序对上道工序的交接检验；生产班组所设的兼职质量员对本组工人加工质量的抽检；同工序间生产工人的“结对”互检等。

③ 专检。专检是指由专职检验人员进行的质量检验活动，具有权威性。

以上的自检、互检和专检称为“三检制”。

在实行三检制时，应做好以下几方面的工作：

① 根据企业的生产特点、员工素质和其他情况，合理地确定专检、自检和互检的职责范围，明确各自的任务和所负的责任。一般来讲，专职检验人员应负责原材料入库、半成品流转、成品包装出厂等检验工作；而生产过程中的工序检验应强调自检和互检相结合，同时辅以专检

人员巡检的方式。

② 对于自检的生产工人，应明确规定岗位责任和质量责任制。

③ 应向生产工人提供必要的条件和检验手段，并进行必要的培训。

④ 健全原始记录，完善统计报表。

⑤ 采取必要的激励措施。

(7) 按检验方法划分

1）感官检验

依靠人的感觉器官(皮肤、眼、耳、鼻、嘴等)进行产品质量的评价和判定，称为感官检验。感官检验常用于对产品外观的颜色、伤痕、锈蚀，物体的温度、粗糙度、噪声、振动、气味等进行检验。感官检验结果的表达方式有以下三种。

① 评分法。根据人的感觉直接给出被检对象的分数，以区别其质量的高低。表 7－1 所列是一种评分标准。

表 7－1　评分标准

非常好	相当好	略微好	正常	略微差	相当差	非常差
＋5	＋3	＋1	0	－1	－3	－5

② 排队法。将被检对象按其质量特性的好坏排列出顺序。当然，在给出排列顺序时也可给出相应的分数。

③ 比较法。比较法是感官检验中常用的一种方法，其特点是把被检产品与标准样品(如粗糙度、色彩图片等)进行比较，以确定被检物的等级。

2）器具检验

器具检验是指利用计量仪器和量具，应用物理和化学方法对产品质量特性进行的检验。如利用成分分析仪对材料的化学成分进行检验，利用噪声计对噪声进行检测，利用硬度计对表面硬度进行检测，利用坐标测量仪对形位公差进行检测等均属于器具检验。利用计量器具进行检验有结果准确、客观性强等特点。表 7－2 所示是感官检验与器具检验特点的比较。

表 7－2　感官检验与器具检验的比较

名　称	感官检验	器具检验
测定过程	生理的、心理的	物理的、化学的
输出	通过人的语言表达，精确性差	以物理量数值输出
误差	与人的性格、性别、年龄、习惯、教育、训练等关系很大，所得结果差别也很大	误差小，重复度高
校正	即使同样的刺激，也可能得到不同的结果，所以难以比较	易于进行比较
环境的影响	大	小

3）试用性检验

试用性检验是把产品交给用户或其他人试用，在试用一段时间后再收集试用者的反映，以此来判定产品的性能质量。在开发新产品（特别是汽车）、新材料、新工艺时常采用这种方法。在采用这种方法时，一定要求试用者作出详尽的记录，以便为产品鉴定提供可靠的依据。

5. 质量检验的依据

在制订检验计划、实施检验和对检验结果进行评定时，都必须有一定的客观依据。常用的检验依据有：国家质量法律和法规、各种技术标准、质量承诺、产品图样、工艺文件和技术协议等。

① 国家质量法律和法规。长期以来，党和政府非常重视质量立法工作，逐步形成了以《产品质量法》为基础，辅之以其他配套法规、特殊产品专门立法、标准与计量立法、产品质量监督管理立法等，使质量立法体系初具规模。与此同时，有关部门还颁布了有关质量工作的法规、规章和决定等。在质量检验工作中，要认真学习、贯彻法律、法规和规章的有关规定，做到不折不扣地执行。另外，企业也要善于利用法律、法规和规章作为武器维护自己的合法权益。

② 技术标准。标准是以科学、技术和实践经验的综合成果为基础，经有关方面协商一致，由主管部门批准，以特定的程序和特定的形式发布，作为共同遵守的准则和依据。标准分为技术标准和管理标准两大类。技术标准又可分为基础标准、产品标准、方法标准、安全和环境保护标准等四大类。我国的技术标准体系如图 7－1 所示。在选用标准时，应优先选择国家标

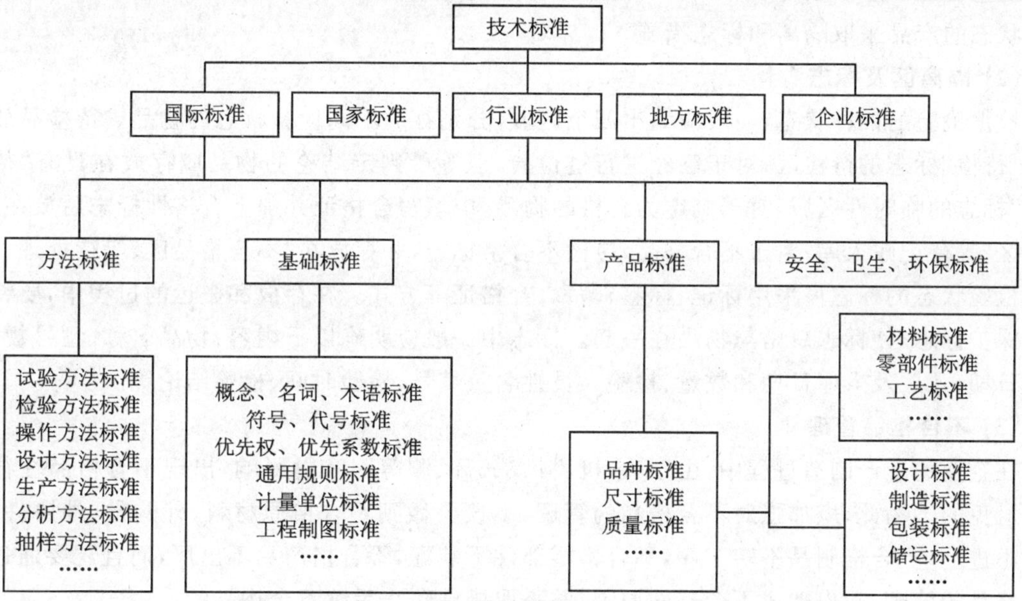

图 7－1　质量检验标准依据

准，其次是行业标准，最后才是地方标准和企业标准。在选用国际标准时，应结合我国国情，可以采用等同采用、等效采用和参照采用等方式。

③ 质量承诺。质量承诺是生产者或销售者对产品或服务质量作出的书面保证或承诺。它可以作为质量检验的依据。

④ 产品图样。产品图样是企业组织生产和加工制造的最基本的技术文件。图样中标注的尺寸、公差、表面粗糙度、材质、数量、加工技术要求、装配技术要求和检验技术要求都是质量检验的重要依据。

⑤ 工艺文件。工艺文件是指导生产工人操作和用于生产、检验和管理的主要依据之一。工艺文件对工序质量控制至关重要，工艺文件的质量检验卡是过程质量检验的重要文件。

⑥ 技术协议。企业在生产制造过程中，外购件往往占很大的比重。为了保证外购件的质量，应签订合同和技术协议书。技术协议书中必须明确质量指标、交货方式和地点、包装方式、数量、验收标准、随机数量等内容，这些都是进货验收时的重要依据。

6. 检验状态的标志与管理

(1) 质量检验状态

产品或零部件是否已经得到检验，检验的结论如何，对检验结果进行处理的方式如何，这些称为检验状态。对检验状态进行标志和管理，是质量检验工作的一项重要内容。

质量检验状态一般可以有四种：待检品、待判定品、合格品和不合格品。应对处于这四种检验状态的产品采取隔离和标志措施。

(2) 隔离区及标志

根据检验的四种状态，一般应划出四个区域，分别存放不同检验状态的物品。待检品放在具有“待检”标志的待检区；对于已经进行过检验，但等待判定结论的物品应存放在具有“待判定区”标志的临时性区域；对于判定为合格的物品，应填写合格证并加上合格性标志后放在“合格品区”等待记账入库；对于不合格品，应做不合格标志，并存放在“不合格品区”等待处理。

检验状态的标志可采用标记、标签、印章、合格证等方式。在存放和搬运的过程中，要特别注意保护标志，使标志总是与物品在一起。标志中一般应明确以下内容：物品名称、型号规格、生产日期、入厂及入库日期和数量、检验人员姓名及编号、检验时间、检验结论等。

(3) 不合格品管理

在企业的生产制造过程中，由于人、机、料、法、环、测等因素的影响，出现不合格品往往是不可避免的。为此，应加强对不合格品的管理，不仅要做到不合格原材料、外购件、外协件、配套件不进厂，不合格制品不转工序，不合格零部件不装配，不合格产品不出厂，而且还要通过对不合格品的管理，找出造成不合格的原因，并采取措施防止后续不合格品的产生。

1）不合格品的分类

不合格品根据其可用状态可分成废品、次品和返修品三种。

① 废品。废品是指零件的质量严重不满足标准的要求，无法使用，但又不能修复的产品。废品的出现给企业造成的损失是巨大的，因此应采取一切措施避免废品的产生。

② 次品。次品（又称疵品）是指零件的质量特性轻微地不满足标准的要求，但不影响产品的使用性能、寿命、安全性、可靠性等指标，也不会引起用户的强烈不满。在经过充足的分析论证，并按规定的手续审批后，打上明显的“次品”标记，允许出厂或转入下一道工序。对次品的使用有时称为“让步使用”。

③ 返修品。返修品是指那些不符合质量标准，但通过返修可以达到合格标准的产品或零件。

2）不合格品的标识和记录

在检验过程中，一旦发现不合格品，就应立即做标记和详细记录。对于不同类型的不合格品，应采用区别明显的标志（例如不同颜色的油漆）。使用标签时，必须使标签牢固地拴在不合格品上，以免相互分离。

3）不合格品的隔离

对已经做了记录和标志的不合格品，应按其性质进行隔离放置，等待进一步处理。因此，在检验区应设置专门放置不合格品的隔离区。未经允许，任何人不得随意搬动处于隔离区的不合格品。此外，应尽量缩短不合格品在隔离区的存放时间，及时进行后续处理。

4）不合格品的处理

经检验确定的不合格品，必须根据适当的程序进行处理，处理程序（参考）如图 7－2 所示。

不合格品处理的内容主要包括：废品处理、次品处理和返修品的处理。

① 废品处理。对废品的处理比较简单，如果是外购物品，在隔离后等待做出退货处理；如果是本企业生产的不合格品，就按报废处理程序进行报废处理。对废品应做出明显的标记，将之存放在“废品隔离区”，并填写废品通知单。

② 次品处理。在判定不合格品为次品后，首先应由有关人员组成的评审小组进行评审。如果认为次品的应用不会影响产品功能、性能、安全性和可靠性，同时不会触犯有关产品责任方面的法律，也不会影响企业的信誉，则可确定为“回用品”。这时，应由责任单位提出回用申请，并填写“产品回用单”，说明回用的理由及采取的措施，经有关部门批准后打上“回用品”标志，然后登记入库。对外购物品的回用，还应向供货方提出赔偿要求。对次品的处理有以下三种情况：

a. 对产生轻微缺陷的非成批次品，可由质量管理部门负责人直接处理。

b. 对产生一般缺陷或成批存在轻微缺陷的次品，由责任单位提出申请，再由质量管理部

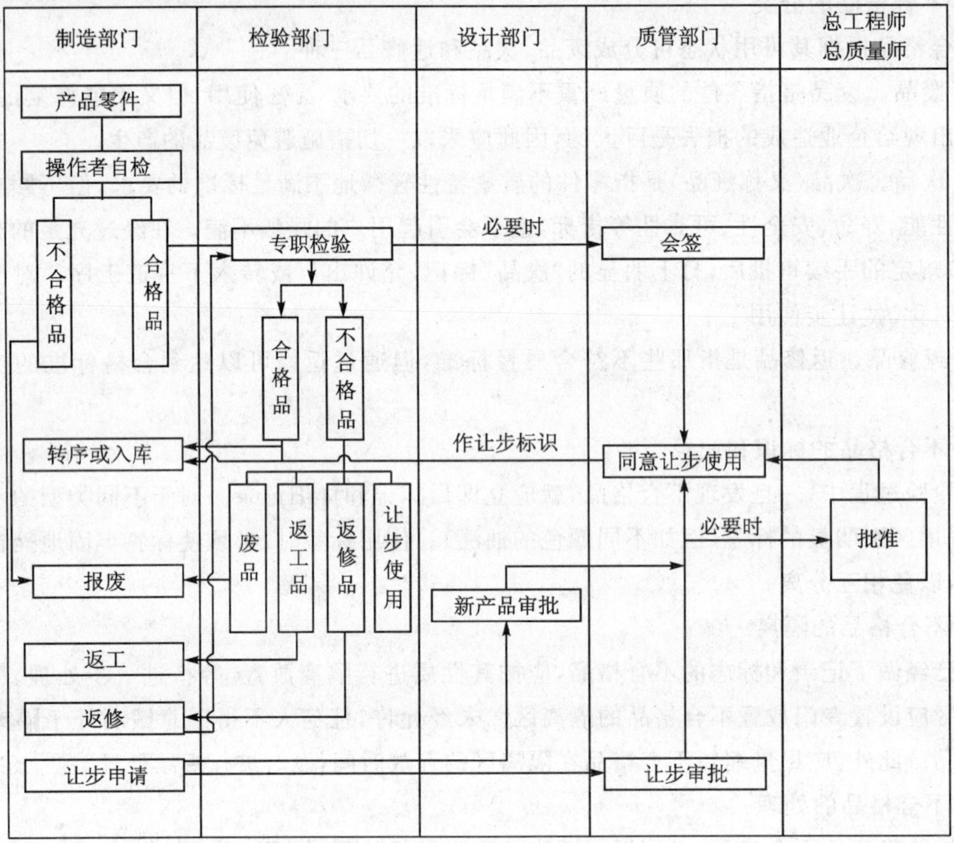

图 7－2　不合格品的处理程序

门会同检验、设计、工艺和生产等部门共同进行处理。

c. 对产生严重缺陷但不影响产品使用的次品，由责任单位提出申请，企业质量管理部门会同设计、工艺、检验和生产等部门研究提出处理意见后，最后由总工程师作出处理决定。

③ 返修品的处理。如果不合格品是返修品，在经过返工处理后即可达到规定的质量标准。这时应由检验工人作好标识后隔离存放，再由有关部门进行研究。在确认返修的费用是可以接受的后，再填写“返修通知单”，由责任者或责任单位进行返修。返修后再进行检验，确认合格后再登记入库或转入下道工序。必要时，还应由技术部门编写返修工艺规程，再按规程进行返修。

根据质量责任制的规定，产生不合格品的责任人或责任单位应承担一定的经济责任。

7.2 全数检验

全数检验适用于:非破坏性检验;检验费用少;影响产品质量的重要特性项目;生产中尚不够稳定的比较重要的特性项目;单件、小批量的产品;昂贵、高精度或重型产品;有特殊要求的产品;检验数量、项目较少;能够应用自动检验方法的产品。

全数检验的优点是判定比较可靠,能够提供更完整的检验数据,获得更充分可靠的质量信息。要得到百分之百是合格品,唯一的办法就是全数检验,甚至通过一次以上的全检。缺点是检验工作量大,周期长,成本高,需要更多检验人员和检验设备,检验工具磨损快,检验人员易疲劳,导致较大错检率和漏检率(当产品批量大、不合格品率低,检验工作单调,检验工具使用方法复杂,检验人员水平低、责任心不强时,全数检验的错误就会增加)。

全数检验和抽样检验的重要差别如下:

① 全数检验与抽样检验的判定的过程不同,可用图 7-3 和图 7-4 来说明。

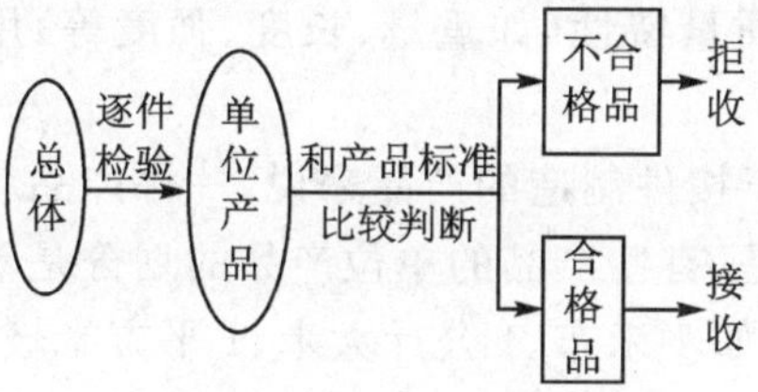

图 7-3 全数检验的判定过程

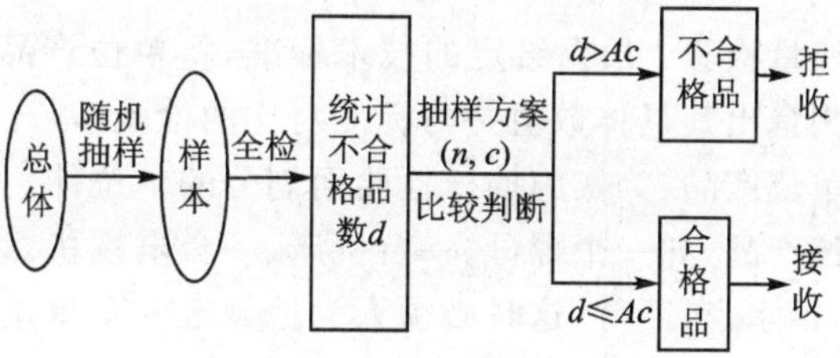

图 7-4 抽样检验的判定过程

② 全数检验判定对象是单位产品(单件产品),抽检判定对象是产品批。

③ 全数检验如果检验本身不出现差错,则检验剔除不合格品后接收的产品批只存在合格品;抽检判定合格的产品批中仍含有不合格品,同样,抽检为不合格的产品批中仍含有合格品。但要注意的是,全数检验在实践中不可能完全无差错,甚至某些情况下还会大于抽检判定差错(主要包括检测差错的判定差错和漏检)。

④ 全数检验判不合格是拒收少量产品;抽样检验判不合格是拒收整个产品批,能产生较大压力,促进生产者提高产品质量。

7.3 抽样检验基本原理

为了弥补全数检验的缺点,抽样检验就是利用所抽样的样本对产品或过程进行的检验,这样,既提高了效率,又降低了成本。如果抽样检验的目的是想通过检验所抽取的样本对这批产品的质量进行估计,以便对这批产品做出合格与否、能否接收的判断,那么就称这种抽样检验为抽样验收。因此，本书中的抽样检验与抽样验收可以视为同一概念。

经过抽样检验判为合格的批，不等于批中每个产品都合格；经过抽样检验判为不合格的批，不等于批中全部产品都不合格。

抽样检验一般用于下述情况：

① 破坏性检验，如产品的可靠性试验、产品寿命试验、材料的疲劳试验、零件的强度检验等；

② 测量对象是流程性材料，如钢水、铁水化验，整卷钢板的检验等；

③ 希望节省单位检验费用和时间。

7.3.1 名词术语

下面介绍一些常用的名词术语。

计数检验：根据给定的技术标准，将单位产品简单的分成合格品或不合格品的检验，或是统计出单位产品中不合格品数的检验。前一种检验又称"计件检验"，后一种检验又称"计点检验"。

计量检验：根据给定的技术标准，将单位产品的质量特性(如重量、长度、强度等)用连续尺度测量出其具体数值并与标准对比的检验。

单位产品：为实施抽样检验而划分的单位体。对于按件制造的产品来说，一件产品就是一个单位产品，如一个螺母、一台机床、一台电视机。但是，有些产品的单位产品的划分是不明确的，如钢水、布匹等，这时必须人为地规定一个单位量，如 1 米布、1 公斤大米、1 平方米玻璃等。

检验批：作为检验对象而汇集起来的一批产品，有时也称交检批。一个检验批应由制造条件基本相同、一定时间内制造出的同种单位产品构成。

批量：检验批中单位产品的数量，常用符号 N 来表示。

缺陷：质量特性未满足预期的使用要求，即构成缺陷(Defect)。

不合格：单位产品的任何一项质量特性未满足规定要求。

不合格品：具有一项或一项以上质量特性不合格的单位产品，称为不合格品（Nonconforming Unit）。

抽样方案：规定了每批应检验的单位产品数(样本量或系列样本量)和有关批接收准则(包括接收数、拒收数、接收常数和判断准则等)的组合。

抽样计划：是一组严格度不同的抽样方案和转移规则的组合。

7.3.2 产品批质量的表示方法

下面介绍计数抽样检验常用的批质量的表示方法。

1. 批不合格品率 p

批不合格品率 p 等于批的不合格品数 D 除以批量 N，即

$$p = \frac{D}{N} \tag{7-1}$$

2. 批不合格品百分数

批不合格品百分数等于批的不合格品数 D 除以批量 N，再乘以 100，即

$$100p = \frac{D}{N} \times 100 \tag{7-2}$$

这两种表示方法常用于计件抽样检验。

3. 批每百单位产品不合格数

批每百单位产品不合格数等于批的不合格数 C 除以批量 N，再乘以 100，即

$$100p = \frac{C}{N} \times 100 \tag{7-3}$$

这种表示方法常用于计点检验。

7.3.3　随机抽样方法

1. 简单随机抽样法

这种方法就是通常所说的随机抽样法，之所以称为简单随机抽样法，就是指总体中的每一个个体被抽到的机会是相同的。为实现抽样的随机化，可采用抽签（或抓阄）、查随机数表（见表 B.2），或掷随机数骰子等方法。例如，要从 100 件产品中随机抽取 10 件组成样本，可把这 100 件产品从 1 开始编号一直编到 100，然后用抽签（或抓阄）的方法，任意抽出 10 张，假如抽到的编号是 3、7、15、18、23、35、46、51、72、89（10 个），于是就把这 10 个编号的产品拿出来组成样本，也可以利用查随机数表的办法来产生这 10 件产品。具体操作方法是：先随机确定表中的一个方块（比如，第 3 行第 2 列的方块），然后将在这方块中自左至右（或自右至左，或自上而下，或自下而上）读到的前 10 个两位数所对应的 10 件编号产品拿出来组成样本。即将编号为 44、17、16、58、09、84、16、07、44、99 的 10 件产品组成样本。这就是简单随机抽样法。这种方法的优点是抽样误差小，缺点是抽样手续比较烦琐。在实际工作中，真正做到总体中的每个个体被抽到的机会完全一样是不容易的。这往往是由各种客观条件和主观心理等许多因素综合影响造成的。

2. 系统抽样法

系统抽样法又叫等距抽样法或机械抽样法。例如，要从 100 件产品中抽取 10 件组成样本，首先应将 100 件产品按 1，2，3，…，100 的顺序编号；然后用抽签或查随机数表的方法确定 1～10 号中的哪一件产品入选样本（此处假定是 3 号）；第三，其余依次入选样本的产品编号是：13、23、33、43、53、63、73、83、93；最后由编号为 3、13、23、33、43、53、63、73、83、93 的 10 件产品组成样本。

由于系统抽样法操作简便，实施起来不易出差错，因而在生产现场人们乐于使用它。像在某道工序上定时去抽一件产品进行检验，就可以看做是系统抽样的例子。

由于系统抽样的抽样起点一旦被确定后（如抽到了第 3 号），整个样本也就完全被确定，因此这种抽样方法容易出现大的偏差。比如，一台织布机出了大毛病，恰好是每隔 50 m（周期性）出现一段疵布，而检验人员又正好是每隔 50 m 抽取一段进行检查，抽样的起点正好碰到有瑕疵的布段，这样一来，以后抽查的每一段都有瑕疵，进而就会对整匹布甚至整个工序的质量得出错误的结论。总之，当总体含有一种周期性的变化，而抽样间隔又同这个周期相吻合时，就会得到一个偏移很大的样本。因此，在总体会发生周期性变化的场合，不宜使用这样的抽样方法。

3. 分层抽样法

分层抽样法也叫类型抽样法，它是从一个可以分成几个子总体（或称为层）的总体中，按规定的比例从不同层中随机抽取样品（个体）的方法。比如，有甲、乙、丙三个工人在同一台机器设备上倒班加工同一种零件，他们加工完了的零件分别堆放在三个地方，如果现在要求抽取 15 个零件组成样本，采用分层抽样法，应从堆放零件的三个地方分别随机抽取 5 个零件，合起来一共 15 个零件组成样本。这种抽样方法的优点是，样本的代表性比较好，抽样误差比较小。缺点是抽样手续比简单随机抽样还要烦琐。这个方法常用于产品质量验收。

4. 整群抽样法

整群抽样法又叫集团抽样法。这种方法是将总体分成许多群，每个群由个体按一定方式结合而成，然后随机抽取若干群，并由这些群中的所有个体组成样本。这种抽样法的背景是：有时为了实施上的方便，常以群体（公司、工厂、车间、班组、工序或一段时间内生产的一批零件等）为单位进行抽样，凡抽到的群体就全面检查，仔细研究。比如，对某种产品来说，每隔 20 h 抽出其中 1 h 的产量组成样本；或者是每隔一定时间（如 30 min、1 h、4 h、8 h 等）一次抽取若干个（几个、十几个、几十个等）产品组成样本。这种抽样方法的优点是抽样实施方便。缺点是，由于样本只来自个别几个群体，而不能均匀地分布在总体中，因而代表性差，抽样误差大。这种方法常用在工序控制中。

在此举一个例子来说明上述 4 种抽样方法的运用。

假设有某种成品零件分别装在 20 个零件箱中，每箱各装 50 个，总共是 1 000 个。如果想从中取 100 个零件组成样本进行测试研究，那么应该怎样运用上述 4 种抽样方法呢？

① 将 20 箱零件倒在一起，混合均匀，并将零件从 1～1 000 一一编号，然后用查随机数表或抽签的方法从中抽出编号毫无规律的 100 个零件组成样本，这就是简单随机抽样。

② 将 20 箱零件倒在一起，混合均匀，并将零件从 1～1 000 逐一编号，然后用查随机数表或抽签的方法先决定起始编号，比如 16 号，那么其他入选样本的零件编号依次为 26，36，46，56，…，906，916，926，…，996，6。于是就由这样 100 个零件组成样本，这就是系统抽样。

③ 对所有 20 箱零件,每箱随机抽出 5 个零件,共 100 件组成样本,这就是分层抽样。

④ 先从 20 箱零件随机抽出 2 箱,然后对这 2 箱零件进行全数检查,即把这 2 箱零件看成是“整群”,由它们组成样本,这就是整群抽样。

7.3.4 产品批质量的抽样验收判断过程

为了对提交检验的产品批实施抽样验收,必须先科学合理地制定一个抽样方案。

在最简单的计数型抽样方案中通常要确定两个参数:一个是抽取的样本量 n;一个是对样本进行检验时,判断批合格与否的合格判定数 A。有了这两个参数后,就能够很容易地进行抽样检验并评定产品批是否合格。对于计数抽样检验来说,批质量的验收判断过程是:从批量 N 中随机抽取容量为 n 的一个样本,检验测量样本中全部产品,记下其中的不合格品数(或不合格数)d。如果 $d \leqslant A$,则认为该批产品质量合格,予以接收;如果 $d \geqslant R$(称不合格判定数或拒收数,一般 $R = A+1$),则认为该批产品质量不合格,予以拒收。其判断程序如图 7-5 所示。

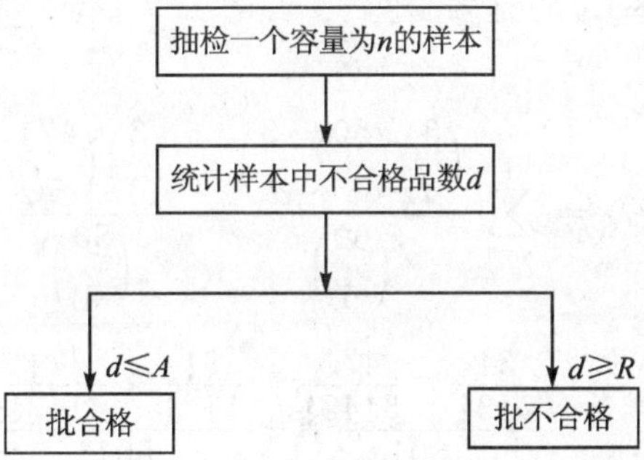

图 7-5 一次抽样批合格性判断程序框图

7.3.5 接收概率与 OC 曲线

1. 接收概率

接收概率是指当使用一个确定的抽样方案时,具有给定质量水平的批或过程被接收的概率,在国家标准中称为合格概率。一般可以这样去理解:用给定的抽样方案(n,A)(n 为样本量;A 为批合格判定数)去验收批量 N 和批质量已知的连续检验批时,把检验批判断为合格而接收的概率,记为 $L(p)$。接收概率是批不合格品率 p 的函数,所以 $L(p)$ 又称为抽样方案(n, A)的抽检特性函数。

计数抽样检验的接收概率的计算方法有三种:

(1) 超几何分布计算法

其公式如下:

$$L(p)=\sum_{d=0}^{A}\frac{\binom{Np}{d}\binom{N-Np}{n-d}}{\binom{N}{n}}=\sum_{d=0}^{A}H(d;n,p,N) \qquad (7-4)$$

式中：$\binom{Np}{d}$——从批的不合格品数 Np 中抽取 d 个不合格品的全部组合数；

$\binom{N-Np}{n-d}$——从批的合格品数 $N-Np$ 中抽取 $n-d$ 个合格品的全部组合数；

$\binom{N}{n}$——从批量 N 的一批产品中抽取 n 个单位产品的全部组合数。

式(7-4)是有限总体计件抽检时计算接收概率的公式。

例 7-1 对批量为 50 的外购产品批做抽样验收，采用的抽样方案为(5,1)，试问批不合格品率 $p=5\%$时的接收概率 $L(p)$是多少？

解

$$L(p)=L(5\%)=\sum_{d=0}^{1}\frac{\binom{3}{d}\binom{50-3}{5-d}}{\binom{50}{5}}=\frac{\binom{3}{0}\binom{47}{5}}{\binom{50}{5}}+\frac{\binom{3}{1}\binom{47}{4}}{\binom{50}{5}}=$$

$$\frac{\frac{3!}{0!3!}\times\frac{47!}{5!42!}}{\frac{50!}{5!5!}}+\frac{\frac{3!}{1!2!}\times\frac{47!}{4!43!}}{\frac{50!}{5!45!}}=$$

$$0.724+0.253=0.977$$

当 $N\leqslant 100$ 时，可以利用超几何概率分布表直接查得 $H(d;n,p,N)$值；当 $N>100$ 时，应利用阶乘对数表计算 $H(d;n,p,N)$值。

(2) 二项分布计算法

其公式如下：

$$L(p)=\sum_{d=0}^{A}B(d;n,p)=\sum_{d=0}^{A}\binom{n}{d}p^{d}(1-p)^{n-d} \qquad (7-5)$$

式中：$\binom{n}{d}$——从样本量 n 中抽取 d 个不合格品的全部组合数；

p——批不合格品率。

式(7-5)是无限总体计件抽检时计算接收概率的公式。

当有限总体$\frac{n}{N}\leqslant 0.1$ 时，可以用二项分布概率去近似超几何概率，于是式(7-5)也可以代替式(7－4)做接收概率的近似计算。

另外，当 $0.0005 \leqslant p \leqslant 0.50$，$n \leqslant 50$ 时，也可以查 GB 4086.5—83 的二项分布函数表得到 $B(d;n,p)$ 累积值。

例 7－2　已知 $N=3000$ 的一批产品提交做外观检验，若用(30,1)的抽样方案，当 $p=1\%$ 时，$L(p)$ 是多少？

解

$$L(p)=L(1\%)=\sum_{d=0}^{1}\binom{n}{d}p^{d}(1-p)^{n-d}=$$

$$\binom{30}{0}(0.01)^{0}(0.99)^{30}+\binom{30}{1}(0.01)^{1}(0.99)^{29}=$$

$$0.7397+0.2242=0.9639$$

(3) 泊松分布计算法

其公式如下：

$$L(p)=\sum_{d=0}^{A}\frac{(np)^{d}}{d!}\mathrm{e}^{-np}=\sum_{d=0}^{A}P(d;np)\qquad(\mathrm{e}=2.7182\cdots)\tag{7-6}$$

式(7－6)是计点抽检时计算接收概率的公式。

当有限总体 $\frac{n}{N}\leqslant 0.1$ 且 $p\leqslant 0.1$ 时，式(7－6)可以代替式(7－4)做接收概率的近似计算。另外，$0.005\leqslant np\leqslant 15$ 时，也可以查 GB 4086.8—83 泊松分布函数表得到 $P(d;np)$ 累积值。

例 7－3　有一批轴承用的钢球 10 万个需要进行外观检验，如果采用(100,15)的抽检方案，当 $p=10\%$ 时，批接收概率 $L(p)$ 是多少？

解

$$L(p)=L(10\%)=\sum_{d=0}^{A}P(d;np)=\sum_{d=0}^{15}\frac{(np)^{d}}{d!}\mathrm{e}^{-np}=$$

$$\frac{(10)^{0}}{0!}\mathrm{e}^{-10}+\frac{(10)^{1}}{1!}\mathrm{e}^{-10}+\frac{(10)^{2}}{2!}\mathrm{e}^{-10}+\cdots+\frac{(10)^{15}}{15!}\mathrm{e}^{-10}=$$

$$0.951$$

2. *OC* 曲线

批接收概率 $L(p)$ 随批质量 p 变化的曲线称为抽检特性曲线或 *OC* 曲线。

有一个抽样方案，就一定能绘出一条与之相对应的 *OC* 曲线。*OC* 曲线表现了一个抽样方案对一个产品的批质量的判别能力。

例 7－4　已知 $N=1000$，今用抽样方案(50,1)去反复检验 $p=0.005,0.007,0.01,0.02,0.03,0.04,0.05,0.06,0.07,0.076,0.08,0.10,0.20,\cdots,1.00$ 的连续交检批时，可以得到如表 7－3 所列的结果。

表 7-3　用抽样方案(50,1)检验 $N=1\ 000$、p 取不同值时的结果

p	0.000	0.005	0.007	0.010	0.020	0.030	0.040	0.050
$L(p)$	1.000	0.973 9	0.959	0.910 6	0.735 8	0.553 3	0.400 5	0.279 4
p	0.060	0.070	0.076	0.080	0.100	0.200	…	1.00
$L(p)$	0.190 0	0.126 5	0.098 2	0.082 7	0.033 7	0.000 2	…	0.00 0

解　以 p 为横坐标，$L(p)$为纵坐标，将表 7-3 的数据描绘在平面上，如图 7-6 所示的曲线。这条曲线称为抽样方案(50,1)的抽检特性曲线(OC 曲线)。

OC 曲线的类型有：

1) 理想的 OC 曲线

理想的 OC 曲线如图 7-7 所示，它是由两段直线组成的，代表这样一种抽样方案：当 $p \leqslant p_t$ 时，接收概率 $L(p)=1$；当 $p>p_t$ 时，接收概率 $L(p)=0$。

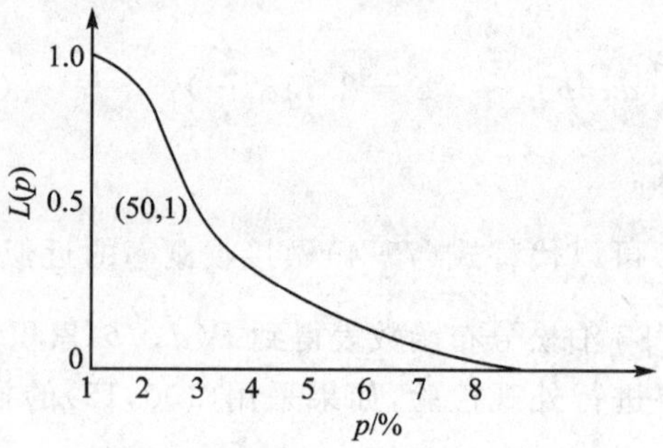

图 7-6　抽样方案(50,1)的 OC 曲线

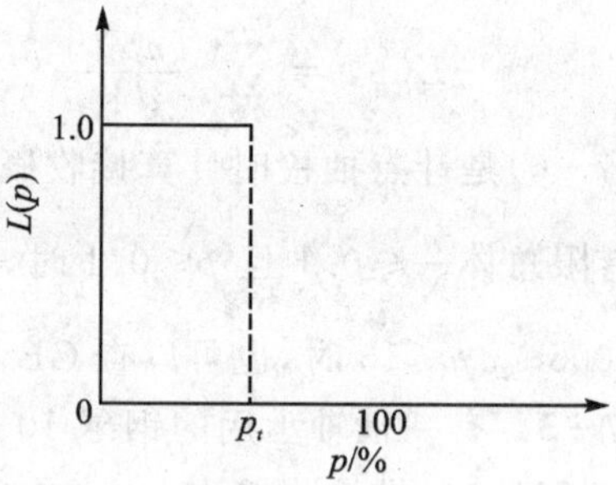

图 7-7　理想抽样方案的 OC 曲线

但是由于抽样中存在着两类错误，这样的理想方案实际上是不存在的，就是采用百分之百的全数检验，也会有错检和漏检，因此也不能肯定地得到理想的抽样方案。

2) 单线型 OC 曲线

设有一批产品，批量 $N=10$，采用抽样方案(1,0)来验收这批产品。也就是说，从这批 10 个产品中随机抽取 1 个产品进行检验。如果它是合格品，则判断这批产品合格，予以接收；如果它是不合格品，则判断这批产品不合格，予以拒收。这样很容易得到如表 7-4 所列的结果。

表 7-4　用抽样方案(1,0)检验 $N=10$ 的结果

批中不合格品数 D	批不合格品率 p/%	接收概率 $L(p)$	批中不合格品数 D	批不合格品率 p/%	接收概率 $L(p)$
0	0	1.00	6	60	0.4
1	10	0.90	7	70	0.3
2	20	0.80	8	80	0.2

续表 7-4

批中不合格品数 D	批不合格品率 p/%	接收概率 L(p)	批中不合格品数 D	批不合格品率 p/%	接收概率 L(p)
3	30	0.70	9	90	0.1
4	40	0.60	10	100	0.00
5	50	0.50			

在这个例子中，显然当 $p=0.5$ 时，接收概率仍有 50%，也就是说，当这批产品的质量已经低到含有一半的不合格品时，两批中仍有一批可被接收。可见，这种抽检方案对批质量的判别能力和对用户的质量保证都是很差的。其抽检特性曲线如图 7-8 所示，这是一条很不理想的抽检特性曲线。

3) $A=0$ 的 OC 曲线

$A=0$ 的 OC 曲线如图 7-9 所示。这种 OC 曲线不足之处是：当 p 较小时，$L(p)$ 值不高，不能很好地保护供方的利益。

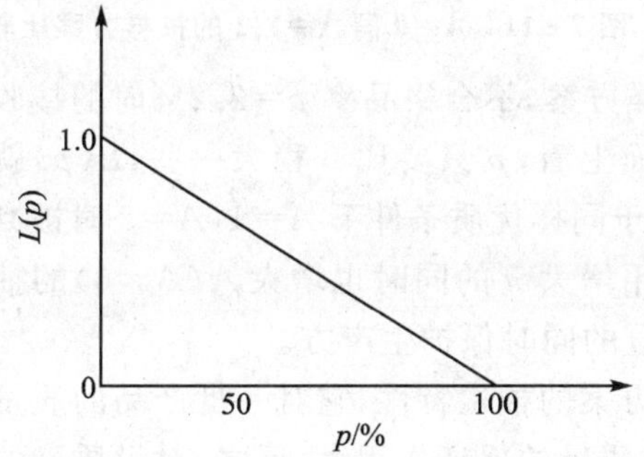

图 7-8　不理想抽检方案的 OC 曲线

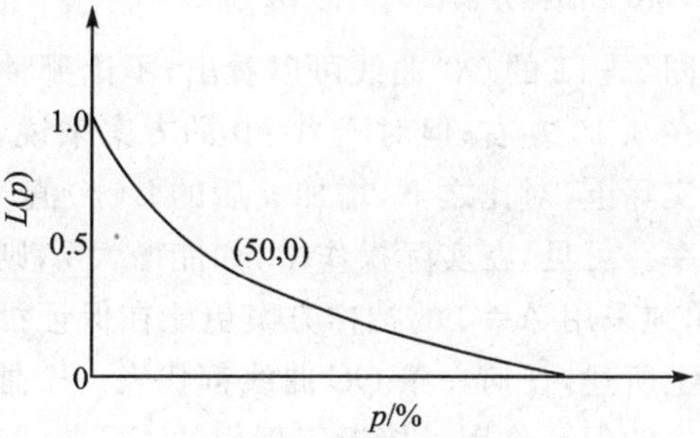

图 7-9　$A=0$ 的 OC 曲线

4) $A\neq0$ 的 OC 曲线

如图 7-10 所示，这种 OC 曲线能弥补 $A=0$ 的 OC 曲线的缺陷，起到保护供方利益的作用。

抽样检验时，人们常以为要求样本中一个不合格品都未出现的抽样方案是个好方案，即认为采用 $A=0$ 的抽样方案最严格，最让人放心。其实并不是这样，现在我们来研究下面三个抽样方案：

① $N=1\ 000, n=100, A=0$

② $N=1\ 000, n=170, A=1$

③ $N=1\ 000, n=240, A=2$

这三个抽样方案的 OC 曲线如图 7-11 所示。

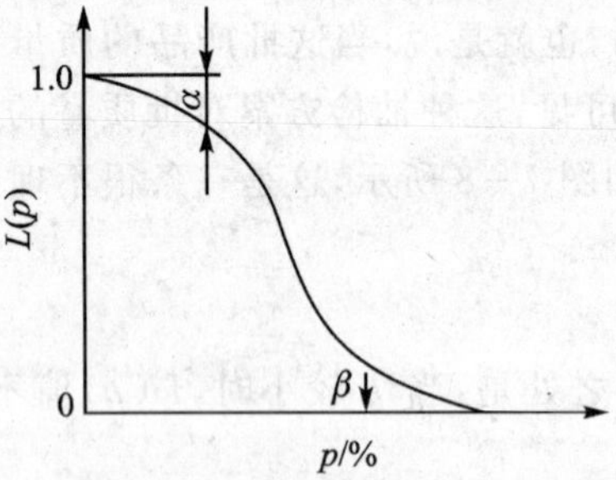

图 7-10 抽样方案(30,3)的 *OC* 曲线

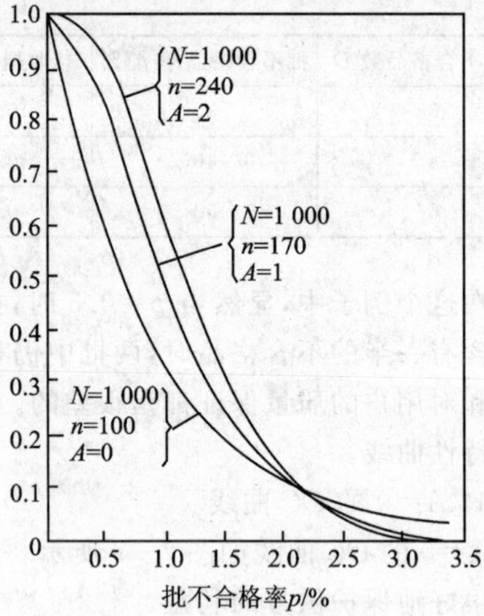

图 7-11 *A*=0 同 *A*=1,2 的抽样方案比较

从图 7-11 的 *OC* 曲线可以看出，不论哪种抽样方案，不合格品率 $p=2.2\%$ 时的接收概率基本上在 0.10 左右；但对于 $A=0$ 的方案来说，表面上看，p 只要比 0 稍大一些，$L(p)$ 就迅速降低。实际上，对比之下，增加 n 后的 $L(p)$ 值仍低于同样优质条件下 $A=1$，$A=2$ 时被判为合格的概率。可见，在实际操作中，如能增大 n，则采用增大 n 的同时也增大 $A(A\neq0)$ 的抽样方案，比单纯采用 $A=0$ 的抽样方案更能在保证批质量的同时保护生产方。

综上所述，任何一条 *OC* 曲线都代表一个抽样方案的抽检特性，它对一批产品的质量都能起到一定的保证作用。接近于理想的 *OC* 曲线对批质量的保证作用大；反之，对批质量的保证作用小。

3. *N*、*n*、*A* 对 *OC* 曲线的影响分析

① n、A 固定，N 变化对 *OC* 曲线的影响。固定 $n=20$，$A=2$，设 $N=60$、80、100、200、400、600、1 000、∞，计算出它们的接收概率 $L(p)$，如表 7-5 所列。

表 7-5 $n=20, A=2, N$ 为不同取值时的 $L(p)$ 计算结果

N	60	80	100	200	400	600	1 000	∞
N/n	3	4	5	10	20	30	50	
$L(p=5\%)$	0.966	0.954	0.947	0.935	0.929	0.928	0.927	0.925
$L(p=15\%)$	0.362	0.375	0.378	0.394	0.400	0.401	0.403	0.405
$L(p=25\%)$	0.053	0.063	0.069	0.080	0.085	0.068	0.089	0.091

从表 7-5 中，取 $N=60$、400、∞，画出各自的 OC 曲线，如图 7-12 所示。

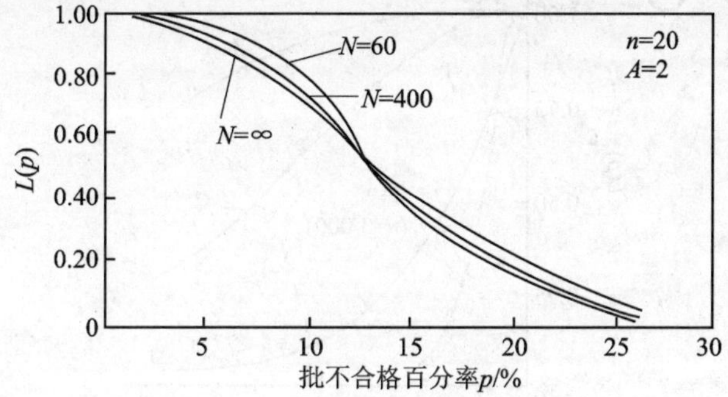

图 7-12 N 变化对 OC 曲线的影响

从图 7-12 中可见，N 变化对 OC 曲线的斜率影响不大，一般当 N 比较大且 $N \geqslant 10n$ 时，可以把批量、N 看做无限。这时可以认为抽样检验方案的设计与 N 无关，因此一般只用(n，A)来表示抽样方案。但是不能由此认为，既然 N 对 OC 曲线的影响不大，而 N 越大，单位产品中分摊的检验费用越小，那么可以任意加大 N 值。应当认识到，N 取得太大，若一批产品不合格，则不论对生产方还是对使用方造成的经济损失都是巨大的。

② N、A 固定，n 变化对 OC 曲线的影响。固定 $N=1\,000$，$A=1$，设 $n=5$、10、20、30、50，画出它们的 OC 曲线，如图 7-13 所示。

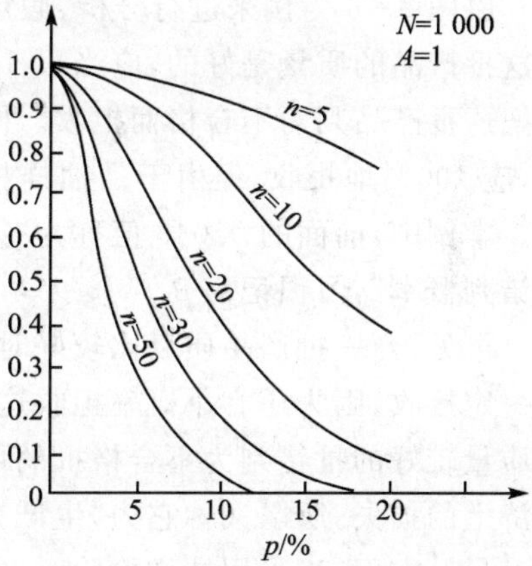

图 7-13 n 变化对 OC 曲线的影响

可见，当 N、A 固定，n 增加，OC 曲线急剧倾斜，越来越陡峭，致使生产方的风险率 α 变大，而使用方风险率 β 显著减少。因此，大样本的抽样方案，对于区分优质批和劣质批的能力是比较强的，亦即使用方接收劣质批和拒收优质批的概率都比较小。

③ N、n 固定，A 变化对 OC 曲线的影响。固定 $N=2\,000$，$n=50$，设 $A=0$、2、4，画出它们的 OC 曲线，如图 7-14 所示。

可见 A 越大，OC 曲线越平缓，接收概率变化越小；A 越小，OC 曲线越陡峭。这样，容易得出结论：值得采用 $A=0$ 的抽样方案。其实这是一种误解，因为只要 n 适当地取大些，即使 $A \neq 0$，亦可使 OC 曲线变得比 $A=0$ 的 OC 曲线还要陡峭，如图 7-14 中虚线所示。另外，许多生产方和使用方对于样本中只有 1 个不合格品就遭到拒收的抽样方案(即 $A=0$ 的抽样方案)较反感。因此，通常认为，采用较大的样本量 n 和较大的合格判定数 A 是比较好的。

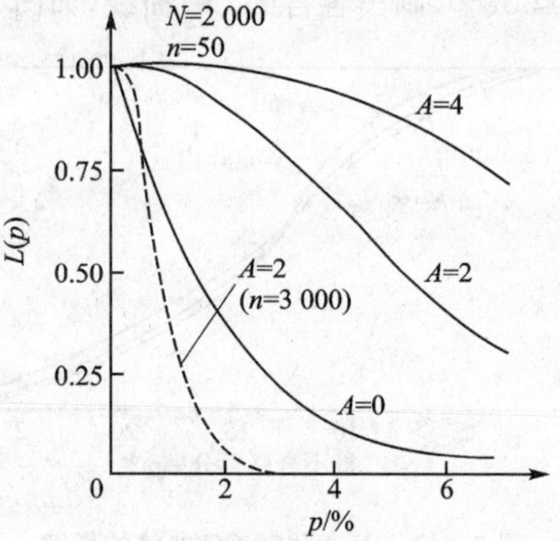

图 7-14　A 变化对 OC 曲线的影响

7.3.6　抽样检验中的两类错误

只要采用抽样检验方法，就可能产生两种错误的判断，即可能将合格批判断为不合格批，也可能将不合格批判断为合格批。前者称为“第一类错误判断”，后者称为“第二类错误判断”。

以图 7-6 为例来进行分析，假定 $p_0=0.7\%$，$p_1=8\%$。也就是说，当 $p\leqslant 0.7\%(p_0)$ 时，认为这批产品的质量是好的，应当以 100％的概率接收，但由于是抽样检验，仍然有 0.048 的概率把这批产品判为不合格而拒收。同样，当 $p\geqslant 8\%(p_1)$ 时，可以认为这批产品的质量是很差的，应 100％地拒收，但由于是抽样检验，仍然有将近 0.10 的概率把这批产品判为合格而接收。本例中，前面的 0.048 值称为“第一类错判概率”，习惯记为 α；后面的 0.10 值称为“第二类错判概率”，习惯记为 β。

可见，当一批产品质量比较好时，如果采用抽样检验，只能要求“以高概率接收”，而不能要求一定接收，因为还有小概率拒收这批产品。这个小概率就叫做“第一类错判概率”，它反映了把质量较好的批错判为不合格批的可能性的大小。正是因为这种错判的结果会对生产方带来经济上的损失，所以又称它为“生产方的风险概率”。

另一方面，当采用抽样检验时，即使批不合格品百分率 $p\geqslant p_t$，也不能肯定 100％地拒收，还会有一定的小概率接收它。这个小概率就叫做“第二错判概率 β”，它反映了把质量差的批错判为合格批的可能性的大小。因为这种错判的结果使用户蒙受经济损失，所以又称它为“使用方的风险概率”。

通常将第一类错判概率和第二类错判概率取为 0.01、0.05 或 0.10 等数值。

p_0、p_1、α、β 之间的关系如下：

$$\alpha = 1 - L(p_0) = 1 - \sum_{d=0}^{A} H(d; n, p_0, N) \qquad (7-7)$$

式中：p_0——与 α 对应的批不合格品率。

$$\beta = L(p_1) = \sum_{d=0}^{A} H(d;n,p_1,N) \tag{7-8}$$

式中：p_1——与 β 相对应的批不合格品率。

7.3.7 对百分比抽样方案的评价

什么叫百分比抽样方案？就是不论产品的批量 N 如何，均按同一百分比抽取样品，而在样品中可允许的不合格品数(即合格判定数 A)都是一样的，一般设 $A=0$。例如，按 5% 的比率抽样，当 $N=2\,000$ 时，抽 100 个样品，当 $N=100$ 时，只抽 5 个样品，并且规定不允许有 1 个不合格品(即 $A=0$)。显然，若两批的不合格品率相等，则前一批 100 个样品中包含的不合格品的概率大于后一批 5 个样品中包含的不合格品的概率。

现假定有批量不同的三批产品交检，它们都按 10% 抽取样品，于是有下列三种抽样方案：

① $N=900, n=90, A=0$

② $N=300, n=30, A=0$

③ $N=90,\ n=9,\ A=0$

表面上看，这种"百分比抽样方案"似乎很公平合理，其实是一种错觉。因为当这三批产品的不合格品率均相同时，则有：

$$L_{(90,0)}(p) = \binom{90}{0} p^0 (1-p)^{90-0} = (1-p)^{90}$$

$$L_{(30,0)}(p) = \binom{30}{0} p^0 (1-p)^{30-0} = (1-p)^{30}$$

$$L_{(9,0)}(p) = \binom{9}{0} p^0 (1-p)^{9-0} = (1-p)^{9}$$

式中：$L_{(90,0)}(p)$——抽样方案(90,0)的接收概率，其余类推。

因为 $1 \geqslant 1-p \geqslant 0$，所以

$$L_{(90,0)}(p) \leqslant L_{(30,0)}(p) \leqslant L_{(9,0)}(p)$$

这三个方案的 OC 曲线如图 7-15 所示。

由图 7-15 可知，当 $p=5\%$ 时，

$$L_{(90,0)}(p=0.05) = 2\%$$
$$L_{(30,0)}(p=0.05) = 22\%$$
$$L_{(9,0)}(p=0.05) = 63\%$$

可见，在不合格品率相同的情况下，批量 N 越大，方案越严，批量越小，方案越松。这等于对批量大的交检批提高了验收标准，而对批量小的交检批降低了验收标准。因此，百分比抽样方案是不合理的，不应当在我国的工厂企业中继续使用。

为了克服上述百分比抽样方案的不合理性，有些产品的计数标准中规定采用"双百分比抽样"，即让合格判定数随样本量的变化而成比例地变化。今假设 $n=\alpha_1 N, A=\alpha_2 N, p\leqslant 0.1$，则双百分比抽样方案的抽检特性函数可表达为

$$L(p)=\sum_{d=0}^{\alpha_1\alpha_2 N}\frac{(\alpha_1 Np)^d}{d!}e^{-\alpha_1 Np} \quad (7-9)$$

式中：α_1 和 α_2——指定的百分数。

然而，根据式(7-9)，很容易验证"双百分比抽样方案"仍然未克服百分比抽样的缺点，即对大批量的交检批过严，对小批量的交检批过宽。因此"双百分比抽样"也是不合理的。

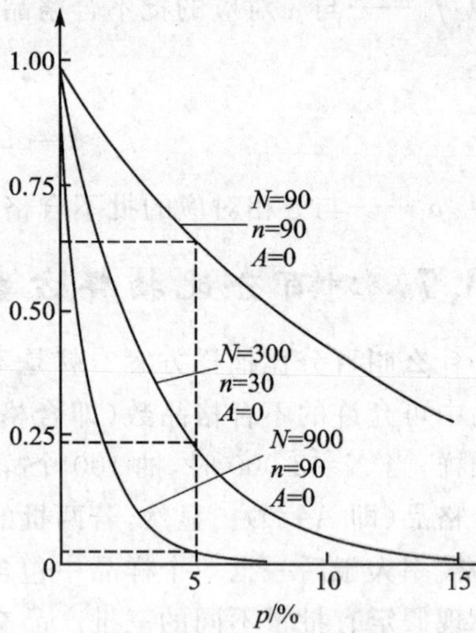

图 7-15　百分比抽样方案的 OC 曲线

7.4　计数标准型抽样检验

7.4.1　计数标准型抽样检验方案的概念和特点

计数标准型抽检方案是最基本的抽检方案。所谓标准型，就是同时严格控制生产方与使用方的风险，按供需双方共同制订的 OC 曲线的抽检方案抽检。它能同时满足生产方和使用方的质量保护要求。对生产方的保护，是通过限定对不合格品率 p_0 的优质批的拒收概率来进行，常用 α 表示，即错判合格批为不合格批的概率限定为 α。对使用方的保护则通过确定不合格品率 $p_l(p_l>0)$ 的接收概率 β 来提供，即错判不合格批为合格批的概率定为 β。常取 $\alpha=0.05,\beta=0.10$，于是标准型抽检方案要通过两个点，这两个点是 $[p_0, L(p_0)=1-\alpha]$ 和 $[p_1, L(p_1)=\beta]$，这就是标准型抽样检验方案 OC 曲线的特征。

标准型抽样检验方案可用于任何供检验的产品批，它不要求提供检验批制造过程的平均不合格品率，因此，它适合于对孤立批的验收。

7.4.2　标准型抽检方案的构成

标准型抽检方案的 OC 曲线图如图 7-16 所示。

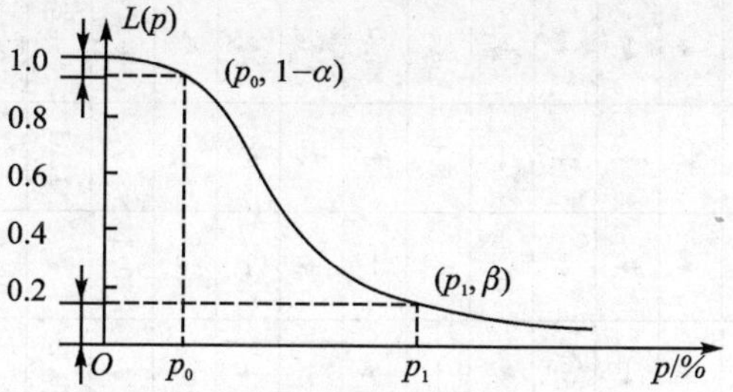

图 7-16　标准型抽检方案 OC 曲线

通过选择适当大小的 α、β 值，来对生产方和使用方同时都提供保护。

$$\begin{cases} L(P) \geqslant 1-\alpha & (\text{当 } p \leqslant p_0 \text{ 时}) \\ L(P) \leqslant \beta & (\text{当 } p \geqslant p_1 \text{ 时}) \end{cases}$$

由此可得

$$\begin{cases} L(p_0) = 1-\alpha \\ L(p_1) = \beta \end{cases}$$

标准型抽检方案的 OC 曲线应通过 $(p_0, 1-\alpha)$ 和 (p_1, β) 两点。解联立方程可解出样本大小 n 和合格判定数 A。在实际工作中采用查表方法得到抽检方案 (n, A)。

下面以日本工业标准 JISZ 9002 检查表为例，介绍标准型一次抽检表的用法。

JISZ 9002 抽检表包括“计数标准型一次抽样检验表”（见表 7-6）和“抽检设计辅助表”（见表 7-7）。只要给定批不合格率 p_0 和 p_1，就可以利用表 7-6 求出样本大小 n 和合格判定数 A，从而得到了满足生产方和使用方要求的标准型抽检方案。

表 7-6 中的 p_0 范围为 0.090%～11.2%，共分 21 组，第一组为 0.090%～0.112%，第二组为 0.113%～0.140%……第 21 组为 9.01%～11.2%；p_1 的范围为 0.71%～35.5%，共分 17 组，第一组为 0.71%～0.90%，第二组为 0.91%～1.12%……第 17 组为 28.1%～35.5%。

表 7-6 中各栏数值是抽样方案的 n、A 值，表中“·”号左边是 n 值，右边是 A 值。与 p_0 对应的是 α 值，与 p_1 对应的是 β 值，基本上都控制在 $\alpha=0.03 \sim 0.07$，$\beta=0.04 \sim 0.13$ 的范围内，其中心值为 $\alpha=0.05$，$\beta=0.10$。

表 7-6 是用二项分布计算出来的，所以适用于样本大小远小于批量 N 的情况，即 $n/N \leqslant 0.1$，如果 $n/N > 0.1$，则抽检方案最好用超几何分布计算。

当在表 7-6 中遇到“*”时，就用表 7-7 抽检设计辅助表，该表是用泊松分布计算出来的，使用时按 p_1/p_0 的值求抽检方案 n 和 A，α 和 β 的值仍是 $\alpha=0.05$，$\beta=0.10$，表 7-7 只适用于 $p_1<10\%$ 且 $n/N<0.10$ 的场合。

表 7－6　计数标准型一次抽样检验表

p_1/% p_0/%	0.71～0.90	0.91～1.12	1.13～1.40	1.41～1.80	1.81～2.24	2.25～2.80	2.81～3.35	3.36～4.50	4.51～5.60	5.61～7.10	7.11～9.00	9.01～11.2	11.3～14.0	14.1～18.0	18.1～22.4	22.5～28.0	28.1～35.5
0.090～0.112	*	400.1	↓	←	↓	→	60.0	50.0	←	↓	↓	←	↓	↓	↓	↓	↓
0.113～0.140	*	↓	300.1	↓	←	↓	→	↓	40.0	←	↓	↓	←	↓	↓	↓	↓
0.141～0.180	*	500.2	↓	250.1	↓	←	↓	→	↑	30.0	←	↓	↓	←	↓	↓	↓
0.181～0.224	*	*	400.2	↓	200.1	↓	←	↓	→	↑	25.0	←	↓	↓	←	↓	↓
0.225～0.230	*	*	500.3	300.2	↓	150.1	↓	←	↓	→	↑	20.0	←	↓	↓	←	↓
0.281～0.355	*	*	*	400.3	250.2	↓	120.1	↓	←	↓	→	↑	15.0	←	↓	↓	←
0.356～0.450	*	*	*	500.4	300.3	200.2	↓	100.1	↓	←	↓	→	↑	15.0	←	↓	↓
0.451～0.560	*	*	*	*	400.4	250.3	150.2	↓	80.1	↓	←	↓	→	↑	10.0	←	↓
0.581～0.710	*	*	*	*	500.6	300.4	200.3	120.2	↓	60.1	↓	←	↓	→	↑	7.0	←
0.711～0.900	*	*	*	*	*	400.6	250.4	150.3	100.2	↓	50.1	↓	←	↓	→	↑	5.0
0.901～1.12		*	*	*	*	*	300.6	200.4	120.3	80.2	↓	40.1	↓	←	↓	↑	↑
1.10～1.40			*	*	*	*	500.1	250.6	150.4	100.3	60.2	↓	30.1	↓	←	↑	↑
1.41～1.80				*	*	*	*	400.1	200.6	120.4	80.3	50.2	↓	25.1	↓	←	↑
1.81～2.24					*	*	*	*	300.1	150.6	100.4	60.3	40.2	↓	20.1	↓	←
2.25～2.80						*	*	*	*	250.1	120.6	70.4	50.3	30.2	↓	15.1	↓
2.81～3.55							*	*	*	*	200.1	100.6	60.4	40.3	25.2	↓	10.1
3.56～4.50								*	*	*	*	150.1	80.6	50.4	30.3	20.2	↓
4.51～5.60									*	*	*	*	120.1	60.6	40.4	25.3	15.2
5.61～7.10										*	*	*	*	100.1	50.6	30.4	20.3
7.11～9.00											*	*	*	*	70.10	40.6	25.4
9.01～11.2												*	*	*	*	60.10	30.6

注：表中“.”左边数字为 n，右边数字为 A，$\alpha\approx0.05$，$\beta\approx0.10$。

表 7-7　抽检设计辅助表

p_1/p_0	A	n
17 以上	0	$2.56/p_0+115/p_1$
16～7.9	1	$17.8/p_0+194/p_1$
7.8～5.6	2	$40.9/p_0+266/p_1$
5.5～4.4	3	$68.3/p_0+334/p_1$
4.3～3.6	4	$98.5/p_0+400/p_1$
3.5～2.8	6	$164/p_0+527/p_1$
2.7～2.3	10	$308/p_0+770/p_1$
2.2～2.0	15	$502/p_0+1065/p_1$
1.99～1.86	20	$704/p_0+1350/p_1$

注：求得 n 值不是整数时，应取其近似的整数。

7.4.3　标准型抽检步骤

1. 指定 p_0 和 p_1 的值

p_0 和 p_1 需由生产方和接收方协商确定。作为限定 p_0 和 p_1 的依据，通常取生产方风险 $\alpha=0.05$，接收方风险 $\beta=0.10$。

决定 p_0 和 p_1，要综合考虑生产能力、制造成本、质量要求，以及检验的费用等因素。接收方是将允许的批量最大不合格品率定为 p_1，对应的接收概率 $\beta=0.10$，生产方是将希望尽可能判定批合格的不合格品率定为 p_0，对应的接收概率为 0.95，误判率 $\alpha=0.05$。

p_1/p_0 最好大于 3，通常多数取 $p_1=(4\sim10)p_0$，但也不能太大，太大会增加接收方的风险率。

2. 划分检验批

划分检验批的原则是同一批内的产品，应是在同一制造条件下生产出来的。通常的生产批、交验批或按包装条件及贸易习惯组成的批，不能直接作为检验批。如果生产批量过大，须将生产批划分成几个检验批来处理。

3. 确定抽检方案(n,A)

根据给定的 p_0 和 p_1 值，在表 7-6 中找到 p_0 所在的行和 p_1 所在的列，行列相交栏里的数字就是 n 和 A。相交栏是箭头时，应沿箭头指向找到出现数字为止。遇到“*”号用表 7-7 计算 n 和 A。表 7-6 的左下方是空栏表示没有抽检方案。这是因为抽检要求 $p_0<p_1$，而空栏则满足不了这个条件。

下面通过一些实例来说明确定抽检方案(n,A)。

例 7-5 给定 $p_0=2\%$，$p_1=12\%$，求所对应的抽检方案(n,A)。

解 查表 7-6，p_0 所在的行为[1.81%～2.24%]，p_1 所在的列为[11.3%～14.0%]，行与列相交栏中，得到数值 40.2，故得样本大小 $n=40$，合格判定数 $A=2$，抽检方案为(40,2)。

例 7-6 给定 $p_0=0.5\%$，$p_1=10\%$，求所对应的抽检方案(n,A)。

解 查表 7-6，p_0 所在的行为[0.451%～0.560%]，p_1 所在的列为[9.01%～11.2%]，行与列相交栏中为"↓"号，沿箭头指向看下面一栏，见符号"←"，再沿箭头指向看左边一栏，见符号"↓"，继续沿箭头方向看下面一栏，得到数值[50,1]，故抽检方案为(50,1)。

例 7-7 给定 $p_0=0.4\%$，$p_1=1.2\%$，求所对应的抽检方案(n,A)。

解 查表 7-6，p_0 所在的行为[0.356%～0.450%]，p_1 所在的列为[1.13%～1.40%]，行与列相交栏中为"*"号，应采用表 7-7 计算 n 和 A。

先计算出 p_1/p_0 值，$p_1/p_0=1.2/0.4=3.0$，然后在表 7-7 中找到 $p_1/p_0=3.0$ 的行为[3.5～2.8]，该行所对应的 $A=6$，$n=164/p_0+527/p_1=164/0.4+527/1.2=850$，最后得到抽检方案为(850,6)。

7.5 计数调整型抽样检验

7.5.1 计数调整型抽检方案

前一节谈到的计数标准型抽样检验方案是针对孤立的单批产品的验收，验收时不必考虑产品与验收质量的历史情况。调整型抽检方案则要根据生产过程的稳定性来调整检验的宽严程度。当生产方提供的产品批质量较好时，可以放宽检验；如果生产方提供的产品批质量下降，则可以用加严检验。这样可以鼓励生产方加强质量管理，提高产品质量的稳定性。这是调整型抽样检验方案的主要特点。计数调整型抽样检验方案主要适用于大量的连续批的检验，是目前使用最广泛、理论上研究得最多的一种抽样检验方法。

1974 年，国际标准化组织(ISO)在美国军用标准 MIL-STD-105D 的基础上，制定、颁发了计数调整型抽样检验的国际标准，代号为 ISO 2859。我国在 1981 年颁发了 GB 2828—81"逐批检查计数抽样程序及抽样表"和 GB 2829—81"周期检查计数抽样程序及抽样表"两个计数抽样的国家标准。

ISO 2859 是国际公认较好的一个计数型抽样方案，已为各国采用。该方案是由一套抽样方案组成，其中包括正常抽样方案、加严抽样方案和放宽抽样方案，通过一组转换规则将这三个方案联系起来，形成一个方案系统。

下面主要介绍 ISO 2859 抽样方案的基本内容。

7.5.2　可接收的质量水平(AQL)

1. AQL 的含义和作用

可以接收的质量水平（Acceptable Quality Level,AQL)就是生产方和接收方共同认为满意的不合格品率(或每百单位的缺陷数)的上限，它是控制最大过程平均不合格品率的界限，是 ISO 2859 抽样方案的设计基础。

过程平均不合格品率，用 $\bar{p}$ 表示，是指若干批产品初次(不包括第一次不合格经过返修再次提交检验的批次)检验的不合格品率的平均值。计算公式为

$$\bar{p}=\frac{D_1+D_2+\cdots+D_k}{N_1+N_2+\cdots+N_k}\times 100\%$$

N_i 和 D_i 分别是第 j 批的批量和不合格品数，k 为批数。

AQL 是可接收和不可接收的过程平均不合格品率的界限。当生产方提供的产品批过程平均不合格品率 $\bar{p}$ 优于 AQL 值时，抽样方案则以高概率接收产品批；若交验批的 $\bar{p}$ 稍差于 AQL 时，则转换用加严检查；若拒收比例继续增加，则要停止检查验收。当然，只规定 AQL 并不能完全保证接收方不接收比 AQL 质量差的产品批，因为 AQL 是平均质量水平。该抽样方案是通过转换抽检方案的措施来保护接收方利益的。

2. AQL 的确定

① 按用户要求的质量来确定。当用户根据使用的技术、经济条件提出了必须保证的质量水平时，则应将该质量要求定为 AQL。

② 根据过程平均来确定。此种方法大多用于少品种、大批量，而且质量信息充分的场合，AQL 值确定一般稍高于过程平均。

③ 按缺陷类别和产品等级指定。对于不同的缺陷类别及产品等级，分别规定不同的 AQL 值。越是重要的项目，验收后的不合格品造成的损失越大，AQL 值就越小。这种方法多用于小批量生产和产品质量信息不充分的场合。

④ 考虑检验项目来决定。同一类检验项目有多个(如同属严重缺陷的检验项目有 3 个)时，AQL 的取值应比只有一个检验项目时的取值要适当大一些。

⑤ 同供应者协商决定。为使用户要求的质量同供应者的生产能力协调，双方共同协商合理确定 AQL 值。这样可减少由 AQL 值引起的一些纠纷。这种方法多用于质量信息不充分(如新产品)的场合。

3. AQL 在抽检表中的设计

AQL 在抽检表中是这样设计的：AQL 在 10%以下时，可表示为不合格品率，如 10%、6.5%、4.0%等，也可以表示每百单位缺陷数，但在 10%以上它只表示每百单位缺陷数。所以在抽检表的设计中，不合格品率是 0.015%～10%，共分 16 级；每百单位缺陷数则是 0.010～1 000，共分 26

级。在确定 AQL 时，应从这些级中找其近似值。批中每百单位缺陷数可按公式 $p=\frac{100C}{N}$ 计算。

7.5.3 检验水平

ISO 2859 规定了 7 个检验水平，有一般检验水平Ⅰ、Ⅱ、Ⅲ和特殊检验水平 S-1、S-2、S-3、S-4。检查水平与检查宽严程度无关。

检查水平级别反映了批量与样本大小之间的关系。ISO 2859 的原则是，如果批量增大，样本大小也随之增大，但不是成比例地增大，而是大批量中样本大小的比例比小批量样本大小的比例要小，表 7-8 给出一般水平的批量与样本大小之间的关系。

一般检查水平中，Ⅱ级为正常检查水平。检查水平Ⅰ适合于检查费用较高的情况；检查水平Ⅲ适合于检查费用较低的情况。

特殊检查水平一般用于破坏性检查，或费用较高的检查。因为特殊检查所抽取的样本大小较少，所以又称小样本检查。

一般检验水平判别能力大于特殊检验水平判别能力。

表 7-8 检查水平的批量与样本大小的关系(一次正常检查)

$\frac{n}{N}$/%	水平Ⅰ	水平Ⅱ	水平Ⅲ
	N	N	N
≤50	≥4	≥4	≥10
≤30	≥7	≥27	≥167
≤20	≥10	≥160	≥625
≤10	≥50	≥1 250	≥2 000
≤5	≥640	≥4 000	≥6 300
≤1	≥2 500	≥50 000	≥80 000

7.5.4 抽样表的构成

ISO 2859 主要由抽样样本字码表(见表 E-1)、标准抽样方案表(见表 E-2～表 E-7)、放宽抽样界限表(见表 E-8)以及转换规则所组成。抽样方案中，凡 AQL＞10％的适用于每百单位缺陷数的检查，AQL≤10％的抽样方案，既适用于不合格品率的检查，也适用于每百单位缺陷数的检查。

样本字码表的用途：当已经知道批量大小并确定了检查水平时，由样本字码表给出相应的字码，然后按样本字码和 AQL 值，从抽样方案表中查得正常、加严和放宽的抽样方案。

ISO 2859 的抽样方案包括一次、两次和多次抽检表，它所对应的正常、放宽和加严抽样方案也是由多个抽样方案所组成。通常是用一次和两次抽样方案为例来介绍该抽样表的应用。

7.5.5 抽样方案的确定

确定抽样方案就是选定 n、A_c 和 R_e。进行步骤如下：

1. 根据批量 N,确定样本字码

利用表 E-1 找到批量大小 N 所在的行，指定检查水平所在的列，行列相交栏可得样本字码。

2. 选定主检表

主检表如表 7-9 所列。

表 7-9　主检表

抽检形式	检查的宽严度	主检查表
一次抽检	正常检查	表 E-2
	加严检查	表 E-3
	放宽检查	表 E-4
二次抽检	正常检查	表 E-5
	加严检查	表 E-6
	放宽检查	表 E-7

3. 选取抽样方案

① 一次抽样。利用主检查表(见表 E-2～表 E-4)，按样本字码确定对应的样本大小 n，再从样本字码所在的行与 AQL 所在列的相交栏，找到合格判定数 A_c 和不合格判定数 R_e。

② 二次抽样。利用主检查表(见表 E-5～表 E-7)，按样本字码确定对应的第一样本大小 n_1 和第二样本大小 n_2，再从样本字码所在的行与 AQL 所在列的相交栏，找到第一合格判定数 A_{c1}，第一不合格判定数 R_{e1}，第二合格判定数 A_{c2}，以及第二不合格判定数 R_{e2}。

例 7-8　采用 ISO 2859 对某产品进行抽样验收，按条件：AQL＝1.5％，N＝1 500，检查水平为Ⅱ，确定一次正常、加严和放宽抽样方案。

解　步骤如下：

第 1 步，正常检查方案的确定。从表 E-1 找到包含批量大小 N＝1 500 的行是 1 201～3 200，从这一行与检查水平Ⅱ所在列的相交栏，找到样本字码为 K。因为是一次正常抽检，所以用表 E-2 的检查表。查表可知 K 对应的样本大小 n＝125，该行与 AQL＝1.5％列的相交栏为 $A_c=5$，$R_e=6$，由此得抽样方案：$N=1\ 500$，$n=125$，$A_c=5$，$R_e=6$。

检验过程是：从 1 500 个产品中随机抽取 125 个产品为样本进行测试，如果不合格品数 $d \leqslant A_c=5$，则接收该产品批；如果 $d \geqslant 6$，则拒收该产品批。

如果用每百单位缺陷数进行质量的衡量，那就将样本中的缺陷数（一个不合格品可能不只有一个缺陷）与 A_c 及 R_e 进行比较。

第 2 步，加严检查和放宽检查方案的确定。这两个方案除所用的主检表与正常检查不同外，其他步骤和正常检查方案的确定过程一样。

加严检查用表 E－3 查得抽样方案结果为：$n=125$，$A_c=3$，$R_e=4$。

放宽检查用表 E－4 查得抽样方案结果为：$n=50$，$A_c=2$，$R_e=5$。

对于放宽检查有个特殊情况，就是当样本中的不合格数 $A_c<d<R_e$ 时，（如本例 $d=3$ 或 4 时）仍可判该批合格，但从下一批起就恢复正常检查，并称此批为附条件合格。

例 7－9　试求与上例同样条件的二次正常、加严及放宽检查方案。

解　二次正常、加严及放宽检查方案的确定，是分别利用表 E－5、表 E－6、表 E－7 进行的，步骤和上例的检查步骤一样。

$N=1\,500$，水平Ⅱ，字母为 K，二次正常查表 E－5，$n=80$，AQL＝1.5％，$A_{c1}=2$，$R_{e1}=5$，$A_{c2}=6$，$R_{e2}=7$。加严检查和放宽检查的判定过程和正常检查一样，只是判定标准不同而已。

二次抽样方案如表 7－10 所列。

表 7－10　二次抽样方案

检查类型	批量 N	样　本	样本大小 n	累计样本大小	合格判定数 A_c	不合格判定数 R_e
正常检查	1 500	第 1	80	80	2	5
		第 2	80	160	6	7
加严检查	1 500	第 1	80	80	1	4
		第 2	80	160	4	5
放宽检查	1 500	第 1	32	32	0	4
		第 2	32	64	3	6

二次正常检查判定过程如图 7－17 所示，二次放宽检查判定过程如图 7－18 所示。

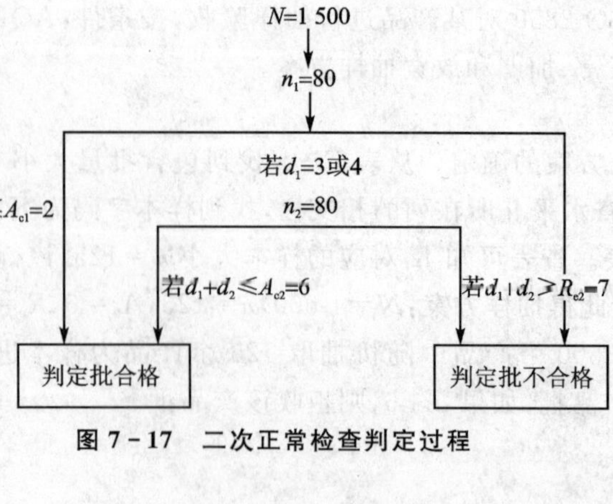

图 7－17　二次正常检查判定过程

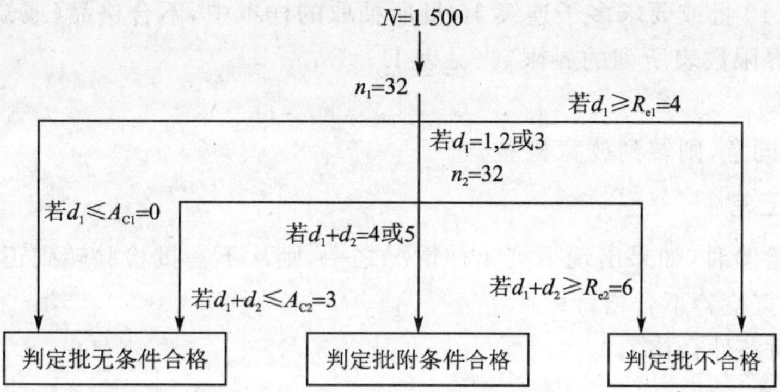

图 7-18　二次放宽检查判定过程

7.5.6　转移规则

ISO 2859 属于调整型抽样检查，它是通过检查的宽严程度，要求供货方提供符合规定质量要求的产品批，ISO 2859 的抽样方案与转移规则必须一起使用，两者是不可分割的有机整体。

ISO 2859 规定可以采用 3 种不同的抽样方案：

① 当一批批产品不合格率处在 AQL(可接收质量水平)时，采用正常检验；

② 当一批批产品的不合格率高于 AQL 时，希望很快转移到加严检验；

③ 当一批批产品的不合格品率低于 AQL 时，则以适当的速度转移到放宽检验。

每种检验所对应的抽样方案不同。所谓“加严”主要是使样本大小加大，或者使样本中合格判定数减少。为了实施满足上述要求的转移，ISO 2859 采用了如下一些转移规则：

1. 正常转加严

当进行正常检验时，如果不多于连续 5 批中有 2 批经初次检验(不包括再次提交检验批)不合格，则从下一批检验转到加严检验。例如，若检验批是用自然数顺序连续编号的，并开始执行正常检验，在检验过程中，发现第 i 批不合格，之后又发现第 j 批不合格，若 $j-i<5$，则从第 $j+1$ 批开始执行加严检验。

2. 加严转正常

当进行加严检验时，如果连续 5 批经初次检验(不包括再次提交检验批)合格，则从下一批检验转到正常检验。

3. 正常转放宽

当进行正常检验时，如果下列 4 个条件同时得到满足：

① 连续 10 批(不包括再次提交检验批)正常检验合格；

② 在此连续 10 批或要求多于连续 10 批所抽取的样本中，不合格品(或缺陷)总数小于或等于放宽检验的界限数表所列的界限数(见表 E-8)；

③ 生产正常；

④ 质量部门同意，则转到放宽检验。

4. 放宽转正常

在进行放宽检验时，如果出现下列 4 种情况之一，则从下一批检验转到正常检验：

① 有一批放宽检验不合格；

② 有一批“附条件合格”；

③ 生产不正常；

④ 质量部门认为有必要回到正常检验。

5. 加严转暂停检验

加严检验开始后，如果接连 10 批进行加严检验仍不能转回正常检验，则暂时停止按本标准进行的检验。

6. 暂停检验转加严

暂停检验后，如果质量确有改进，质量部门认为可以恢复到加严检验。

7.5.7 ISO 2859 与 GB 2828 的主要区别

GB 2828 主要是参照 ISO 2859 而制定的，但对有些内容作了合理修改。这些修改的内容，部分已得到国际上的认可，部分还有待于实践中进一步验证，现将 ISO 2859 与 GB 2828 的主要区别分述如下：

1. 适用范围

ISO 2859 适用于连续提交检验批，也可用于孤立提交检验批，但在后一种情况，使用者应仔细分析抽检特性曲线，找出具有要求的保护能力的方案。

GB 2828 只适用于连续提交检验批，不适用于孤立提交检验批的检验。

2. 抽样方案

① 正常抽样方案，ISO 2859 与 GB 2828 的二次正常抽样方案有两列判断数组不一样，与 ISO 2859 的 $\begin{bmatrix}1 & 4\\4 & 5\end{bmatrix}$，$\begin{bmatrix}3 & 7\\8 & 8\end{bmatrix}$ 相对应，GB 2828 分别改为 $\begin{bmatrix}1 & 3\\4 & 5\end{bmatrix}$，$\begin{bmatrix}3 & 6\\9 & 10\end{bmatrix}$

② 加严抽样方案，ISO 2859 与 GB 2828 的二次加严抽样方案有两列判断数组不一样，与 ISO 2859 的 $\begin{bmatrix}1 & 4\\4 & 5\end{bmatrix}$，$\begin{bmatrix}3 & 7\\8 & 9\end{bmatrix}$ 相对应，GB 2828 分别改为 $\begin{bmatrix}1 & 3\\4 & 5\end{bmatrix}$，$\begin{bmatrix}4 & 7\\10 & 11\end{bmatrix}$。

③ 放宽检验方案。ISO 2859 只有一个放宽检验方案表，它含有“无条件”和“附条件”检验

两部分。

GB 2828 放宽检验方法表将 ISO 2859 放宽检验方案表一分为二，增设了特宽检验的抽样方案，即由放宽检验方案表和特宽检验方案表组成。它分别与 ISO 2859“无条件”和“附条件”放宽检验抽样方案相对应。

④ 多次抽样方案。ISO 2859 的多次抽样方案为“七次”，GB 2828 的多次抽样方案为“五次”。

3. 转移规则

① 加严检验到暂停检验的规则：ISO 2859 的规则为“连续 10 批停留在加严检查”，GB 2828 的规则为“加严检验后累计 5 批不合格”。

② 放宽检验界限数法。放宽检验抽样方案是为刺激生产方而设计的，它对保证产品质量并无积极作用，特别对于我国目前的产品质量现状更是如此。使用放宽检验并非强制性的，必须采取慎重态度。比较 ISO 2859 与 GB 2828 放宽检验界限表，GB 2828 的放宽检验界限数比较严格，这符合我国的实际情况。

GB 2828 对放宽检验界限表的使用条件也与 ISO 2859 不同。GB 2828 规定转入放宽检验中的一个条件“在此连续 10 批或多于 10 批所抽取的样本中不合格品总数要小于或等于放宽检验界限数表所列的界限数”，这比 ISO 2859 规定的增加了“多于连续 10 批”这几个字。

4. 抽样特性曲线(*OC* 曲线)

ISO 2859 的 *OC* 曲线是按样本字码为序，按正常检验每个 AQL 给出 *OC* 曲线，横坐标是 p。

GB 2828 是按合格判定数表示的，均以质量比 K_p(=p/AQL)为横坐标，并与正常检验相对应的加严、放宽、特宽抽样特性曲线在一起。

5. 计算接收概率 $L(p)$

ISO 2859 在 AQL≤10%，n≤80 范围内采用二项分布公式计算 $L(p)$，其余情况采用泊松分布计算 $L(p)$。GB 2828 在所有范围都采用泊松分布计算 $L(p)$。

7.6　计量型抽样检验

7.6.1　计量抽样检验概述

按规定的抽样方案从批中随机抽取一定数量的单位产品，用测量、试验或其他方法取得它们的质量特性值，与质量要求进行对比，并判断该批产品能否接收的过程。计量抽样检验是指按规定的抽样方案从批中随机的抽取部分单位产品进行计量检验，并判断该批产品是否接收的过程。

计量抽样检验与前面介绍的计数抽样检验的根本区别在于计数抽样检验只将抽取到的产

品划分为合格与不合格品，或者只计算产品的不合格数，因而计数抽样检验得到的信息量较少，往往要检验较大的样本量才能对检验批的可接受性作出判断。而计量抽样检验是以样本中各单位产品的计量质量特性数据作为依据，因而，它比计数抽样检验能够提供更多、更详细的产品质量信息，当产品质量下降的时候，计量抽样检验会更早的发出警告。同时，在同样的质量保护下，计量抽样检验的样本量比计数抽样检验要小的多。总之，与计数抽样检验相比，计量抽样检验具有如下特点：

① 从难易程度来讲，计数抽样检验较简单，计量抽样检验较复杂。

② 从取得的信息来看，计量抽样检验能获得更多的更精密的信息，能指出产品的质量状况，一旦质量下降能及时提出警告。

③ 计量抽样检验的可靠性比计数抽样检验更大。这是因为对每批产品的某种质量特性进行严格的计量检验要比对每批产品的质量仅仅区别其为合格与否的计数检验更为确切。

④ 与计数抽样检验相比，在同样的质量保护下，计量抽样检验的样本量可以减少30%，因而当检验过程的费用比较大的时候，计量抽样检验显示出其巨大的优越性。

⑤ 计数抽样检验较易被接受和理解，计量抽样检验却非如此。例如，使用计量抽样检验时有可能会出现在样本中没有发现不合格品而检验批被拒收的情况。

⑥ 计量抽样检验的局限性是要求被检质量特性必须服从或近似服从正态分布，因为设计计量抽样检验方案的依据是正态分布理论。

我国最新颁布的计量型抽样检验的标准是《计量标准型一次抽样检验程序及表》GB/T 8054—2008，该标准规定了以均值和不合格品率为质量指标的计量标准型一次抽样检验的程序与实施方法。

7.6.2 计量标准型抽样原理

计量标准型抽样方法主要包括 σ 法与 S 法。

1. σ法

批标准差已知时，利用样本均值与批标准差来判断批能否接收的方法。抽样原理如表7-11所列。

表7-11 σ法抽样原理

工作步骤	工作内容	检验方式		
		上规格限	下规格限	双侧规格限
①	规定质量要求	μ_{0U}，μ_{1U}	μ_{0L}，μ_{1L}	μ_{0U}，μ_{1U}；μ_{0L}，μ_{1L}
②	确定 σ 值	根据批历史数据，参照GB/T 8054—2008标准估计 σ		
③	计算	$\dfrac{\mu_{1U}-\mu_{0U}}{\sigma}$	$\dfrac{\mu_{0L}-\mu_{1L}}{\sigma}$	$\dfrac{\mu_{1U}-\mu_{0U}}{\sigma}$ 或 $\dfrac{\mu_{0L}-\mu_{1L}}{\sigma}$

续表 8-11

工作步骤	工作内容	检验方式		
		上规格限	下规格限	双侧规格限
④	确定抽样方案	$n=\sigma^2\left[\dfrac{\Phi^{-1}(\alpha)+\Phi^{-1}(\beta)}{\mu_1-\mu_0}\right]^2$ $k=\dfrac{\mu_1\Phi^{-1}(\alpha)+\mu_0\Phi^{-1}(\beta)}{\Phi^{-1}(\alpha)+\Phi^{-1}(\beta)}$	查 GB/T 8054—2008 标准，确定 n,k	查 GB/T 8054—2008 标准，确定 n,k

2. S 法

批标准差未知时，利用样本均值与样本标准差来判断批能否接收的方法。抽样原理如表 7-12 所列。

表 7-12　S 法抽样原理

工作步骤	工作内容	检验方式		
		上规格限	下规格限	双侧规格限
①	规定质量要求	μ_{0U},μ_{1U}	μ_{0L},μ_{1L}	$\mu_{0U},\mu_{1U};\mu_{0L},\mu_{1L}$
②	估计 σ 值	根据批历史数据，计算样本标准差 S		
③	计算	$\dfrac{\mu_{1U}-\mu_{0U}}{\hat{\sigma}}$	$\dfrac{\mu_{0L}-\mu_{1L}}{\hat{\sigma}}$	$\dfrac{\mu_{1U}-\mu_{0U}}{\hat{\sigma}}$ 或 $\dfrac{\mu_{0L}-\mu_{1L}}{\hat{\sigma}}$
④	确定抽样方案	查 GB/T 8054—2008 标准，确定 n,k	查 GB/T 8054—2008 标准，确定 n,k	

例 7-10　一批钢材，其硬度越小越好。已知 $\sigma^2=4$，规定 $\mu_0=70,\mu_1=72,\alpha=0.05,\beta=0.10$，试求：

① 满足要求的计量一次抽样方案；

② 当 $\mu=71$ 时的接收概率。

解　查表 B-1 得：

$$\Phi^{-1}(0.05)=-1.64,\qquad \Phi^{-1}(0.1)=-1.28$$

$$n=\sigma^2\left[\frac{\Phi^{-1}(\alpha)+\Phi^{-1}(\beta)}{\mu_1-\mu_0}\right]^2=4\left(\frac{-1.64-1.28}{72-70}\right)^2=8.53$$

$$k=\frac{\mu_1\Phi^{-1}(\alpha)+\mu_0\Phi^{-1}(\beta)}{\Phi^{-1}(\alpha)+\Phi^{-1}(\beta)}=\frac{72(-1.64)+70(-1.28)}{-1.64-1.28}=71.12$$

因此，抽样方案为(8.53,71.12)，即从批中随机抽取 9 个单位产品，测试并计算样本的硬度均值，若样本的硬度均值不超过 71.12，则接收此批产品，否则拒收该批产品。

当 $\mu=71$ 时的接收概率为

$$L(\mu)=P(\bar{x}\leqslant k)=P\left(\frac{\bar{x}-\mu}{\sigma/\sqrt{n}}\leqslant\frac{k-\mu}{\sigma/\sqrt{n}}\right)=\Phi\left(\frac{k-\mu}{\sigma/\sqrt{n}}\right)=\Phi\left(\frac{71.12-71}{2/\sqrt{9}}\right)=\Phi(0.18)=0.5714$$

习　题

7-1　质量检验在质量管理中起什么作用？

7-2　简述质量检验的分类特点。

7-3　有人说：随着质量控制手段的加强，可以取消质量检验。你认为正确吗？为什么？

7-4　为什么要进行抽样检验？与全数检验相比，抽样检验有什么优点？

7-5　什么是可接收的质量管理水平 AQL？克劳斯比说：设定 AQL 是错误的。你同意他的观点吗？试论述之。

7-6　在什么情况下，可根据抽样检验的结果来判断总体的质量水平？

7-7　试述质量检验的含义及衡量产品质量的方法。

7-8　什么是抽样检验？抽样检验适用于什么情况？

7-9　什么是抽样特性曲线（*OC* 曲线）？它与抽检方案有什么关系？

7-10　甲、乙双方商定 $p_0=0.30\%$，$p_1=4.4\%$，求抽检方案 n、A。

7-11　甲、乙双方商定 $p_0=2.5\%$，$p_1=5.7\%$，求抽检方案 n、A。

7-12　在购入产品检查中，指定 AQL 为 2.5%，批量大小 $N=7\ 300$，检查水平Ⅱ，根据 ISO 2859 采用一次抽样检查时求正常、放宽、加严三个抽样方案。

7-13　某厂购入某产品，采用 ISO 2859 二次抽样方案，指定批量的大小 $N=1\ 000$，AQL=5%，试求检查水平Ⅱ的正常、加严、放宽三个抽样方案。

7-14　设有一批产品，其批量 $N=100$，不合格品率 $p=0.05$，试分别用超几何分布、二项分布和泊松分布计算抽样方案(6,1)对这批产品的接收概率 $L(p)$。

7-15　设有一批产品，批量为 1 000 件，假定该批的不合格品率为 1%，求采用抽样方案(140,1)验收该批产品时的接收概率。

7-16　已知抽样方案为[2 000,20,1]，试分别计算交验批不合格品率为 0%、5%、10%、15%、20%、25%、50%、100%时的接收概率，并绘制该抽样方案的 *OC* 曲线。

7-17　某发动机厂每天用 A 厂供应的轴套零件 1 000 件，其轴套外径尺寸为 $\phi100^{0}_{-0.02}$，内径尺寸为 $\phi92^{+0.03}_{0}$，长为 30 mm。A 厂信誉好，轴套零件质量稳定，每天按时送 1 000 件给发动机厂。为保证产品质量，发动机厂每天对送来的轴套进行检验验收，考虑到批量大，决定用抽样检验，试设计抽样方案。

7-18　一批钢材，其硬度越小越好，已知 $\sigma^2=9$，规定 $\mu_0=90$，$\mu_1=92$，$\alpha=0.05$，$\beta=0.10$，试求：

① 满足要求的计量一次抽样方案；

② 当 $\mu=91$ 时的接收概率。

第8章 质量分析基础方法

8.1 质量分析基础

在质量管理与质量工程的大量实践过程中，管理者和工程师需要通过质量数据分析对产品质量情况做出决策，有效的决策是建立在大量数据和信息分析的基础上的，质量分析工具与方法正是便于决策者从质量数据中获取相关结论的技术方法，适用于对产品研制过程中的质量问题开展科学的分析，实现“基于数据的质量管理决策”这一基本质量管理原则。

根据质量分析基础方法的性质，可以将其分为如下两类：

① 定量分析方法。定量分析方法利用统计学等数学分析方法处理质量数据，通过分析质量数据的频次、均值等统计指标来分析质量发展趋势，或采用回归分析与方差分析等统计技术来分析多个质量特性之间的函数依赖关系等。一般来说，定量分析方法以诞生于20世纪60年代的统计质量控制时期的质量分析工具为主，包括直方图、排列图、散布图、分层法、矩阵数据分析法、调查表法。

② 定性分析方法。定性分析方法在系统工程思想的指导下，利用事理逻辑来分析质量问题数据，建立起众多质量影响因素的关系图。一般来说，定性分析方法以诞生于20世纪70年代末的全面质量管理时期的质量管理工具为主，包括因果图法(网络图)、关联图、KJ法(亲和图)、系统图、PDPC法、矩阵图等。本章主要介绍最为常用的因果图与关联图。

需要说明的是，质量分析与质量评价是密不可分的质量管理活动，质量分析是微观的质量活动，质量评价是宏观的质量活动。质量分析的结果一般作为质量评价的基础，没有科学的分析，就无法得到客观和准确的质量评价。开展一项质量评价活动，首先要选定评价对象，制定科学的评价质量指标体系，然后采用科学的评价方法得出评价结果，最后是对评价结果进行分析，给出改进措施。

8.1.1 质量数据

1. 质量数据的基本概念

在质量工程实践过程中，将检测和分析得到的质量特性值用数字记录下来，这些数字称为质量数据。目前，利用质量数据进行科学决策已成为现代质量工程实践的基本特征。

质量数据是描述质量特性满足质量要求程度的数据，产品的质量特性有定性的和定量的两种。对于定性的质量特性一般是用文字进行说明，通常不规定具体的质量特性值，比如产品的外形是否美观、操作是否方便等，主要靠人的感觉来判断。对于定量的质量特性，通常都规定有具体的质量特性值，比如，尺寸精度、表面粗糙度、硬度、噪声等。在现代质量工程中，定量质量指标与定性质量指标相比更易于比较，更易于判断产品质量是否合格或确定产品的质量水平。

根据定量数据的表达形式，定量质量数据又可以分成两大类：计量值数据和计数值数据。

① 计量值数据是指可以用仪器测量的连续性数据，如长度、强度、温度、硬度、重量、压力、时间、成分等。

② 计数值数据是指不能连续取值的，只能用自然数表示的数据，如合格品件数、废品数、疵点数等。

对于计数值数据，还可进一步细分为计件值数据和计点值数据。计件值数据是按产品个数计数的数据，如合格品件数、废品件数等；计点值数据是按点计数的数据，如铸件表面的缺陷数、气孔数等。

2. 质量数据的统计规律性

质量数据的分散性和集中性统称为数据的"统计规律性"。在产品生产过程中，如果掌握了质量数据的统计规律性并将其应用于质量工程中，就可以经济地控制产品的质量。

实践表明，在生产过程中，即使同一名工人在同一台设备上，用同一种原材料，采用相同的加工方法加工出的同一批产品，其质量数据也并非完全相同。例如，同一批机械加工零件的几何尺寸不可能完全相同，同一批材料的力学性能也不完全一样。这些事实说明，质量数据具有分散的基本属性，称为质量数据的分散性。质量数据的分散性是由于生产条件和原材料的内部性质发生变化所造成的。

另一方面，当收集的质量数据足够多时，又会发现这些质量数据在一定范围内围绕在一个中心值周围，越靠近中心值，数据越多；越偏离中心值，数据越少。这反映出质量数据具有集中的属性，这种属性被称之为质量数据的集中性。

3. 收集数据的目的

为了取得高质量的数据，首先要目的明确。搜集数据的目的很多，主要包括：

① 控制生产线。例如，产品尺寸的波动有多大？在装配过程中出现了多少不合格品？药品不纯度达到什么程度？机器出现了多少次故障？打字员出现多少个差错？等等。

② 分析质量。例如，为了调查纱线的不均匀度与纺织机器的测量仪表有什么关系，需要制订试验设计进行试验，对取得的数据加以分析，然后将分析结果写入操作规范和管理规章制度中。

③ 改进质量。例如，对于干燥室的温度进行观测，"温度过高调低些，过低则调高些"，这些就是进行调节温度的数据。规定的数据有测定时间、调节界限、调节量等，通常都在操作规范和管理规章制度中提出要求。

④ 合格判定。例如，逐个测量产品的特性值，把测量结果与规格对比，判定产品中的合格品与不合格品，这就是用于检查的数据。此外，为了判定批量产品合格与不合格，可从批量产品中随机抽取样本，再对样本进行测定，这就是抽样检查的数据。这类检查数据可以反馈给有关部门进行分析和管理。

8.1.2　质量波动

1. 波动概念

在任何一个制造过程中生产的产品，其质量特征总存在着一定的差异，这种差异就称为产品质量特性的波动特性。产生这种差异是因为生产过程中的六大要素，即操作者、设备、材料、工艺方法、测量及环境存在着波动。它们对产品质量的作用是一个极其复杂的过程。质量控制就是要通过搜集数据、整理数据，找出质量波动的规律，把正常的波动控制在最低限度，将造成不正常波动的各种原因消除，采用一定的控制技术与策略使产品质量特征值控制在要求的范围之内。

2. 质量波动性分类

产品的质量波动可分正常波动和异常波动两类。

① 正常波动。产品质量的正常波动又称随机波动，它是由生产过程中的随机因素或偶然因素所引起。如设备的微小振动，原材料的质量波动，环境温度变化等，它们的来源和表现形式多种多样，对产品质量的影响都比较小。随机因素在加工工程中是不可避免的，在生产过程中只存在随机因素影响的状态，称为处于稳定状态或统计控制状态。

② 异常波动。产品的异常波动又称系统波动，它是由生产过程中的系统性因素所引起的。系统性因素的特点是对产品质量变异影响的程度很大，并且质量变异的方向确定，但在过程中出现的时间是不确定的。如混入了不同规格的原材料，设备调整不准确等。在生产过程中存在系统性因素影响的状态，称为非稳定状态或非统计控制状态。

3. 波动原因分类

影响质量的原因称为质量因素。按照不同来源可以把质量因素分为操作人员（Man），设备（Machine），原材料（Material），操作方法（Method），环境（Environment），简称 4M1E，有的还把测量（Measurement）加上，简称 5M1E。

质量因素按影响大小与作用性质，可以分为随机因素与异常因素。

随机因素，具有四个特点：

① 影响微小，即对产品质量的影响微小。

② 始终存在，也就是说，只要一生产，这些因素就始终在起作用。

③ 逐件不同。由于这些因素是随机变化的，所以每件产品受到随机因素的影响是不同的。

④ 不易消除。指在技术上有困难或在经济上不允许。随机因素的例子很多,例如,机床开动时轻微振动,原材料的微小差异,操作的微小差别等等。

异常因素,又称系统因素。与上述随机因素相对应,异常因素也有四个特点:

① 影响较大。即对产品质量的影响大。

② 有时存在。就是说,它是由某种原因所产生的,不是在生产过程中始终存在的。

③ 一系列产品受到同一方向的影响。指加工工件质量指标受到的影响是都变大或都变小。

④ 易于消除或削弱。指这类因素在技术上不难识别和消除,而在经济上也往往是允许的。异常因素的例子也很多:例如,由于固定螺母松动造成机床的较大振动,刀具的严重磨损,违反规程的错误操作等。

随着科学的进步,有些随机因素的影响可以设法减少,甚至基本消除。但从随机因素的整体来看是不可能完全加以消除的。因此,随机因素引起产品质量的随机波动是不可避免的,故对于随机因素不必予以特别处理。

异常因素则不然,它对于产品质量影响较大,造成质量过大的异常波动,以致产品质量不合格,同时它也不难加以消除。因此,在生产过程中异常因素是注意的对象。只要一旦发现产品质量有异常波动,就应尽快找出其异常因素,加以排除,并采取措施使之不再出现。

8.2 定量分析方法

8.2.1 直方图

1. 直方图的概念

直方图又称质量分布图,是通过对测定或收集来的数据加以整理,来判断和预测生产过程质量和不合格品率的一种常用工具。

直方图法适用于对大量计量值数据进行整理加工,找出其统计规律,分析数据分布的形态,以便对其总体的分布特征进行分析。直方图的基本图形为直角坐标系下若干依照顺序排列的矩形,各矩形底边相等称为数据区间,矩形的高为数据落入各相应区间的频数。

在生产实践中,尽管我们收集到的各种数据含义不同、种类有别,但都具有这样一个基本特征:它们毫无例外的都具有分散性,即它们之间参差不齐。例如,同一批机加工零件的几何尺寸不可能完全相等;同一批材料的机械性能各有差异;同一根金属软管各段的疲劳寿命互不相同,等等。数据的分散性乃产品质量本身的差异所致,是由生产过程中条件变化和各种误差造成的,即使条件相同、原料均匀、操作谨慎,生产出来的产品质量数据也不会完全一致。但是这仅是数据特征的一个方面,另一方面,如果收集数据的方法恰当,收集的数据又足够的多,经过仔细观察或适当整理,可以看出这些数据并不是杂乱无章的,而是呈现出一定的规律性。要找出数据的这种规律性,最好的办法就是通过对数据的整理做出直方图,通过直方图可以了解到产品质量的分布状况、平均水平和分散程度。这有助于判断生产过程是否稳定正常，分析产生产品质量问题的原因，预测产品的不合格品率，提出提高质量的改进措施。

2. 直方图的作图步骤

(1) 收集数据

收集数据就是随机抽取 50 个以上的质量特性数据，而且数据越多作直方图效果越好。表 8-1是收集到的某产品的质量特性数据，其样本大小为 $n=100$。

表 8-1　质量特性实测数据表

行＼列	1	2	3	4	5	6	7	8	9	10
1	61	55	58	39	49	55	50	55	55	50
2	44	38	50	48	53	50	50	50	50	52
3	48	52	52	52	48	55	45	49	50	54
4	45	50	55	51	48	54	53	55	60	55
5	56	43	47	50	50	50	57	47	40	43
6	54	53	45	43	48	43	45	43	53	53
7	49	47	48	40	48	45	47	52	48	50
8	47	48	54	50	47	49	50	55	51	43
9	45	54	55	55	47	63	50	49	55	60
10	45	52	47	55	55	56	50	46	45	47

(2) 找出数据中的最大值、最小值并计算极差值

数据中的最大值用 $x_{\max}$ 表示，最小值用 $x_{\min}$ 表示，极差用 R 表示。根据表 8-1 中的数据可知，$x_{\max}=63$，$x_{\min}=38$，$R=x_{\max}-x_{\min}=25$。

(3) 确定组数和组距

组数一般用 k 表示，组距一般用 h 表示。根据数据的个数进行分组，分组多少的一般原则是数据在 50 以内的分 5～7 组，50～100 分 7～10 组，100～250 分 10～20 组。一般情况下，正态分布为对称形，故常取 k 为奇数，本例可分 9 组，即 $k=9$。

组距就是组与组之间的间隔，等于极差除以组数，即

$$h=\frac{x_{\max}-x_{\min}}{k}=\frac{63-38}{9}=2.78\approx 3$$

(4) 确定组限值

组的上、下界限值称为组限值。由全部数据的下端开始，每加一次组距就可以构成一个组的界限，第一组的上限值就是第二组的下限值，第二组的下限值加上组距就是第二组的上限值。在划分组限前，必须明确端点的归属。故在决定组限前，只要比原始数据中的有效数字的

位数多取一位,则不存在端点数据的归属问题。本例最小值为 38,则第一组的组限值应该为(37.5, 40.5),以后每组的组限值依次类推。

(5) 计算各组的组中值

组中值就是处于各组中心位置的数值,其计算公式为

$$组中值 = (组下限 + 组上限)/2$$

比如,第一组的组中值为(37.5+40.5) /2=39,依次类推。

(6) 统计各组频数及频率

频数就是实测数据中处在各组中的个数,频率就是各组频数占样本大小的比重。统计结果如表 8-2 所列。

表 8-2 频数统计表

组 号	组界限	组中值	频 数	累计频数	累计频率/%
1	37.5～40.5	39	3	3	3
2	40.5～43.5	42	7	10	10
3	43.5～46.5	45	10	20	20
4	46.5～49.5	48	23	43	43
5	49.5～52.5	51	25	68	68
6	52.5～55.5	54	24	92	92
7	55.5～58.5	57	4	96	96
8	58.5～61.5	60	3	99	99
9	61.5～64.5	63	1	100	100

(7) 画直方图

以各组序号为横坐标,频数为纵坐标,组成直角坐标系,以各组的频数多少为高度作一系列直方形,即可得到直方图,如图 8-1 所示。

3. 直方图的几种典型形状

直方图能比较形象、直观、清晰地反映产品质量分布情况。观察直方图时,应该着眼于整个图形的形态,对于局部的参差不齐不必计较。根据形状判断它是正常型还是异常型,如果是异常型,还要进一步判断它是哪种类型,以便分析原因,采取措施。常见的直方图形状大体有 8 种,如图 8-2 所示。

对称形,见图 8-2(a)。对称形直方图是

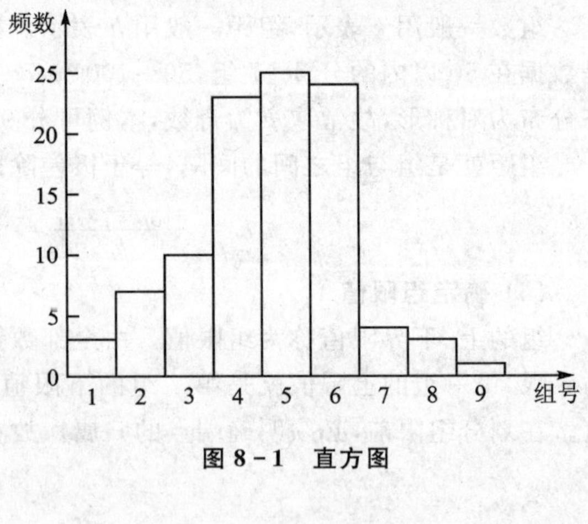

图 8-1 直方图

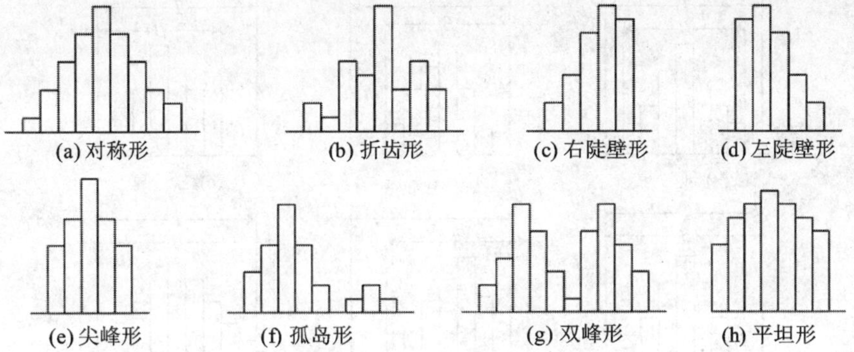

图 8－2　直方图的典型形状

中间高、两边低、左右基本对称，符合正态分布。这是从稳定正常的工序中得到的数据做成的直方图，这说明过程处于稳定状态（统计控制状态）。

折齿形，见图 8－2(b)。折齿形直方图像折了齿的梳子，出现凹凸不平的形状，这多数是因为测量方法或读数有问题，也可能是作图时数据分组不当引起的。

陡壁形，见图 8－2(c)和(d)。陡壁形直方图像高山陡壁，向一边倾斜，一般在产品质量较差时，为得到符合标准的产品，需要进行全数检验来剔除不合格品。当用剔除了不合格品后的产品数据作直方图时，容易产生这种类型。

尖峰形，见图 8－2(e)。尖峰形直方图的形状与对称形差不多，只是整体形状比较单薄，这种直方图也是从稳定正常的工序中得到的数据做成的直方图，这说明过程处于稳定状态。

孤岛形，见图 8－2(f)。孤岛形直方图旁边有孤立的小岛出现。原材料发生变化，刀具严重磨损，测量仪器出现系统偏差，短期内由不熟练工人替班等原因，容易产生这种情况。

双峰形，见图 8－2(g)。双峰形直方图中出现了两个峰，这往往是由于将不同原料、不同机床、不同工人、不同操作方法等加工的产品混在一起所造成的。此时应进行分层。

平坦形，见图 8－2(h)。平坦形直方图没有突出的顶峰，顶部近乎平顶，这可能是由于多种分布混在一起，或生产过程中某种缓慢的倾向在起作用。如工具的磨损，操作者的疲劳的影响，质量指标在某个区间中均匀变化。

4. 直方图与标准界限比较

将直方图和公差对比来观察直方图大致有以下几种情况，如图 8－3 所示。

如图 8－3(a)所示，直方图的分布范围 B 位于标准范围 T 内且略有余量，直方图的分布中心（平均值）与公差中心近似重合，这是一种理想的直方图。此时，全部产品合格，工序处于控制状态。

如图 8－3(b)、(c)所示，直方图的分布范围 B 虽然也位于公差 T 内，且也是略有余量，但是分布中心偏移标准中心。此时，如果工序状态稍有变化，产品就可能超差，出现不合格品。

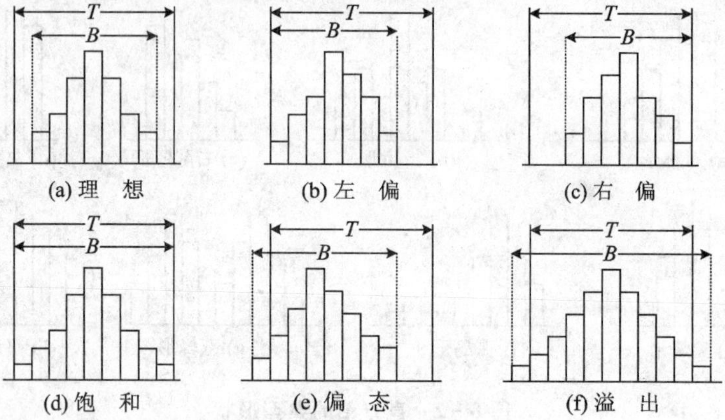

图 8－3　直方图与公差对比

因此，需要采取措施，使得分布中心尽量与标准中心重合。

如图 8－3(d)所示，直方图的分布范围 B 位于公差 T 范围之内，中心也重合，但是完全没有余地，此时平均值稍有偏移便会出现不合格品，应及时采取措施减少分散。

如图 8－3(e)所示，直方图的分布范围 B 偏离公差 T 中心，过分地偏离公差范围，已明显看出超差。此时应该调整分布中心，使其接近标准中心。

如图 8－3(f)所示，直方图的分布范围 B 超出公差 T，两边产生了超差此时已出现不合格品，应该采取技术措施，提高加工精度，缩小产品质量分散，如属标准定得不合理，又为质量要求所允许，可以放宽标准范围，以减少经济损失。

另外，还可能有一种情况，直方图的分布范围 B 位于公差 T 范围之内，且中心重合，但是如果两者相差太多，也不是很适宜。此时，可以对原材料、设备、工艺等适当放宽要求或缩小公差范围，以提高生产速度，降低生产成本。

8.2.2　排列图

排列图(Pareto chart)又叫帕累托(Pareto)图，排列图的全称是主次因素分析图，它是将质量改进项目从最重要到最次要进行排列而采用的一种简单的图示技术。排列图建立在帕累托原理的基础上，帕累托原理是 19 世纪意大利经济学家在分析社会财富的分布状况时发现的：国家财富的 80％掌握在 20％的人的手中，这种 80％～20％的关系，即是帕累托原理。我们可以从生活中的许多事件得到印证：生产线上 80％的故障，发生在 20％的机器上；企业中由员工引起的问题当中 80％是由 20％的员工所引起的；80％的结果，归结于 20％的原因。如果我们能够知道，产生 80％收益的，究竟是哪 20％的关键付出，那么我们就能事半功倍了。这就是所谓的"关键的少数和次要的多数"关系。

后来，美国质量管理专家朱兰(Juran)把帕累托的这种关系应用到质量管理中，发现尽管影响产品质量的因素有许许多多，但关键的因素往往只是少数几项，它们造成的不合格品占总数的绝大多数。在质量管理中运用排列图，就是根据“关键的少数和次要的多数”的原理，对有关产品质量的数据进行分类排列，用图形表明影响产品质量的关键所在，从而便可知道哪个因素对质量的影响最大，改善质量的工作应从哪里入手解决问题最为有效，经济效果最好。

1. 绘图步骤

排列图由两个纵坐标，一个横坐标，几个直方图和一条曲线组成。如图 8-4 所示，左边的纵坐标表示频数，右边的纵坐标表示累计百分数，横坐标表示影响产品质量的各个因素，按影响程度的大小从左至右排列；直方形的高度表示某个因素影响的大小；曲线表示各因素影响大小的累计百分数，这条曲线称为帕累托曲线。通常将累计百分数分为三个等级，累计百分数在 0%～80%的因素为 A 类，显然它是主要因素；累计百分数在 80%～90%的因素为 B 类，是次要因素；累计百分数在 90%～100%的为 C 类，在这一区间的因素为一般因素。

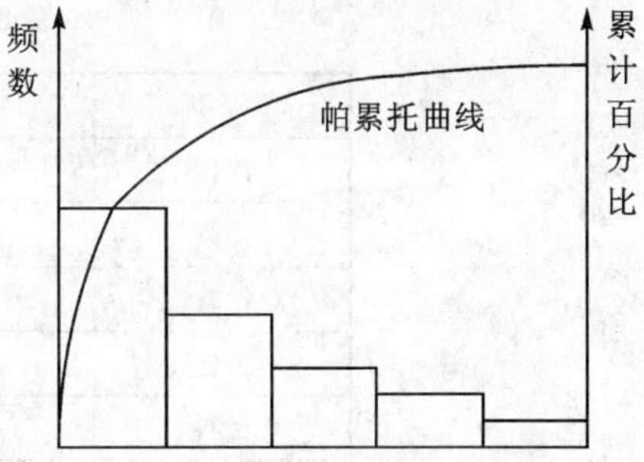

图 8-4　排列图的形式

下面举例说明排列图。

例 8-1　对某产品进行质量检验，并对其中的不合格品进行原因分析，共检查了 7 批，对每一件不合格品分析原因后列在表 8-3 中。

表 8-3　不合格原因调查表

批　号	检查数	不合格品数	产生不合格品的原因					
			操　作	设　备	工　具	工　艺	材　料	其　他
1	5000	16	7	6	0	3	0	0
2	5000	88	36	8	16	14	9	5
3	5000	71	25	11	21	4	8	2
4	5000	12	9	3	0	0	0	0
5	5000	17	13	1	1	1	1	0
6	5000	23	9	6	5	1	0	2
7	5000	19	6	0	13	0	0	0
合计	频数	246	105	35	56	23	18	9
	频率	1.000	0.427	0.142	0.228	0.093	0.073	0.037

解 从表8-3中给出的数据可以看出各种原因造成的不合格品的比例。为了找出产生不合格品的主要原因,需要通过排列图进行分析,具体步骤如下:

1)列频数统计表

将表8-3中的数据按频数或频率大小顺序重新进行排列,最大的排在最上面,其他依次排在下面,“其他”排在最后,然后再加上一列“累积频率”便得到频数统计表,见表8-4。

表8-4 排序后频数统计表

原因	频数	频率	累积频率
操作	105	0.427	0.427
工具	56	0.228	0.655
设备	35	0.142	0.797
工艺	23	0.093	0.890
材料	18	0.073	0.963
其他	9	0.037	1.000
合计	246	1.000	

2)画排列图

在坐标系的横轴上从左到右依次标出各个原因,“其他”这一项放在最后,在坐标系上设置两条纵坐标轴,在左边的纵坐标轴上标上频数,在右边的纵坐标轴的相应位置上标出频率。然后在图上每个原因项的上方画一个矩形,其高度等于相应的频数,宽度相等。然后在每一矩形的上方中间位置上点上一个点,其高度为到该原因为止的累积频数,并从原点开始把这些点连成一条折线,称这条折线为累积频率折线,也叫帕累托曲线,如图8-5所示。

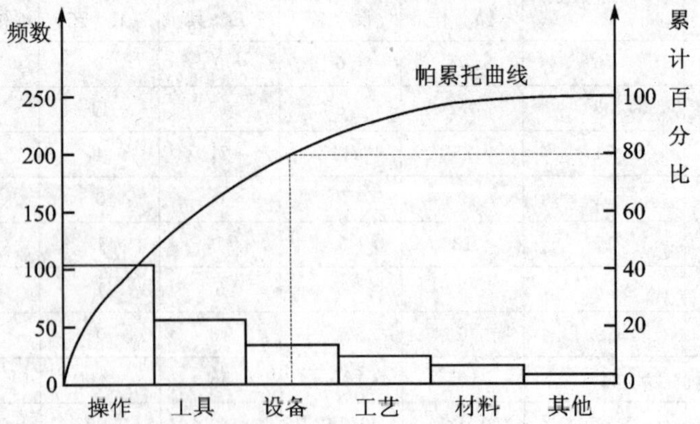

图8-5 排列图示例

3）确定主要原因

根据累积频率在 0%～80%之间的因素为主要因素的原则，可以在频率为 80%处画一条水平线，在该水平线以下的折线部分对应的原因便是主要因素。从图 8-6 可以看出，造成不合格品的主要原因是操作、工具与设备，要减少不合格品应该从这三个方面着手。

2. 应　用

排列图不仅可以用来分析产品质量问题的原因，也可以用排列图解决其他问题。例如，排列图可以用来分析产品的主要缺陷形式，进行成本分析时确定经济损失的主次关系等。

8.2.3　散布图

两种对应数据之间有无相关性、相关性程度多大，只从数据表中观察很难得出正确的结论。如果借助于图形就能直观地反映数据之间的关系，散布图就有这种功能。

散布图，又称相关图，是描绘两种质量特性值之间相关关系的分布状态的图形，即将一对数据看成直角坐标系中的一个点，多对数据得到多个点组成的图形即为散布图，如图 8-6 所示。

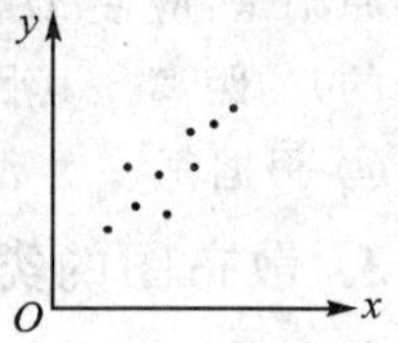

图 8-6　散布图

1. 相关关系

一切客观事物总是相互联系的，每一事物都与它周围的其他事物相互联系，互相影响。产品质量特性与影响质量特性的诸因素之间，一种特性与另一种特性之间也是相互联系，相互制约的。反映到数量上，就是变量之间存在着一定的关系。这种关系一般说来可分为确定性关系和非确定性关系。

所谓确定性关系，是指变量之间可以用数学公式确切地表示出来，也就是由一个自变量可以确切地计算出唯一的一个因变量，这种关系就是确定性关系。比如电子学中欧姆定律就是确定性关系 $V=I\times R$（V 为电压，R 为电阻，I 为电流），如果电路中电阻值 R 一定，要求该电路必须保证电压在一定范围。此时，可以不直接测量电压 V，只要测量电流 I，并加以控制就可以达到目的。

但是，在另外一些情况下，变量之间的关系并没有这么简单。例如，人的体重与身高之间有一定的关系。不同身高的人有不同的体重，但即使是相同身高的人，体重也不尽相同。原来身高与体重还受年龄、性别、体质等因素的制约。所以相同身高的人体重也不尽相同。它们之间不存在确定的函数关系。质量特性与因素之间的关系几乎都有类似的情形。例如炼钢时，钢液含碳量与冶炼时间这两个变量之间，就不存在确定性关系。对于相同的含碳量，在不同的炉次中，冶炼的时间并不一样。同样，冶炼时间相同的两炉钢，初始的含碳量一般也不相同。这是因为冶炼时间并不单由初始含碳量一个因素决定，钢水温度以及各种工艺因素都可以使冶炼时间延长或缩短。

在实际中，由于影响一个量的因素通常是很多的，其中有些是人们一时还没有认识或掌握的，再加上随机误差的存在，所有这些因素的综合作用，就造成了变量之间关系的不确定性。通常，产品特性与工艺条件之间，试验结果与试验条件之间，也都存在非确定性关系。我们把变量之间这种既有关，但又不能由一个或几个变量去完全或唯一确定另一个变量的这种关系，称为相关关系。

2. 散布图做法

① 选定对象。可以选择质量特性值与因素之间的关系，也可以选择质量特性与质量特性值之间的关系，或者是因素与因素之间的关系。

② 收集数据。一般需要收集成对的数据 30 组以上。数据必须是一一对应的，没有对应关系的数据不能用来做相关图。

③ 画出横坐标 x 与纵坐标 y，填上特性值标度。一般横坐标表示原因特性，纵坐标表示结果特性。进行坐标轴的分计标度时，应先求出数据 x 与 y 的各自最大值与最小值。划分间距的原则是：应使 x 最小值至最大值（在 x 轴上的）的距离，大致等于 y 最小值至最大值（在 y 轴上的）的距离。其目的是为了防止判断的错误。

④ 根据每一对数据的数值逐个画出各组数据的坐标点。

3. 散布图的类型

散布图的类型主要是看点的分布状态，判断自变量 x 与因变量 y 有无相关性。两个变量之间的散布图的形状多种多样，归纳起来有 6 种类型，如图 8－7 所示。

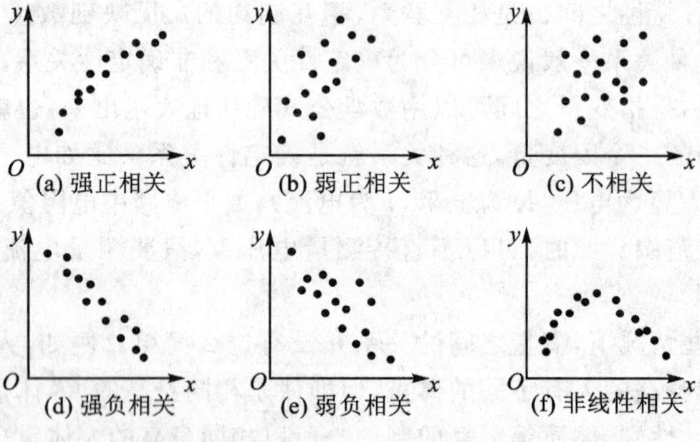

图 8－7　散布图的几种典型形状

① 强正相关的散布图，见图 8－7(a)，其特点是 x 增加，导致 y 明显增加。说明 x 是影响 y 的显著因素，x，y 相关关系明显。

② 弱正相关的散布图，见图 8－7(b)，其特点是 x 增加，也导致 y 增加，但不显著。说明 x 是影响 y 的因素，但不是唯一因素，x，y 之间有一定的相关关系。

③ 不相关的散布图，见图 8－7(c)，其特点是 x 和 y 之间不存在相关关系，说明 x 不是影

响 y 的因素，要控制 y，应寻求其他因素。

④ 强负相关的散布图，见图 8－7(d)，其特点是 x 增加，导致 y 减少，说明 x 是影响 y 的显著因素，x、y 之间相关关系明显。

⑤ 弱负相关的散布图，见图 8－7(e)，其特点是 x 增加，也导致 y 减少，但不显著。说明 x 是影响 y 的因素，但不是唯一因素，x 和 y 之间有一定的相关关系。

⑥ 非线性相关的散布图，见图 8－7(f)，其特点是 x 和 y 之间虽然没有通常所指的那种线性关系，却存在着某种非线性关系。图形说明 x 仍是影响 y 的显著因素。

4. 散布图的相关性检验

两个变量是否存在着线性相关关系，通过画散布图，大致可以做出初步的估计。但实际工作中，由于数据较多，常常会做出误判。因此，还需要相应的检验判断方法。通常采用中值法和相关系数法进行检验。

(1) 中值法

中值法的具体步骤如下：

① 作中值线。在相关图上分别作出两条中值线 A 和 B，使得中值线 A 左右两侧的点数相同，使中值线 B 上下两侧的点数相同，中值线将相关图上的点子划分成了四个区间Ⅰ、Ⅱ、Ⅲ、Ⅳ，如图 8－8 所示。

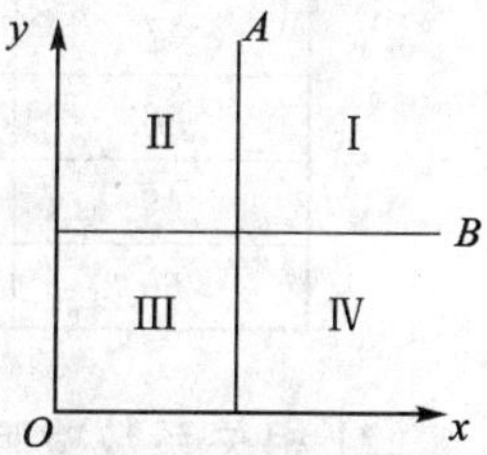

图 8－8　区间划分

② 数点。数出各个区间及线上的点数。例如，有一个用 $N=50$ 组数据做成的散布图，各个区间及线上的点数如表 8－5 所列。

表 8－5　频次统计

区　间	Ⅰ	Ⅱ	Ⅲ	Ⅳ	线　上	合　计
点　数	19	4	20	5	2	50

③ 计算。分别计算两个对角区间的点数和，然后找出两者之间的最小值，作为判定值。

$$n_1 + n_3 = 39, \qquad n_2 + n_4 = 9$$

因此判定值为 9。

④ 查表判定。将计算结果与检定表比较，如果判定值小于临界值，应判为相关，否则为无关。相关检定表如表 8－6 所列。

本例中，由于 $N=50$，落在线上 2 点，因此查 $N=48$ 时的临界值，当显著性为 1% 时临界值为 14，显著性为 5% 时临界值为 16。上面计算得出的判定值均小于临界值，因此判定为两个变量具有相关关系。

表 8-6 相关检定表

N	临界值		N	临界值	
	1%	5%		1%	5%
…	…	…	51	15	18
40	11	13	52	16	18
41	11	13	53	16	18
42	12	14	54	17	19
43	12	14	55	17	19
44	13	15	56	17	20
45	13	15	57	18	20
46	13	15	58	18	21
47	14	16	59	19	21
48	14	16	60	19	21
49	15	17	61	20	22
50	15	17	…	…	…

(2) 相关系数检验法

相关系数是衡量变量之间相关性的特定指标，用 r 表示，它是一个绝对值在 0～1 之间的系数，其值大小反映两个变量相关的密切程度。相关系数有正负号，正号表示正相关，负号表示负相关。

当 x 增加 y 亦随之增加时，$r>0$，是正相关；在 x 增加 y 随之减少时，$r<0$，是负相关。当 r 的绝对值愈接近于 1 时，表明 x 与 y 愈接近线性关系。如果 r 接近于 0 甚至等于 0，只能认为 x 与 y 之间没有线性关系，不能确定 x 与 y 之间是否存在其他关系。

相关系数的计算公式：

$$r=\frac{\sum(x-\bar{x})(y-\bar{y})}{\sqrt{\sum(x-\bar{x})^2\sum(y-\bar{y})^2}}$$

可以分别令

$$L_{xx}=\sum(x-\bar{x})^2=\sum x^2-\frac{1}{n}\left(\sum x\right)^2$$

$$L_{yy}=\sum(y-\bar{y})^2=\sum y^2-\frac{1}{n}\left(\sum y\right)^2$$

$$L_{xy}=\sum(x-\bar{x})(y-\bar{y})=\sum xy-\frac{1}{n}\left(\sum x\right)\left(\sum y\right)$$

则相关系数 r 的简化计算公式为

$$r=\frac{L_{xy}}{\sqrt{L_{xx}L_{yy}}}$$

例 8-2　有数据如表 8-7 所列，试计算相关系数。

表 8-7　数据表

序　号	x	y	x^2	y^2	xy
1	49.2	16.7	2 420.64	278.89	821.64
2	50.0	17.0	2 500.00	289.00	850.00
3	49.3	16.8	2 430.49	282.24	828.24
4	49.0	16.6	2 401.00	275.56	831.40
5	49.0	16.7	2 401.00	278.89	818.30
6	49.5	16.8	2 450.25	282.24	831.60
7	49.8	16.9	2 480.04	285.61	841.62
8	49.9	17.0	2 490.01	289.00	848.30
9	50.2	17.1	2 520.04	289.00	858.42
10	50.2	17.1	2 520.04	292.41	858.42
Σ	496.1	168.6	24 613.51	2 842.84	8 364.92

解　将表 8-7 中的相关数据代入相关系数简化计算公式，即可得

$$r=0.97$$

计算出相关系数以后就可以查相关系数检验表，对计算出的相关系数进行检验。表 8-8 为相关系数检验表，表中 $n-2$ 为自由度，5%、1%为显著性水平。

表 8-8　相关系数检验表

$n-2$	r(5%)	R(1%)	$n-2$	r(5%)	R(1%)
…	…	…	15	0.482	0.606
7	0.666	0.794	16	0.468	0.590
8	0.632	0.765	17	0.456	0.575
9	0.602	0.735	18	0.444	0.561
10	0.576	0.708	19	0.433	0.549
11	0.553	0.684	20	0.423	0.537
12	0.532	0.661	21	0.413	0.526
13	0.514	0.641	22	0.404	0.515
14	0.494	0.623	…	…	…

例 8-2 中有 10 对数据，则从表 8-8 中查出 $n-2=8$ 时临界值 $r_{\alpha}(5\%)=0.632$，因为 $|r|=0.97>0.632$，所以，x 与 y 之间存在着线性相关关系。

8.2.4 分 层

引起质量波动的原因是多种多样的，因此搜集到的质量数据往往带有综合性。为了能真实地反映产品质量波动的实质原因和变化规律，就必须对质量数据进行适当归类和整理。分层法是分析产品质量原因的一种常用的统计方法，它能使杂乱无章的数据和错综复杂的因素系统化和条理化，有利于找出主要的质量原因和采取相应的技术措施。

质量管理中的数据分层就是将数据根据使用目的，按其性质、来源、影响因素等进行分类的方法，把不同材料、不同加工方法、不同加工时间、不同操作人员、不同设备等各种数据加以分类的方法，也就是把性质相同、在同一生产条件下收集到的质量特性数据归为一类。

分层法经常同质量管理中的其他方法一起使用，如将数据分层之后再进行加工整理成分层排列图、分层直方图、分层控制图和分层散布图等。

1. 常用的分层方法

分层法有一个重要的原则，就是使同一层内的数据波动幅度尽可能小，而层与层之间的差别尽可能大，否则就起不到归类汇总的作用。分层的目的不同，分层的标志也不一样。一般说来，分层可采用以下标志：

① 操作人员。可按年龄、工级和性别等分层。

② 机器。可按不同的工艺设备类型、新旧程度、不同的生产线等进行分层。

③ 材料。可按产地、批号、制造厂、规范、成分等分层。

④ 方法。可按不同的工艺要求、操作参数、操作方法和生产速度等进行分类。

⑤ 时间。可按不同的班次、日期等分层。

2. 分层法示例

例 8-3 某柴油机装配厂的气缸体与气缸垫之间经常发生漏油现象，为解决这一质量问题，对该工序进行现场统计。被调查的 50 台柴油机，有 19 台漏油，漏油率为 38%，通过分析，认为造成漏油有两个原因：一是该工序涂密封剂的工人 A、B、C 三人的操作方法有差异；二是气缸垫分别由甲、乙两厂供应，原材料有差异。

解 为了弄清究竟是什么原因造成漏油或找到降低漏油率的方法，将数据进行分层。

首先按工人进行分层，得到的统计情况如表 8-9 所列。

然后，按气缸垫生产厂家进行分层，得到的统计情况如表 8-10 所列。

表 8-9　按操作工人分层统计表

操作者	漏　油	不漏油	漏油率/%
A	6	13	32
B	3	9	25
C	10	9	53
合计	19	31	38

表 8-10　按气缸生产厂家分层统计表

供应厂	漏　油	不漏油	漏油率/%
甲	9	14	39
乙	10	17	37
合计	19	31	38

由表 8-9 和表 8-10 可以得出这样的结论:为降低漏油率,应采用操作者 B 的操作方法,因为操作者 B 的操作方法的漏油率最低;应采用乙厂提供的气缸垫,因为它比甲厂的漏油率低。实际情况是否如此,还需要通过更详细的分层分析下面同时按操作工人和气缸垫生产厂家分层,见表 8-11。

表 8-11　综合分层的统计表

操　作 \ 材　料		气缸垫 甲　厂	气缸垫 乙　厂	合　计
操作者 A	漏油	6	0	6
	不漏油	2	11	13
操作者 B	漏油	0	3	3
	不漏油	5	4	9
操作者 C	漏油	3	7	10
	不漏油	7	2	9
合计	漏油	9	10	19
	不漏油	14	17	31
共计		23	27	50

如果按照上面的结论,采用操作者 B 的操作方法和乙厂的气缸垫的话,漏油率为 3/7=43%,而原来的是 38%,所以漏油率不但没有下降,反而上升了。因此,这样的简单分层是有问题的。正确的方法应该是:

① 当采用甲厂生产的气缸垫时，应推广采用操作者 B 的操作方法。

② 当采用乙厂生产的气垫缸时，应推广采用操作者 A 的操作方法。这时它们的漏油率平均为 0%。因此运用分层法时，不宜简单地按单一因素分层，必须考虑各因素的综合影响效果。

8.2.5 矩阵数据分析

矩阵数据分析是多变量质量分析的一种方法。其基本思路是通过收集大量数据，组成相关矩阵，求出相关数矩阵，以及求出矩阵的特征值和特征向量，确定出第一主要成分，第二主要成分等等。通过变量变换的方法，将众多的线性相关指标转换为少数线性无关的指标（由于线性无关，就使得分析与评价指标变量时，切断相关的干扰，找出主导因素，做出更准确的估计），就显示出其应用价值。这样就找出了进行研究攻关的主要目标或因素。

矩阵数据分析法可以应用于市场调查，新产品开发、规划和研究，以及工艺分析等质量需求调研方面，其主要用途有以下几方面：

① 根据市场调查的数据资料，分析用户对产品质量的期望；

② 分析由大量数据组成的不良因素；

③ 分析复杂因素相互交织在一起的工序；

④ 把功能特性分类体系化；

⑤ 进行复杂的质量评价；

⑥ 分析曲线的对应数据。

矩阵数据分析法是一种计算工作量相对很大的质量分析方法，下面通过具体实例详细介绍这种质量分析方法。

例 8-4 为了了解消费者对 60 种手机的满意程度调查，评分标准为 1～9 分，即最喜欢的评 9 分，最不喜欢的评 1 分。将调查人群分为 10 组，每组 50 人，经过统计平均得出局部数据资料，如表 8-12 所列。

表 8-12 局部数据资料统计表

评价分组	手机 1，(X_{1j})	手机 2，(X_{2j})	手机 i，(X_{ij})	手机 60，(X_{60j})
X_1（男 10 岁以下）	6.7	4.3	…	3.4
X_2（男 11～20 岁）	5.4	5.1	…	2.6
X_3（男 21～30 岁）	3.2	4.7	…	5.1
X_4（男 31～40 岁）	4.3	2.3	…	7.6
X_5（男 40 岁以上）	3.1	7.1	…	8.8
X_6（女 10 岁以下）	8.3	8.3	…	7.6
X_7（女 11～20 岁）	6.5	4.5	…	1.5

续表 8 - 12

评价分组	手机 1,(X_{1j})	手机 2,(X_{2j})	手机 i,(X_{ij})	手机 60,(X_{60j})
X_8(女 21～30 岁)	7.0	6.2	…	3.4
X_9(女 31～40 岁)	6.6	6.3	…	6.8
X_{10}(女 40 岁以上)	1.8	9.0	…	4.4

解　所研究的问题是男女及各种年龄对手机的喜好有无差异。若有差异，则应估计出每个年龄组喜欢什么样的手机。从表 8 - 12 中的数据并不能反映出来，因为数据的相关因素太多，并没有达到调查的目的。对表 8 - 12 中数据进行处理，可得相关矩阵(即协方差矩阵)$\boldsymbol{R}=[r_{ij}]$。

$$\overline{X}_j=\frac{1}{60}\sum_{i=1}^{60}X_{ij}\qquad(j=1,2,\cdots,10)$$

$$S_j^2=\frac{1}{60-1}\sum_{i=1}^{60}(X_{ij}-\overline{X}_j)^2\qquad(j=1,2,\cdots,10)$$

$$Y_{ij}=\frac{X_{ij}-\overline{X}_j}{S_j}\qquad(i=1,2,\cdots,60;j=1,2,\cdots,10)$$

$$r_{ij}=\frac{\sum_{k=1}^{60}Y_{ki}\cdot Y_{kj}}{\sqrt{\sum_{k=1}^{60}Y_{ki}^2\cdot\sum_{k=1}^{60}Y_{kj}^2}}\qquad(i=1,2,\cdots,60;j=1,2,\cdots,10)$$

$$\boldsymbol{R}=\begin{bmatrix}1&0.870&0.615&0.432&0.172&0.903&0.811&0.154&0.742&0.330\\&1&0.698&0.640&0.402&0.815&0.678&0.657&0.666&0.330\\&&1&0.524&0.726&0.517&0.838&0.687&0.687&0.558\\&&&1&0.208&0.314&0.658&0.624&0.735&0.457\\&&&&1&0.213&0.345&0.542&0.710&0.634\\&&&&&1&0.889&0.746&0.624&0.745\\&&&&&&1&0.897&0.768&0.486\\&&&&&&&1&0.546&0.773\\&&&&&&&&1&0.901\\&&&&&&&&&1\end{bmatrix}$$

该协方差矩阵实际上是通过对原始数据进行标准化处理后，利用标准化后的样本估计，相对 10 组获得一个对称的协方差矩阵，从而可以通过计算得到反映系统特性的特征根。用计算机求解矩阵 R，得到特征根 λ_i 和相应的特征向量$[a_i]$，由于在所有的特征根 λ_i 中由小到大排列的特征前 3 个的累计贡献率$\left(\sum_{i=1}^{3}\lambda_i\Big/\sum_{i=1}^{n}\lambda_i\right)$为 90.1%，所以取其前 3 位作为主要成分来综合描述原来 10 项分组指标，更能反映人群对手机系列的满意程度。计算结果如表 8-13 所列。

表 8-13　对手机的喜好程度的计算结果

评价分组 \ 特征向量	a_1（第一主要成分）	a_2（第二主要成分）	a_3（第三主要成分）
X_1	0.264	0.371	0.194
X_2	0.331	0.245	0.336
X_3	0.323	−0.166	0.442
X_4	0.239	−0.359	0.375
X_5	0.245	−0.544	0.128
X_6	0.254	0.408	−0.284
X_7	0.344	0.235	−0.127
X_8	0.348	0.032	−0.290
X_9	0.303	−0.164	−0.189
X_{10}	0.411	−0.267	−0.256
特征根 λ_i	6.45	1.64	0.92
贡献率 $\lambda_i/10$	0.645	0.164	0.092
累计贡献率	0.645	0.89	0.901

从表 8-13 中的数据可以反映的是各主要成分的系数，三个主要成分的意义可用特征向量来表示。第一主要成分下有 10 个数值，此即特征向量。各数值表示各观测组同该嗜好类型（主成分）的关系。

第一主要成分下的数值大体相近，而且符号相同，表示不论哪一个年龄组均共同喜欢它。因此，称这个新的综合指标为一般喜好指标。

第二主要成分的特征值从第 1 组到第 5 组变小，第 6 组到第 10 组变小，表示男女各年龄组对嗜好喜欢程度随年龄增长而下降。因此，称这个新的综合指标为年龄影响喜好指标。

第三主要成分中，男性的特征向量为正值，女性为负值，由此看出男女之间的嗜好差别。因此，称该指标为性别影响嗜好指标。

以上分析可以看出，关于手机的喜好调查分析可以用三个综合指标来描述它们的影响率，分别是 64.5%、16.4%和 9.2%，累计贡献率为 90.1%。

更进一步分析，对手机按各种喜好类型来排列。为此，用计算机求得主要成分得分：

$$Z_{mj}=\sum_{i=1}^{10}a_{mi}y_{ij}$$

其中，a_{mi} 为第 m 个主要成分的第 i 个观测组所对应的特征向量值，具体数值表示在表 8-13

中。就 $m=1,2,3$ 的各主要成分，求得各手机的 $j=1,2,\cdots,60$ 时的主要成分得分，且将第一主要成分与第二主要成分的得分分别表示在横、纵坐标轴上。横轴正方向表示一般喜欢的手机，负方向表示不太喜欢的手机；纵轴正方向表示年轻人喜好的手机，负方向表示不太喜欢的手机。若将第一主要成分与第二主要成分的得分描在图中，可以得到一般嗜好和老少嗜好值相区别的情况。同理，也可以分析第三主要成分的信息。

矩阵数据分析法就是利用主成分分析法来整理矩阵数据，并借助计算机从原始数据中获得许多有益的信息。

8.2.6　调查表

调查表又称检查表、统计分析表，是一种收集整理数据和粗略分析质量原因的工具，是为了调查客观事物、产品和工作质量，或为了分层收集数据而设计的图表，即把产品可能出现的情况及其分类预先列成统计调查表，在检查产品时只需在相应分类中进行统计，并可从调查表中进行粗略的整理和简单的原因分析，为下一步的统计分析与判断质量状况创造良好条件。

为了能够获得良好的效果、可比性和准确性，调查表格设计应简单明了，突出重点，填写方便，符号好记；填写好的调查表要定时、准时更换并保存，数据要便于加工整理，分析整理后及时反馈。常用的调查表有如下三类：

1. 不良品调查表

不良品是指产品生产过程中不符合图纸、工艺规程和技术标准的不合格品和缺陷品的总称，它包括废品、返修品和次品。不良品检查表有三种，第一种是调查不良品的原因，第二种是调查不良品项目，第三种是不良品的类型调查表。

(1) 不良品原因调查表

为了调查不良品原因，通常把有关原因的数据与其结果的数据一一对应的收集起来。记录前应明确检验内容和抽查间隔，由操作者、检查员、班组长共同执行抽检的标准和规定。以下是某车间机械零件不良品原因调查表，如表 8－14 所列。

表 8－14　不良品原因调查表

序　号	抽样数	不良品数	批不良品率/%	不良品原因					
				操作不慎	机床原因	刀具影响	工　艺	材　料	其　他
1	1 000	3	0.3	1	1			1	
2	1 000	2	0.2	1		1			
3	1 000	3	0.3		2			1	
4	1 000	4	0.4	1			2		1
5	1 000	2	0.2	1				1	

续表 8-14

序　号	抽样数	不良品数	批不良品率/%	不良品原因					
				操作不慎	机床原因	刀具影响	工　艺	材　料	其　他
6	1 000	1	0.1			1			
7	1 000	2	0.2		1	1			
合计	7 000	17	0.243	4	4	3	2	3	1

(2) 不良品项目调查表

一个工序或一种产品不能满足标准要求的质量项目，叫做不良品项目。为了减少生产中出现的各种不良品，需要了解发生了哪些项目不合格以及各种不合格项目所占的比例有多大。为此，可采用不合格项目调查表，不合格项目调查表主要用来调查生产现场不合格品项目频数和不合格品率，以便用于排列图等分析研究。

下面是某合成树脂成型工序的不良品项目调查表。对 114 件不良品进行了调查，调查结果如表 8-15 所列。当发生不良品项目时，操作人员就在相应栏内画上一调查符号。一天工作完了，发生哪些不良品项目以及各种不合格项目发生了多少便知道了，这等于指出了改进质量的方向。显然，发生不合格较多的项目应予以优先考虑进行改进。

表 8-15　不良品项目调查表

不良品项目	不良品个数	合　计
表面缺陷	正正正正正正丁	32
砂眼	正正正正	20
加工不合格	正正正正正正正正正正	50
形状不合格	正	5
其他	正丁	7
合计		114

(3) 不良品类型调查表

为了调查生产过程中出现了哪些不良品以及各种不良品的比例，可采用不良品类型调查表，表 8-16 就是一个不良品类型调查表。

表 8-16　不良品类型调查表

序　号	成品数	不良品数	不良品类型		
			废品数	次品数	返修品数
1	1 000	8	3	4	1
2	1 000	9	2	3	4

续表 8－16

序　号	成品数	不良品数	不良品类型		
			废品数	次品数	返修品数
3	1 000	7	2	2	3
4	1 000	8	1	3	4
5	1 000	7	1	2	4
合计	5 000	39	9	14	16

2. 缺陷位置调查表

在很多产品中都会存在“气孔”、“疵点”、“碰伤”、“砂眼”、“脏污”、“色斑”等外观质量缺陷，一般采用缺陷位置调查表比较好，这种调查表多是画成示意图或展开图，每当发生缺陷时，将其发生位置标记在图上。

这种调查分析的做法是：

① 画出产品示意图或展开图，并规定不同的外观质量缺陷的表示符号；

② 逐一检查样本，把发现的缺陷，按规定的符号在同一张示意图中的相应位置上表示出来。

这样，这张缺陷位置调查表就记录了这一阶段样本的所有缺陷的分布位置、数量和集中部位，便于进一步发现问题，分析原因，采取改进措施。

缺陷位置调查表可用来记录、统计、分析不同类型的外观质量缺陷所发生的部位和密集程度，进而从中找出规律性，为进一步调查或找出解决问题的办法提供事实依据，缺陷位置调查表是工序质量分析中常用的方法。掌握缺陷发生之处的规律，可以进一步分析为什么缺陷会集中在某一区域，从而追寻原因，采取对策，能更好地解决出现的质量问题。

3. 质量分布调查表

质量分布调查表是对计量值数据进行现场调查的有效工具。了解工序某质量指标的分布状态以及与标准的关系，可用质量分布调查表。这是根据以往的资料，将某一质量特性项目的数据分布范围分成若干区间而制成的表格，用以记录和统计每一质量特性数据在某一区间的频数。

从表格形式看，质量分布调查表与直方图的频数分布表相似。所不同的是，质量分布调查表的区间范围是根据以往的资料，首先划分区间范围，然后制成表格，以供现场调查记录数据；而频数分布表则是首先收集数据，再适当划分区间，然后制成图表，以供分析现场质量分布状况之用。

做完调查表就可研究工序质量分布状态，如果分布不是所期望的类型或出现异常状态，那么就要查明原因，采取必要的措施以便求得改进。

8.3 定性分析方法

8.3.1 因果图

1. 因果图的概念

质量管理的目的是减少不合格品，保证和提高产品质量，降低成本和提高效率，控制产品质量和工作质量的波动以提高经济效益。但是在实际设计、生产和各项工作中，常常出现质量问题，为了解决这些问题，就需要查找原因，考察对策，采取措施，解决问题。影响产品质量的原因，有时是多种多样、错综复杂的，概括起来，有两种互为依存的关系，即平行关系和因果关系。如能找到质量问题的主要原因，便可针对这种原因采取措施，使质量问题迅速得到解决。假如这些问题能用排列图定量地加以分析，这当然很好，但是有时存在困难，例如，很难把引起质量问题的各种原因的单独影响区分开来，因为它们的作用往往是交织在一起的。因果图是用来分析影响产品质量各种原因的一种有效的定性分析方法。

因果图是以结果为特性，以原因作为因素，在它们之间用箭头联系起来，表示因果关系的图形。又叫特性因果图，或形象地称为树枝图或鱼刺图，是由日本质量管理学者石川馨(Kaoru Ishikawa)在1943年提出的，所以也称为石川图。

因果图是利用头脑风暴法的原理，集思广益，寻找影响质量、时间、成本等问题的潜在因素，是从产生问题的结果出发，首先找出产生问题的大原因，然后再通过大原因找出中原因，再进一步找出小原因，以此类推下去，步步深入，一直找到能够采取措施为止。

2. 因果图的做法

通过实例介绍因果图的具体画法。

例8-5 某雷达总装过程焊缝质量未达到预定标准，希望通过因果图找出导致焊缝质量不合格的原因，以便采取针对性措施加以解决。

解 第1步，确定待分析的质量问题，将其写在右侧的方框内，画出主干，箭头指向右端。确定焊缝质量不合格作为此问题的特性，在它的左侧画一个自左向右的粗箭头，如图8-9所示。

第2步，确定该问题中影响质量原因的分类方法。一般分析工序质量问题，常按其影响因素：人、机、料、法、环五大因素，造成焊缝质量不合格的原因可以具体分成使用人员、设备、材料、环境及工艺五大类，用中箭头表示。

第3步，将各分类项目分别展开，每个中枝表示各项目中造成质量问题的一个原因。作图时，中枝平行于主干，箭头指向大枝，将原因记在中枝上下方。

第4步，对于每个中枝的箭头所代表的一类因素进一步分析，找出导致它们质量不好的原因，逐类细分，用粗细不同，长短不一的箭头表示，直到能具体采取措施为止。

第 5 步，分析图上标出的原因是否有遗漏，找出主要原因，画上方框，作为质量改进的重点。

第 6 步，注明因果图的名称、绘图者、绘图时间、参与分析人员等。

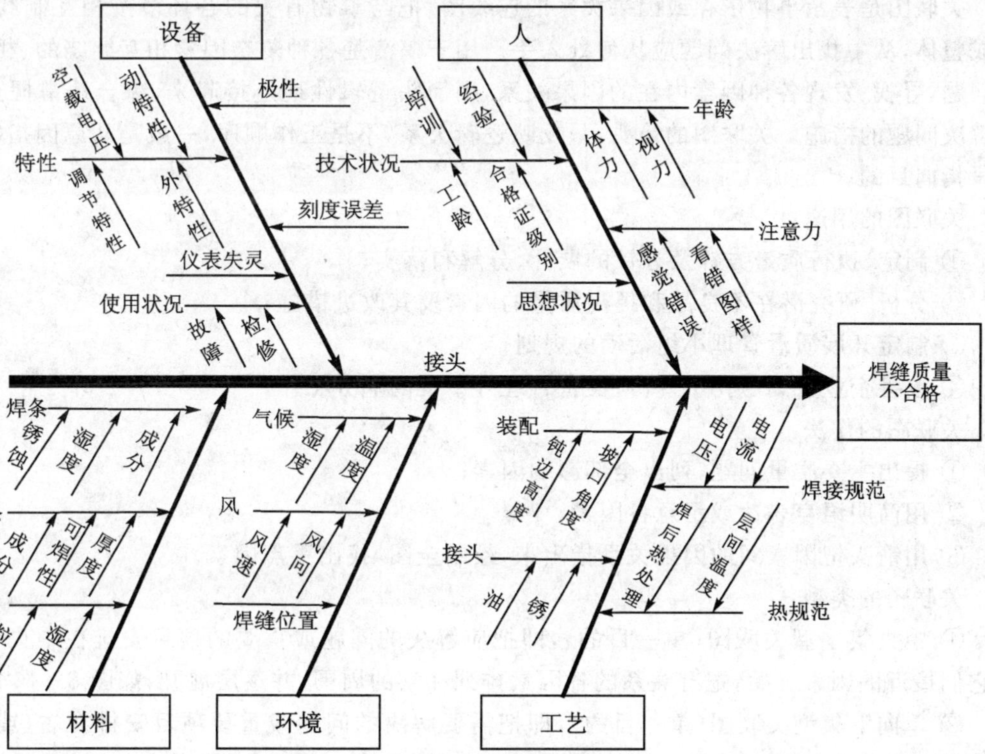

图 8－9　焊缝质量不合格的因果图

3. 画因果图应注意的事项

① 画因果图时一般广泛收集数据，充分发扬民主，畅所欲言，各抒己见，集思广益，把每个人的意见都一一记录在图上。

② 确定要分析的主要质量问题（特性），不能笼统，要具体，不宜在一张图上分析若干个主要质量问题。也就是说，一个主要质量问题只能画一张图，多个质量问题则应画多张因果图。总之，因果图只能用于单一问题的研究分析。

③ 因果关系的层次要分明。最高层次的原因应寻求到可以直接采取措施为止。

④ 主要原因一定要确定在末端因素上，而不应确定在中间过程上。

⑤ 主要原因可用排列图、投票或试验验证等方法确定，然后加以标记。

⑥ 画出因果图后，就要针对主要原因列出对策表，包括原因、改进项目、措施、负责人、进

度要求、效果检查和存在问题等。

8.3.2 关联图

关联图是表示事物依存或因果关系的连线图，把与事物有关的各环节按相互制约的关系连成整体，从中找出解决问题应从何处入手。用于搞清楚各种复杂因素相互缠绕的、相互牵连的问题，寻找、发现各种因素内在的因果关系，用箭头逻辑性地连接起来，综合地掌握全貌，找出解决问题的措施。关联图的箭头，只反映逻辑关系，不是工作顺序，一般是从原因指向结果，手段指向目的。

关联图的用途：

① 制定、执行质量方针及方针的展开、分解和落实；

② 分析、研究潜在不良品和提高质量的因素及其改进措施；

③ 制定开展质量管理小组活动的规划；

④ 改善企业劳动、财务、外协、设备管理等不良的业务工作。

关联图的作法：

① 提出主要质量问题，列出全部影响因素；

② 用简明语言表达或示意各因素；

③ 用箭头把因素间的因果关系指出来，绘制全图，找出重点因素。

关联图的类型：

① 中央集中型关联图（单一目的），即把应解决的问题或重要的项目安排在中央位置，从和它们最近的因素开始，把有关系的各因素排列在它的周围，并逐层展开，如图 8－10 所示。

② 单向汇集型关联图（单一目的），即把需要解决的问题或重要项目安排在右（或左）侧，与其相关联的各因素，按主要因果关系和层次顺序从右（左或）侧向左（或右）侧排列，如图 8－11所示。

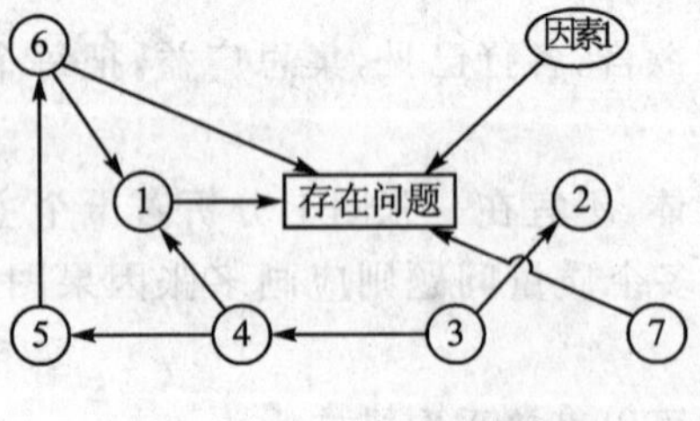

图 8－10 中央集中型关联图

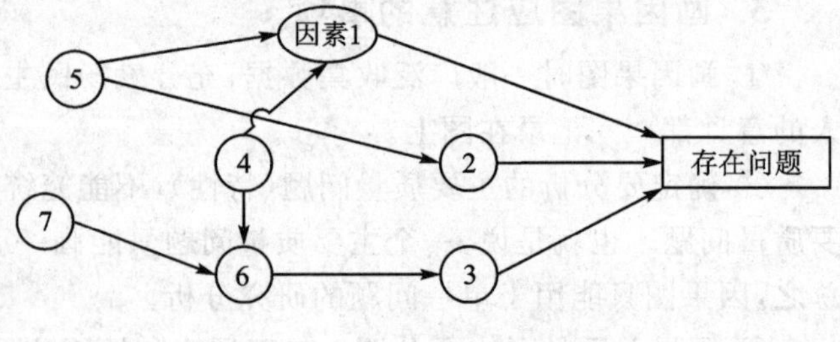

图 8－11 单向汇集型关联图

③ 关系表示型关联图（多目的），主要用来表示各因素间的因果关系，因此在排列上比较自由灵活，如图 8－12 所示。

关联图的优点：

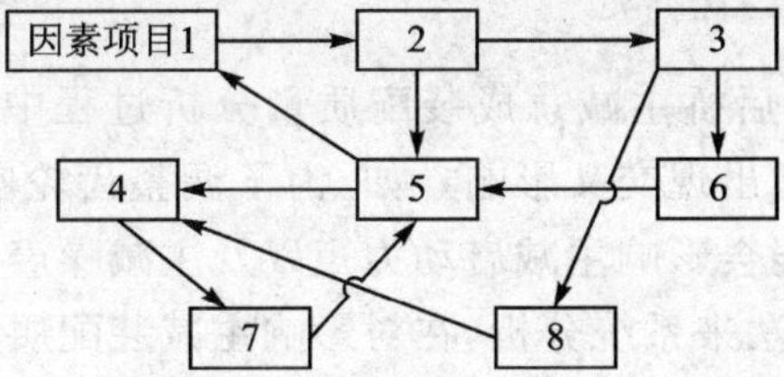

图 8-12　关系表示型关联图

① 从整体出发，从混杂、复杂中找出重点；
② 明确相互关系，并加以协调；
③ 把个人的意见、看法照原样记入图中；
④ 多次绘图，了解过程、关键和依据；
⑤ 用关联图表达看法，容易理解；
⑥ 整体和各因素之间的关系一目了然；
⑦ 可绘入措施及其结果。

关联图的缺点：
① 同一问题，图形、结论可能不一致；
② 表达不同，箭头可能有时与原意相反；
③ 比较费时间；
④ 开头较难，不易很快取得实效。

1. 关联图与因果图的比较

关联图与因果图的主要区别：因果图以研究因素对质量之间纵向的关系为主，以质量问题为主干，对各影响因素逐项整理出它们之间的因果关系；而关联图是以分析因素之间横向关系为主，找出各因素之间的关联程度，从而达到解决质量问题的目的，具体见表 8-17。

表 8-17　关联图与因果图的对比表

因果图	关联图
只限因果关系，从因果关系入手	一切关系，从整体部署，全局观点
只限一个问题，箭头方向一致	多个问题，箭头方向不变，并可扩散
箭头不可逆，一因素一箭头	箭头可逆，一因素可有多箭头
短期基本不变	动态，不断变化
一般措施前、后各绘制一次	多次分析研究绘制
措施不绘入	多考虑措施及其结果

2. 关联图示例

例 8-6 在某重型卡车后桥主减总成装配质量分析过程中，由于装配过程复杂，影响装配质量的因素较多，而且经常出现交叉影响。如：为了调整齿轮啮合斑点要改变主被齿位置，而改变了主被齿位置，就可能会影响主减启动力矩以及主减噪声。

解 项目组借助关联图法来系统分析，在对影响主减装配质量问题进行总结的基础上，最后形成图 8-13 所示的关联图形式表达出来，为解决这一问题提供了必要的支持。

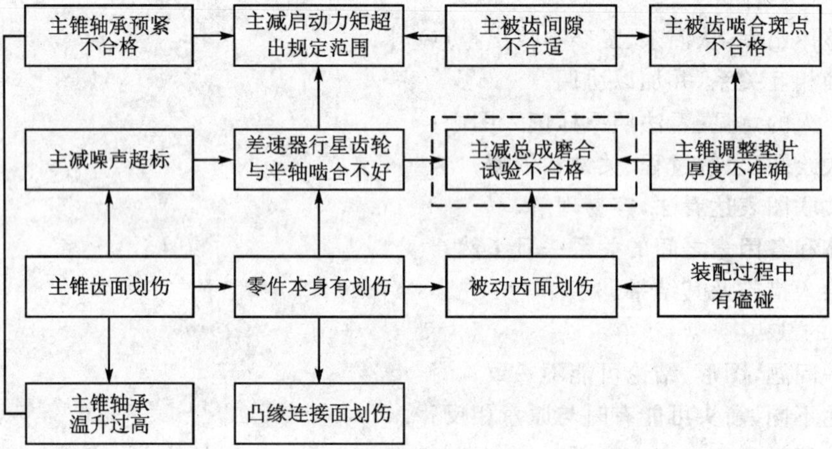

图 8-13 主减总成装配质量关联图

习　题

8-1 排列图、因果图的作用是什么？二者的异同点是什么？

8-2 分层法主要解决什么问题？如何应用？

8-3 什么是直方图？其作用如何？怎样观察和使用直方图？

8-4 某精密铸造机匣小组一周的质量不良项目有：表面疵点、气孔、未充满、形状不佳、尺寸超差及其他等项，其缺陷记录表如表所列：

缺陷项目	频数/个	频率/%	累计频率/%	缺陷项目	频数/个	频率/%	累计频率/%
疵点	51			尺寸超差	15		
气孔	28			其他	10		
未充满	23			合计	144		
形状不佳	17						

试进行计算并作排列图。

8－5　某厂生产某零件，技术标准要求公差范围为 225±15 mm，经随机抽样得到 100 个数据如表所列：

203	204	205	206	206	207	207	208	208	209
208	210	210	210	211	211	211	211	212	212
213	213	213	213	214	214	214	215	215	215
214	216	216	216	216	217	217	217	217	217
218	218	218	218	218	218	218	218	218	219
218	219	219	220	220	220	220	220	220	220
221	220	220	221	221	221	221	221	221	221
226	222	222	222	223	223	223	223	224	224
223	225	225	225	226	226	227	227	228	228
228	229	230	231	231	232	233	234	235	237

根据表中的数据作直方图。

附录 A　Minitab 软件介绍与参数设计示例

A.1　Minitab 软件介绍

Minitab 软件是全球公认的在质量工程与六西格玛领域运用的主要统计软件，是质量工程师的得力助手，它 1972 年诞生于美国宾夕法尼亚大学统计系。2010 年 6 月 21 日，Minitab 推出第 16 版(R16)。

Minitab 软件提供了普通统计学所涉及的全部功能，如描述性统计分析、假设检验、方差分析、相关与回归、关联表和多元统计分析等，并包括了丰富的质量分析工具，如统计过程控制、试验设计、参数设计、容差设计、测量系统分析、可靠性分析和抽样检验等。同时，Minitab 软件还提供箱线图、直方图、散点图、时间序列图、曲面图和概率分布图等 20 多类统计图形，生动形象地显示了数据分析的结果。

A.2　参数设计示例

1. 问题描述

现有器件盒，其内部含有 P 和 Q 两个元器件。器件盒输入为 X、Y，输出为 Z。根据设计人员的专业知识，输入 X 和 Y 的可选参数空间为

$$X：[0.5,9.5]$$

$$Y：[0.01,0.03]$$

通常 X 和 Y 会有上下 10% 的波动量。而内置不可更换的 P 和 Q 元器件在选购时也存在着波动，经过测量，如下所示：

$$P：220 \pm 10$$

$$Q：50 \pm 5$$

利用实验仿真计算软件，开展田口参数设计实验，寻找参数组合 $[X,Y]$，使得实验结果 Z 达到目标值 20，且在面临 X、Y 及元器件 P、Q 波动时较为稳健。

2. 绘制因素-系统关系图，寻找相关因素

图 A－1 为因素-系统关系图。

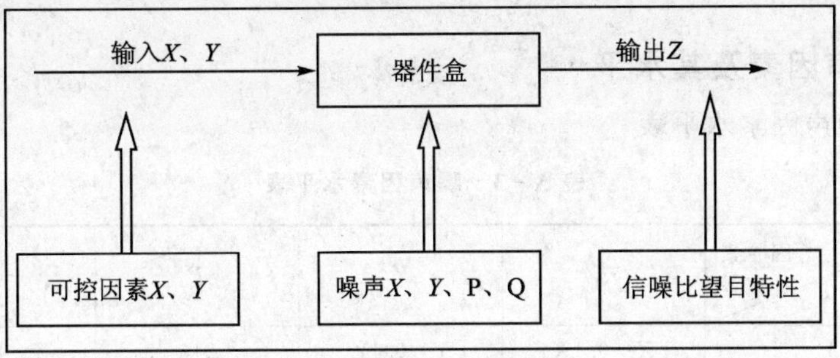

图 A-1　因素-系统关系图

3. 确定可控因素及其水平

表 A-1 为可控因素水平表。

表 A-1　可控因素水平表

水平＼因素	X	Y
1	0.5	0.01
2	5.0	0.02
3	9.5	0.03

4. 内设计

选用正交表 $L_9(3^4)$进行内设计。正交表及具体方案如表 A-2 所列。

表 A-2　正交试验用内表

试验号＼因素	正交表				具体方案	
	X	Y	e_1	e_2	X	Y
1	1	1	1	1	0.5	0.01
2	1	2	2	2	0.5	0.02
3	1	3	3	3	0.5	0.03
4	2	1	3	3	5	0.01
5	2	2	2	1	5	0.02
6	2	3	1	2	5	0.03
7	3	1	3	2	9.5	0.01
8	3	2	1	3	9.5	0.02
9	3	3	2	1	9.5	0.03

5. 确定噪声因素及其水平

表 A－3 为噪声因素水平表。

表 A－3　噪声因素水平表

水平＼因素	X	Y	P	Q
1	$X-0.1X$	$Y-0.1Y$	210	45
2	X	Y	220	50
3	$X+0.1X$	$Y+0.1Y$	230	55

6. 外设计

选用正交表 $L_9(3^4)$，因素 X 及 Y 按上下浮动 10%选定。P、Q 按要求选定。正交试验用外表如表 A－4 所列。

表 A－4　正交试验用外表

试验号＼因素	正交表				具体方案			
	X	Y	P	Q	X	Y	P	Q
1	1	1	1	1	$0.9X$	$0.9Y$	210	45
2	1	2	2	2	$0.9X$	Y	220	50
3	1	3	3	3	$0.9X$	$1.1Y$	230	55
4	2	1	3	3	X	$0.9Y$	230	55
5	2	2	2	1	X	Y	220	45
6	2	3	1	2	X	$1.1Y$	210	50
7	3	1	3	2	$1.1X$	$0.9Y$	230	50
8	3	2	1	3	$1.1X$	Y	210	55
9	3	3	2	1	$1.1X$	$1.1Y$	220	45

7. 求输出特性

将噪声因素带入内表，利用实验仿真软件求出输出 Z，得到输出特性表如表 A－5 所列。

表 A-5　输出特性表

内 表	外表								
	1	2	3	4	5	6	7	8	9
1	41.516	38.508	36.598	42.35	41.248	33.645	44.515	33.509	38.944
2	26.284	24.484	23.376	26.425	26.051	20.466	27.553	22.344	24.413
3	20.784	19.752	19.004	21.017	21.031	18.16	22.118	18.37	19.855
4	27.374	27.402	27.593	28.497	27.426	24.301	27.385	23.968	25.228
5	22.694	21.756	21.543	22.827	22.036	19.936	23.182	19.187	21.203
6	19.648	19.287	17.984	19.421	19.453	17.2	20.327	17.63	18.601
7	20.022	20.096	21.799	21.145	20.039	18.82	19.615	18.074	18.824
8	18.449	18.835	18.764	19.286	19.163	17.421	18.84	16.563	18.174
9	17.445	17.469	17.761	17.695	17.553	15.945	17.594	16.103	16.874

8. 计算信噪比

利用 Minitab 计算得到内表的信噪比，标准差及平均值如表 A-6 所列。

表 A-6　信噪比计算结果

试验号	因素 A 水平	因素 B 水平	信噪比	标准差	平均值
1	1	1	20.134	3.838 299	38.981 44
2	1	2	20.752	2.256 052	24.599 56
3	1	3	23.498	1.337 626	20.010 11
4	2	1	24.254	1.628 457	26.574 89
5	2	2	24.204	1.330 963	21.596
6	2	3	25.127	1.044 074	18.839
7	3	1	24.594	1.168 291	19.826
8	3	2	26.351	0.885 138	18.388 33
9	3	3	27.875	0.693 019	17.159 89

注：因素 A 为参数 X，因素 B 为参数 Y。

9. 内表的方差分析

对于信噪比的方差分析如表 A-7 所列。

表 A-7 内表方差分析

来　源	自由度 f	连续平方和 Seq SS	校正平方和 Adj SS	平均校正平方和 Adj MS	F 值	临界值 P
A	2	35.604	35.604	17.801 9	28.86	0.004
B	2	9.878	9.878	4.939 1	8.01	0.040
残差误差	4	2.468	2.468	0.616 9		
合计	8	47.95				

10. 显著因素分析

由 Minitab 分析得到主效应图，如图 A-2 和图 A-3 所示。

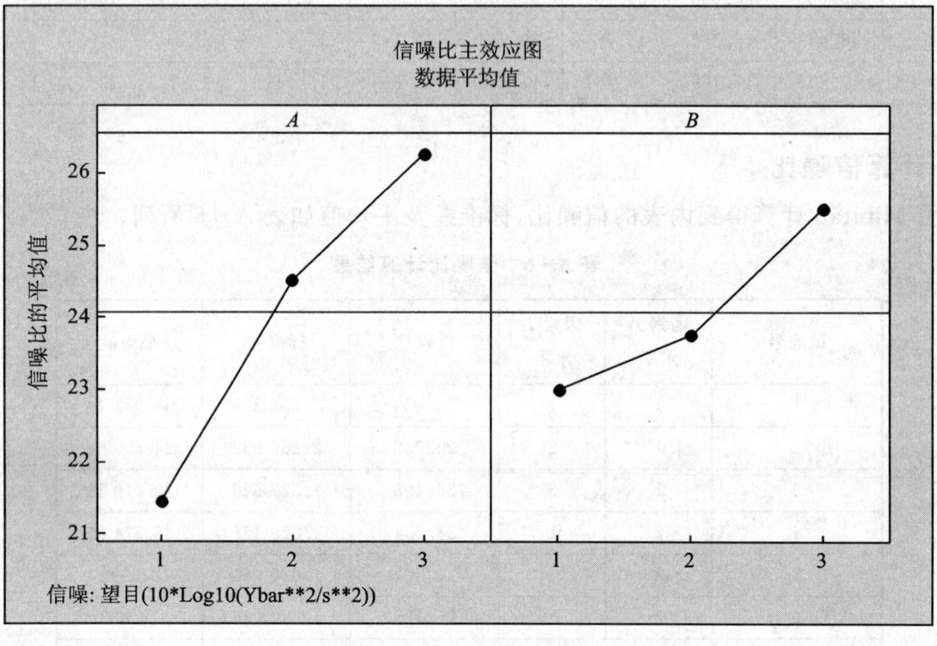

图 A-2 信噪比主效应图

11. 结　论

由表 A-7 可知，$P_A = 0.004 < 0.05$，由此可知，参数 X 为影响信噪比的显著因素，而因素 Y 为调整因素。因此，需要选择稳定因素，使得信噪比最大，寻找调整因素，使得产出接近目标值。由此分析观察，使得信噪比最大的水平为 X 的水平 3，因此 X 取为水平 3。而使输出 Z 最接近目标值 20 的试验是第 7 组，$Z = 19.826$，因此，参数 Y 取第 7 组的水平 1，如表 A-6 所列。

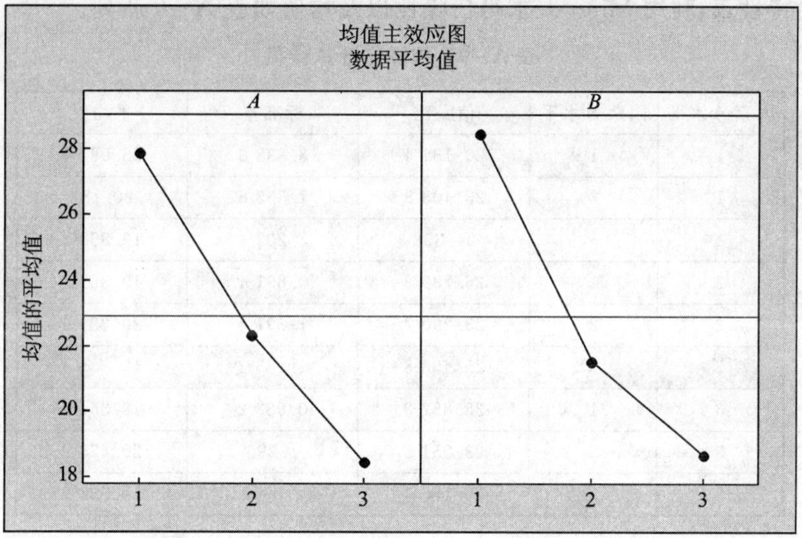

图 A-3　均值主效应图

12. 优化估计

以水平 3 为中点，重新选定参数 X 的三个水平分别为 9.45、9.5、9.55。

以水平 1 为中点，重新选定参数 Y 的三个水平分别为 0.005、0.01、0.015。

针对此 X 和 Y 的三个水平重新利用实验软件求出输出 Z，结果如表 $A-8$ 所列。

表 A-8　输出特性表

内　表	外　表								
	1	2	3	4	5	6	7	8	9
1	19.965	21.261	22.342	21.627	20.16	19.716	18.39	18.351	19.817
2	19.926	20.579	21.722	21.234	20.066	18.557	19.698	18.275	18.672
3	19.818	19.621	20.822	20.022	19.745	18.38	19.236	17.971	18.689
4	20.016	21.185	22.834	21.656	20.447	18.85	20.136	18.555	19.218
5	20.359	20.512	21.317	20.535	20.234	19.07	20.026	17.93	18.716
6	19.011	20.28	20.215	20.485	19.809	18.471	19.904	17.867	18.241
7	20.698	21.2	22.734	21.135	20.663	19.322	20.689	18.174	19.65
8	19.668	20.784	21.554	20.686	19.671	19.083	20.117	17.948	18.976
9	19.47	19.827	19.928	20.102	19.275	18.011	19.949	17.373	18.885

根据输出特性表，利用 Minitab 求得信噪比以及均值如表 A－9 所列。

表 A－9　信噪比计算结果

因素 *A* 水平	因素 *B* 水平	信噪比	标准差	平均值
1	1	20.134 4	3.838 3	38.981 4
1	2	23.403 8	1.363 8	20.181
1	3	24.358	1.202 4	19.858 8
2	1	26.739 9	0.891 4	19.367 1
2	2	23.290 7	1.391 3	20.321 9
2	3	25.408 8	1.065 2	19.855 4
3	1	25.887 3	0.983 2	19.364 8
3	2	23.951 6	1.299	20.473 9
3	3	25.165 4	1.0942	19.831 9

由 Minitab 分析得到主效应图如图 A－4 和图 A－5 所示。

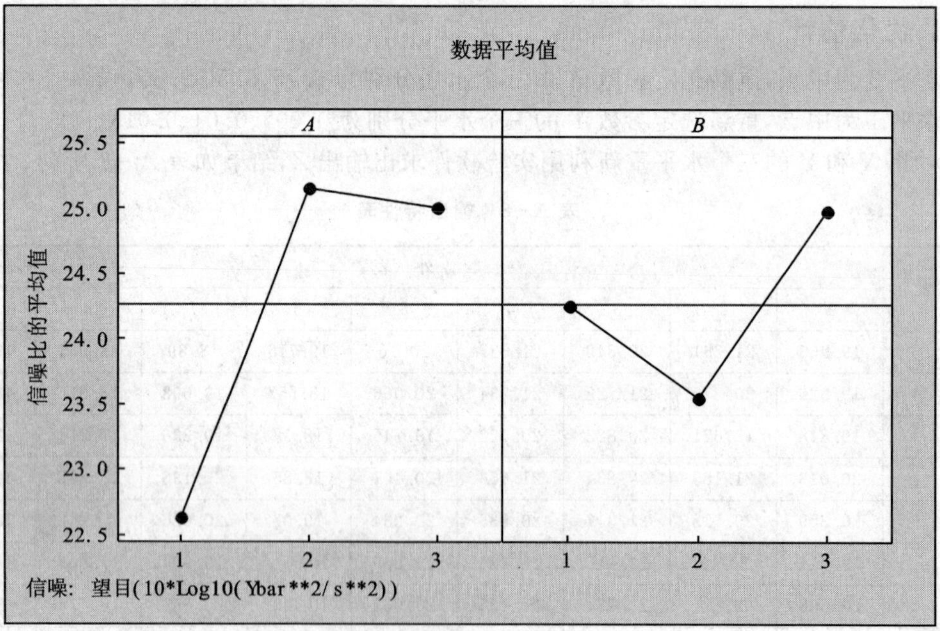

图 A－4　信噪比主效应图优化估计

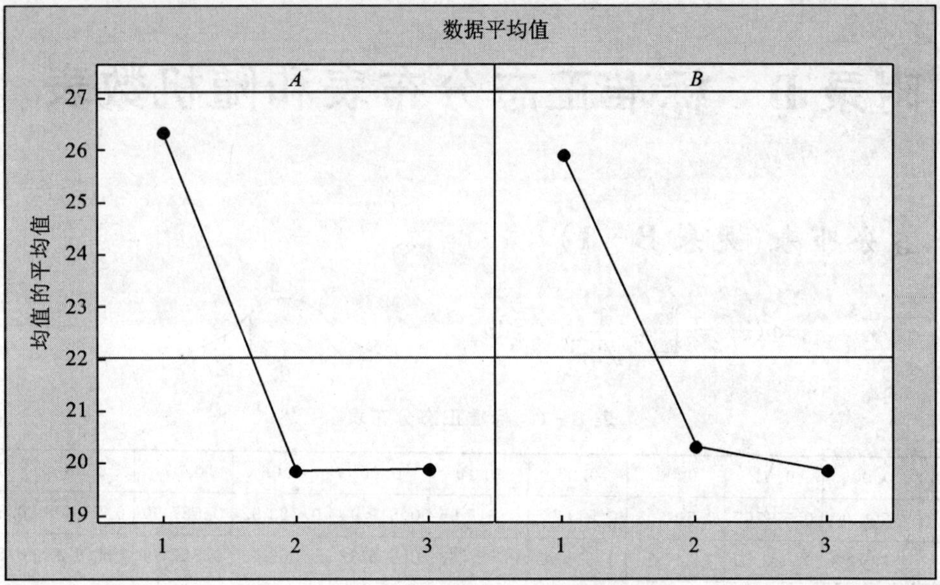

图 A－5　均值主效应图优化估计

由上述分析可知，X 选择水平 2，Y 选择水平 3。

13. 试验结果

由以上分析，最终选定参数组合为 $X=9.5$，$Y=0.015$；输出 $Z=19.855\ 4$，信噪比为 25.408 8。此结果输出 Z 较为接近 20，且信噪比比较大，说明试验结果较为稳定，因此参数设计结束。

附录 B 标准正态分布表和随机数表

标准正态分布表(见表 B-1)

$$\Phi(z)=\int_{-\infty}^{z}\frac{1}{\sqrt{2\pi}}e^{-u^2/2}\,du$$

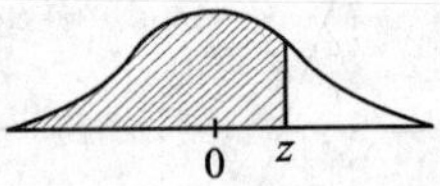

表 B-1 标准正态分布表

z	0.00	0.01	0.02	0.03	0.04	0.05	0.06	0.07	0.08	0.09
0.0	0.500 00	0.503 99	0.507 98	0.511 97	0.515 95	0.519 94	0.523 92	0.527 90	0.531 88	0.535 86
0.1	0.539 83	0.543 79	0.547 76	0.551 72	0.555 67	0.559 62	0.563 56	0.567 49	0.571 42	0.575 34
0.2	0.579 26	0.583 17	0.587 06	0.590 95	0.591 83	0.598 71	0.602 57	0.606 42	0.610 26	0.614 09
0.3	0.617 91	0.621 72	0.625 51	0.629 30	0.633 07	0.636 83	0.640 58	0.644 31	0.648 03	0.651 73
0.4	0.655 42	0.659 10	0.662 76	0.666 40	0.670 03	0.673 64	0.677 24	0.680 82	0.684 38	0.687 93
0.5	0.691 46	0.694 97	0.698 47	0.701 94	0.705 40	0.708 84	0.712 26	0.715 66	0.719 04	0.722 40
0.6	0.725 75	0.729 07	0.732 37	0.735 65	0.738 91	0.742 15	0.745 37	0.748 57	0.751 75	0.754 90
0.7	0.758 03	0.761 15	0.764 24	0.767 30	0.770 35	0.773 37	0.776 37	0.779 35	0.782 30	0.785 23
0.8	0.788 14	0.791 03	0.793 89	0.796 73	0.799 54	0.802 34	0.805 10	0.807 85	0.810 57	0.813 27
0.9	0.815 94	0.818 59	0.821 21	0.823 81	0.826 39	0.828 94	0.831 47	0.833 97	0.836 46	0.838 91
1.0	0.841 34	0.843 75	0.846 13	0.848 49	0.850 83	0.853 14	0.855 43	0.857 69	0.859 93	0.862 14
1.1	0.864 33	0.866 50	0.868 64	0.870 76	0.872 85	0.874 93	0.876 97	0.879 00	0.881 00	0.882 97
1.2	0.884 93	0.886 86	0.888 77	0.890 65	0.892 51	0.894 35	0.896 16	0.897 96	0.899 73	0.901 47
1.3	0.903 20	0.904 90	0.906 58	0.908 24	0.909 88	0.911 49	0.913 08	0.914 65	0.916 21	0.917 73
1.4	0.919 24	0.920 73	0.922 19	0.923 64	0.925 06	0.926 47	0.927 85	0.929 22	0.930 56	0.931 89
1.5	0.933 19	0.934 48	0.935 74	0.936 99	0.938 22	0.939 43	0.940 62	0.941 79	0.942 95	0.944 08
1.6	0.945 20	0.946 30	0.947 38	0.948 45	0.949 50	0.950 53	0.951 54	0.952 54	0.953 52	0.954 48
1.7	0.955 43	0.956 37	0.957 28	0.958 18	0.959 07	0.959 94	0.960 80	0.961 64	0.962 46	0.963 27
1.8	0.964 07	0.964 85	0.965 62	0.966 37	0.967 11	0.967 84	0.968 56	0.969 26	0.969 95	0.970 62
1.9	0.971 28	0.971 93	0.972 57	0.973 20	0.973 81	0.974 41	0.975 00	0.975 58	0.976 15	0.976 70
2.0	0.977 25	0.977 78	0.978 31	0.978 82	0.979 32	0.979 82	0.980 30	0.980 77	0.981 24	0.981 69

续表 B-1

z	0.00	0.01	0.02	0.03	0.04	0.05	0.06	0.07	0.08	0.09
2.1	0.982 14	0.982 57	0.983 00	0.983 41	0.983 82	0.984 22	0.984 61	0.985 00	0.985 37	0.985 74
2.2	0.986 10	0.986 45	0.986 79	0.987 13	0.987 45	0.978 78	0.988 09	0.988 40	0.988 70	0.988 99
2.3	0.989 28	0.989 56	0.989 83	0.990 10	0.990 36	0.990 61	0.990 86	0.991 11	0.991 34	0.991 58
2.4	0.991 80	0.992 02	0.992 24	0.992 45	0.992 66	0.992 86	0.993 05	0.993 24	0.993 43	0.993 61
2.5	0.993 79	0.993 96	0.994 13	0.994 30	0.994 46	0.994 61	0.994 77	0.994 92	0.995 06	0.995 20
2.6	0.995 34	0.995 47	0.995 60	0.995 73	0.995 85	0.995 98	0.996 09	0.996 21	0.996 32	0.996 43
2.7	0.996 53	0.996 64	0.996 74	0.996 83	0.996 93	0.997 02	0.997 11	0.997 20	0.997 28	0.997 36
2.8	0.997 44	0.997 52	0.997 60	0.997 67	0.997 74	0.997 81	0.997 88	0.997 95	0.998 01	0.998 07
2.9	0.998 13	0.998 19	0.998 25	0.998 31	0.998 36	0.998 41	0.998 46	0.998 51	0.998 56	0.998 61
3.0	0.998 65	0.998 69	0.998 74	0.998 78	0.998 82	0.998 86	0.998 89	0.998 93	0.998 97	0.999 00
3.1	0.999 03	0.999 06	0.999 10	0.999 13	0.999 16	0.999 18	0.999 21	0.999 24	0.999 26	0.999 29
3.2	0.999 31	0.999 34	0.999 36	0.999 38	0.999 40	0.999 42	0.999 44	0.999 46	0.999 48	0.999 50
3.3	0.999 52	0.999 53	0.999 55	0.999 57	0.999 58	0.999 60	0.999 61	0.999 62	0.999 64	0.999 65
3.4	0.999 66	0.999 68	0.999 69	0.999 70	0.999 71	0.999 72	0.999 73	0.999 74	0.999 75	0.999 76
3.5	0.999 77	0.999 78	0.999 78	0.999 79	0.999 80	0.999 81	0.999 81	0.999 82	0.999 83	0.999 83
3.6	0.999 84	0.999 85	0.999 85	0.999 86	0.999 86	0.999 87	0.999 87	0.999 88	0.999 88	0.999 89
3.7	0.999 89	0.999 90	0.999 90	0.999 90	0.999 91	0.999 91	0.999 92	0.999 92	0.999 92	0.999 92
3.8	0.999 93	0.999 93	0.999 93	0.999 94	0.999 94	0.999 94	0.999 94	0.999 95	0.999 95	0.999 95
3.9	0.999 95	0.999 95	0.999 96	0.999 96	0.999 96	0.999 96	0.999 96	0.999 96	0.999 97	0.999 97

随机数表(见表 B-2)

表 B-2 随机数表

行＼列	1					2					3					4					5				
1	03	47	43	73	86	36	96	47	36	61	46	98	63	71	62	33	26	16	80	45	60	11	14	10	95
	97	74	24	67	62	42	81	14	57	20	42	53	32	37	32	27	07	36	07	51	24	51	79	89	73
	16	76	62	27	66	56	50	26	71	07	32	90	79	78	53	13	55	38	58	59	88	97	54	14	10
	12	56	85	99	26	96	96	68	27	31	05	03	72	93	15	57	12	10	14	21	88	26	49	81	76
	55	59	56	35	64	38	54	82	46	22	31	62	43	09	90	06	18	44	32	53	23	83	01	30	30

续表 B-2

列 / 行	1					2					3					4					5				
	16	22	77	94	39	49	54	43	54	82	17	37	93	23	78	87	35	20	96	43	84	26	34	91	64
	84	42	17	53	31	57	24	55	06	88	77	04	74	47	67	21	76	33	50	25	83	92	12	06	76
2	63	01	63	78	59	16	95	55	67	19	98	10	50	71	75	12	86	73	58	07	44	39	52	38	79
	33	21	12	34	29	78	64	56	07	82	52	42	07	44	38	15	51	00	13	42	99	66	02	79	54
	57	60	86	32	44	09	47	27	96	54	49	17	46	09	62	90	52	84	77	27	08	02	73	43	28
	18	18	07	92	46	44	17	16	58	09	79	83	86	19	62	06	76	50	03	10	55	23	64	05	05
	26	62	38	97	75	84	16	07	44	99	83	11	46	32	24	20	14	85	88	45	10	93	72	88	71
3	23	42	40	64	74	82	97	77	77	81	07	45	32	14	08	32	98	94	07	72	93	85	79	10	75
	52	36	28	19	95	50	92	26	11	97	00	56	76	31	38	80	22	02	53	53	86	60	42	04	53
	37	85	94	35	12	83	39	50	08	30	42	34	07	96	88	54	42	06	87	98	35	85	29	48	39
	70	29	17	12	13	40	33	20	38	26	13	89	51	03	74	17	76	37	13	04	07	74	21	19	30
	56	62	18	37	35	96	83	50	87	75	97	12	25	93	47	70	33	24	03	54	97	77	46	44	80
4	99	49	57	22	77	88	42	95	45	72	16	64	36	16	00	04	43	18	66	39	94	77	24	21	90
	16	08	15	04	72	33	27	14	34	09	45	59	34	68	49	12	72	07	34	45	99	27	72	95	14
	31	16	93	32	43	50	27	89	87	19	20	15	37	00	49	52	85	66	60	44	36	68	88	11	80
	68	34	30	13	70	55	74	60	77	40	44	22	78	84	26	04	33	46	09	52	68	07	97	06	57
	74	57	25	65	76	59	29	97	68	60	71	91	38	67	54	13	58	18	24	76	15	54	55	95	52
5	27	42	37	86	53	48	55	90	65	72	96	57	69	36	10	96	46	92	42	45	97	60	49	04	91
	00	39	68	29	61	66	37	32	20	30	77	84	57	03	29	10	45	65	04	26	11	04	96	67	24
	29	94	98	94	24	68	49	69	10	82	53	75	91	93	30	34	25	20	57	27	40	48	73	51	92
	16	90	82	66	59	83	62	64	11	12	67	19	00	71	74	60	47	21	29	68	02	02	37	03	31
	11	27	94	75	06	06	09	19	74	66	02	94	37	34	02	76	70	90	30	86	38	45	94	30	38
6	35	24	10	16	20	33	32	51	26	38	79	78	45	04	91	16	92	53	56	16	02	75	50	95	98
	38	23	16	86	38	42	38	97	01	50	87	75	66	81	41	40	01	74	91	62	48	51	84	08	32
	31	96	25	91	47	96	44	33	49	13	34	86	82	53	91	00	52	43	48	85	27	55	26	89	62
	11	67	40	67	14	64	05	71	95	86	11	05	65	09	68	76	83	20	37	90	57	16	00	11	66
	14	90	84	45	11	75	73	88	05	90	52	27	41	14	86	22	98	12	22	08	07	52	74	95	80
7	68	05	51	18	00	33	96	02	75	19	07	60	62	93	55	59	33	82	43	90	49	37	38	44	59
	20	46	78	73	90	97	51	40	14	02	04	02	33	31	08	39	54	16	49	36	47	95	93	13	30
	64	19	58	97	79	15	06	15	93	20	01	90	10	75	06	40	78	78	89	62	02	67	74	17	33

续表 B－2

列 行	1					2					3					4					5				
8	05	26	93	10	60	22	35	85	15	13	92	03	51	59	77	59	56	78	06	83	52	91	05	07	74
	07	97	10	88	23	09	98	42	99	64	61	71	62	99	15	06	51	29	16	93	58	05	77	09	51
	68	71	86	85	85	54	87	66	47	54	73	32	08	11	12	44	95	92	63	16	29	56	24	29	48
	26	99	06	65	53	58	37	78	80	70	42	10	50	67	42	32	17	55	85	74	94	44	67	16	94
	14	65	52	68	75	87	59	36	22	41	26	78	63	06	55	13	08	27	01	50	15	29	39	39	43
9	17	53	17	58	71	71	41	61	50	72	12	41	94	96	26	44	95	27	36	99	02	96	74	30	83
	90	26	59	21	19	23	52	23	33	12	96	93	02	18	39	07	02	18	36	07	25	99	32	70	23
	41	23	52	55	99	31	04	49	69	96	10	47	48	45	88	13	41	43	89	20	97	17	14	49	17
	60	20	50	81	69	31	99	73	68	68	35	81	33	03	76	24	30	12	48	60	18	99	10	72	34
	91	25	38	05	90	94	58	28	41	36	45	37	59	03	09	90	35	57	29	12	82	62	54	65	60
10	34	50	57	74	37	98	80	33	00	91	09	77	93	19	82	74	94	80	04	04	45	07	31	66	49
	85	22	04	39	43	73	81	53	94	79	33	62	46	86	28	08	31	54	46	31	53	94	13	38	47
	09	79	13	77	48	73	82	97	22	21	05	03	27	24	83	72	89	44	05	60	35	80	39	94	88
	88	75	80	18	14	22	95	75	42	49	39	32	82	22	49	02	48	07	70	37	16	04	61	67	87
	90	96	23	70	00	39	00	03	06	90	55	85	78	38	36	94	37	30	69	32	90	89	00	76	33

附录C 常用正交表

表 C-1 正交表 $L_4(2^3)$

试验号 \ 列号	1	2	3
1	1	1	1
2	1	2	2
3	2	1	2
4	2	2	1

表 C-2 正交表 $L_8(2^7)$

试验号 \ 列号	1	2	3	4	5	6	7
1	1	1	1	1	1	1	1
2	1	1	1	2	2	2	2
3	1	2	2	1	1	2	2
4	2	2	2	2	2	1	1
5	2	1	2	1	2	1	2
6	2	1	2	2	1	2	1
7	2	2	1	1	2	2	1
8	2	2	1	2	1	1	2

表 C-3 正交表 $L_{16}(2^{15})$

试验号 \ 列号	1	2	3	4	5	6	7	8	9	10	11	12	13	14	15
1	1	1	1	1	1	1	1	1	1	1	1	1	1	1	1
2	1	1	1	1	1	1	1	2	2	2	2	2	2	2	2
3	1	1	1	2	2	2	2	1	1	1	1	2	2	2	2
4	1	1	1	2	2	2	2	2	2	2	2	1	1	1	1
5	1	2	2	1	1	1	2	1	1	2	2	1	1	2	2
6	1	2	2	1	1	1	2	2	2	1	1	2	2	1	1
7	1	2	2	2	2	2	1	1	1	2	2	2	2	1	1
8	1	2	2	2	2	2	1	2	2	1	1	1	1	2	2
9	2	1	2	1	2	1	2	1	2	1	2	1	2	1	2
10	2	1	2	1	2	1	2	2	1	2	1	2	1	2	1
11	2	1	2	2	1	2	1	1	2	1	2	2	1	2	1
12	2	1	2	2	1	2	1	2	1	2	1	1	2	1	2
13	2	2	1	1	2	2	1	1	2	2	1	1	2	2	1

续表 C-3

试验号 \ 列号	1	2	3	4	5	6	7	8	9	10	11	12	13	14	15
14	2	2	1	1	2	2	1	2	1	1	2	2	1	1	2
15	2	2	1	2	1	1	2	1	2	2	1	2	1	1	2
16	2	2	1	2	1	1	2	2	1	1	2	1	2	2	1

表 C-4 二水平正交表 $L_4(2^3)L_8(2^7)L_{16}(2^{15})$ 的交互作用表

列 号	1	2	3	4	5	6	7	8	9	10	11	12	13	14	15
1	(1)	3	2	5	4	7	6	9	8	11	10	13	12	15	14
2		(2)	1	6	7	4	5	10	11	8	9	14	15	12	13
3			(3)	7	6	5	4	11	10	9	8	15	14	13	12
4				(4)	1	2	3	12	13	14	15	8	9	10	11
5					(5)	3	2	13	12	15	14	9	8	11	10
6						(6)	1	14	15	12	13	10	11	8	9
7							(7)	15	14	13	12	11	10	9	8
8								(8)	1	2	3	4	5	6	7
9									(9)	1	6	7	4	7	6
10										(10)	1	6	7	4	5
11											(11)	7	6	5	4
12												(12)	1	2	3
13													(13)	3	2
14														(14)	1

表 C-5 正交表 $L_9(3^4)$

试验号 \ 列号	1	2	3	4
1	1	1	1	1
2	1	2	2	2
3	1	3	3	3
4	2	1	3	3
5	2	2	2	1

续表 C-5

试验号 \ 列号	1	2	3	4
6	2	3	1	2
7	3	1	3	2
8	3	2	1	3
9	3	3	2	1

表 C-6　三水平正交表 $L_{27}(3^{13})$

试验号 \ 列号	1	2	3	4	5	6	7	8	9	10	11	12	13
1	1	1	1	1	1	1	1	1	1	1	1	1	1
2	1	1	1	1	2	2	2	2	2	2	2	2	2
3	1	1	1	1	3	3	3	3	3	3	3	3	3
4	1	2	2	2	1	1	1	2	2	2	3	3	3
5	1	2	2	2	2	2	2	3	3	3	1	1	1
6	1	2	2	2	3	3	3	1	1	1	2	2	2
7	1	3	3	3	1	1	1	3	3	3	2	2	2
8	1	3	3	3	2	2	2	1	1	1	3	3	3
9	1	3	3	3	3	3	3	2	2	2	1	1	1
10	2	1	2	3	1	2	3	1	2	3	1	2	3
11	2	1	2	3	2	3	1	2	3	1	2	3	1
12	2	1	2	3	3	1	2	3	1	2	3	1	2
13	2	2	3	1	1	2	3	2	3	1	3	1	2
14	2	2	3	1	2	3	1	3	1	2	1	2	3
15	2	2	3	1	3	1	2	1	2	3	2	3	1
16	2	3	1	2	1	2	3	3	1	2	2	3	1
17	2	3	1	2	2	3	1	1	2	3	3	1	2
18	2	3	1	2	3	1	2	2	3	1	1	2	3
19	3	1	3	2	1	3	2	1	3	2	1	3	2
20	3	1	3	2	2	1	3	2	1	3	2	1	3
21	3	1	3	2	3	2	1	3	2	1	3	2	1

续表 C-6

试验号＼列号	1	2	3	4	5	6	7	8	9	10	11	12	13
22	3	2	1	3	1	3	2	2	1	3	3	2	1
23	3	2	1	3	2	1	3	3	2	1	1	3	2
24	3	2	1	3	3	2	1	1	3	2	2	1	3
25	3	3	2	1	1	3	2	3	2	1	2	1	3
26	3	3	2	1	2	1	3	1	3	2	3	2	1
27	3	3	2	1	3	2	1	2	1	3	1	3	2

表 C-7 三水平正交表 $L_9(3^4)$ 和 $L_{27}(3^{13})$ 的交互作用表

列号	1	2	3	4	5	6	7	8	9	10	11	12	13
1	(1){	3	2	2	6	5	5	9	8	8	12	11	11
		4	4	3	7	7	6	10	10	9	13	13	12
2		(2){	1	1	8	9	10	5	6	7	5	6	7
			4	3	11	12	13	11	12	13	8	9	10
3			(3){	1	9	10	8	7	5	6	6	7	5
				2	13	11	12	12	13	11	10	8	9
4				(4){	10	8	9	6	7	5	7	5	6
					12	13	11	13	11	12	9	10	8
5					(5){	1	1	2	3	4	2	4	3
						7	6	11	13	12	8	10	9
6						(6){	1	4	2	3	3	2	4
							5	13	12	11	10	9	8
7							(7){	3	4	2	4	3	2
								12	11	13	9	8	10
8								(8){	1	1	2	3	4
									10	9	5	7	6
9									(9){	1	4	2	3
										8	7	6	5
10										(10){	3	4	2
											6	5	7

续表 C－7

列　号	1	2	3	4	5	6	7	8	9	10	11	12	13
11											(11){	1	1
												13	12
12												(12){	1
													11

表 C－8　四水平正交表 $L_{16}(4^5)$

试验号 \ 列　号	1	2	3	4	5
1	1	1	1	1	1
2	1	2	2	2	2
3	1	3	3	3	3
4	1	4	4	4	4
5	2	1	2	3	4
6	2	2	1	4	3
7	2	3	4	1	2
8	2	4	3	2	1
9	3	1	3	4	2
10	3	2	4	1	3
11	3	3	1	2	4
12	3	4	2	1	3
13	4	1	4	2	3
14	4	2	3	1	4
15	4	3	2	4	1
16	4	4	1	3	2

注：表中任何 2 列的交互作用是另外 3 列。

表 C－9　五水平正交表 $L_{25}(5^6)$

试验号 \ 列　号	1	2	3	4	5	6
1	1	1	1	1	1	1
2	1	2	2	2	2	2
3	1	3	3	3	3	3
4	1	4	4	4	4	4
5	1	5	5	5	5	5
6	2	1	2	3	4	5
7	2	2	3	4	5	1
8	2	3	4	5	1	2
9	2	4	5	1	2	3
10	2	5	1	2	3	4
11	3	1	3	5	2	4
12	3	2	4	1	3	5
13	3	3	5	2	4	1
14	3	4	1	3	5	2
15	3	5	2	4	1	3
16	4	1	4	2	5	3
17	4	2	5	3	1	4
18	4	3	1	4	3	5
19	4	4	2	5	3	1
20	4	5	3	1	4	2
21	5	1	5	4	3	2
22	5	2	1	5	4	3
23	5	3	2	1	5	4
24	5	4	3	2	1	5
25	5	5	4	3	2	1

注：表中任何 2 列的交互作用是另外 4 列。

附录 D　F 分布表和计量控制图系数表

$$P\{F(n_1,n_2) > F_\alpha(n_1,n_2)\} = \alpha$$

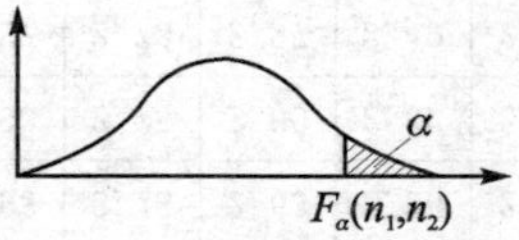

表 D-1　*F* 分布表

$\alpha=0.01$

n_2 \ n_1	1	2	3	4	5	6	7	8	9	10	12	15	20	24	30	40	60	120	∞
1	4 052	4 999.5	5 403	5 625	5 764	5 859	5 928	5 982	6 022	6 056	6 106	6 157	6 209	6 235	6 261	6 287	6 313	6 339	6 336
2	98.50	99.00	99.17	99.25	99.30	99.33	99.36	99.37	99.39	99.40	99.42	99.43	99.45	99.46	99.47	99.47	99.48	99.49	99.50
3	34.12	30.82	29.46	28.71	28.24	27.91	27.67	27.49	27.35	27.23	27.05	26.87	26.69	26.60	26.50	26.41	26.32	26.22	26.13
4	21.20	18.00	16.69	15.98	15.52	15.21	14.98	14.80	14.66	14.55	14.37	14.20	14.02	13.93	13.84	13.75	13.65	13.56	13.46
5	16.26	13.27	12.06	11.39	10.97	10.67	10.46	10.29	10.16	10.05	9.89	9.72	9.55	9.47	9.38	9.29	9.20	9.11	9.02
6	13.75	10.92	9.78	9.15	8.75	8.47	8.26	8.10	7.98	7.87	7.72	7.56	7.40	7.31	7.23	7.14	7.06	6.97	6.88
7	12.25	9.55	8.45	7.85	7.46	7.19	6.99	6.84	6.72	6.62	6.47	6.31	6.16	6.07	5.99	5.91	5.82	5.74	5.65
8	11.26	8.65	7.59	7.01	6.63	6.37	6.18	6.03	5.91	5.81	5.67	5.52	5.36	5.28	5.20	5.12	5.03	4.95	4.86
9	10.56	8.02	6.99	6.42	6.06	5.80	5.61	5.47	5.35	5.26	5.11	4.96	4.81	4.73	4.65	4.57	4.48	4.40	4.31
10	10.04	7.56	6.55	5.99	5.64	5.39	5.20	5.06	4.94	4.85	4.71	4.56	4.41	4.33	4.25	4.17	4.08	4.00	3.91
11	9.65	7.21	6.22	5.67	5.32	5.07	4.89	4.74	4.63	4.54	4.40	4.25	4.10	4.02	3.94	3.86	3.78	3.69	3.60
12	9.33	6.93	5.95	5.41	5.06	4.82	4.64	4.50	4.39	4.30	4.16	4.01	3.86	3.78	3.70	3.62	3.54	3.45	3.36

续表 D－1

$\alpha=0.01$

n_2 \ n_1	1	2	3	4	5	6	7	8	9	10	12	15	20	24	30	40	60	120	∞
13	9.07	6.70	5.74	5.21	4.86	4.62	4.44	4.30	4.19	4.10	3.96	3.82	3.66	3.59	3.51	3.43	3.34	3.25	3.17
14	8.86	6.51	5.56	5.04	4.69	4.46	4.28	4.14	4.03	3.94	3.80	3.66	3.51	3.43	3.35	3.27	3.18	3.09	3.00
15	8.68	6.36	5.42	4.89	4.56	4.32	4.14	4.00	3.89	3.80	3.67	3.52	3.37	3.29	3.21	3.13	3.05	2.96	2.87
16	8.53	6.23	5.29	4.77	4.44	4.20	4.03	3.89	3.78	3.69	3.55	3.41	3.26	3.18	3.10	3.02	2.93	2.84	2.75
17	8.40	6.11	5.18	4.67	4.34	4.10	3.93	3.79	3.68	3.59	3.46	3.31	3.16	3.08	3.00	2.92	2.83	2.75	2.65
18	8.29	6.01	5.09	4.58	4.25	4.01	3.84	3.71	3.60	3.51	3.37	3.23	3.08	3.00	2.92	2.84	2.75	2.66	2.57
19	8.18	5.93	5.01	4.50	4.17	3.94	3.77	3.63	3.52	3.43	3.30	3.15	3.00	2.92	2.84	2.76	2.67	2.58	2.49
20	8.10	5.85	4.94	4.43	4.10	3.87	3.70	3.56	3.46	3.37	3.23	3.09	2.94	2.86	2.78	2.69	2.61	2.52	2.42
21	8.02	5.78	4.87	4.37	4.04	3.81	3.64	3.51	3.40	3.31	3.17	3.03	2.88	2.80	2.72	2.64	2.55	2.46	2.36
22	7.95	5.72	4.82	4.31	3.99	3.76	3.59	3.45	3.35	3.26	3.12	2.98	2.83	2.75	2.67	2.58	2.50	2.40	2.31
23	7.88	5.66	4.76	4.26	3.94	3.71	3.54	3.41	3.30	3.21	3.07	2.93	2.78	2.70	2.62	2.54	2.45	2.35	2.26
24	7.82	5.61	4.72	4.22	3.90	3.67	3.50	3.36	3.26	3.17	3.03	2.89	2.74	2.66	2.58	2.49	2.40	2.31	2.21
25	7.77	5.57	4.68	4.18	3.85	3.63	3.46	3.32	3.22	3.13	2.99	2.85	2.70	2.62	2.54	2.45	2.36	2.27	2.17
26	7.72	5.53	4.64	4.14	3.82	3.59	3.42	3.29	3.18	3.09	2.96	2.81	2.66	2.58	2.50	2.42	2.33	2.23	2.13
27	7.68	5.49	4.60	4.11	3.78	3.56	3.39	3.26	3.15	3.06	2.93	2.78	2.63	2.55	2.47	2.38	2.29	2.20	2.10
28	7.64	5.45	4.57	4.07	3.75	3.53	3.36	3.23	3.12	3.03	2.90	2.75	2.60	2.52	2.44	2.35	2.26	2.17	2.06
29	7.60	5.42	4.54	4.04	3.73	3.50	3.33	3.20	3.09	3.00	2.87	2.73	2.57	2.49	2.41	2.33	2.23	2.14	2.03
30	7.56	5.39	4.51	4.02	3.70	3.47	3.30	3.17	3.07	2.98	2.84	2.70	2.55	2.47	2.39	2.30	2.21	2.11	2.01
40	7.31	5.18	4.31	3.83	3.51	3.29	3.12	2.99	2.89	2.80	2.66	2.52	2.37	2.29	2.20	2.11	2.02	1.92	1.80
60	7.08	4.98	4.13	3.65	3.34	3.12	2.95	2.82	2.72	2.63	2.50	2.35	2.20	2.12	2.03	1.94	1.84	1.73	1.60
120	6.85	4.79	3.95	3.48	3.17	2.96	2.79	2.66	2.56	2.47	2.34	2.19	2.03	1.95	1.86	1.76	1.66	1.53	1.38
∞	6.63	4.61	3.78	3.32	3.02	2.80	2.64	2.51	2.41	2.32	2.18	2.04	1.88	1.79	1.70	1.59	1.47	1.32	1.00

续表 D-1

	$\alpha=0.05$																		
n_2 \ n_1	1	2	3	4	5	6	7	8	9	10	12	15	20	24	30	40	60	120	∞
1	161.4	199.5	215.7	224.6	230.2	234.0	236.8	238.9	240.5	241.9	243.9	24.59	24.80	24.91	25.01	25.11	25.22	25.33	25.43
2	18.51	19.00	19.16	19.25	19.30	19.33	19.35	19.37	19.38	19.40	1941	19.43	19.45	19.45	19.46	19.47	19.48	19.49	19.50
3	10.13	9.55	9.28	9.12	9.01	8.94	8.89	8.85	8.81	8.79	874	8.70	8.66	8.64	8.62	8.59	8.57	8.55	8.53
4	7.71	6.94	6.59	6.39	6.26	6.16	6.09	6.04	6.00	5.96	591	5.86	5.80	5.77	5.75	5.72	5.69	5.66	5.63
5	6.61	5.79	5.41	5.19	5.05	4.95	4.88	4.82	4.77	4.74	468	4.62	4.56	4.53	4.50	4.46	4.43	4.40	4.36
6	5.99	5.14	4.76	4.53	4.39	4.28	4.21	4.15	4.10	4.06	400	3.94	3.87	3.84	3.81	3.77	3.74	3.70	3.67
7	5.59	4.74	4.35	4.12	3.97	3.87	3.79	3.73	3.68	3.64	357	3.51	3.44	3.41	3.38	3.34	3.30	3.27	3.23
8	5.32	4.46	4.07	3.84	3.69	3.58	3.50	3.44	3.39	3.35	328	3.22	3.15	3.12	3.08	3.04	3.01	2.97	2.93
9	5.12	4.26	3.86	3.63	3.48	3.37	3.29	3.23	3.18	3.14	307	3.01	2.94	2.90	2.86	2.83	2.79	2.75	2.71
10	4.96	4.10	3.71	3.48	3.33	3.22	3.14	3.07	3.02	2.98	291	2.85	2.77	2.74	2.70	2.66	2.62	2.58	2.54
11	4.84	3.98	3.59	3.36	3.20	3.09	3.01	2.95	2.90	2.85	279	2.72	2.65	2.61	2.57	2.53	2.49	2.45	2.40
12	4.75	3.89	3.49	3.26	3.11	3.00	2.91	2.85	2.80	2.75	269	2.62	2.54	2.51	2.47	2.43	2.38	2.34	2.30
13	4.67	3.81	3.41	3.18	3.03	2.92	2.83	2.77	2.71	2.67	260	2.53	2.46	2.42	2.38	2.34	2.30	2.25	2.21
14	4.60	3.74	3.34	3.11	2.96	2.85	2.76	2.70	2.65	2.60	253	2.46	2.39	2.35	2.31	2.27	2.22	2.18	2.13
15	4.54	3.68	3.29	3.06	2.90	2.79	2.71	2.64	2.59	2.54	248	2.40	2.33	2.29	2.25	2.20	2.16	2.11	2.07
16	4.49	3.63	3.24	3.01	2.85	2.74	2.66	2.59	2.54	2.49	242	2.35	2.28	2.24	2.19	2.15	2.11	2.06	2.01
17	4.45	3.59	3.20	2.96	2.81	2.70	2.61	2.55	2.49	2.45	238	2.31	2.23	2.19	2.15	2.10	2.06	2.01	1.96
18	4.41	3.55	3.16	2.93	2.77	2.66	2.58	2.51	2.46	2.41	234	2.27	2.19	2.15	2.11	2.06	2.02	1.97	1.92
19	4.38	3.52	3.13	2.90	2.74	2.63	2.54	2.48	2.42	2.38	231	2.23	2.16	2.11	2.07	2.03	1.98	1.93	1.88
20	4.35	3.49	3.10	2.87	2.71	2.60	2.51	2.45	2.39	2.35	228	2.20	2.12	2.08	2.04	1.99	1.95	1.90	1.84
21	4.32	3.47	3.07	2.84	2.68	2.57	2.49	2.42	2.37	2.32	225	2.18	2.10	2.05	2.01	1.96	1.92	1.87	1.81
22	4.30	3.44	3.05	2.82	2.66	2.55	2.46	2.39	2.34	2.30	223	2.15	2.07	2.03	1.98	1.94	1.89	1.84	1.78

续表 D-1

n_2 \ n_1 (α=0.05)	1	2	3	4	5	6	7	8	9	10	12	15	20	24	30	40	60	120	∞
23	4.28	3.42	3.03	2.80	2.64	2.53	2.44	2.37	2.32	2.27	220	2.13	2.05	2.01	1.96	1.91	1.86	1.81	1.76
24	4.26	3.40	3.01	2.78	2.62	2.51	2.42	2.36	2.30	2.25	218	2.11	2.03	1.98	1.94	1.89	1.84	1.79	1.73
25	4.24	3.39	2.99	2.76	2.60	2.49	2.40	2.34	2.28	2.24	216	2.09	2.01	1.96	1.92	1.87	1.82	1.77	1.71
26	4.23	3.37	2.98	2.74	2.59	2.47	2.39	2.32	2.27	2.22	215	2.07	1.99	1.95	1.90	1.85	1.80	1.75	1.69
27	4.21	3.35	2.96	2.73	2.57	2.46	2.37	2.31	2.25	2.20	213	2.06	1.97	1.93	1.88	1.84	1.79	1.73	1.67
28	4.20	3.34	2.95	2.71	2.56	2.45	2.36	2.29	2.24	2.19	212	2.04	1.96	1.91	1.87	1.82	1.77	1.71	1.65
29	4.18	3.33	2.93	2.70	2.55	2.43	2.35	2.28	2.22	2.18	210	2.03	1.94	1.90	1.85	1.81	1.75	1.70	1.64
30	4.17	3.32	2.92	2.69	2.53	2.42	2.33	2.27	2.21	2.16	209	2.01	1.93	1.89	1.84	1.79	1.74	1.68	1.62
40	4.08	3.23	2.84	2.61	2.45	2.34	2.25	2.18	2.12	2.08	200	1.92	1.84	1.79	1.74	1.69	1.64	1.58	1.51
60	4.00	3.15	2.76	2.53	2.37	2.25	2.17	2.10	2.04	1.99	192	1.84	1.75	1.70	1.65	1.59	1.53	1.47	1.39
120	3.92	3.07	2.68	2.45	2.29	2.17	2.09	2.02	1.96	1.91	183	1.75	1.66	1.61	1.55	1.50	1.43	1.35	1.25
∞	3.84	3.00	2.60	2.37	2.21	2.10	2.01	1.94	1.88	1.83	175	1.67	1.57	1.52	1.46	1.39	1.32	1.22	1.00

表 D-2 计量控制图系数表

子样大小	均值控制图			标准差控制图						极差控制图							中位数控制图	
	控制界限系数			中心线系数		控制界限系数				中心线系数			控制界限系数				控制界限系数	
n	A	A_2	A_3	c_4	$1/c_4$	B_3	B_4	B_5	B_6	d_2	$1/d_2$	d_3	D_1	D_2	D_3	D_4	m_3	m_3A_2
2	2.121	1.880	2.659	0.797 9	1.253 3	0	3.267	0	2.606	1.128	0.886 5	0.85 3	0	3.686	0	3.267	1.000	1.880
3	1.732	1.023	1.954	0.886 2	1.128 4	0	2.568	0	2.276	1.693	0.590 7	0.888	0	4.358	0	2.574	1.160	1.187
4	1.500	0.729	1.628	0.921 3	1.085 4	0	2.266	0	2.088	2.059	0.485 7	0.880	0	4.698	0	2.282	1.092	0.796
5	1.342	0.577	1.427	0.940 0	1.063 8	0	2.089	0	1.964	2.326	0.429 9	0.864	0	4.918	0	2.115	1.198	0.691

续表 D-2

子样大小	均值控制图			标准差控制图						极差控制图							中位数控制图	
	控制界限系数			中心线系数		控制界限系数				中心线系数			控制界限系数				控制界限系数	
n	A	A_2	A_3	c_4	$1/c_4$	B_3	B_4	B_5	B_6	d_2	$1/d_2$	d_3	D_1	D_2	D_3	D_4	m_3	m_3A_2
6	1.225	0.483	1.287	0.951 5	1.051 0	0.030	1.970	0.029	1.874	2.534	0.394 6	0.848	0	5.078	0	2.004	1.135	0.549
7	1.134	0.419	1.182	0.959 4	1.042 3	0.118	1.882	0.113	1.806	2.704	0.399 8	0.833	0.204	5.204	0.076	1.924	1.214	0.509
8	1.061	0.373	1.099	0.965 0	1.036 3	0.185	1.815	0.179	1.751	2.847	0.351 2	0.820	0.388	5.306	0.136	1.864	1.160	0.432
9	1.000	0.337	1.032	0.969 3	1.031 7	0.239	1.761	0.232	1.707	2.970	0.336 7	0.808	0.547	5.393	0.184	1.816	1.223	0.412
10	0.949	0.308	0.975	0.972 7	1.028 1	0.284	1.716	0.276	1.669	3.078	0.324 9	0.797	0.687	5.469	0.223	1.777	1.176	0.363
11	0.905	0.285	0.927	0.975 4	1.025 2	0.321	1.679	0.313	1.637	3.173	0.315 2	0.787	0.811	5.535	0.256	1.744		
12	0.866	0.266	0.886	0.977 6	1.022 9	0.354	1.646	0.346	1.610	3.258	0.306 9	0.778	0.922	5.594	0.283	1.717		
13	0.832	0.249	0.850	0.979 4	1.021 0	0.382	1.618	0.374	1.585	3.336	0.299 8	0.770	1.025	5.674	0.307	1.693		
14	0.802	0.235	0.817	0.981 0	1.019 4	0.406	1.594	0.399	1.563	3.407	0.293 5	0.763	1.118	5.696	0.328	1.672		
15	0.775	0.223	0.789	0.982 3	1.018 0	0.428	1.572	0.421	1.544	3.472	0.288 0	0.756	1.203	5.741	0.347	1.653		
16	0.750	0.212	0.763	0.983 5	1.016 8	0.448	1.552	0.440	1.526	3.532	0.283 1	0.750	1.282	5.782	0.363	1.637		
17	0.728	0.203	0.739	0.984 5	1.015 7	0.466	1.534	0.458	1.511	3.588	0.278 7	0.744	1.356	5.820	0.378	1.622		
18	0.707	0.194	0.718	0.985 4	1.014 8	0.482	1.518	0.475	1.496	3.640	0.274 7	0.739	1.424	5.856	0.391	1.608		
19	0.688	0.187	0.698	0.986 2	1.014 0	0.497	1.503	0.490	1.483	3.689	0.271 1	0.734	1.487	5.891	0.403	1.597		
20	0.671	0.180	0.680	0.986 9	1.013 3	0.510	1.490	0.504	1.470	3.735	0.267 7	0.729	1.549	5.921	0.415	1.585		
21	0.655	0.173	0.663	0.987 6	1.012 6	0.523	1.477	0.516	1.459	3.778	0.264 7	0.724	1.605	5.951	0.425	1.575		
22	0.640	0.167	0.647	0.988 2	1.011 9	0.534	1.466	0.528	1.448	3.819	0.261 8	0.720	1.659	5.979	0.434	1.566		
23	0.626	0.162	0.633	0.988 7	1.011 4	0.545	1.455	0.539	1.438	3.858	0.259 2	0.716	1.710	6.006	0.443	1.557		
24	0.612	0.157	0.619	0.989 2	1.010 9	0.555	1.455	0.549	1.429	3.895	0.256 7	0.712	1.759	6.031	0.451	1.548		
25	0.600	0.153	0.606	0.989 6	1.010 5	0.565	1.435	0.559	1.420	3.931	0.254 4	0.708	1.806	6.056	0.459	1.541		

注：当 $n>25$ 时，$A=\frac{3}{\sqrt{n}}$，$A_3=\frac{3}{c_4\sqrt{n}}$，$c_4=\frac{4(n-1)}{4n-3}$，$B_3=1-\frac{3}{c_4\ \sqrt{2(n-1)}}$，$B_4=1+\frac{3}{c_4\ \sqrt{2(n-1)}}$，$B_5=c_4-3\ \sqrt{1-c_4^2}$，$B_6=C_4+3\ \sqrt{1-c_4^2}$。

附录E 计数调整型抽样表

表 E-1 样本大小字码

批量范围	特殊检验水平				一般检验水平		
	S-1	S-2	S-3	S-4	Ⅰ	Ⅱ	Ⅲ
2～8	A	A	A	A	A	A	B
9～15	A	A	A	A	A	B	C
16～25	A	A	B	B	B	C	D
26～50	A	B	B	C	C	D	E
51～90	B	B	C	C	C	E	F
91～150	B	B	C	D	D	F	G
151～280	B	C	D	E	E	G	H
281～500	B	C	D	E	F	H	J
501～1 200	C	C	E	F	G	J	K
1 201～3 200	C	D	E	G	H	K	L
3 201～10 000	C	D	F	G	J	L	M
10 001～35 000	C	D	F	H	K	M	N
35 001～150 000	D	E	G	J	L	N	P
150 001～500 000	D	E	G	J	M	P	Q
500 001 以上	D	E	H	K	N	Q	R

表E-2 一次正常检查抽样方式（主表）

试样字码	试样大小	合格质量水平(AQL)(正常检查)																																																	
		0.010		0.015		0.025		0.040		0.065		0.10		0.15		0.25		0.40		0.65		1.0		1.5		2.5		4.0		6.5		10		15		25		40		65		100		150		250		400		650		1000	
		A_c	R_e	A_c	R_e	A_c	R_e	A_c	R_e	A_c	R_e	A_c	R_e	A_c	R_e	A_c	R_e	A_c	R_e	A_c	R_e	A_c	R_e	A_c	R_e	A_c	R_e	A_c	R_e	A_c	R_e	A_c	R_e	A_c	R_e	A_c	R_e	A_c	R_e	A_c	R_e	A_c	R_e	A_c	R_e	A_c	R_e	A_c	R_e	A_c	R_e	A_c	R_e
A	2																											↓		0	1			↓		1	2	2	3	3	4	5	6	7	8	10	11	14	15	21	22	30	31
B	3																									↓		0	1	↑		↓		1	2	2	3	3	4	5	6	7	8	10	11	14	15	21	22	30	31	44	45
C	5																							↓		0	1	↑		↓		1	2	2	3	3	4	5	6	7	8	10	11	14	15	21	22	30	31	44	45	↑	
D	8																					↓		0	1	↑		↓		1	2	2	3	3	4	5	6	7	8	10	11	14	15	21	22	30	31	44	45	↑			
E	13																			↓		0	1	↑		↓		1	2	2	3	3	4	5	6	7	8	10	11	14	15	21	22	30	31	44	45	↑					
F	20																	↓		0	1	↑		↓		1	2	2	3	3	4	5	6	7	8	10	11	14	15	21	22	↑		↑		↑							
G	32															↓		0	1	↑		↓		1	2	2	3	3	4	5	6	7	8	10	11	14	15	21	22	↑													
H	50													↓		0	1	↑		↓		1	2	2	3	3	4	5	6	7	8	10	11	14	15	21	22	↑															
J	80											↓		0	1	↑		↓		1	2	2	3	3	4	5	6	7	8	10	11	14	15	21	22	↑																	
K	125									↓		0	1	↑		↓		1	2	2	3	3	4	5	6	7	8	10	11	14	15	21	22	↑																			
L	200							↓		0	1	↑		↓		1	2	2	3	3	4	5	6	7	8	10	11	14	15	21	22	↑																					
M	315					↓		0	1	↑		↓		1	2	2	3	3	4	5	6	7	8	10	11	14	15	21	22	↑																							
N	500			↓		0	1	↑		↓		1	2	2	3	3	4	5	6	7	8	10	11	14	15	21	22	↑																									
P	800	↓		0	1	↑		↓		1	2	2	3	3	4	5	6	7	8	10	11	14	15	21	22	↑																											
Q	1250	0	1	↑		↓		1	2	2	3	3	4	5	6	7	8	10	11	14	15	21	22	↑																													
R	2000	↑		↑		1	2	2	3	3	4	5	6	7	8	10	11	14	15	21	22	↑																															

注：↓表示用箭头下面的第一抽样方式，如果试样大小等于或超过批量，则进行全数检查；↑表示用箭头上面的第一抽样方式。A_c表示合格判定数。R_e表示不合格判定数。

表E-3　一次加严检查方式（主表）

试样字码	试样大小	合格质量水平(AQL)(正常检查)																																																			
		0.010		0.015		0.025		0.040		0.065		0.10		0.15		0.25		0.40		0.65		1.0		1.5		2.5		4.0		6.5		10		15		25		40		65		100		150		250		400		650		1000	
		A_c	R_e	A_c	R_e	A_c	R_e	A_c	R_e	A_c	R_e	A_c	R_e	A_c	R_e	A_c	R_e	A_c	R_e	A_c	R_e	A_c	R_e	A_c	R_e	A_c	R_e	A_c	R_e	A_c	R_e	A_c	R_e	A_c	R_e	A_c	R_e	A_c	R_e	A_c	R_e	A_c	R_e	A_c	R_e	A_c	R_e	A_c	R_e	A_c	R_e	A_c	R_e
A	2	↓		↓		↓		↓		↓		↓		↓		↓		↓		↓		↓		↓		↓		↓		↓		↓		↓		↓		1	2	2	3	3	4	5	6	8	9	12	13	18	19	27	28
B	3	↓		↓		↓		↓		↓		↓		↓		↓		↓		↓		↓		↓		↓		↓		0	1	↓		↓		1	2	2	3	3	4	5	6	8	9	12	13	18	19	27	28	41	42
C	5	↓		↓		↓		↓		↓		↓		↓		↓		↓		↓		↓		↓		↓		0	1	↓		↓		1	2	2	3	3	4	5	6	8	9	12	13	18	19	27	28	41	42	↑	
D	8	↓		↓		↓		↓		↓		↓		↓		↓		↓		↓		↓		↓		0	1	↓		↓		1	2	2	3	3	4	5	6	8	9	12	13	18	19	27	28	41	42	↑		↑	
E	13	↓		↓		↓		↓		↓		↓		↓		↓		↓		↓		↓		0	1	↓		↓		1	2	2	3	3	4	5	6	8	9	12	13	18	19	27	28	41	42	↑		↑		↑	
F	20	↓		↓		↓		↓		↓		↓		↓		↓		↓		↓		0	1	↓		↓		1	2	2	3	3	4	5	6	8	9	12	13	18	19	↑		↑		↑		↑		↑		↑	
G	32	↓		↓		↓		↓		↓		↓		↓		↓		↓		0	1	↓		↓		1	2	2	3	3	4	5	6	8	9	12	13	18	19	↑		↑		↑		↑		↑		↑		↑	
H	50	↓		↓		↓		↓		↓		↓		↓		↓		0	1	↓		↓		1	2	2	3	3	4	5	6	8	9	12	13	18	19	↑		↑		↑		↑		↑		↑		↑		↑	
J	80	↓		↓		↓		↓		↓		↓		↓		0	1	↓		↓		1	2	2	3	3	4	5	6	8	9	12	13	18	19	↑		↑		↑		↑		↑		↑		↑		↑		↑	
K	125	↓		↓		↓		↓		↓		↓		0	1	↓		↓		1	2	2	3	3	4	5	6	8	9	12	13	18	19	↑		↑		↑		↑		↑		↑		↑		↑		↑		↑	
L	200	↓		↓		↓		↓		↓		0	1	↓		↓		1	2	2	3	3	4	5	6	8	9	12	13	18	19	↑		↑		↑		↑		↑		↑		↑		↑		↑		↑		↑	
M	315	↓		↓		↓		↓		0	1	↓		↓		1	2	2	3	3	4	5	6	8	9	12	13	18	19	↑		↑		↑		↑		↑		↑		↑		↑		↑		↑		↑		↑	
N	500	↓		↓		↓		0	1	↓		↓		1	2	2	3	3	4	5	6	8	9	12	13	18	19	↑		↑		↑		↑		↑		↑		↑		↑		↑		↑		↑		↑		↑	
P	800	↓		↓		0	1	↓		↓		1	2	2	3	3	4	5	6	8	9	12	13	18	19	↑		↑		↑		↑		↑		↑		↑		↑		↑		↑		↑		↑		↑		↑	
Q	1250	↓		0	1	↓		↓		1	2	2	3	3	4	5	6	8	9	12	13	18	19	↑		↑		↑		↑		↑		↑		↑		↑		↑		↑		↑		↑		↑		↑		↑	
R	2000	0	1	↑		↓		1	2	2	3	3	4	5	6	8	9	12	13	18	19	↑		↑		↑		↑		↑		↑		↑		↑		↑		↑		↑		↑		↑		↑		↑		↑	
S	3150	↑		↑		1	2	2	3	3	4	5	6	8	9	12	13	18	19	↑		↑		↑		↑		↑		↑		↑		↑		↑		↑		↑		↑		↑		↑		↑		↑		↑	

注：↓表示用箭头下面的第一抽样方式，如果试样大小等于或超过批量，则进行全数检查；↑表示用箭头上面的第一抽样方式。A_c表示合格判定数。R_e表示不合格判定数。

表E-4 一次放宽检查抽样方式（主表）

试样字码	试样大小	0.010		0.015		0.025		0.040		0.065		0.10		0.15		0.25		0.40		0.65		1.0	
		A_c	R_e	A_c	R_e	A_c	R_e	A_c	R_e	A_c	R_e	A_c	R_e	A_c	R_e	A_c	R_e	A_c	R_e	A_c	R_e	A_c	R_e
A	2																						
B	2																						
C	2																						
D	3																					↓	
E	5																			↓		0	1
F	8																	↓		0	1	↑	
G	13															↓		0	1	↑		↓	
H	20													↓		0	1	↑		↓		0	2
J	32											↓		0	1	↑		↓		0	2	1	3
K	50									↓		0	1	↑		↓		0	2	1	3	1	4
L	80							↓		0	1	↑		↓		0	2	1	3	1	4	2	5
M	125					↓		0	1	↑		↓		0	2	1	3	1	4	2	5	3	6
N	200			↓		0	1	↑		↓		0	2	1	3	1	4	2	5	3	6	5	8
P	315	↓		0	1	↑		↓		0	2	1	3	1	4	2	5	3	6	5	8	7	10
Q	500	0	1	↑		↓		0	2	1	3	1	4	2	5	3	6	5	8	7	10	10	13
R	800	↑				1	2	1	3	1	4	2	5	3	6	5	8	7	10	10	13	↑	

试样字码	试样大小	1.5		2.5		4.0		6.5		10		15		25		40		65		100		150		250		400		650		1000	
		A_c	R_e	A_c	R_e	A_c	R_e	A_c	R_e	A_c	R_e	A_c	R_e	A_c	R_e	A_c	R_e	A_c	R_e	A_c	R_e	A_c	R_e	A_c	R_e	A_c	R_e	A_c	R_e	A_c	R_e
A	2					↓		0	1			↓		1	2	2	3	3	4	5	6	7	8	10	11	14	15	21	22	30	31
B	2			↓		0	1	↑		↓		0	2	1	3	2	4	3	5	5	6	7	8	10	11	14	15	21	22	30	31
C	2	↓		0	1	↑		↓		0	2	1	3	1	4	2	5	3	6	5	8	7	10	10	13	14	17	21	24	↑	
D	3	0	1	↑		↓		0	2	1	3	1	4	2	5	3	6	5	8	7	10	10	13	14	17	21	24	↑			
E	5	↑		↓		0	2	1	3	1	4	2	5	3	6	5	8	7	10	10	13	14	17	21	24	↑					
F	8	↓		0	2	1	3	1	4	2	5	3	6	5	8	7	10	10	13	↑		↑		↑							
G	13	0	2	1	3	1	4	2	5	3	6	5	8	7	10	10	13	↑													
H	20	1	3	1	4	2	5	3	6	5	8	7	10	10	13	↑															
J	32	1	4	2	5	3	6	5	8	7	10	10	13	↑																	
K	50	2	5	3	6	5	8	7	10	10	13	↑																			
L	80	3	6	5	8	7	10	10	13	↑																					
M	125	5	8	7	10	10	13	↑																							
N	200	7	10	10	13	↑																									
P	315	10	13	↑																											
Q	500	↑																													
R	800																														

注：↓表示用箭头下面的第一抽样方式，如果试样大小等于或超过批量，则进行全数检查；↑表示用箭头上面的第一抽样方式。A_c表示合格判定数。R_e表示不合格判定数。如果试样的不合格品数超过了合格判定数而未达到不合格判定，则判定该批合格，但从下批开始回到正常检查。

表E-5 二次正常检查抽样方式（主表）

试样字码	试样	试样大小	累积试样大小	合格质量水平(AQL)(正常检查)																									
				0.010	0.015	0.025	0.040	0.065	0.10	0.15	0.25	0.40	0.65	1.0	1.5	2.5	4.0	6.5	10	15	25	40	65	100	150	250	400	650	1000
				A_c R_e	A_c R_e	A_c R_e	A_c R_e	A_c R_e	A_c R_e	A_c R_e	A_c R_e	A_c R_e	A_c R_e	A_c R_e	A_c R_e	A_c R_e	A_c R_e	A_c R_e	A_c R_e	A_c R_e	A_c R_e	A_c R_e	A_c R_e	A_c R_e	A_c R_e	A_c R_e	A_c R_e	A_c R_e	A_c R_e
A	第1			↓	↓	↓	↓	↓	↓	↓	↓	↓	↓	↓	↓	↓	↓	*	↓	↓	*	*	*	*	*	*	*	*	*
	第2																												
B	第1	2	2	↓	↓	↓	↓	↓	↓	↓	↓	↓	↓	↓	↓	↓	*	↑	↓	0 2	0 3	1 4	2 5	3 7	5 9	7 11	11 16	17 22	25 31
	第2	4	4																	1 2	3 4	4 5	6 7	8 9	12 13	18 19	26 27	37 38	56 57
C	第1	3	3	↓	↓	↓	↓	↓	↓	↓	↓	↓	↓	↓	↓	*	↑	↓	0 2	0 3	1 4	2 5	3 7	5 9	7 11	11 16	17 22	25 31	↑
	第2	3	6																1 2	3 4	4 5	6 7	8 9	12 13	18 19	26 27	37 38	56 57	
D	第1	5	5	↓	↓	↓	↓	↓	↓	↓	↓	↓	↓	↓	*	↑	↓	0 2	0 3	1 4	2 5	3 7	5 9	7 11	11 16	17 22	25 31	↑	↑
	第2	5	10															1 2	3 4	4 5	6 7	8 9	12 13	18 19	26 27	37 38	56 57		
E	第1	8	8	↓	↓	↓	↓	↓	↓	↓	↓	↓	↓	*	↑	↓	0 2	0 3	1 4	2 5	3 7	5 9	7 11	11 16	17 22	25 31	↑	↑	↑
	第2	8	16														1 2	3 4	4 5	6 7	8 9	12 13	18 19	26 27	37 38	56 57			
F	第1	13	13	↓	↓	↓	↓	↓	↓	↓	↓	↓	*	↑	↓	0 2	0 3	1 4	2 5	3 7	5 9	7 11	11 16	↑	↑	↑	↑	↑	↑
	第2	13	26													1 2	3 4	4 5	6 7	8 9	12 13	18 19	26 27						
G	第1	20	20	↓	↓	↓	↓	↓	↓	↓	↓	*	↑	↓	0 2	0 3	1 4	2 5	3 7	5 9	7 11	11 16	↑	↑	↑	↑	↑	↑	↑
	第2	20	40												1 2	3 4	4 5	6 7	8 9	12 13	18 19	26 27							
H	第1	32	32	↓	↓	↓	↓	↓	↓	↓	*	↑	↓	0 2	0 3	1 4	2 5	3 7	5 9	7 11	11 16	↑	↑	↑	↑	↑	↑	↑	↑
	第2	32	64											1 2	3 4	4 5	6 7	8 9	12 13	18 19	26 27								
J	第1	50	50	↓	↓	↓	↓	↓	↓	*	↑	↓	0 2	0 3	1 4	2 5	3 7	5 9	7 11	11 16	↑	↑	↑	↑	↑	↑	↑	↑	↑
	第2	50	100										1 2	3 4	4 5	6 7	8 9	12 13	18 19	26 27									
K	第1	80	80	↓	↓	↓	↓	↓	*	↑	↓	0 2	0 3	1 4	2 5	3 7	5 9	7 11	11 16	↑	↑	↑	↑	↑	↑	↑	↑	↑	↑
	第2	80	160									1 2	3 4	4 5	6 7	8 9	12 13	18 19	26 27										
L	第1	125	125	↓	↓	↓	↓	*	↑	↓	0 2	0 3	1 4	2 5	3 7	5 9	7 11	11 16	↑	↑	↑	↑	↑	↑	↑	↑	↑	↑	↑
	第2	125	250								1 2	3 4	4 5	6 7	8 9	12 13	18 19	26 27											
M	第1	200	200	↓	↓	↓	*	↑	↓	0 2	0 3	1 4	2 5	3 7	5 9	7 11	11 16	↑	↑	↑	↑	↑	↑	↑	↑	↑	↑	↑	↑
	第2	200	400							1 2	3 4	4 5	6 7	8 9	12 13	18 19	26 27												
N	第1	315	315	↓	↓	*	↑	↓	0 2	0 3	1 4	2 5	3 7	5 9	7 11	11 16	↑	↑	↑	↑	↑	↑	↑	↑	↑	↑	↑	↑	↑
	第2	315	630						1 2	3 4	4 5	6 7	8 9	12 13	18 19	26 27													
P	第1	500	500	↓	*	↑	↓	0 2	0 3	1 4	2 5	3 7	5 9	7 11	11 16	↑	↑	↑	↑	↑	↑	↑	↑	↑	↑	↑	↑	↑	↑
	第2	500	1000					1 2	3 4	4 5	6 7	8 9	12 13	18 19	26 27														
Q	第1	800	800	*	↑	↓	0 2	0 3	1 4	2 5	3 7	5 9	7 11	11 16	↑	↑	↑	↑	↑	↑	↑	↑	↑	↑	↑	↑	↑	↑	↑
	第2	800	1600				1 2	3 4	4 5	6 7	8 9	12 13	18 19	26 27															
R	第1	1250	1250	↑	↑	0 2	0 3	1 4	2 5	3 7	5 9	7 11	11 16	↑	↑	↑	↑	↑	↑	↑	↑	↑	↑	↑	↑	↑	↑	↑	↑
	第2	1250	2500			1 2	3 4	4 5	6 7	8 9	12 13	18 19	26 27																

注：↓表示用箭头下面的第一抽样方式，如果试样大小等于或超过批量，则进行全数检查；↑表示用箭头上面的第一抽样方式。A_c表示合格判定数。R_e表示不合格判定数。*表示采用对应的一次抽检方式。

表E-6 二次加严检查抽样方式（主表）

试样字码	试样	试样大小	累积试样大小	合格质量水平(AQL)(正常检查)																																																			
				0.010		0.015		0.025		0.040		0.065		0.10		0.15		0.25		0.40		0.65		1.0		1.5		2.5		4.0		6.5		10		15		25		40		65		100		150		250		400		650		1000	
				A_c	R_e	A_c	R_e	A_c	R_e	A_c	R_e	A_c	R_e	A_c	R_e	A_c	R_e	A_c	R_e	A_c	R_e	A_c	R_e	A_c	R_e	A_c	R_e	A_c	R_e	A_c	R_e	A_c	R_e	A_c	R_e	A_c	R_e	A_c	R_e	A_c	R_e	A_c	R_e	A_c	R_e	A_c	R_e	A_c	R_e	A_c	R_e	A_c	R_e	A_c	R_e
A	第1			↓		↓		↓		↓		↓		↓		↓		↓		↓		↓		↓		↓		↓		↓		↓		↓		↓		↓		*		*		*		*		*		*		*		*	
	第2																																																						
B	第1	2	2	↓		↓		↓		↓		↓		↓		↓		↓		↓		↓		↓		↓		↓		↓		*		↓		↓		0	2	0	3	1	4	2	5	3	7	6	10	9	14	15	20	23	29
	第2	4	4																																			1	2	3	4	4	5	6	7	11	12	15	16	23	24	34	35	52	53
C	第1	3	3	↓		↓		↓		↓		↓		↓		↓		↓		↓		↓		↓		↓		↓		*		↓		↓		0	2	0	3	1	4	2	5	3	7	6	10	9	14	15	20	23	29	↑	
	第2	3	6																																	1	2	3	4	4	5	6	7	11	12	15	16	23	24	34	35	52	53		
D	第1	5	5	↓		↓		↓		↓		↓		↓		↓		↓		↓		↓		↓		↓		*		↓		↓		0	2	0	3	1	4	2	5	3	7	6	10	9	14	15	20	23	29	↑		↑	
	第2	5	10																															1	2	3	4	4	5	6	7	11	12	15	16	23	24	34	35	52	53				
E	第1	8	8	↓		↓		↓		↓		↓		↓		↓		↓		↓		↓		↓		*		↓		↓		0	2	0	3	1	4	2	5	3	7	6	10	9	14	15	20	23	29	↑		↑		↑	
	第2	8	16																															1	2	3	4	4	5	6	7	11	12	15	16	23	24	34	35	52	53						
F	第1	13	13	↓		↓		↓		↓		↓		↓		↓		↓		↓		↓		*		↓		↓		0	2	0	3	1	4	2	5	3	7	6	10	9	14	↑		↑		↑		↑		↑		↑	
	第2	13	26																											1	2	3	4	4	5	6	7	11	12	15	16	23	24												
G	第1	20	20	↓		↓		↓		↓		↓		↓		↓		↓		↓		*		↓		↓		0	2	0	3	1	4	2	5	3	7	6	10	9	14	↑		↑		↑		↑		↑		↑		↑	
	第2	20	40																									1	2	3	4	4	5	6	7	11	12	15	16	23	24														
H	第1	32	32	↓		↓		↓		↓		↓		↓		↓		↓		*		↓		↓		0	2	0	3	1	4	2	5	3	7	6	10	9	14	↑		↑		↑		↑		↑		↑		↑		↑	
	第2	32	64																							1	2	3	4	4	5	6	7	11	12	15	16	23	24																
J	第1	50	50	↓		↓		↓		↓		↓		↓		↓		*		↓		↓		0	2	0	3	1	4	2	5	3	7	6	10	9	14	↑		↑		↑		↑		↑		↑		↑		↑		↑	
	第2	50	100																					1	2	3	4	4	5	6	7	11	12	15	16	23	24																		
K	第1	80	80	↓		↓		↓		↓		↓		↓		*		↓		↓		0	2	0	3	1	4	2	5	3	7	6	10	9	14	↑		↑		↑		↑		↑		↑		↑		↑		↑		↑	
	第2	80	160																			1	2	3	4	4	5	6	7	11	12	15	16	23	24																				
L	第1	125	125	↓		↓		↓		↓		↓		*		↓		↓		0	2	0	3	1	4	2	5	3	7	6	10	9	14	↑		↑		↑		↑		↑		↑		↑		↑		↑		↑		↑	
	第2	125	250																	1	2	3	4	4	5	6	7	11	12	15	16	23	24																						
M	第1	200	200	↓		↓		↓		↓		*		↓		↓		0	2	0	3	1	4	2	5	3	7	6	10	9	14	↑		↑		↑		↑		↑		↑		↑		↑		↑		↑		↑		↑	
	第2	200	400															1	2	3	4	4	5	6	7	11	12	15	16	23	24																								
N	第1	315	315	↓		↓		↓		*		↓		↓		0	2	0	3	1	4	2	5	3	7	6	10	9	14	↑		↑		↑		↑		↑		↑		↑		↑		↑		↑		↑		↑		↑	
	第2	315	630													1	2	3	4	4	5	6	7	11	12	15	16	23	24																										
P	第1	500	500	↓		↓		*		↓		↓		0	2	0	3	1	4	2	5	3	7	6	10	9	14	↑		↑		↑		↑		↑		↑		↑		↑		↑		↑		↑		↑		↑		↑	
	第2	500	1000											1	2	3	4	4	5	6	7	11	12	15	16	23	24																												
Q	第1	800	800	↓		*		↓		↓		0	2	0	3	1	4	2	5	3	7	6	10	9	14	↑		↑		↑		↑		↑		↑		↑		↑		↑		↑		↑		↑		↑		↑		↑	
	第2	800	1600									1	2	3	4	4	5	6	7	11	12	15	16	23	24																														
R	第1	1250	1250	*		↑		↓		0	2	0	3	1	4	2	5	3	7	6	10	9	14	↑		↑		↑		↑		↑		↑		↑		↑		↑		↑		↑		↑		↑		↑		↑		↑	
	第2	1250	2500							1	2	3	4	4	5	6	7	11	12	15	16	23	24																																
S	第1	1250	1250					0	2																																														
	第2	1250	2500					1	2																																														

注：↓表示用箭头下面的第一抽样方式，如果试样大小等于或超过批量，则进行全数检查；↑表示用箭头上面的第一抽样方式。A_c表示合格判定数。R_e表示不合格判定数。*表示采用对应的一次抽检方式。

表E－7　二次放宽检查抽样方式（主表）

试样字码	试样	试样大小	累积试样大小	合格质量水平(AQL)(正常检查)																																																	
				0.010		0.015		0.025		0.040		0.065		0.10		0.15		0.25		0.40		0.65		1.0		1.5		2.5		4.0		6.5		10		15		25		40		65		100		150		250		400		650		1000	
				Ac	Re	Ac	Re	Ac	Re	Ac	Re	Ac	Re	Ac	Re	Ac	Re	Ac	Re	Ac	Re	Ac	Re	Ac	Re	Ac	Re	Ac	Re	Ac	Re	Ac	Re	Ac	Re	Ac	Re	Ac	Re	Ac	Re	Ac	Re	Ac	Re	Ac	Re	Ac	Re	Ac	Re	Ac	Re	Ac	Re
A	第1			↓		↓		↓		↓		↓		↓		↓		↓		↓		↓		↓		↓		↓		↓		*		↓		↓		*		*		*		*		*		*		*		*		*	
	第2			↓		↓		↓		↓		↓		↓		↓		↓		↓		↓		↓		↓		↓		↓				↓		↓																			
B	第1	2	2	↓		↓		↓		↓		↓		↓		↓		↓		↓		↓		↓		↓		↓		*		↑		↓		*		*		*		*		*		*		*		*		*		*	
	第2	4	4	↓		↓		↓		↓		↓		↓		↓		↓		↓		↓		↓		↓		↓				↑		↓																					
C	第1	3	3	↓		↓		↓		↓		↓		↓		↓		↓		↓		↓		↓		↓		*		↑		↓		*		*		*		*		*		*		*		*		*		*		↑	
	第2	3	6	↓		↓		↓		↓		↓		↓		↓		↓		↓		↓		↓		↓				↑		↓																						↑	
D	第1	5	5	↓		↓		↓		↓		↓		↓		↓		↓		↓		↓		↓		*		↑		↓		0	2	0	3	0	4	0	4	1	5	2	7	3	8	5	10	7	12	11	17	↑		↑	
	第2	5	10	↓		↓		↓		↓		↓		↓		↓		↓		↓		↓		↓				↑		↓		0	2	0	4	1	5	3	6	4	7	6	9	8	12	12	16	18	22	26	30	↑		↑	
E	第1	8	8	↓		↓		↓		↓		↓		↓		↓		↓		↓		↓		*		↑		↓		0	2	0	3	0	4	0	4	1	5	2	7	3	8	5	10	7	12	11	17	↑		↑		↑	
	第2	8	16	↓		↓		↓		↓		↓		↓		↓		↓		↓		↓				↑		↓		0	2	0	4	1	5	3	6	4	7	6	9	8	12	12	16	18	22	26	30	↑		↑		↑	
F	第1	13	13	↓		↓		↓		↓		↓		↓		↓		↓		↓		*		↑		↓		0	2	0	3	0	4	0	4	1	5	2	7	3	8	5	10	↑		↑		↑		↑		↑		↑	
	第2	13	26	↓		↓		↓		↓		↓		↓		↓		↓		↓				↑		↓		0	2	0	4	1	5	3	6	4	7	6	9	8	12	12	16	↑		↑		↑		↑		↑		↑	
G	第1	20	20	↓		↓		↓		↓		↓		↓		↓		↓		*		↑		↓		0	2	0	3	0	4	0	4	1	5	2	7	3	8	5	10	↑		↑		↑		↑		↑		↑		↑	
	第2	20	40	↓		↓		↓		↓		↓		↓		↓		↓				↑		↓		0	2	0	4	1	5	3	6	4	7	6	9	8	12	12	16	↑		↑		↑		↑		↑		↑		↑	
H	第1	32	32	↓		↓		↓		↓		↓		↓		↓		*		↑		↓		0	2	0	3	0	4	0	4	1	5	2	7	3	8	5	10	↑		↑		↑		↑		↑		↑		↑		↑	
	第2	32	64	↓		↓		↓		↓		↓		↓		↓				↑		↓		0	2	0	4	1	5	3	6	4	7	6	9	8	12	12	16	↑		↑		↑		↑		↑		↑		↑		↑	
J	第1	50	50	↓		↓		↓		↓		↓		↓		*		↑		↓		0	2	0	3	0	4	0	4	1	5	2	7	3	8	5	10	↑		↑		↑		↑		↑		↑		↑		↑		↑	
	第2	50	100	↓		↓		↓		↓		↓		↓				↑		↓		0	2	0	4	1	5	3	6	4	7	6	9	8	12	12	16	↑		↑		↑		↑		↑		↑		↑		↑		↑	
K	第1	80	80	↓		↓		↓		↓		↓		*		↑		↓		0	2	0	3	0	4	0	4	1	5	2	7	3	8	5	10	↑		↑		↑		↑		↑		↑		↑		↑		↑		↑	
	第2	80	160	↓		↓		↓		↓		↓				↑		↓		0	2	0	4	1	5	3	6	4	7	6	9	8	12	12	16	↑		↑		↑		↑		↑		↑		↑		↑		↑		↑	
L	第1	125	125	↓		↓		↓		↓		*		↑		↓		0	2	0	3	0	4	0	4	1	5	2	7	3	8	5	10	↑		↑		↑		↑		↑		↑		↑		↑		↑		↑		↑	
	第2	125	250	↓		↓		↓		↓				↑		↓		0	2	0	4	1	5	3	6	4	7	6	9	8	12	12	16	↑		↑		↑		↑		↑		↑		↑		↑		↑		↑		↑	
M	第1	200	200	↓		↓		↓		*		↑		↓		0	2	0	3	0	4	0	4	1	5	2	7	3	8	5	10	↑		↑		↑		↑		↑		↑		↑		↑		↑		↑		↑		↑	
	第2	200	400	↓		↓		↓				↑		↓		0	2	0	4	1	5	3	6	4	7	6	9	8	12	12	16	↑		↑		↑		↑		↑		↑		↑		↑		↑		↑		↑		↑	
N	第1	315	315	↓		↓		*		↑		↓		0	2	0	3	0	4	0	4	1	5	2	7	3	8	5	10	↑		↑		↑		↑		↑		↑		↑		↑		↑		↑		↑		↑		↑	
	第2	315	630	↓		↓				↑		↓		0	2	0	4	1	5	3	6	4	7	6	9	8	12	12	16	↑		↑		↑		↑		↑		↑		↑		↑		↑		↑		↑		↑		↑	
P	第1	500	500	↓		*		↑		↓		0	2	0	3	0	4	0	4	1	5	2	7	3	8	5	10	↑		↑		↑		↑		↑		↑		↑		↑		↑		↑		↑		↑		↑		↑	
	第2	500	1000	↓				↑		↓		0	2	0	4	1	5	3	6	4	7	6	9	8	12	12	16	↑		↑		↑		↑		↑		↑		↑		↑		↑		↑		↑		↑		↑		↑	
Q	第1	800	800	*		↑		↓		0	2	0	3	0	4	0	4	1	5	2	7	3	8	5	10	↑		↑		↑		↑		↑		↑		↑		↑		↑		↑		↑		↑		↑		↑		↑	
	第2	800	1600			↑		↓		0	2	0	4	1	5	3	6	4	7	6	9	8	12	12	16	↑		↑		↑		↑		↑		↑		↑		↑		↑		↑		↑		↑		↑		↑		↑	
R	第1	1250	1250	↑		↑		0	2	0	3	0	4	0	4	1	5	2	7	3	8	5	10	↑		↑		↑		↑		↑		↑		↑		↑		↑		↑		↑		↑		↑		↑		↑		↑	
	第2	1250	2500	↑		↑		0	2	0	4	1	5	3	6	4	7	6	9	8	12	12	16	↑		↑		↑		↑		↑		↑		↑		↑		↑		↑		↑		↑		↑		↑		↑		↑	

注：↓表示用箭头下面的第一抽样方式，如果试样大小等于或超过批量，则进行全数检查；↑表示用箭头上面的第一抽样方式。A_c表示合格判定数。R_e表示不合格判定数。*表示采用对应的一次抽检方式。

表 E-8 放宽检验的界限数

最近10批样本大小之和	合格质量水平(AQL)(正常检查)																									
	0.010	0.015	0.025	0.040	0.065	0.10	0.15	0.25	0.40	0.65	1.0	1.5	2.5	4.0	6.5	10	15	25	40	65	100	150	250	400	650	1 000
20~29	*	*	*	*	*	*	*	*	*	*	*	*	*	*	*	0	0	2	4	8	14	22	40	68	115	181
30~49	*	*	*	*	*	*	*	*	*	*	*	*	*	*	0	0	1	3	7	13	22	36	63	105	178	277
50~79	*	*	*	*	*	*	*	*	*	*	*	*	*	0	0	2	3	7	14	25	40	63	110	181	301	
80~129	*	*	*	*	*	*	*	*	*	*	*	*	0	0	2	4	7	14	24	42	68	105	181	297		
130~199	*	*	*	*	*	*	*	*	*	*	*	0	0	2	4	7	13	25	42	72	115	177	301	490		
200~319	*	*	*	*	*	*	*	*	*	*	0	0	2	4	8	14	22	40	68	115	181	277	471			
320~499	*	*	*	*	*	*	*	*	*	0	0	1	4	8	14	24	39	68	113	189						
500~799	*	*	*	*	*	*	*	*	0	0	2	3	7	14	25	40	63	110	181							
800~1 249	*	*	*	*	*	*	*	0	0	2	4	7	14	24	42	68	105	181								
1 250~1 999	*	*	*	*	*	*	0	0	2	4	7	13	24	40	69	110	169									
2 000~3 149	*	*	*	*	*	0	0	2	4	8	14	22	40	68	115	181										
3 150~4 999	*	*	*	*	0	0	1	4	8	14	24	38	68	111	186											
5 000~7 999	*	*	*	0	0	2	3	7	14	25	40	63	111	181												
8 000~12 499	*	*	0	0	2	4	7	14	24	42	68	105	181													
12 500~19 999	*	0	0	2	4	7	13	24	40	69	110	169														
20 000~31 499	0	0	2	4	8	14	22	40	68	115	181															
31 500~49 999	0	1	4	8	14	24	38	67	111	186																
50 000 以上	2	3	7	14	25	40	63	110	181	301																

注:表示对于此 AQL 而言,用最近 10 批的样本不足以决定是否可放宽检验,需要更多的批来计算。

参考文献

[1] 中华人民共和国国家质量监督检验检疫总局. GB/T 19000—2008 质量管理体系基础和术语[S]. 北京:中国标准出版社,2008.

[2] 中华人民共和国国家质量监督检验检疫总局. GB/T 19030—2009 质量工程术语[S]. 北京:中国标准出版社,2009.

[3] 康锐,王自力. 装备全系统全特性全过程质量管理概论[J]. 国防技术基础,2007(4):25-29.

[4] 林志航. 产品设计与制造质量工程[M]. 北京:机械工业出版社,2005.

[5] 王汉功. 装备全面质量管理[M]. 北京:国防工业出版社,2003.

[6] Douglas C. Montgomery, Introduction to statistical quality control(5e). John Wily&Sons, Inc,2005.

[7] 朗志正. 质量管理及其技术和方法[M]. 北京:中国标准出版社,2003.

[8] 何益海. 基于关键质量特性的产品保质设计研究[D]. 北京:北京航空航天大学博士学位论文,2006.

[9] 邵家骏. 质量功能展开[M]. 北京:机械工业出版社,2004.

[10] 张性原. 设计质量工程[M]. 北京:航空工业出版社,1999.

[11] 秦现生. 质量管理学[M]. 2 版. 北京:科学出版社,2008.

[12] 戴克商. 质量工程技术方法[M]. 北京:清华大学出版社,2007.

[13] 杨为民. 可靠性维修性保障性总论[M]. 北京:国防工业出版社,1995.

[14] 张根保. 现代质量工程[M]. 2 版. 北京:机械工业出版社,2009.

[15] 陈立周. 稳健设计[M]. 北京:机械工业出版社,2000.

[16] BASEM SAID EL - HAIK. Axiomatic Quality Integrating Axiomatic Design withSix-Sigma, Reliability, and Quality Engineering. John Wiley & Sons, Inc., Hoboken, New Jersey,2005.

[17] Genrich Altshuller. 创新算法——TRIZ、系统创新和技术创造力[M]. 武汉:华中科技大学出版社,2008.

[18] 赵敏. TRIZ 入门及实践[M]. 北京:科学出版社,2009.

[19] 赵选民. 试验设计方法[M]. 北京:科学出版社,2006.

[20] 陈亚力. 概率论与数理统计[M]. 北京:科学出版社,2008.

[21] 张根保. 质量管理与可靠性[M]. 北京:中国科学技术出版社,2006.

[22] 马逢时. 六西格玛管理统计指南[M]. 北京:中国人民大学出版社,2007.

[23]《健壮性设计手册》编委会. 健壮性设计手册[M]. 北京:国防工业出版社,2002.

[24] 孙静. 接近零不合格过程的质量控制[M]. 北京:清华大学出版社,2001.

[25] 钟伦燕. 统计过程控制(SPC)技术原理和应用[M]. 北京:电子工业出版社,2001.

[26] 张公绪,孙静. 新编质量管理学[M]. 2 版. 北京:高等教育出版社,2003.

[27] 贾新章. 统计过程控制与评价[M]. 北京:电子工业出版社,2004.

[28] 于振凡,等. 生产过程质量控制[M]. 北京:中国标准出版社,2008.

[29] 伍爱. 质量管理学[M]. 3 版. 广州:暨南大学出版社,2006.

[30] 信海红. 抽样检验技术[M]. 北京:中国计量出版社,2005.

[31] GB/T 8054—2008 计量标准型一次抽样检验程序及表[S]. 北京:中国标准化出版社,2008.

[32] 徐京辉. 产品质量分析与评价技术基础[M]. 北京:中国标准出版社,2007.

普通高等教育"十一五"国家级规划教材

北京高等教育精品教材

BEIJING GAODENG JIAOYU JINGPIN JIAOCAI

气动弹性设计基础

(第2版)

陈桂彬　杨　超　邹丛青　编著

北京航空航天大学出版社

内容简介

本书介绍了飞行器气动弹性设计的基本原理和基本方法，主要包括4部分内容：气动弹性静力问题，气动弹性动稳定性——颤振，气动伺服弹性稳定性分析以及气动弹性试验。除了阐述基本概念和基本理论外，书中还介绍了常用的工程处理方法；对近年来在气动弹性技术上的新进展，也作了简要的介绍。

本书可作为高等航空院校相关专业本科生和研究生的教学用书或参考书，也可供航空工业部门和其他工业部门结构设计人员参考。

图书在版编目(CIP)数据

气动弹性设计基础(第2版)/陈桂彬，杨超，邹丛青编著. —2版. —北京：北京航空航天大学出版社，2010.1

ISBN 978-7-81124-939-2

Ⅰ.气… Ⅱ.①陈…②杨…③邹… Ⅲ.气动弹性—设计—高等学校—教材 Ⅳ.V211.47

中国版本图书馆CIP数据核字(2009)第183771号

气动弹性设计基础(第2版)

陈桂彬 杨 超 邹丛青 编著

责任编辑 刘晓明

*

北京航空航天大学出版社出版发行

北京市海淀区学院路37号(100191) 发行部电话：010-82317024 传真：010-82328026

http://www.buaapress.com.cn E-mail:bhpress@263.net

北京时代华都印刷有限公司印装 各地书店经销

*

开本：787×960 1/16 印张：13.5 字数：302千字

2010年1月第2版 2010年1月第1次印刷 印数：3 000册

ISBN 978-7-81124-939-2 定价：25.00元

第2版前言

气动弹性力学所研究的各类问题，不外乎起因于空气动力、弹性力及惯性力之间的相互作用。作为设计学科，学习它不仅要掌握各种气动弹性现象的机理，更为重要的是把它的基本原理应用到飞行器设计上，并作为一种设计准则、规范和指导思想。基于上述思想的指导，本书旨在为高等院校航空专业的本科生，提供一本基本理论与分析方法并重的教科书，以适应我国航空工业不断发展的需要。本书也可作为相关专业研究生的参考书，并可供航空航天、兵器、建筑及桥梁等工业部门的设计人员参考。

本书从稳定性问题出发，介绍了气动弹性设计的两个重要组成部分，即气动弹性静力问题和气动弹性动力问题，同时也概要地介绍了气动伺服弹性稳定性问题的基本概念、原理、基本方程和分析方法。

在第2版中，突出了气动弹性稳定性的内容，精简了一些与稳定性无关的内容，增加了颤振分析的内容。

在气动弹性动力问题中，颤振无疑是最为设计者关注的。这就促使防止颤振成为重要的研究课题，由此构成了飞行器设计的重要内容之一。本书结合工程设计实际，概括地叙述了相关防颤振设计的内容，结合我国制定的《飞机结构强度规范》中有关颤振的内容，对防止颤振的要求、实施步骤等都作了一些讨论。

气动弹性试验是气动弹性学科的重要组成部分，它和气动弹性的理论研究几乎是同步开始的。其中的一些试验项目是为了取得计算分析的原始数据，如飞行器结构地面振动试验、地面伺服弹性试验等；还有一些试验是为了直接取得相关特性的数据，如颤振风洞模型试验、抖振试验等。书中简要地介绍了它的基本原理和试验方法。

第2版共有12章，其中杨超编写第2～4章，邹丛青编写第12章，其余由陈桂彬编写。

特别感谢北京航空航天大学航空科学与工程学院的朱斯岩老师、吴志刚老师和万志强老师。他们在本书成书的过程中,参加了讨论,并在一些问题上给予了具体帮助;同时结合他们讲授本课程的实际情况,提出了宝贵的意见。

还要感谢西北工业大学赵令诚教授、南京航空航天大学卢叔全教授对原版教材的审阅,他们的很多宝贵意见,至今还为本书的基础起着良好的作用。作者也衷心感谢将对本书提出批评和建议的读者。

作　者

2009 年 10 月

前　言

本书是为航空高等院校编写的教材，旨在为飞行器设计或相关专业本科生提供一本基本理论与分析方法并重的教科书，以适应日趋重要并正在不断发展的气动弹性设计领域的需要。本书也可作为相关专业研究生的参考书，并可供航空航天、兵器、建筑及桥梁等工业部门的设计人员参考。

顾名思义，"气动弹性力学"作为力学学科是研究弹性物体在气流作用下的各种力学行为。而作为设计学科，我们学习它，则不仅要揭示各种现象的机理，更为重要的是把它的基本原理应用到飞行器设计上，并作为一种设计的准则、规范和指导思想。所以，气动弹性设计已经成为飞行器设计中的重要内容。

本书介绍了气动弹性设计的两个重要组成部分，即气动弹性静力问题和气动弹性动力问题。

在静气动弹性部分，主要内容包括机翼扭转发散、载荷重新分布、操纵反效及操纵效率等静气动弹性现象。从二元翼段出发，介绍静气动弹性的基本概念、基本原理，并介绍长直机翼静气动弹性的计算方法、近似方法以及矩阵分析方法，从而揭示静气动弹性问题在飞行器设计中的特点及影响因素。

在动气动弹性部分，涵盖了两个主要问题：一个是稳定性问题，另一个是动力响应问题。本书重点介绍了气动弹性稳定性问题，即颤振。对颤振的基本概念、发生的机理及其基本原理、求解方法和工程分析方法，都结合实际作了较为详尽的介绍。对动力响应问题，限于篇幅，仅作了一般性介绍，重点在飞机受到阵风时动力响应的基本概念和理论、非定常气动力特点以及工程处理方法等。抖振振动由于带有强迫振动的性质，所以也放在动力响应中一并介绍。为了弥补有些读者在气动力知识上的不足，本书还专门介绍了为进行颤振分析常用的非定常气动力计算方法。

由于伺服控制系统已经广泛地应用于飞行控制中，为了保证装有伺服飞行控制系统的飞行器在其飞行范围内不会发生气动伺服弹性不稳定（也称伺服颤振）

现象,必须进行气动伺服弹性稳定性分析。本书在上述颤振分析的基础上,也重点介绍了气动伺服弹性问题的基本概念和原理、气动伺服弹性基本方程和分析方法;通过实例完整地阐述了飞机和导弹的气动伺服弹性稳定性分析的全过程以及提高气动伺服弹性稳定性的措施。

围绕现代飞行器设计技术的发展,本书还介绍了气动弹性设计方法和技术的新进展,这些技术上的进步,对飞行器设计极具影响。例如,气动弹性和气动伺服弹性的状态空间方法;主动柔性机翼工程的设计理念及其主动控制技术,包括颤振主动抑制及阵风减缓、气动伺服弹性鲁棒稳定性分析方法以及复合材料气动弹性剪裁的设计理念等。这些内容都展示出气动弹性设计在飞行器设计中的重要地位,也展示出气动弹性设计对提高飞行器性能的突出作用,使读者更全面地认识到气动弹性设计是先进飞行器设计的必备手段。

气动弹性设计最初是适应航空事业的需要而发展起来的,不言而喻,自然会受到航空科技院校有关专业研究生和本科生以及航空工业部门技术人员的关心。鉴于此,我们在编写中多取材于飞行器,而对于航空技术领域以外的气动弹性问题将不予讨论。为了控制学时和篇幅,本书侧重于介绍基本理论和工程处理方法,而略去了某些繁琐公式的推导过程。

本书在每章的最后附有思考题,供读者和教学作业使用。参考文献放在各章的后面,供读者查阅;但不要认为这些参考文献是全面的,因为在这方面的文献浩如烟海。书中所列的文献资料都是作者认为有意义的。

全书共分11章,陈桂彬编写第1,5~9章,杨超编写第2~4章,邹丛青编写第10,11章。本书由陈桂彬主编。

作者特别感谢北京航空航天大学航空科学与工程学院的朱斯岩老师、吴志刚老师,他们在本书的全部编写过程中,参加了对全书内容安排的讨论,以他们讲授本课程的实际体验,提出了宝贵的意见,并和宋晨一起绘制了书中的全部插图、表格以及进行文字录入工作,使本书得以顺利完成。

本书承西北工业大学赵令诚教授、南京航空航天大学卢叔全教授审阅,提出了许多宝贵的意见,对此表示衷心感谢。作者也衷心感谢将对本书提出批评和建议的读者。

作　者

2004年5月

目　　录

第1章 绪 论

1.1 气动弹性问题的概述

气动弹性问题作为一门力学学科是研究弹性物体在气流中的力学行为，其任务是研究气动力和弹性体之间的相互影响。气动弹性力学所研究的各类气动弹性现象，不外乎起因于空气动力、弹性力和惯性力之间的相互作用。而作为设计学科，我们学习它，则不仅要揭示各种现象的机理，更为重要的是把它的基本原理应用到飞行器设计上，并作为一种设计的准则、规范和指导思想。由于在研究问题上的特殊性，致使这门学科在研究方法上也具有其自身的特点。

气动弹性的研究方法有别于弹性力学的研究方法。弹性力学的经典理论是研究弹性体在给定外力或位移作用下的应力与应变。通常，物体上的外作用力与变形无关，即认为在小变形下，不影响外力的作用。在这种情况下，常常忽略物体尺寸的变化，并按照初始形状进行计算。但是，在大多数重要的气动弹性问题中，情况起了变化。也就是说，应认为外力是随着物体的变形情况而改变的，即载荷本身不是事先可以确定的，弹性变形对它起着重要作用。在弹性变形决定以前，空气动力的大小是不知道的。因此，通常在问题解出以前，外载荷是不知道的。例如，在研究飞机的气动弹性问题时，要把它当做弹性体处理，此时机翼上的升力要取决于机翼翼面相对于气流的位置和运动，即此时的气动力载荷不是一个事先可以确切给出的值。这也是气动弹性问题研究的主要特点之一。

气动弹性力学主要关心的问题之一是结构在气流中的稳定性。因为，对于一定的结构，其空气动力将会随着气流流速的增加而增加，而结构的弹性刚度却与气流速度无关，所以存在一个临界风速；在这个速度下，结构变成不稳定的。这种不稳定性会产生极大的变形，并且会导致结构的破坏，这是飞机设计中决不允许的。从稳定性这个角度出发，根据惯性力在所考虑的问题中是否允许忽略，又可把上述的不稳定性区分为静不稳定性和动不稳定性。前者主要是扭转变形发散，后者主要是颤振。而从气动弹性问题的整体来看，它所包含的内容，不仅是稳定性，还包括很多其他问题。诸如在气动弹性静力问题中，由于弹性变形会引起载荷重新分布，也会使飞机的操纵效率降低，甚至发生操纵反效。在气动弹性动力问题中，还有飞机对外载荷的动力响应，这种响应可以是飞机的变形、运动或诱生的动应力。例如由操纵面偏转、突风等引起的响应都属于这类问题。

1.2 气动弹性力学发展的历史梗概

气动弹性问题几乎伴随着飞行器发展的全过程。早在1903年,即在莱特(Wright)兄弟有动力载人飞行成功的前9天,Smithsonian学院的兰利(Langley)教授在Potomac河畔进行的“空中旅行者”号有动力试飞失败了,事后人们才认识到这是典型的气动弹性问题——机翼扭转变形发散。Coller教授曾评论:“若不是气动弹性问题,兰利很可能要取代莱特兄弟的历史地位”。然而不久,又出现了一系列的气动弹性问题。先是发生在第一次世界大战初期,英国的Handley Page 0/400双引擎轰炸机发生剧烈的尾翼颤振而坠毁;仅一年后DH—9飞机上又发生了类似的尾翼颤振事故。由此促使了F. W. Lanchester和L. Bairstow以及A. Fage进行了第一批有目的的气动弹性颤振研究。他们所研究的由机身扭转和升降舵偏转这两个自由度组合的二元颤振,可能是最早的颤振理论分析。此外,在第一次世界大战中,德国有两架战斗机由于静气动弹性发散而发生致命的结构破坏:一架是Albatros D —Ⅲ飞机,另一架是Fokker D —Ⅷ飞机。后者是一种悬臂式单翼机,投入战争后接二连三地发生高速俯冲时机翼毁坏事故。此后,对6个机翼进行了强度试验,结论是其强度足以承受6倍设计载荷。原型机和生产型飞机的机翼之间唯一的不同就在于后者有一根加强后梁,本意是增大实战中飞机强度特性,然而却未料到由此改变了机翼弹性轴位置,从而导致静气动弹性发散。这个弄巧成拙的教训使设计者逐渐认识到,结构设计仅靠强度规范是远远不够的,必须要包含刚度规范的内容。所以气动弹性是飞机设计中不可忽视的重要方面。到1926年,H. Reissner公开发表了解决扭转发散问题的一种理论,也阐明了空气动力中心与弹性轴相对位置的重要性,这对于中高展弦比的梁式机翼来说,是一个尤为重要的概念。20世纪20年代末,H. G. Küssner, W. J. Duncan和R. A. Frazer建立了机翼颤振的理论基础。1934年,T. Theodorson获得了翼面-操纵面组合的二维不可压流谐振荡空气动力的精确解,建立了解析求解翼面颤振问题的基础。

第二次世界大战爆发的前后,航空工业有了长足的发展。提高飞机的飞行速度,是当时空战中制胜的重要手段。那时,舵面和尾翼的颤振是气动弹性方面事故的主要原因,特别是调整片的颤振是经常发生的。到第二次世界大战结束以前,飞行速度提高到跨声速范围,同时出现了第一批超声速飞机,因此又提出了新的气动弹性问题。此时,要求从事航空事业的机构,必须拥有一支强有力的研究队伍,来解决大量出现的气动弹性问题。于是,气动弹性力学开始发展成一门独立的科学分支。

20世纪50年代初期,飞行进入了超声速范围,新的气动弹性问题大量涌现。小展弦比后掠机翼和三角形机翼成为气动弹性研究的主要对象。这就要求必须研究全新的颤振分析原理和解法。计算机的出现,使许多气动力计算方法应运而生,一些亚声速和超声速非定常气动力计算方法就是在这种情况下产生的。直到70年代,计算机的进一步发展,计算速度的迅速提高,使得跨声速非定常气动力计算方法得到发展。此外,还有风洞试验,它长期以来是进行试验研究的必不可少的手段。正是这些辅助工具,解决了目前存在的大量气动弹性问题。

进入超声速飞行速度范围,特别是在近代高速飞行器上,由于进入大气层时的高温环境,使得结构产生了热应力,为此需要研究结构在受热条件下的气动弹性现象,这就形成了"热气动弹性"的问题。

现代飞行器上普遍使用了伺服控制。飞行控制系统随着其功能不断发展,通频带变宽、权限增大;而飞行器结构设计的趋势是柔性增大。柔性飞行器结构、非定常气动力和控制系统之间的相互作用,发展了一门全新的而又与经典的颤振密切相关的分支学科,即气动伺服弹性力学。它作为一门涉及多门学科的交叉边缘学科,正蓬勃地发展,并在飞机设计中发挥着愈来愈重要的作用。

最后,必须要提及的是,气动弹性力学作为一门广泛应用的学科,不仅在航空航天工程方面,而且在民用建筑、机械工程等方面的应用正日益增长。1940年建成通车才4个月的美国Tacoma悬索桥,在18 m/s的低风速下,经过1个多小时愈振愈烈的颤振后而倒塌。事故后,人们才认识到这是与机翼颤振现象相类似的桥梁颤振。这一教训一直为后来的桥梁设计所重视。这个事件表明了气动弹性在航空技术以外的领域中的重要性。从此以后,桥梁颤振问题得到了有关部门的高度重视。

1.3 气动弹性方框图

利用方框图来表示气动弹性之间所存在的基本物理关系是十分明了的。特别是对于气动弹性稳定性问题中的反馈过程,用方框图的方法来说明,就更加明确。这种方法是由冯元桢首先引用到气动弹性力学中来的。现在以弹性机翼为例来说明方框图的意义。当假设机翼是刚性机翼时,系统的两个参数,即升力 L 和攻角 α,通过机翼处于一定的空气动力相互影响之中。此时攻角 α 作为输入参数,而刚性机翼所产生的气动力 L 作为输出参数。这样所绘制的方框图如图1-1所示。它象征性地描述出机翼的作用。事实上,机翼不可能是刚硬的,也就是攻角 α 与升力 L 之间的关系还和机翼的弹性变形有关。更确切的描述是把机翼的功能看做是由两个元件组成:第一个元件是产生升力的元件,第二个元件是弹性力学系统。在仅考虑机翼的空气动力功能时,可把机翼看成刚性的;而在考虑机翼弹性变形时,则把空气动力看成是另外一个外力系在起作用。也就是说,在分析机翼的空气动力功能和弹性力学功能时,可以把这两种功能分别进行描述。在把这两种功能联系起来考虑它们的相互影响时,则应该用物理上准确的方式来表达弹性机翼的总特性。这时,产生升力的弹性机翼的气动弹性特征可用图1-2来表示。由图可见,当机翼具有攻角 α 时,由此产生空气动力,并产生空气动力矩 M_α,这个力矩使弹性机翼产生扭转变形

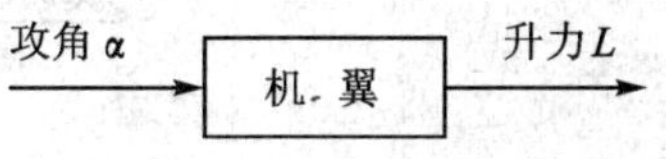

图1-1 刚性机翼的空气动力方框图

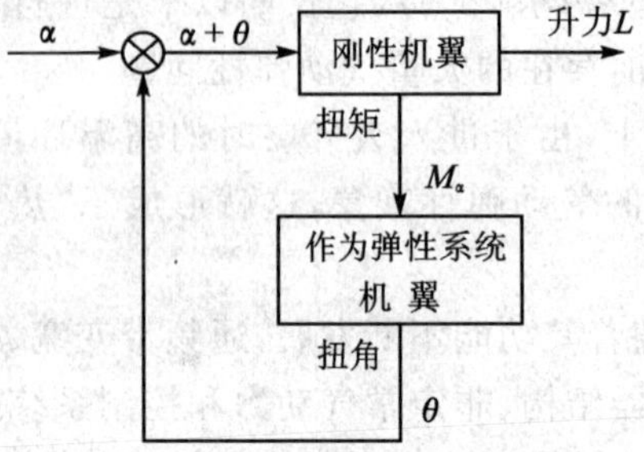

图 1-2　弹性机翼的气动弹性方框图

θ。由此,新的几何攻角就成为 $\alpha+\theta$,从而产生新的气动力矩 M_α,使得气动弹性系统构成一条闭合回路,它是一个反馈系统。从这种意义上来看,气动弹性力学也就是研究具有弹性反馈系统的空气动力学问题。

现在来研究以下机翼扭转发散问题,这是气动弹性静力学的稳定性问题。在上述中,对攻角 α 和弹性扭角规定为攻角 $\alpha=\theta=0$ 时,升力 $L=0$。$\theta=0$ 是 $\alpha=0$ 时的唯一解答(零解)。现在可以考察下列问题:当 $\alpha=0$ 时是否存在非零解 $\theta\neq0$? 参见图 1-3。如果这个解存在,则表明机翼处于临界状态下,变形 θ 的幅度是不定的。发生这种不稳定性时的空气流动速度称为扭转发散的临界速度。

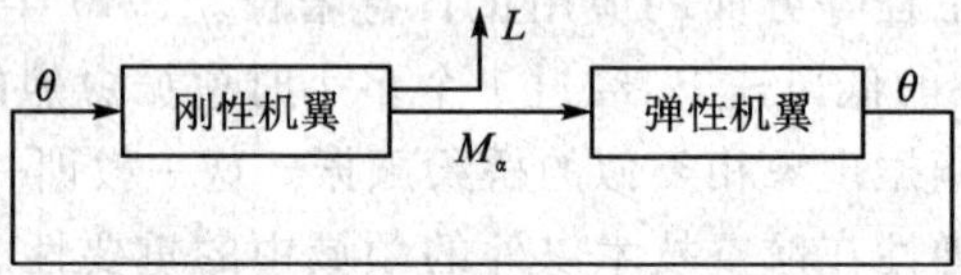

图 1-3　临界扭转发散的方框图

在气动弹性动力学问题中,机翼要体现出 3 种不同的功能,它将产生:① 空气动力;② 惯性力;③ 弹性变形。把这 3 种功能写在如图 1-4 所示的 3 个方框中。按空气动力学原理,刚性机翼会产生升力 L,而机翼振动时则引起惯性力 I。这两种力合在一起($L+I$)使弹性机翼产生变形 θ;变形 θ 又产生新的作用力 L 和 I。这就以反馈过程的形式构成一条闭合回路。以一个作用在俯仰受到约束的机翼上的突风响应为例,其方框图如图 1-4 所示。

与上述突风响应问题相伴的是机翼的颤振问题。在颤振问题中,不是去求机翼对于突风的响应,而是在图 1-4 中,令 $G=0$ 后寻求该齐次方程有没有非零解。所以,面对这两种气动弹性动力学问题,或是齐次系统有非零解,即发生颤振;或是有解答,即突风响应问题。

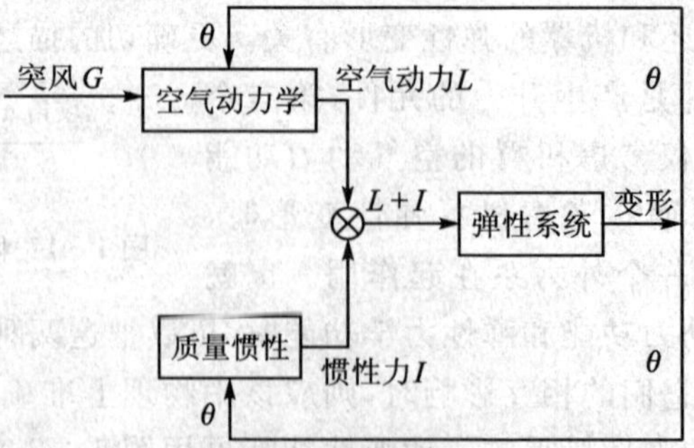

图 1-4　弹性机翼的突风响应

1.4　气动弹性问题的分类

1.4.1　气动弹性的力三角形

1946 年英国人 Collar 绘制了气动弹性力三角形，由此对气动弹性问题作了很好的分类。这个三角形直观地表达了气动弹性问题中各种力之间的联系，从而区分了各学科的研究范畴。如图 1-5 所示，力三角形的顶点表示系统的每种作用力，即弹性力、惯性力和气动力。它们在气动弹性过程中处于相互影响的状态下，于是每一种气动弹性问题可按照该问题中这些作用力所处的相互关系进行直观的区分。在图 1-5 中，所有气动弹性动力学问题，都处在该三角形的内部，这时 3 种作用力都参与作用。而处于该三角形左边的外侧，均属于气动弹性静力学问题，这时只有弹性力和空气动力起作用。下面针对图 1-5 所提出的气动弹性问题，作简略的说明。

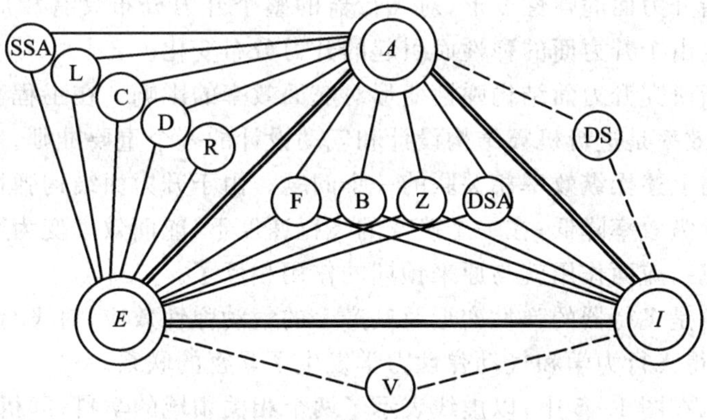

气动弹性现象：　　相关领域：

A—气动力；　F—颤振；　C—操纵效率；　V—机械振动；

E—弹性力；　B—抖振；　R—操纵反效；　DS—动稳定性

I—惯性力　Z—动力响应；　DSA—动稳定性的气动弹性效应；

L—载荷分布；　SSA—静稳定性的气动弹性效应

D—发散

图 1-5　气动弹性的力三角形

首先，讨论处于三角形内部的气动弹性动力学问题。

颤振：是指发生在飞机飞行中的动不稳定性，此时的速度称为颤振速度。在飞行达到颤振速度时所发生的自激振动，大多数都会造成灾难性的后果。颤振现象的形态是多种多样的。在发生颤振时，大多是整架飞机都在某种程度上参与了这个过程。

抖振:是指由于气流中存在紊流度或不连续性,而由飞机自己产生的某个部件或全机的振动。例如,当飞机作某种机动飞行时,尾翼处于机翼的尾流中,在尾翼上则会发生这种振动。此外,在跨声速范围内,由于机翼上的激波和压力脉动,也会发生抖振振动。

动力响应:是指由于弹性系统受到与系统无关的、随时间任意变化的外界扰动力的作用而发生的强迫振动。这些干扰力可以是谐和的(最简单的情况)、周期性的(例如旋涡共振问题)、脉冲型的(例如孤立突风)或时间随机性的(例如大气紊流)。动力响应问题不仅在飞机结构上,而且在高层工程结构中都有重要的实际意义。

然后,讨论处于三角形左外侧边的气动弹性静力学问题。在该问题中只有系统的弹性力、定常的空气动力及与系统无关的静态外力的相互作用;如果不存在静态外力,就成为气动弹性静力学的稳定性问题。下面将讨论其中最重要的问题。

扭转发散:是指在飞行中的飞行器升力面的静不稳定性。发生不稳定的飞行速度称为发散速度。其中升力面的弹性在不稳定性中起了主要作用,即在一个确定的风速下,弹性升力面受定常升力作用而发生扭转变形直到破坏。

载荷分布:是指升力面的弹性变形,对飞行器的整个升力分布具有相应的影响。因此,在该问题中,是要确定由于升力面的弹性而引起的升力分布变化。

操纵效率:是指研究升力面结构弹性变形对舵面效率的影响。在工程上,保证后掠弹性机翼具有足够的舵面效率是进行机翼结构设计和气动设计的一个重要准则。

操纵反效:是与上述操纵效率相关联的一个问题。由于升力面结构弹性变形的影响,飞行速度的增加,导致操纵效率降低;在一个确定的飞行速度下,舵面效率变为零,该速度称为反效速度。超过该速度后,舵面作用就与原来预期的作用相反了。

最后,要提及的是飞行器的弹性变形及其产生的气动弹性效应,对飞行静和动稳定性也都具有影响。这就使得飞行力学和气动弹性力学发生了紧密的联系。

为了完整起见,在图1-5中,以虚线表示了两个相关领域的学科,即机械振动学和经典的刚体飞行力学学科。这些都是力学的独立分支,但它们和气动弹性力学又无严格的界限。

1.4.2 热气动弹性的力四面体

在近代航空航天工程的领域内,特别是在近代高速飞行器上,由于气动加热造成的高温环境,热效应的重要性越来越大,故经典的气动弹性力学表达式不再适用。为此需要研究结构在受热条件下的气动弹性现象,这就形成了“热气动弹性”的问题。

热气动弹性力学这个概念,也可以直观地用一个热气动弹性的力四面体表示。它是在经典的气动弹性力三角形上增加一个角点,即热效应产生的热力。如图1-6所示的四面体,是由I. E. Garrick绘制得到的。这个力四面体的每一个面都表示了一类相互交叉影响的问题的范围。

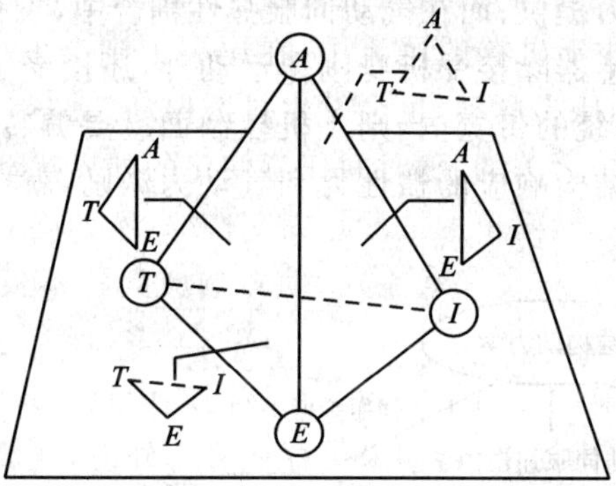

A — 气动力；　I — 惯性力；
E — 弹性力；　T — 热力

AEI —经典气动弹性；
ATI —空气热力学；
ATE — 热气动弹性静力学；
EIT —热弹性动力学；
AEIT — 热气动弹性力学

图 1-6　热气动弹性的力四面体

气动力/弹性力/惯性力：这是经典的气动弹性问题，已在 1.4.1 节讲述。

气动力/热力/惯性力：组成空气热力学，它是属于气动弹性力学以外的学科。

气动力/热力/弹性力：组成热气动弹性静力学问题，这里必须考虑热效应对气动弹性静力学特性的影响。

弹性力/惯性力/热力：组成热弹性动力学问题，这里必须考虑热效应对振动特性的影响。

当把上述这 4 个面汇聚在一起时，表示了上述所有问题的相互影响，即热气动弹性力学。

图 1-6 中所表示的热气动弹性力四面体是完全建筑在一个基面上的，该基面的特征就是材料的特性。其含义是材料的物理性质在所有的热气动弹性过程中具有基本的意义。

随着航天飞行器的发展，由于又出现了通常的升力面和操纵面，因此常规的气动弹性问题在空间飞行器上又重新具有意义，尤其是热气动弹性问题更受到了特别的重视。

1.4.3　气动伺服弹性问题

由于现代飞行器上普遍使用了伺服控制，故飞行器控制系统随着其功能不断发展，其通频带变宽，权限增大。而飞行器结构设计的趋势是柔性增大。由此，柔性飞行器结构、非定常空气动力和控制系统三者之间的相互作用，引发了气动弹性领域中的新课题。

以上所述的三者相互作用，也可用相互作用三角形示于图 1-7 中。由图可见：在三角形的三个边线上，各构成气动伺服弹性的子问题，如由结构动力学和非定常空气动力学的相互作用构成了为广大设计人员所熟知的气动弹性力学，诸如颤振、动力响应等问题；由结构动力学和飞行控制系统的相互作用构成了伺服弹性力学，它在气动伺服弹性技术的发展中起到愈来愈重要的作用，其中一个重要的原因是它能起到地面的校核作用；由非定常空气动力学和飞行控制系统的相互作用构成了气动伺服动力学，这项技术的研究尚很初步。气动伺服弹性技术则是汇集了三者的相互作用于一体的边界学科，也可以说是由于飞行控制的参与，改变了以没有控制系统情况为基础的气动弹性稳定性和动响应特性。应注意到，在经典的颤振理论中，维持结构振动所需的能量完全由非定常气动力提供;而在气动伺服弹性耦合中,飞行控制系统也会对结构响应提供激励。这是由于飞机传感器除接受机身刚体运动外,还接受了结构振动信号。因此,若结构运动的频率在飞行控制系统的带宽内,则飞机控制面就要偏转,以控制结构响应。如果这种控制面的运动进一步引发结构响应的惯性力和气动力激励,就可能导致不稳定的结构振荡。

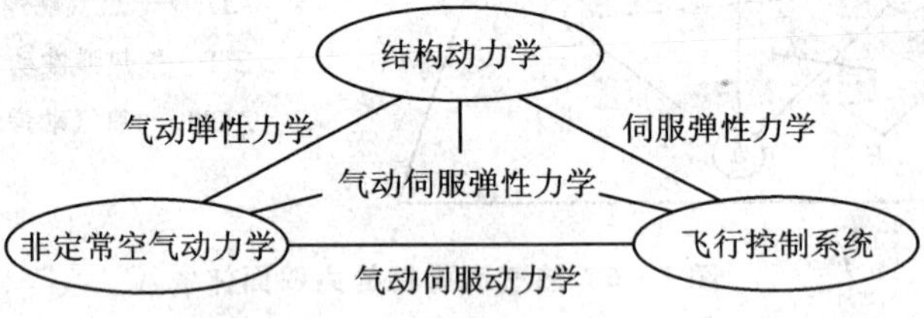

图1-7 结构动力学、非定常空气动力学及飞行控制系统相互作用三角形

1.5 在飞机设计中的气动弹性设计

尽管气动弹性现象早就普遍存在于大自然中,但真正作为一门科学技术来研究,是在飞机诞生以后的20年里。为了解决不断出现在飞机上的气动弹性问题,促使了气动弹性逐渐形成学科。应看到,飞机设计的过程也是气动弹性的设计过程,二者是密切相关的。

气动弹性现象所引起的效应,在现代高速飞机的设计过程中占有非常重要的地位。这些气动弹性效应都必须综合考虑到飞机设计中去,以防止出现不利的气动弹性现象。这些措施和方法,有的已作为设计人员所遵循的设计准则,甚至作为设计规范而强制执行。现就几个主要气动弹性现象对飞机设计的影响简述如下:

颤振是在飞机设计所考虑的气动弹性现象中影响最大的一种。在飞机结构设计的同时就必须考虑防止发生颤振的问题。现代高速飞机可以出现多种颤振类型。对于预防颤振的方法和措施,大多可采用增加刚度,或者通过调整质量分布来降低耦合,例如对操纵面的质量平衡。事实上,影响颤振的最重要因素是机翼的扭转刚度。注意到机翼结构设计是由强度和刚度规范准则支配的,但不能片面强调某一个因素。例如在机翼设计中过高地追求扭转刚度所带来的高颤振速度,所设计出的机翼是不合理的。

对于在机翼上的较大的集中质量,其所在的位置,要以预防颤振为先决条件来考虑。例如:在机翼上某一给定的集中质量,可能需要较高的机翼刚度,这就势必增加机翼结构质量。为了预防颤振,在飞机设计初始阶段,就要对这些大的集中质量分布进行分析和模拟研究,以确定最佳的质量分布。

在颤振特性上,机翼的平面形状和展弦比也有重要的影响。减少机翼展弦比,增大机翼后掠,都会使颤振速度提高。操纵面的设计必须考虑到颤振的影响,诸如在确定气动力和质量的平衡及铰链位置等时,必须考虑。

此外,当飞机作某种机动飞行时,若尾翼处于翼面的尾流中,则在尾翼上就会发生抖振。除此以外,在跨声速范围内,由于机翼上的激波和压力脉动,也会发生抖振,这种抖振有时称为自激抖振。为了减缓抖振的发生,要注意在飞机设计中,保持机翼-机身连接处光滑的外形,这对于减少因机翼-机身干扰而产生流动分离是有效的。此外,把尾翼的位置放在扰动存在的区域以外,可避免尾翼的绕流抖振。在跨声速时,机翼上流动分离及机翼-机身连接处的流动分离,形成了尾翼扰流抖振。紊流的强度和最高强度的位置随机翼的厚度、弯度和攻角变化。

在飞机设计中存在两个重要的动响应问题,即突风及着陆问题。此外,机炮射击、投放炸弹等也都会产生突加载荷。

在计算飞机的外载荷时,有时把结构看做是完全刚硬的。这种做法,除了忽略了结构变形诱导出的附加气动力外,还忽略了由于突然施加的外载荷而引起的振动。事实上它对结构内部的应力却有不可忽视的影响。附加的惯性力连同振动所产生的应力,最终以增加机翼和机身梁的弯曲和扭转应力的形式出现。所以梁的设计必须考虑承受这部分载荷。

气动弹性效应阵风等载荷设计条件,是一个重要的影响因素。例如,在阵风条件下直机翼的动响应在根部产生的扭转,比起刚硬假设所算出的弯扭要高出 15 %～20 %。特别对于带有后掠角的机翼,就必须考虑气动弹性效应。图 1-8 表示了考虑机翼弹性的重要性。图中所示是一架有后掠角机翼的飞机,其当量速度为 250 m/s,且在 3 500 m 高空飞行。图中虚线表示机身加速度历程,其峰值定为 1。实线给出了机翼翼尖加速度历程对机身加速度峰值之比。由图可见,在有后掠角机翼上确定正确的载荷分布,机翼弹性占有重要地位。

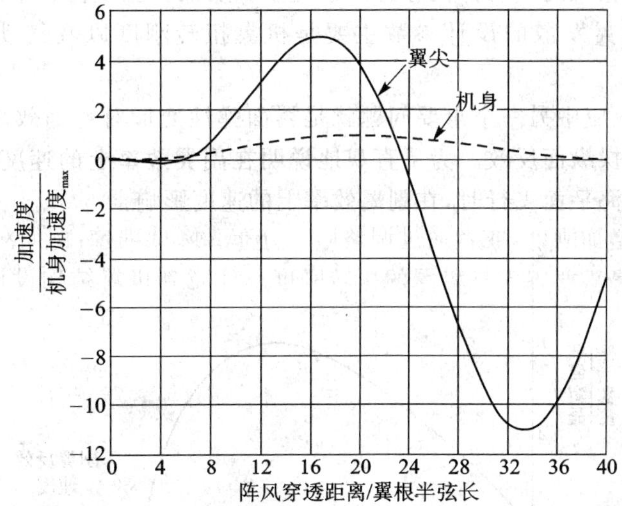

图 1-8　带有后掠角机翼的飞机在由于阵风通过时其翼尖和机身加速度的比

除了上述的气动弹性动力问题在飞机设计中必须考虑以外，还有很多气动弹性静力问题也必须在飞机设计中一并考虑。例如，飞行速度的提高、升力面的弹性变形引起了飞行载荷的重新分布。这就产生了一个气动弹性静力问题，即确定由于升力面的弹性而引起的升力分布变化。图 1－9 表示了一个载荷分布的例子，即后掠的弹性机翼和其相应的完全刚性机翼，在加速度为 $2g$ 的机动飞行中具有的升力分布。由图可见，在该情况下，由于弹性机翼的总升力的作用线移向机翼根部，所以从强度观点来看，大展弦比机翼的弹性变形对载荷分布一般是有利的。然而，对前掠机翼来说，其结果适得其反。

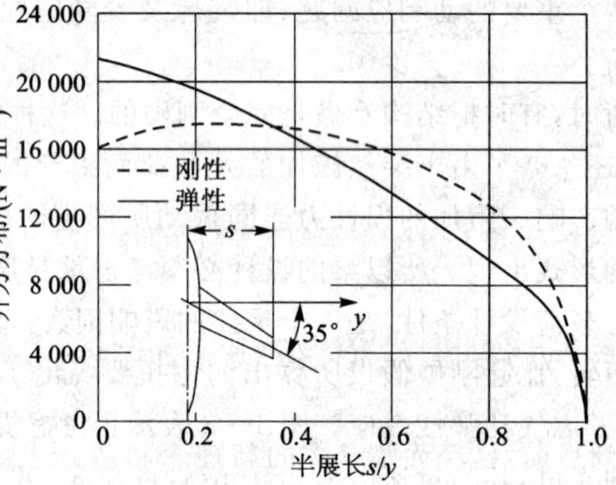

图 1－9　在加速度为 2 g 的机动飞行中完全刚体和弹性后掠机翼的飞机载荷分布

与载荷重新分布相关的气动弹性静力问题是扭转发散。在直机翼中最常见的发散问题是扭转发散。影响直机翼发散的设计参数主要是机翼扭转刚度以及气动中心到扭心之间的距离。

此外，气动弹性效应中另一个重要问题就是翼面弹性变形对舵面效率的影响。而与此相关联的一个问题就是操纵面反效。为了直观地说明在副翼效率上的速度影响，在图 1－10 中展示了一架战斗机在海平面飞行时，在副翼效率上的速度影响。

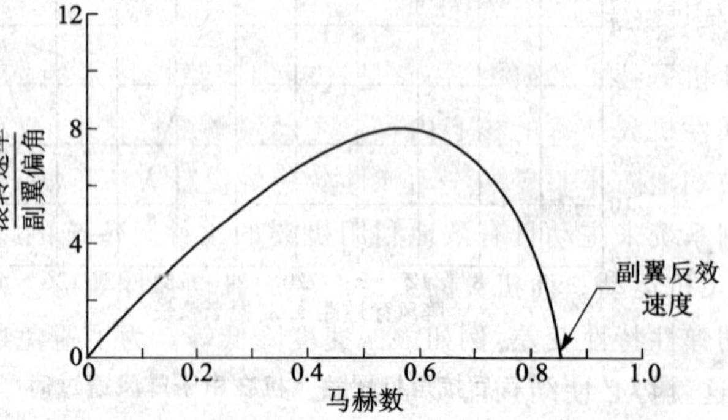

图 1－10　在副翼效率上的速度影响

注意,在以上所述的气动弹性对飞机设计的影响中,存在着3种不同的(临界)速度,即颤振临界速度、发散临界速度和副翼反效临界速度。在对平直机翼、后掠机翼和前掠机翼的3种临界速度作了分析之后,可大致绘出如图1-11所示的图形,以供设计者参考。

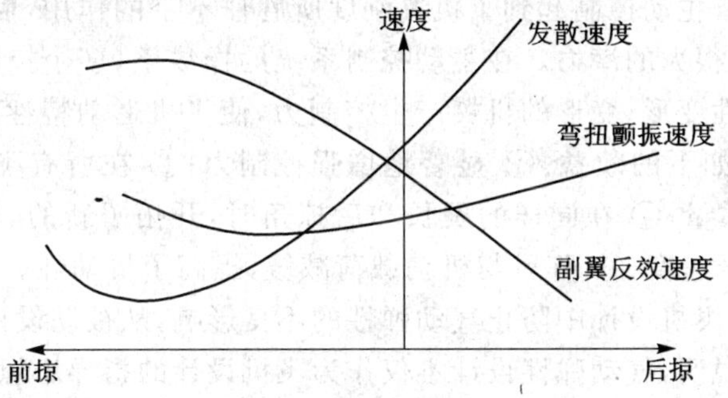

图1-11 机翼的3种临界速度比较

1.6 气动弹性设计在飞机设计中的新进展

气动弹性设计发展到目前,已经面临众多的新理念和新方法。读者在掌握其基础知识的同时,也必须关注它的新发展。本节仅简单介绍主动气动弹性机翼设计技术和复合材料气动弹性剪裁的两种设计新理念,以及一种实用的鲁棒气动伺服弹性稳定性分析方法,以开阔读者视界。

1.6.1 主动气动弹性机翼设计技术

近年来所发展的主动控制技术和气动伺服弹性技术,以及二者的结合,在飞机设计中起了关键的作用。为了验证这项技术,国外开展了大量的研究,并提出"主动气动弹性机翼"的概念和工程实施计划。其最终目的是通过验证"主动气动弹性机翼"概念,确定具有工程应用价值的理论和设计方法。

从主动气动弹性机翼技术的研究看,它是气动伺服弹性技术的拓宽和延伸。气动伺服弹性技术是主动气动弹性机翼技术的核心内容。主动气动弹性技术的设计思想与传统的利用结构的强度和刚度来被动地防止不良的气动弹性效应的设计方法不同,它是通过全权限、快速响应的数字式主动控制系统来主动且有效地利用机翼的柔性。传统的设计方法中,由控制面产生控制力,从而控制飞机运动。而机翼的柔性产生的气动弹性效应会减弱控制面的效能,同时也使机翼的其他气动弹性特性变差,例如颤振速度降低等。为了避免这种不利的情况,只能采用被动的防止方法,这就势必使结构的质量增加。

在主动气动弹性机翼技术中,机翼带有多个前缘和后缘控制面。这在设计理念上有了全新的突破。其最佳选择恰好是低的刚度加上多个控制面，利用机翼在气动力作用下产生的气动弹性变形和运动，由传感器接收信号，再通过主动控制系统按预定目的驱动并协调多个控制面的偏转或偏转运动，反馈至机翼，从而使整个机翼产生所希望的变形或运动，由此提高机翼控制气流能量的能力。主动控制起到了机翼刚度所胜任不了的作用，而其中主动控制律是一个关键设计，它蕴含着很大的潜力。在主动控制系统的操纵下，多个控制面协调偏转，主动使机翼发生所希望的弹性变形；变形的机翼产生控制力，使飞机运动特性改变。研究证明：主动气动弹性机翼能获得如下的效益：① 显著地增强控制力；② 在所有飞行范围内减少气动阻力；③ 减轻机翼结构质量；④ 在同样的展长和后掠角时，开拓了新的、先进的机翼设计手段；⑤ 抑制颤振，提高颤振速度；⑥ 阵风与机动载荷减缓，提高了机动性。由此可见，主动气动弹性机翼技术的出现，使飞机设计中防止气动弹性的不良影响，从被动设计方式走向主动设计方式。这在一定程度上说明，气动弹性设计不仅作为飞机设计的指导思想，还将成为飞机设计的新理念。

1.6.2 复合材料气动弹性剪裁

复合材料气动弹性剪裁是另一种新的设计理念，它是通过复合材料的刚度方向性及其变形耦合，来控制翼面结构的静和动的气动弹性变形，从而提高飞机性能的一种结构优化设计方法。这种方法在飞机设计中具有广阔的应用前景。

复合材料气动弹性剪裁的出现，突破了前掠翼飞机的禁区。前掠翼因其弯扭耦合导致的扭转发散速度过低，是金属机翼设计中不可逾越的障碍。X—29 前掠翼飞机的问世，证明了利用复合材料气动弹性剪裁技术，可以克服前掠翼的扭转发散，而不需付出任何质量代价。

复合材料气动弹性剪裁是多学科的交汇，它涉及复合材料力学、气动弹性力学以及优化设计等学科。其中复合材料的力学特性，构成了气动弹性剪裁赖以实现的机理。改变翼面复合材料的铺层厚度、铺层角度及铺设方向和顺序，会直接改变刚度的方向性，并由此控制翼面的气动弹性变形。气动弹性剪裁的效益完全有赖于变形控制实现。

气动弹性剪裁也是一种优化设计方法，通常也是把结构质量最小作为目标，以应力要求、扭转发散速度、颤振速度和飞行载荷等为约束条件，最终确定复合材料的铺层厚度、铺层角度及铺设方向等设计变量，这是一个优化设计的全过程。

1.6.3 鲁棒气动伺服弹性稳定性分析

这是近年来发展的一种适用于多输入/多输出系统鲁棒稳定性分析的新方法。这种方法是使用鲁棒稳定性框架，把理论气动伺服弹性模型和一系列描述模型误差与不确定性联系起来，以结构奇异值 μ 作为多变量鲁棒稳定性测度，计算稳定性裕度。鲁棒性分析的特点就是增加了一个不确定性算子 Δ，并且要对它有合理的描述。

μ 方法的主要特点在于，既使用计算模型，也使用飞行数据，综合二者的优点。飞行数据

很容易应用于 μ 方法，用比较飞行数据与解析模型两者的传递函数来确定模型误差，并在这些误差的基础上建立不确定性 Δ。根据模型有效性算法，可使不确定性既能充分反映模型误差，又不过于超出真实的误差。由此，可以通过 μ 方法计算得到最坏情况下的稳定裕度。

μ 方法与 $p-k$ 法或单纯地用飞行数据作系统识别的传统方法，有本质的不同。图1-12对比了三种方法的区别。单纯地用计算方法是不容易得到准确结果的。单纯地用飞行数据，会存在信号质量问题，以致于导致失败。μ 方法则综合了二者的优点，用并入飞行数据后的 Δ 来修正模型。所以，用该方法来确定鲁棒稳定裕度，是一种完善的方法。

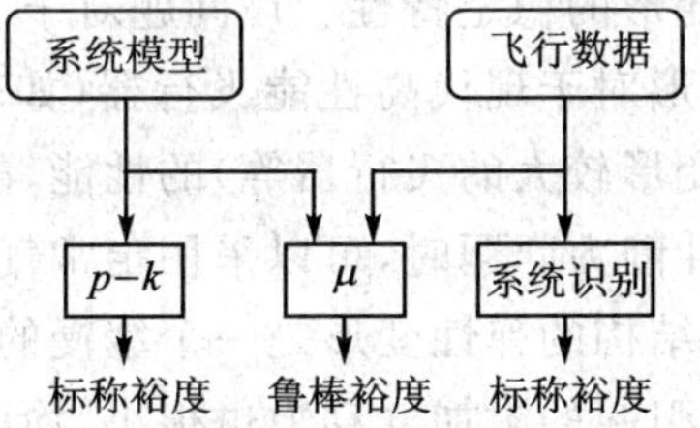

图1-12 μ方法、传统计算方法及试验方法分析气动伺服弹性稳定裕度流程图

思考题

1.1 飞行器气动弹性设计的任务是什么？在研究的内容中主要关心什么问题？

1.2 利用气动弹性的力三角形，来解释气动弹性领域内的分类，并对各种气动弹性现象作出说明。

1.3 简要说明在飞机设计中的气动弹性设计。

1.4 根据自己的理解，考虑气动弹性设计在飞机设计中的新发展。

参考文献

[1] Fung Y C. 空气弹性力学引论. 冯钟越，管德，译. 北京：国防工业出版社，1963.

[2] 伏欣 H W. 气动弹性力学原理. 沈克扬，译. 上海：上海科学技术文献出版社，1982.

[3] 道尔 E H，小柯蒂斯 H C，斯坎伦 R H. 气动弹性力学现代教程. 陈文俊，尹传家，译. 北京：宇航出版社，1991.

[4] 诸德超，陈桂彬，邹丛青. 气动弹性力学. 航空工业部教材编审室，1986.

[5] 杨超，陈桂彬，邹丛青. 未来战斗机关键技术——主动柔性机翼. 国际航空，1997(11).

[6] Bisplinghoff R L, Ashley H, Halfman R L. Aeroelasticity. Addison-Wesley Publishing Company, Inc., 1955.

[7] Noll T E. Aeroservoelasticity. AIAA-90-1073，1990.

[8] Taylor R, Pratt R W, Caldwell B C, et al. Improved Design Procedures in Aeroservoelasticity. AIAA-98-4458，1998.

[9] Weisshaar T W. Aeroelasticity-Advances and Future Directions. AIAA-92-2446-CP, 1992.

第 2 章　气动弹性静力问题的基本原理和解析方法

气动弹性静力问题(或称静气动弹性问题)是研究飞行器弹性变形对定常气动力分布的影响以及研究气动力所产生的静变形的稳定特性。该问题对于飞行器升力面和操纵面的结构设计具有特别重要的意义,弹性变形对于现代高性能飞行器(如带有大展弦比升力面、复合材料升力面以及其他采用轻质材料变形较大的飞行器等)的性能、静和动稳定性等飞行品质也有不可忽视的影响。在处理气动弹性静力问题时,可以采用定常气动力理论来计算空气动力,时间不作为一个独立变量;或者认为结构的弹性变形是一个缓慢的过程,结构因弹性变形所引起的惯性力比气动力要小得多,运动引起的附加气动力也很小,均可略去不计。

气动弹性静力问题主要包括两种类型:第一类是扭转发散问题以及与之密切相关的载荷重新分布问题;第二类是操纵效率与操纵反效问题。

本章首先从二元翼段出发,分析气动弹性静力问题的基本现象,建立物理基础,然后讨论长直机翼的静气动弹性计算。

2.1　气动弹性静力问题的基本原理

为了便于理解静气动弹性问题的现象和机理,以二元翼段作为讨论的起点比较简捷。

所谓二元翼段,就是一个刚硬的平直机翼的翼段。翼段的弯曲和扭转变形可以分别用剖面刚心(即翼段弹性轴)的上、下平移和剖面绕它的转动来表示。由于在气动弹性静力问题中,认为翼段的上、下平移不引起附加的气动力,因此,翼段的平移就可以不予考虑。在翼段的刚心处(E 点)连有一个扭转弹簧,将这个弹簧固定到风洞壁上。这样,翼段可以绕刚心旋转。图 2-1表示了一个最简单的二元翼段模型。

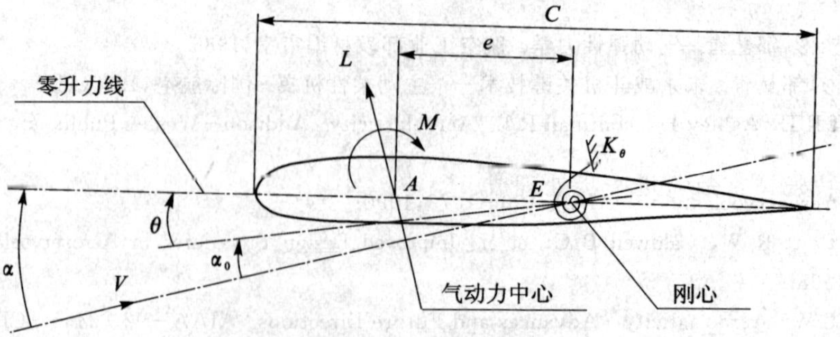

图 2-1　二元翼段

2.1.1 扭转发散

将上述二元翼段连同刚心处的扭转弹簧一起偏转一个初始角度 α_0，然后开启风洞，气流速度为 V。此时，由于翼段是弹性连接于支点上的，所以在气动力与弹簧力的作用下，翼段将在新的攻角 $\alpha(\alpha=\alpha_0+\theta)$ 下达到平衡（见图 2-1）。显然，附加的攻角 θ 是因为翼段具有弹性支持而产生的扭转变形，体现了弹性体在气流中的效应，所以，这是一种气动弹性效应。

不难设想，如果弹簧的刚度很大，或者风洞的流速很低，则扭角 θ 会很小；如果弹簧的刚度很低，或者翼段处于高速气流下，则扭角 θ 将很大，以至于发生弹簧扭转超过极限而导致破坏的现象。

这个附加攻角 θ 与气流速度有密切的关系，这种关系有时会达到极为敏感的程度。根据气动力理论，翼型上的二元（平面）流动的气动力可以表示为升力（作用于气动力中心 A，向上为正）和绕 A 点的力矩 M_A（抬头为正，与攻角无关）。所以，可得到升力和绕刚心的气动力矩分别为

$$L = C_L qS = \frac{\partial C_L}{\partial \alpha}(\alpha_0 + \theta)qS \tag{2-1}$$

$$M = M_A + Le \tag{2-2}$$

式中 C_L——升力系数；

q——气流动压，$q=\frac{1}{2}\rho V^2$，ρ 为空气密度；

S——翼段参考面积；

M——绕刚心的气动力矩；

e——以气动力中心 A 为起点量至刚心的距离，向后为正；

$\frac{\partial C_L}{\partial \alpha}$——翼段升力线斜率。

事实上，在不影响问题本质的前提下，不妨假定 $M_A=0$，于是绕刚心的气动力矩成为

$$Le = C_L qSe = \frac{\partial C_L}{\partial \alpha}(\alpha_0 + \theta)qSe \tag{2-3}$$

根据气动力矩与弹簧力矩平衡的条件，可以写出平衡方程

$$K_\theta \theta = \frac{\partial C_L}{\partial \alpha}(\alpha_0 + \theta)qSe \tag{2-4}$$

式中，K_θ是扭转弹簧常数。进一步处理成

$$\left(K_\theta - \frac{\partial C_L}{\partial \alpha}eqS\right)\theta = \frac{\partial C_L}{\partial \alpha}eqS\alpha_0 \tag{2-5}$$

由此解得

$$\theta = \frac{\frac{\partial C_L}{\partial \alpha} eqS\alpha_0}{K_\theta - \frac{\partial C_L}{\partial \alpha} eqS} \tag{2-6}$$

由式(2-6)可以看出,当动压 q 达到某一特定值时,式(2-6)的分母项成为零,θ 就趋于无穷大,翼段成为扭转不稳定。这种现象称为扭转发散。显然,在变形达到无穷大之前,弹簧早已破坏了。可见式(2-6)分母为零的条件就是扭转发散的“发散条件”,即发散条件可表示为

$$K_\theta - \frac{\partial C_L}{\partial \alpha} eqS = 0 \tag{2-7}$$

由此可得发散动压为

$$q_D = \frac{K_\theta}{\frac{\partial C_L}{\partial \alpha} eS} \tag{2-8}$$

又因为动压为 $\frac{1}{2}\rho V^2$,故可求得发散速度为

$$V_D = \sqrt{\frac{2K_\theta}{\rho \frac{\partial C_L}{\partial \alpha} eS}} \tag{2-9}$$

分析式(2-8)可以发现,当 e 是负值时,即刚心移至气动中心之前时,q_D 为负,没有物理意义。这说明此时二元翼段在任何动压下都是气动弹性扭转稳定的。正因为如此,对于超声速情况,由于气动中心后移,刚心到了气动中心之前,扭转发散的危险就大为降低了,可见,扭转发散是典型的亚声速现象。同时,式(2-8)还表明,发散动压 q_D 与初始攻角 α_0 无关。所以,可以进一步令方程(2-5)的等号右边为零来研究这一现象。当 $\alpha_0=0$ 时,方程(2-5)成为

$$\left(K_\theta - \frac{\partial C_L}{\partial \alpha} eqS\right)\theta = 0 \tag{2-10}$$

这是一个以 θ 为变量的齐次方程。这个方程除有 $\theta=0$ 的解之外,还可以是任意非零解,其条件是式(2-10)中 θ 的系数等于零。该条件可表示为

$$K_\theta - \frac{\partial C_L}{\partial \alpha} eqS = 0 \tag{2-11}$$

由上式可解得使 θ 具有非零解的动压 q,这一动压就是式(2-8)表示的发散动压 q_D,而式(2-11)也正是发散条件式(2-7)。

2.1.2 载荷重新分布

将式(2-6)中的 θ 值代入升力 L 的表达式(2-1),则有

$$L = \frac{\partial C_L}{\partial \alpha}\left(\alpha_0 + \frac{\frac{\partial C_L}{\partial \alpha} eqS\alpha_0}{K_\theta - \frac{\partial C_L}{\partial \alpha} eqS}\right) qS = \frac{K_\theta \frac{\partial C_L}{\partial \alpha}}{K_\theta - \frac{\partial C_L}{\partial \alpha} eqS}\alpha_0 qS \tag{2-12}$$

可见，在发散条件式(2-7)成立时，升力亦同样趋于无穷大。而当动压 q 小于发散动压 q_D 时，式(2-12)的分母将大于零，此时式(2-12)具有确定值，升力将随动压而改变。这种现象就属于载荷重新分布的问题。

综上所述，可以用一个框图来表示气动力与弹性系统之间的关系。图 2-2 所示的 α_0 可称为输入攻角，升力 L 是输出，弹性扭角 θ 则是系统的反馈量。由此可见，气动弹性问题就是当系统具有弹性反馈时的气动问题。

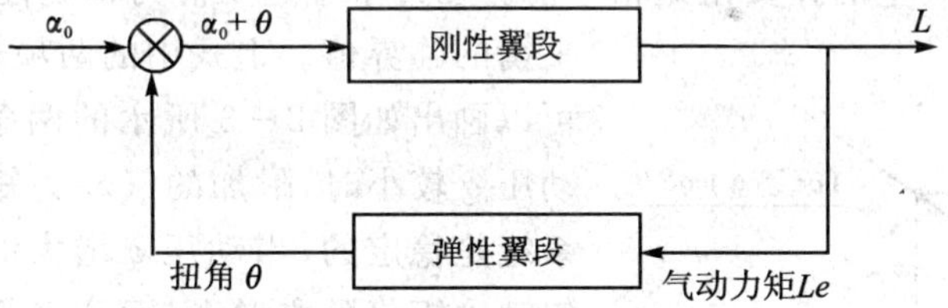

图 2-2　弹性机翼的气动弹性反馈

观察式(2-6)可以发现，如果将其分子、分母同除以 K_θ，则有

$$\theta=\frac{\dfrac{\partial C_L}{\partial \alpha}eqS\alpha_0/K_\theta}{1-\dfrac{\partial C_L}{\partial \alpha}eqS/K_\theta} \tag{2-13}$$

上式分子项表示当不考虑气动弹性效应所附加的气动力时，亦即在原先的 α_0 攻角下的气动力所产生的弹性扭角，记做 θ^r，即

$$\theta^r=\frac{\partial C_L}{\partial \alpha}eqS\alpha_0/K_\theta \tag{2-14}$$

利用式(2-8)，则式(2-13)成为

$$\frac{\theta}{\theta^r}=\frac{1}{1-\dfrac{\partial C_L}{\partial \alpha}eqS/K_\theta}=\frac{1}{1-\dfrac{q}{q_D}} \tag{2-15}$$

此式表示考虑了气动弹性效应后弹性扭转变形的放大因子；当动压趋近于发散动压时，扭角 θ 将急剧增大。当然对于任何实际升力面，弹性扭角不可能达到无穷大，因为弹性扭转与气动力矩之间的线性关系只能在小攻角时成立；攻角稍大时，这种关系早已不符合了。但是，弹性扭转加大，会使结构破坏。因此，飞行器的允许飞行速度必须低于升力面的发散速度。

当式(2-5)的等号右边不为零时，也就是在一定的初始攻角 α_0 下，将成为变量 θ 的非齐次方程，于是在 θ 的系数不等于零的条件下，θ 可有确定值。而只有当动压 q 小于发散动压 q_D 时，系数才不等于零。有了 θ 的确定值，就可以根据式(2-1)求得在考虑气动弹性效应后的升力 L。这个问题就是载荷重新分布问题。根据以上所述，可以了解到扭转发散与载荷重新分布具有密切的联系；但它们又有本质的区别，并且不可能同时存在。从数学上讲，求发散动压属于求解方程(2-10)的特征值问题,参数 q_D 是其特征值。由此可以得到确定发散动压 q_D 的一般方法。而载荷重新分布问题则是非齐次方程的问题。

如果再把式(2-10)改写为

$$K_\theta \theta = \frac{\partial C_L}{\partial \alpha} eqS\theta$$

则可以更明显地看出它的力学意义:假想系统产生一个小的扭角 θ,当 $q=q_D$ 时,因 θ 而附加的气动力恰好与扭角 θ 产生的弹簧扭矩相平衡。在力学中这是静力稳定性的问题。q_D 就是随遇平衡的临界值。上式中的两项若都以 q 为横坐标,则可以画出如图 2-3 所示的两条直线。图中表示,当动压 q 较小时,附加的气动力矩小于弹簧扭矩,说明系统是稳定的;当动压 q 增大时,同样的 θ 角产生的气动力矩将随之增大,而弹簧扭矩却是一个恒定值,与动压无关。所以必定在某一动压 q 下,两个扭矩相等。当动压再继续增大时,附加的气动力矩将超过弹簧的恢复力矩,从而微小的扭角 θ 都会使系统成为弹性静不稳定。按图 2-3 中的交点,可以确定发散动压 q_D。

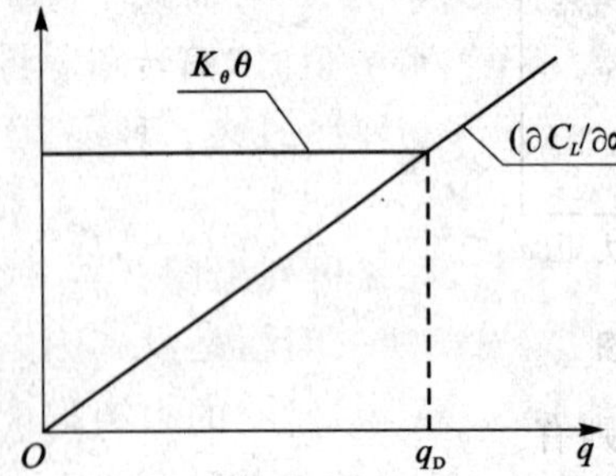

图 2-3　弹性反作用力矩和附加气动力矩随动压的变化

2.1.3　操纵效率与操纵反效

为了研究二元翼段操纵面效率的基本物理关系,可以利用一个带有操纵舵面的模型来阐明,如图 2-4 所示。

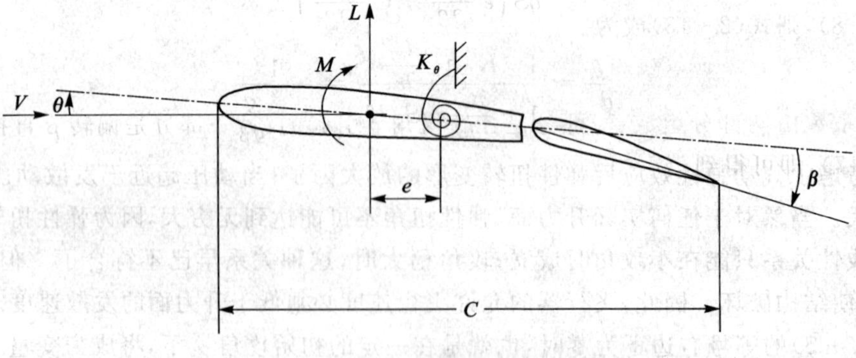

图 2-4　带操纵面的二元翼段

2.1.2 小节讨论的是翼段在对称面内飞行的基本气动弹性现象。这里将讨论当操纵面偏转(可对应于机翼的副翼),飞行器产生绕机体轴的滚转时所产生的气动弹性现象。仍然同以前一样,将二元翼段用弹簧支持在刚心上,使机翼攻角为零,固定在风洞中。然后操纵面偏转

β 角，并开启风洞。此时偏转操纵面引起翼段上气动力改变。例如，操纵面向下偏转，将使翼型弯度加大，从而使升力增大。这个增量可以表示为 $\frac{\partial C_L}{\partial \beta}\beta q S$。其作用点一般均位于翼剖面的气动中心的后面；如果把它移至气动中心上，则同时产生一个对气动中心的力矩，可以用 $\frac{\partial C_{m0}}{\partial \beta}\beta q S C$ 来表示，C 为翼段弦长。通常这个力矩为低头力矩，也就是导数 $\frac{\partial C_{m0}}{\partial \beta}$ 为负值。这个低头力矩使翼段向减小攻角的方向产生弹性扭转变形，于是将附加一个向下的升力，使总升力减小。一般情况下，这个附加升力往往与操纵面偏转直接产生的升力方向相反，从而减小操纵面偏转的效率。随着动压的增大，效率会不断降低。当动压增大到某一临界值时，偏转角 β 将完全失去效用；如果再增大动压，则甚至会产生相反的效果。这就是气动弹性的又一种现象，称为操纵效率和操纵反效问题。

为了得出操纵反效的临界动压，以及观察操纵效率随动压的变化，在这里列出图 2-4 所示的翼段平衡方程。设操纵面未偏转之前翼段攻角为零，这个假定对于所论问题是没有影响的。假定翼段在扭转了角度 θ 后达到平衡位置，那么根据平衡条件，可得出对刚心的力矩平衡方程为

$$K_\theta \theta = \frac{\partial C_L}{\partial \beta}\beta q S e + \frac{\partial C_L}{\partial \alpha}\theta q S e + \frac{\partial C_{m0}}{\partial \beta}\beta q S C$$

即

$$\left(K_\theta - \frac{\partial C_L}{\partial \alpha} q S e\right)\theta = q S\left(e\frac{\partial C_L}{\partial \beta} + C\frac{\partial C_{m0}}{\partial \beta}\right)\beta \tag{2-16}$$

上式表明，该气动弹性系统在偏转操纵面 β 后，在气动力与弹性力作用下产生的扭转变形为

$$\theta = \frac{q S\left(e\frac{\partial C_L}{\partial \beta} + C\frac{\partial C_{m0}}{\partial \beta}\right)}{K_\theta - \frac{\partial C_L}{\partial \alpha} q S e}\beta \tag{2-17}$$

此时的升力系数由两部分组成：一部分是弹性扭角 θ 引起的；另一部分是偏转 β 直接引起的。利用式(2-17)，即可得到

$$C_L = \frac{\partial C_L}{\partial \alpha}\theta + \frac{\partial C_L}{\partial \beta}\beta = \frac{\left(\frac{\partial C_L}{\partial \alpha}\frac{\partial C_{m0}}{\partial \beta} q S C + K_\theta\frac{\partial C_L}{\partial \beta}\right)}{K_\theta - \frac{\partial C_L}{\partial \alpha} q S e}\beta \tag{2-18}$$

上式中，由于 $\frac{\partial C_{m0}}{\partial \beta}$ 通常为负，所以在动压尚未到达发散动压之前（即分母不为零），如果动压 q 增大，则可致使分子成为零。此时 $C_L = 0$，说明在这一动压下操纵面偏转不产生升力，操纵面失去效用。这一动压称为操纵反效临界动压，记作 q_R。由上式分子为零的条件得

$$q_R S C \frac{\partial C_L}{\partial \alpha} \frac{\partial C_{m0}}{\partial \beta} + K_\theta \frac{\partial C_L}{\partial \beta} = 0 \tag{2-19}$$

可解得反效动压

$$q_R = \frac{K_\theta \left(\frac{\partial C_L}{\partial \beta} \Big/ \frac{\partial C_L}{\partial \alpha} \right)}{-SC \frac{\partial C_{m0}}{\partial \beta}} \tag{2-20}$$

或反效速度

$$V_R = \sqrt{\frac{K_\theta \left(\frac{\partial C_L}{\partial \beta} \Big/ \frac{\partial C_L}{\partial \alpha} \right)}{-\frac{\rho}{2} SC \frac{\partial C_{m0}}{\partial \beta}}} \tag{2-21}$$

由上式可见,反效的临界状态与距离 e 无关,即翼段刚心位置对操纵反效速度没有影响。这是因为翼段处于反效临界状态时,升力为零,仅有纯力偶。另外,反效临界状态与初始攻角也没有关系。

假如翼段是刚硬支持的,显然此时操纵面偏转角所产生的升力增量仅仅与 β 有关,把这个升力系数记做 C_L^r,即

$$C_L^r = \frac{\partial C_L}{\partial \beta} \beta \tag{2-22}$$

当动压 $q < q_R$ 时,虽然尚未达到操纵反效的极端情况,但是由于气动弹性的影响,将使操纵效率降低;降低的程度可以用比值 C_L / C_L^r 来表示。这一比值称为操纵效率,记做 η。由式(2-18)和式(2-22)可得

$$\eta = \frac{C_L}{C_L^r} = \frac{\left(\frac{\partial C_L}{\partial \alpha} \frac{\partial C_{m0}}{\partial \beta} qSC + K_\theta \frac{\partial C_L}{\partial \beta} \right)}{\left(K_\theta - \frac{\partial C_L}{\partial \alpha} qSe \right) \frac{\partial C_L}{\partial \beta}}$$

即

$$\eta = \frac{\left(q \frac{Se}{K_\theta} \frac{\partial C_L}{\partial \alpha} \cdot \frac{C}{e} \frac{\partial C_{m0}}{\partial \beta} \Big/ \frac{\partial C_L}{\partial \beta} \right) + 1}{1 - \frac{\partial C_L}{\partial \alpha} \cdot \frac{1}{K_\theta} qSe} \tag{2-23}$$

考虑到式(2-8)和式(2-20),则上式成为

$$\eta = \frac{1 - q/q_R}{1 - q/q_D} = \frac{1 - q/q_R}{1 - (q_R/q_D)(q/q_R)} \tag{2-24}$$

可见,操纵效率 η 是随着飞行动压、反效动压与发散动压之比 q_R/q_D 而变化的。对于 $q_R < q_D$ 的情况,当 $q \to q_R$ 时,$\eta \to 0$。对于 $q_R = q_D$ 的情况,η 总为1,这说明使 $q_R = q_D$ 的设计可能获得弹性翼段的最佳操纵效率。至于 $q_R > q_D$ 的情况,当 $q \to q_D$ 时,效率趋于无穷大;但如果 $q_D < q <$

q_R，效率成为负值，并且操纵已经反效，因此，在这种情况下的 q_D 也成为一个临界的反效动压，也就是说，操纵反效在 q_R 或 q_D 时都会发生。但究竟在哪个动压下发生，要取 q_R 和 q_D 中的较小者。总之，飞行器设计时，一方面要尽可能地提高发散和反效动压，另一方面还要通过设计参数调整，选择合适的 q_R/q_D，使飞行范围内的操纵效率尽可能高。

例题　一个二元翼段，其操纵面以扭转弹簧 K_β 支持于翼段的铰链轴，如图 2-5 所示。试求该气动弹性系统的扭转发散动压 q_D 及反效动压 q_R。

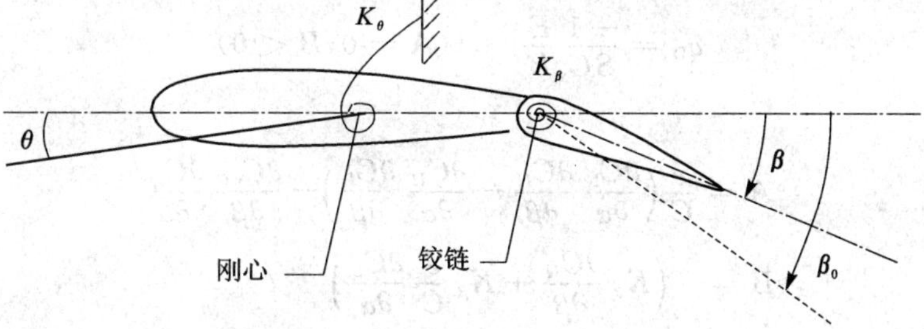

图 2-5　铰链弹性支持的二元翼段

解　该系统由于刚心与铰链轴均为弹性支持，因此当操纵面偏转 β_0 后，系统由于气动弹性效应使原先处于自由状态的弹簧都产生变形，在 θ,β 的位置上达到平衡。对刚心的力矩平衡方程为

$$K_\theta\theta=\frac{\partial C_L}{\partial\alpha}\theta qSe+\frac{\partial C_L}{\partial\beta}\beta qSe+\frac{\partial C_{m0}}{\partial\beta}\beta qSC \tag{a}$$

对铰链轴的力矩平衡方程为

$$K_\beta(\beta-\beta_0)=\frac{\partial C_H}{\partial\alpha}\theta qSC+\frac{\partial C_H}{\partial\beta}\beta qSC \tag{b}$$

式中　C_H——对铰链轴的气动力矩系数；

β_0——操纵面初始偏角。

用矩阵将(a)，(b)两式表示为

$$\begin{bmatrix}\frac{\partial C_L}{\partial\alpha}qSe-K_\theta & \frac{\partial C_L}{\partial\beta}qSe+\frac{\partial C_{m0}}{\partial\beta}qSC\\ \frac{\partial C_H}{\partial\alpha}qSC & \frac{\partial C_H}{\partial\beta}qSC-K_\beta\end{bmatrix}\begin{bmatrix}\theta\\ \beta\end{bmatrix}=\begin{bmatrix}0\\ -K_\beta\beta_0\end{bmatrix} \tag{c}$$

由此可得当系统初始输入 $\beta_0=0$ 时，上列方程有非零解的条件是系统行列式等于零。所以此系统扭转发散的条件为

$$\Delta=\begin{vmatrix}\frac{\partial C_L}{\partial\alpha}qSe-K_\theta & \frac{\partial C_L}{\partial\beta}qSe+\frac{\partial C_{m0}}{\partial\beta}qSC\\ \frac{\partial C_H}{\partial\alpha}qSC & \frac{\partial C_H}{\partial\beta}qSC-K_\beta\end{vmatrix}=0 \tag{d}$$

从上式可以解出特征根 q_1 和 q_2，取其较小者即为扭转发散的动压 q_D。将上式展开，有

$$q^2S^2C^2\left(\frac{e}{C}\frac{\partial C_L}{\partial \alpha}\frac{\partial C_H}{\partial \beta}-\frac{e}{C}\frac{\partial C_H}{\partial \alpha}\frac{\partial C_L}{\partial \beta}-\frac{\partial C_{m0}}{\partial \beta}\frac{\partial C_H}{\partial \alpha}\right)-qSC\left(K_\theta\frac{\partial C_H}{\partial \beta}+K_\beta\frac{\partial C_L}{\partial \alpha}\frac{e}{C}\right)+K_\theta K_\beta=0$$

则

$$q_D=\min\left(\frac{1}{SC}\frac{-B\pm\sqrt{B^2-4AE}}{2A}\right)\qquad(A\neq 0)\tag{e}$$

或

$$q_D=\frac{-1}{SC}\frac{E}{B}\qquad(A=0,B<0)\tag{f}$$

式中

$$A=\frac{e}{C}\left(\frac{\partial C_L}{\partial \alpha}\frac{\partial C_H}{\partial \beta}-\frac{\partial C_H}{\partial \alpha}\frac{\partial C_L}{\partial \beta}\right)-\frac{\partial C_{m0}}{\partial \beta}\frac{\partial C_H}{\partial \alpha}$$

$$B=-\left(K_\theta\frac{\partial C_H}{\partial \beta}+K_\beta\frac{e}{C}\frac{\partial C_L}{\partial \alpha}\right)$$

$$E=K_\theta K_\beta$$

为了求得反效动压 q_R，首先假定系统尚未发散，所以 $\Delta\neq 0$。于是可以由式(c)解出平衡位置

$$\begin{bmatrix}\theta\\ \beta\end{bmatrix}=\frac{1}{\Delta}\begin{bmatrix}K_\beta qS\left(e\dfrac{\partial C_L}{\partial \beta}+C\dfrac{\partial C_{m0}}{\partial \beta}\right)\\ -K_\beta\left(\dfrac{\partial C_L}{\partial \alpha}qSe-K_\theta\right)\end{bmatrix}\beta_0\tag{g}$$

由于操纵反效情况下升力为零，可得

$$C_L=\frac{\partial C_L}{\partial \alpha}\theta+\frac{\partial C_L}{\partial \beta}\beta=0$$

将式(g)代入上式，则有

$$C_L=\frac{\partial C_L}{\partial \alpha}\frac{K_\beta q_R S\beta_0}{\Delta}\left(e\frac{\partial C_L}{\partial \beta}+C\frac{\partial C_{m0}}{\partial \beta}\right)-\frac{\partial C_L}{\partial \beta}\frac{K_\beta\beta_0}{\Delta}\left(eq_R S\frac{\partial C_L}{\partial \alpha}-K_\theta\right)=0$$

因此反效动压

$$q_R=\frac{K_\theta\left(\dfrac{\partial C_L}{\partial \beta}\Big/\dfrac{\partial C_L}{\partial \alpha}\right)}{-SC\dfrac{\partial C_{m0}}{\partial \beta}}$$

此式与刚性操纵系统的反效动压式(2-20)一致。而式(e)和式(f)表明，此系统的扭转发散动压不同于式(2-8)。

前面讨论了两大类静气动弹性的基本现象。当刚心位于气动中心之后时，由于气动弹性的影响，系统将存在一个临界动压 q_D；当气流动压达到 q_D 时，系统完全失去抵抗外力的能力，成为静不稳定。提高发散动压的主要途径是增大扭转刚度或减小气动中心与刚心之间的距离

e。同时，气动弹性效应还会引起操纵效率降低和反效现象，这一事实又说明系统还存在另一个临界动压 q_R。相应于这一动压，操纵面将完全失去效用。当 $q_R < q_D$ 时，动压增大，操纵效率降低；当 $q_R = q_D$ 时，操纵效率为最佳，始终为 1。提高 q_R 的主要方法仍然是增大扭转刚度。

还应指出，虽然以上公式是在二元翼段上得到的，但在进行整个弹性升力面的气动弹性静力分析时，上述结果可以作为第一次近似估算。这时，可以取 70 %～80 %半翼展处的翼剖面特征参数进行计算。

2.1.4　非线性影响

仍然考虑前述二元翼段。当扭角相当大时，升力和攻角间的线性关系及扭角间的线性关系都不成立了，这时必须考虑非线性的影响。

一般来说，当扭角相当大时，弹簧的刚度将增加。例如，可用下式表示弹簧恢复力矩，即

$$M_e = -K_\theta \theta - K_{\theta_3} \theta^3$$

式中，K_θ，K_{θ_3} 均为正值。

当攻角相当大时，气流分离，升力将减小。例如，可把升力表示成

$$L = \left[\frac{\partial C_L}{\partial \alpha}\alpha - \left(\frac{\partial C_L}{\partial \alpha}\right)_3 \alpha^3\right]$$

式中，$\dfrac{\partial C_L}{\partial \alpha}$和$\left(\dfrac{\partial C_L}{\partial \alpha}\right)_3$ 都是正值。

根据气动力矩与弹簧力矩平衡的条件，并假设绕刚心的气动力矩 M_A和初始攻角 α_0均为零，式(2-4)平衡方程可改写为

$$K_\theta \theta + K_{\theta_3} \theta^3 = \left[\frac{\partial C_L}{\partial \alpha}\theta - \left(\frac{\partial C_L}{\partial \alpha}\right)_3 \theta^3\right] qSe \tag{2-25}$$

整理后得到

$$\theta\left\{qSe\,\frac{\partial C_L}{\partial \alpha} - K_\theta - \theta^2\left[qSe\left(\frac{\partial C_L}{\partial \alpha}\right)_3 + K_{\theta_3}\right]\right\} = 0 \tag{2-26}$$

所以，θ 有非零解的条件是

$$\theta^2 = \frac{qSe\,\dfrac{\partial C_L}{\partial \alpha} - K_\theta}{\left[qSe\left(\dfrac{\partial C_L}{\partial \alpha}\right)_3 + K_{\theta_3}\right]} \tag{2-27}$$

因为 θ 必须是实数，所以上式中右端也必须为正值。

现在讨论 $e>0$ 时上式的解。仍记(见式(2-8))

$$q_D = \frac{K_\theta}{\dfrac{\partial C_L}{\partial \alpha} eS}$$

在式(2-27)中，分母恒为正，所以有非零解的条件是式(2-27)的分子也为正值。当 $q < q_D$

时，分子为负，由式(2-27)可见 θ 无非零解，且由式(2-26)可见这时 θ 必须为零。当 $q>q_D$ 时，分子为正，θ 才有非零解。扭角随动压变化情况如图 2-6 所示。由图可见，当 $q\geq q_D$ 时，θ 为有限值，而且它可能有两个平衡位置。这将视扰动的初始条件，也可能因弹簧的固有缺陷而决定翼段将处在哪个平衡位置。

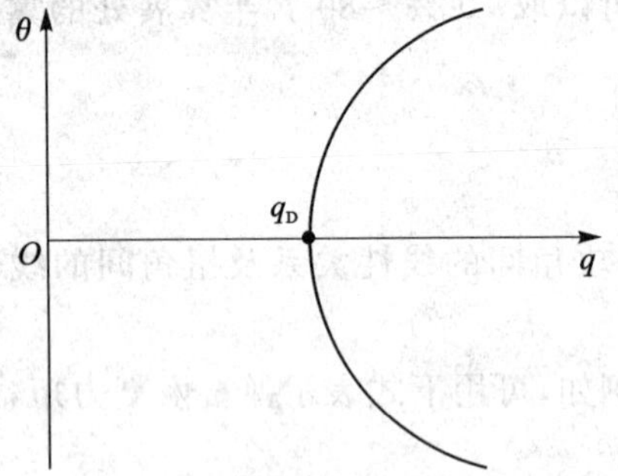

图 2-6　非线性情况下扭角随动压的变化

这里需要说明的是，若不考虑非线性影响，则当 $q<q_D$ 时，若翼段受扰动而有一扭角 θ，则弹性恢复力矩将使翼段回复平衡位置；当 $q>q_D$ 时，随动压增大，气动附加力矩将使扭角无限增大，直至破坏。当考虑非线性影响后，因扭角增大时，刚度因非线性而增大，升力因非线性而减小，所以虽然翼段受扰动后不是回复平衡位置，但也不像线性情况那样无限增大，而是有确定的平衡位置，且其扭角为有限值。

事实上还未从实验中观察到如图 2-6 所示的扭角变化关系，这可能是因为：虽然 $q>q_D$ 时变形将是有限值，但这是在绕刚心的气动力距 M_A 和初始攻角 α_0 均为零的情况下得到的；而实际上初始攻角 α_0 不为零，故在气动力作用下，变形仍将导致结构破坏。

2.2　长直机翼的解析方法

实际机翼与二元翼段有所不同。例如，它们的剖面性质可能沿翼展变化，剖面之间都是弹性连接，因此有相对变形。大展弦比平直机翼多被低速、亚声速飞机和巡航导弹以及轻型飞机等飞行器采用。本节将分别讨论一个大展弦比平直机翼的扭转发散、操纵反效和操纵效率以及载荷重新分布的解析方法，进一步说明静气动弹性的基本分析方法和概念。

2.2.1　长直机翼的扭转发散

处理扭转发散问题可以认为是静气动弹性中最简单的一个。很多基本的方法和概念都可以用它来说明。所以，为了简化问题的描述，本节中气动力采用“片条”假设。处理一个长直机翼，利用微分方程是一个常用的方法，特别是它的数学处理较为方便。

为了简单起见，假设机翼各剖面的刚心位于同一直线上(称为弹性轴)，如图 2-7 所示。大部分长直机翼可以认为是一个根部固支的弹性梁，其弹性轴垂直于翼根。气动中心线与弹性轴间距为 $e(y)$，重心线与弹性轴间距为 $d(y)$。假设气动中心线和重心线在弹性轴之前为正。l 为半展长。

气动力采用片条假设以简化关系方程。所谓片条理论，即假定在展向位置 y 处翼剖面的

局部升力系数 $C_L(y)$ 只与局部攻角 $\alpha(y)$ 成正比，而与其他剖面无关，亦即机翼上各剖面的气流都只是沿翼型作二元平面流动，而不考虑气流沿展向流动的三元效应。据此假设，其升力系数为

$$C_L(y) = \left(\frac{\partial C_L}{\partial \alpha}\right)_\infty \alpha(y)$$

式中，$\left(\frac{\partial C_L}{\partial \alpha}\right)_\infty$ 是无限翼展（二元翼型）的升力线斜率；对于不可压流平板，一般取为 2π。同时，假定机翼没有几何扭转，即各翼剖面处有共同的初始攻角 α。

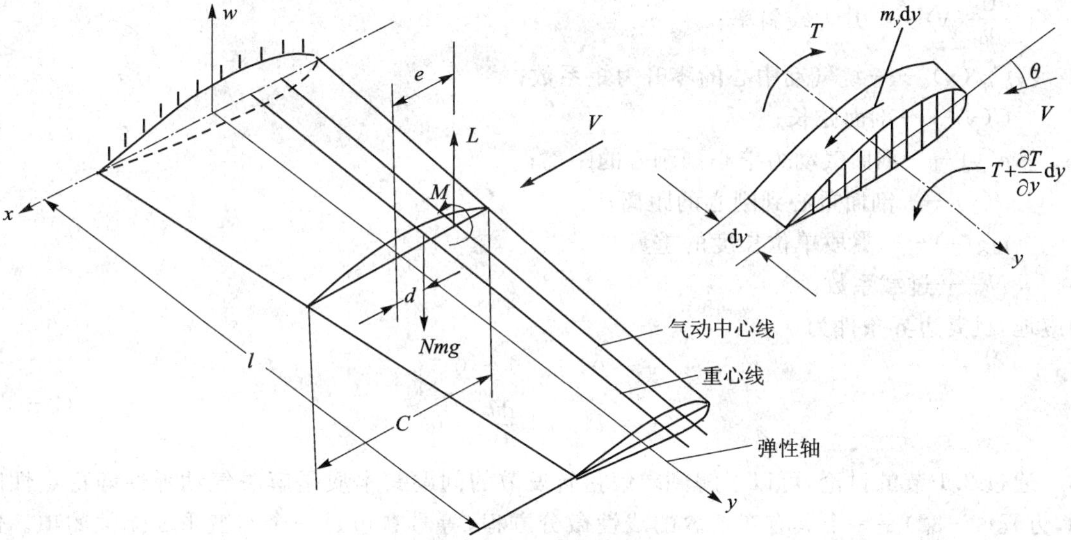

图 2-7　长直机翼

根据梁的理论，对于图 2-7 所示的微段，可有下列扭矩平衡微分方程

$$\left(T + \frac{\mathrm{d}T}{\mathrm{d}y}\mathrm{d}y\right) + m_y \mathrm{d}y - T = 0 \tag{2-28}$$

即

$$\frac{\mathrm{d}T}{\mathrm{d}y} = -m_y \tag{2-29}$$

式中，m_y 是作用于单位展长上的外力矩。同前述一样，考虑到气动弹性的影响，微段在气动力矩与弹性扭矩作用下，攻角由初始的 α_0 变到新的攻角 $\alpha_0 + \theta(y)$ 下达到平衡。在这一攻角下，微段上的外力矩成为

$$m_y = \frac{\partial C_L}{\partial \alpha}[\alpha_0 + \theta(y)]qC(y)e(y) + C_{m0}(y)C^2(y)q - Nmg(y)d(y) \tag{2-30}$$

将上式代入式(2-29)，得

$$\frac{\mathrm{d}}{\mathrm{d}y}\left[GJ(y)\frac{\mathrm{d}\theta}{\mathrm{d}y}\right]=-\left\{\frac{\partial C_L}{\partial\alpha}[\alpha_0+\theta(y)]qC(y)e(y)+C_{m0}(y)C^2(y)q-Nmg(y)d(y)\right\} \tag{2-31}$$

或(均略写了以 y 为自变量的函数关系)

$$\frac{\mathrm{d}}{\mathrm{d}y}\left(GJ\frac{\mathrm{d}\theta}{\mathrm{d}y}\right)+\frac{\partial C_L}{\partial\alpha}qCe\theta=-\left(\frac{\partial C_L}{\partial\alpha}\alpha_0 qCe+C_{m0}C^2q-Nmgd\right) \tag{2-32}$$

式中 $\theta(y)$——机翼的弹性扭转角,是 y 的函数,抬头为正;

$GJ(y)$——机翼扭转刚度;

$\frac{\partial C_L}{\partial\alpha}(y)$——升力线斜率;

$C_{m0}(y)$——绕气动中心的零升力矩系数;

$C(y)$——剖面弦长;

$e(y)$——剖面气动力中心到刚心的距离;

$d(y)$——剖面重心到刚心的距离;

$mg(y)$——翼段单位长度的重量;

N——过载系数。

相应地,机翼边界条件为

$$\left.\begin{aligned}y&=0, &\theta&=0\\ y&=l, &\frac{\mathrm{d}\theta}{\mathrm{d}y}&=0\end{aligned}\right\} \tag{2-33}$$

通过2.1节的讨论,可以了解到求解扭转发散的问题其本质是解决气动弹性静稳定性问题,方程(2-32)是一个具有变系数的线性微分方程,等号右边是一个与变形 θ 无关的项。保留平衡方程(2-32)中与变形 θ 有关的项,而令其他项均为零,从而求得临界动压 q_{D}。也就是说,只需求解方程(2-32)所对应的齐次方程

$$\frac{\mathrm{d}}{\mathrm{d}y}\left(GJ\frac{\mathrm{d}\theta}{\mathrm{d}y}\right)+\frac{\partial C_L}{\partial\alpha}qCe\theta=0 \tag{2-34}$$

当 $GJ, C, e, \frac{\partial C_L}{\partial\alpha}$ 均为常数时,该机翼简化为均匀梁的情况(也称均匀机翼),上式可简化为

$$\left.\begin{aligned}&\frac{\mathrm{d}^2\theta}{\mathrm{d}y^2}+\lambda^2\theta=0\\ &\lambda^2=\frac{qCe}{GJ}\frac{\partial C_L}{\partial\alpha}\end{aligned}\right\} \tag{2-35}$$

方程(2 34)或方程(2-35)代表了一个特征值问题。只有当 q 达到某些特定值(即特征值)时,θ 才具有满足边界条件式(2-33)的非零解。这样的 θ 称为特征函数。显然,取其最小的特征值 q_{D} 即为发散动压,这是因为对于发散问题,只有最小值才有实用意义。当 $q<q_{\mathrm{D}}$ 时,平衡是稳定的;当 $q=q_{\mathrm{D}}$ 时,机翼一旦受到扰动,便处于随遇平衡;而当 $q>q_{\mathrm{D}}$ 时,则平衡失去稳定。

同时，由方程(2－35)的第二式可以看出，若刚心位于气动中心之前，即 $e<0$ 时，λ^2 成为负值，此时方程(2－35)不可能有非零解，所以机翼不会发生发散现象。

对于均匀机翼，齐次方程(2－35)可获得精确解。其通解为

$$\theta(y) = A\sin \lambda y + B\cos \lambda y$$

引入边界条件式(2－33)后，得到

$$B = 0$$

$$A\cos \lambda l = 0$$

于是有特征方程

$$\cos \lambda l = 0$$

它具有无限多个特征值

$$\lambda_i l = (2i+1)\frac{\pi}{2} \qquad (i = 0,1,2,\cdots,\infty)$$

相应的特征函数(可取 A 为 1)是

$$\theta_i(y) = \sin \lambda_i y \qquad (i = 1,2,\cdots,\infty)$$

它表示机翼处于随遇平衡的形态。将最小特征值 $\lambda_1\left(\lambda_1=\dfrac{\pi}{2l}\right)$代入式(2－35)，即是发散动压

$$q_D = \frac{\lambda_1^2}{\dfrac{Ce}{GJ}\dfrac{\partial C_L}{\partial \alpha}} = \frac{\pi^2 GJ}{4l^2 Ce\dfrac{\partial C_L}{\partial \alpha}} \tag{2-36}$$

发散速度为

$$V_D = \frac{\pi}{2l}\sqrt{\frac{2GJ}{\rho Ce\dfrac{\partial C_L}{\partial \alpha}}} \tag{2-37}$$

对比式(2－8)和式(2－36)发现，二者具有相同的形式，所以可以把$\dfrac{\pi^2 GJ}{4l}$称为有效刚度。

2.2.2　长直机翼的载荷重新分布

对于图 2－7 所示的长直机翼，2.2.1 小节中已经得出了机翼微段的平衡方程(2－32)及边界条件式(2－33)。这里，仍然采用片条理论，所以仍然以式(2－32)作为基础。

对于载荷重新分布(简称载荷分布)问题，前面已经讲过，讨论它的前提是飞行动压 q 要小于发散动压 q_D，即机翼尚未达到失去静稳定平衡的临界状态。所以，在这里要解决的问题是，机翼将在什么样的扭转变形 $\theta(y)$下达到平衡。有了这一扭角分布 $\theta(y)$，当然载荷(升力)的分布就能确定。

现在来看式(2－32)。它的等号右边不为零，在一定的初始攻角 α_0 和飞行过载 N 下，是个确定的值，式(2－32)成为非齐次方程。对于均匀机翼，把它改写为下列形式：

$$\frac{d^2\theta}{dy^2}+\lambda^2\theta=K \tag{2-38}$$

式中

$$\lambda^2=\frac{qCe}{GJ}\frac{\partial C_L}{\partial\alpha}$$

$$K=-\frac{1}{GJ}\left(\frac{\partial C_L}{\partial\alpha}\alpha_0 qCe+C_{m0}C^2q-Nmgd\right)$$

上式的通解为

$$\theta(y)=A\sin\lambda y+B\cos\lambda y+\frac{K}{\lambda^2} \tag{2-39}$$

式中,积分常数由边界条件式(2-33)确定,所以有

$$A=-\frac{K}{\lambda^2}\tan\lambda l$$

$$B=-\frac{K}{\lambda^2}$$

由此得到扭角

$$\theta(y)=\frac{K}{\lambda^2}(1-\tan\lambda l\sin\lambda y-\cos\lambda y) \tag{2-40}$$

式中,当 $\lambda l\to\pi/2$ 时,$\theta\to\infty$,即当机翼达到发散动压的状态时,弹性变形达到无穷大。这个结果与 2.2.1 小节中是一致的。

若保持攻角 α_0 为定值,则机翼上的载荷分布可以表示为

$$L(y)=\frac{\partial C_L}{\partial\alpha}[\alpha_0+\theta(y)]qC=L^r+\Delta L(y) \tag{2-41}$$

式中,$L^r=\dfrac{\partial C_L}{\partial\alpha}\alpha_0 qC$,是刚硬机翼上的载荷;$\Delta L(y)=\dfrac{\partial C_L}{\partial\alpha}\theta(y)qC$,是弹性扭转变形所附加的载荷。不失一般性,不妨令 $d=0$,$C_{m0}=0$,并利用式(2-38)和式(2-40),则

$$\Delta L(y)=\alpha_0(\cos\lambda y+\tan\lambda l\sin\lambda y-1)\frac{\partial C_L}{\partial\alpha}qC \tag{2-42}$$

于是,弹性机翼的载荷与刚硬机翼的载荷比为

$$\frac{L}{L^r}=\frac{L^r+\Delta L}{L^r}=\cos\lambda y+\tan\lambda l\sin\lambda y \tag{2-43}$$

这个分布表示在图 2-8 中。

如果重心与弹性轴不重合(实际上往往是这样的),即 $d\neq0$,此时,问题的求解就与过载系数 N 有关。从式(2-38)中,可以反映出这一点。此时,为了保持 α_0 为定值(这意味着飞行姿态一定),还要寻求过载系数 N。为此要附加一个全机平衡的条件,即飞机总升力与质量力平衡

$$q\alpha_0\int_0^l C\frac{\partial C_L}{\partial\alpha}dy+q\int_0^l C\frac{\partial C_L}{\partial\alpha}\theta dy=\frac{1}{2}NW \tag{2-44}$$

式中，W 是飞机总重量。将式(2-40)代入上式，则可得

$$N=\frac{\alpha_0\dfrac{\partial C_L}{\partial \alpha}\dfrac{\tan \lambda l}{\lambda l}+\dfrac{C}{e}C_{m0}\left(\dfrac{\tan \lambda l}{\lambda l}-1\right)}{\left[\dfrac{W}{2l}-\dfrac{mgd}{e}\left(1-\dfrac{\tan \lambda l}{\lambda l}\right)\right]\Big/qC} \tag{2-45}$$

这样，就可按式(2-40)得到 $\theta(y)$。于是可由下式算出载荷分布为

$$L=\frac{\partial C_L}{\partial \alpha}[\alpha_0+\theta(y)]qC$$

应当指出，载荷重新分布问题通常分两种情况：一是寻求保持飞机在一定的攻角 α_0 下的过载系数 N 和相应的载荷分布，这种情况就是前面所假定的情况；二是寻求保持飞机在过载一定(即总升力一定)条件下的载荷分布及相应的飞机攻角 α_0。这两种情况的计算方法在第 3 章里细述。但不论哪一种情况，为了求得 N 或 α_0，都可按不同情况附加不同平衡条件，使问题得到解决。

图 2-8 和图 2-9 中的两组曲线分别是对应两种不同情况给出的载荷重新分布。

图 2-8 表示了第一种情况下的载荷分布。由图可见，随着 λl(它反映了动压 q)的提高，弹性影响不断增加，不仅载荷加大，而且压力中心向翼尖移动，使翼根弯矩增大。

图 2-9 表示了第二种情况下的载荷分布。同样可以看出，动压增高，弹性影响增加，压力中心也向翼尖处移动。不同的是翼根处载荷反而减小一点，这是因为在第二种情况下为保持机翼总升力不变所致。因此，总的来说，在翼面设计时，弹性影响所引起的载荷重新分布问题是有重要意义的，如果按刚硬机翼上的载荷来设计可能是不安全的。

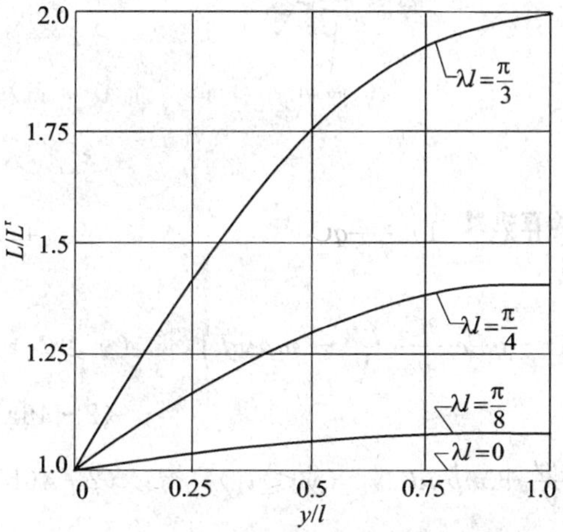

图 2-8　均匀机翼的升力重新分布

(攻角一定)

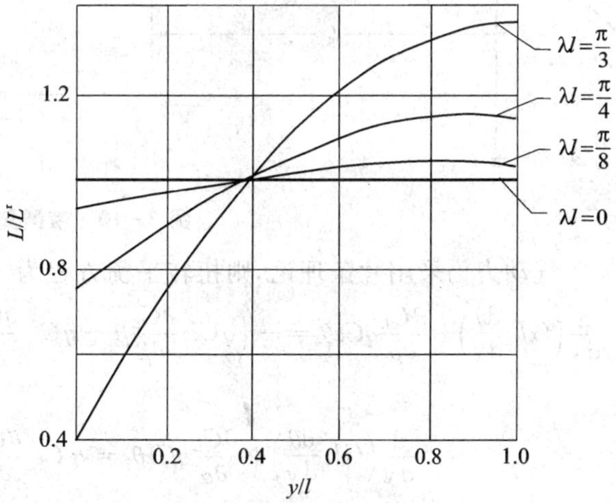

图 2-9　均匀机翼的升力重新分布

(总升力一定)

2.2.3 长直机翼的操纵反效及操纵效率

飞机的机翼、尾翼及其他飞行器都有气动操纵面，它们的静气动弹性问题在性质上也是一致的。本节仅以机翼的副翼偏转产生绕机身纵轴的滚转来说明操纵反效和操纵效率。在此把机身简化为一根轴，平直机翼简化为一根垂直固支于机身的梁。与前述相仿，只考虑扭转变形的影响。

设副翼原先处于零攻角，副翼右翼下偏，左翼上偏，此时机翼受反对称载荷。由于副翼偏转，飞机可能绕机身轴线转动，产生滚转角速度 p，还可能产生角加速度 $\dot{p}$，各剖面的扭转变形为 $\theta(y)$，如图 2-10 所示。由于滚转角速度 p 在 y 处有下洗速度 py，故它使攻角减小 py/V。又由于滚转角加速度 $\dot{p}$，故在 y 处还作用惯性力 $-m\dot{p}y$。该机翼半展长为 l，副翼在翼尖部位，从距翼根 l_1 处开始。β 为副翼偏角，下偏为正。

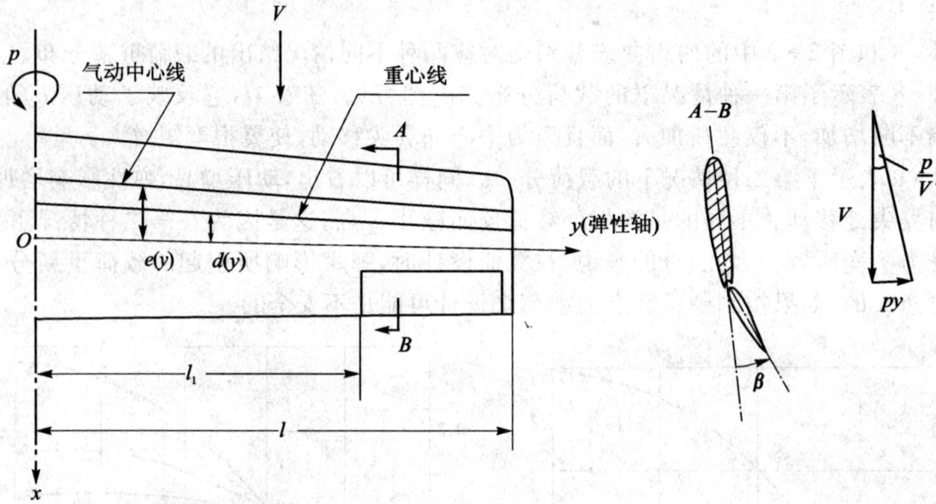

图 2-10 带副翼的长直机翼

气动力仍采用片条理论，则扭转平衡方程为

$$\frac{\mathrm{d}}{\mathrm{d}y}\left(GJ\frac{\mathrm{d}\theta}{\mathrm{d}y}\right)+\frac{\partial C_L}{\partial \alpha}qCe\theta=-\left(qCe\frac{\partial C_L}{\partial \beta}\beta+qC^2\frac{\partial C_{m0}}{\partial \beta}\beta-qCe\frac{\partial C_L}{\partial \alpha}\frac{py}{V}-m\dot{p}yd\right)\quad(y\geqslant l_1)\tag{2-46a}$$

$$\frac{\mathrm{d}}{\mathrm{d}y}\left(GJ\frac{\mathrm{d}\theta}{\mathrm{d}y}\right)+\frac{\partial C_L}{\partial \alpha}qCe\theta=qCe\frac{\partial C_L}{\partial \alpha}\frac{py}{V}+m\dot{p}yd\quad(y\leqslant l_1)\tag{2-46b}$$

边界条件为

$$y=0,\qquad \theta=0$$

$$y=l,\qquad \frac{\mathrm{d}\theta}{\mathrm{d}y}=0$$

由方程(2-46)求出满足上述边界条件 $\theta(y)$ 的解，即是机翼的弹性扭角分布。有了扭角分布就不难确定升力的分布为

$$\left.\begin{aligned} L(y) &= qC\left\{\frac{\partial C_L}{\partial \beta}\beta + \frac{\partial C_L}{\partial \alpha}\left[\theta(y) - \frac{py}{V}\right]\right\} \qquad (l > l_1) \\ L(y) &= qC\,\frac{\partial C_L}{\partial \alpha}\left[\theta(y) - \frac{py}{V}\right] \qquad (l < l_1) \end{aligned}\right\} \tag{2-47}$$

同时，还可以根据副翼偏转后的滚转情况，写出滚转平衡方程，以此得到 β 与 p 或 $\dot{p}$ 的关系。设飞机绕其纵轴(x 轴)的滚转惯量为 I_x，则绕 x 轴的滚转力矩 M_x 可以表示为

$$M_x = I_x\dot{p} = 2\int_0^l L(y)y\mathrm{d}y \tag{2-48}$$

例如对于匀速滚转，$\dot{p}=0$，上式就等于零。对于均匀机翼可求得精确解。不失一般性，还可对问题作进一步的简化。假定重心与刚心重合，并引入记号

$$1_{\mathrm{a}}(y) = \begin{cases} 1 & (y > l_1) \\ 0 & (y < l_1) \end{cases} \tag{2-49}$$

则方程(2-46)的两式可以合并，写做

$$\frac{\mathrm{d}^2\theta}{\mathrm{d}y^2} + \lambda^2\theta = \lambda^2\,\frac{p}{V}y - K\lambda^2\beta 1_{\mathrm{a}}(y) \tag{2-50}$$

式中

$$\left.\begin{aligned} \lambda^2 &= \frac{qeC}{GJ}\,\frac{\partial C_L}{\partial \alpha} \\ K &= \left(\frac{\partial C_L}{\partial \beta} + \frac{C}{e}\,\frac{\partial C_{m0}}{\partial \beta}\right)\Big/\frac{\partial C_L}{\partial \alpha} \end{aligned}\right\} \tag{2-51}$$

方程(2-46)的通解是

$$\left.\begin{aligned} \theta(y) &= A\sin\lambda y + B\cos\lambda y + \frac{p}{V}y - K\beta \qquad (y \geqslant l_1) \\ \theta(y) &= F\sin\lambda y + D\cos\lambda y + \frac{p}{V}y \qquad (y \leqslant l_1) \end{aligned}\right\} \tag{2-52}$$

利用边界条件式(2-33)，并利用 $y=l_1$ 处边界的连续性，有

当 $y=0$ 时，$\theta=0$，则

$$D = 0$$

当 $y=l$ 时，$\frac{\mathrm{d}\theta}{\mathrm{d}y}=0$，则

$$\lambda A\cos\lambda l - \lambda B\sin\lambda l + \frac{p}{V} = 0$$

当 $y=l_1$ 时，考虑 $\theta(y)$ 连续，则

$$A\sin\lambda l_1 + B\cos\lambda l_1 + \frac{p}{V}l_1 - K\beta = F\sin\lambda l_1 + \frac{p}{V}l_1$$

当 $y=l_1$ 时,考虑在 l_1 处无集中扭矩,则

$$\lambda A\cos\lambda l_1-\lambda B\sin\lambda l_1+\frac{p}{V}=\lambda F\cos\lambda l_1+\frac{p}{V}$$

由此解出

$$\left.\begin{aligned}A&=-\frac{p}{V}\frac{1}{\lambda\cos\lambda l}+K\beta\cos\lambda l_1\tan\lambda l\\B&=K\beta\cos\lambda l_1\\F&=A-K\beta\sin\lambda l_1\\D&=0\end{aligned}\right\}\tag{2-53}$$

把这些常数代入式(2-52),经过整理,得

$$\theta(y)=\frac{pl}{V}C_2(y)+\beta C_1(y)\tag{2-54}$$

式中

$$C_1(y)=-K\left\{1_a(y)[1-\cos\lambda(y-l_1)]-\frac{\sin\lambda(l-l_1)}{\cos\lambda l}\sin\lambda y\right\}$$

$$C_2(y)=\frac{y}{l}-\frac{\sin\lambda y}{\lambda l\cos\lambda l}$$

把式(2-54)代入式(2-48),可得副翼偏角 β 与滚转角速度 p 的关系。当 p 为稳定值($\dot{p}=0$)时,则有

$$\begin{aligned}M_x&=2\int_0^l L(y)y\mathrm{d}y=\\&2\int_0^l qC\left\{\frac{\partial C_L}{\partial\alpha}\left[\frac{pl}{V}C_2(y)+\beta C_1(y)-\frac{py}{V}\right]+\frac{\partial C_L}{\partial\beta}\beta 1_a(y)\right\}y\mathrm{d}y=\\&2\int_0^l qC\frac{\partial C_L}{\partial\alpha}\frac{pl}{V}\left[C_2(y)-\frac{y}{l}\right]y\mathrm{d}y+2\int_0^l qC\frac{\partial C_L}{\partial\alpha}\beta\left[C_1(y)+\frac{\partial C_L/\partial\beta}{\partial C_L/\partial\alpha}1_a(y)\right]y\mathrm{d}y=0\end{aligned}\tag{2-55}$$

通常副翼的操纵效率用 $\partial(pl/V)/\partial\beta$ 来衡量,pl/V 表示飞机作等速滚转时的翼尖螺旋角。$(pl/V)/\beta$ 就是单位副翼偏角所引起的翼尖螺旋角。依据式(2-55),假定 C 为常值,可得副翼操纵效率

$$\eta_a=\frac{\partial\left(\frac{pl}{V}\right)}{\partial\beta}=\frac{\int_0^l\left[C_1(y)+\frac{\partial C_L/\partial\beta}{\partial C_L/\partial\alpha}1_a(y)\right]y\mathrm{d}y}{-\int_0^l\left[C_2(y)-\frac{y}{l}\right]y\mathrm{d}y}\tag{2-56}$$

由上式可得,当机翼(含副翼)的构造及气动参数确定后,操纵效率 η_a 将随 λl(它显含于 $C_1(y)$ 和 $C_2(y)$)变化,而 λl 的变化即反映了动压的变化。图 2-11 表示了这种关系。图中假定

$$\left(\frac{\partial C_L}{\partial\beta}\Big/\frac{\partial C_L}{\partial\alpha}\right)=0.5,\qquad\left(\frac{C}{e}\right)\left(\frac{\partial C_{m0}}{\partial\beta}\Big/\frac{\partial C_L}{\partial\alpha}\right)=-0.6,\qquad\frac{l_1}{l}=0.6$$

图 2－11 表明：λl（动压）增大，则由于弹性变形而产生的负滚转力矩将逐渐加大，所以净滚转力矩势必减小。当动压增大到某个临界值 q_R 时，净滚转力矩降至零。动压再增大，则净滚转力矩转化为负值，使飞机出现操纵反效的现象。当动压 $q=q_R$ 时，效率 $\eta_a=0$。从图中可以确定 $\lambda l=1.44$ 时，$\eta_a=0$，由此求得 q_R。

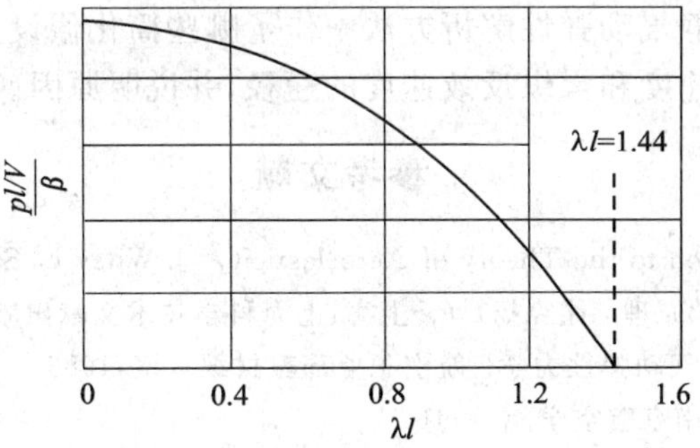

图 2－11　操纵效率与动压的关系

令式(2－56)的分子为零，并利用式(2－54)，则有

$$\int_0^l \left[C_1(y)+\frac{\partial C_L/\partial\beta}{\partial C_L/\partial\alpha}1_a(y)\right]y\mathrm{d}y=\frac{\partial C_L}{\partial\beta}\left(\frac{\cos\lambda l_1}{\cos\lambda l}-1\right)+$$
$$\frac{C}{e}\frac{\partial C_{m0}}{\partial\beta}\left(\frac{\cos\lambda l_1}{\cos\lambda l}-1-\frac{\lambda^2 l^2-\lambda^2 l_1^2}{2}\right)=0$$

即

$$\left(\frac{\partial C_L}{\partial\beta}+\frac{C}{e}\frac{\partial C_{m0}}{\partial\beta}\right)(\cos\lambda l-\cos\lambda l_1)+\frac{\lambda^2 l^2-\lambda^2 l_1^2}{2}\frac{C}{e}\frac{\partial C_{m0}}{\partial\beta}\cos\lambda l=0 \tag{2-57}$$

这是一个超越方程。求得满足上式的最小 λl，把它记做 $\lambda_R l$，然后再由式(2－51)求出反效动压

$$q_R=\frac{GJ}{eC\dfrac{\partial C_L}{\partial\alpha}}\lambda_R^2 \tag{2-58}$$

因为从式(2－48)导出 η_a 时，引用了条件 $\dot{p}=0$，而后又由 $\eta_a=0$ 导出反效动压 q_R 时，实际又必定是 $p=0$。所以总的来说，可以认为操纵反效的条件是

$$p=0,\qquad \dot{p}=0 \tag{2-59}$$

应当指出，对于较复杂的机翼，求出解析解是不可能的，一般需借助数值方法求解。

思考题

2.1 为什么说扭转发散是典型的亚声速现象?

2.2 分析扭转发散和载荷重新分布在物理上和数学上的区别。

2.3 分析操纵反效和操纵效率二者在物理上和数学上的区别。

2.4 在长直机翼的静气动弹性解析方法中作了哪些简化假设?

2.5 试述提高发散速度和操纵反效速度的途径,并说明原因。

参考文献

[1] Fung Y C. An Introduction to the Theory of Aeroelasticity. J. Wiley & Sons,Inc. ,1955.

[2] 伏欣 H W. 气动弹性力学原理. 沈克扬,译. 上海:上海科学技术文献出版社,1982.

[3] 诸德超,陈桂彬,邹丛青. 气动弹性力学. 航空工业部教材编审室,1986.

[4] 卢叔全. 气动弹性讲义. 南京航空学院,1991.

第 3 章　气动弹性静力问题的矩阵分析方法

第 2 章中讨论了气动弹性静力问题的两大类问题，并且都以微分方程作为研究的起点。对于均匀长直机翼可以得出精确解，对于其他情况可借助近似方法。这对于列出问题的模型和理解问题的性质已有了一个基础。对于实际翼面（或升力面），一般都要采用近似方法，并借助数值方法去求解。在利用数值方法时，虽然也可以从第 2 章的方式入手，但不如直接将问题建立为积分方程，然后用矩阵形式去求解更为方便。特别是考虑到计及翼面上三元流动效应的气动力分布也是以矩阵形式表达的，于是问题都可以统一为矩阵分析方法。

本章首先介绍亚声速定常升力线理论及其矩阵表达，从气动力引起的结构变形角度，导出静气动弹性分析的基本方程；然后分别讨论机翼发散和载荷重新分布的计算与分析；最后讨论副翼操纵效率与反效。

3.1　气动力影响系数的矩阵表示

在处理气动弹性力学问题时，对气动力提出的问题是：已知升力面（因弹性变形而形成）上的攻角分布（或下洗分布），寻求它所产生的升力分布（或环量分布）。这属于空气动力学中的一类问题。这类问题通常需要用相当复杂的方法求解。本节以定常亚声速流中有限翼展机翼（展弦比大于 3）普朗特（Prandtl）“升力线理论”为例，介绍气动力影响系数的矩阵一般表达式。

第 2 章所用片条理论，其数学处理简单，且在展弦比大于 5 时，能给出足够精确的结果。为了修正三元流动的影响，对于展向升力分布接近椭圆分布的直机翼，其升力线斜率可作如下修正：

$$\frac{\partial C_L}{\partial \alpha} = \left(\frac{\partial C_L}{\partial \alpha}\right)_\infty \frac{\lambda}{\lambda + 2} \tag{3-1a}$$

式中，λ 是机翼展弦比；$\left(\frac{\partial C_L}{\partial \alpha}\right)_\infty$ 是无限翼展机翼的升力线斜率。上式对于 $\lambda > 3$ 时是一个良好的近似。在处理静气动弹性问题时，由于翼面的扭转变形，攻角沿翼展变化，这时可以用另一修正公式，即

$$\frac{\partial C_L}{\partial \alpha} = \left(\frac{\partial C_L}{\partial \alpha}\right)_\infty \frac{\lambda}{\lambda + 4} \tag{3-1b}$$

不难设想，未作上述修正的片条理论将给出升力分布的偏高值。当然，采用偏高值对静气动弹性计算是偏于保守的。

3.1.1 马蹄涡系

机翼的弹性变形引起了攻角的改变,因而引起气动力的改变。有很多的空气动力学理论可用以确定攻角和气动力的关系,这里不能一一详细讨论,而只能以一种气动力理论(马蹄涡升力线理论)为例,说明在研究静气动弹性问题时,如何应用这些理论。

根据空气动力学理论,在图 3-1 中表示了机翼启动涡(环量 $-\Gamma$)的形成。初始时,沿图中虚线所示曲线,机翼环量 Γ 为零(Thomson 定理);为了保持 $\Gamma=0$,因此又必定存在一个大小相等、方向相反的环量 $+\Gamma$。这样,当机翼向前运动时,启动涡留在原处,而机翼处存在着附着涡,其环量为 $+\Gamma$。由此产生升力 L。由气动力理论儒可夫斯基(Joukowski)定理可知,如果涡线垂直地在流速为 V 的流体中,则流体对它要产生升力,升力为

$$L = \rho V\Gamma \tag{3-2}$$

根据平滑流过后缘(Kutta 流动)条件,这个环量与 α 攻角有以下关系式:

$$\Gamma = \frac{1}{2}bV\frac{\partial C_L}{\partial \alpha}\alpha \tag{3-3}$$

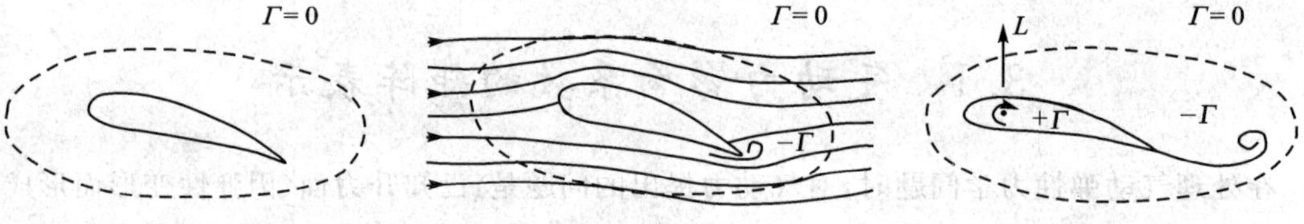

(a) 机翼在静止流体中　　(b) 机翼启动涡$-\Gamma$的形成　　(c) 机翼环量$+\Gamma$产生升力L

图 3-1 机翼启动时环量的形成

若机翼展向无限长,则一根两端延伸到无穷远的直涡线会使得流体各点产生圆周速度,称为诱导速度。该诱导速度 w 与距涡中心点的距离 r 成反比,与涡的环量成正比,即

$$w = \frac{\Gamma}{2\pi r} \tag{3-4}$$

实际上,机翼是有限展长的,它将造成各剖面处的流动互相影响。升力线理论就是考虑这种影响的一种气动力理论。该理论适合展弦比大于 3 的直机翼。根据赫姆霍兹(Helmholz)定理,对于有限翼展机翼,这个代表机翼存在的附着涡涡线,在翼尖处不能终止,它将顺着来流方向沿机翼向后方延伸,形成自由涡,并在远后方与启动涡相连,如图 3-2(a)所示。这两条自由涡涡线对机翼产生诱导速度(下洗速度)。它的作用可以认为相当于两条半无限长的涡线。

正是由于这两条自由涡对机翼的升力分布有着重要的影响,附着涡与两条向远后方延伸的自由涡就形成了代表机翼存在的马蹄涡。对于环量沿展向分布变化的机翼,可按上述推理,由一组马蹄涡系叠加起来代表机翼的存在,而在机翼后方形成整个自由涡面,如图 3-2(b)

所示。

为了考虑有限翼展机翼各剖面之间的互相影响，用马蹄涡系代表机翼是个通用的方法，由此可以计算空气动力影响系数。

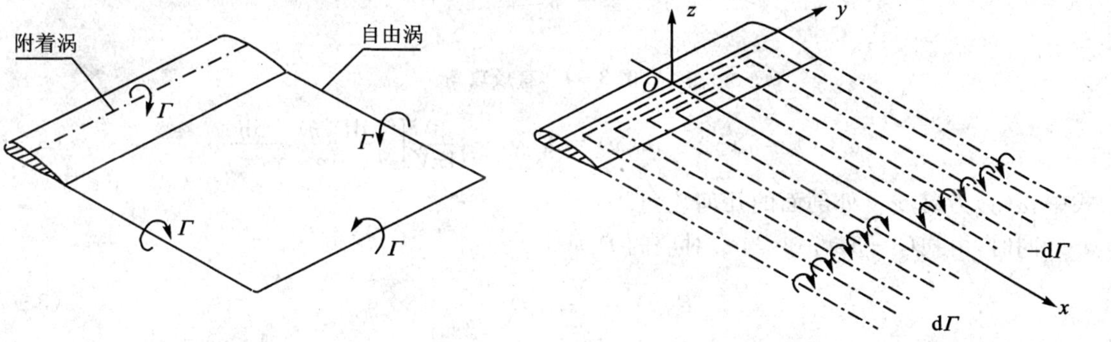

(a) 马蹄涡　　(b) 马蹄涡系

图 3-2　用马蹄涡系代替机翼

3.1.2　三元机翼的气动力影响系数矩阵

本小节中以图 3-3 所示的有限翼展直机翼为例。

根据图 3-2(b)，把全机翼(两个机翼)用变涡强 $\Gamma(y)$ 的涡线代表，则机翼尾流中连续分布着无限多个自由涡线 $\mathrm{d}\Gamma$，由机翼延伸到无穷远。如图 3-3 所示，设在翼展 η 处的涡带宽度为 $\mathrm{d}\eta$，它由机翼向后延伸。每一自由涡线 $\mathrm{d}\Gamma(y)$ 相当于半根两端都延伸到无限远的涡线。在附着涡的 y 点处的下洗速度为

$$\mathrm{d}w = \frac{1}{2}\,\frac{1}{2\pi}\,\frac{\mathrm{d}\Gamma(\eta)}{y-\eta} = \frac{1}{4\pi}\,\frac{\mathrm{d}\Gamma(\eta)}{\mathrm{d}\eta}\,\frac{\mathrm{d}\eta}{y-\eta}$$

于是整个涡面对 y 处引起的下洗速度为

$$w(y) = \int_{-l}^{l} \frac{1}{4\pi}\,\frac{\mathrm{d}\Gamma(\eta)}{\mathrm{d}\eta}\,\frac{\mathrm{d}\eta}{y-\eta}$$

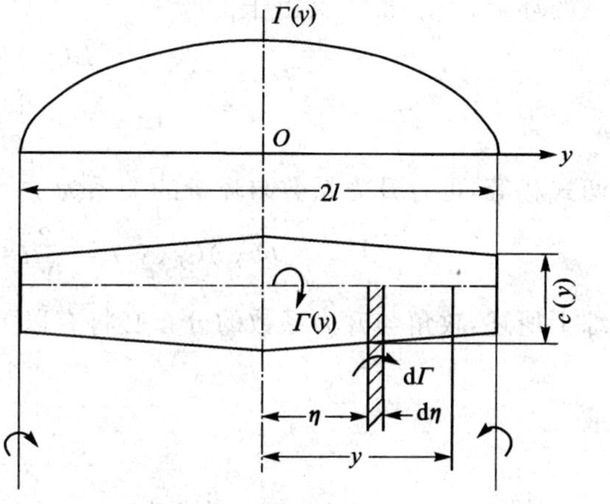

图 3-3　环量沿翼展方向变化的机翼

如图 3-4 所示，由于机翼及其后方存在诱导的下洗速度，所以在翼展 y 处(第 i 点位置处)来流与机翼间的攻角将向下倾斜一个角度，即

$$\alpha_i(y) = \frac{w(y)}{V} \tag{3-5}$$

则该处有效攻角为

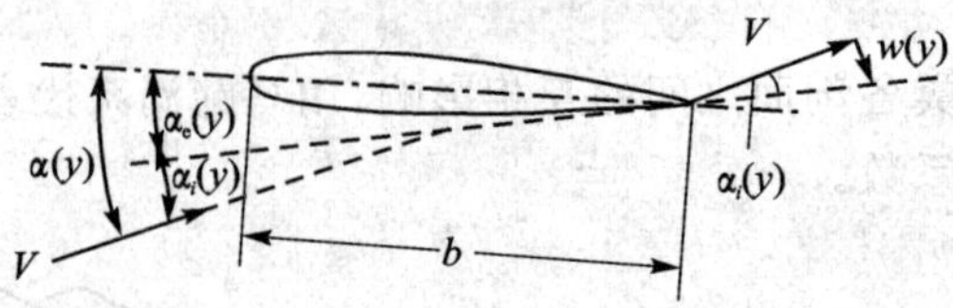

图 3-4　有效攻角

$$\alpha_e(y)=\alpha(y)-\alpha_i(y)=\alpha(y)-\frac{1}{4\pi V}\int_{-l}^{l}\frac{d\Gamma(\eta)}{d\eta}\frac{d\eta}{y-\eta} \tag{3-6}$$

式中,$\alpha(y)$为翼展 y 处剖面的几何攻角。

同时,由式(3-3)可知,与 α_e对应的 Γ 为

$$\Gamma(y)=\frac{V}{2}b(y)\frac{\partial C_L}{\partial\alpha}\alpha_e(y) \tag{3-7}$$

将式(3-6)代入式(3-7),则得环量分布的基本方程

$$\Gamma(y)=\frac{V}{2}\frac{\partial C_L}{\partial\alpha}b(y)\left[\alpha(y)-\frac{1}{4\pi V}\int_{-l}^{l}\frac{d\Gamma(\eta)}{d\eta}\frac{d\eta}{(y-\eta)}\right] \tag{3-8}$$

这就是用升力线理论计算机翼环量分布的积分-微分基本方程。由式(3-8)表示的环量分布回答了本章 3.1 节一开始的提问。这类方程的求解只能借助于近似方法。

若用 y_i表示沿 y 向的第 i 个点(站),则给定一系列(n 个)点上攻角 α 值,即可求得第 i 点上的环量 $\Gamma(y_i)$值。又由于

$$L(y_i)=\rho V\Gamma(y_i)$$

$$L(y_i)=\frac{1}{2}\rho V^2\,b(y_i)C_L(y_i)$$

两式相等,可有升力系数与环量的关系为

$$b(y_i)C_L(y_i)=\frac{2}{V}\Gamma(y_i)\qquad(i=1,2,\cdots,n) \tag{3-9}$$

综上所述,攻角与升力系数的分布必将有以下关系式:

$$\boldsymbol{As}=\boldsymbol{\alpha} \tag{3-10}$$

或

$$\boldsymbol{s}=\boldsymbol{A}^{-1}\boldsymbol{\alpha} \tag{3-11}$$

式中　$\boldsymbol{A},\boldsymbol{A}^{-1}$——气动力影响系数矩阵;

$\boldsymbol{s}$——各点(站)处的 bC_L组成的列阵,$\boldsymbol{s}=[b(y_1)C_L(y_1)\ \ \cdots\ \ b(y_n)C_L(y_n)]^{\mathrm{T}}$;

$\boldsymbol{\alpha}$——各点(站)处的 α 组成的列阵。

关于 $\boldsymbol{A}$ 的求解,见 3.1.3 小节。

式(3-10)和式(3-11)给出了已知升力面上的攻角分布与它所产生的升力分布的关系式。该式虽然是从大展弦比和升力线理论推导得到的,但对小展弦比机翼、三角翼和后掠翼等

有同样的矩阵形式，只是气动力影响系数矩阵求解方法和结果有所不同。

3.1.3　气动力影响系数矩阵 A 的近似求解方法

下面以大展弦比机翼的配置法为例，说明气动力影响系数的求解过程和形式。配置法是一种近似方法，是在翼展的有限个点处满足方程，一般需要沿翼展划分成若干点(站)。

如图 3-5 所示，对于大展弦比机翼，为了求得矩阵 **A**，通常先作一坐标变换，然后在 n 个点上进行配位，所以该方法又称为配位法。设坐标变换为

$$\left.\begin{aligned} y &= l\cos\varphi \qquad (0\leqslant\varphi\leqslant\pi) \\ \eta &= l\cos\theta \qquad (0\leqslant\theta\leqslant\pi) \end{aligned}\right\} \tag{3-12}$$

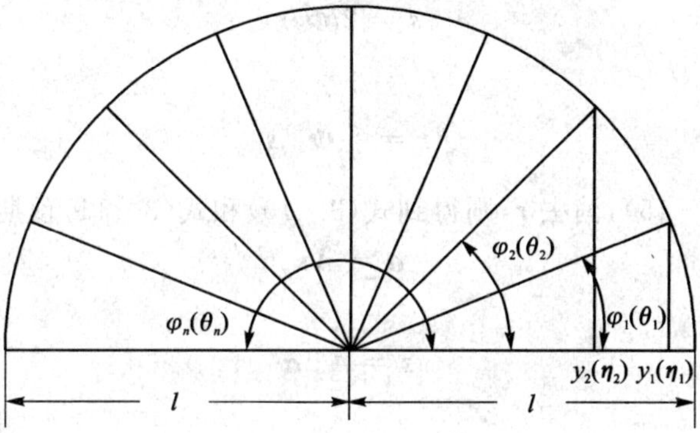

图 3-5　坐标变换与剖面分站

再沿全机的翼展长 $2l$，分成 n 个等分角，相应地标以 $\varphi_1,\varphi_2,\cdots,\varphi_n$，其点号顺序与 y 轴正向相反。设

$$\left.\begin{aligned} \Gamma(y) &= Vl\sum_{j=1}^{n}A_j\sin j\varphi \\ \Gamma(\eta) &= Vl\sum_{j=1}^{n}A_j\sin j\theta \end{aligned}\right\} \tag{3-13}$$

把式(3-12)和式(3-13)代入式(3-8)，并利用(不加推导)关系式

$$\int_0^{\pi}\frac{\cos n\theta\mathrm{d}\theta}{\cos\theta-\cos\varphi}=\pi\frac{\sin n\varphi}{\sin\varphi}$$

则可得到

$$\frac{b\dfrac{\partial C_L}{\partial\alpha}}{2l}\alpha=\sum_{j=1}^{n}A_j\left[\sin j\varphi+\frac{b\dfrac{\partial C_L}{\partial\alpha}}{8l}\frac{j\sin j\varphi}{\sin\varphi}\right] \tag{3-14}$$

上式应在各个点处满足。由此即求出 A_j 与 α 的矩阵方程为

$$\frac{1}{2l}\boldsymbol{\Theta}\boldsymbol{\alpha} = \boldsymbol{\Phi}_2\boldsymbol{r} + \frac{1}{8l}\boldsymbol{\Theta}\boldsymbol{\Phi}_1\boldsymbol{\Phi}_3\boldsymbol{r} \tag{3-15}$$

式中 $\boldsymbol{r}=[A_1 \quad \cdots \quad A_n]^{\mathrm{T}}$;

$\boldsymbol{\Theta}=\mathrm{diag}\left(\frac{\partial C_L}{\partial \alpha}b_1 \quad \cdots \quad \frac{\partial C_L}{\partial \alpha}b_n\right)$;

$\boldsymbol{\Phi}_1=\mathrm{diag}\left(\frac{1}{\sin \varphi_1} \quad \cdots \quad \frac{1}{\sin \varphi_n}\right)$;

$\boldsymbol{\Phi}_2=[\phi_{2ij}], \phi_{2ij}=\sin j\varphi_i, \quad i,j=1,2,\cdots,n$;

$\boldsymbol{\Phi}_3=[\phi_{3ij}], \phi_{3ij}=j\sin j\varphi_i, \quad i,j=1,2,\cdots,n$。

进一步考虑到式(3-9),还可以有环量分布与升力系数分布的关系式

$$\boldsymbol{s} = 2l\boldsymbol{\Phi}_2\boldsymbol{r}$$

或

$$\boldsymbol{r} = \frac{1}{2l}\boldsymbol{\Phi}_2^{-1}\boldsymbol{s} \tag{3-16}$$

将式(3-16)代入式(3-15),消去 $\boldsymbol{r}$,则得到式(3-10)和式(3-11)预期的形式

$$\boldsymbol{\alpha} = \boldsymbol{A}\boldsymbol{s}$$

或

$$\boldsymbol{s} = \boldsymbol{A}^{-1}\boldsymbol{\alpha}$$

式中

$$\boldsymbol{A} = \boldsymbol{\Theta}^{-1} + \frac{1}{8l}\boldsymbol{\Phi}_1\boldsymbol{\Phi}_3\boldsymbol{\Phi}_2^{-1} \tag{3-17}$$

显然,$\boldsymbol{A}^{-1}$ 的元素 a_{ij} 代表仅当 j 点处有一单位攻角时,在 i 点处所产生的升力(用 bC_L 表示)。这个矩阵是不对称的。

当式(3-17)中 $l\to\infty$(无限翼展情况)时,则有

$$\boldsymbol{A} = \boldsymbol{\Theta}^{-1} \quad 和 \quad \boldsymbol{A}^{-1} = \boldsymbol{\Theta} \tag{3-18}$$

显然,上式就是片条理论的结果,$\boldsymbol{A}$ 和 $\boldsymbol{A}^{-1}$ 均为对角矩阵。

在进行计算时,可以把气动力分为相对于机身轴线的对称及反对称分布两种情况。对称分布时,环量分布也是对称的,所以可设

$$\Gamma(y) = Vl(A_1\sin \varphi + A_3\sin 3\varphi + \cdots)$$

此时攻角与局部升力系数的关系为

$$\boldsymbol{\alpha} = \boldsymbol{A}^{\mathrm{s}}\boldsymbol{s}$$

当反对称分布时,设

$$\Gamma(y) = Vl(A_2\sin 2\varphi + A_4\sin 4\varphi + \cdots)$$

相应地有

$$\boldsymbol{\alpha} = \boldsymbol{A}^{\mathrm{a}}\boldsymbol{s}$$

式中，$\boldsymbol{A}^s$，$\boldsymbol{A}^a$分别是对称及反对称气动力影响系数矩阵。只要在式(3-17)中保留 j 为奇数或偶数的项，即可求得。

剖面位置的选取，通常可由等分角取得，因为只需计算半个机翼，所以都在 0～90°之间作等分。例如当半机翼取 4 个剖面时，φ_i分别为 π/8，π/4，3π/8，π/2。此时，对称载荷有

$$\boldsymbol{A}^s=\boldsymbol{\Theta}^{-1}+\frac{1}{8l}\begin{bmatrix}10.453 & -3.828 & 0 & -0.293\\ -2.072 & 5.657 & -2.389 & 0\\ 0 & -1.828 & 4.330 & -1.707\\ -0.224 & 0 & -3.154 & 4.000\end{bmatrix} \tag{3-19a}$$

反对称载荷有

$$\boldsymbol{A}^a=\boldsymbol{\Theta}^{-1}+\frac{1}{8l}\begin{bmatrix}10.453 & -3.696 & 0 & 0\\ -2.000 & 5.657 & -2.000 & 0\\ 0 & -1.531 & 4.330 & 0\\ 0 & 0 & 0.001 & 0\end{bmatrix} \tag{3-19b}$$

综上所述，升力线理论是计算有限翼展机翼上升力分布的一种方法。它用一系列叠加的马蹄涡线代替机翼。在机翼后面延伸出去的自由涡，引起诱导下洗速度，从而改变了气流的来流方向，也就是改变了几何攻角的大小，以此求得升力分布与攻角之间的关系。它适用于计算大展弦比直机翼。这个理论又进一步发展为推广的升力线理论。推广的升力线理论又称四分之三弦点法。这个方法的要点是把沿展向变化的附着涡安排在沿翼展 1/4 弦线处，同样，在机翼后方引出一个自由涡面；而其运动学流动条件则要求在 3/4 弦线处得到满足，即以 3/4 弦线处的点作为下洗速度控制点。这种方法可以用来计算亚声速的大展弦比平面形状机翼，特别是后掠机翼。

当机翼展弦比小于 3 后，升力线理论就不能给出准确的结果了，对这种情况就应采用升力面理论。此时环量分布将是 $\Gamma(x, y)$，而不是 $\Gamma(y)$。随着大型数字计算机的发展，马蹄涡格网法已为矩阵方法提供了亚、超声速任意平面形状机翼的升力分布，可用于大展弦比机翼、小展弦比机翼、三角翼、后掠翼以及组合形状机翼等，可以方便地按升力变化的剧烈程度或不连续部位(如前、后操纵面)而划分网格；对于机翼前、后缘有转折或有操纵面的情况，处理也比较方便。

升力面的核函数法是从升力面的环量分布积分方程出发的，是升力面方法的一种。这种方法在机翼上布置连续的基本旋涡面，其环量分布是用一些函数的加权迭代来表示的，这些函数满足前、后缘及侧缘边界条件。在机翼上确定若干控制点，用积分方程建立环量分布和控制点处诱导下洗速度的联系，而诱导下洗速度则可和当地边界条件相联系，从中解出加权系数的值，由此求得的环量分布即可确定机翼上的载荷分布。这种方法可适用于大、小展弦比机翼。

Woodward 方法也是升力面方法的一种。它也把机翼沿展向及弦向分成若干元素，在每一元素上布置等强度的面涡或线性变化的面涡。其控制点取在每一元素的中线的 95 %处。

从面涡的基本解出发,便可根据控制点处的边界条件确定各元素上的面涡的强度。但在这一方法中,上述控制点位置是按经验确定的,而计算结果表明,控制点位置对结果影响是很敏感的。

对于导弹、航天飞机、空天飞机中的超声速及高超声速翼面,还可以采用活塞理论、牛顿冲击理论进行计算。这些方法也把翼面沿展向及弦向分成若干元素进行分析。由于定常气动力方法较多,这里不一一介绍,详细内容可参考相关的气动力方面的教材和文献。

3.2 气动弹性静力问题分析的基本方程

本节将在3.1节的基础上,进一步结合结构弹性变形的特性,推导具有广泛适用性的静气动弹性分析的基本方程。这一基本方程,可以作为发散、操纵效率和载荷重新分布等静气动弹性分析的出发方程,为上述各项静气动弹性性能的分析作好准备。

由二元机翼的发散、操纵反效和载荷分布的讨论可见,静气动弹性问题有两个基本关系:一个是机翼攻角及其引起的气动力间的关系;另一个是作用在机翼上的载荷及其产生的弹性变形的关系。

对于机翼攻角及其引起的空气动力,已在3.1节进行了讨论,它们之间的联系由气动力影响系数矩阵 $\boldsymbol{A}$ 来表示(见式(3-10)或式(3-11)),即

$$\boldsymbol{A}\boldsymbol{s}=\boldsymbol{\alpha}$$

或

$$\boldsymbol{s}=\boldsymbol{A}^{-1}\boldsymbol{\alpha}$$

$\boldsymbol{A}$ 的计算因所用空气动力计算理论和方法的不同而不同,还因载荷情况(对称、反对称、不对称)的不同而不同。

另外,由于假定静气动弹性系统属于线性系统,弹性变形扭角 θ 及其所引起的附加气动力 bC_L^e 以及刚体情况下的攻角 α^r 及其所引起的气动力 bC_L^r 间也有类似关系,即有

$$\boldsymbol{A}\boldsymbol{s}=\boldsymbol{\alpha}$$

$$\boldsymbol{A}\boldsymbol{s}^e=\boldsymbol{\theta}$$

$$\boldsymbol{A}\boldsymbol{s}^r=\boldsymbol{\alpha}^r$$

且

$$\boldsymbol{\alpha}=\boldsymbol{\alpha}^r+\boldsymbol{\theta} \tag{3-20}$$

$$\boldsymbol{s}=\boldsymbol{s}^r+\boldsymbol{s}^e \tag{3-21}$$

3.2.1 大展弦比直机翼静气动弹性基本方程

对于大展弦比机翼,其弦向刚度比展向刚度要大得多,因而其弦向的变形比展向的变形要小得多。因此,为简化起见,可以假设机翼弦向剖面也是绝对刚硬的。这就是说剖面没有弦向

变形。根据结构力学的知识，对于薄壳结构，可以引出弯心（或称刚心）的概念；当剪力通过该点时，剖面相对扭角将等于零。经验证明，对于大展弦比机翼，只要没有大开口或者展向结构形式没有很大改变，则其刚轴基本上还是一直线。这样的机翼的弹性特性便可以近似地用一刚轴的弹性特性来表示。

这样的刚轴基本上和机身对称平面相垂直，且机翼的弯、扭之间没有耦合，可以分别加以处理。同时，对于直机翼，弯曲变形并不引起攻角的变化，引起的气动载荷也很小，故在研究静气动弹性问题时可不予考虑，只需考虑扭转变形引起的攻角变化即可。

综上所述，一个大展弦比直机翼的弹性特性近似可以用一垂直于机身对称平面的刚轴的弹性特性来表示，且只需研究其扭转特性即可。

设一大展弦比直机翼根部是固支的，刚轴沿展向与 y 轴重合。对于大展弦比直机翼，一般可引入 3 个假设：

① 机翼在其自身平面内是绝对刚硬的；

② 其弦向剖面是绝对刚硬的；

③ 有一直刚轴，且刚轴近似垂直于飞机对称平面。

对于这样的大展弦比直机翼，外载荷及变形关系可以简化。因为大展弦比直机翼的弦向剖面是刚性的，所以只要用剖面的刚心的垂直变形及对刚心的扭角就可以表示剖面的弹性变形。根据假设③，作用在刚轴上的力只引起刚轴的弯曲，而不会引起刚轴的扭转，而刚轴的弯曲也不会引起附加的气动力。

由此可见，对于大展弦比直机翼，作用在剖面上的分布载荷也可以加以简化，只需研究作用在各代表片条的剖面载荷对刚轴的扭矩 t 及它引起的对刚轴的扭角 θ 即可。通常将扭角 θ 沿展向分成若干片条，在每一片条上作用的载荷包括空气动力及重力。通常，气动力简化为作用在剖面空气动力中心上的升力 L 及对于它的俯仰力矩 M_{AC}（抬头为正）；但在结构分析中，则常简化为各片条作用在刚轴上的升力 L 及对于刚轴的气动力扭矩 M_E。显然，气动力引起的扭矩为

$$M_E = M_{AC} + Le$$

式中，e 表示剖面气动中心与刚轴的距离，刚心在后为正。

再设片条重心与刚心距离为 d，重心在后为正，则这些载荷对刚轴的扭矩 t 可表示为

$$\begin{aligned} t(y) &= M_{AC} + Le + Nmgd = \\ &qb(bm_{AC} + C_L e) + Nmgd \end{aligned} \tag{3-22}$$

式中，q 为动压，b 为片条弦长，m 为片条质量，N 为过载系数，g 为重力加速度，m_{AC} 为空气动力对空气动力中心的俯仰力矩系数（抬头为正）。如果把机翼根部固支，则其各剖面的扭转变形 $\theta(y)$ 可用积分方程表示，即

$$\theta(y) = \int_0^l f_{\theta\theta}(y,\eta)t(\eta)\mathrm{d}\eta \tag{3-23}$$

相应有矩阵表达式

$$\boldsymbol{\theta} = \boldsymbol{F}_{\theta\theta}\boldsymbol{t} = q\boldsymbol{F}_{\theta\theta}\bar{\boldsymbol{E}}\boldsymbol{W}\boldsymbol{s} + q\boldsymbol{F}_{\theta\theta}\bar{\boldsymbol{F}}\boldsymbol{W}\boldsymbol{m} + N\boldsymbol{F}_{\theta\theta}\bar{\boldsymbol{G}}\boldsymbol{W}\boldsymbol{g} \tag{3-24}$$

式中 $\boldsymbol{F}_{\theta\theta}$——机翼的扭转柔度影响系数矩阵，是对称矩阵；其中的元素 f_{ij} 表示在第 j 个片条剖面对其刚轴作用单位扭矩(抬头为正)时，在第 i 个片条剖面引起的扭角(抬头为正)；

$\bar{\boldsymbol{E}}=\mathrm{diag}\ (e_1 \quad \cdots \quad e_n)$——以各剖面的刚心到气动中心的距离写出的对角矩阵，刚心在后为正；

$\bar{\boldsymbol{F}}=\mathrm{diag}\ (b_1^2 \quad \cdots \quad b_n^2)$——各剖面的弦长平方写出的对角矩阵；

$\bar{\boldsymbol{G}}=\mathrm{diag}\ (d_1 \quad \cdots \quad d_n)$——各剖面重心与刚心距离写出的对角矩阵，重心在后为正；

$\boldsymbol{W}$——由积分数值方法确定的各剖面加权数组成的对角矩阵；

$\boldsymbol{m}=[m_{\mathrm{AC}1} \quad \cdots \quad m_{\mathrm{AC}n}]^{\mathrm{T}}$——各剖面俯仰力矩系数组成的列阵；

$\boldsymbol{g}=[m_1 g \quad \cdots \quad m_n g]^{\mathrm{T}}$——各剖面片条重量组成的列阵。

因此，大展弦比直机翼静气动弹性基本方程可写为

$$\boldsymbol{\theta} = q\boldsymbol{E}\boldsymbol{s} + q\boldsymbol{F}\boldsymbol{m} + N\boldsymbol{G}\boldsymbol{g} \tag{3-25}$$

式中

$$\boldsymbol{E} = \boldsymbol{F}_{\theta\theta}\bar{\boldsymbol{E}}\boldsymbol{W}$$
$$\boldsymbol{F} = \boldsymbol{F}_{\theta\theta}\bar{\boldsymbol{F}}\boldsymbol{W}$$
$$\boldsymbol{G} = \boldsymbol{F}_{\theta\theta}\bar{\boldsymbol{G}}\boldsymbol{W}$$

3.2.2 大展弦比后掠机翼静气动弹性基本方程

对于大展弦比后掠机翼，类似大展弦比直机翼，也可引入3个假设：

① 机翼在其自身平面内是绝对刚硬的；

② 其弦向剖面是绝对刚硬的；

③ 有一直刚轴，但此刚轴有一后掠角(一般此后掠角不等于机翼前缘后掠角)。

因此，对于大展弦比后掠机翼，通常有两种方式处理其结构模型：一种是假设与刚轴垂直的剖面是刚硬的；另一种是假设其顺气流剖面是刚硬的。通常采用后一种假设。这样，其展向片条的划分与大展弦比直机翼相同。同样，也可把作用在各片条上的分布空气动力及重力简化为作用在剖面刚心上的向上的力 L 和 Nmg 以及对刚心的扭矩 t(其表达式与式(3-22)相同)。但是，由于后掠机翼的弹性变形是弯、扭耦合的，也就是说，这时作用在刚轴上的力所引起的刚轴的弯曲还将引起顺气流扭角的变化(详细说明见3.3.3小节)。所以，对于大展弦比后掠机翼，要同时考虑作用在刚轴上的力及力矩所引起的顺气流扭角。同理，这时有

$$\boldsymbol{\theta} = q(\boldsymbol{F}_{\theta\theta}\bar{\boldsymbol{E}} + \boldsymbol{F}_{\theta z})\boldsymbol{W}\boldsymbol{s} + q\boldsymbol{F}_{\theta\theta}\bar{\boldsymbol{F}}\boldsymbol{W}\boldsymbol{m} + N(\boldsymbol{F}_{\theta\theta}\bar{\boldsymbol{G}} - \boldsymbol{F}_{\theta z})\boldsymbol{W}\boldsymbol{g} \tag{3-26}$$

式中，$\boldsymbol{F}_{\theta z}$ 的元素 f_{ij} 表示在第 j 个剖面的刚轴上作用一向上的单位力时，在第 i 个剖面引起的顺气流扭角(抬头为正)。因此，大展弦比后掠机翼静气动弹性基本方程为

$$\boldsymbol{\theta} = q\boldsymbol{E}\boldsymbol{s} + q\boldsymbol{F}\boldsymbol{m} + N\boldsymbol{G}\boldsymbol{g} \tag{3-27}$$

式中

$$\boldsymbol{E} = (\boldsymbol{F}_{\theta\theta}\bar{\boldsymbol{E}} + \boldsymbol{F}_{\theta z})\boldsymbol{W}$$
$$\boldsymbol{F} = \boldsymbol{F}_{\theta\theta}\bar{\boldsymbol{F}}\boldsymbol{W}$$
$$\boldsymbol{G} = (\boldsymbol{F}_{\theta\theta}\bar{\boldsymbol{G}} - \boldsymbol{F}_{\theta z})\boldsymbol{W}$$

以上各式中，$\boldsymbol{W}$ 为展向积分加权矩阵。

3.2.3　一般翼面静气动弹性基本方程

下面讨论一般翼面（如小展弦比机翼）的外载荷及其引起的弹性变形间的关系式。如图 3-6所示，一般翼面的特点是翼面的弦向剖面有了变形。假设机翼的上反角（或下反角）不很大，因此可以把机翼的翼面当做 xy 平面（或 $\xi\eta$ 平面）看待，把它分成若干小块（网格），分别求出每一小块的变形，并求出它们之间的相互关系和相互影响。

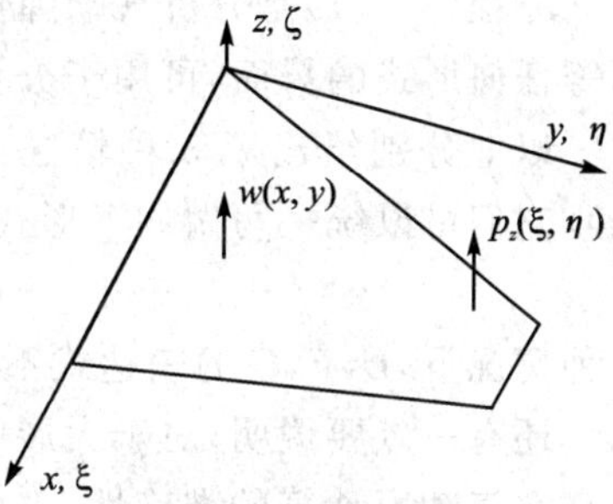

图 3-6　一般翼面及其坐标

机翼上任意点的挠度 $w(x,y)$ 和作用在翼面上的分布载荷 $p_z(x,y)$ 的关系表示为

$$w(x,y) = \iint_S f_{zz}(x,y;\xi,\eta)\,p_z(\xi,\eta)\,\mathrm{d}\xi\mathrm{d}\eta$$

式中，S 表示翼面面积，$f_{zz}(x,y;\xi,\eta)$ 的定义是在 (ξ,η) 点上作用 z 向单位载荷引起 (x,y) 点上的 z 向变形。上式表示作用在整个翼面上的分布载荷在 (x,y) 点上的总挠度。对气动弹性分析来说，关心其弹性扭角的变化（假设顺气流抬头为正扭角），即

$$\theta(x,y) = \frac{-\partial w(x,y)}{\partial x} = \iint_S f_{\theta z}(x,y;\xi,\eta)\,p_z(\xi,\eta)\,\mathrm{d}\xi\mathrm{d}\eta \tag{3-28}$$

式中，$f_{\theta z}(x,y;\xi,\eta) = \dfrac{\partial f_{zz}(x,y;\xi,\eta)}{\partial x}$，称为影响函数。

作用在点 (ξ,η) 处的单位面积外力 $p_z(\xi,\eta)$ 由两部分组成：一部分是空气动力 $qC_L(\xi,\eta)$，其中 q 是动压；另一部分是质量引起的惯性力 $\rho(\xi,\eta)gN$，其中 $\rho(\xi,\eta)$ 是单位翼面积的质量。这样，作用在点 (ξ,η) 处的单位面积外力可表示为

$$p_z(\xi,\eta) = qC_L(\xi,\eta) - \rho(\xi,\eta)gN$$

则有

$$\theta(x,y) = \iint_S f_{\theta z}(x,y;\xi,\eta)[qC_L(\xi,\eta) - \rho(\xi,\eta)gN]\,\mathrm{d}\xi\mathrm{d}\eta \tag{3-29}$$

应当指出，这里的空气动力 $qC_L(\xi,\eta)$ 包含两部分：一部分是假定机翼不变形，对应于当地从零升力线量起的几何攻角 α^{r} 的气动力；另一部分是由于机翼的弹性变形而导致的气动力。

把积分形式化成矩阵形式

$$\boldsymbol{\theta} = q\boldsymbol{F}_{\theta z}\boldsymbol{W}\boldsymbol{s} - N\boldsymbol{F}_{\theta z}\boldsymbol{W}\boldsymbol{g} \tag{3-30}$$

式中,$\boldsymbol{\theta}$ 表示各网格点处的顺气流扭角向量;矩阵 $\boldsymbol{F}_{\theta z}$ 中的元素 f_{ij} 表示在第 j 个网格的气动力(或重力)作用点上作用一向上单位力时在第 i 个网格点处引起的顺气流扭角(抬头为正);$\boldsymbol{W}$ 为展向积分加权矩阵(对角),因数值积分方法的不同而不同,在最简单的情况下,可表示为 $\boldsymbol{W}=\mathrm{diag}\ (\Delta l_1 \quad \cdots \quad \Delta l_n)$, Δl_i 为第 i 个网格的局部展长。上式可简写为

$$\boldsymbol{\theta} = q\boldsymbol{Es} + N\boldsymbol{Gg} \tag{3-31}$$

式中

$$\boldsymbol{E} = \boldsymbol{F}_{\theta z}\boldsymbol{W}$$

$$\boldsymbol{G} = -\boldsymbol{F}_{\theta z}\boldsymbol{W}$$

方程(3-31)是分析气动弹性静力问题的基本方程,适用于小展弦比、大展弦比和后掠翼面等任何形式的翼面,可用于分析静气动弹性发散、载荷分布和操纵反效等。

以上分别给出了 3 种情况下的外载荷与变形的关系,即式(3-25)、式(3-27)、式(3-31),它们可以统一写做如下形式:

$$\boldsymbol{\theta} = q\boldsymbol{Es} + q\boldsymbol{Fm} + N\boldsymbol{Gg} \tag{3-32}$$

各种情况下,$\boldsymbol{E}$,$\boldsymbol{F}$,$\boldsymbol{G}$ 的表达式不尽相同。

还有一点要说明,对于大展弦比机翼,只需求得每一展向片条上总的空气动力即可。但为提高空气动力计算的准确性,也可把这样的片条沿弦向再分成若干网格,然后再求得各片条的 bC_L 及 m_{AC}。当然,也可以把大展弦比机翼当做小展弦比机翼那样处理,但计算量会大大增加。

在处理气动弹性效应引起的扭转发散和载荷重新分布时,也只需考虑对称情况。这是因为反对称的载荷会引起飞机的滚转,从而产生惯性力和阻尼气动力,这将在很大程度上缓和它对扭转发散和强度的影响。由此可见,对于第一类气动弹性静力问题,计算时应取对称的载荷分布情况;而对于机翼的操纵反效和操纵效率问题,可对应飞机的滚转情况,显然,只需考虑对飞机纵轴反对称的载荷分布即可。所以第二类气动弹性静力问题应取反对称情况进行分析。

3.3 机翼发散计算与分析

本节从静气动弹性基本方程的矩阵形式出发,推导机翼发散基本方程,讨论机翼发散的计算方法。

上面已经指出,对于处理扭转发散问题,应以对称气动力载荷作为计算情况。这是因为在同样的攻角分布下,对称情况的气动载荷将大于反对称情况的气动载荷,所以使发散动压降低。

3.3.1 机翼发散基本方程

在讨论二元机翼的发散时已经指出,机翼的发散问题从物理本质上看,是静稳定性问题;从数学上看,是特征值问题。

因为机翼的发散问题在物理本质上是稳定性问题,所以在研究机翼的发散时,可以不考虑

作用在机翼上的原平衡力系，而只需研究机翼受微扰动后的变形(仍记做 θ)及它所引起的附加气动力，即可以不考虑重力引起的惯性力和刚体攻角所引起的气动力。联系到式(3-10)，弹性恢复力矩和附加气动力引起的弹性扭角分别为

$$\boldsymbol{\theta} = q\boldsymbol{E}\boldsymbol{s}^{e} \tag{3-33}$$

$$\boldsymbol{\theta} = \boldsymbol{A}\boldsymbol{s}^{e} \tag{3-34}$$

如前所述，对于不同机翼，虽然都可表示成上式，但 $\boldsymbol{E}$ 的含义是不同的。上式表明，在任何微扰动 $\boldsymbol{\theta}$ 引起的附加气动力 $\boldsymbol{s}^{e}$ 作用下产生的变形恰好也是 $\boldsymbol{\theta}$。这说明，附加气动力矩恰好和与 $\boldsymbol{\theta}$ 相应的弹性恢复力矩相等；也就是说，气动力矩和弹性恢复力矩的总和为零，微扰动没有形成净恢复力矩。这时机翼处于中性稳定状态，即发散临界状态，这时的动压为发散动压 q_{D}。以上两方程可合并为

$$\boldsymbol{s}^{e} = q_{\mathrm{D}}\boldsymbol{A}^{-1}\boldsymbol{E}\boldsymbol{s}^{e} \tag{3-35}$$

上式是一个齐次方程，它含有未知量 q_{D} 及 $\boldsymbol{s}^{e}$。该方程即为机翼发散的基本方程。

3.3.2　机翼发散计算方法

如前所述，发散在数学上是一特征值问题。式(3-35)中，$\boldsymbol{s}^{e}$ 有非零解的条件为

$$|\boldsymbol{I} - q_{\mathrm{D}}\boldsymbol{A}^{-1}\boldsymbol{E}| = 0 \tag{3-36}$$

式中，$\boldsymbol{I}$ 为单位矩阵。满足上式的 q_{D} 即为特征值。与特征值相应可求得特征向量 $\boldsymbol{s}^{e}$。由于式(3-35)是齐次方程，所以与 $\boldsymbol{s}^{e}$ 成比例的任何列向量均满足式(3-35)。

若式(3-35)代表 n 个方程，则展开式(3-36)即可得到关于 q_{D} 的 n 阶代数方程，求解后可得到 n 个 q_{D}。事实上，最感兴趣的是最小的 q_{D} 值。而研究特征值问题时，若只需求其最大或最小的特征值，则通常都用迭代法。迭代法实际只求最大的特征值，所以式(3-35)应改为

$$\lambda\boldsymbol{s}^{e} = \boldsymbol{D}\boldsymbol{s}^{e} \tag{3-37}$$

式中

$$\lambda = \frac{1}{q_{\mathrm{D}}}, \qquad \boldsymbol{D} = \boldsymbol{A}^{-1}\boldsymbol{E}$$

迭代具体方法如下：

① 先设一 $\boldsymbol{s}_0^{e}$。$\boldsymbol{s}_0^{e}$ 是任意的非零列阵，即该列阵中至少有一个元素不为零。将它后乘 $\boldsymbol{D}$ 得一列阵

$$\boldsymbol{b}_1 = \boldsymbol{D}\boldsymbol{s}_0^{e}$$

② 在 $\boldsymbol{b}_1$ 中任意选取其第 i 个元素 b_{i1} 将 $\boldsymbol{b}_1$ 正则化，即得

$$\boldsymbol{s}_1^{e} = \frac{1}{b_{i1}}\boldsymbol{b}_1$$

通常把 $\boldsymbol{b}_1$ 中绝对值最大的元素取做 b_{i1}。由式(3-37)可见 $\lambda = b_{i1}$，它就是特征值的第一次近似值。

③ 重复上述过程。一般地说可写做

$$\boldsymbol{b}_{j+1}=\boldsymbol{D}\boldsymbol{s}_{j}^{\mathrm{e}}=\lambda_{j+1}\boldsymbol{s}_{j+1}^{\mathrm{e}}$$

④ 在迭代过程中,检查是否满足收敛条件

$$\left|\frac{\lambda_{j+1}-\lambda_{j}}{\lambda_{j+1}}\right|\leqslant\varepsilon_{0}$$

式中,ε_0是给定的最大容许误差。

⑤ 若不满足要求,则重复第③,④步。若已满足收敛条件,即得

$$q_{\mathrm{D}}=\frac{1}{\lambda}$$

因为矩阵代数中已证明这样迭代将收敛到其最大特征值,从而求得最小 q_{D}值。最后所求得的 $\boldsymbol{s}^{\mathrm{e}}$ 即为发散时升力系数向量。

例题 分别用片条理论、升力线理论(气动载荷对称分布)和升力线理论(气动载荷反对称分布)确定如图 3-7 所示的大展弦比直机翼的发散速度。机翼几何数据见图 3-7。其刚轴沿机翼的 35 %弦线,刚轴垂直于对称平面。已知:

$$l=12.7\ \mathrm{m},\qquad \frac{\partial C_{L}}{\partial\alpha}=5.5$$

$$\mathrm{diag}\ (b_{1}\quad b_{2}\quad b_{3}\quad b_{4})=\begin{bmatrix}2.782 & & & \\ & 3.47 & & \\ & & 4.55 & \\ & & & 5.715\end{bmatrix}$$

其中元素的单位为 m。

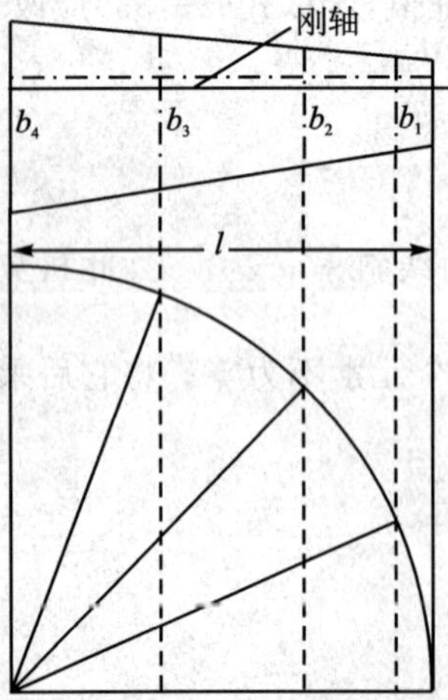

图 3-7 大展弦比直机翼示意图

解 因为该机翼是大展弦比直机翼,所以可将机翼沿展向等分成 4 个片条,以各片条的中间剖面作为该片条的计算剖面。每一片条的气动力都集中在其1/4弦线点上。

已知与之相应的扭转柔度影响系数矩阵为

$$\boldsymbol{F}_{\theta\theta}=\begin{bmatrix}3.683 & 1.620 & 0.609 & 0\\ 1.600 & 1.620 & 0.681 & 0\\ 0.681 & 0.981 & 0.981 & 0\\ 0 & 0 & 0 & 0\end{bmatrix}\times10^{-6}\times\frac{1}{9.81}$$

其中元素的单位为 rad/(N · m)。

因为刚轴沿 35 %弦线,在气动中心 25 %弦线之后,故 $e=0.1b$,即

$$\bar{\boldsymbol{E}} = 0.1 \times \mathrm{diag}\,(b_1 \quad b_2 \quad b_3 \quad b_4) = \begin{bmatrix} 0.278 & & & \\ & 0.347 & & \\ & & 0.455 & \\ & & & 0.572 \end{bmatrix}$$

其中元素的单位为 m。

当积分时机翼各站不是等分时，采用摩尔索夫(Multhopp)法。因对称，只取半个机翼，剖面数为$(m+1)/2$(m 是全翼展剖面数，是奇数，此例中 $m=7$)，则其加权矩阵为对角矩阵

$$\boldsymbol{W} = \frac{\pi l}{m+1}\begin{bmatrix} \sin\dfrac{\pi}{m+1} & & & \\ & \sin\dfrac{2\pi}{m+1} & & \\ & & \ddots & \\ & & & \dfrac{1}{2}\sin\dfrac{\pi}{2} \end{bmatrix}$$

这样

$$\boldsymbol{E} = \boldsymbol{F}_{\theta\theta}\bar{\boldsymbol{E}}\boldsymbol{W} = \begin{bmatrix} 1.955 & 1.982 & 1.412 & 0 \\ 0.860 & 1.982 & 1.412 & 0 \\ 0.362 & 0.833 & 1.412 & 0 \\ 0 & 0 & 0 & 0 \end{bmatrix} \times 10^{-6} \times \frac{1}{9.81}$$

其中元素的单位为 rad • m/N。

下面用不同气动力理论计算 $\boldsymbol{A}$，并求 q_{D}，V_{D}。

1. 片条理论

片条理论假设作用在各片条上的升力只取决于该片条的攻角(见式(3-18))，即

$$\boldsymbol{A}^{-1} = \frac{\partial C_L}{\partial \alpha}\mathrm{diag}\,(b_1 \quad \cdots \quad b_n)$$

式中，$\dfrac{\partial C_L}{\partial \alpha}$应按风洞试验结果或按理论公式计算。设剖面的升力线斜率 a_0 为 5.5，此机翼的展弦比 λ 为 6.15，则按式(3-1a)有

$$\frac{\partial C_L}{\partial \alpha} = a_0\,\frac{\lambda}{\lambda+2} = 4.15$$

由式(3-18)，即可求得 $\boldsymbol{A}^{-1}$。由此，代入式(3-37)，并进行迭代。迭代过程如下：

$$\boldsymbol{s}^{\mathrm{e}} = q\boldsymbol{A}^{-1}\boldsymbol{E}\boldsymbol{s}^{\mathrm{e}} = q\,\frac{\partial C_L}{\partial \alpha}\begin{bmatrix} 5.438 & 5.512 & 3.292 & 0 \\ 2.983 & 6.877 & 4.900 & 0 \\ 1.626 & 3.749 & 6.354 & 0 \\ 0 & 0 & 0 & 0 \end{bmatrix}\boldsymbol{s}^{\mathrm{e}} \times 10^{6}$$

进行迭代计算,最后得到的升力系数分布、临界发散动压和海平面临界速度分别为

$$\boldsymbol{s}^{\mathrm{e}} = [1 \quad 0.969 \quad 0.724 \quad 0]^{\mathrm{T}}$$

$$q_{\mathrm{D}} = \frac{1}{13.62\times10^{-6}\times\dfrac{\partial C_L}{\partial\alpha}}\ \mathrm{N/m^2} = 17\ 690\times9.81\ \mathrm{N/m^2}$$

$$V_{\mathrm{D}} = 532.2\ \mathrm{m/s}$$

对应的弹性扭角分布为

$$\boldsymbol{\theta} = \boldsymbol{A}\boldsymbol{s}^{\mathrm{e}} = [1 \quad 0.776 \quad 0.447 \quad 0]^{\mathrm{T}}$$

2. 升力线理论法(载荷对称分布,取 $j=1,3,5,7$)

利用式(3-19a),并代入本例题原始数据,则对称气动力影响系数矩阵为

$$\boldsymbol{A}^{\mathrm{s}} = \begin{bmatrix} 16.82 & -3.768 & 0 & -0.288 \\ -2.039 & 10.810 & -2.351 & 0 \\ 0 & -1.800 & 8.302 & -1.68 \\ -0.221 & 0 & -3.105 & 7.118 \end{bmatrix}\times10^{-2}$$

其中元素的单位为 rad/m。

$$(\boldsymbol{A}^{\mathrm{s}})^{-1} = \begin{bmatrix} 6.229 & 2.309 & 0.821 & 0.446 \\ 1.249 & 10.22 & 3.196 & 0.805 \\ 0.340 & 2.446 & 13.98 & 3.313 \\ 0.341 & 1.138 & 6.121 & 15.51 \end{bmatrix}$$

其中元素的单位为 m/rad。代入式(3-37),并进行迭代法求解,其解为

$$\frac{1}{q_{\mathrm{D}}}(\boldsymbol{s}^{\mathrm{e}})^{\mathrm{s}} = 51.83\times10^{-6}[0.762 \quad 1 \quad 0.821 \quad 0.382]^{\mathrm{T}}$$

由此得出

$$\frac{1}{q_{\mathrm{D}}^{\mathrm{s}}} = 51.83\times10^{-6}, \qquad q_{\mathrm{D}}^{\mathrm{s}} = 19\ 290\times9.81\ \mathrm{N/m^2}, \qquad V_{\mathrm{D}}^{\mathrm{s}} = 555.7\ \mathrm{m/s}$$

$$(\boldsymbol{s}^{\mathrm{e}})^{\mathrm{s}} = [0.762 \quad 1 \quad 0.821 \quad 0.382]^{\mathrm{T}}$$

$$\boldsymbol{\theta}^{\mathrm{s}} = [1 \quad 0.820 \quad 0.490 \quad 0]^{\mathrm{T}}$$

其中元素的单位为 rad。

3. 升力线理论法(气动载荷反对称分布,取 $j=2,4,6,8$)

利用式(3-19b),并代入本例题原始数据,则反对称气动力影响系数矩阵为

$$\boldsymbol{A}^{\mathrm{a}} = \begin{bmatrix} 16.82 & -3.637 & 0 & 0 \\ -1.969 & 10.81 & -1.969 & 0 \\ 0 & -1.507 & 8.302 & 0 \\ 0 & 0 & 0 & 3.181 \end{bmatrix}\times10^{-2}$$

其中元素的单位为 rad/m。

$$(\boldsymbol{A}^{a})^{-1}=\begin{bmatrix}6.196 & 2.157 & 0.511 & 0\\ 1.167 & 9.975 & 2.365 & 0\\ 0.212 & 1.81 & 12.480 & 0\\ 0 & 0 & 0 & 3.143\end{bmatrix}$$

其中元素的单位为 m/rad。代入式(3-37),并进行迭代法求解,其解为

$$\frac{1}{q_{\mathrm{D}}}(\boldsymbol{s}^{e})^{a}=47.22\times10^{-6}[0.782\quad 1\quad 0.730\quad 0]^{\mathrm{T}}$$

由此得出

$$\frac{1}{q_{\mathrm{D}}^{a}}=47.22\times10^{-6},\qquad q_{\mathrm{D}}^{a}=21\ 180\times9.81\ \mathrm{N/m^2},\qquad V_{\mathrm{D}}^{a}=582\ \mathrm{m/s}$$

$$(\boldsymbol{s}^{e})^{a}=[0.782\quad 1\quad 0.730\quad 0]^{\mathrm{T}}$$

$$\boldsymbol{\theta}^{a}=[1\quad 0.811\quad 0.472\quad 0]^{\mathrm{T}}$$

其中元素的单位为 rad。

由上可见,3 种方法所求得的 V_{D} 均为超声速,而求得此值所用的 **A** 矩阵却是在不可压缩情况下得出的。所以,以上结果不能直接应用。但是,以上研究问题的方法仍是有用的,且对于这一机翼,由于 V_{D} 超过声速很多,所以即使考虑压缩性影响后,预计也不会在亚声速范围内出现发散。

其次,在以上 3 种方法求得的发散动压中,片条理论 q_{D} 最小,对称载荷情况次之,反对称时最大。所以,计算扭转发散时,一般不需计算反对称的情况,这个结论适合于通常的平直机翼。这是因为反对称的载荷分布将小于对称分布,气动力偏大,则临界速度就会降低。而片条理论认为各剖面的 $\partial C_L/\partial\alpha$ 为常数,而翼尖扭角本来就大,这样一来使翼尖气动力显然偏大,所以片条理论得出的发散临界动压偏低。

3.3.3　带有掠角的机翼发散的特点

直机翼在迎面气流 V 中,速度沿翼展没有分量,因此机翼的弯曲不引起升力,所以只要考虑机翼扭转即可。在后掠角为 Λ 的机翼上则不然,由于 V 在展向有分量 $V\sin\Lambda$,所以机翼的弯曲(其挠度用 w 表示)也将引起升力,此时的气动弹性问题要同时研究扭转与弯曲。

设飞机在对称面作曲线飞行,速度为 V,过载系数为 N。由于对称性,故只研究一个机翼,如图 3-8 所示。

假定机翼为细长悬臂梁,其刚轴记做 $\bar{y}$,固支于机身,用有效根部表示。由于机翼转过一个后掠角 Λ,对于 $\bar{y}$ 方向的梁,其单位展长翼段(见图 3-8 的 AB)的升力为

$$L(\bar{y})=\frac{1}{2}\rho(V\cos\Lambda)^2\bar{c}\,\frac{\partial\bar{C}_L}{\partial\alpha}\bar{\alpha}=q\bar{c}\,\frac{\partial\bar{C}_L}{\partial\alpha}\bar{\alpha}\cos^2\Lambda$$

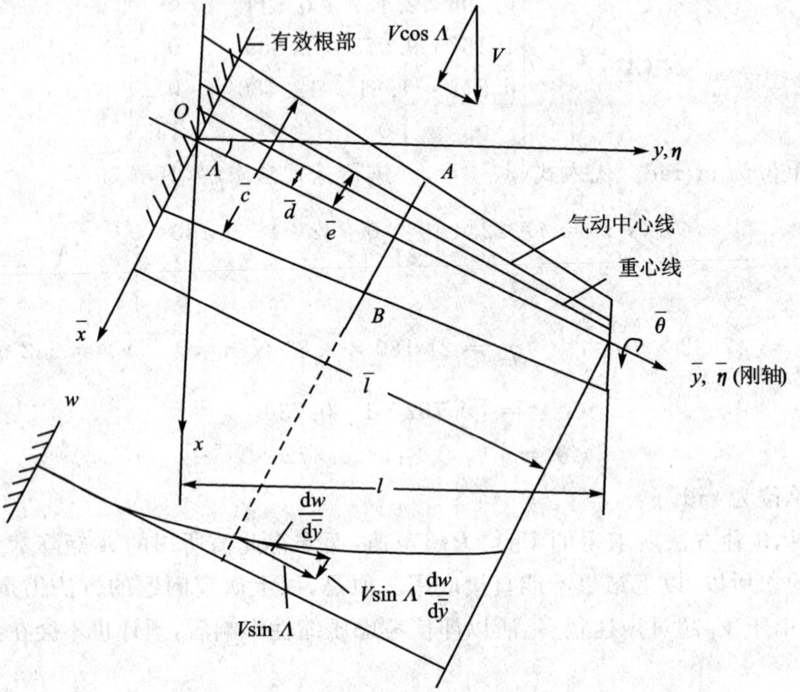

图 3-8　细长后掠机翼

式中　$q=\frac{1}{2}\rho V^2$；

$\bar{\alpha}$——翼段(AB 方向)的有效攻角；

$\frac{\partial \bar{C}_L}{\partial \alpha}$——沿 AB 方向翼型的气动力导数。

当机翼没有弯曲时，有效攻角 $\bar{\alpha}$ 为

$$\bar{\alpha}=\bar{\theta}+\bar{\alpha}^{\mathrm{r}}$$

若有弯曲时，弯曲斜率用 $\mathrm{d}w/\mathrm{d}\bar{y}$ 来表示，如图 3-9 所示，则气流引起下洗分量 $\frac{\mathrm{d}w}{\mathrm{d}\bar{y}}V\sin\Lambda$，于是

$$\bar{\alpha}=\bar{\alpha}^{\mathrm{r}}+\bar{\theta}-\frac{\mathrm{d}w}{\mathrm{d}\bar{y}}V\sin\Lambda/V\cos\Lambda=\bar{\alpha}^{\mathrm{r}}+\bar{\theta}-\frac{\mathrm{d}w}{\mathrm{d}\bar{y}}\tan\Lambda \tag{3-38}$$

得到单位长度上的升力

$$L(\bar{y})=q\bar{c}\frac{\partial \bar{C}_L}{\partial \alpha}\left(\bar{\alpha}^{\mathrm{r}}+\bar{\theta}-\frac{\mathrm{d}w}{\mathrm{d}\bar{y}}\tan\Lambda\right)\cos^2\Lambda \tag{3-39}$$

其作用点在气动中心上。此外，还有绕气动中心的力矩 $q\bar{C}_{m0}\cos^2\Lambda$ 以及重心线上有重力$Ngm(\bar{y})$。

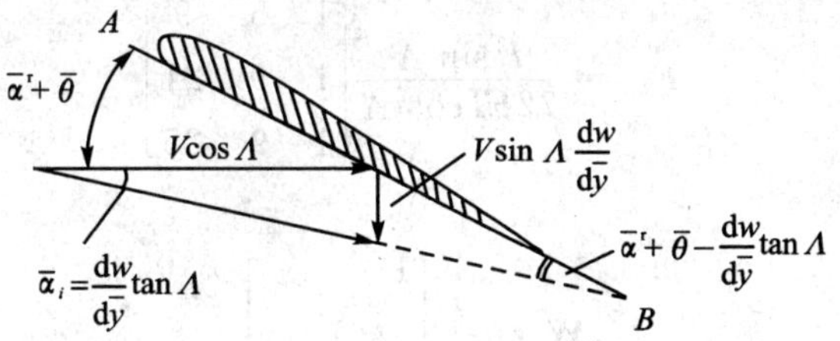

图 3-9　沿 AB 方向的有效攻角

后掠机翼在向上的升力作用下，不仅有扭转，而且有向上的弯曲变形。式(3-39)表明了有效攻角的减小，因此可以认为，弹性变形(包括弯曲)使总的攻角变化量减小$\frac{dw}{d\bar{y}}\tan\Lambda$。这就减小了弹性变形附加的气动力，因此起到稳定的作用。相反，如果是前掠机翼，则向上的升力虽然也产生向上的弯曲，但因为 Λ 为负值，所以会使攻角的变化量增大，从而增大了弹性变形附加的气动力，使不稳定的趋势增大。当后掠角增大到一定程度时，甚至会使机翼弯曲变形的影响抵消了扭角的影响，或者超过了后者的影响。经过这样的分析，可以断定，后掠机翼将比平直机翼具有较高的发散动压；当后掠角大到一定程度时，甚至机翼就不会发生扭转发散。而金属前掠机翼，由于发散动压太低，通常不大采用。目前，为了发挥前掠机翼的气动特性，现代飞行器采用复合材料气动弹性剪裁技术设法提高发散动压，甚至消除发散。q_D随后掠角 Λ 的变化如图 3-10 所示(为典型金属机翼情况)，从图中可以看出后掠角的影响是显著的。

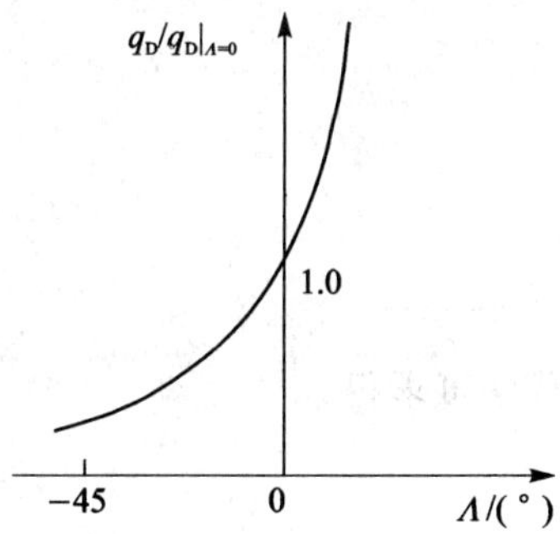

图 3-10　后掠角 Λ 对于 q_D 的影响

例题　一等剖面的均质大展弦比前掠翼，机翼的刚轴、重心线与 1/4 弦线重合(即 $d=e=0$)。机翼前掠角为 Λ，弦长为 b，半展长为 l，气动力用片条理论计算，其剖面的沿机翼刚轴的 $\partial C_L/\partial\alpha=a_0$。机翼沿刚轴的弯曲刚度为 EI(常值)，计算其发散动压 q_D。

解　对于前掠翼，发散基本方程为

$$\boldsymbol{s}^e=q_D\boldsymbol{A}^{-1}\boldsymbol{E}\boldsymbol{s}^e$$

式中，由于 $e=0$，有

$$\boldsymbol{E}=\boldsymbol{F}_{\theta z}\boldsymbol{W}$$

对于片条理论，有

$$\boldsymbol{A}^{-1}=ba_0\cos\Lambda\cdot\boldsymbol{I}$$

为简化起见，将机翼沿展向 3 等分，取每段的中间剖面作为计算站，可以求得

$$\boldsymbol{F}_{\theta z}=\frac{l^2\sin\Lambda}{72EI\cos^2\Lambda}\begin{bmatrix}1&5&9\\1&9&21\\1&9&25\end{bmatrix}$$

取

$$\boldsymbol{W}=\frac{l}{3}\begin{bmatrix}1&&\\&1&\\&&1\end{bmatrix}$$

可得

$$\boldsymbol{A}^{-1}\boldsymbol{E}=\frac{ba_0l^3\sin\Lambda}{216EI\cos\Lambda}\begin{bmatrix}1&5&9\\1&9&21\\1&9&25\end{bmatrix}$$

则发散基本方程可写做

$$\lambda\boldsymbol{s}^{\mathrm{e}}=\begin{bmatrix}1&5&9\\1&9&21\\1&9&25\end{bmatrix}\boldsymbol{s}^{\mathrm{e}}$$

这里

$$\lambda=\frac{216EI\cos\Lambda}{q_{\mathrm{D}}ba_0l^3\sin\Lambda}$$

用迭代法可求得

$$\lambda=33.33$$

$$\boldsymbol{s}^{\mathrm{e}}=[0.414\quad 0.880\quad 1]^{\mathrm{T}}$$

由此可求得

$$q_{\mathrm{D}}=6.481\frac{EI}{ba_0l^3}\frac{\cos\Lambda}{\sin\Lambda}$$

本章参考文献[1]用解析法求得的 q_{D} 为

$$q_{\mathrm{D}}=6.33\frac{EI}{ba_0l^3}\frac{\cos\Lambda}{\sin\Lambda}$$

由以上计算可见,若 l 为常值,则随前掠角 Λ 增加,q_{D} 迅速减小;若 $l/\cos\Lambda$ 为常值,则在 $\Lambda<35^\circ$ 时,随 Λ 增大,q_{D} 逐渐减小。

以上是对一简化模型在 $d=e=0$ 条件下导出的结果,它只是定性地说明在前掠翼上由于弯曲引起的扭角所产生的影响,也说明前掠翼的发散是一种严重问题。

3.3.4 提高发散动压的设计考虑

根据许多试验结果,总结出要提高机翼的发散速度,使其超过最高飞行速度(为安全计,一般使发散速度至少超过最高飞行速度的 15 %以上),通常采用的办法有:

① 加强机翼的扭转刚度。

② 增加机翼的根梢比和减小它的展弦比。

③ 增加机翼的后掠角。

④ 各剖面刚心尽量靠前缘，减小刚心与气动力中心的距离。亚声速时气动力中心位置在25 %弦线附近，超声速在 50 %弦线附近，一般大展弦比机翼刚轴位置在 30 %～40 %的范围内。

⑤ 采用复合材料气动弹性剪裁设计技术，提高发散速度或消除发散。

3.4　机翼载荷重新分布的计算与分析

本节从静气动弹性基本方程的矩阵形式出发，推导载荷重新分布基本方程，并讨论机翼载荷重新分布的计算方法。

3.4.1　载荷重新分布基本方程

当飞机小于发散速度时，由于机翼的弹性变形，机翼上的升力沿展向分布将发生变化，这对于结构强度计算及稳定性计算都有重要影响。这里，仍以大展弦比直机翼为例来导出载荷重新分布的基本方程。

由式(3－10)、式(3－20)、式(3－21)以及静气动弹性基本方程(3－27)可得到下式，即

$$\boldsymbol{A}\boldsymbol{s}^{\mathrm{e}} = q\boldsymbol{E}\boldsymbol{s}^{\mathrm{e}} + \boldsymbol{\theta}^{\mathrm{r}} \tag{3-40}$$

式中

$$\boldsymbol{\theta}^{\mathrm{r}} = q\boldsymbol{E}\boldsymbol{s}^{\mathrm{r}} + q\boldsymbol{F}\boldsymbol{m} + N\boldsymbol{G}\boldsymbol{g} \tag{3-41}$$

式中，应注意各种情况下 $\boldsymbol{E},\boldsymbol{F},\boldsymbol{G}$ 的不同。$\boldsymbol{\theta}^{\mathrm{r}}$ 表示不考虑附加气动力时，作用于刚硬机翼的分布外力和力矩所引起的顺气流扭角(以下简称扭角)向量。它与扭角变形无关，用上标 r 表示。式(3－41)中右端三项分别对应于不考虑附加气动力时气动力中心上的升力、对气动力中心的力矩以及计及过载影响的重力引起的扭角。式(3－40)中右端第一项表示因弹性变形而附加的气动力引起的扭角。

在式(3－41)中，q 由飞行条件确定。此外，$\boldsymbol{m},\boldsymbol{g}$ 及 $\boldsymbol{A},\boldsymbol{E},\boldsymbol{F},\boldsymbol{G}$ 都由机翼的气动特性和结构参数所决定，是给定的。在其余的 $\boldsymbol{s}^{\mathrm{r}},\boldsymbol{s}^{\mathrm{e}}$ 及 N 中，有

$$N = \frac{L}{Mg}$$

式中，Mg 为飞机总重量。它们之间还有一个关系式。在对称情况下，有

$$\frac{1}{2}NMg = q\int_0^l bC_L\,\mathrm{d}y$$

上式未计及尾翼的升力，式中积分域 s 为一个机翼。上式的矩阵形式为

$$N=\frac{2q}{Mg}\boldsymbol{l}^{\mathrm{T}}\boldsymbol{W}\boldsymbol{s}=\frac{2q}{Mg}\boldsymbol{l}^{\mathrm{T}}\boldsymbol{W}(\boldsymbol{s}^{\mathrm{e}}+\boldsymbol{s}^{\mathrm{r}}) \tag{3-42}$$

式中,上标 r 表示与变形无关;$\boldsymbol{l}=[1 \quad \cdots \quad 1]^{\mathrm{T}}$;$\boldsymbol{W}$ 为一展向积分加权矩阵(对角)。

式(3-40)、式(3-41)及式(3-42)组成载荷重新分布的基本方程,由此方程出发就可求得气动弹性对机翼升力展向分布的影响。但以上两式只有 $n+1$ 个方程(n 为 $\boldsymbol{A}$ 方阵的阶数),所以还应补充给定 $\boldsymbol{s}^{\mathrm{r}}$ 或 N 及其他条件。

3.4.2 载荷重新分布的两种计算情况

关于载荷重新分布,一般存在两种情况:一是给定刚性机翼的攻角 $\boldsymbol{\alpha}^{\mathrm{r}}$,亦即固定飞行姿态,确定过载系数 N(这时 N 取决于全部载荷);二是给定过载系数 N,确定载荷分布,即总升力一定,确定机翼的攻角 $\boldsymbol{\alpha}^{\mathrm{r}}$ 和 $\boldsymbol{s}^{\mathrm{e}}$。下面分别讨论这两种情况的计算方法。

1. 给定刚性机翼的攻角分布 $\boldsymbol{\alpha}^{\mathrm{r}}$,确定相应的升力分布及过载系数 N

由式(3-10b),得

$$\boldsymbol{s}^{\mathrm{r}}=(\boldsymbol{A}^{\mathrm{s}})^{-1}\boldsymbol{\alpha}^{\mathrm{r}} \tag{3-43}$$

注意,式中 $\boldsymbol{A}$ 的上标 s 表示对称情况。

将上式及式(3-21)、式(3-41)、式(3-42)代入式(3-40),消去 $\boldsymbol{s}^{\mathrm{e}}$,即得

$$\boldsymbol{s}=\left(\boldsymbol{A}^{\mathrm{s}}-q\boldsymbol{E}-\frac{2q}{Mg}\boldsymbol{G}\boldsymbol{m}\boldsymbol{l}^{\mathrm{T}}\boldsymbol{W}\right)^{-1}(\boldsymbol{\alpha}^{\mathrm{r}}+q\boldsymbol{F}\boldsymbol{m}) \tag{3-44}$$

求得 $\boldsymbol{s}$ 后,即可由式(3-42)求得 N。

当 q 达到某一临界值时,上式中的求逆矩阵的行列式等于零,因此逆矩阵不存在;或者说对于任一微小扰动,$\boldsymbol{s}$ 将趋于无穷大。这个临界值就是该情况下的发散动压。

另一种情况是,若刚性机翼的 C_L^{r} 已由风洞试验模型或高精度的数值计算求出,而只是求弹性引起的修正量 C_L^{e},则可把式(3-42)写成

$$N=N^{\mathrm{r}}+N^{\mathrm{e}}=\frac{2q}{Mg}\boldsymbol{l}^{\mathrm{T}}\boldsymbol{W}(\boldsymbol{s}^{\mathrm{e}}+\boldsymbol{s}^{\mathrm{r}})$$

式中

$$N^{\mathrm{r}}=\frac{2q}{Mg}\boldsymbol{l}^{\mathrm{T}}\boldsymbol{W}\boldsymbol{s}^{\mathrm{r}}$$

$$N^{\mathrm{e}}=\frac{2q}{Mg}\boldsymbol{l}^{\mathrm{T}}\boldsymbol{W}\boldsymbol{s}^{\mathrm{e}}$$

则

$$N=N^{\mathrm{r}}+\frac{2q}{Mg}\boldsymbol{l}^{\mathrm{T}}\boldsymbol{W}\boldsymbol{s}^{\mathrm{e}} \tag{3-45}$$

式中,N^{r} 已求出。把上式代入式(3-41)后,再代入式(3-40),得

$$\boldsymbol{s}^{\mathrm{e}}=\left(\boldsymbol{A}^{\mathrm{s}}-q\boldsymbol{E}-\frac{2q}{Mg}\boldsymbol{G}\boldsymbol{g}\boldsymbol{l}^{\mathrm{T}}\boldsymbol{W}\right)^{-1}(q\boldsymbol{E}\boldsymbol{s}^{\mathrm{r}}+q\boldsymbol{F}\boldsymbol{m}+N^{\mathrm{r}}\boldsymbol{G}\boldsymbol{g}) \tag{3-46}$$

由此可解得 $\boldsymbol{s}^{e}$，按式(3-45)可求得 N。

2. 给定过载系数 N，即总升力一定，确定机翼的攻角 $\boldsymbol{\alpha}^{r}$ 和 $\boldsymbol{s}^{e}$

这时相当于作用于机翼的总载荷是不变的，即不论是刚硬机翼，还是弹性机翼，它们的总升力值一样，亦即由于弹性变形引起的附加气动载荷总和为零，可表示为

$$\int_0^l bC_L^e \mathrm{d}y = 0$$

即

$$\boldsymbol{l}^{\mathrm{T}}\boldsymbol{W}\boldsymbol{s}^{e} = 0 \tag{3-47}$$

假定机翼无气动扭转及几何扭转，即

$$\boldsymbol{\alpha}^{r} = \alpha^{r}\boldsymbol{l}$$

注意到本问题中 $\alpha^{r}=\alpha_0$ 和 $\alpha^{e}(0)$ 都是未知的，所以，利用关系式

$$\boldsymbol{A}^{s}\boldsymbol{s}^{r} = \boldsymbol{\alpha}^{r} = \alpha^{r}\boldsymbol{l}$$

$$2q\boldsymbol{l}^{\mathrm{T}}\boldsymbol{W}\boldsymbol{s}^{r} = NMg$$

可解得 α^{r} 和 $\boldsymbol{s}^{r}$。有了 $\boldsymbol{s}^{r}$，则可求得（见式(3-41)）

$$\boldsymbol{\theta}^{r} = q\boldsymbol{E}\boldsymbol{s}^{r} + q\boldsymbol{F}\boldsymbol{m} + N\boldsymbol{G}\boldsymbol{g}$$

这就是刚硬机翼载荷引起的扭角。利用式(3-40)，并考虑翼根处有弹性变形引起的附加攻角 $\alpha^{e}(0)$，所以有

$$\boldsymbol{A}^{s}\boldsymbol{s}^{e} = q\boldsymbol{E}\boldsymbol{s}^{e} + \boldsymbol{\theta}^{r} + \alpha^{e}(0)\boldsymbol{l} \tag{3-48}$$

式中，$\boldsymbol{s}^{e}$ 与 $\alpha^{e}(0)$ 为未知量，利用式(3-47)和上式，则有

$$\begin{bmatrix} \boldsymbol{A}^{s} - q\boldsymbol{E} & -\boldsymbol{l} \\ \boldsymbol{l}^{\mathrm{T}}\boldsymbol{W} & \boldsymbol{0} \end{bmatrix}\begin{bmatrix} \boldsymbol{s}^{e} \\ \alpha^{e}(0) \end{bmatrix} = \begin{bmatrix} \boldsymbol{\theta}^{r} \\ \boldsymbol{0} \end{bmatrix} \tag{3-49}$$

由此可解得 $\boldsymbol{s}^{e}$ 与 $\alpha^{e}(0)$，从而可求得 $\boldsymbol{s}$。

例题　试求图 3-11 所示机翼的弹性变形对载荷分布的影响。飞机以 480 km/h 的速度作对称机动飞行，过载系数 $N=3.5$。

已知：飞机总重为 $W(W=Mg)=40\ 200$ N，飞行高度在 5 000 m 时，$q=7\times10^{3}\ \mathrm{N/m^2}$，升力线斜率为 $\partial C_L/\partial\alpha=5.5\ \mathrm{rad}^{-1}$，剖面零升力矩系数为 $m_{\mathrm{AC}}=-0.012$，半翼展长为 $l=10.2$ m。

按图 3-11 分为 5 站（半翼展），结构分布数据列于表 3-1。

表 3-1　结构分布数据表

站　号	$\theta_i/(°)$	y_i/m	c_i/m	e_i/m	d_i/m	$(mg)_i$/N
1	18	9.701	2.125	0.39	0.54	280
2	36	8.252	2.487	0.455	0.62	1 220
3	54	5.996	3.051	0.545	0.74	1 740
4	72	3.152	3.787	0.680	1.28	4 360
5	90	0	4.550	0.818	0	12 500

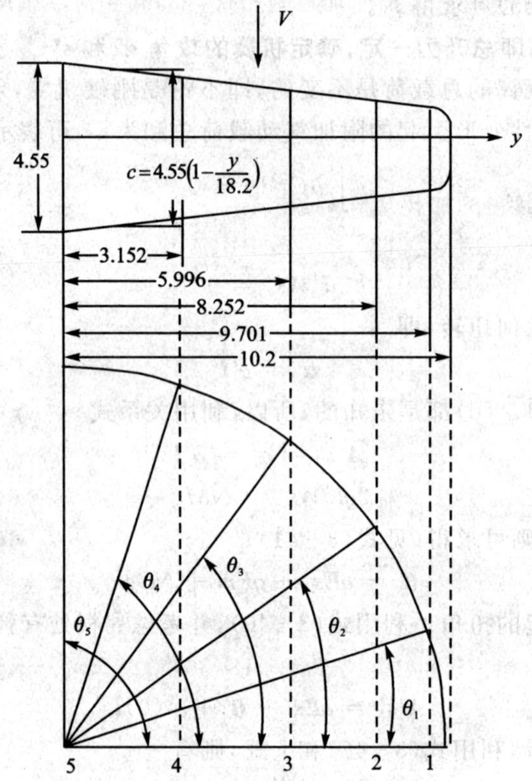

图 3-11 机翼尺寸及分站(长度单位:m)

$$
\boldsymbol{F}_{\theta\theta}=\begin{bmatrix} 4.35 & 2.42 & 1.28 & 0.74 & 0 \\ 2.42 & 2.42 & 1.28 & 0.74 & 0 \\ 1.28 & 1.28 & 1.28 & 0.74 & 0 \\ 0.74 & 0.74 & 0.74 & 0.74 & 0 \\ 0 & 0 & 0 & 0 & 0 \end{bmatrix}\times 10^{-7}
$$

其中元素的单位为 rad/(N·m)。

$$
\boldsymbol{A}^{a}=0.025\begin{bmatrix} 11.147 & -2.924 & 0 & -0.291 & 0 \\ -1.524 & 6.772 & -1.695 & 0 & -0.306 \\ 0 & -1.231 & 5.218 & 1.342 & 0 \\ -0.094 & 0 & -1.142 & 4.356 & -2.094 \\ 0 & -0.179 & 0 & -1.992 & 3.928 \end{bmatrix}
$$

其中元素的单位为 rad/m。

解　由积分的数值方法确定各剖面加权数组成的对角矩阵。通常在计算静气动弹性问题时，为了提高精度，宜采用摩尔索夫(Multhopp)方法。一般地，只要对半个翼展进行计算，当整个翼展上共取 m 个剖面(m 为奇数)时，半翼展上只有剖面数为

$$n=\frac{m+1}{2}$$

对于 Multhopp 积分方法，它的加权矩阵(对角阵)为

$$\boldsymbol{W}=\frac{\pi l}{m+1}\begin{bmatrix}\sin\frac{\pi}{m+1} & & & \\ & \sin\frac{2\pi}{m+1} & & \\ & & \ddots & \\ & & & \frac{1}{2}\sin\frac{\pi}{2}\end{bmatrix}$$

本题相当于全翼展取剖面数 $m=9$，则

$$\boldsymbol{W}=\frac{\pi l}{10}\cdot\mathrm{diag}\left(\sin 18^\circ\quad \sin 36^\circ\quad \sin 54^\circ\quad \sin 72^\circ\quad \frac{1}{2}\right)=$$

$$\mathrm{diag}\,(0.990\quad 1.884\quad 2.592\quad 3.048\quad 1.602)$$

$$(\boldsymbol{A}^{\mathrm{s}})^{-1}\boldsymbol{l}=[7.840\quad 13.296\quad 18.367\quad 25.702\quad 24.030]^{\mathrm{T}}$$

其中元素的单位为 m/rad。

$$\alpha^{\mathrm{r}}=\frac{NMg}{2q}\,\frac{1}{\boldsymbol{l}^{\mathrm{T}}\boldsymbol{W}(\boldsymbol{A}^{\mathrm{s}})^{-1}\boldsymbol{l}}=0.051$$

其中元素的单位为 rad。于是刚硬机翼升力分布为

$$\boldsymbol{s}^{\mathrm{e}}=\alpha^{\mathrm{r}}(\boldsymbol{A}^{\mathrm{s}})^{-1}\boldsymbol{l}=[0.398\quad 0.674\quad 0.931\quad 1.303\quad 1.218]^{\mathrm{T}}$$

其中元素的单位为 m。

$$\boldsymbol{\theta}^{\mathrm{r}}=q\boldsymbol{E}\boldsymbol{s}^{\mathrm{r}}+q\boldsymbol{F}\boldsymbol{m}+N\boldsymbol{G}\boldsymbol{g}=[0.029\quad 0.025\quad 0.020\quad 0.011\quad 0]^{\mathrm{T}}$$

其中元素的单位为 rad。最后将以上结果代入式(3-49)，得到下列修正弹性影响的升力分布为

$$\begin{bmatrix}0.272 & -0.074 & -0.013 & -0.008 & 0 & -1\\ -0.038 & 0.164 & -0.043 & -0.001 & -0.008 & -1\\ -0.000 & -0.031 & 0.127 & -0.034 & 0 & -1\\ -0.003 & -0.000 & 0.029 & 0.106 & -0.051 & -1\\ 0 & -0.004 & 0 & -0.049 & 0.096 & -1\\ 0.990 & 1.884 & 2.592 & 3.047 & 1.602 & 0\end{bmatrix}\begin{bmatrix}s_1^{\mathrm{e}}\\ s_2^{\mathrm{e}}\\ s_3^{\mathrm{e}}\\ s_4^{\mathrm{e}}\\ s_5^{\mathrm{e}}\\ \alpha^{\mathrm{e}}(0)\end{bmatrix}=\begin{bmatrix}0.029\\ 0.025\\ 0.020\\ 0.011\\ 0\\ 0\end{bmatrix}$$

由此解得

$$[(\boldsymbol{s}^{e})^{T} \mid \alpha^{e}(0)] = [0.009\,28 \quad 0.010\,86 \quad 0.009\,65 \quad -0.007\,26 \quad -0.015\,94 \quad \mid \quad -0.001\,23]$$

其中元素的单位为 m/rad。此列阵的前 5 个元素组成 $\boldsymbol{s}^{e}$，又可得总的载荷分布为

$$q\boldsymbol{s} = q\boldsymbol{s}^{r} + q\boldsymbol{s}^{e} = \begin{bmatrix} 2\,782 \\ 4\,718 \\ 6\,938 \\ 9\,122 \\ 8\,528 \end{bmatrix} + \begin{bmatrix} 95 \\ 76 \\ 67 \\ -51 \\ -112 \end{bmatrix} = \begin{bmatrix} 2\,847 \\ 4\,794 \\ 7\,005 \\ 9\,071 \\ 8\,416 \end{bmatrix}$$

其中元素的单位为 N/m。

图 3-12 画出了这一结果。由计算结果表明，此例讨论的机翼，其弹性对载荷分布的影响约占百分之几。攻角 $\alpha^{e}(0)$ 为负值表示：为保持 N 不变，则弹性机翼的根部攻角必须略小于刚性机翼的攻角 α^{r}。

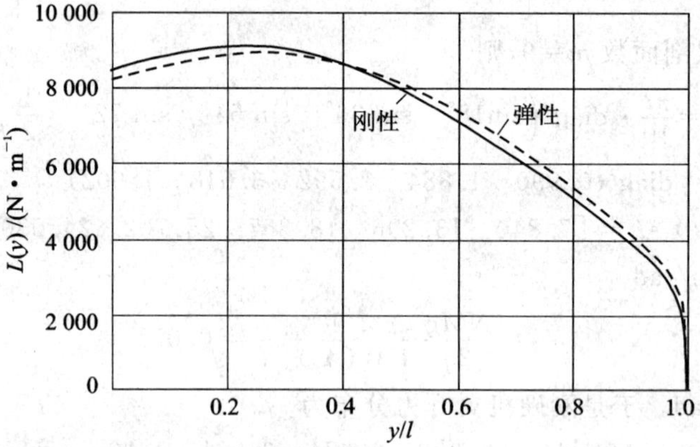

图 3-12　弹性机翼升力的重新分布

3.5　副翼操纵效率与反效

3.5.1　操纵反效基本方程

对于平直机翼和后掠机翼，副翼偏转引起的气动力一般都作用在刚轴的后面。它使机翼产生低头方向的扭转，使迎角减小。这样，偏转副翼所引起的升力增量及其对飞机的滚转力矩都减小了。当飞行速度达到特定值时，偏转副翼所引起的滚转力矩为零，即副翼操纵失效。这时的飞行速度及速压分别被称为副翼反效速度及反效速压。对于前掠翼，虽然偏转副翼引起的气动力作用在当地剖面的刚心后面，但相对于根部剖面而言，可能会产生相反的效果。所以，前掠翼的副翼反效可能不像其他气动弹性问题那样严重。

为确定副翼反效速度，本节仍以大展弦比直机翼为例说明。与前述一样，它也是从静气动弹性问题的基本方程出发，但这时

$$C_L^{\mathrm{r}} = \frac{\partial C_L^{\mathrm{r}}}{\partial \beta}\beta$$

$$m_{\mathrm{AC}} = \frac{\partial m_{\mathrm{AC}}}{\partial \beta}\beta$$

式中，β 为副翼偏角（下偏为正）；$\partial C_L^{\mathrm{r}}/\partial\beta$ 表示副翼作单位偏转时，刚体机翼上各剖面的升力系数的增量；$\partial m_{\mathrm{AC}}/\partial\beta$ 表示副翼作单位偏转时各剖面空气动力中心的俯仰力矩（抬头为正）系数的增量。

其次，偏转副翼引起的升力是反对称的，所以机翼的升力总的变化为零，即

$$N = 0$$

将上述各关系式代入式(3-25)，得

$$\boldsymbol{\theta} = q\boldsymbol{E}\boldsymbol{s}^{\mathrm{e}} + q\boldsymbol{E}\boldsymbol{u}\beta + q\boldsymbol{F}\boldsymbol{v}\beta \tag{3-50}$$

式中，$\boldsymbol{u} = \left[\frac{\partial C_L^{\mathrm{r}}}{\partial\beta}b_1 \quad \cdots \quad \frac{\partial C_L^{\mathrm{r}}}{\partial\beta}b_n\right]^{\mathrm{T}}$，$\boldsymbol{v} = \left[\frac{\partial m_{\mathrm{AC1}}}{\partial\beta} \quad \cdots \quad \frac{\partial m_{\mathrm{AC2}}}{\partial\beta}\right]^{\mathrm{T}}$。

注意到此时载荷的反对称分布，又有

$$\boldsymbol{\theta} = \boldsymbol{A}^{\mathrm{a}}\boldsymbol{s}^{\mathrm{e}} \tag{3-51}$$

在反效临界状态，副翼偏转所引起的升力产生的绕飞机纵轴的滚转力矩为零，则有

$$2q_{\mathrm{R}}\int_0^l \left(bC_L^{\mathrm{e}} + b\,\frac{\partial C_L^{\mathrm{r}}}{\partial\beta}\beta\right)y\,\mathrm{d}y = 0$$

其矩阵表达式为

$$q_{\mathrm{R}}\boldsymbol{l}^{\mathrm{T}}\boldsymbol{Y}\boldsymbol{W}(\boldsymbol{s}^{\mathrm{e}} + \beta\boldsymbol{u}) = 0 \tag{3-52}$$

式中，$\boldsymbol{Y} = \mathrm{diag}\,(y_1 \quad \cdots \quad y_n)$，$y_i$ 为各网格的气动力作用点的 y 坐标；$\boldsymbol{W}$ 为展向积分加权矩阵。若记

$$\boldsymbol{h}^{\mathrm{T}} = \boldsymbol{l}^{\mathrm{T}}\boldsymbol{Y}\boldsymbol{W} \tag{3-53}$$

则得

$$q_{\mathrm{R}}\boldsymbol{h}^{\mathrm{T}}(\boldsymbol{s}^{\mathrm{e}} + \beta\boldsymbol{u}) = 0 \tag{3-54}$$

上式可写做

$$\beta = -\frac{\boldsymbol{h}^{\mathrm{T}}\boldsymbol{s}^{\mathrm{e}}}{Sl\,\dfrac{\partial m_x^{\mathrm{r}}}{\partial\beta}} \tag{3-55}$$

式中

$$\frac{\partial m_x^{\mathrm{r}}}{\partial\beta} = \frac{1}{Sl}\boldsymbol{h}^{\mathrm{T}}\boldsymbol{u}$$

$\frac{\partial m_x^{\mathrm{r}}}{\partial\beta}$表示在刚体机翼上，副翼作单位偏转时引起的滚转力矩系数；S 为机翼参考面积；l 为半展

长。有时,可用 $\boldsymbol{c}=\left[\frac{\partial \alpha_1^{\mathrm{r}}}{\partial \beta} \quad \cdots \quad \frac{\partial \alpha_n^{\mathrm{r}}}{\partial \beta}\right]^{\mathrm{T}}$ 表示副翼作单位偏转所引起的各剖面的迎角的变化,于是

$$\boldsymbol{u}=(\boldsymbol{A}^{\mathrm{a}})^{-1}\boldsymbol{c} \tag{3-56}$$

将式(3-51)、式(3-55)、式(3-56)代入式(3-50),得到操纵反效的基本方程为

$$\boldsymbol{s}^{\mathrm{e}}=q_{\mathrm{R}}(\boldsymbol{A}^{\mathrm{a}})^{-1}\boldsymbol{E}\left\{\boldsymbol{I}-\frac{1}{Sl\,\dfrac{\partial m_x^{\mathrm{r}}}{\partial \beta}}\left[(\boldsymbol{A}^{\mathrm{a}})^{-1}\boldsymbol{c}+\boldsymbol{E}^{-1}\boldsymbol{F}\boldsymbol{v}\right]\boldsymbol{h}^{\mathrm{T}}\right\}\boldsymbol{s}^{\mathrm{e}} \tag{3-57}$$

上式也是一个特征值问题,可用矩阵迭代法求得反效动压及相应的气动力分布。

3.5.2 操纵效率计算方法

仍以副翼效率为例,说明气动弹性对操纵效率的影响及计算方法。

当飞行速度小于副翼反效速度时,偏转副翼将引起滚转力矩,使飞机绕纵向体轴旋转。旋转运动引起阻尼力矩。飞机在滚转力矩作用下,旋转速度增大。这时,阻尼力矩也相应增加,使飞机旋转加速度减缓。当旋转速度增大到一定程度时,偏转副翼所引起的滚转力矩与旋转运动引起的阻尼力矩相等,机翼达到一个稳定的滚转速度。通常就把这个稳定的滚转角速度 p(或其量纲为1的量)与副翼偏角 β 的比值作为副翼操纵效率的度量。

当飞机以滚转角速度 p 绕纵向体轴 x 轴旋转时,在展向 y 处的剖面的速度为 py。它使机翼局部迎角发生变化。若利用准定常空气动力理论,它引起 y 处剖面局部攻角的改变为

$$\Delta\alpha=-\frac{py}{V}$$

式中,V 为飞行速度。通常引入滚转速度的量纲为1的量 $\bar{p}$,则

$$\bar{p}=\frac{pl}{V}$$

滚转运动引起的各剖面的升力系数与局部弦长的乘积为

$$-(\boldsymbol{A}^{\mathrm{a}})^{-1}\left[\frac{py_1}{V} \quad \cdots \quad \frac{py_n}{V}\right]^{\mathrm{T}}=-(\boldsymbol{A}^{\mathrm{a}})^{-1}\boldsymbol{y}\bar{p}$$

式中,$\boldsymbol{y}=[y_1/l \quad \cdots \quad y_n/l]^{\mathrm{T}}$。记 $\boldsymbol{p}=\left[\frac{\partial C_L^{\mathrm{r}}}{\partial \bar{p}}b_1 \quad \cdots \quad \frac{\partial C_L^{\mathrm{r}}}{\partial \bar{p}}b_n\right]^{\mathrm{T}}$,则有

$$\boldsymbol{p}=-(\boldsymbol{A}^{\mathrm{a}})^{-1}\boldsymbol{y}$$

此外

$$\boldsymbol{s}=\boldsymbol{s}^{\mathrm{e}}+\beta\boldsymbol{u}+\bar{p}\boldsymbol{p}$$

将上述关系式代入式(3-25),且注意到这时 $N=0$,故得

$$\boldsymbol{\theta}=q\boldsymbol{E}\boldsymbol{s}^{\mathrm{e}}+q\boldsymbol{E}\boldsymbol{u}\beta+q\boldsymbol{E}\boldsymbol{p}\bar{p}+q\boldsymbol{F}\boldsymbol{v}\beta \tag{3-58}$$

注意到此时载荷的反对称分布，又有

$$\boldsymbol{\theta} = \boldsymbol{A}^{a}\boldsymbol{s}^{e} \tag{3-59}$$

当飞机以稳定角速度旋转时，气动力对 x 轴的力矩和为零，即

$$q\int_{0}^{l}\left(bC_{L}^{e} + b\frac{\partial C_{L}^{r}}{\partial \beta}\beta + b\frac{\partial C_{L}^{r}}{\partial \bar{p}}\bar{p}\right)y\,\mathrm{d}y = 0$$

利用式(3-53)中 $\boldsymbol{h}$ 的表达式，其矩阵形式为

$$q\boldsymbol{h}^{\mathrm{T}}(\boldsymbol{s}^{e} + \boldsymbol{u}\beta + \boldsymbol{p}\bar{p}) = \boldsymbol{0} \tag{3-60}$$

将式(3-59)代入到式(3-58)，得

$$(\boldsymbol{A}^{a} - q\boldsymbol{E})\boldsymbol{s}^{e} = q\boldsymbol{E}(\boldsymbol{u}\beta + \boldsymbol{p}\bar{p}) + q\boldsymbol{F}\boldsymbol{v}\beta \tag{3-61}$$

消去式(3-60)和式(3-61)中的 $\boldsymbol{s}^{e}$，得

$$\boldsymbol{h}^{\mathrm{T}}(\boldsymbol{u}\beta + \boldsymbol{p}\bar{p}) + q\boldsymbol{h}^{\mathrm{T}}(\boldsymbol{A}^{a} - q\boldsymbol{E})^{-1}\boldsymbol{E}(\boldsymbol{u}\beta + \boldsymbol{p}\bar{p}) + q\boldsymbol{h}^{\mathrm{T}}(\boldsymbol{A}^{a} - q\boldsymbol{E})^{-1}\boldsymbol{F}\boldsymbol{v}\beta = \boldsymbol{0} \tag{3-62}$$

因

$$\boldsymbol{I} + q(\boldsymbol{A}^{a} - q\boldsymbol{E})^{-1}\boldsymbol{E} = (\boldsymbol{A}^{a} - q\boldsymbol{E})^{-1}\boldsymbol{A}^{a}$$

故将式(3-62)整理后可得

$$\frac{\bar{p}}{\beta} = -\frac{\boldsymbol{h}^{\mathrm{T}}(\boldsymbol{A}^{a} - q\boldsymbol{E})^{-1}(\boldsymbol{A}^{a}\boldsymbol{u} + q\boldsymbol{F}\boldsymbol{v})}{\boldsymbol{h}^{\mathrm{T}}(\boldsymbol{A}^{a} - q\boldsymbol{E})^{-1}\boldsymbol{A}^{a}\boldsymbol{p}} \tag{3-63}$$

上式也可写做

$$\frac{\bar{p}}{\beta} = \frac{\boldsymbol{h}^{\mathrm{T}}(\boldsymbol{A}^{a} - q\boldsymbol{E})^{-1}(\boldsymbol{A}^{a}\boldsymbol{u} + q\boldsymbol{F}\boldsymbol{v})}{\boldsymbol{h}^{\mathrm{T}}(\boldsymbol{A}^{a} - q\boldsymbol{E})^{-1}\boldsymbol{y}} \tag{3-64}$$

式(3-63)和式(3-64)即为考虑气动弹性影响后的副翼操纵效率计算公式。

通常，当 $q < q_{R}$ 时，可以得出操纵效率 $\bar{p}/\beta$ 与动压 q 的关系。q 增大，则 $\bar{p}/\beta$ 降低。

3.5.3　提高操纵效率的设计考虑

在设计飞行器时，为了保证飞行安全和操作灵活，对副翼反效提出如下要求：

① 反效速度至少须高出俯冲速度 15 %；

② 在飞机俯冲时，要保证滚转速度等于最大滚转速度的 1/2。

提高操纵效率，一般采用以下几种措施：

① 采用可动翼段(即将整个翼段变成副翼)；

② 利用绕流片增加滚动力矩；

③ 增加副翼弦长与机翼展长；

④ 增加副翼沿机翼的展长；

⑤ 提高机翼的扭转刚度。

机翼的后掠角越大，则操纵效率越差，副翼反效速度越小；而发散临界速度刚好相反，即后掠角越大，发散速度也越大。现代高速飞行器的后掠角一般都是很大的，因此操纵效率可能成

为设计的一个临界问题。

思考题

3.1 简述“升力线理论”的要点。

3.2 说明气动力影响系数矩阵 $\boldsymbol{A}$ 的求解过程。

3.3 大展弦比直机翼和后掠机翼在处理气动弹性静力问题上有什么差异?

3.4 讨论式(3-32)对不同情况下矩阵 $\boldsymbol{E}$,$\boldsymbol{F}$ 和 $\boldsymbol{G}$ 的表达式。

3.5 分析前、后掠机翼扭转发散的特点。

3.6 在飞机设计中,如何考虑提高发散动压的问题?

3.7 通过3.3节和3.4节的例题,比较扭转发散和载荷重新分布在处理方法上的不同。

3.8 通过例题总结一下载荷重新分布的计算方法。

3.9 为什么机翼后掠角越大越容易反效?

3.10 比较前、后掠翼在发散、操纵效率、载荷重新分布以及飞机纵向静稳定性方面的特点和区别。

参考文献

[1] Bisplinghoff R L, Ashley H, Halfman R L. Aeroelasticity. Addison-Wesley Publishing Company, Inc., 1955.

[2] 伏欣 H W. 气动弹性力学原理. 沈克扬,译. 上海:上海科学技术文献出版社,1982.

[3] 叶逢培. 气动弹性学基础. 北京航空学院503教研室,1982.

[4] 诸德超,陈桂彬,邹丛青. 气动弹性力学. 航空工业部教材编审室,1986.

[5] 卢叔全. 气动弹性讲义. 南京航空学院,1991.

第4章　非定常气动力计算方法

非定常气动力计算是动气动弹性计算中的重要组成部分，特别是对于颤振分析。本章只介绍与颤振计算相关的谐振荡形式的非定常气动力概念、特点和基本计算方法。为了准确确定机翼的颤振临界速度，必须研究振动机翼所受的非定常气动力。由于精确计算非定常气动力的复杂性，因此对非定常气动力进行不同情况的简化假设，又形成了一些工程实用的准定常理论。本章将在4.1节和4.2节中分别讨论准定常气动力和非定常气动力。在准定常气动力中除了介绍经典的格罗斯曼理论以外，还把细长体理论气动导数法以及活塞理论等常用的工程算法也一并作介绍。在非定常气动力中除介绍西奥道生理论外，还分别概要地介绍亚声速和超声速偶极子格网法；在以后的章节讨论中，将直接引用这些结果。

4.1　准定常气动力

4.1.1　格罗斯曼理论

在定常气动力理论中，曾假设机翼可以用一连续分布的旋涡来代替，如图4-1所示。当薄翼作振动时，升力和旋涡强度都随时间变化；但在非粘性流中包围所有奇点周界内的总环量必须保持为零。因此，旋涡必然会从薄翼后缘脱落下来，并被气流沿流线带向下游，如图4-2所示。因此，在研究振动机翼的气动力时，必须考虑这些尾涡的影响，即考虑它们对机翼上各点的诱导速度。为了简化计算，引入准定常假设，即认为从后缘脱落的自由涡的影响可以不计，而附着涡在薄翼上的分布应使气流恰能在该瞬间无分离地流过机翼表面，且满足库塔条件。这种理论在前苏联用来计算振动的二元薄翼的空气动力。这是一种准定常理论，称做格罗斯曼理论。

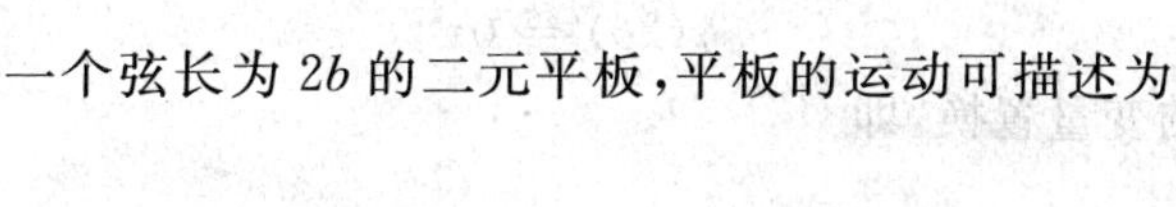

图4-1　在定常气动力中用连续分布的旋涡代替薄翼

由于线化假设，颤振只和振动引起的附加气动力有关。所以，只需研究振动的二元平板上所受的气动力即可。

图4-3所示的是一个弦长为$2b$的二元平板，平板的运动可描述为刚心E点的平移h(向

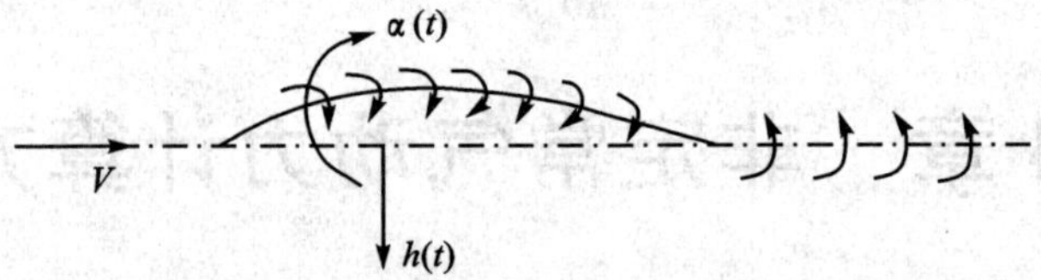

图 4-2 薄翼作振动时旋涡的流动示意

下为正)及绕 E 点的转角 α(抬头为正)。E 点距翼弦的中点为 ab,a 是一个量纲为 1 的系数,当 E 点位于中点后时为正。

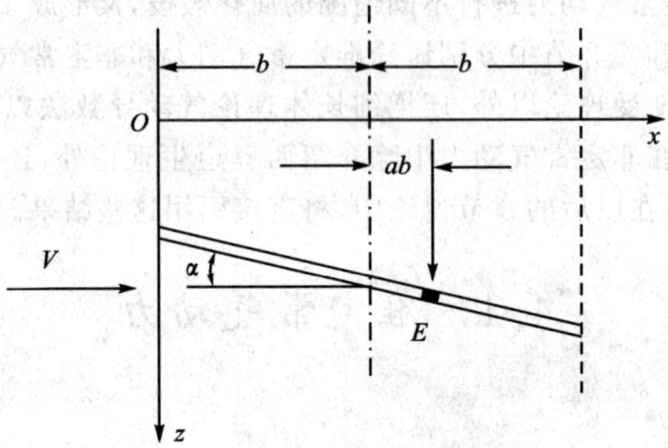

图 4-3 二元平板气动力计算图例

同样,用一系列旋涡代替平板,其强度为 $\gamma(x)$,以逆时针旋向为正,则按照儒可夫斯基定理,作用在单位展长上的气动力(向下为正)为

$$L=\int_0^{2b}\rho V\gamma(x)\,\mathrm{d}x=\rho V\int_0^{2b}\gamma(x)\,\mathrm{d}x \tag{4-1}$$

式中 V——来流速度;

ρ——空气密度。

旋涡对平板上距前缘为 x 点的诱导速度(向下为正)为

$$w(x)=\int_0^{2b}\frac{\gamma(\xi)\,\mathrm{d}\xi}{2\pi(\xi-x)} \tag{4-2}$$

该式本来只适用于定常情况;但在准定常假设下,该式对于同一瞬间的 $\gamma(\xi,t)$ 和 $w(x,t)$ 仍是成立的。该诱导速度 w 应恰能满足该瞬间的边界条件,即

$$\frac{w(x,t)}{V}=\frac{\partial z(x,t)}{\partial x}+\frac{1}{V}\frac{\partial z(x,t)}{\partial t} \tag{4-3}$$

此外,还应满足库塔条件,即

$$\gamma(2b)=0 \tag{4-4}$$

对式(4-2)进行以下的变量置换,即

$$x = b(1 - \cos\theta) \tag{4-5}$$

$$\xi = b(1 - \cos\phi) \tag{4-6}$$

并设旋涡分布为

$$\gamma(\xi) = 2V\left(A_0 \cot\frac{\phi}{2} + \sum_{n=1}^{\infty} A_n \sin n\phi\right) \tag{4-7}$$

它已满足式(4-4)所表示的库塔条件。现将式(4-5)、式(4-6)、式(4-7)代入式(4-2),得

$$w = -\frac{V}{\pi}\int_0^{\pi} \frac{A_0\cot\frac{\phi}{2} + \sum_{n=1}^{\infty} A_n \sin n\phi}{\cos\phi - \cos\theta}\sin\phi \mathrm{d}\phi \tag{4-8}$$

根据葛劳渥公式

$$\int_0^{\pi} \frac{\cos n\phi \mathrm{d}\phi}{\cos\phi - \cos\theta} = \pi\frac{\sin n\theta}{\sin\theta} \tag{4-9}$$

则式(4-8)可写成

$$w = V\left(-A_0 + \sum_{n=1}^{\infty} A_n \cos n\theta\right) \tag{4-10}$$

将式(4-10)代入式(4-3),并经积分得

$$A_0 = \frac{-1}{\pi}\int_0^{\pi}\left(\frac{\partial z}{\partial x} + \frac{1}{V}\frac{\partial z}{\partial t}\right)\mathrm{d}\theta \tag{4-11}$$

$$A_n = \frac{2}{\pi}\int_0^{\pi}\left(\frac{\partial z}{\partial x} + \frac{1}{V}\frac{\partial z}{\partial t}\right)\cos n\theta \mathrm{d}\theta \tag{4-12}$$

再将式(4-7)代入式(4-1),得

$$L = 2\pi\rho V^2 b\left(A_0 + \frac{1}{2}A_1\right) \tag{4-13}$$

并可导出气动力对前缘的力矩(抬头为正)

$$M_{\mathrm{LE}} = \rho V\int_0^{2b} x\gamma(x)\mathrm{d}x = L\frac{b}{2} + \frac{1}{2}\pi\rho V^2 b^2(A_1 - A_2) \tag{4-14}$$

定义

$$C_L = \frac{L}{\frac{1}{2}\rho V^2(2b)} \tag{4-15}$$

$$C_{M_{\mathrm{LE}}} = \frac{M_{\mathrm{LE}}}{\frac{1}{2}\rho V^2(2b)^2} \tag{4-16}$$

则得

$$C_L = 2\pi\left(A_0 + \frac{1}{2}A_1\right) \tag{4-17}$$

$$C_{M_{LE}} = \frac{1}{4}C_L + \frac{\pi}{4}(A_1 - A_2) \tag{4-18}$$

平板作振动时,如图 4-3 所示,则有

$$z(x,t) = h(x,t) + [x - (1+a)b]\alpha(x,t) \tag{4-19}$$

将式(4-19)代入式(4-11)和式(4-12),得

$$A_0 = -\alpha - \frac{1}{V}(\dot{h} - ab\dot{\alpha}) \tag{4-20}$$

$$A_1 = -\frac{b\dot{\alpha}}{V} \tag{4-21}$$

$$A_2 = 0 \tag{4-22}$$

将以上三式代入式(4-13)和式(4-14),得

$$L = -2\pi\rho V^2 b\left[\alpha + \frac{\dot{h}}{V} + \left(\frac{1}{2} - a\right)b\frac{\dot{\alpha}}{V}\right] \tag{4-23}$$

$$M_{LE} = \frac{b}{2}L - \frac{1}{2}\pi\rho V b^3\dot{\alpha} \tag{4-24}$$

且有

$$C_L = -2\pi\left[\alpha + \frac{\dot{h}}{V} + \left(\frac{1}{2} - a\right)b\frac{\dot{\alpha}}{V}\right] \tag{4-25}$$

$$C_{M_{LE}} = \frac{1}{4}C_L - \frac{b}{4}\frac{\pi}{V}\dot{\alpha} \tag{4-26}$$

注意,在不可压流中二元平板的理论升力线斜率为 2π,通常记做 a_0,则式(4-23)及式(4-25)可写为

$$L = -\rho V^2 a_0 b\left[\alpha + \frac{\dot{h}}{V} + \left(\frac{1}{2} - a\right)b\frac{\dot{\alpha}}{V}\right]$$

$$C_L = -a_0\left[\alpha + \frac{\dot{h}}{V} + \left(\frac{1}{2} - a\right)b\frac{\dot{\alpha}}{V}\right]$$

在实际应用时,可以采用风洞实验所得到的翼型的升力线斜率代替以上两式中的 a_0。此外,式(4-26)中第一项的 1/4 表示气动焦点在 1/4 弦长处。实际应用时也可以用风洞实验数据的焦点位置来作相应的修正。

若转化成气动力对刚心点 E 的力矩,则有

$$M_E = 4\pi\rho V^2 b^2\left(\frac{1+a}{2} - \frac{1}{4}\right)\left[\alpha + \frac{\dot{h}}{V} + \left(\frac{1}{2} - a\right)b\frac{\dot{\alpha}}{V}\right] - \frac{1}{2}\pi\rho V b^3\dot{\alpha} \tag{4-27a}$$

或

$$M_E = 2\rho V^2 a_0 b^2\left(\frac{1+a}{2} - \frac{1}{4}\right)\left[\alpha + \frac{\dot{h}}{V} + \left(\frac{1}{2} - a\right)b\frac{\dot{\alpha}}{V}\right] - \frac{1}{2}\pi\rho V b^3\dot{\alpha} \tag{4-27b}$$

$$C_{M_E} = \left(\frac{1}{4} - \frac{1+a}{2}\right)C_L - \frac{b}{4}\frac{\pi}{V}\dot{\alpha} \tag{4-28}$$

在式(4-23)及式(4-25)中，$\alpha+\frac{\dot{h}}{V}+\left(\frac{1}{2}-a\right)b\,\frac{\dot{\alpha}}{V}$正是机翼 3/4 弦长处的$\frac{\partial z}{\partial x}+\frac{\partial z}{V\partial t}$值，即该点处的翼面下洗值(亦即在 3/4 弦长处诱导速度和速度之比)。这说明按准定常理论计算总升力时，可把旋涡看成是集中作用在 1/4 弦长处，而计算 3/4 弦长处的诱导速度，并使其在该点满足与翼面相切的边界条件，以求得总的旋涡强度。在总力矩式(4-24)及式(4-27)中的最后一项$-\pi\rho Vb^3\dot{\alpha}/2$，是角速度引起的阻尼力矩。

4.1.2　细长体理论

细长体理论是一种适应于细长体的气动力工程分析方法。对于飞机机身、导弹弹体、外挂油箱和火箭等，当长细比较大时(一般大于 10 左右)，称为细长体。在颤振和气动伺服弹性分析中，这种细长体的非定常气动力可采用一维弹性谐振荡细长体理论进行分析计算。

如图 4-4 所示轴对称细长体，通常的分析方法是虚拟动量法。单位长度在法向上所受的气动力表示为

$$\Delta p=-\frac{\mathrm{d}}{\mathrm{d}t}(mv) \tag{4-29}$$

式中　m——单位长度上和物体相同体积的气体质量；

v——气体在该方向的扰动速度，细长体可不考虑横剖面之间的互相影响。

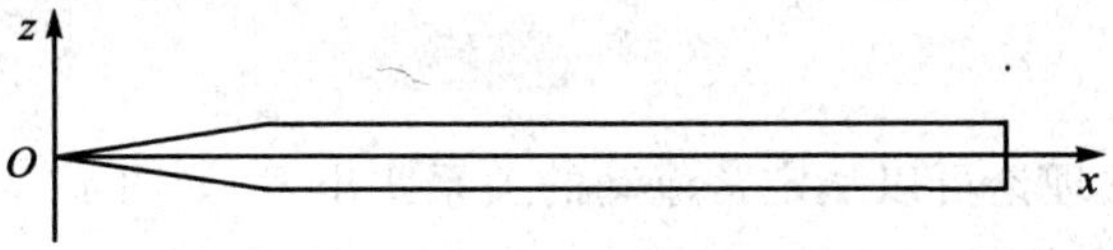

图 4-4　细长体纵向位移 w 及坐标系示意图

而又因为有

$$\frac{\mathrm{d}}{\mathrm{d}t}=\frac{\partial}{\partial t}+V\frac{\partial}{\partial x}$$

$$m=\rho s(x)\cdot 1$$

$$v=\frac{\partial z}{\partial t}+V\frac{\partial z}{\partial x}$$

式中　ρ——当地的大气密度；

$s(x)$——细长体纵向对称轴横截面面积；

z——细长体某处的振动位移；

V——飞行速度。

将以上三式代入式(4-29)，得

$$\Delta p=\rho\left(\frac{\partial}{\partial t}+V\frac{\partial}{\partial x}\right)\left[s(x)\left(\frac{\partial z}{\partial t}+V\frac{\partial z}{\partial x}\right)\right]=$$

$$-\rho\left\{\frac{\partial}{\partial t}s(x)\left(\frac{\partial}{\partial t}+V\frac{\partial}{\partial x}\right)z+V\frac{\partial}{\partial x}\left[s(x)\left(\frac{\partial}{\partial t}+V\frac{\partial}{\partial x}\right)z\right]\right\} \tag{4-30}$$

取 n 阶振动模态,采用假定模态法表示的振动,细长体上任一点位移可表示为

$$z(x,t)=\sum_{i=1}^{n} f_i(x)q_i(t) \tag{4-31}$$

式中 q_i——细长体第 i 阶运动(或振动)的广义坐标;

f_i——细长体第 i 阶运动(或振动)的模态。

用矩阵形式可表示为

$$\boldsymbol{z}=\boldsymbol{Fq} \tag{4-32}$$

式中,$\boldsymbol{q}$ 为广义坐标向量,$\boldsymbol{F}$ 为各阶模态列向量 $\boldsymbol{f}_i$ 组成的模态矩阵,即

$$\boldsymbol{F}=[\boldsymbol{f}_1 \quad \boldsymbol{f}_2 \quad \cdots \quad \boldsymbol{f}_n]$$

将细长体沿纵向轴分成 m 份,并将式(4-32)代入式(4-30),可得到由各分段上单位长度法向气动力组成的向量

$$\begin{aligned}\Delta\boldsymbol{P}&=[\Delta p_1,\Delta p_2,\cdots,\Delta p_m]=\\ &-\rho(\boldsymbol{sF\ddot{q}}+2V\boldsymbol{sF'\dot{q}}+V\boldsymbol{s'F\dot{q}}+V^2\boldsymbol{s'F'q}+V^2\boldsymbol{sF''q})\end{aligned} \tag{4-33}$$

式中,$\boldsymbol{s}=\mathrm{diag}(s_1 \quad s_2 \quad \cdots \quad s_m)$为由细长体各横截面积组成的对角阵,$\boldsymbol{F}'$为矩阵 $\boldsymbol{F}$ 对 x 的导数。

4.1.3 气动力导数

对于细长体,准定常理论可以从定常流动的关系式出发(如图4-4所示),认为局部攻角 α 等于合成速度向量与细长体纵向轴线之间的瞬时倾角,则单位长度上的法向力(向上为正)公式有如下形式:

$$\Delta p=-\frac{1}{2}\rho V^2 SC_y^\alpha\left(\frac{\partial z}{\partial x}+\frac{1}{V}\frac{\partial z}{\partial t}\right) \tag{4-34}$$

式中 C_y^α——细长体升力线斜率,一般是攻角、马赫数以及弹性细长体轴向坐标的函数;

S——气动力计算参考面积;

$\dfrac{\partial z}{\partial x}+\dfrac{1}{V}\dfrac{\partial z}{\partial t}$——局部攻角。

将细长体分为 m 个气动块,则可得到用离散形式表示的细长体上第 i 段单位长度的法向气动力为

$$\Delta p_i=-\frac{1}{2}\rho V^2 SC_{y_i}^\alpha\left[\left(\frac{\partial z}{\partial x}\right)_i+\frac{1}{V}\left(\frac{\partial z}{\partial t}\right)_i\right] \quad (i-1,2,\cdots,m) \tag{4-35}$$

仍采用式(4-32)表示任一点位移,将式(4-32)代入式(4-35)中,有

$$\Delta\boldsymbol{p}=-\frac{1}{2}\rho V^2 S\boldsymbol{C}\left(\boldsymbol{F'q}+\frac{1}{V}\boldsymbol{F\dot{q}}\right) \tag{4-36}$$

式中，$\boldsymbol{C}=\mathrm{diag}\,(C_{y_1}^{\alpha}\quad C_{y_2}^{\alpha}\quad \cdots\quad C_{y_m}^{\alpha})$为由细长体各段升力线斜率组成的对角阵，各段的升力线斜率可由计算或试验得到，是高度、马赫数和攻角的函数；$\boldsymbol{F}'$为矩阵 $\boldsymbol{F}$ 对 x 的导数。

可见，气动导数法用于细长体非定常气动力计算时适合任意运动速度。

4.1.4 活塞理论

对于小展弦比翼面，在计算气动力时，必须采用升力面理论来进行颤振分析，这就会使计算工作大为复杂。这里介绍一种简化的气动力理论——活塞理论来分析颤振。试验证明，在马赫数为 2～5 之间，用这种理论对超声速翼面进行颤振计算，都能得到满足工程精度要求的结果。

活塞理论的基本假设是翼剖面的厚度很薄和飞行马赫数很高($Ma^2 \gg 1$)。在上述假设前提下，在翼面上某一点的扰动对其他点所产生的影响是很弱的。活塞理论略去了这种微弱的效应，并认为翼型上某一点的压力只与该点的下洗速度有关，形象地比做活塞在一元管道中运动时，其所受到的压力只与其运动速度有关。显然，在活塞理论中是不考虑三元效应的，幸而在实际上这种效应却是随马赫数 Ma 的提高而减弱了。

考察一个无限长的汽缸，如图 4-5 所示，未经扰动的气体压力、密度和声速分别为 p_∞，ρ_∞ 和 c_∞。设活塞行进的速度为 W，且$|W| \ll c_\infty$，因此，由于活塞运动所产生的扰动属于微扰动，它的传播过程也就可以看做等熵过程。现在来计算活塞表面上的压力 p、密度 ρ 以及声速 c。

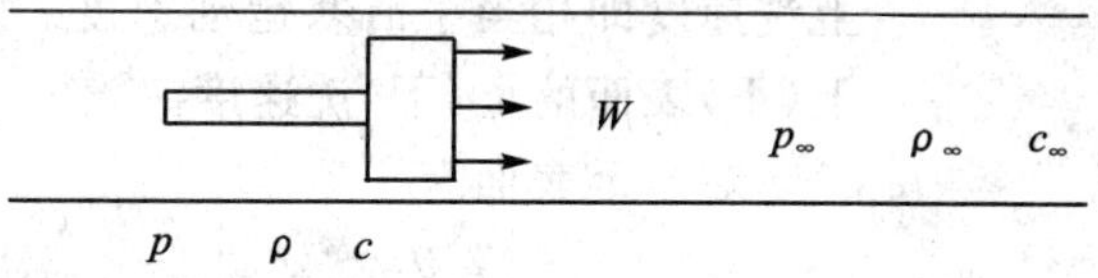

图 4-5　比喻活塞理论的无限长的汽缸

设在时间 $\mathrm{d}t$ 内，活塞运动速度变化了 $\mathrm{d}W$，此时扰动传播的距离为 $c\mathrm{d}t$，而受扰动的气体质量为 $\rho cF\mathrm{d}t$(F 表示活塞面积)，故总的动量变化为 $\rho cF\mathrm{d}t \cdot \mathrm{d}W$。另一方面，压力变化为 $\mathrm{d}p$，故活塞产生的冲量为 $\mathrm{d}pF\mathrm{d}t$。于是按牛顿定律有

$$\mathrm{d}pF\,\mathrm{d}t = \rho cF\,\mathrm{d}t \cdot \mathrm{d}W$$

$$\mathrm{d}p = \rho c \cdot \mathrm{d}W \tag{4-37}$$

由等熵公式

$$\frac{p}{p_\infty} = \left(\frac{\rho}{\rho_\infty}\right)^\gamma \tag{4-38}$$

式中，γ 为比热比。当地声速为

$$c^2 = \gamma \frac{p}{\rho} \tag{4-39}$$

把式(4-38)、式(4-39)代入式(4-37)，得

$$p^{\left(-\frac{\gamma+1}{2\gamma}\right)}\mathrm{d}p = \frac{\gamma}{c_\infty}p_\infty^{\left(\frac{\gamma-1}{2\gamma}\right)}\mathrm{d}W \tag{4-40}$$

积分得

$$\frac{2\gamma}{\gamma-1}p^{\left(\frac{\gamma-1}{2\gamma}\right)} = \frac{\gamma}{c_\infty}p_\infty^{\left(\frac{\gamma-1}{2\gamma}\right)}W + C$$

由于在无限远前方 $p=p_\infty$ 处，相应地有 $W=0$，故可确定上式中的积分常数

$$C = \frac{2\gamma}{\gamma-1}p_\infty^{\left(\frac{\gamma-1}{2\gamma}\right)}$$

代回原式并整理得

$$p = p_\infty\left(1+\frac{\gamma-1}{2}\cdot\frac{W}{c_\infty}\right)^{\frac{2\gamma}{\gamma-1}} \tag{4-41}$$

由于活塞前进速度 $|W| \ll c_\infty$，故有 $|W/c_\infty| \ll 1$，上式展开后则可略去高阶微分项。当只保留一阶项时，称为一阶活塞理论，即扰动压力为

$$p - p_\infty = \rho_\infty c_\infty W \tag{4-42}$$

当保留二阶项时，可得到二阶活塞理论，即扰动压力为

$$p - p_\infty = \rho c_\infty^2\left[\left(\frac{W}{c_\infty}\right)+\frac{\gamma+1}{4}\left(\frac{W}{c_\infty}\right)^2\right] \tag{4-43}$$

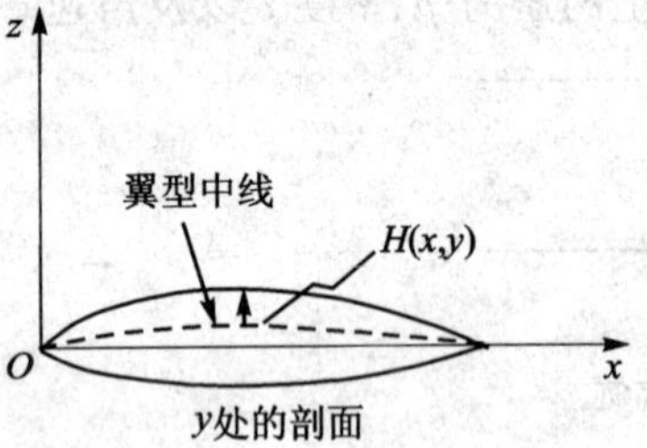

图 4-6 应用活塞理论计算作用在翼面上的气动力

应用活塞理论计算振动翼面气动力时，翼表面上一点的上洗速度即相当于活塞运动速度。如图 4-6 所示，分析翼上(下)表面的上(下)洗速度。

对于上表面有

$$w = \left(V\frac{\partial}{\partial x}+\frac{\partial}{\partial t}\right)z(x,y,t) + V\frac{\partial}{\partial x}H(x,y) \tag{4-44a}$$

对于下表面有

$$w = -\left(V\frac{\partial}{\partial x}+\frac{\partial}{\partial t}\right)z(x,y,t) + V\frac{\partial}{\partial x}H(x,y) \tag{4-44b}$$

式中，$H(x,\ y)$ 是由翼剖面中线量起的厚度函数，上(下)洗的方向取其离开翼型的方向为正。将式(4-44)代入式(4-43)，由作用在机翼表面上的压力分布可得到上(下)表面的压力差(其中的 p_∞，ρ_∞，c_∞ 改记为 p，ρ，c)

$$\Delta p(x,y,t) = -2\rho c\left[1+G\frac{\partial}{\partial x}H(x,y)\right]\left[\left(V\frac{\partial}{\partial x}+\frac{\partial}{\partial t}\right)z(x,y,t)\right] \tag{4-45}$$

式中，$G=\frac{\gamma+1}{2}$。由上式可见，采用二阶活塞理论时，可以计入翼型的厚度效应。

采用假设模态法，取前 n 阶固有振动的模态，于是翼面的一般运动位移可表示为

$$z(x,y,t)=\sum_{i=1}^{n}f_i(x,y)q_i(t)$$

式中　$f_i(x,y)$——第 i 阶固有振动的模态；

$q_i(t)$——随时间变化的广义坐标。

把上式代入式(4-45)后，得

$$\Delta p(x,y,t)=-2\rho c\sum_{j=1}^{n}\left[1+G\frac{\partial}{\partial x}H(x,y)\right]\left[V\frac{\partial}{\partial x}f_j(x,y)q_j(t)+f_j(x,y)\dot{q}_j(t)\right] \tag{4-46}$$

可见，非定常气动力取决于所选的位移函数以及翼型的厚度函数。

4.2　非定常气动力

4.2.1　西奥道生理论

如图 4-2 所示，在非定常理论中，考虑了由后缘流下的尾迹中自由涡的影响。因此，在二元流动的范围内，这是个准确的理论。当考虑三元效应的非定常理论时，问题变得很复杂，所以早期的工程颤振计算常常采用二元的非定常理论。

关于机翼作简谐振动的情况，西奥道生曾给出了完整的解答。此处不作详细叙述，直接引出由非定常理论导出的结果。如图 4-3 所示，在不可压流中的二元平板，当它以频率 ω 作简谐振动时，有

$$h=h_0e^{i\omega t} \tag{4-47}$$

$$\alpha=\alpha_0e^{i\omega t} \tag{4-48}$$

由非定常理论求得

$$L=-\pi\rho b^2(V\dot{\alpha}+\ddot{h}-ab\ddot{\alpha})-2\pi\rho VbC(k)\left[V\alpha+\dot{h}+\left(\frac{1}{2}-a\right)b\dot{\alpha}\right] \tag{4-49}$$

$$M_E=\pi\rho b^2\left[ab(V\dot{\alpha}+\ddot{h}-ab\ddot{\alpha})-\frac{1}{2}Vb\dot{\alpha}-\frac{1}{8}b^2\ddot{\alpha}\right]+2\pi\rho Vb^2\left(\frac{1}{2}+a\right)C(k)\left[V\alpha+\dot{h}+\left(\frac{1}{2}-a\right)b\dot{\alpha}\right] \tag{4-50}$$

式中　k——减缩频率，量纲为 1，$k=\dfrac{b\omega}{V}$；

ω——简谐振动的角频率；

$C(k)$——西奥道生函数。

$$C(k)=F(k)+iG(k)\qquad(i=\sqrt{-1}) \tag{4-51}$$

$$F(k)=\frac{J_1(J_1+Y_0)+Y_1(Y_1-J_0)}{(J_1+Y_0)^2+(Y_1-J_0)^2} \tag{4-52}$$

$$G(k)=-\frac{Y_1Y_0+J_1J_0}{(J_1+Y_0)^2+(Y_1-J_0)^2} \tag{4-53}$$

式中,J_0,J_1,Y_0和Y_1是k的第一类和第二类标准贝塞尔函数。$F(k)$和$G(k)$随k的变化如图 4-7所示。

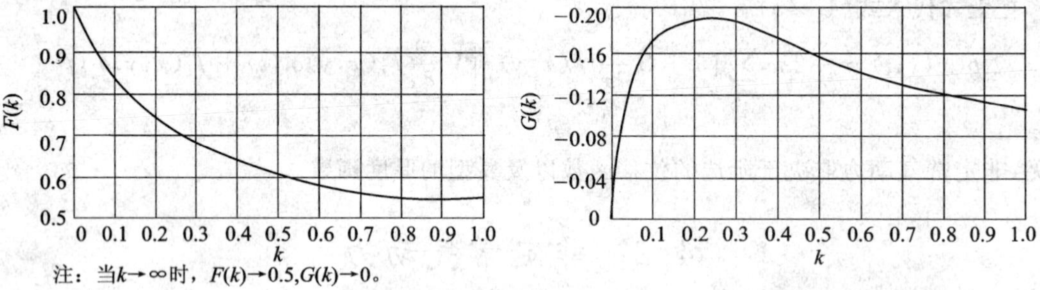

注:当$k\to\infty$时,$F(k)\to 0.5, G(k)\to 0$。

图 4-7　西奥道生函数

关于式(4-49)及式(4-50)中的气动力表达式的物理意义可作如下解释:

在式(4-49)中第一个括号内的项可以改写为

$$\frac{\mathrm{d}}{\mathrm{d}t}(\dot{h}-ab\dot{\alpha}+V\alpha)$$

它代表有攻角α时中点处的下洗加速度;而$\pi\rho b^2$则为气流视在质量,二者的乘积就可看做是机翼振动时带动空气和它一起振动而产生的惯性反作用力,这些力的合力作用点将通过机翼的中点,设用L_1表示。在式(4-49)中的第二项,如果略去$C(k)$的作用,则与准定常理论的升力式(4-23)一致。它代表由环量而产生的升力,正比于3/4弦长点处的下洗;而合力则通过气动力中心,设用L_2来表示。不难设想,$C(k)$就是由于考虑了自由涡的作用而引起的修正项,这种修正不仅表示升力大小将有所改变,而且还表示升力将落后于运动一个相位差。

在力矩表达式(4-50)中的第一项是由3部分组成的。第一部分显然是由于L_1所产生的对刚心E的力矩;第二部分$-\pi\rho b^3\dot{\alpha}/2$是准定常理论中所指的阻尼力矩;第三部分$-\pi\rho b^4\ddot{\alpha}/8$可看做是由机翼围绕中点作角加速运动而引起的气流的惯性反作用力矩。式(4-50)中的第二项是由L_2所产生的对刚心的力矩。

这里应该说明为什么自由涡对于升力L_2的修正要与减缩频率k有关。这是因为减缩频率k表征着流动随着时间变化的特征。冯·卡门曾经给出过如下有趣的解释:设想机翼上有一点处发生一扰动,并且与机翼一起振动,受到扰动影响的流体将以平均速度V向下游流去,设机翼受扰动的振动角频率是ω,于是扰动的波长将是$2\pi V/\omega$。因此,比值

$$\frac{2b}{\dfrac{2\pi V}{\omega}}=\frac{b\omega}{\pi V}$$

与减缩频率成正比,并说明了k代表机翼特征长度$2b$与扰动波长的比。换言之,k表征着机

翼上其他各点感受扰动的方式。由于振动机翼上每一点都扰动着气流，因此可以说减缩频率 k 表征着机翼各点处运动之间的相互影响作用。

在计算时采用式(4－49)及式(4－50)的形式，自然是不方便的。如果注意到在简谐运动时的式(4－47)和式(4－48)(其中 h 与 α 代表振幅，并且可以是复数，以表示它们之间可以存在有相位差)，则把它们代入式(4－49)及式(4－50)中，经过整理可得

$$L = \pi\rho b^3\omega^2\left\{L_h\frac{h}{b}+\left[L_\alpha-\left(\frac{1}{2}+a\right)L_h\right]\alpha\right\} \tag{4-54}$$

$$M_E = \pi\rho b^4\omega^2\left\{\left[M_h-\left(\frac{1}{2}+a\right)L_h\right]\frac{h}{b}+\left[M_\alpha-\left(\frac{1}{2}+a\right)(L_\alpha+M_h)+\left(\frac{1}{2}+a\right)^2L_h\right]\alpha\right\} \tag{4-55}$$

式中

$$L_h = 1-\mathrm{i}\,\frac{2}{k}[F(k)+\mathrm{i}G(k)]$$

$$L_\alpha = \frac{1}{2}-\mathrm{i}\,\frac{1}{k}\{1+2[F(k)+\mathrm{i}G(k)]\}-\frac{2}{k}[F(k)+\mathrm{i}G(k)]$$

$$M_h = \frac{1}{2}$$

$$M_\alpha = \frac{3}{8}-\mathrm{i}\,\frac{1}{k}$$

4.2.2 亚声速偶极子格网法简述

亚声速偶极子格网法是基于小扰动线化位势流方程的面元法，适用于亚声速范围，是当前颤振工程分析中流行的非定常气动力计算方法之一。

采用亚声速偶极子格网法计算非定常气动力，先要将升力面进行合理的气动网格划分。将升力面分成若干个两侧边平行于来流的梯形块，并认为每小块上的空气动力作用在分块的中剖面与分块 1/4 弦线的交点，则该点称为压力点(如图 4－8 所示的 F_2 点)；边界条件则是在分块的中剖面与分块 3/4 弦线的交点处满足，那么该点称为下洗控制点(如图 4－8 所示的 H 点)。假定将升力面划分成 n 个网格。

空气动力坐标系约定如下：升力面坐标系规定原点位于升力面根前缘，x 轴顺气流，y 轴沿翼展向外，z 轴由右手定则确定。

通过求解基本方程确定气动分块上的非定常气动力分布。由线性非定常气动力理论可知，对于每个网格中 3/4 弦长点(即下洗控制点 H)处应满足下列积分方程：

$$w_i = \frac{1}{4\pi\rho V^2}\sum_{j=1}^{n}\frac{1}{2}\rho V^2\Delta c_{p_j}\Delta x_j\cos\varphi_j\int_{l_j}K_{ij}\,\mathrm{d}l_j =$$

$$\frac{1}{8\pi}\sum_{j=1}^{n}\Delta c_{p_j}\Delta x_j\cos\varphi_j\int_{l_j}K_{ij}\,\mathrm{d}l_j \qquad (i=1,2,\cdots,n;\ j=1,2,\cdots,n) \tag{4-56}$$

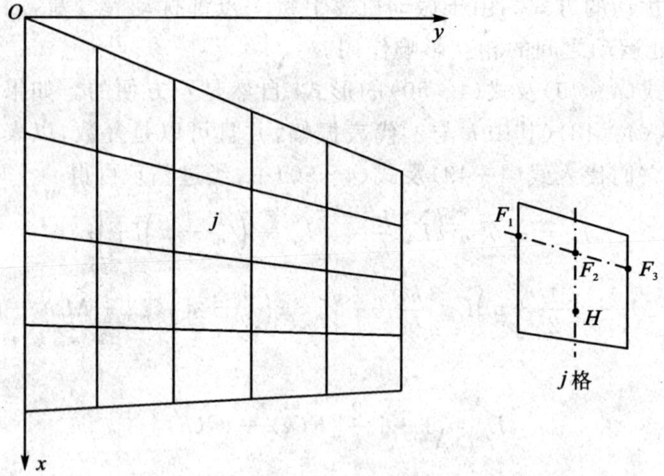

图 4-8 升力面网格上的 F_1,F_2,F_3 和 H 点

式中 w_i——第 i 个网格 3/4 弦长点处的下洗速度;

Δc_{p_j}——第 j 个网格上的压力系数,它与压力 Δp_j 有关系式

$$\Delta c_{p_j} = \frac{2\Delta p_j}{\rho V^2}$$

Δx_j——第 j 个网格的中剖面长度;

l_j——第 j 个网格的过 1/4 弦点的展长(图 4-8 中$\overline{F_1 F_3}$);

φ_j——第 j 个网格的后掠角(图 4-8 中$\overline{F_1 F_3}$的后掠角);

K_{ij}——气动力计算核函数;

n——升力面的气动网格分块数。

式(4-56)可化为矩阵形式,有非定常气动压力分布表达式

$$\Delta \boldsymbol{p} = \frac{1}{2}\rho V^2 \boldsymbol{D}^{-1}\boldsymbol{w} \tag{4-57}$$

式中 $\Delta \boldsymbol{p}$——压力作用点处的压力分布列阵;

$\boldsymbol{w}$——下洗控制点处的下洗速度列阵;

$\boldsymbol{D}$——气动力影响系数矩阵,其元素为

$$D_{ij} = \frac{\Delta x_j}{8\pi}\cos\varphi_j \int_j K_{ij}\,\mathrm{d}l_j \qquad (i=1,2,\cdots,n;\ j=1,2,\cdots,n) \tag{4-58}$$

这里,核函数 K_{ij} 与影响系数 D_{ij} 的计算较为复杂,详细的推导可参见有关文献。

对于薄翼面,考虑到在 H 点上满足边界条件,所以各气动网格 H 点的下洗速度与振动模态应有下列关系:

$$\boldsymbol{w} = \left(\boldsymbol{F}' + \mathrm{i}\,\frac{k}{b}\boldsymbol{F}\right)\boldsymbol{q} \tag{4-59}$$

式中　$\boldsymbol{q}$——广义坐标向量；

$\boldsymbol{F}$——H 点处各阶模态列向量 $\boldsymbol{f}_i$组成的模态矩阵，见式(4－32)解释；

$\boldsymbol{F}'$——H 点处矩阵 $\boldsymbol{F}$ 对 x 的导数；

b——参考长度；

k——减缩频率，$k=\dfrac{b\omega}{V}$，其中 V 为飞行速度，ω 为简谐振动的角频率。

将式(4－59)代入式(4－57)中，可以得到频域内的非定常气动压力分布表达式

$$\Delta \boldsymbol{p} = \boldsymbol{P}\boldsymbol{q} \tag{4-60}$$

式中，$\boldsymbol{P}$ 为压力系数矩阵，其表达式为

$$\boldsymbol{P} = \frac{1}{2}\rho V^2 \boldsymbol{D}^{-1}\left(\boldsymbol{F}' + \mathrm{i}\,\frac{k}{b}\boldsymbol{F}\right) \tag{4-61}$$

4.2.3　超声速偶极子格网法特点

超声速偶极子格网法与亚声速偶极子格网法相似，也是基于线化理论的面元法，适合于马赫数为 3 以内的超声速范围。

如图 4－8 所示，网格划分和亚声速偶极子格网法相似。其不同之处在于，压力偶极子分布在整个网格上，下洗控制点在网格中剖面的 85 %～95 %处。在超声速情况下，只有在任意一点 H 为顶点的倒置马赫锥中的点所发出的扰动才会影响到 H 点。

基本方程也与亚声速偶极子格网法相近，下洗仍可写为

$$\boldsymbol{w} = \left(\boldsymbol{F}' + \mathrm{i}\,\frac{k}{b}\boldsymbol{F}\right)\boldsymbol{q} \tag{4-62}$$

由奇异积分方程转化而来的线性方程组为

$$w_i = \frac{1}{4\pi\rho V^2}\sum_j \Delta p_j \iint_{S_j} K_{ij}\,\mathrm{d}S \qquad (i = 1,2,\cdots,n;\ j = 1,2,\cdots,n) \tag{4-63}$$

式中，S_j指从第 j 个下洗点发出的倒置马赫锥与翼面相交的区域。用压力系数代替压力差，则

$$\Delta p_j = \Delta c_{p_j}\left(\frac{1}{2}\rho V^2\right)$$

于是方程(4－63)可以写为

$$w_i = \sum_j \frac{1}{8\pi}\Delta c_{p_j}\iint_{S_j} K_{ij}\,\mathrm{d}S \tag{4-64}$$

令

$$D_{ij} = \frac{1}{8\pi}\iint_{S_j} K_{ij}\,\mathrm{d}S \tag{4-65}$$

式中,D_{ij} 称为空气动力影响系数。于是,可以写成

$$w = D\Delta c_p \tag{4-66}$$

即

$$\Delta c_p = D^{-1} w \tag{4-67}$$

思考题

4.1 什么是准定常气动力,它的本质是什么?

4.2 考虑活塞理论的基本假设是什么?考查活塞理论的使用条件。

4.3 从翼面附着涡和自由涡的角度,说明非定常气动力与定常气动力的区别。

4.4 为什么谐振荡的线性非定常气动力是复数形式?

4.5 非定常气动力在气动弹性(特别是颤振)分析中的作用是什么?

参考文献

[1] 伏欣 H W. 气动弹性力学原理. 沈克扬,译. 上海:上海科学技术文献出版社,1982.

[2] Bisplinghoff R L,Ashley H, Halfman R L. Aeroelasticity. Addison - Wesley Publishing,Company,Inc.,1955.

[3] 诸德超,陈桂彬,邹丛青. 气动弹性力学. 航空工业部教材编审室,1986.

[4] 管德. 非定常空气动力计算. 北京:北京航空航天大学出版社,1991.

[5] 管德. 飞机气动弹性力学手册. 北京:航空工业出版社,1994.

第 5 章　颤振的基本概念

在第 2,3 章所述的气动弹性静力问题中,归纳起来,其基本物理内容仅包括了两类性质不同的现象:一类是扭转发散(或静不稳定性)以及与之密切相关的载荷重新分布问题;另一类是以操纵反效为主题的操纵面效率问题。从本章开始将进入到气动弹性动力学问题的讨论;在这个领域内,最令人关注的现象就是"颤振"。颤振或动不稳定性,经常导致结构的灾难性破坏。研究这种现象的困难之一在于颤振具有多种类型,所以颤振分析是一个非常广泛的题目。由于颤振在工程实践中具有重要的意义,所以在动气动弹性问题中,将着重于颤振的讨论。本章介绍颤振的基本概念。在 5.1 节中,对颤振问题作简单的概要介绍,提出所要讨论问题的范围。在 5.2 节中,将阐明颤振的性质是自激振动,进而从空气动力观点出发对颤振机理作定性分析。为了进一步了解颤振的过程,在 5.3 节中介绍一种简化的颤振理论。在 5.4 节中,对在升力面设计中影响颤振速度的主要因素作初步讨论。

5.1　颤振概述

飞行器及其部件处于气流中的动稳定性就是颤振问题。下面将分别概述有关颤振的特点。

1. 颤振是一种自激振动

任何一个升力面,当它在气流中运动时,到达某一速度,在非定常空气动力、惯性力及弹性力的相互影响和相互作用下,刚好使它的振动持续下去,这种现象称为颤振。

在地面上的飞行器受到扰动后会引起振动,但由于阻尼的缘故,这种振动总是不断衰减直至消失。在飞行中的飞行器,由于种种原因,也会引起振动;但由于处于气流中,情况就有所不同,一旦发生振动,就会引起附加的气动力。在这些气动力中,有些将起激励作用,而有些将起阻尼作用。因此,对于线性系统,以后的变化过程就可能有如下 3 种情况:① 振幅不断衰减而最终消失;② 振幅不断扩大而导致结构毁坏;③ 振幅保持不变,振动是简谐的。如果振动是衰减的,则称结构是动力稳定的;反之,如果振动是扩散的,则称结构是动力不稳定的。通常,把由于气动弹性而引起的飞行器部件的不衰减的振动称为颤振。颤振的振幅相当大,而且十分危险。颤振是在其本身的运动引起的气动力激励下发生的,所以颤振是一种自激振动。

2. 颤振是几个自由度之间耦合作用的结果

为了描述颤振的现象,以一个平直的悬臂机翼为例。当发生颤振的振动运动时,同时应具有弯曲和扭转两个自由度。若能约束扭转自由度,只保留弯曲自由度,则该悬臂机翼就不会发生颤振;反之,如果使机翼只具有扭转自由度,则只在攻角接近失速攻角时,才能够发生失速颤振。通常,单自由度的操纵面振动,都会在气流中被阻尼掉,除非气流分离。由此可见,颤振的一个基本特点就是存在许多自由度的耦合。此外,在不同自由度运动之间的相位差也是发生颤振的主要原因。

根据长直机翼结构上的特点,其在任意弦向切面的弹性变形,只需用两个量就足以描述,即在某参考点上的挠度和绕该点的转角(相应于弯曲和扭转变形)。对于操纵面,如副翼或襟翼,可认为其自身较为刚硬,故只考虑它对铰链线转动自由度即可。这样在分析机翼颤振问题时,只需考虑弯曲、扭转和副翼偏转三个自由度即可。只在特殊情况下,变量中有两个是主要的,与此对应的颤振形态,称为二自由度颤振形态。对于一架飞机应考虑的自由度(含刚体运动自由度)有很多种,并有二自由度、三自由度和多自由度的颤振形态的可能组合。由于事先并不清楚在上述的形态中哪一个是在工程上有实际意义的颤振速度,因此就需要通过大量的理论分析计算和试验来最终确定。应该看到,能否正确寻求这种给定结构的关键颤振形态,在一定程度上还取决于设计者的经验。

3. 颤振临界速度的概念

对于给定的飞行器结构,当飞行速度由小到大时,振动会由衰减的转变成扩散的。也就是说,当飞行速度较小时,振动的衰减是快的;当飞行速度增大时,这种衰减便减慢了;在某一飞行速度时,扰动引起的振动振幅正好维持不变,这一速度便是颤振临界速度,简称为颤振速度,这时候的振动频率称为颤振频率;在超过临界值很小的飞行速度下,即使偶然的小扰动,也会引起激烈的振动,这就发生了颤振。

通常,飞行器可以发生多种多样的振动。对每一种振动,可以在某一临界速度下转变为扩散的。因此,同一飞行器和部件就可能存在很多个颤振临界速度,就有可能在好多个速度范围内发生颤振。但是,人们所关心的是具有实际意义的、其中最小的一个颤振临界速度。

确定颤振临界速度的问题,实际上是一个研究振动运动稳定性的问题,即在什么条件下飞行器或其部件的振动变成是简谐的。注意到这一点是很重要的,这使颤振分析简化了。例如为了确定颤振临界速度,只需研究作简谐振动的飞行器或其部件的气动力即可。

此外,如果飞行器部件作微幅振动时是稳定的,则通常在作大振幅振动时也将是稳定的。在操纵面的颤振中有时存在这种例子,当超过临界速度后开始发生颤振;但当振幅增大到一定幅度后,就停止增长而作等幅振动。这种非线性作用的确切性质还不很清楚,可能是由于在大振幅时阻尼的增长,或者是由于气流分离使激振力减小,甚至可能是结构刚度的改变。在一般的颤振分析中往往只限于研究微幅振动运动的稳定性,在这个前提下就可以应用线性化理论。

4. 经典颤振与失速颤振

颤振作为气动弹性动稳定性问题,具有多种现象形态,其中的物理关系有时相当深奥以致很难理解。而就其空气动力方面发生的原因而言，颤振问题可分为两大类。第一类的特征是它发生于势流中，因此流动分离和边界层效应对颤振过程没有重要影响。这类颤振主要发生于飞行器结构的流线型剖面升力系统中，通常称为“经典颤振”。第二类颤振问题与流动分离和旋涡形成有直接关系。其颤振现象和第一类颤振问题具有不同的特性，把它称为“失速颤振”。失速颤振是一种升力面颤振。如果在全部或一部分振动时间里流动发生分离，处于失速状态，那么颤振现象就与经典颤振所表现出的特性有所不同。它的发生既不取决于惯性、弹性和气动耦合，也不取决于运动和运动引起的气动力间的相位差。此外，失速颤振主要是扭转。作为一种近似，可以假定颤振频率和在静止空气中的扭转固有振动频率相等，且其振幅是有限的，因而增大扭转固有频率，即增加扭转刚度或减少质量转动惯量，可以提高失速颤振速度。对于旋转机械，例如螺旋桨、涡轮叶片等，失速颤振是一种严重的气动弹性不稳定现象，因为，这些机械有时必须在接近桨叶定常失速攻角的状态下工作。至于飞行器的升力面，例如飞机的机翼和尾翼，则很少遇到失速颤振。由于篇幅所限，本书中所论及的颤振均属“经典”颤振稳定性问题。事实上这种颤振在实际中是最危险的，因为这种自激振动能在几秒钟甚至更短的时间内使结构发生振动破坏，从而引起飞行器的灾难性后果，因而对这类颤振过程的空气动力学基础的研究也较为广泛深入。

在本书所论及的颤振分析中包含两个基本问题，一是研究在气动力作用下飞行器及其部件振动的稳定性问题；二是确定升力面在气流中作振动运动时所产生的附加气动力。前者是着重讨论的对象；对后者，将直接引用已有的资料而不加以详细的推导和讨论。

考虑到颤振分析是一个非常广泛的题目，故将由浅入深地进行讨论。在建立了颤振的基本概念后，提出颤振分析基础，进而讨论工程中的颤振分析。

5. 颤振研究方法的特点

颤振分析的任务是求出颤振发生的条件，亦即求出颤振临界速度，并寻求在飞行器飞行速度范围内避免颤振发生的措施，进而寻找提高临界速度的方法。为达到上述目的，除分析计算外，风洞模型试验及颤振试飞也都是颤振研究的重要方法。在进行理论分析和数值计算时，必须知道结构的动力特性，即结构的固有振动频率、模态及阻尼等。所以结构振动学将成为学习本课程的基础。此外，在进行颤振分析时，还必须知道作用在飞行器结构上的空气动力。由于在振动的飞行器结构附近的流场是一种非定常流，因而就需要研究非定常流动的空气动力学。非定常流理论远比定常流理论复杂，从 20 世纪 30 年代开始，很多科学家都致力于这方面的研究，提出了各种供理论分析和工程颤振分析的非定常气动力计算方法。本书在有关章节中，引用了现成的计算结果，略去了繁琐的推导过程。

飞行器结构是无限多自由度的弹性体，原则上，在颤振分析中没有自由度的限制；但为了避免颤振分析过于复杂，应在建模中尽可能地减少自由度，保留那些对颤振有重要影响的模态。

5.2 颤振的物理本质

人们对于实际工程中的颤振计算,往往是建立在数学观点上的理解。为此,在讨论颤振问题之前,有必要对颤振的物理现象作进一步的讨论。从广泛的意义上来说,所谓颤振是指弹性系统在均匀气流中的自激振动;而自激振动是不同于自由振动,也不同于强迫振动的一种振动。首先通过一个简单的例子来说明自激振动及其性质。

5.2.1 自激振动

考察一个有阻尼的单自由度系统,如图 5-1 所示。系统受到非周期变化的外力 F 的作用,其大小是与重块速度 $\dot{y}$ 成正比的,可以写做 $F=F_0\dot{y}$。式中,F_0 等于常数。该系统的运动方程是

$$m\ddot{y}+c\dot{y}+ky=F_0\dot{y} \tag{5-1a}$$

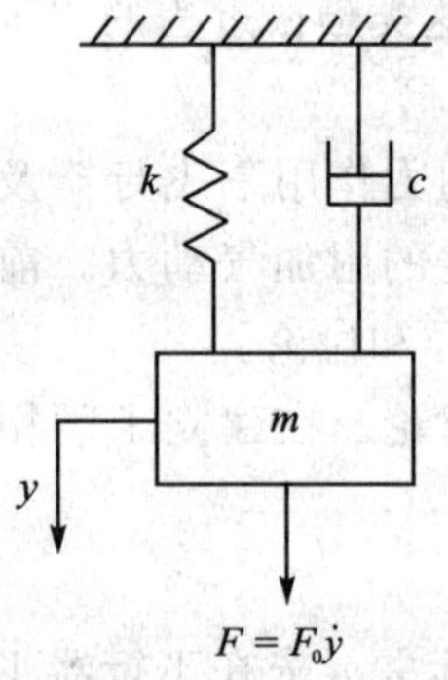

图 5-1 受外力 F 的有阻尼单自由度系统

整理后,得

$$\ddot{y}+\left(\frac{c-F_0}{m}\right)\dot{y}+\frac{k}{m}y=0 \tag{5-1b}$$

上式仍是齐次微分方程。把这个方程和有阻尼的单自由度系统运动方程相比较,可以看出,若 $F_0<c$,则这两个方程就没有区别,此时,重块 m 将作阻尼振动。若 $F_0>c$,则情况就完全不同了,下面将讨论这种情况。

为求解方程,仍设

$$y=e^{\lambda t}$$

代入式(5-1b)中,消去 $e^{\lambda t}$,得特征方程

$$\lambda^2+\left(\frac{c-F_0}{m}\right)\lambda+\frac{k}{m}=0 \tag{5-2}$$

方程的两个根是

$$\lambda_{1,2}=-\left(\frac{c-F_0}{2m}\right)\pm\sqrt{\left(\frac{c-F_0}{2m}\right)^2-\frac{k}{m}}=$$

$$\frac{F_0-c}{2m}\pm\sqrt{\left(\frac{F_0-c}{2m}\right)^2-\frac{k}{m}} \tag{5-3}$$

式中,$\frac{F_0-c}{2m}$是正值。

如果 $k/m\leqslant[(F_0-c)/2m]^2$,则式(5-3)中的 λ_1 和 λ_2 都是正的实数。方程(5-1b)的通解就是

$$y(t)=C_1e^{\lambda_1 t}+C_2e^{\lambda_2 t}$$

式中，C_1，C_2是任意常数。将这个解画成曲线，如图 5－2 所示。它表明重块位移随时间 t 逐渐增大，即重块不再回到平衡位置。这种现象称为变形扩大，表明系统是静不稳定的。

如果 $k/m>[(F_0-c)/2m]^2$，则表示式(5－3)中的根号内是负值，其平方根就是虚数。在这种情况下有

$$\lambda_{1,2}=\left(\frac{F_0-c}{2m}\right)\pm \mathrm{i}\sqrt{\frac{k}{m}-\left(\frac{F_0-c}{2m}\right)^2}$$

此时方程(5－1b)的通解是

$$y(t)=A\mathrm{e}^{\left(\frac{F_0-c}{2m}\right)t}\cos(\omega t-\phi)$$

其频率为
$$\omega=\sqrt{\frac{k}{m}-\left(\frac{F_0-c}{2m}\right)^2}$$

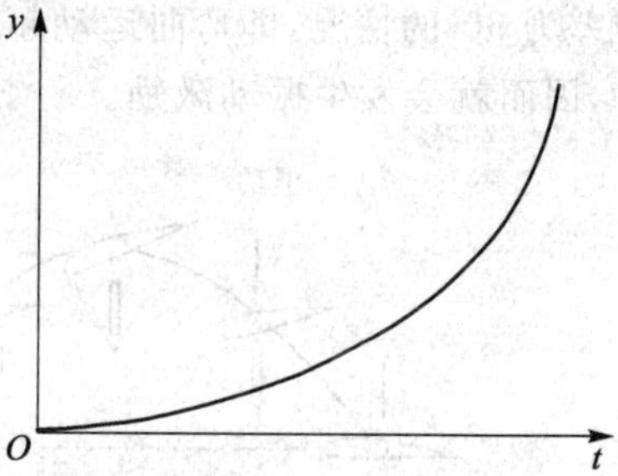

图 5－2　系统是静不稳定的

由于$(F_0-c)/2m$ 是正值，$y(t)$将振荡地扩大，其曲线如图 5－3 所示。它表明系统作扩散振动，重块的振幅将逐渐增大。这种现象称为自激振动，该系统是“动不稳定的”。由此可见，自激振动与强迫振动不同，它并不是由于外界有周期性变化的激励力而引起的振动，而是由于外力是该系统的位移和速度(有时是加速度)的函数。在一定的条件下，这种非周期性外力在该系统内变为周期性的激励力，使得系统发生振幅扩散的振动。研究一个系统是否会发生自激振动，也就是要研究这个系统的动稳定性。

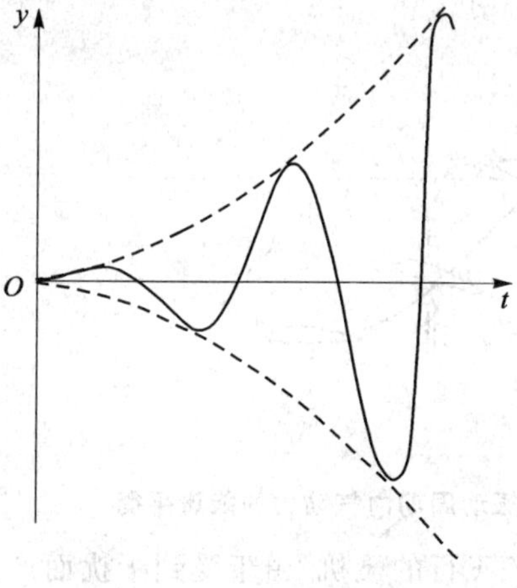

图 5－3　系统是动不稳定的

颤振是由空气动力所引起的振动。由于在一个振动过程中弹性力和惯性力作为保守系统的内力总是处于平衡状态，因此单位振动周期内势能和动能之和保持常数。振动系统如果要在没有外界激励条件下获得振动激励，就只有从气流中吸取能量。如果这个能量大于所存在的结构阻尼引起的能量损耗，就会发生气动力自激颤振振动。

按照这种从能量角度考虑问题的方式，就可以用普遍适用的形式直观地描述颤振现象。下面以机翼弯扭颤振及机翼-副翼颤振现象为例，定性地描述产生这种现象的机理。

5.2.2　机翼弯扭颤振现象

设机翼的重心在扭心的后面，则机翼作为一个弹性体，在受到扰动后就会产生弯扭耦合振动。当机翼向前飞行(或有迎面气流吹向静止的机翼)且作弯扭振动时，在机翼上会产生一些附加的气动力。按照能量输入的考虑，机翼弯、扭耦合振动时，在一个振动周期内可得到如

图 5-4所示的气动力的能量平衡图(这种物理关系可利用准定常考虑的方式得到)。其中,图 5-4(a)表示的是机翼振动中弯曲和扭转之间相位差为 0°的情况。在这种情况下,每个振动周期内气动力给机翼的能量为零,所以不可能发生气动力振动激励;图 5-4(b)表示的则是相位差为 90°的情况,即弯曲运动超前扭转运动。在这种情况下,整个振动周期内气动力都作正功,因而就会发生振动激励。

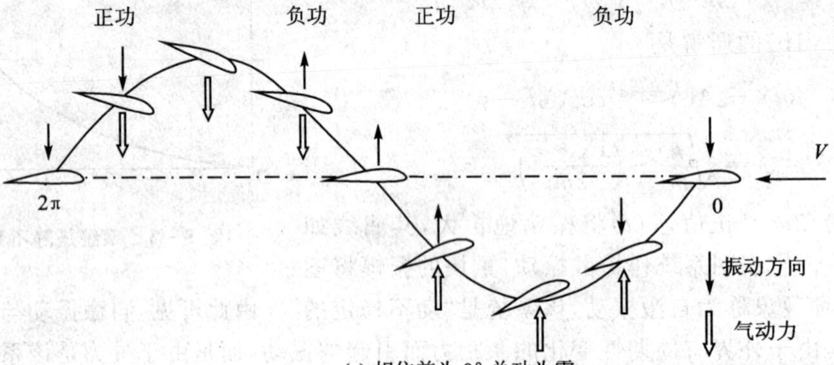

(a) 相位差为 0°, 总功为零

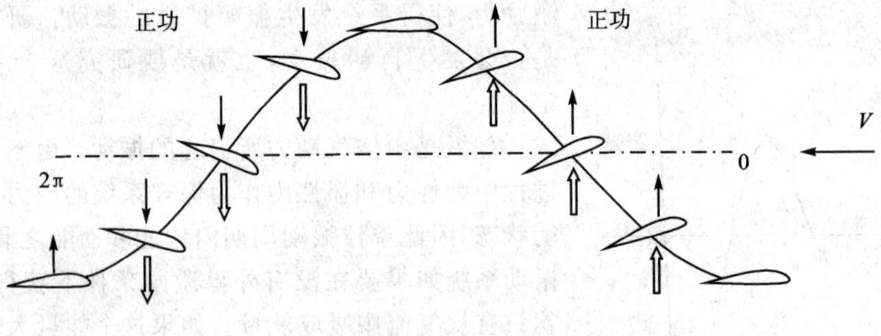

(b) 相位差为 90°, 总功为正值

图 5-4　具有弯曲和扭转两个自由度的振动机翼在一个振动周期内气动力的能量平衡

进一步对图 5-4(b)进行分析可以看到,以飞行速度 V 飞行的飞机,由于受到干扰而产生了弹性位移。因为弯曲运动和扭转运动有 90°的相位差,所以当弯曲变形达到最大时,扭转变形为零。当翼剖面由于弹性作用回到平衡位置时,扭转变形达到最大;随着扭转变形的减小,弯曲变形又达到负的最大值。

假如机翼扭转了 θ 角,则攻角的改变也是 θ,这就使机翼升力改变了 ΔL_θ,其方向和机翼运动方向相同。当机翼向下运动时,攻角减少 θ,升力则相应地减少 ΔL_θ。这种附加的气动力 ΔL_θ可以看做是促进机翼运动的力。所以在弯曲变形和扭转变形有 90°相位差的情况下,ΔL_θ 是激振力。

此外，由于有弯曲振动，也就有弯曲振动速度，因此机翼的基本速度 V 的大小和方向都有改变，如图 5-5 所示。机翼作弯曲振动时，就有弯曲运动速度（图中的 V' 和 $\dot{y}$ 都以相对气流形式表示），其结果是使机翼的攻角改变了 $\Delta\alpha$，相应的升力也就改变了 ΔL_α。这个附加气动力总是与机翼弯曲运动的方向相反，因此力 ΔL_α 是减振力。

综上所述，飞行中的机翼在作弯、扭振动时，同时会产生两种附加的气动力 ΔL_θ 和 ΔL_α，二者作用性质相反：ΔL_θ 是起激励作用的，而 ΔL_α 则是起减振作用的。

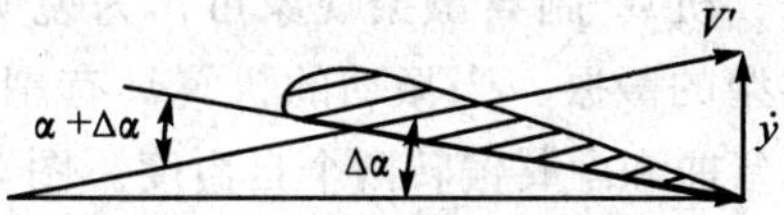

图 5-5　弯曲振动时翼剖面的攻角改变示意图

下面再来分析一下这两种力随飞行速度 V 变化的情况。按空气动力学，由 θ 而产生的附加升力可以用下列公式表示，即

$$\Delta L_\theta = \frac{1}{2}\rho V^2 S C_L^\alpha \theta \tag{5-4}$$

式中　C_L^α——机翼的升力系数曲线斜率；

ρ——空气密度；

S——机翼面积；

V——飞行速度。

由式(5-4)可以看出 ΔL_θ 与飞行速度 V 的平方成正比。

由 $\Delta\alpha$ 角而产生的附加升力可以用下列公式表示，即

$$\Delta L_\alpha = \frac{1}{2}\rho V^2 S C_L^\alpha (\Delta\alpha) \tag{5-5}$$

由图 5-5 可知

$$\Delta\alpha = \frac{\dot{y}}{V} \tag{5-6}$$

将式(5-6)代入到式(5-5)，得

$$\Delta L_\alpha = \frac{1}{2}\rho V S C_L^\alpha \dot{y} \tag{5-7}$$

由式(5-7)可以看到 ΔL_α 与飞行速度 V 成正比。现在，两个附加气动力随飞行速度 V 的变化关系如图 5-6 所示。可以看出，在速度范围Ⅰ内，减振力 ΔL_α 比激励力 ΔL_θ 大，所以机翼的振动是衰减的。而在速度范围Ⅱ内，激励力 ΔL_θ 大于减振力 ΔL_α，所以机翼的振动是不断扩大的，并最终导致机翼破坏，这就是所谓的颤振现象。在速度范围Ⅰ和Ⅱ的交界处，激励力和减振力相等，此时的速度称做机翼颤振临界速度，并记做 V_F。

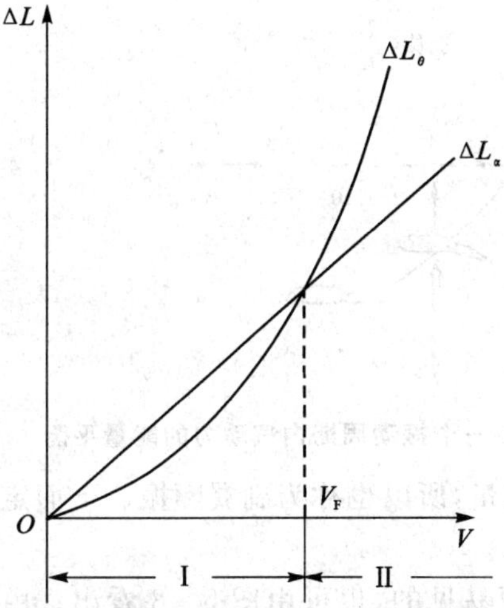

图 5-6　激励力 ΔL_θ 和减振力 ΔL_α 随飞行速度 V 的变化关系曲线

这里再一次看到，机翼发生颤振时与自由振动不

同,它是在有气流输入能量的情况下产生的。当然,它与强迫振动也不同,完全是因为机翼本身的弯、扭耦合变形,形成一种换能器才能使它成为一种能源,这就是自激振动的情况。

5.2.3 机翼-副翼颤振现象

机翼-副翼颤振现象可作为说明颤振现象的第二个例子。这是机翼弯曲和副翼偏转耦合类型的颤振。当振动的机翼具有副翼时,也能按上述情况进行类似的分析。这时系统具有机翼弯曲和副翼偏转两个自由度。图 5-7 表示了这种耦合振动时气动力的能量平衡。图 5-7(a)表示的是机翼弯曲和副翼偏转之间相位差为 0°的情况,此时气动力在一个振动周期内所作的功为零,因此,不存在振动激励。而图 5-7(b)则表示副翼的偏转落后机翼弯曲 90°。此时在整个振动周期内气流中的能量不断输送给振动系统,因此发生激励振动。

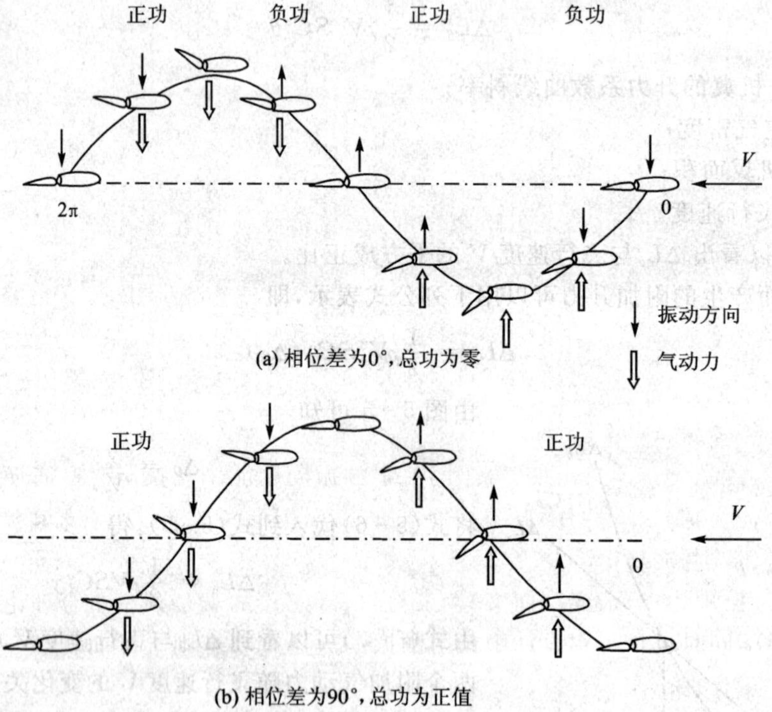

图 5-7 具有机翼弯曲和副翼偏转两个自由度的振动系统在一个振动周期内气动力的能量平衡

由于这个颤振过程中,气动力主要是通过副翼输入能量,所以也称为副翼颤振。下面定性地分析这种情况。

机翼在作弯曲振动时副翼会产生偏转,其原因是显而易见的,也可由图 5-8 看出。由于副翼的偏转使机翼的升力改变,改变值为 ΔL_β,故可以看出,当机翼向下作加速运动时,副翼向上偏转,ΔL_β则向下,与机翼的运动方向一致,因此 ΔL_β是激励力,其大小为

$$\Delta L_{\beta}=\frac{1}{2}\rho V^{2}SC_{L}^{\beta}\beta \tag{5-8}$$

式中　β——副翼偏转角；

C_L^{β}——由舵偏引起的升力系数曲线斜率。

上式表明 ΔL_{β}与 V^2 成正比。而机翼弯曲振动速度 $\dot{y}$ 所引起的附加升力仍可用式(5－7)表示，即 ΔL_{α}与 V 成正比。

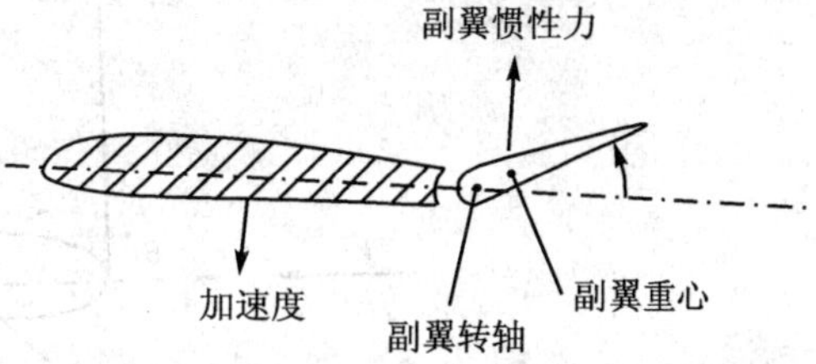

图 5－8　机翼作弯曲振动时副翼产生的偏转

依同样方法，作出 ΔL_{β}及 ΔL_{α}随 V 的变化曲线，也可以说明存在一个颤振临界速度。当飞行速度低于临界速度时，机翼弯曲、副翼偏转的振动是衰减的；当高于这个临界速度时，则振动是扩大的。

由例中可见，颤振是由空气动力所引起的振动，且除了气流以外没有其他的能源。所以只有当振动的机翼能从气流中吸取能量时，才可能发生颤振，即振动的机翼在完成一个周期振动时能从气流中吸取能量，这种振动称做空气动力不稳定的振动。

当然，飞机颤振并不止上述两种类型，还有很多其他类型的颤振，这里不再一一列举。但应指出，上述两个例子的分析都是粗略定性的，比较精确的分析将借助于较完善的气动力公式，将在以下各章节引用不同的气动力公式来讨论各种颤振计算方法。

5.3　简化的颤振理论

为什么翼面在气流速度达到某一值时会发生颤振？能量是怎样从气流中吸取来的，又怎样从一个自由度传到另一个自由度？此外，对于颤振问题能不能找出一些简便的计算方法或公式？为解决这些问题，并说明颤振的物理本质，就试图把其他学科中有关自激振动的理论移植过来，建立简化的颤振理论。

在简化的颤振理论中，最典型而又具有工程指导意义的就是频率重合理论。它可以对颤振作粗略的估算，同时也是工程设计中预防颤振的一条重要准则。下面就以一个典型翼段为对象，说明频率重合理论。

5.3.1　颤振方程的建立

现在考察如图 5－9 所示的典型二元翼段，研究它在气流中的振动。

该翼段是绝对刚硬的，并以扭转弹簧 k_{α}及线弹簧 k_h 支持在 E 点(即刚心)。翼段质量为 m；重心在 G 点，它与刚心的距离为 σ，并以重心在后为正。图中 A 点为气动中心，它与刚心的距离为 e。该翼段有两个自由度，以静平衡为起点，取坐标 h 和 α，其中 h 为刚心处的挠度，向下为正；α 为绕刚心的转角，抬头为正。对于气动力只需采用定常气动力理论，即假设升力只

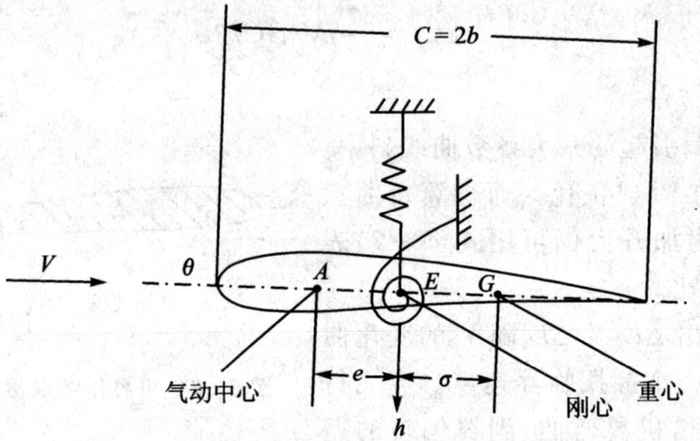

图 5-9 典型的二元翼段

与每一时刻的实际攻角有关,删去了一切气动惯性及气动阻尼项,只保留与各广义坐标成比例的气动刚度。由此可以列写翼段的运动方程为

$$\left.\begin{aligned} m\ddot{h} + m\sigma\ddot{\alpha} + k_h h + L &= 0 \\ I_0\ddot{\alpha} + (m\sigma\ddot{\alpha} + m\ddot{h})\sigma + k_\alpha\alpha - eL &= 0 \end{aligned}\right\} \tag{5-9}$$

即

$$\left.\begin{aligned} m\ddot{h} + S_\alpha\ddot{\alpha} + k_h h + L &= 0 \\ S_\alpha\ddot{h} + I_\alpha\ddot{\alpha} + k_\alpha\alpha - eL &= 0 \end{aligned}\right\} \tag{5-10}$$

式中 S_α——翼段对刚心的静矩,$S_\alpha = m\sigma$;

I_α——翼段对刚心的惯量,$I_\alpha = I_0 + m\sigma^2$。

按定常气动力理论有

$$L = \frac{1}{2}\rho V^2 S\frac{\partial C_L}{\partial\alpha}\alpha = qS\frac{\partial C_L}{\partial\alpha}\alpha \tag{5-11}$$

式中 S——翼段的平面面积;

$q = \frac{1}{2}\rho V^2$。

则运动方程(5-10)成为

$$\left.\begin{aligned} m\ddot{h} + S_\alpha\ddot{\alpha} + k_h h + qS\frac{\partial C_L}{\partial\alpha}\alpha &= 0 \\ S_\alpha\ddot{h} + I_\alpha\ddot{\alpha} + k_\alpha\alpha - qSe\frac{\partial C_L}{\partial\alpha}\alpha &= 0 \end{aligned}\right\} \tag{5-12}$$

为求解式(5-12),可设

$$\left.\begin{aligned} h &= h_0 e^{\lambda t} \\ \alpha &= \alpha_0 e^{\lambda t} \end{aligned}\right\} \tag{5-13}$$

式中,λ 是待求的常数,可能是复数,$\lambda = \zeta + i\omega$,$\zeta$ 和 ω 都是实数。

对于式(5-12)所解得结果，可有下列 3 种情况：

① $\zeta<0$，则

$$e^{\lambda t}=e^{\zeta t}e^{i\omega t}=e^{\zeta t}(\cos\omega t+i\sin\omega t)$$

表明运动是衰减运动，系统是稳定的。

② $\zeta=0$，则 $e^{\lambda t}=e^{i\omega t}$，表明运动是简谐振动，系统处于中立稳定的临界状态。

③ $\zeta>0$，表明运动是发散的，系统是动不稳定的。

现在把式(5-13)代入式(5-12)，消去 $e^{\lambda t}$，得

$$\begin{bmatrix} m\lambda^2+k_h & S_\alpha\lambda^2+qS\dfrac{\partial C_L}{\partial\alpha} \\ S_\alpha\lambda^2 & I_\alpha\lambda^2+k_\alpha-qSe\dfrac{\partial C_L}{\partial\alpha}\end{bmatrix}\begin{bmatrix} h_0 \\ \alpha_0\end{bmatrix}=0 \tag{5-14}$$

5.3.2　频率重合理论

很多颤振分析实例表明，在颤振临界点附近，常有两个分支在气流中的频率相互接近的现象。频率接近意味着两个振型的耦合性加强，由此提出了一种高度简化的颤振理论，即频率重合理论。频率重合理论是：当风速增大时，会使得两个分支频率改变，一直到两个频率重合。这两个分支的耦合振动就有可能从气流中吸取能量，从而达到颤振临界点。

由式(5-14)得到它的特征方程是

$$A\lambda^4+B\lambda^2+C=0 \tag{5-15}$$

式中

$$\left.\begin{aligned} A&=mI_\alpha-S_\alpha^2 \\ B&=mk_\alpha+I_\alpha k_h-(me+S_\alpha)qS\frac{\partial C_L}{\partial\alpha} \\ C&=k_h\left(k_\alpha-qSe\frac{\partial C_L}{\partial\alpha}\right)\end{aligned}\right\} \tag{5-16}$$

由此可解得

$$\lambda^2=\frac{-B\pm\sqrt{B^2-4AC}}{2A} \tag{5-17}$$

当 $q=0$ 时，也就是没有气流时，$B>0$，$B^2-4AC>0$。式(5-14)算出的 λ^2 是两个负的实数，$\lambda=i\omega$ 是纯虚数。这样就求得翼段在真空中的两个固有频率(即自由振动频率)，该振动是简谐的，$\zeta=0$。

有气流时，$q>0$ 而仍满足 $B^2-4AC>0$ 时，则还是有两个振动频率，其值随 q 变化。当 q 增大到使 $B^2-4AC<0$ 时，则 λ^2 成为复数。因此至少会有一个 λ 值的实部 ζ 是正的，这表明振幅不断扩大，运动是不稳定的，发生了颤振。

$$B^2-4AC=0 \tag{5-18}$$

式(5-18)给出了稳定与不稳定的界限。由式(5-18)可算出一个确定的 q 值,在该值之下,就会出现动不稳定性,即颤振。

由式(5-18),可以得到

$$Dq_F^2 + Eq_F + F = 0$$

$$q_F = \frac{-E \pm \sqrt{E^2 - 4DF}}{2D} \tag{5-19}$$

式中 $D = \left[(me+S_\alpha)S\dfrac{\partial C_L}{\partial \alpha}\right]^2$;

$E = [-2(me+S_\alpha)(mk_\alpha+k_hI_\alpha)+4(mI_\alpha-S_\alpha^2)ek_h]S\dfrac{\partial C_L}{\partial \alpha}$;

$F = (mk_\alpha+k_hI_\alpha)^2-4(mI_\alpha-S_\alpha^2)k_hk_\alpha$。

由式(5-19)确定的 q_F,至少有一个应为正实数,才能使颤振发生。若两个均为正实数,则选其中较小者为颤振动压;若两个均不是正实数,则不会发生颤振。利用上述推导,还可作很多有意义的研究,但其中最重要的结果是:当 $S_\alpha<0$ 时,即重心在弹性轴的前面时,不会颤振。相反地,当 S_α 在大于零的情况下增大时,产生颤振的动压 q_F 则减小。在工程实际中通常在可能产生颤振的结构上,采取附加质量配重,目的就在于减小 S_α 和提高 q_F。

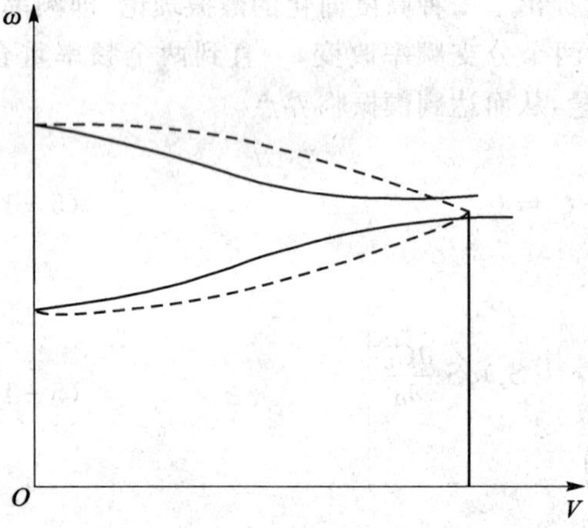

图 5-10 准定常气动力情况下 $V-\omega$ 的曲线

注意,由式(5-18)的条件,式(5-17)的 λ^2 只有一个值,即 $\lambda^2=-B/2A$,因此只有一个振动频率。可以说:当流速 V 增大到使两个振动频率相等时,就达到颤振临界点,如图 5-10 所示。这就是根据简单的定常气动力导出的频率重合理论。如果采用稍复杂的气动理论,例如准定常气动力,则翼段在气流中的两个振动频率虽然也随气流速度变化而相互接近,但不会相等,如图 5-10 的实线所示。

5.3.3 举 例

按照频率重合理论,可以估算颤振临界速度。下面举例说明。

例题 试求如图 5-9 所示的翼段在静止气流中的振动频率,并按频率重合理论求出颤振速度。图中翼段的弦长为 $2b$。

解 取 $\partial C_L/\partial\alpha=2\pi$ 代入方程(5-12),则化成

$$\frac{\ddot{h}}{b}+\frac{S_\alpha}{mb}\ddot{\alpha}+\omega_h^2\left(\frac{h}{b}\right)+\left(\frac{\pi\rho bS}{m}\right)\frac{V^2}{b^2}\alpha=0$$

$$\frac{bS_\alpha}{I_\alpha}\left(\frac{\ddot{h}}{b}\right)+\ddot{\alpha}+\omega_\alpha^2\alpha-\left(\frac{\pi\rho bS}{m}\right)\left(\frac{mb^2}{I_\alpha}\right)\left(\frac{e}{b}\right)\frac{V^2}{b^2}\alpha=0$$

设　　　　$h=h_0\mathrm{e}^{\mathrm{i}\omega t}$，　　$\alpha=\alpha_0\mathrm{e}^{\mathrm{i}\omega t}$

代入以上方程，消去 $\mathrm{e}^{\mathrm{i}\omega t}$。若代入以下的翼段有关数据，即设

$$\frac{m}{\pi\rho bS}=5,\quad \frac{S_\alpha}{mb}=0.25,\quad \frac{I_\alpha}{mb^2}=0.5\quad \frac{e}{b}=0.4,\quad \frac{\omega_h}{\omega_\alpha}=0.5$$

则得

$$(\omega_h^2-\omega^2)\left(\frac{h_0}{b}\right)+\left(0.2\frac{V^2}{b^2}-0.25\omega^2\right)\alpha_0=0$$

$$-0.5\omega^2\left(\frac{h_0}{b}\right)+\left(\omega_\alpha^2-\omega^2-0.16\frac{V^2}{b^2}\right)\alpha_0=0$$

两式同除以 ω_α^2，并记 $X=\dfrac{V}{b\omega_\alpha}$，得

$$\begin{bmatrix} 0.25-\dfrac{\omega^2}{\omega_\alpha^2} & 0.2X^2-0.25\dfrac{\omega^2}{\omega_\alpha^2} \\ -0.5\dfrac{\omega^2}{\omega_\alpha^2} & 1-\dfrac{\omega^2}{\omega_\alpha^2}-0.16X^2 \end{bmatrix}\begin{bmatrix}\dfrac{h_0}{b}\\ \alpha_0\end{bmatrix}=0$$

于是得到特征方程

$$0.875\frac{\omega^4}{\omega_\alpha^4}-(1.25-0.26X^2)\frac{\omega^2}{\omega_\alpha^2}+(0.25-0.04X^2)=0$$

在静止气流中，$V=0$，即可由上方程解得

$$\left(\frac{\omega}{\omega_\alpha}\right)^2=\begin{bmatrix}1.188\\0.241\end{bmatrix}$$

由此得到两个固有频率

$$\frac{\omega_1}{\omega_\alpha}=0.490$$

$$\frac{\omega_2}{\omega_\alpha}=1.09$$

再按频率重合条件

$$(1.25-0.26X^2)^2-4\times0.875\times(0.25-0.04X^2)=0$$

即　　　　$$X^4-7.544X^2+10.170=0$$

由此解得

$$X_\mathrm{F}^2=1.757$$

$$X_\mathrm{F}=\frac{V_\mathrm{F}}{b\omega_\alpha}=1.326$$

$$\frac{\omega_F}{\omega_\alpha} = 0.6732$$

频率重合理论所用的气动力表达式很粗略,所得的结果与实际情况自然有较大出入;但它的运算大为简化,且很有助于作参数分析(因为在较少自由度情况下,它有时甚至能提供封闭形式解,从而给出 V_F与某些参数的显式联系)。至今,在飞行范围内力图避免频率重合几乎成为飞机设计师的一条守则。

5.4 影响颤振速度的因素

在上述简化颤振理论分析的基础上,为进一步深入观察弹性系统的颤振特性,在本节简单地指出一些在升力面设计中影响颤振的因素。它们大都具有普遍意义,因此十分重要;特别是格罗斯曼所证明的一些表达机翼结构参数对弯扭颤振速度影响的关系,可供工程设计时参考。但是这些关系的可信度也受到假设的限制,如流体是不可压缩的,机翼是非后掠的,副翼是锁住的等。这些影响颤振速度的因素大多来自结构和气动力两个方面,归纳起来有以下6种。

1. 升力面弯曲刚度和扭转刚度的影响

升力面的弯曲刚度和扭转刚度对颤振速度的影响较大。例如在二元翼段上的计算和实验证明,若把升力面的弯曲刚度和扭转刚度同时增加 n 倍,则颤振速度约增加$\sqrt{n}$倍。但是它们二者的单独影响却完全不同。在颤振中扭转起主要作用,故扭转刚度的影响要大得多。当弯曲刚度不变,只把扭转刚度变化 n 倍时,则颤振速度会变化 nk 倍,$k=0.55\sim0.6$,因不同机翼而异。对于蒙皮受力的机翼来说,当只有弯曲刚度增加时,V_F变动不大,甚至会稍微下降。这种现象可解释如下:当颤振时,弯曲和扭转要以同一频率联合振动,扭转固有频率自然要比弯曲固有频率高,必须在有外加能量时才能使它们以同一频率联合振动;但当只提高弯曲刚度时,弯曲固有频率也随之提高,而与扭转固有频率相近,它们就容易以同一频率联合振动,这就会使 V_F降低,当弯、扭固有频率相等时,则会得到最小的 V_F。如果再提高弯曲刚度,则会使 V_F增加,但现代蒙皮受力机翼不会有这种情况。此外,还须指出,增大刚度必定要增大结构受力元件尺寸,也就是增加了质量。因此,这种措施会降低飞机的性能。

2. 重心、刚心和焦点位置的影响

重心在弦向的位置对 V_F的影响很大:重心后移会降低 V_F;重心前移会提高 V_F;重心位于刚心之前则不会发生颤振。利用这个概念来防止颤振是行之有效的,即在翼面前缘置放配重,使重心前移,以提高颤振速度 V_F。这种方法在操纵面上用得最多。重心位置对颤振速度 V_F的影响可参看图5-11。其中 $\overline{X}=X_G/C$,X_G是重心到前缘的距离,C 为弦长。

当重心位置一定时,应使刚心靠后一些(与重心靠近),这样可以提高颤振速度 V_F。若重心、刚心间距离不变,则把它们一起向前移(与焦点靠近),也可以使颤振速度 V_F有所增加。

3. 升力面上的集中质量影响

集中质量(如飞机机翼上的发动机)对颤振速度影响颇大。重物质量和它在弦向位置的不同,可能使颤振速度提高,也可能降低;有时也会改变颤振模态,改变主要的自由度。重物的支架(如发动机架)的弹性也影响颤振速度。翼尖油箱,尤其是在小展弦比机翼上,将使颤振速度降低。

如果飞机机翼内装有油,则在设计取油程序时应考虑到对颤振速度的影响。图 5-12 上画出了两种不同取油程序对颤振速度的影响。显然,应该采用第 1 种程序。

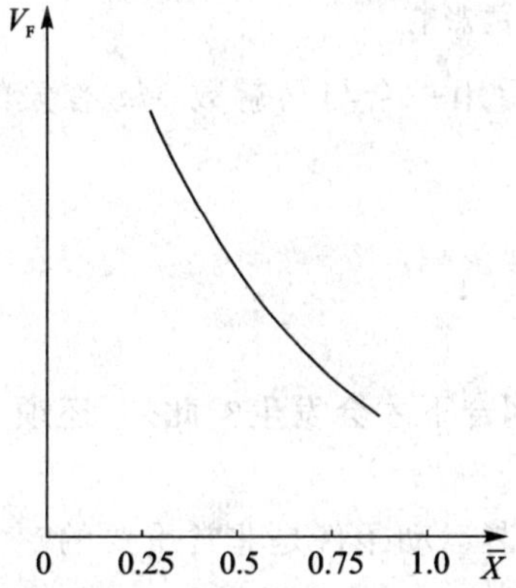

图 5-11　重心位置对 V_F 的影响

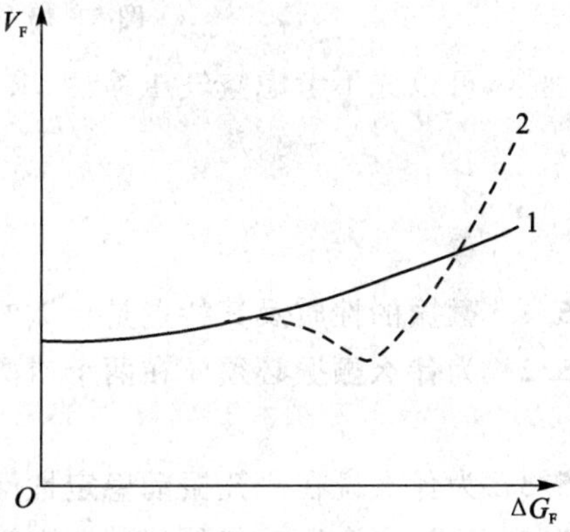

图 5-12　取油程序对颤振速度的影响

4. 升力面平面形状的影响

当翼展和机翼面积不变时,根梢比 η 愈大,则颤振速度也增高;因为 η 增大时,翼端部分翼弦减小,使该处(经常是颤振开始产生的地点)气动力减少,就会使颤振速度增加。

5. 飞行高度的影响

飞行高度增高,大气密度 ρ 减小,而速压应相同,所以

$$V_{FH} = V_{F0}\sqrt{\frac{\rho_0}{\rho_H}}$$

式中　V_{F0}——海平面($H=0$)上的颤振速度;

ρ_0——海平面上的大气密度。

6. 空气压缩性的影响

当马赫数 $Ma>0.5$ 时,应考虑空气压缩性。但在亚声速的情况下,空气压缩性对颤振速度影响并不大,随马赫数 Ma 增加,V_F开始缓慢降低;当马赫数 Ma 接近 1 时,随马赫数 Ma 增加,V_F急剧降低。如图 5-13 所示,到一定马赫数 Ma 时,V_F出现最小值,再增加马赫数 Ma 时,V_F逐渐增加。这就是通常所说的跨声速凹坑。

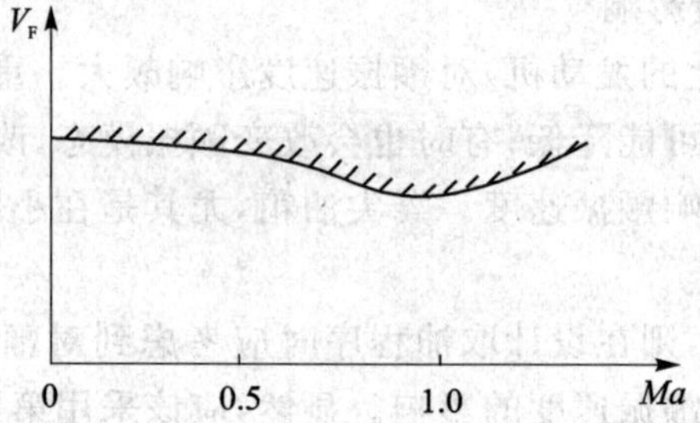

图 5-13 压缩性对颤振速度的影响

通常,可以先不考虑空气压缩性,求出颤振速度,而后用一个与马赫数 Ma 有关的因子来修正。

思考题

5.1 颤振的性质及其特点是什么?

5.2 为什么颤振必须要在两个或两个以上自由度耦合下才会发生?此外,还须具有什么条件?

5.3 为什么说在研究振动稳定性问题时,注意到简谐运动条件是非常重要的?

5.4 比较自激振动与强迫振动之间的不同。

5.5 按照能量输入的观点观察颤振发生的条件。

5.6 频率重合理论是在什么样的简化条件下得出的?

5.7 研究简化的颤振理论,对于飞机设计的意义何在?

5.8 复习振动学中的两个自由度运动方程的建立。

5.9 以机翼为例,比较弯曲刚度和扭转刚度对提高颤振速度的效果。

5.10 分别以重心、刚心和焦点位置对颤振速度的影响作出综合评述。

5.11 5.4 节讨论的影响颤振速度的因素在飞机设计中有什么应用价值?

参考文献

[1] 道尔 E H,小柯蒂斯 H C,斯坎伦 R H. 气动弹性力学现代教程. 陈文俊,尹传家,译. 北京:宇航出版社,1991.

[2] 诸德超,陈桂彬,邹丛青. 气动弹性力学. 航空工业部教材编审室,1986.

[3] Scanlan R H, Rosenbaum R. Introduction to the Study of Aircraft Vibration and Flutter. The Macmillan Company, New York, 1951.

[4] Bisplinghoff R L, Ashley H, Halfman R L. Aeroelasticity. Addison-Wesley Publishing Company, Inc., 1955.

第 6 章　颤振分析基础

在第 4 章中，概括地介绍了不可压缩流中振动的二元机翼上的气动力，分别讨论了准定常气动力理论和非定常气动力理论。作为颤振分析的基础，本章以二元机翼为分析对象，对于气动力直接引用第 4 章的结果。在 6.1 节中，首先建立运动方程，并应用准定常气动力理论讨论二元机翼颤振。在 6.2 节中，讨论应用非定常气动力理论时的二元机翼颤振。在采用非定常气动力理论时，由于减缩频率 k 隐含在各气动力系数内，因此就有一个如何求解颤振行列式的问题，将在 6.3 节中作专门的讨论。在 6.4 节中，将讨论二元机翼-副翼的颤振以及操纵面的配平问题。

6.1　应用准定常气动力理论的二元机翼颤振

在准定常气动力假设上所建立的颤振分析方法，是由格罗斯曼提出的。在这个理论中，略去了非定常气动力中的一些因素。因此，最后所得到的颤振结果是近似的，颤振速度偏于保守；但颤振计算的工作量相对减少，且其结果简明，易于对颤振速度的各种影响因素进行分析。多年来经过大量的风洞试验，证明了该理论在工程中应用的可行性。

以下首先建立运动方程，并在此基础上引用准定常气动力理论，进而求解颤振方程。现在来讨论一个具有两个自由度、弦长为 $2b$、宽度为一个单位长度的二元翼段。两个自由度分别是：弯曲 h（在弹性轴上测量，向下为正）；绕弹性轴的转动（前缘向上为正）。翼段分别由一个线弹簧和一个盘旋弹簧支持在弹性轴 E 点（相应于刚心处），弹簧常数分别为 K_h 和 K_α。如图 6-1所示，E 点在翼弦中点后 ab 处。重心到弹性轴的距离以 $x_\alpha b$ 表示，量纲为 1。于是机翼上任一点的位移

$$Z = h + r\alpha \tag{6-1}$$

式中　r——从弹性轴 E 量起的距离（在 E 点的后面为正）。

引用拉格朗日方程

$$\frac{\mathrm{d}}{\mathrm{d}t}\left(\frac{\partial T}{\partial \dot{q}_i}\right) - \frac{\partial T}{\partial q_i} + \frac{\partial U}{\partial q_i} = Q_i \qquad (i = 1, 2, \cdots, n) \tag{6-2}$$

式中　T——系统的动能；

U——系统的势能；

Q_i——与 q_i 相应的广义力，它由虚功表达式 $\delta W_e = \sum_{i=1}^{n} Q_i \delta q_i$ 中导出。

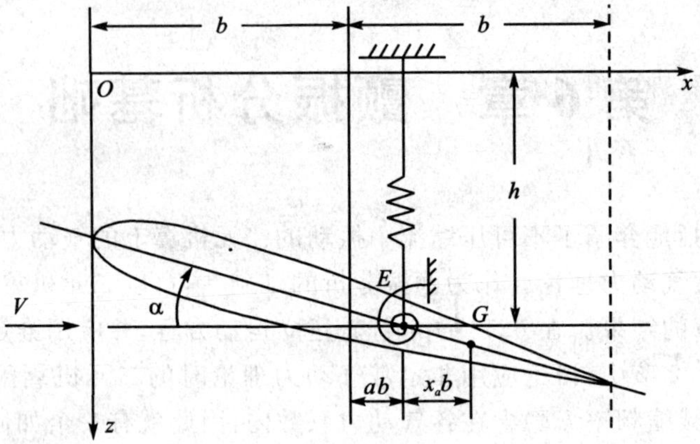

图 6-1　对二元翼段所规定的符号

二元翼段的动能是

$$T=\frac{1}{2}\int_0^{2b}(\dot{h}+r\dot{\alpha})^2\mathrm{d}m=\frac{1}{2}m\dot{h}^2+S_\alpha\dot{h}\dot{\alpha}+\frac{1}{2}I_\alpha\dot{\alpha}^2 \tag{6-3}$$

式中　m——单位展长的机翼质量，$m=\int_0^{2b}\mathrm{d}m$；

S_α——单位展长机翼对弹性轴的质量静矩，$S_\alpha=\int_0^{2b}r\mathrm{d}m=mx_\alpha b$；

I_α——单位展长机翼对转轴的质量惯矩，$I_\alpha=\int_0^{2b}r^2\mathrm{d}m=mr_\alpha^2b^2$，$r_\alpha$为对弹性轴的回转半径，量纲为1。

二元翼段的势能是

$$U=\frac{1}{2}K_hh^2+\frac{1}{2}K_\alpha\alpha^2 \tag{6-4}$$

应用拉格朗日方程，得

$$\left.\begin{aligned}m\ddot{h}+S_\alpha\ddot{\alpha}+K_hh&=Q_h\\S_\alpha\ddot{h}+I_\alpha\ddot{\alpha}+K_\alpha\alpha&=Q_\alpha\end{aligned}\right\} \tag{6-5}$$

式中　Q_h——与 h 相应的广义力，即由翼段振动引起的气动力(向下为正)；

Q_α——与 α 相应的广义力，即由翼段振动引起的气动力矩(以翼段前缘向上为正)。

以下对 Q_h 和 Q_α 采用准定常气动力理论来进行颤振分析。引用第 4 章中准定常气动力的结果，可知

$$L=-\frac{1}{2}\rho V^2(2b)a_0\left[\alpha+\frac{\dot{h}}{V}+\left(\frac{1}{2}-a\right)b\frac{\dot{\alpha}}{V}\right]$$

以及得到对刚心 E 的力矩

$$M_E=\frac{1}{2}\rho V^2(2b)^2\left\{a_0\left(\frac{1+a}{2}-\frac{1}{4}\right)\left[\alpha+\frac{\dot{h}}{V}+\left(\frac{1}{2}-a\right)b\frac{\dot{\alpha}}{V}\right]-\frac{b\pi}{4V}\dot{\alpha}\right\}$$

代入到式(6-5),经整理后得到颤振运动方程

$$m\ddot{h}+K_h h+S_\alpha\ddot{\alpha}+\rho V^2 ba_0\left[\alpha+\frac{\dot{h}}{V}+\left(\frac{1}{2}-a\right)b\frac{\dot{\alpha}}{V}\right]=0 \qquad (6-6)$$

$$S_\alpha\ddot{h}+I_\alpha\ddot{\alpha}+K_\alpha\alpha+2\rho V^2 b^2\left\{\frac{b\pi}{4V}\dot{\alpha}+\left(\frac{1}{4}-\frac{1+a}{2}\right)a_0\left[\alpha+\frac{\dot{h}}{V}+\left(\frac{1}{2}-a\right)b\frac{\dot{\alpha}}{V}\right]\right\}=0 \qquad (6-7)$$

注意,在颤振临界状况下(这时 $V=V_{cr}$),机翼作简谐运动,即

$$h=h_0 e^{i\omega t}$$

$$\alpha=\alpha_0 e^{i\omega t}$$

代入式(6-6)及式(6-7)得

$$(K_h-m\omega^2+i\rho Vba_0\omega)h+\left\{-S_\alpha\omega^2+\rho V^2 ba_0\left[1+i\omega\left(\frac{1}{2}-a\right)\frac{b}{V}\right]\right\}\alpha=0 \qquad (6-8)$$

$$\left[-S_\alpha\omega^2+i2\rho Vb^2\left(\frac{1}{4}-\frac{1+a}{2}\right)a_0\omega\right]h+$$
$$\left\{K_\alpha-I_\alpha\omega^2+2\rho V^2 b^2\left[i\frac{b\pi}{4V}\omega+\left(\frac{1}{4}-\frac{1+a}{2}\right)a_0\left[1+i\omega\left(\frac{1}{2}-a\right)\frac{b}{V}\right]\right]\right\}\alpha=0 \qquad (6-9)$$

引入符号

$$\left.\begin{aligned}
c_{11}&=m\\
c_{12}&=c_{21}=-S_\alpha\\
c_{22}&=I_\alpha\\
a_{11}&=K_h\\
a_{22}&=K_\alpha\\
b_{12}&=-\rho ba_0\\
b_{22}&=-2\rho b^2 a_0\left(\frac{1+a}{2}-\frac{1}{4}\right)\\
d_{11}&=\rho ba_0\\
d_{12}&=-\rho b^2 a_0\left(\frac{1}{2}-a\right)\\
d_{21}&=2\rho b^2 a_0\left(\frac{1+a}{2}-\frac{1}{4}\right)\\
d_{22}&=2\rho b^3\left[\frac{\pi}{4}-\left(\frac{1+a}{2}-\frac{1}{4}\right)a_0\left(\frac{1}{2}-a\right)\right]
\end{aligned}\right\} \qquad (6-10)$$

代入到式(6-8)和式(6-9)中,得

$$(a_{11}-c_{11}\omega^2+i\omega Vd_{11})h+(c_{12}\omega^2-b_{12}V^2-i\omega Vd_{12})\alpha=0 \qquad (6-11)$$

$$(c_{21}\omega^2 - \mathrm{i}\omega V d_{21})h + (a_{22} - c_{22}\omega^2 + b_{22}V^2 + \mathrm{i}\omega V d_{22})\alpha = 0 \tag{6-12}$$

以上的联立方程具有非零解的条件是系数行列式等于零,即

$$\begin{vmatrix} a_{11} - c_{11}\omega^2 + \mathrm{i}\omega V d_{11} & c_{12}\omega^2 - b_{12}V^2 - \mathrm{i}\omega V d_{12} \\ c_{21}\omega^2 - \mathrm{i}\omega V d_{21} & a_{22} - c_{22}\omega^2 + b_{22}V^2 + \mathrm{i}\omega V d_{22} \end{vmatrix} = 0 \tag{6-13}$$

这个行列式通常称为颤振行列式。它和自由振动时的固有频率方程不同,现在所得到的式(6-13)是一个复数方程。它包含实部及虚部两个方程,并有两个未知数,即颤振频率 ω 及颤振临界速度 V。

展开上式,并分成实、虚两部,得

$$A_1\omega^4 - (C_1 + C_2V^2)\omega^2 + (E_1 + E_2V^2) = 0 \tag{6-14}$$

$$-B_1\omega^2 + (D_1 + D_2V^2) = 0 \tag{6-15}$$

式中

$$\left.\begin{aligned} A_1 &= c_{11}c_{22} - c_{21}c_{12} \\ B_1 &= d_{11}c_{22} + c_{11}d_{22} - c_{12}d_{21} - c_{21}d_{12} \\ C_1 &= a_{11}c_{22} + c_{11}a_{22} \\ C_2 &= c_{11}b_{22} - b_{12}c_{21} + d_{11}d_{22} - d_{12}d_{21} \\ D_1 &= d_{11}a_{22} + a_{11}d_{22} \\ D_2 &= d_{11}b_{22} - b_{12}d_{21} \\ E_1 &= a_{11}a_{22} \\ E_2 &= a_{11}b_{22} \end{aligned}\right\} \tag{6-16}$$

由式(6-15)解得

$$\omega^2 = \frac{D_1 + D_2V^2}{B_1} \tag{6-17}$$

代入式(6-14),得

$$\overline{L}V^4 + \overline{M}V^2 + \overline{N} = 0 \tag{6-18}$$

式中

$$\left.\begin{aligned} \overline{L} &= D_2(B_1C_2 - D_2A_1) \\ \overline{M} &= B_1C_2D_1 + B_1C_1D_2 - B_1^2E_2 - 2D_1D_2A_1 \\ \overline{N} &= B_1C_1D_1 - B_1^2E_1 - D_1^2A_1 \end{aligned}\right\} \tag{6-19}$$

求解式(6-18)得

$$V^2 = \frac{-\overline{M} \pm \sqrt{\overline{M}^2 - 4\overline{L}\overline{N}}}{2\overline{L}} \tag{6-20}$$

取两个根中较小的正根作为颤振速度 V_F,再代回式(6-17),即得颤振频率 ω_F。在求得 V_F 及 ω_F 后,还可以代回式(6-11)及式(6-12),求得两振幅之比,即

$$\frac{h}{\alpha}=-\frac{c_{12}\omega^2-b_{12}V^2-\mathrm{i}\omega Vd_{12}}{a_{11}-c_{11}\omega^2+\mathrm{i}\omega Vd_{11}} \tag{6-21}$$

这个比值为复数。它表明，在颤振时 h 和 α 有相位差。这显然和机翼固有振动情况不同。在一个无阻尼系统作为主振动时，各点相位差是 0°或 180°，因此，固有振型只需要一张图就能表示了。

现在由于相位差不等于 0°或 180°，就必须用一系列的图形，才能表达出颤振的振型。

例题　参看图 5-9，试使准定常气动力理论更加简化。只考虑刚心处速度引起的气动阻尼力，取

$$L=\frac{1}{2}\rho V^2 S\frac{\partial C_L}{\partial\alpha}\left(\alpha+\frac{\dot{h}}{V}\right)$$

$$M_E=e\cdot L$$

有关翼段的数据与 5.3.3 小节中例题相同，求该二元机翼的颤振速度。

解　该翼段的运动方程是

$$m\ddot{h}+S_\alpha\ddot{\alpha}+K_h h+\frac{1}{2}\rho V^2 S\frac{\partial C_L}{\partial\alpha}\left(\alpha+\frac{\dot{h}}{V}\right)=0$$

$$S_\alpha\ddot{h}+I_\alpha\ddot{\alpha}+K_\alpha\alpha-\frac{1}{2}\rho V^2 S\frac{\partial C_L}{\partial\alpha}\left(\alpha+\frac{\dot{h}}{V}\right)e=0$$

在颤振临界状态下

$$h=h_0\mathrm{e}^{\mathrm{i}\omega t},\qquad \alpha=\alpha_0\mathrm{e}^{\mathrm{i}\omega t}$$

代入上述有关的数据，由以上方程得

$$\begin{bmatrix}0.25-\dfrac{\omega^2}{\omega_\alpha^2}+\mathrm{i}0.2\dfrac{\omega}{\omega_\alpha}X & 0.20X^2-0.25\dfrac{\omega^2}{\omega_\alpha^2}\\ -0.5\dfrac{\omega^2}{\omega_\alpha^2}-\mathrm{i}0.16\dfrac{\omega}{\omega_\alpha}X & 1-0.16X^2-\dfrac{\omega^2}{\omega_\alpha^2}\end{bmatrix}\begin{bmatrix}\dfrac{h_0}{b}\\ \alpha_0\end{bmatrix}=0$$

式中

$$X=\frac{V}{b\omega_\alpha}$$

该方程的特征方程可分为实部和虚部两个方程。

实部方程为

$$0.875\frac{\omega^4}{\omega_\alpha^4}-(1.25-0.26X^2)\frac{\omega^2}{\omega_\alpha^2}+(0.25-0.04X^2)=0$$

虚部方程为

$$0.2-0.24\frac{\omega^2}{\omega_\alpha^2}=0$$

由虚部方程得颤振频率

$$\frac{\omega_F}{\omega_\alpha}=0.91$$

代入实部方程得

$$-0.1840+0.1767X^2=0$$

解得量纲为1的颤振速度,即

$$X_F=\frac{V_F}{b\omega_\alpha}=1.02$$

6.2 应用非定常气动力理论的二元机翼颤振

由6.1节已经导出二元机翼的运动方程,即

$$\left.\begin{aligned} m\ddot{h}+S_\alpha\ddot{\alpha}+K_h h&=L\\ S_\alpha\ddot{h}+I_\alpha\ddot{\alpha}+K_\alpha\alpha&=M_E \end{aligned}\right\} \tag{6-22}$$

用非定常理论计算气动力时,由于可供使用的气动力只有简谐振动产生的气动力,故以第4章中的非定常气动力公式代入式(6-22)的等号右边项,同时令

$$h=h_0\mathrm{e}^{\mathrm{i}\omega t},\qquad \alpha=\alpha_0\mathrm{e}^{\mathrm{i}\omega t}$$

则可得

$$-m\omega^2h-S_\alpha\omega^2\alpha+K_hh-\pi\rho b^3\omega^2\left\{L_h\frac{h}{b}+\left[L_\alpha-\left(\frac{1}{2}+a\right)L_h\right]\alpha\right\}=0 \tag{6-23}$$

$$-S_\alpha\omega^2h-I_\alpha\omega^2\alpha+K_\alpha\alpha-\pi\rho b^4\omega^2\left\{\left[M_h-\left(\frac{1}{2}+a\right)L_h\right]\frac{h}{b}+\right.$$

$$\left.\left[M_\alpha-\left(\frac{1}{2}+a\right)(L_\alpha+M_h)+\left(\frac{1}{2}+a\right)^2L_h\right]\alpha\right\}=0 \tag{6-24}$$

式中

$$L_h=1-\mathrm{i}\,\frac{2}{k}[F(k)+\mathrm{i}G(k)] \tag{6-25}$$

$$L_\alpha=\frac{1}{2}-\mathrm{i}\,\frac{1}{k}\{1+2[F(k)+\mathrm{i}G(k)]\}-\frac{2}{k^2}[F(k)+\mathrm{i}G(k)] \tag{6-26}$$

$$M_h=\frac{1}{2} \tag{6-27}$$

$$M_\alpha=\frac{3}{8}-\mathrm{i}\,\frac{1}{k} \tag{6-28}$$

为了计算方便,所有有关的气动力系数均已制成表格,在需要时可以查阅:U.S Army Air Force TR4798 或 R. H. Scanlan 和 R. Rosenbaum 的 *Introductionto the Study of Aircraft Vibration and Flutter* 一书的附录。这里仅摘录了不可压缩流中的一小部分系数,见表6-1。这个表就是对不同的 k 值列出的 L_h,L_α,M_h 和 M_α 的值。这些系数有些是复数,其虚数部分代表与相应位移有相位差的那些气动力。L_h,L_α,M_h 及 M_α 和西奥道生的函数 $C(k)$ 的关系见式(6-25)~式(6-28)。

表 6-1　Ma=0 时的非定常气动力的系数

k	$1/k=V/b\omega$	L_h	L_α	M_h	M_α
∞	0.00	1.000 0+0.000 0i	0.500 0+0.000 0i	0.500 0	0.375 0+0.000 0i
4	0.25	0.984 8−0.251 9i	0.421 8−0.942 3i	0.500 0	0.375 0−0.250 0i
2	0.50	0.942 3−0.512 9i	0.185 8−0.984 1i	0.500 0	0.375 0−0.500 0i
1.2	0.83	0.853 8−0.883 3i	−0.382 3−1.594 9i	0.500 0	0.375 0−0.833 3i
0.8	1.25	0.708 8−1.385 3i	−1.522 8−2.271 2i	0.500 0	0.375 0−1.250 0i
0.6	1.67	0.540 7−1.929 3i	−3.174 9−2.830 5i	0.500 0	0.375 0−1.666 7i
0.5	2.00	0.397 2−2.391 6i	−4.886 0−3.186 0i	0.500 0	0.375 0−2.000 0i
0.4	2.50	0.175 2−3.125 0i	−8.137 5−3.562 5i	0.500 0	0.375 0−2.500 0i
0.34	2.94	−0.022 1−3.805 3i	−11.714 0−3.739 6i	0.500 0	0.375 0−2.941 2i
0.3	3.33	−0.195 0−4.433 3i	−15.473 0−3.782 2i	0.500 0	0.375 0−3.333 3i
0.27	3.75	−0.379 8−5.108 4i	−20.033 7−3.684 7i	0.500 0	0.375 0−3.750 0i
0.24	4.17	−0.552 0−5.824 2i	−25.319 0−3.526 0i	0.500 0	0.375 0−4.166 7i
0.2	5.00	−0.886 0−7.276 0i	−37.766 5−2.846 0i	0.500 0	0.375 0−5.000 0i
0.16	6.25	−1.345 0−9.535 0i	−61.437 0−1.128 8i	0.500 0	0.375 0−6.250 0i
0.12	8.33	−2.002 0−13.438 5i	−114.492 0+3.242 0i	0.500 0	0.375 0−8.333 3i
0.1	10.00	−2.446 0−16.640 0i	−169.346 0+7.820 0i	0.500 0	0.375 0−10.000 0i
0.08	12.50	−3.010 0−21.510 0i	−272.410 0+16.115 0i	0.500 0	0.375 0−12.500 0i
0.06	16.67	−3.753 0−29.733 3i	−499.853 0+32.822 2i	0.500 0	0.375 0−16.666 7i

引入翼段作单纯弯曲(上下平移)振动时的固有频率

$$\omega_h=\sqrt{\frac{K_h}{m}} \tag{6-29}$$

及翼段作单纯扭转振动时的固有频率

$$\omega_\alpha=\sqrt{\frac{K_\alpha}{I_\alpha}}$$

并以 $-\pi\rho b^3\omega^2$ 及 $-\pi\rho b^4\omega^2$ 分别除式(6-23)及式(6-24),可得

$$\left[\frac{m}{\pi\rho b^2}\left(1-\frac{\omega_h^2}{\omega^2}\right)+L_h\right]\frac{h}{b}+\left\{\frac{m}{\pi\rho b^2}x_\alpha+\left[L_\alpha-\left(\frac{1}{2}+a\right)L_h\right]\right\}\alpha=0 \tag{6-30}$$

$$\left\{\frac{m}{\pi\rho b^2}x_\alpha+\left[M_h-\left(\frac{1}{2}+a\right)L_h\right]\right\}\frac{h}{b}+\left\{\frac{m}{\pi\rho b^2}r_\alpha^2\left(1-\frac{\omega_\alpha^2}{\omega^2}\right)+\right.$$

$$\left.\left[M_\alpha-\left(\frac{1}{2}+a\right)(L_\alpha+M_h)+\left(\frac{1}{2}+a\right)^2L_h\right]\right\}\alpha=0 \tag{6-31}$$

由以上两式可得颤振行列式

$$\begin{vmatrix} \dfrac{m}{\pi\rho b^2}\left[1-\left(\dfrac{\omega_h}{\omega_\alpha}\right)^2\left(\dfrac{\omega_\alpha}{\omega}\right)^2\right]+L_h & \dfrac{m}{\pi\rho b^2}x_\alpha+L_\alpha-\left(\dfrac{1}{2}+a\right)L_h \\ \dfrac{m}{\pi\rho b^2}x_\alpha+M_h-\left(\dfrac{1}{2}+a\right)L_h & \dfrac{m}{\pi\rho b^2}r_\alpha^2\left(1-\dfrac{\omega_\alpha^2}{\omega^2}\right)+M_\alpha-\left(\dfrac{1}{2}+a\right)(L_\alpha+M_h)+\left(\dfrac{1}{2}+a\right)^2L_h \end{vmatrix}=0 \tag{6-32}$$

式中，已将各物理量转化为量纲为1的量。其中$m/\pi\rho b^2$称翼段与空气质量比，量纲为1；ω_h/ω_α为单纯弯曲与单纯扭转固有频率的比，该值对于一个特定的翼段是给定的；a，x_α，r_α等符号的意义已如前述，对于一个特定的翼段也是给定的。于是问题在于如何由方程(6-32)求出ω_α/ω及k这两个未知量。由于k是隐含在各气动力系数内的(通常各气动力系数与k的关系是以数值表的形式给出的)，因此，在这个复数方程中，外表上看来似乎就只有一个未知量。关于如何求解颤振行列式等于零所构成的复数方程，将在下一节进一步讨论。

6.3 颤振行列式的求解

6.2节讨论了用非定常理论计算气动力时的颤振方程，可以看到它和采用准定常气动力的情况不同，方程的系数不显含V，必须给定$1/k=V/b\omega$的值，才能知道L_h等的值。本节主要介绍如何求解颤振行列式等于零所构成的复数方程。由于求解的方法较多，这里仅介绍常用的3种。

6.3.1 西奥道生法

在6.2节所叙述的把颤振行列式分成实数和虚数部分两个行列式，从而求解出颤振速度的方法，在美国的文献中常称做西奥道生法。在式(6-32)中，令

$$\left(\frac{\omega_\alpha}{\omega}\right)^2=X \tag{6-33}$$

且只有对角线项包含X。对于一个给定的k值，行列式的所有项都是已知的(复数)。特征方程的形式为

$$X^2-(B_R+iB_I)X+(C_R+iC_I)=0 \tag{6-34}$$

如果把实数和虚数部分分开，就可以写成两个以X为未知量的且具有实系数的方程

$$\left.\begin{aligned} X^2-B_RX+C_R&=0 \\ B_IX-C_I&=0 \end{aligned}\right\} \tag{6-35}$$

分别解上述两个方程，并以X_R，X_I分别表示实部方程和虚部方程所得的正根。通常，$X_R\neq X_I$。显然，只有$X_R=X_I$时才能求得颤振方程的解。因此，给定一组k值解得一组X_R及X_I后，作$\sqrt{X_R}-k$及$\sqrt{X_I}-k$两条曲线，如图6-2所示，其交点所对应的k值表示颤振行列式等于零的

k 值，于是可以求得 V_F 及 ω_F。

对于可压缩流体，在查寻气动力数据表时要求同时假定马赫数 Ma 和减缩频率 k，才能求得行列式的数值。先假定马赫数为 Ma，用上述方法可以算出一个颤振临界速度 V，但它对应于另一个马赫数 Ma'。不断地改变 Ma，又会导致其他的 Ma'，直到 $Ma=Ma'$时，即可得到真实的解。所以，需要一个试凑的过程。

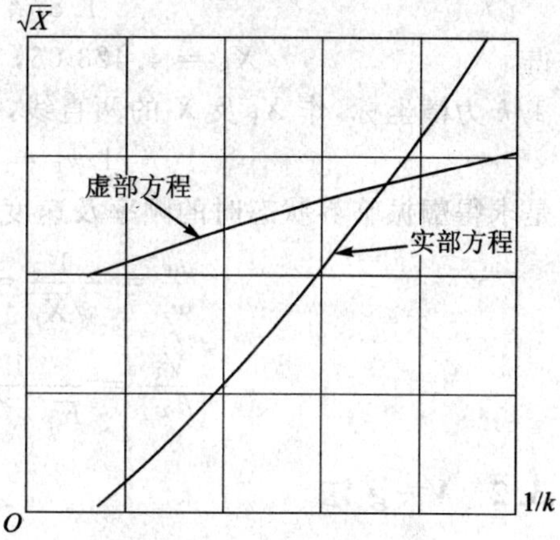

图 6-2　用西奥道生法求解颤振行列式的$\sqrt{X}-\frac{1}{k}$

例题　已知二元翼段的参数如下：

$$\left(\frac{1}{2}+a\right)=\frac{e}{b}=0.4,\qquad \frac{m}{\pi\rho bS}=5$$

$$\frac{S_\alpha}{mb}=0.25,\qquad \frac{I_\alpha}{mb^2}=0.5$$

试用非定常气动力，分别按 $1/k=V/b\omega=1.25$ 及 1.67列出颤振方程，求出颤振临界点。

解　把已知参数代入到运动方程，并记 $X=(\omega_\alpha/\omega)^2$，得方程

$$\begin{bmatrix} 5+L_h-1.25X & 1.25-0.4L_h+L_\alpha \\ 1.75-0.4L_h & 2.3+0.16L_h-0.4L_\alpha+M_\alpha-2.5X \end{bmatrix}\begin{bmatrix} \frac{h}{b} \\ \alpha \end{bmatrix}=0$$

由表 6-1 可查到有关 L_h等气动力系数，代入上方程后，得到如下特征方程：

$1/k=1.25$ 时

$$\begin{vmatrix} 4.567\,04-1.508\,64i-X & -0.445\,06-1.213\,50i \\ 0.586\,59+0.301\,73i & 1.359\,01-10.257\,30i-X \end{vmatrix}=0$$

展开后得

实部方程：

$$X^2-5.926\,05X+5.734\,0=0$$

虚部方程：

$$1.765\,94X-2.379\,24=0$$

由实部方程解得

$$X_R=4.714\,06,\qquad 1.211\,99$$

又由虚部方程解得

$$X_I=1.347\,29$$

同理，按 $1/k=1.67$ 时的特征方程

$$\begin{vmatrix} 4.432\,56-1.536\,24i-X & -1.712\,94-1.649\,86i \\ 0.613\,49+0.307\,25i & 1.612\,59-0.336\,70i-X \end{vmatrix}=0$$

得到实部和虚部两个方程：

$$X^2 - 6.045\,15X + 7.174\,60 = 0$$

$$1.872\,94X - 2.431\,29 = 0$$

解得 $X_R = 4.423\,06,\quad 1.622\,09,\quad X_I = 1.298\,11$

以 $1/k$ 为横坐标,作 X_R 及 X_I 的两直线,得交点

$$1/k_F = 1.37,\quad X_F = 1.32$$

于是求得颤振临界状态时的频率及速度

$$\frac{\omega_F}{\omega_\alpha} = \frac{1}{\sqrt{X_F}} = \frac{1}{1.32} = 0.87$$

$$\frac{V_F}{b\omega_\alpha} = \frac{1}{K_F\ \sqrt{X_F}} = 1.37 \times 0.87 = 1.19$$

6.3.2 V-g 法

这是当前颤振计算中较常用的方法。在这个方法中引入了结构阻尼系数 g。实验表明,振动时结构阻尼力的大小与振动位移量成正比,因而也与弹性恢复力成正比,而与频率无关。此外,它与速度反相,即与位移有 90°相位差。引用结构阻尼系数 g 来表示结构阻尼力,即结构阻尼力为 $-\mathrm{i}g_hK_hh$(或 $-\mathrm{i}g_\alpha K_\alpha\alpha$)。而结构阻尼力与弹性恢复力之和可用

$$-(1+\mathrm{i}g_h)K_hh = -(1+\mathrm{i}g_h)m\omega_h^2h_0\mathrm{e}^{\mathrm{i}\omega t}$$

及

$$-(1+\mathrm{i}g_\alpha)K_\alpha\alpha = -(1+\mathrm{i}g_\alpha)I_\alpha\omega_\alpha^2\alpha_0\mathrm{e}^{\mathrm{i}\omega t}$$

表示,通常取 $g_h = g_\alpha = g$。在式(6-30)及式(6-31)中引入结构阻尼力,得

$$\left\{\frac{m}{\pi\rho b^2}\left[1-(1+\mathrm{i}g)\left(\frac{\omega_h}{\omega}\right)^2\right]+L_h\right\}\frac{h}{b}+\left\{\frac{m}{\pi\rho b^2}x_\alpha+\left[L_\alpha-\left(\frac{1}{2}+a\right)L_h\right]\right\}\alpha=0 \tag{6-36}$$

$$\left\{\frac{m}{\pi\rho b^2}x_\alpha+\left[M_h-\left(\frac{1}{2}+a\right)L_h\right]\right\}\frac{h}{b}+$$
$$\left\{\frac{m}{\pi\rho b^2}r_\alpha^2\left[1-(1+\mathrm{i}g)\left(\frac{\omega_\alpha}{\omega}\right)^2\right]+\left[M_\alpha-\left(\frac{1}{2}+a\right)(L_\alpha+M_h)+\left(\frac{1}{2}+a\right)^2L_h\right]\right\}\alpha=0 \tag{6-37}$$

相应地有颤振行列式

$$\begin{vmatrix} \frac{m}{\pi\rho b^2}\left[1-\left(\frac{\omega_h}{\omega_\alpha}\right)^2(1+\mathrm{i}g)\left(\frac{\omega_\alpha}{\omega}\right)^2\right]+L_h & \frac{m}{\pi\rho b^2}x_\alpha+L_\alpha-\left(\frac{1}{2}+a\right)L_h \\ \frac{m}{\pi\rho b^2}x_b+M_h-\left(\frac{1}{2}+a\right)L_h & \frac{m}{\pi\rho b^2}r_\alpha^2\left[1-(1+\mathrm{i}g)\left(\frac{\omega_\alpha}{\omega}\right)^2\right]+M_\alpha-\left(\frac{1}{2}+a\right)(L_\alpha+M_h)+\left(\frac{1}{2}+a\right)^2L_h \end{vmatrix}=0 \tag{6-38}$$

令
$$Z=(1+\mathrm{i}g)\left(\frac{\omega_\alpha}{\omega}\right)^2 \tag{6-39}$$

它是一个复数未知数，式(6-38)就成为一个关于 Z 的复系数二次方程。求解后，得两个复根 $Z=Z_R+\mathrm{i}Z_I$。由 Z 的定义式(6-39)可得

$$\omega=\frac{\omega_\alpha}{\sqrt{Z_R}} \tag{6-40}$$

$$g=\frac{Z_I}{Z_R} \tag{6-41}$$

在计算式(6-38)之前，必须先设一组 k 值，而 $k=\omega b/V$。因而，在由式(6-40)算出一个 ω 值后，就有

$$V=\frac{\omega b}{k}=\frac{b}{k}\cdot\frac{\omega_\alpha}{\sqrt{Z_R}} \tag{6-42}$$

真实的结构总是有阻尼的，就是说 g 值总是正的。负值的 g 是虚拟的，它意味着结构本身不消耗能量，反而会增加能量。由式(6-41)解得的 g 值的物理意义是：飞机在上式给出的 V 值下飞行时，若机翼作临界简谐振动，则它必须具有按式(6-41)算出的结构阻尼值。若机翼的真实结构阻尼小于此值，则必须给它再增加一些阻尼才能作临界简谐振动，那么实际上机翼在这个飞行速度下已经作发散振动，即已进入颤振范围；反之，若真实结构阻尼大于此值，则必须减少才能达到临界，故实际上机翼作衰减振动处于亚临界范围。事实上，结构总是存在一定的阻尼，但是很难精确地测定。所以，从保守的方面考虑，常认为机翼的结构阻尼是零。假如由式(6-41)算出的 g 值是负的(比所设的真实阻尼的零值要小)，就表示要施以负阻尼力，即施加激励力，机翼才作临界简谐振动。实际上机翼并未受此激励力，故机翼振动衰减尚未达到颤振状况，即由式(6-42)算出的 V 值比颤振速度 V_F 小。

在计算颤振速度时，也要假设一组 k(即一组 $1/k$)值，求得相应的 V,g,ω。绘制成 $V-g$ 图线，通常取与 $g=0$(由图线插值得到)所对应的 V 值作为颤振速度 V_F，如图 6-3 所示。图 6-3(a)中两条曲线所对应的频率 ω 分别接近 ω_h 及 ω_α，故有时称之为弯曲分支及扭转分支。由图可见，发生颤振的是扭转分支。还可以取计算中的 ω 值，作出 $V-\omega$ 的两条曲线，如图 6-3(b)所示。当 V 增加时，两条分支的频率逐渐靠近。通常在接近颤振速度时，都有类似现象。

$V-g$ 法用在两个自由度的系统上并不见得比西奥道生的解法简单，但这条曲线在颤振点上的斜率大致上表明颤振的剧烈程度，而且这样在数学上也把颤振问题概括为复特征值问题。若用矩阵表达，则方程的一般形式是

$$(\boldsymbol{A}-Z\boldsymbol{B})\boldsymbol{q}=\boldsymbol{0} \tag{6-43}$$

或

$$\boldsymbol{D}\boldsymbol{q}=Z\boldsymbol{q} \tag{6-44}$$

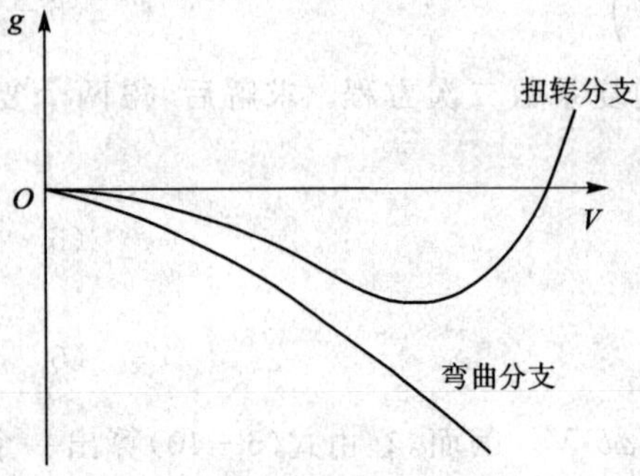

(a) V–g图

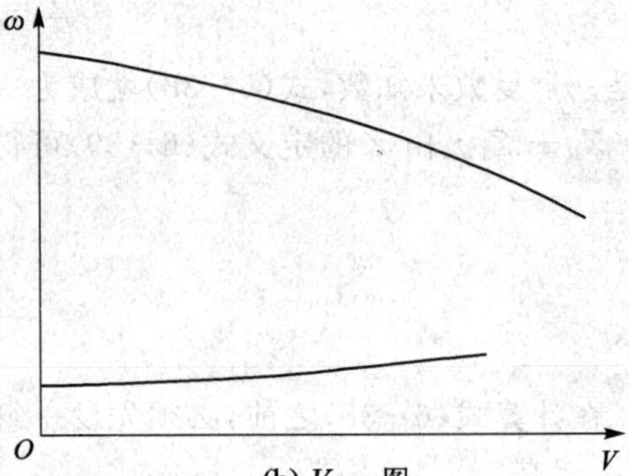

(b) V–ω图

图 6-3 用 V-g 法求解颤振行列式的图线

式中，$\boldsymbol{D}=\boldsymbol{B}^{-1}\boldsymbol{A}$，它和 $\boldsymbol{A}$ 都是复数矩阵，其阶数等于系统的自由度数；$\boldsymbol{q}$ 是系统的位移矩阵。

对于多自由度系统，采用式(6-43)或式(6-44)便于电子计算机求解，用复数雅克比法能够求出全部复数特征根 Z，且具有同样的精确度。这点和静稳定性问题不同，颤振问题是需要求出全部特征根的。

例题 试用 V-g 法求解 6.3.1 小节例题中机翼的颤振速度。

解 在该例题中已求解出特征方程。

当 $1/k=1.25$ 时，有

$$Z^2-(5.926\,05-1.765\,94\mathrm{i})Z+(5.713\,0-2.379\,24\mathrm{i})=0$$

算出复数根是

$$\begin{aligned}Z&=2.963\,025-0.882\,97\mathrm{i}\pm\sqrt{2.286\,48-2.853\,28\mathrm{i}}=\\&\quad 2.963\,025-0.882\,97\mathrm{i}\pm(1.723\,79-0.827\,62\mathrm{i})=\\&\quad\begin{cases}4.686\,82-1.710\,59\mathrm{i}\\1.239\,24-0.055\,35\mathrm{i}\end{cases}\end{aligned}$$

于是算得相应的

$$\frac{\omega}{\omega_\alpha}=\frac{1}{\sqrt{Z_\mathrm{R}}}=\begin{cases}0.461\,91\\0.898\,30\end{cases}$$

$$g=\frac{Z_\mathrm{I}}{Z_\mathrm{R}}=\begin{cases}-0.364\,98\\-0.044\,66\end{cases}$$

$$\frac{V}{b\omega_\alpha}=\frac{1}{k}\frac{\omega}{\omega_\alpha}=\begin{cases}0.577\,39\\1.122\,88\end{cases}$$

又当 $1/k=1.67$ 时

$$Z^2-(6.04515-1.87294\mathrm{i})Z+(7.17460-2.43129\mathrm{i})=0$$

算出根是

$$Z=3.02258-0.93647\mathrm{i}\pm\sqrt{1.08438-3.22981\mathrm{i}}=\begin{cases}4.52114-2.01411\mathrm{i}\\1.52402+0.14117\mathrm{i}\end{cases}$$

相应的

$$\frac{\omega}{\omega_\alpha}=\frac{1}{\sqrt{Z_\mathrm{R}}}=\begin{cases}0.47930\\0.81004\end{cases}$$

$$g=\frac{Z_\mathrm{I}}{Z_\mathrm{R}}=\begin{cases}-0.44549\\0.09263\end{cases}$$

$$\frac{V}{b\omega_\alpha}=\frac{1}{k}\frac{\omega}{\omega_\alpha}=\begin{cases}0.78540\\1.35276\end{cases}$$

若按直线插值求 $Z_\mathrm{I}=0$ 即颤振点，可由方程

$$\frac{\frac{1}{k}-1.25}{1.67-1.25}=\frac{Z_\mathrm{I}+0.05535}{0.14117+0.05535}\quad 及\quad Z_\mathrm{I}=0$$

解得

$$\frac{1}{k_\mathrm{F}}=\frac{V_\mathrm{F}}{b\omega}=1.37$$

再按直线插值算出颤振临界点的 Z 值，即

$$Z_\mathrm{F}=1.23924+\frac{(1.52402-1.23924)}{(1.67-1.25)}(1.37-1.25)=1.32$$

所以颤振频率

$$\frac{\omega_\mathrm{F}}{\omega_\alpha}=\frac{1}{\sqrt{Z_\mathrm{F}}}=0.87$$

颤振折算速度

$$\frac{V_\mathrm{F}}{b\omega_\alpha}=\frac{1}{k_\mathrm{F}\sqrt{Z_\mathrm{F}}}=1.19$$

注意，在采用 $V-g$ 法时，所选取的气动力系数 L_h，L_α，M_h 和 M_α 不仅是减缩频率 k 的函数，也同时随马赫数 Ma 而变化。在上例题中，没有考虑随马赫数 Ma 变化的因素。

$V-g$ 法为颤振计算提供了很大的方便，但由于它使用了具有人工阻尼的简谐运动，而使得它在理论上不够严谨。对于 g 不等于零的情况，频率和阻尼就不能正确地描述系统的行为状态。

6.3.3　*p*-*k* 法

20 世纪 70 年代初，美国提出另一种求解颤振行列式的方法，即 $p-k$ 法。它比 $V-g$ 法稍进一步说明了亚临界自由振动衰减的程度。这一方法中，设机翼作任意运动，即

$$\left.\begin{aligned} h &= h_0 e^{(\gamma+i)\omega t} = h_0 e^{\bar{p}t} \\ \alpha &= \alpha_0 e^{(\gamma+i)\omega t} = \alpha_0 e^{\bar{p}t} \end{aligned}\right\} \tag{6-45}$$

式中，$\bar{p}=\gamma\omega+i\omega$，$i=\sqrt{-1}$。由上式可见

$$\gamma = \frac{1}{2\pi}\ln\left[\frac{h\left(t+\dfrac{2\pi}{\omega}\right)}{h(t)}\right] \tag{6-46}$$

表示了振动的衰减率。

机翼作任意运动时的气动力表达式更为复杂，但是人们最关心的还是颤振临界状态。在这种状态下，机翼作简谐振动。在这个状态的附近，机翼的振动也近似为简谐振动，所以在计算气动力时，仍用简谐振动机翼的非定常气动力公式。在计算中所用的减缩频率 k 就取与式(6-45)中 ω 相应的 k。

机翼作简谐振动时，有 $\ddot{h}=-\omega^2 h$，而对式(6-45)则有 $\ddot{h}=\mathrm{d}^2(h)/\mathrm{d}t^2$。可见，对简谐振动机翼所导得的式(6-23)和式(6-24)，只需用 $\dfrac{\mathrm{d}^2}{\mathrm{d}t^2}$ 代替 $-\omega^2$，即可导出作任意运动时的有关方程。通常再引入量纲为1的算子，则

$$p = \frac{b}{V}\frac{\mathrm{d}}{\mathrm{d}t} = \gamma k + ik = \delta + ik \tag{6-47}$$

式中，$\delta=\gamma k$。

于是，可将式(6-23)和式(6-24)稍加变化，即得

$$\left\{\frac{V^2}{b^2}\begin{bmatrix} mb & S_\alpha \\ S_\alpha b & I_\alpha \end{bmatrix}p^2 + \begin{bmatrix} K_h b & 0 \\ 0 & K_\alpha \end{bmatrix} - \right.$$

$$\left.\pi\rho b^3\omega^2\begin{bmatrix} L_h & L_\alpha - \left(\dfrac{1}{2}+a\right)L_h \\ \left[M_h - \left(\dfrac{1}{2}+a\right)L_h\right]b & \left[M_\alpha - \left(\dfrac{1}{2}+a\right)(L_\alpha + M_h) + \left(\dfrac{1}{2}+a\right)^2 L_h\right]b \end{bmatrix}\right\}\begin{bmatrix} \dfrac{h}{b} \\ \alpha \end{bmatrix} = 0 \tag{6-48}$$

式(6-48)可以表示为

$$\left[\frac{V^2}{b^2}\overline{\boldsymbol{M}}p^2 + \overline{\boldsymbol{K}} + \frac{1}{2}\rho V^2\overline{\boldsymbol{A}}(k)\right]\boldsymbol{q} = \boldsymbol{0} \tag{6-49}$$

式中，$\overline{\boldsymbol{M}}$，$\overline{\boldsymbol{K}}$ 及 $\overline{\boldsymbol{A}}$ 的含义可由式(6-48)和式(6-49)的对应关系直接找出；矩阵 $\boldsymbol{q}$ 代表了机翼两个自由度位移列阵$[h/b \quad \alpha]^{\mathrm{T}}$。

对于二元机翼，可直接由式(6-48)导出颤振行列式：

$$\Delta = \begin{vmatrix} \frac{m}{\pi\rho b^2}\left[p^2 + \left(\frac{\omega_\alpha b}{V}\right)^2\left(\frac{\omega_h}{\omega_\alpha}\right)^2\right] - k^2 L_h & \frac{m}{\pi\rho b^2}x_\alpha p^2 - k^2\left[L_\alpha - \left(\frac{1}{2}+a\right)L_h\right] \\ \frac{m}{\pi\rho b^2}x_\alpha p^2 - k^2\left[M_h - \left(\frac{1}{2}+a\right)L_h\right] & r_\alpha^2 \frac{m}{\pi\rho b^2}\left[p^2 + \left(\frac{\omega_\alpha b}{V}\right)^2\right] - k^2\left[M_\alpha - \left(\frac{1}{2}+a\right)(L_\alpha + M_h) + \left(\frac{1}{2}+a\right)^2 L_h\right] \end{vmatrix} = 0 \quad (6-50)$$

式中，$p=\bar{p}b/V$，量纲为 1，即 $p=rk+\mathrm{i}k$。求解上式时，先要设一个大气密度 ρ 及飞行速度 V（事实上就确定了马赫数 Ma）。再假定某一减缩频率 k 值下，会同马赫数 Ma 查取相应表格中气动力系数 L_α，L_h，M_α 和 M_h，即可求解上式，并求出两个根：$p^{(1)}=\gamma^{(1)}k^{(1)}+\mathrm{i}k^{(1)}$ 及 $p^{(2)}=\gamma^{(2)}k^{(2)}+\mathrm{i}k^{(2)}$。比较 $k^{(1)}$ 与上述假定的 k 值，以更接近 k 的 $k^{(1)}$ 值重新查表上的气动力系数，由此反复迭代到满意为止。此时即寻求到了机翼在气流中自由振动的第一支模态，其频率 $\omega_1=k_1V/b$，衰减率是 γ_1。同理以 $k^{(2)}$ 作为第二分支的初始试凑值，通过迭代找出第二个模态的频率 $\omega_2=k_2V/b$。

在飞行高度不变的情况下，改变飞行速度 V（即在原速度 V 的基础上作适当的增加），重复以上步骤，从而找出在增量速度下，该机翼两支模态的频率及衰减率。如此对速度 V 逐级增加，就算出一系列相应的模态频率及衰减率，直到可以用来描绘 $V-\gamma$ 及 $V-\omega$ 图。注意到在 $V-\gamma$ 图上与横坐标相交的点，它所对应的速度就是颤振速度 V_F。

从上述过程可见，$p-k$ 法的计算工作量远大于 $V-g$ 法，但其所计算的结果是与所述飞行高度 H 上的飞行马赫数值协调一致的，即可以认为就是最终结果，不必再对马赫数 Ma 进行迭代。此外，$V-\gamma$ 图与 $V-g$ 图不同。在 $V-\gamma$ 图中，处于亚临界状态所对应的 γ 值可认为是真实的衰减率，因此可以和飞行颤振试验的结果相对比。

6.4　二元机翼-副翼颤振

本节讨论二元机翼-副翼颤振。在二元机翼构型的基础上，在后缘装有副翼，如图 6-4 所示。图中 eb 为副翼前缘至翼弦中点的距离，cb 为副翼铰链轴至翼弦中心的距离。在副翼铰链轴上附有旋转弹簧，其刚度系数为 K_β，副翼偏角为 β，且下偏为正。图中坐标系原点取在翼弦中点。

机翼上任一点的位移可表示为

$$z = h + (x-ab)\alpha \qquad (-b \leqslant x < eb)$$
$$z = h + (x-ab)\alpha + (x-cb)\beta \qquad (eb \leqslant x \leqslant b) \qquad (6-51)$$

为引用拉格朗日方程，计算二元翼段的动能为

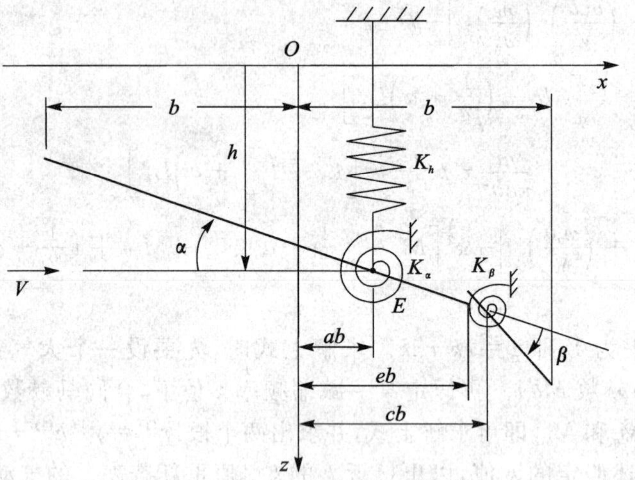

图 6-4 二元机翼-副翼示意图

$$T=\frac{1}{2}\int_{-b}^{b}\dot{z}^2 m_0\,\mathrm{d}x=$$
$$\frac{1}{2}\int_{-b}^{eb}[\dot{h}+(x-ab)\dot{\alpha}]^2 m_0\,\mathrm{d}x+\frac{1}{2}\int_{eb}^{b}[\dot{h}+(x-ab)\dot{\alpha}+(x-cb)\dot{\beta}]^2 m_0\,\mathrm{d}x=$$
$$\frac{1}{2}m\dot{h}^2+\frac{1}{2}I_\alpha\dot{\alpha}^2+\frac{1}{2}I_\beta\dot{\beta}^2+S_\alpha\dot{h}\dot{\alpha}+S_\beta\dot{h}\dot{\beta}+[(c-a)bS_\beta+I_\beta]\dot{\alpha}\dot{\beta} \tag{6-52}$$

式中

$$\left.\begin{aligned}
m&=\int_{-b}^{b}m_0\,\mathrm{d}x\\
S_\alpha&=\int_{-b}^{b}(x-ab)m_0\,\mathrm{d}x=mx_\alpha b\\
I_\alpha&=\int_{-b}^{b}(x-ab)^2m_0\,\mathrm{d}x=mr_\alpha^2b^2\\
S_\beta&=\int_{eb}^{b}(x-cb)m_0\,\mathrm{d}x=mx_\beta b\\
I_\beta&=\int_{eb}^{b}(x-cb)^2m_0\,\mathrm{d}x=mr_\beta^2b^2
\end{aligned}\right\} \tag{6-53}$$

以上各式中,m_0 为单位面积的翼段质量;m 为单位展长的翼段质量;S_α为单位展长机翼对刚心的质量静矩;I_α为单位展长机翼对刚心的质量惯矩;S_β为单位展长副翼对副翼转轴的质量静矩;I_β为单位展长副翼对副翼转轴的质量惯矩。

二元翼段的势能为

$$U = \frac{1}{2}K_h h^2 + \frac{1}{2}K_\alpha \alpha^2 + \frac{1}{2}K_\beta \beta^2 \tag{6-54}$$

代入拉格朗日方程，得

$$\left.\begin{aligned} m\ddot{h} + S_\alpha\ddot{\alpha} + S_\beta\ddot{\beta} + K_h h &= Q_h \\ S_\alpha\ddot{h} + I_\alpha\ddot{\alpha}[(c-a)bS_\beta + I_\beta]\ddot{\beta} + K_\alpha\alpha &= Q_\alpha \\ S_\beta\ddot{h} + [(c-a)bS_\beta + I_\beta]\ddot{\alpha} + I_\beta\ddot{\beta} + K_\beta\beta &= Q_\beta \end{aligned}\right\} \tag{6-55}$$

在副翼有偏转时，气动力表达式计入了副翼偏转的影响。由广义力的定义可知，单位展长机翼的升力为 L'；单位展长机翼上气动力对刚心 E 的力矩为 M'；单位展长上气动力对副翼铰链轴的力矩为 T'。L'，M'及 T'的表达式可以在有关的文献资料中查到，例如本章后所附的参考文献[1]。

上式中引入简谐振动，假设

$$\left.\begin{aligned} h &= h_0 e^{i\omega t} \\ \alpha &= \alpha_0 e^{i\omega t} \\ \beta &= \beta_0 e^{i\omega t} \end{aligned}\right\} \tag{6-56}$$

在运动方程中引入结构阻尼，并把上式的系数化成量纲为 1 的形式，可利用单自由度系统固有频率

$$\left.\begin{aligned} \omega_h &= \sqrt{\frac{K_h}{m}} \\ \omega_\alpha &= \sqrt{\frac{K_\alpha}{I_\alpha}} \\ \omega_\beta &= \sqrt{\frac{K_\beta}{I_\beta}} \end{aligned}\right\} \tag{6-57}$$

则得

$$\left.\begin{aligned} A_{11}\frac{h}{b} + A_{12}\alpha + A_{13}\beta &= 0 \\ B_{11}\frac{h}{b} + B_{12}\alpha + B_{13}\beta &= 0 \\ C_{11}\frac{h}{b} + C_{12}\alpha + C_{13}\beta &= 0 \end{aligned}\right\} \tag{6-58}$$

式中

$$\left.\begin{aligned}
A_{11} &= \frac{m}{\pi\rho b^2}\left[1-(1+\mathrm{i}g_h)\left(\frac{\omega_\alpha}{\omega}\right)^2\left(\frac{\omega_h}{\omega_\alpha}\right)^2\right]+L_h \\
A_{12} &= \frac{m}{\pi\rho b^2}x_\alpha + L_\alpha - \left(\frac{1}{2}+a\right)L_h \\
A_{13} &= \frac{m}{\pi\rho b^2}x_\beta + L_\beta - (c-e)L_z \\
B_{11} &= \frac{m}{\pi\rho b^2}x_\alpha + M_h - \left(\frac{1}{2}+a\right)L_h \\
B_{12} &= \frac{m}{\pi\rho b^2}r_\alpha^2\left[1-(\mathrm{i}+\mathrm{i}g_\alpha)\left(\frac{\omega_\alpha}{\omega}\right)^2\right]+M_\alpha-\left(\frac{1}{2}+a\right)(M_h+L_\alpha)+\left(\frac{1}{2}+a\right)^2L_h \\
B_{13} &= \frac{m}{\pi\rho b^2}[(c-a)x_\beta+r_\beta^2]+M_\beta-\left(\frac{1}{2}+a\right)L_\beta-(c-e)M_z+(c-e)\left(\frac{1}{2}+a\right)L_z \\
C_{11} &= \frac{m}{\pi\rho b^2}x_\beta + T_h - (c-e)P_h \\
C_{12} &= \frac{m}{\pi\rho b^2}[(c-a)x_\beta+r_\beta^2]+T_\alpha-(c-e)P_\alpha-\left(\frac{1}{2}+a\right)T_h+(c-e)\left(\frac{1}{2}+a\right)P_h \\
C_{13} &= \frac{m}{\pi\rho b^2}r_\beta^2\left[1-(1+\mathrm{i}g_\beta)\left(\frac{\omega_\alpha}{\omega}\right)^2\left(\frac{\omega_\beta}{\omega_\alpha}\right)^2\right]+T_\beta-(c-e)(P_\beta+T_z)+(c-e)^2P_z
\end{aligned}\right\}\tag{6-59}$$

上式中的气动力系数都是 k 的函数。在计及压缩性影响时,它们还是马赫数 Ma 的函数。由此得到颤振行列式为

$$\begin{vmatrix} A_{11} & A_{12} & A_{13} \\ B_{11} & B_{12} & B_{13} \\ C_{11} & C_{12} & C_{13} \end{vmatrix} = 0 \tag{6-60}$$

当采用 $V-g$ 法求解时,令 $g_h = g_\alpha = g_\beta$,并引入

$$\lambda = (1+\mathrm{i}g)\left(\frac{\omega_\alpha}{\omega}\right)^2$$

展开行列式,可得 λ 的复系数三次方程,即

$$\lambda^3 + L\lambda^2 + M\lambda + N = 0 \tag{6-61}$$

式中,L,M 和 N 都是复系数。求解时可用牛顿法,求得一个复根后即可降阶,用解二次方程的方法求得其余两个根。

思考题

6.1 6.1 节中应用拉格朗日方程建立了振动运动方程,试用其他方法例如力的平衡法,建立振动运动方程。

6.2 试比较 6.1 节的例题与 5.3.3 小节的例题,哪个计算结果精度更高些,为什么?

6.3　广义气动力与一般空气动力有什么关系？为什么叫它广义的？

6.4　熟悉非定常气动力系数的查表过程。

6.5　采用非定常气动力和采用准定常气动力在求解颤振行列式上有什么不同？

6.6　区分 $V-g$ 法和 $p-k$ 法在原理上及计算方法上的主要差异。

6.7　在 $V-g$ 图中，解释 g 的物理意义。

6.8　练习推导二元机翼-副翼的振动运动方程。

6.9　式(6-61)中，L，M，N 都是复系数，考虑如何求解该式。

参考文献

[1] Scanlan R H，Rosenbaum R. Introduction to the Study of Aircraft Vibration and Flutter. The Macmillan Company，New York，1951.

[2] Fung Y C. 空气弹性力学引论. 冯钟越，管德，译. 北京：国防工业出版社，1963.

[3] 伏欣 H W. 气动弹性力学原理. 沈克扬，译. 上海：上海科学技术文献出版社，1982.

[4] 诸德超，陈桂彬，邹丛青. 气动弹性力学. 航空工业部教材编审室，1986.

第7章　大展弦比机翼的颤振分析

第6章中，以二元机翼为对象，讨论了颤振分析的基础。在本章及以后的各章中将主要讨论工程颤振分析方法。本章的重点是针对大展弦比机翼颤振计算的讨论。在7.1节中，对工程颤振分析作了简要的说明；在7.2节中，以大展弦比直机翼为例，讨论运动方程的建立；在7.3和7.4节中，采用气动力的片条理论分别以准定常气动力理论和非定常气动力理论来讨论大展弦比直机翼的颤振计算；在7.5节中，针对大展弦比后掠机翼讨论了颤振分析的特点。

注意，无论在前面或以后所讨论的颤振问题中，都是以线化理论为基础的。实践证明：只要运动的幅度不太大时，以线化理论来处理颤振问题，在临界速度的附近是比较接近真实情况的。

7.1　工程颤振分析的概述

三元机翼是一个复杂的连续弹性体，具有无穷多个自由度，所以比起二元机翼要复杂得多。对于一个真实的飞机结构，要想精确地研究它是不可能的。这就需要有工程上的手段，使其成为能够反映主要弹性及惯性特性的物理模型及数学模型。

在结构分析中，为了描述结构的变形，可以有两种方法。一种方法是在结构上选择一定数量的点，通过这些点上的位移来描述结构的变形。这种方法就形成了“集中质量法”。在集中质量法中，把机翼分成一定数量的片条，并认为每一片条都是作为一个整体在运动。另一种方法是用由连续函数组成的级数展开式，这种方法就形成了广义坐标，这是在颤振分析中常用的方法。

把一个复杂弹性结构的变形用有限数量的广义坐标来表示，等于是在弹性体上加上了某种约束。因此，结构不再是完全弹性的，而是“半刚固”的。这里重要的是选择描述弹性位移的广义坐标；当广义坐标选定以后，就可以根据拉格朗日方程导出运动方程。因此，就要从模型试验和实际工程经验中去恰当地选择半刚固形态。为了说明广义坐标的选择，作为例子，选择一个大展弦比直机翼来讨论。该机翼根部固支，并以一根弹性轴来表示，把它当做度量机翼挠度的参考线。这样对沿翼弦方向的机翼剖面变形可以用3个量来表示，即弹性轴的弯曲（向下为正）、绕弹性轴的转动（前缘向上为正）以及副翼绕其铰链的转动（后缘向下为正）。对于展向某一个剖面在时间t时，上述3个量分别以$h(y, t)$、$\alpha(y, t)$及$\beta(y, t)$来表示。如果要求完全描述任意函数$h(y, t)$、$\alpha(y, t)$及$\beta(y, t)$，则需要一整套的广义坐标。但是，它和振动分析中的情况一样，往往可以选取少量广义坐标作为颤振机翼的代表。在本例中取了3个广义坐

标，设

$$\left.\begin{aligned} h(y,t) &= \bar{h}(t)f(y) \\ \alpha(y,t) &= \bar{\alpha}(t)\phi(y) \\ \beta(y,t) &= \bar{\beta}(t)\psi(y) \end{aligned}\right\} \tag{7-1}$$

式中，$\bar{h}(t)$，$\bar{\alpha}(t)$及$\bar{\beta}(t)$是未知的时间函数，而 $f(y)$，$\phi(y)$及 $\psi(y)$则是 3 个假定的 y 的函数；当假定了上述 3 个 y 的函数后，机翼的变形形式就受到了限制。如果 $f(y)$，$\phi(y)$及 $\psi(y)$选择得当，所求得的颤振速度就比较接近实际。此处函数 $f(y)$，$\phi(y)$及 $\psi(y)$称为变形的半刚固形态，或者简称形态。广义坐标 $\bar{h}(t)$，$\bar{\alpha}(t)$及$\bar{\beta}(t)$是基于这些函数定义的。

通常，操纵面可以认为是刚体的，因而 $\psi(y)$可以取为常数，因为操纵面最低阶的扭转频率通常比颤振频率高得多。在结构设计中，为了保证这一点，经常把操纵杆尽量安排在操纵面翼展的中间。在需要增置平衡质量时，也应尽可能靠近操纵拉杆。

在本例中，对函数 $f(y)$，$\phi(y)$及 $\psi(y)$可选为机翼自由振动的纯弯、纯扭振型。但是，为了便于计算，也可以选择近似于纯弯、纯扭振型的多项式，甚至于选取一些初等函数。这些函数一定要满足机翼根部约束的边界条件。例如，对于翼根部剖面固支的悬臂机翼选为

$$f(y) = \frac{1}{l^2}y^2, \qquad \phi(y) = \frac{1}{l}y, \qquad \psi(y) = 1$$

就完全满足了位移边界条件。

当选用机翼自由振动的固有振型时，所得到的结果最好。若在本例中选取前三阶固有振型，即

$$\begin{Bmatrix} f_1(y) \\ \phi_1(y) \\ \psi_1(y) \end{Bmatrix}, \qquad \begin{Bmatrix} f_2(y) \\ \phi_2(y) \\ \psi_2(y) \end{Bmatrix}, \qquad \begin{Bmatrix} f_3(y) \\ \phi_3(y) \\ \psi_3(y) \end{Bmatrix} \tag{7-2}$$

则可以写出

$$\left.\begin{aligned} h(y,t) &= q_1(t)f_1(y) + q_2(t)f_2(y) + q_3(t)f_3(y) \\ \alpha(y,t) &= q_1(t)\phi_1(y) + q_2(t)\phi_2(y) + q_3(t)\phi_3(y) \\ \beta(y,t) &= q_1(t)\psi_1(y) + q_2(t)\psi_2(y) + q_3(t)\psi_3(y) \end{aligned}\right\} \tag{7-3}$$

式中，$q_1(t)$，$q_2(t)$及 $q_3(t)$是广义坐标。

在颤振分析中，通常选取以主振型（固有振型）为模态（“基”）的广义坐标，称之为主坐标。这样做的优点是：① 能够更好地反映真实机翼的质量和刚度特性；② 广义质量矩阵和广义刚度矩阵都是对角矩阵；③ 前几阶的固有频率和振型可以用实物的地面共振试验取得，而且还能测定相应的广义质量。这样，可以使得理论计算与试验互相校核。当然，这样做也使得气动力矩阵的计算工作量增加了。而且在做颤振计算之前，总要先求出机翼（或飞机）在无气流时的固有频率和振型，也就是说先做振动计算和地面试验，为颤振计算提供原始资料。

现代飞机的刚度比较小，机翼上往往有大的集中质量，机身可能较重。因此，主坐标的数

目需要选取得多一些。在新飞机的研制中,由于无经验可循,故必须采用机翼或全机的主振型,一般要取6～10个自由度(主坐标),有时甚至还要多些。

值得注意的是,颤振分析本身除了要借助于高速计算机外,还包含了很强的技巧性。设计人员除了要作出一些重要的简化假定外,还需要把分析对象表示为仅具有少量的自由度,而且仅考虑那些有可能发生颤振的形态。这就要求设计人员,依靠所积累的工程实际经验,作出对重要模态和自由度的正确选择,在尽量减少颤振分析工作量的同时,得到最准确的结果。

最后要提及的是关于非线性问题。因为无论是在前面或以后所讨论的颤振问题,都是以线化理论为基础的,而真实的物理现象并不是线性的,因此就存在如何评价线化理论的正确性的问题。关于这方面只是从实践证明了当运动的幅值不太大时,以线化理论来处理颤振问题,在临界速度的附近是比较接近真实情况的。事实上,即使是在线化理论的范围之内,在理论上也未必能做到尽善尽美的程度。在以后的章节中将会看到,在处理工程实际问题时,常常要引入一些附加的假设来简化颤振计算。例如:① 以弹性梁代替三元机翼;② 用"片条"假设来简化空气动力;③ 气动力系数是对应于处在零攻角的平板翼型计算的,即不计非线性厚度效应;④ 有时忽略空气压缩性效应等。所以在一些要求有高准确度的实际问题中,必须采用理论分析和模型试验、飞行试验相结合的技术途径。

7.2 大展弦比直机翼的运动方程

本节讨论大展弦比直机翼的颤振计算。在讨论中,引用了两个重要的假设:① 在气动力计算上,应用片条理论;② 在结构上,把机翼简化为由各剖面刚心连成的一根直线,称之为弹性轴。本节从建立运动方程出发,分别采用准定常及非定常气动理论进行颤振计算,并应用实例说明计算过程。

如图7-1所示,大展弦比直机翼的弦向剖面可以认为是绝对刚硬的,而且它有一根近似于垂直对称面的直弹性轴。因此,机翼的变形可以用弹性轴的弯曲 $h(y,\ t)$ 和弦向剖面绕弹性轴的扭转 $\alpha(y,\ t)$ 来表示,即

$$w(x,y,t)=h(y,t)+r(x)\alpha(y,t) \tag{7-4}$$

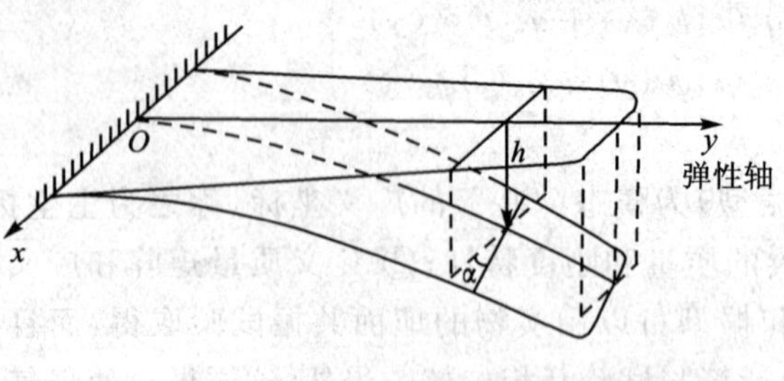

图7-1 大展弦比直机翼颤振计算示意图

式中,w 为平直机翼任意一点的变形,向下为正;h 以向下为正;r 为从弹性轴量起的弦向距离,以顺气流方向向后为正;α 以前缘抬头为正。

机翼的第 j 阶固有振型 $w_j(x,\ y)$ 也可以表示为弹性轴的弯曲 $h_j(y)$ 及绕弹性轴的扭转 $\alpha_j(y)$,即

$$w_j(x,y)=h_j(y)+r(x)\alpha_j(y) \tag{7-5}$$

现在，把机翼的变形运动转化到用主坐标来描述，即把机翼在垂直方向的运动位移用 n 个固有振型叠加组成，则

$$w(x,y,t)=\sum_{j=1}^{n}[h_j(y)+r(x)\alpha_j(y)]\cdot\xi_j(t) \tag{7-6}$$

为了引用拉格朗日方程，先要计算机翼的动能 T 及势能 U。

机翼的动能为

$$T=\frac{1}{2}\iint_S\gamma(x,y)[\dot{w}(x,y,t)]^2\mathrm{d}x\mathrm{d}y=\frac{1}{2}\sum_{j=1}^{n}M_j\dot{\xi}_j^2 \tag{7-7}$$

式中　$\gamma(x,y)$——机翼单位面积质量；

S——机翼面积。

$$M_j=\int_0^l[mh_j^2(y)+2S_\alpha h_j(y)\alpha_j(y)+I_\alpha\alpha_j^2(y)]\mathrm{d}y \tag{7-8}$$

式中　l——半展长。

$$\left.\begin{aligned}m&=\int_{\text{弦}}\gamma(x,y)\mathrm{d}x\\S_\alpha&=\int_{\text{弦}}\gamma(x,y)r(x)\mathrm{d}x\\I_\alpha&=\int_{\text{弦}}\gamma(x,y)r^2(x)\mathrm{d}x\end{aligned}\right\} \tag{7-9}$$

式(7-9)中的 m,S_α,I_α 分别为单位展长机翼的质量、对弹性轴的质量静距及惯距。

机翼的势能为

$$U=\frac{1}{2}\sum_{j=1}^{n}M_j\omega_j^2\xi_j^2 \tag{7-10}$$

式中　ω_j——第 j 阶固有频率。

把以上动能、势能代入拉格朗日方程得

$$\frac{\mathrm{d}}{\mathrm{d}t}\left(\frac{\partial T}{\partial\dot{\xi}_j}\right)-\frac{\partial T}{\partial\xi_j}+\frac{\partial U}{\partial\xi_j}=Q_j\qquad(j=1,2,\cdots,n) \tag{7-11}$$

式中，Q_j 代表与第 j 个主坐标对应的广义力。由此可得到颤振分析所用的运动方程

$$M_j\ddot{\xi}_j+M_j\omega_j^2\xi_j=Q_j\qquad(j=1,2,\cdots,n) \tag{7-12}$$

这里如何选用固有振型及取用多少阶固有振型，直接涉及颤振分析工作的繁简。通常，对于大展弦比直机翼，在没有较大的集中质量情况下，在初步估算颤振时，往往只取机翼的第一阶主弯曲振型及第一阶主扭转振型，此时机翼变形运动降为两个自由度。

进一步简化，还可以用与第一阶纯弯振型 $f(y)$ 及第一阶纯扭振型 $\phi(y)$ 相联系的 $h(t)$ 和 $\alpha(t)$ 作为两个广义坐标，即

$$\left.\begin{aligned} h(y,t) &= f(y)h(t) \\ \alpha(y,t) &= \phi(y)\alpha(t) \end{aligned}\right\} \tag{7-13}$$

代入式(7-4),则

$$w(x,y,t) = f(y)h(t) + r(x)\phi(y)\alpha(t) \tag{7-14}$$

这样得到的运动方程与式(7-12)不同,在等号左边将出现惯性耦合项,此时动能为

$$T = \frac{1}{2}\iint_S \gamma(x,y)\left[f(y)\dot{h}(t) + r(x)\phi(y)\dot{\alpha}(t)\right]^2 \mathrm{d}x\mathrm{d}y =$$

$$\frac{1}{2}(c_{11}\dot{h}^2 - 2c_{12}\dot{h}\dot{\alpha} + c_{22}\dot{\alpha}^2) \tag{7-15}$$

式中

$$\left.\begin{aligned} c_{11} &= \int_0^l m(y)\cdot f^2(y)\mathrm{d}y \\ c_{12} = c_{21} &= -\int_0^l S_\alpha(y)f(y)\phi(y)\mathrm{d}y \\ c_{22} &= \int_0^l I_\alpha(y)\phi^2(y)\mathrm{d}y \end{aligned}\right\} \tag{7-16}$$

式中,m,S_α和 I_α的表达式仍为式(7-9)。此时的势能为

$$U = \frac{1}{2}\int_0^l EI(y)\left[\frac{\partial^2 f(y)}{\partial y^2}\right]^2 h^2(t)\mathrm{d}y + \frac{1}{2}\int_0^l GJ(y)\left[\frac{\partial\phi(y)}{\partial y}\right]^2 \alpha^2(t)\mathrm{d}y =$$

$$\frac{1}{2}a_{11}h^2 + \frac{1}{2}a_{22}\alpha^2 \tag{7-17}$$

代入式(7-11)拉格朗日方程,得

$$\left.\begin{aligned} c_{11}\ddot{h} - c_{12}\ddot{\alpha} + a_{11}h &= Q_h \\ -c_{21}\ddot{h} + c_{22}\ddot{\alpha} + a_{22}\alpha &= Q_\alpha \end{aligned}\right\} \tag{7-18}$$

考虑纯弯曲自由振动,这时无外力 Q_h,得

$$c_{11}\ddot{h} + a_{11}h = 0$$

同理,考虑纯扭转自由振动,这时无外力 Q_α,得

$$c_{22}\ddot{\alpha} + a_{22}\alpha = 0$$

由于运动是简谐的,以 $h=h_0\mathrm{e}^{\mathrm{i}\omega t}$,$\alpha=\alpha_0\mathrm{e}^{\mathrm{i}\omega t}$ 代入上式,即可求出

$$\left.\begin{aligned} a_{11} &= c_{11}\omega_h^2 \\ a_{22} &= c_{22}\omega_\alpha^2 \end{aligned}\right\} \tag{7-19}$$

ω_h及 ω_α分别为纯弯曲及纯扭转自由振动频率。由此可见,广义刚度 a_{11},a_{22}可以通过相应的广义质量和纯弯曲或纯扭转固有频率来表示,于是式(7-18)又可改写为

$$\left.\begin{aligned} c_{11}\ddot{h} - c_{12}\ddot{\alpha} + c_{11}\omega_h^2 h &= Q_h \\ -c_{21}\ddot{h} + c_{22}\ddot{\alpha} + c_{22}\omega_\alpha^2\alpha &= Q_\alpha \end{aligned}\right\} \tag{7-20}$$

式中，Q_h和Q_α分别对应于广义坐标$h(t)$，$\alpha(t)$的广义气动力。

现在来求广义空气动力。按广义力的定义$Q_h\delta h=\delta W_h$，当有增量δh时各翼段上的升力L'将在位移$f(y)\delta h$上作功，因此相应的功增量为

$$\delta W_h=\int_0^l L'f(y)\delta h\mathrm{d}y$$

故

$$Q_h=\int_0^l L'(y,t)f(y)\mathrm{d}y \tag{7-21}$$

同理，按广义力的定义

$$Q_\alpha\delta\alpha=\delta W_\alpha$$

当有增量$\delta\alpha$时，各翼段的气动力矩M'将在位移$\phi(y)\delta\alpha$上作功，由此得出

$$Q_\alpha=\int_0^l M'(y,t)\phi(y)\mathrm{d}y \tag{7-22}$$

7.3　采用准定常气动力理论的颤振计算

本节所讨论的大展弦比直机翼，采用了气动力片条理论，即认为机翼的任意弦向剖面上的气动力，可以按照二元机翼理论计算，于是在此处可以直接引用第 4 章的结果。

在二元机翼准定常气动力公式中，分别用$f(y)h(t)$及$\phi(y)\alpha(t)$代替h及α，则得

$$L'=-\rho V^2a_0b(y)\left\{\phi(y)\alpha(t)+\frac{f(y)\dot{h}(t)}{V}+\left[\frac{1}{2}-a(y)\right]b(y)\frac{\phi(y)\dot{\alpha}(t)}{V}\right\} \tag{7-23}$$

式中，$a(y)b(y)$为沿翼展向各剖面上弹性轴在翼弦中点后的距离。

$$\begin{aligned}M'=&2\rho V^2a_0b^2(y)\left[\frac{1+a(y)}{2}-\frac{1}{4}\right]\left\{\phi(y)\alpha(t)+\right.\\&\left.\frac{f(y)\dot{h}(t)}{V}+\left[\frac{1}{2}-a(y)\right]b(y)\frac{\phi(y)\dot{\alpha}(t)}{V}\right\}-\\&\frac{1}{2}\pi\rho Vb^3(y)\phi(y)\dot{\alpha}(t)\end{aligned} \tag{7-24}$$

以式(7-23)及式(7-24)分别代入式(7-21)及式(7-22)中，即求得Q_h和Q_α。再以所求得的Q_h，Q_α代入式(7-18)，经过整理后可得到形式上和二元机翼类同的方程式，即

$$\left.\begin{aligned}c_{11}\ddot{h}-c_{12}\ddot{\alpha}+a_{11}h-b_{12}V^2\alpha+d_{11}V\dot{h}-d_{12}V\dot{\alpha}=0\\-c_{21}\ddot{h}+c_{22}\ddot{\alpha}+a_{22}\alpha+b_{22}V^2\alpha-d_{21}V\dot{h}+d_{22}V\dot{\alpha}=0\end{aligned}\right\} \tag{7-25}$$

式中，各系数的含义如下：

c_{11}，c_{12}，c_{22}，如式(7-16)所示，称为广义质量；

a_{11}，a_{22}，如式(7-19)所示，称为广义刚度。

$$\left.\begin{aligned}
b_{12} &= -\rho\int_0^l a_0 b(y) f(y)\phi(y)\mathrm{d}y \\
b_{22} &= -2\rho\int_0^l a_0 b^2(y)\left[\frac{1+a(y)}{2}-\frac{1}{4}\right]\phi^2(y)\mathrm{d}y \\
d_{11} &= \rho\int_0^l a_0 b(y) f^2(y)\mathrm{d}y \\
d_{12} &= -\rho\int_0^l a_0\left[\frac{1}{2}-a(y)\right]b^2(y)\phi(y)f(y)\mathrm{d}y \\
d_{21} &= 2\rho\int_0^l a_0 b^2(y)\left[\frac{1+a(y)}{2}-\frac{1}{4}\right]f(y)\phi(y)\mathrm{d}y \\
d_{22} &= 2\rho\int_0^l b^3(y)\left\{\frac{\pi}{4}-a_0\left[\frac{1+a(y)}{2}-\frac{1}{4}\right]\left[\frac{1}{2}-a(y)\right]\right\}\phi^2(y)\mathrm{d}y
\end{aligned}\right\} \tag{7-26}$$

式中，b_{11}，b_{22}可称为气动刚度系数；d_{11}，d_{12}，d_{21}和d_{22}可称为气动阻尼系数。在颤振临界状态，机翼作简谐振动，即

$$h(t)=h_0\mathrm{e}^{\mathrm{i}\omega t}, \qquad \alpha(t)=\alpha_0\mathrm{e}^{\mathrm{i}\omega t}$$

且此时飞行速度$V=V_F$，代入式(7-25)，则可得到对于h_0及α_0的联立一次齐次方程式，它与式(6-11)和式(6-12)在形式上完全相同。由特征行列式为零就得到式(6-13)，其求解方法和二元机翼的求解方法一致，此处不再重复。以下将通过一个具体机翼的数字计算实例来说明颤振计算过程。

例题　试采用准定常气动力理论对某大展弦比机翼求解其弯曲-扭转型颤振临界速度。已知机翼的半展长为5.8 m，机翼升力曲线斜率$\partial C_L/\partial\alpha=4.32$。其几何参数、惯性及弹性特性由表7-1给出。

表7-1　机翼的几何参数、惯性及弹性特性

y/l	弦长 $2b$/m	弯曲刚度·10^{-6} EI/(N·m²)	扭转刚度·10^{-5} GJ/(N·m²)	单位长度质量 m/kg	单位长度转动惯量 I_α/(kg·m²)	重心到弯心间距离 $x_\alpha b$/m	弯心至中点的距离 ab/m
0	3.15	4.08	16	79.0	74.0	0.10	−0.575
0.1	2.94	3.00	13	37.5	32.6	0.31	−0.450
0.2	2.74	1.87	10.4	32.5	26.0	0.33	−0.440
0.3	2.53	1.24	7.6	28.0	19.7	0.33	−0.415
0.4	2.32	0.82	5.2	23.5	13.7	0.33	−0.400
0.5	2.11	0.53	3.7	19.5	9.25	0.32	−0.375
0.6	1.91	0.32	2.8	15.5	5.83	0.31	−0.365
0.7	1.70	0.17	2.0	12.5	3.51	0.28	−0.340
0.8	1.49	0.09	1.4	10.5	2.28	0.22	−0.315
0.9	1.29	0.05	0.8	8.5	1.51	0.16	−0.285
1.0	1.08	0.04	0.5	6.2	0.99	0.09	−0.270

解　作为第一次近似结果，取等剖面均匀机翼的第一阶纯弯曲与第一阶纯扭转振型作为位移函数，见表 7－2。然后应用数值积分法计算系数 a_{11}，a_{12}等，见表 7－3。

表 7－2　等剖面机翼的位移函数

y/l	$f(y)$	$\phi(y)$	$f\phi$	f^2	ϕ^2	f^*	ϕ^*	f^{*2}	ϕ^{*2}
0	0	0	0	0	0	2.0	1.0	4.0	1.0
0.1	0.033 5	0.156	0.005 24	0.001 12	0.024 4	1.725	0.988	2.974	0.976
0.2	0.127 7	0.309	0.039 46	0.017 3	0.095 5	1.451	0.951	2.108	0.904
0.3	0.270	0.454	0.112	0.069 7	0.206	1.180	0.891	1.396	0.794
0.4	0.460	0.588	0.270	0.211	0.345	0.928	0.809	0.850	0.655
0.5	0.679	0.707	0.480	0.461	0.500	0.679	0.707	0.461	0.500
0.6	0.928	0.809	0.746	0.850	0.655	0.460	0.588	0.210	0.345
0.7	1.186	0.891	1.053	1.396	0.794	0.270	0.454	0.069 7	0.203
0.8	1.451	0.951	1.381	2.108	0.904	0.127 7	0.309	0.017 3	0.043 7
0.9	1.725	0.988	1.703	2.974	0.975	0.033 5	0.156	0.001 12	0.024 3
1.0	2.0	1.0	2.0	4.0	1.0	0	0	0	0

注：$\dfrac{d^2f}{dy^2}=\dfrac{(1.875)^2}{l^2}f^*$；$\dfrac{d\phi}{dy}=\dfrac{\pi}{2l}\phi^*$。

表 7－3　用数值积分法计算系数 a_{11}，a_{22}，c_{11}

y/l	计算系数 a_{11}			计算系数 a_{22}			计算系数 c_{11}		
	$10^{-6}EI/$ $(N\cdot m^2)$	$(f_i^*)^2$	$10^{-6}EI_i(f_i^*)^2/$ $(N\cdot m^2)$	$10^{-5}GJ_i/$ $(N\cdot m^2)$	$(\phi_i^*)^2$	$10^{-5}GJ_i(\phi_i^*)^2/$ $(N\cdot m^2)$	m_i/kg	f_i^2	$m_if_i^2$/kg
0	4.08	4.0	16.32	16.0	1.0	16.0	79	0	0
0.1	3.00	2.93	8.79	13.0	0.975	12.69	37.5	0.001 12	0.042
0.2	1.87	2.095	3.92	10.4	0.905	9.41	32.5	0.017 3	0.562
0.3	1.24	1.417	1.755	7.6	0.794	6.03	28.0	0.069 7	1.951
0.4	0.82	0.848	0.695	5.2	0.655	3.41	23.5	0.211 4	4.96
0.5	0.53	0.472 5	0.250	3.7	0.500	1.85	19.5	0.460 9	9.00
0.6	0.32	0.209 5	0.066 7	2.8	0.346	0.969	15.5	0.850 5	13.2
0.7	0.17	0.074 5	0.013	2.0	0.196	0.392	12.5	1.376	17.41
0.8	0.09	0.016 3	0.001	1.4	0.095	0.133	10.5	2.108	22.15
0.9	0.05	0.001 11	—	0.8	0.023	0.018	8.5	2.974	25.28
1.0	0.04	0	—	0.5	0	0	6.2	4.0	24.80
Σ			23.651			42.9			100.696

通过计算得

$$a_{11} = 23.651 \times 10^6 \times \frac{5.8}{10}\left(\frac{1.875}{5.8}\right)^4 = 149\ 500$$

$$a_{22} = 42.9 \times 10^5 \times \frac{5.8}{10}\left(\frac{\pi}{2 \times 5.8}\right) = 183\ 000$$

$$c_{11} = 100.696 \times \frac{5.8}{10} = 62$$

同理

$$c_{12} = -11.59, \qquad c_{22} = 15.82$$
$$b_{12} = -16.55, \qquad b_{22} = 1.405$$
$$d_{11} = 23.2, \qquad d_{12} = -12.29$$
$$d_{21} = 1.41, \qquad d_{22} = 2.88$$

以颤振临界状态下的 $h(t) = h_0 e^{i\omega t}$ 和 $\alpha(t) = \alpha_0 e^{i\omega t}$、此时的 $V = V_F$ 代入式(7-25)可得到对于 h_0 及 α_0 的联立一次齐次方程。按颤振行列式为零的条件,可得到特征方程,把它分成实部和虚部以后就得到两个方程,即

$$A_1\omega^4 - (C_1 + C_2V_F^2)\omega^2 + (E_1 + E_2V_F^2) = 0$$
$$-B_1\omega^2 + (D_1 + D_2V_F^2) = 0$$

可以按照式(6-16)计算,得

$$A_1 = c_{11}c_{22} - c_{12}c_{21} = 847$$
$$B_1 = d_{11}c_{22} + c_{11}d_{22} - c_{12}d_{21} - c_{21}d_{12} = 420$$
$$C_1 = a_{11}c_{22} + c_{11}a_{22} = 13.71 \times 10^6$$
$$C_2 = c_{11}b_{22} - b_{12}c_{21} + d_{11}d_{22} - d_{12}d_{21} = -195$$
$$D_1 = d_{11}a_{22} + a_{11}d_{22} = 4.8 \times 10^6$$
$$D_2 = d_{11}b_{22} - b_{12}d_{21} = -9.3$$
$$E_1 = a_{11}a_{22} = 2.74 \times 10^{10}$$
$$E_2 = a_{11}b_{22} = -21 \times 10^4$$

再按照式(6-19)计算,得

$$L = D_2(B_1C_2 - D_2A_1) = 0.688 \times 10^6$$
$$M = B_1C_2D_1 + B_1C_1D_2 - B_1^2E_2 - 2D_1D_2A_1 = -32.67 \times 10^{10}$$
$$N = B_1C_1D_1 - B_1^2E_1 - D_1^2A_1 = 35.6 \times 10^{14}$$

于是,可算出机翼的弯曲扭转颤振临界速度

$$V_F^2 = \frac{32.67 \times 10^{10} - \sqrt{32.67^2 \times 10^{20} - 4 \times 0.688 \times 35.6 \times 10^{20}}}{2 \times 0.688 \times 10^6}\ (\mathrm{m/s})^2 = 11\ 159\ (\mathrm{m/s})^2$$

$$V_F = 105.63\ \mathrm{m/s} = 380\ \mathrm{km/h}$$

上述计算结果，是选取等剖面均匀机翼的第一阶弯曲与扭转振型作为位移函数的。下面把位移函数取为机翼自身的第一阶纯弯曲及纯扭转振型作为位移函数，其计算过程同上。其结果为

$$V_{\mathrm{F}}^2=\frac{-M-\sqrt{M^2-4Lm}}{2L}=12\ 686\ (\mathrm{m/s})^2$$

故

$$V_{\mathrm{F}}=112.6\ \mathrm{m/s}=405\ \mathrm{km/h}$$

比较这两个结果，可见仅相差 6 %，由此可见采用均匀机翼的固有振型作为位移函数是可行的。在求解 V_{F}^2时，当发现其为复数时，则在物理上反映出机翼不会发生对应于所选位移函数的颤振。当有实数解时，其中较小的一个正实数解就是对应的颤振临界速度。超过这个速度以后，机翼开始颤振。一般的实践经验表明，这样算出的临界速度与实际临界速度的误差在 15 %～18 %之间。

7.4　采用非定常气动力理论的颤振计算

本节讨论如何用非定常气动力理论计算广义力。根据片条理论，可直接引用第 4 章中二元机翼非定常气动力的结果。

$$L'=\pi\rho b^3(y)\omega^2\left\{L_h\frac{f(y)h(t)}{b(y)}+\left[L_\alpha-\left(\frac{1}{2}+a(y)\right)L_h\right]\phi(y)\alpha(t)\right\} \tag{7-27}$$

$$M'=\pi\rho b^4(y)\omega^2\left\{\left[M_h-\left(\frac{1}{2}+a(y)\right)L_h\right]\frac{f(y)h(t)}{b(y)}+\left[M_\alpha-\left(\frac{1}{2}+a(y)\right)(L_\alpha+M_h)+\left(\frac{1}{2}+a(y)\right)^2L_h\right]\phi(y)\alpha(t)\right\} \tag{7-28}$$

上式中，各气动系数 L_h，M_h等都是减缩频率的函数；而 $k=\omega b/V$，其中 b 又是 y 的函数，所以 k 也是 y 的函数。气动力系数不仅显含 k，还通过西奥道生函数关系 $C(k)=F(k)+\mathrm{i}G(k)$ 与 k 成函数关系。由西奥道生函数关系曲线可见，在通常有实用意义的 k 值范围内，$F(k)$及 $G(k)$的变化不大。因此，通常都指定一参考半弦长 b_{r}（一般取机翼半展长 3/4 处的半弦长）及相应的 $k_{\mathrm{r}}=\omega b_{\mathrm{r}}/V$，将各气动力系数中所含 $C(k)$都取做 $C(k_{\mathrm{r}})$，但显含的 k 则仍按当地弦长得出的 $k(y)=\omega b(y)/V$ 计算，即改用

$$\left.\begin{aligned}
L_h&=K_1(L_h)+\frac{b_{\mathrm{r}}}{b}K_2(L_h)\\
L_\alpha&=K_1(L_\alpha)+\frac{b_{\mathrm{r}}}{b}K_2(L_\alpha)+\left(\frac{b_{\mathrm{r}}}{b}\right)^2K_3(L_\alpha)\\
M_\alpha&=K_1(M_\alpha)+\frac{b_{\mathrm{r}}}{b}K_2(M_\alpha)\\
M_h&=\frac{1}{2}
\end{aligned}\right\} \tag{7-29}$$

式中，$K_1(L_h)=1$，$K_1(L_\alpha)=0.5$，$K_1(M_\alpha)=0.375$ 以及 $M_h=0.5$ 是气动力系数中的不变部分；而 $K_2(L_h)$，$K_2(L_\alpha)$，$K_3(L_\alpha)$ 及 $K_2(M_\alpha)$ 是气动力系数中的可变部分。这些系数在有关的资料中均已制成表格，可以从系数表（见表 7-4）中查得。此外，还要注意在式（7-29）中的 b 是随展向位置 y 而变的。

表 7-4　颤振计算用不可压流气动力系数表

$V/b\omega$	$K_2(L_h)$		$K_2(L_\alpha)$		$K_3(L_\alpha)$		$K_2(M_\alpha)$
0	−0	—	−0	—	−0	—	−0
0.25	−0.015 25	−0.251 85i	−0.015 25	−0.501 85i	−0.062 96	+0.007 63i	−0.250 00i
0.50	−0.057 70	−0.512 90i	−0.057 70	−1.012 90i	−0.256 45	+0.028 85i	−0.500 00i
0.83	−0.146 17	−0.888 33i	−0.146 17	−1.716 66i	−0.736 10	+0.121 79i	−0.833 33i
1.25	−0.291 25	−1.385 25i	−0.291 25	−2.635 25i	−1.731 56	+0.364 06i	−1.250 00i
1.67	−0.459 33	−1.929 33i	−0.459 33	−3.596 00i	−3.215 56	+0.765 55i	−1.666 67i
2.00	−0.602 80	−2.391 60i	−0.602 80	−4.391 60i	−4.783 20	+1.205 60i	−2.000 00i
2.50	−0.825 00	−3.125 00i	−0.825 00	−5.625 00i	−7.812 50	+2.062 50i	−2.500 00i
2.94	−1.022 35	−3.805 29i	−1.022 35	−6.746 47i	−11.192 0	+3.006 92i	−2.941 18i
3.33	−1.195 33	−4.433 33i	−1.195 33	−7.766 66i	−14.777 8	+3.984 44i	−3.333 33i
3.75	−1.379 83	−5.108 36i	−1.379 83	−8.858 36i	−19.153 9	+5.173 69i	−3.750 00i
4.17	−1.551 67	−5.824 16i	−1.551 67	−9.990 83i	−24.267 4	+6.465 27i	−4.166 67i
5.00	−1.886 00	−7.276 00i	−1.886 00	−12.276 0i	−36.380 0	+9.430 00i	−5.000 00i
6.25	−2.345 00	−9.535 00i	−2.345 00	−15.785 0i	−59.593 8	+14.656 2i	−6.250 00i
8.33	−3.001 67	−13.438 5i	−3.001 67	−21.771 8i	−111.986	+25.013 8i	−8.333 33i
10.00	−3.446 00	−16.640 0i	−3.446 00	−26.640 0i	−166.400	+34.460 0i	−10.000 0i
12.50	−4.010 00	−21.510 0i	−4.010 00	−34.010 0i	−268.875	+50.125 0i	−12.500 0i
16.67	−4.753 33	−29.733 3i	−4.753 33	−46.400 0i	−495.556	+79.222 2i	−16.666 7i

按广义力定义

$$
\left.\begin{aligned}
Q_h &= \int_0^l L'(y,t)f(y)\mathrm{d}y = \pi\rho\omega^2\left[A_{hh}h(t)+A_{h\alpha}\alpha(t)\right] \\
Q_\alpha &= \int_0^l M'(y,t)\phi(y)\mathrm{d}y = \pi\rho\omega^2\left[A_{\alpha h}h(t)+A_{\alpha\alpha}\alpha(t)\right]
\end{aligned}\right\} \tag{7-30}
$$

式中

$$\left.\begin{aligned}
A_{hh} &= \int_0^l b^2 f^2 \mathrm{d}y + b_r K_2(L_h)\int_0^l bf^2 \mathrm{d}y \\
A_{h\alpha} &= -\int_0^l ab^3 f\phi \mathrm{d}y + b_r K_2(L_\alpha)\int_0^l b^2 f\phi \mathrm{d}y + b_r^2 K_3(L_\alpha)\int_0^l bf\phi \mathrm{d}y - b_r K_2(L_h)\int_0^l \left(\frac{1}{2}+a\right) b^2 f\phi \mathrm{d}y \\
A_{\alpha h} &= -\int_0^l ab^3 f\phi \mathrm{d}y - b_r K_2(L_h)\int_0^l \left(\frac{1}{2}+a\right) b^2 f\phi \mathrm{d}y \\
A_{\alpha\alpha} &= \int_0^l \left(\frac{1}{8}+a^2\right) b^4 \phi^2 \mathrm{d}y + b_r K_2(M_\alpha)\int_0^l b^3\phi^2 \mathrm{d}y + b_r K_2(L_h)\int_0^l \left(\frac{1}{2}+a\right)^2 b^3\phi^2 \mathrm{d}y - \\
&\quad b_r^2 K_3(L_\alpha)\int_0^l \left(\frac{1}{2}+a\right) b^2\phi^2 \mathrm{d}y - b_r K_2(L_\alpha)\int_0^l \left(\frac{1}{2}+a\right) b^3\phi^2 \mathrm{d}y
\end{aligned}\right\} \tag{7-31}$$

把式(7-30)代入式(7—20)，即得颤振方程

$$\left.\begin{aligned}
&[c_{11}(\omega_h^2-\omega^2)-\pi\rho\omega^2 A_{hh}]h+[c_{12}\omega^2-\pi\rho\omega^2 A_{h\alpha}]\alpha=0\\
&[c_{21}\omega^2-\pi\rho\omega^2 A_{\alpha h}]h+[c_{22}(\omega_\alpha^2-\omega)-\pi\rho\omega^2 A_{\alpha\alpha}]\alpha=0
\end{aligned}\right\} \tag{7-32}$$

引入 $X=(\omega_\alpha/\omega)^2$，可得颤振行列式，即

$$\begin{vmatrix} c_{11}\left[1-\left(\dfrac{\omega_h}{\omega_\alpha}\right)^2 X\right]+\pi\rho A_{hh} & \pi\rho A_{h\alpha}-c_{12} \\ \pi\rho A_{\alpha h}-c_{21} & c_{22}(1-X)+\pi\rho A_{\alpha\alpha}\end{vmatrix}=0 \tag{7-33}$$

若以 $V-g$ 法求解上式时，则需要引入结构阻尼项，即以

$$Z=(1+\mathrm{i}g)\left(\frac{\omega_\alpha}{\omega}\right)^2$$

代替上式中的 X。

为了说明采用非定常气动力时的颤振计算过程，仍以大展弦比直机翼的具体实例来分析。

例题　图7-2所示的大展弦比直机翼，其刚轴位于距前缘35 %弦长处。现将机翼分为6段，其各段所代表的剖面在展向的位置坐标、质量及对弹性轴的质量矩阵和静矩均已列在表7-5中，并已知机翼的第一阶自由-自由纯弯曲及扭转振型为

$$f=\begin{bmatrix}-0.0560\\-0.0479\\0.0146\\0.2178\\0.4472\\0.7247\\1.0000\end{bmatrix},\qquad \phi=\begin{bmatrix}0.0000\\0.0097\\0.1285\\0.7465\\0.8384\\0.9169\\1.0000\end{bmatrix}$$

$$\omega_h=62.20\ \mathrm{rad/s},\qquad \omega_\alpha=100.64\ \mathrm{rad/s}$$

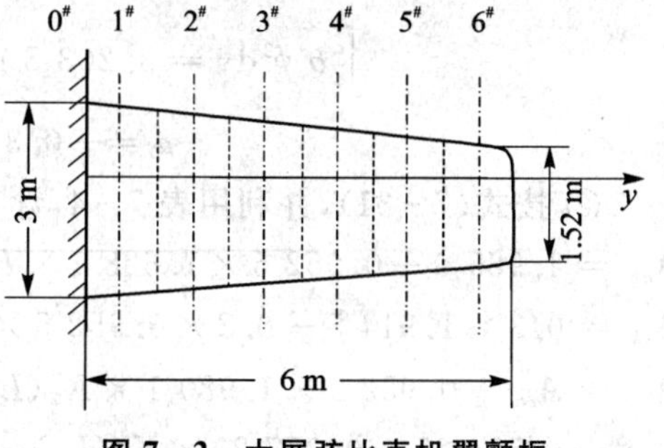

图7-2　大展弦比直机翼颤振计算例题示图

表 7-5　机翼各剖面的展向坐标、质量及对弹性轴的质量静矩和惯矩的数据表

站　号	各站坐标 y_i/m	各站质量 m_j/kg	对弹性轴静矩 $S_{\alpha j}$/(kg·m)	对弹性轴惯矩 $I_{\alpha j}$/(kg·m²)
0	0	1 387	—	—
1	0.406 4	277.2	40.82	40.33
2	1.270 0	254.2	36.29	28.80
3	2.540 0	115.5	18.14	23.05
4	3.560 0	46.22	9.072	17.28
5	4.572 0	32.35	6.895	15.55
6	5.588 0	18.50	2.722	12.86

试用 $V-g$ 法计算机翼在高度 6 090 m 处的颤振速度。

解　① 由已知数据可以作如下的数值积分：

$$c_{11}=\sum_{j=0}^{6}m_jf_j^2=55.254\ \text{kg}$$

$$c_{12}=c_{21}=\sum_{j=0}^{6}S_{\alpha j}f_j\phi_j=13.604\ \text{kg}$$

$$c_{22}=\sum_{j=0}^{6}I_{\alpha j}\phi_j=50.664\ \text{kg}$$

$$\int_0^l bf^2\text{d}y=1.628\ 1\ \text{m}^2,\qquad \int_0^l b^2f^2\text{d}y=1.488\ 8\ \text{m}^3$$

$$\int_0^l bf\phi\text{d}y=2.083\ 6\ \text{m}^2,\qquad \int_0^l b^2f\phi\text{d}y=1.983\ 9\ \text{m}^3$$

$$\int_0^l b^3f\phi\text{d}y=1.887\ 0\ \text{m}^4,\qquad \int_0^l b^2f\phi^2\text{d}y=3.116\ 4\ \text{m}^3$$

$$\int_0^l b^3\phi^2\text{d}y=3.203\ 8\ \text{m}^4,\qquad \int_0^l b^4\phi^2\text{d}y=3.358\ 6\ \text{m}^5$$

$$a=-0.3,\qquad \rho=0.669\ \text{kg/m}^3$$

② 按式(7-31),并利用表 7-4,计算 $1/k_r$ 所对应的 A_{hh},$A_{\alpha h}$,$A_{h\alpha}$ 及 $A_{\alpha\alpha}$。

$$A_{hh}=1.985\ 0+0.952\ 5\times1.628\ 1\times K_2(L_h)=1.985\ 0+1.550\ 8\ K_2(L_h)$$

$$A_{\alpha h}=0.3\times1.914\ 5-0.2\times0.952\ 5\times1.980\ 1\times K_2(L_h)=0.574\ 05-0.377\ 20K_2(L_h)$$

$$A_{h\alpha}=A_{\alpha h}+0.952\ 5\times1.980\ 1\times K_2(L_\alpha)+(0.952\ 5)^2\times2.038\ 6\times K_3(L_\alpha)=$$
$$0.574\ 35-0.377\ 20\times K_2(L_h)+1.886\ 0\times K_2(L_\alpha)+1.890\ 4\times K_3(L_\alpha)$$

$$A_{\alpha\alpha}=0.215\times3.358\ 4+0.952\ 5\times3.203\ 9\times K_2(M_\alpha)+0.04\times0.952\ 5\times3.203\ 9\times K_2(L_\alpha)-$$
$$0.2\times0.952\ 5\times3.203\ 9\times K_2(L_\alpha)-0.2\times(0.952\ 5)^2\times3.116\ 4\times K_3(L_\alpha)=$$

$$0.72206+3.0517\times K_2(M_\alpha)+0.12207\times K_2(L_h)-$$
$$0.61034\times K_2(L_\alpha)-0.56547\times K_3(L_\alpha)$$

利用表 7-4,可以算得这 4 个系数值。例如对于 $1/k_r=1.25$,求得

$$A_{hh}=1.0371-2.1482\mathrm{i}$$
$$A_{\alpha h}=0.6762+0.5235\mathrm{i}$$
$$A_{h\alpha}=-3.1475-3.7681\mathrm{i}$$
$$A_{\alpha\alpha}=1.8434-2.5812\mathrm{i}$$

③ 把以上系数代入式(7-33),注意,此时的 Z 已引入结构阻尼。展开行列式,解得

$$Z_1=2.7886-0.2683\mathrm{i},\qquad Z_2=1.0092-0.0527\mathrm{i}$$
$$\omega_1=60.27,\qquad \omega_2=100.18$$
$$g_1=-0.0962,\qquad g_2=-0.0522$$
$$V_1=71.76,\qquad V_2=119.3$$

④ 重复步骤②及③,依次算出 $1/k_r$ 在选定值上所对应的根。在本题中计算了 $1/k_r=1.25,2.0,2.5$ 及 2.94,其结果列于表 7-6 中。

表 7-6　对应于不同 $1/k_r$ 的计算结果

$1/k_r$	ω_1	g_1	V_1	ω_2	g_2	V_2
1.25	60.27	−0.096	71.8	100.18	−0.052	119.3
2.00	61.82	−0.183	117.8	92.76	−0.058	176.7
2.50	63.39	−0.273	150.9	86.67	−0.024	206.4
2.94	64.78	−0.392	181.4	81.96	0.043	229.5

按表 7-6 中数据,可以在 $V-g$ 图中绘出两个分支,如图 7-3 所示。图中对应于 $g=0$ 时的速度$V_F=214.6$ m/s=773 km/h。

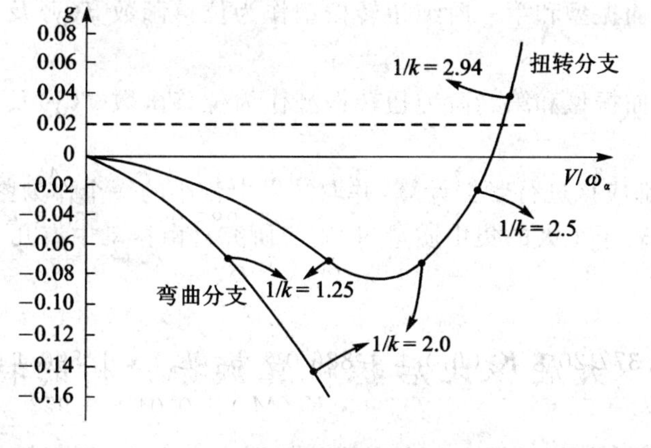

图 7-3　算例中的 V-g 图

由上算例可以看出,当给出一个 k 值时,可以找到两组 ω_a,g 和 V_F 值,所以在图上有两条曲线。也可以说,在每个飞行速度 V 之下都有用两种不同阻尼值维持的等幅振动。然而,在 $V=0$ 时,机翼有两个不需任何阻尼(即 $g=0$)而成立的等幅振动,其模态是接近纯弯曲的耦合弯曲固有振型以及接近扭转的耦合扭转固有振型,相应的频率就是两个固有频率 ω_1 及 ω_2。既然在 $V=0$ 时的情况是这样,那么根据物理现象的连续性,不难预料,随着 V 值的增大,需要不同阻尼维持的两个等幅振动中的一个必定与弯曲固有振型接近,或者说它就是弯曲固有振型的变态。这就是为什么在图7.3中,分别称这两条曲线为“弯曲分支”和“扭转分支”的原因。在计算中可以通过 ω 值来鉴别这两个分支。在同一速度下,ω 接近 ω_h 的就是弯曲分支;而另一个接近 ω_a 的 ω 就是扭转分支。

对于图7.3所示的情况,也可以这样说明:扭转振型逐渐失去稳定;或者说,就颤振而言该机翼的扭转振型是危险振型。对于更多自由度的问题,或者对于复杂结构需要选取较多的假设位移函数来组合表示颤振模态时,如何能选取到危险的振型,又使取用的位移函数最少,还保证了计算结果的可靠性,是颤振工程分析中的重要问题之一。

在上述非定常气动力理论中,由于没有考虑到有限翼展的影响,因此所算出的颤振临界速度一般偏于保守,即小于真实的颤振临界速度。

值得提出的是,上面所引用的 $f(y)$,$\phi(y)$ 称为位移函数,其选择是否恰当将会影响到最终结果的准确性。通常,把机翼作自由振动时的振动形态作为位移函数,因为固有振型至少已经充分地反映了机翼的惯性及弹性特性。工程实践证明,这样所得的结果一般都是相当可靠的。据一般工程实践经验,在选取 $f(y)$ 及 $\phi(y)$ 时,大体上可遵循下列准则。

1. 对于不带集中质量的机翼

如本节所述可以选取第一阶纯弯曲固有振型和第一阶纯扭转固有振型作为位移函数 $f(y)$ 及 $\phi(y)$。当重心轴与弹性轴距离很大时,则应考虑采用耦合振动时的固有振型。

2. 对于带有集中质量(如发动机等)的机翼

① 取第一阶纯弯曲振型和第一阶纯扭转振型作为位移函数 $f(y)$ 及 $\phi(y)$(应考虑到集中质量的影响)。

② 取第一阶纯弯曲振型和第二阶纯扭转振型作为位移函数 $f(y)$ 及 $\phi(y)$(应考虑到集中质量的影响)。

对上述两种情况都应该进行颤振计算,并取结果中较小的一个作为颤振临界速度。

③ 当机翼上带有若干个大的集中质量时,则应研究自由振动中有几个固有振型相耦合的情况。

7.5 大展弦比后掠机翼颤振分析的特点

大展弦比后掠机翼在颤振分析上与直机翼的相同之处在于,仍可假设机翼具有一根直的弹性轴，也可假设其弦向剖面是不变形的；但和直机翼不同的是，该弹性轴有一后掠角，如图 7-4所示。这种后掠式机翼在颤振分析上具有以下 2 个特点：

① 从振动上来说，在考虑整架飞机振动时，不能把机翼作为悬臂梁处理。由于机身振动的原因，会把机翼的扭转振动与弯曲振动联合起来。

② 从气动力方面说，由于气流与机翼前缘有一角度，故应考虑气动力的后掠效应。此时气流可分解为与前缘垂直的分量 $V_n = V\cos\Lambda$ 和与前缘平行的分量 $V_t = V\sin\Lambda$。其中 Λ 为后掠角。经验表明：当后掠角较小时，可以采用“侧滑机翼”的假设，亦即仅考虑垂直分量 V_n 的作用，而把切线分量的作用略去不计。这样，在计算气动力时，就可以应用前面所导出的全部公式；但当后掠角 Λ 较大时，切线分量就不能再略去不计。

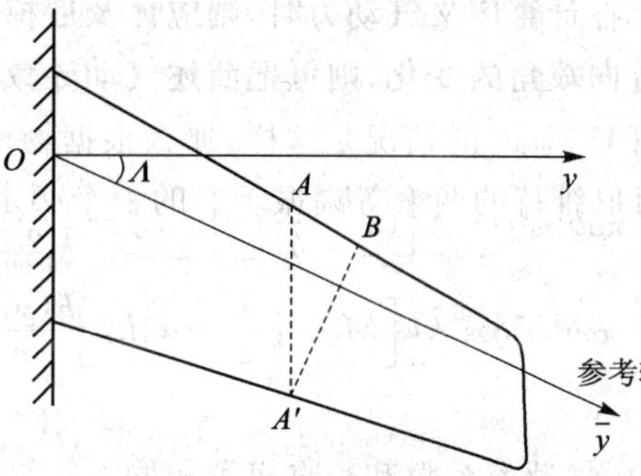

图 7-4　大展弦比后掠翼颤振分析示图

此外，在计算后掠机翼的气动载荷时，可以依据平行于气流方向的剖面 $A-A'$ 进行，也可以依据与弹性轴相垂直的剖面 $A'-B$ 进行。因此，在列写颤振行列式上就存在两种计算方法。一些实验结果表明，依据顺气流方向的剖面计算颤振临界速度所得的结果比较接近实际，所以在以下的讨论中只涉及这一种方法。

参看图 7-4，$\bar{y}$ 为参考轴，它可取为弹性轴，Λ 则为参考轴后掠角。机翼上各点的位移可以通过参考轴的线位移 $h(y, t)$ 及剖面绕 $O-O$ 轴（该轴垂直于气流通过参考轴与剖面的交点）的角位移 $\alpha(y, t)$ 表示。和直机翼不同，后掠机翼参考轴的弯曲变形与剖面绕 $O-O$ 轴的扭转变形是分不开的。因此每一个固有振型将包括弯、扭两个部分。一般，它们对位移的贡献是同量级的。所以，对于后掠机翼通常不能用纯弯、纯扭振型作位移函数，而要用耦合的固有振型作位移函数。

如果已知机翼各阶固有振型，则可设

$$\left.\begin{aligned} h(y,t) &= \sum_{i=1}^{n} h_i(y)\xi_i(t) \\ \alpha(y,t) &= \sum_{i=1}^{n} \phi_i(y)\xi_i(t) \end{aligned}\right\} \tag{7-34}$$

则机翼上一点的位移可表示为

$$w(x,y,t) = h(y,t) + r(x,y)\alpha(y,t) \tag{7-35}$$

式中，$r(x,y)$ 为从各剖面与参考轴交点量起沿 x 方向的距离（向后为正）。于是可导出颤振运动方程，即

$$M_i\ddot{\xi}_i + M_i\omega_i^2\xi_i = Q_i \qquad (i = 1,2,\cdots,n)$$

式中,在广义质量 M_i 中的 S_α,I_α 对后掠机翼应是对 $O-O$ 轴的质量静距和惯矩;而展向坐标及所有的展向积分都是沿 y 轴方向进行的。

在计算广义气动力时,则应计及后掠角的影响。如果不考虑弯曲(即 $h(y,t)$)引起的顺气流方向攻角的变化,则可把前述气动导数简单地乘以 $\cos\Lambda$。例如,对于非定常气动力理论来说有

$$\overline{L}=\pi\rho b^3\omega^2\cos\Lambda\left\{L_h\frac{h(y,t)}{b}+\left[L_\alpha-\left(\frac{1}{2}+a\right)L_h\right]\alpha(y,t)\right\} \tag{7-36}$$

$$\overline{M}=\pi\rho b^4\omega^2\cos\Lambda\left\{\left[M_h-\left(\frac{1}{2}+a\right)L_h\right]\frac{h(y,t)}{b}+\left[M_\alpha-\left(\frac{1}{2}+a\right)(L_\alpha+M_h)+\left(\frac{1}{2}+a\right)^2L_h\right]\alpha(y,t)\right\} \tag{7-37}$$

式中,气动力系数和长直机翼相同。

当后掠角 Λ 大于 $45°$ 时就必须考虑切线分量 $V\sin\Lambda$ 的影响。在机翼上任意作一根展向的线,并在其上取一点。如果用 h 表示该点所在剖面弹性轴的位移,用 α 表示该剖面绕弹性轴的转角,用 ζ 表示这一点的位移,参看图 7-5,则有

$$\zeta=h+(x_0-x)\alpha \tag{7-38}$$

而

$$\frac{\partial\zeta}{\partial y}=\frac{\partial h}{\partial y}+(x_0-x)\frac{\partial\alpha}{\partial y} \tag{7-39}$$

由于切线速度分量的影响,在这一点将引起附加上洗

$$\Delta W=V\sin\Lambda\frac{\partial\zeta}{\partial y} \tag{7-40}$$

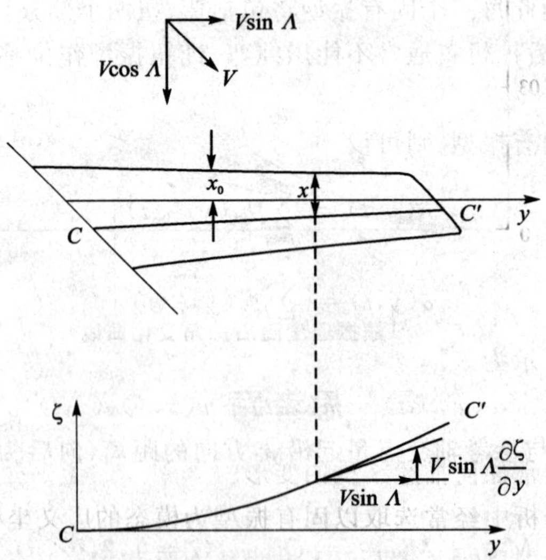

图 7-5　Λ>45°时切线 Vsin Λ 分量的影响

于是无分离条件为

$$\frac{W-\Delta W}{V_n}=\frac{\partial \zeta}{\partial x}+\frac{1}{V_n}\frac{\partial \zeta}{\partial t} \tag{7-41}$$

式中，W 是由于附着涡所产生的诱导速度，V_n 为法向速度。把式(7-38)、式(7-39)、式(7-40)代入式(7-41)，得

$$\frac{W}{V_n}=-\alpha-(x-x_0)\left(\frac{\dot{\alpha}}{V_n}+\tan\Lambda\frac{\partial \alpha}{\partial y}\right)+\left(\frac{\dot{h}}{V_n}+\tan\Lambda\frac{\partial h}{\partial y}\right) \tag{7-42}$$

而对于直机翼的无分离条件，有

$$\frac{W}{V}=-\alpha-(x-x_0)\frac{\dot{\alpha}}{V}+\frac{\dot{h}}{V} \tag{7-43}$$

比较式(7-42)及式(7-43)可知，只要以 V_n 代替 V，以 $\frac{\dot{\alpha}}{V_n}+\tan\Lambda\frac{\partial \alpha}{\partial y}$ 代替 $\frac{\dot{\alpha}}{V}$，并以 $\frac{\dot{h}}{V_n}+\tan\Lambda\frac{\partial h}{\partial y}$ 代替 $\frac{\dot{h}}{V}$，那么就可以利用前面已经得到的公式来计算气动力了。

最后要提及的是：在气动弹性静力学问题分析中考虑掠角效应的分析方法，同样也适用于颤振分析。后掠角会带来发散速度的提高，同样也会提高颤振速度。对于小后掠角的情况，速度的增加通常会在 $1/\cos\Lambda$ 和 $1/(\cos\sqrt{\Lambda})^{1/2}$ 之间，如图 7-6 所示，图中的 q_{F0} 表示非后掠角情况的颤振动压。

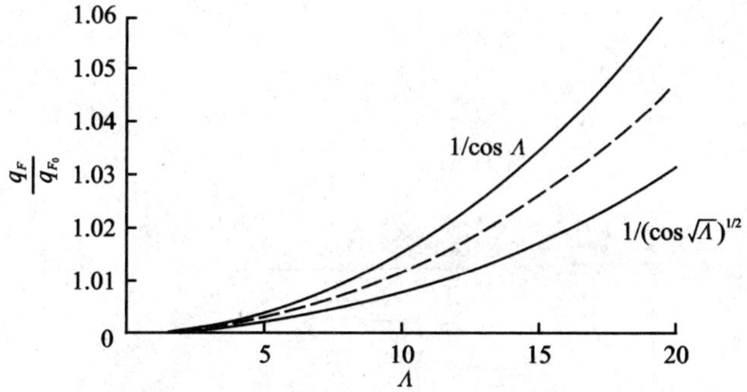

图 7-6　颤振速度随后掠角变化曲线

思考题

7.1　在结构分析中通常如何描述结构的变形？

7.2　为什么在颤振分析中经常选取以固有振型为模态的广义坐标？

7.3　在处理工程实际问题时通常要引入一些什么假设？

7.4 比较大展弦比直机翼和第6章二元机翼在运动方程的建立上有什么不同?

7.5 7.2节的讨论是建立在什么重要假设基础上的?

7.6 如何求广义气动力?

7.7 什么是片条理论?在什么情况下可以采用片条理论?

7.8 复算7.3节中所给出的例题,考虑影响颤振速度的因素。

7.9 从物理概念出发来解释 $V-g$ 图上的曲线。

7.10 复算7.4节和7.3节中所给出的例题,比较其在计算方法上的不同。

7.11 比较后掠机翼与长直机翼在颤振分析上的异同。

7.12 在计算后掠机翼的广义气动力时如何计及后掠角的影响?

参考文献

[1] 伏欣 H W. 气动弹性力学原理. 沈克扬,译. 上海:上海科学技术文献出版社,1982.

[2] 诸德超,陈桂彬,邹丛青. 气动弹性力学. 航空工业部教材编审室,1986.

[3] Bisplinghoff R L, Ashley H, Halfman R L. Aeroelasticity. Addison-Wesley Publishing Company, Inc., 1955.

[4] Hodges D H, Pierce G A. Introduction to structural dynamc and aeroelasticity. Cambridge [England] New York: Cawbridge University Press, 2002.

第 8 章　小展弦比机翼的颤振分析

高速飞机为了降低阻力，多采用相对厚度小的小展弦比机翼。本章将着力于讨论小展弦比机翼的颤振分析，它是第 7 章讨论的继续，同样也着重于工程实际的分析方法。

对于小展弦比机翼的颤振分析，原则上与长直机翼没有太大的区别，但在具体处理上有两个明显的特点：① 在结构上，由于展弦比小，所以机翼的弦向变形不容忽略，因而结构变形不能再简单地用弯曲和扭转两个模态来描述，通常要用远多于两个模态（固有振型）的线性组合来表示机翼的变形运动；② 在气动力上，不适于采用片条理论，而需要更为精确的气动力理论。此外，还应计入空气压缩性影响。

本章在 8.1 节中介绍小展弦比机翼的运动方程；在 8.2 节中讲述基于偶极子格网法的颤振计算；在 8.3 节中介绍应用活塞理论的颤振计算；在 8.4 节中简要阐述关于计及压缩性影响的颤振计算。

8.1　小展弦比机翼的运动方程

现考虑如图 8－1 所示的具有一般平面形状的小展弦比机翼。已知该机翼的质量、刚度和几何尺寸，坐标系示于图中。机翼平面上任一点位移用 $z(x,y,t)$ 来表示。

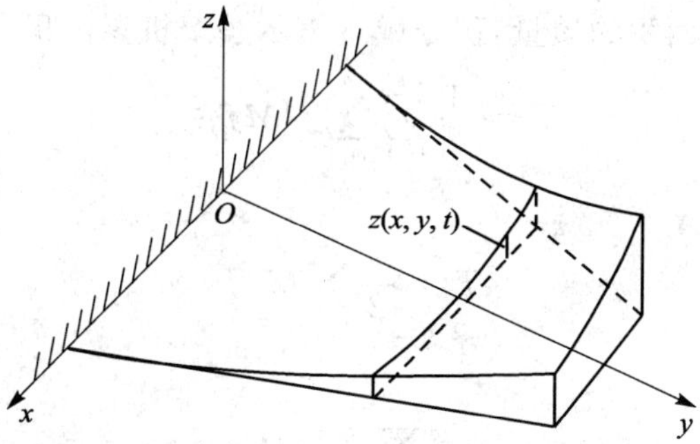

图 8－1　小展弦比机翼颤振分析示图

分析方法和以前所讲的方法相同：① 通过事先假设的位移函数及广义坐标来表示机翼的运动状态；② 计算相应的动能、势能及广义力，利用拉格朗日方程导出颤振运动方程；③ 根据机翼作简谐运动时必须满足的条件导出颤振行列式；④ 由颤振行列式展开求出颤振临界速度及频率。

通常,先要计算出机翼的前几阶固有频率及相应的固有振型,设分别用 ω_i 及 $f_i(x,y)$ 表示。其中 $i=1,2,\cdots,n$,分别代表第一阶、第二阶、…、第 n 阶。于是机翼的一般运动情况可表示为

$$z(x,y,t)=\sum_{i=1}^{n}f_i(x,y)\xi_i(t) \tag{8-1}$$

式中,$\xi_i(t)$是随时间变化的广义坐标。若结构离散化后具有 N 个节点,显然 $n<N$,f_i通常表示为$(N,1)$阶的向量,则上式的矩阵形式为

$$\boldsymbol{Z}=\sum_{i=1}^{n}\boldsymbol{f}_i\xi_i(t) \tag{8-2}$$

式中,$\boldsymbol{Z}$ 及 $\boldsymbol{f}_i$都是 N 阶列阵。固有振型 $\boldsymbol{f}_i$满足自由振动运动方程,即

$$\omega_i^2\boldsymbol{M}\boldsymbol{f}_i=\boldsymbol{K}\boldsymbol{f}_i \qquad (i=1,2,\cdots,n) \tag{8-3}$$

式中,$\boldsymbol{M}$ 和 $\boldsymbol{K}$ 分别为机翼的质量矩阵及刚度矩阵。按振动理论,固有振型具有正交性,即

$$\boldsymbol{f}_i^{\mathrm{T}}\boldsymbol{M}\boldsymbol{f}_j=\begin{cases}M_i & (i=j)\\0 & (i\neq j)\end{cases} \tag{8-4}$$

及

$$\boldsymbol{f}_i^{\mathrm{T}}\boldsymbol{K}\boldsymbol{f}_j=\begin{cases}K_i=M_i\omega_i^2 & (i=j)\\0 & (i\neq j)\end{cases} \tag{8-5}$$

式中,M_i及 K_i分别是与第 i 阶固有振型相应的广义质量及广义刚度。

当采用固有振型的叠加来描述机翼变形时,机翼的动能为

$$T=\frac{1}{2}\iint_S\gamma(x,y)[\dot{z}(x,y,t)]^2\mathrm{d}x\mathrm{d}y$$

式中,$\gamma(x,\ y)$为机翼单位面积的质量,积分域 S 表示整个机翼面积。上式的矩阵形式为

$$T=\frac{1}{2}\sum_{i=1}^{n}\sum_{j=1}^{n}\boldsymbol{f}_i^{\mathrm{T}}\boldsymbol{M}\boldsymbol{f}_j\dot{\xi}_i\dot{\xi}_j$$

引用正交条件,则有

$$T=\frac{1}{2}\sum_{i=1}^{n}M_i\dot{\xi}_i^2 \tag{8-6}$$

机翼结构的变形势能为

$$U=\frac{1}{2}\sum_{i=1}^{n}\sum_{j=1}^{n}\boldsymbol{f}_i^{\mathrm{T}}\boldsymbol{K}\boldsymbol{f}_j\xi_i\xi_j$$

按固有振型的正交条件,则有

$$U=\frac{1}{2}\sum_{i=1}^{n}M_i\omega_i^2\xi_i^2 \tag{8-7}$$

在计算气动力时,对小展弦比机翼,已经不能再引用片条理论,而必须采用升力面理论。现设机翼上的压力分布是 $p(x,y,t)$,则按广义力定义,当机翼有虚位移 $\delta\xi_i$时,系统所作的虚

功为

$$\delta W_e = Q_i \delta\xi_i = \iint_S p(x,y,t) f_i(x,y) \delta\xi_i \mathrm{d}x\mathrm{d}y$$

故广义力为

$$Q_i = \iint_S p(x,y,t) f_i(x,y) \mathrm{d}x\mathrm{d}y \tag{8-8}$$

将式(8-6)、式(8-7)及式(8-8)代入拉格朗日方程，即可得到颤振运动方程

$$M_i\ddot{\xi} + M_i\omega_i^2\xi_i = Q_i \qquad (i = 1,2,\cdots,n) \tag{8-9}$$

由上式可见，其惯性力项和弹性力项的各自由度之间都是不耦合的，但等号右边的广义力项 Q_i 是和各广义坐标有关的，所以上列各式都不是独立的，需联立求解。对与小展弦比机翼的颤振计算，其关键在于广义气动力的计算。为了计算气动力 $p(x,y,t)$，本节内只介绍在亚声速范围使用的偶极子格网法以及在超声速范围内使用的活塞理论，以作示例。

8.2　用偶极子格网法的颤振计算

有关亚声速偶极子格网法的原理，已在第 4 章的有关节中作了介绍。本节从广义气动力计算出发，说明广义气动力的表达形式。在该法中将机翼分成若干梯形网格，网格的展弦比不能太大，以接近 1 为好。在每一网格的 1/4 弦长线上布置等强度的压力偶极子，认为网络上的压力合力作用在网格的 1/4 弦长点上。该点称为压力点。在中切面 3/4 弦长点处满足物面条件，这些点称为下洗点或控制点，如图 4-8 所示(见 4.2.2 小节)。由偶极子格网法可求得影响系数矩阵 $\boldsymbol{D}$，并有

$$\bar{\boldsymbol{w}} = \boldsymbol{D}\bar{\boldsymbol{p}}$$

式中，$\bar{\boldsymbol{w}} = \dfrac{\boldsymbol{w}}{V}$，为法洗速度，量纲为 1；$\bar{\boldsymbol{p}} = \dfrac{\boldsymbol{p}}{\frac{1}{2}\rho V^2}$，为气动载荷系数；$\bar{\boldsymbol{w}}$，$\bar{\boldsymbol{p}}$ 为 $(m,1)$ 阶，$\boldsymbol{D}$ 为 (m,m) 阶，m 为翼面上的气动网格数，且

$$\bar{\boldsymbol{w}} = \frac{\partial \boldsymbol{z}}{\partial x} + \frac{1}{V}\frac{\partial \boldsymbol{z}}{\partial t}$$

以式(8-1)代入上式，并考虑机翼作简谐运动，故有

$$\bar{\boldsymbol{w}} = \sum_{j=1}^{n}\left(\frac{\partial \boldsymbol{f}_j}{\partial x} + \frac{\mathrm{i}\omega}{V}\boldsymbol{f}_j\right)\xi_j$$

$$\boldsymbol{p} = \frac{1}{2}\rho V^2 \boldsymbol{D}^{-1} \cdot \sum_{j=1}^{n}\left(\frac{\partial \boldsymbol{f}_j}{\partial x} + \frac{\mathrm{i}\omega}{V}\boldsymbol{f}_j\right)\xi_j$$

由式(8-8)，写出其矩阵形式为

$$Q_i = \boldsymbol{f}_i^{\mathrm{T}} \Delta \boldsymbol{S}\boldsymbol{p} = \frac{1}{2}\rho V^2 \boldsymbol{f}_i^{\mathrm{T}} \Delta \boldsymbol{S}\boldsymbol{D}^{-1} \cdot \sum_{j=1}^{n}\left(\frac{\partial \boldsymbol{f}_j}{\partial x} + \frac{\mathrm{i}\omega}{V}\boldsymbol{f}_j\right)\xi_j \tag{8-10}$$

式中，$\Delta\boldsymbol{S}=\mathrm{diag}\,(\Delta S_1 \quad \cdots \quad \Delta S_m)$，表示各面元的面积，$\boldsymbol{f}_i$，$\boldsymbol{f}_j$表示第 i，j 模态。但需注意，它和式(8-2)中的模态是有区别的。在式(8-2)中的 $\boldsymbol{f}$ 为$(N,1)$阶，是 N 个结构节点的模态，由振动计算直接给出；而式(8-10)中的 $\boldsymbol{f}$ 为$(m,1)$阶，因此，气动力计算节点和计算固有模态所选的结构节点位置是不同的。在计算式(8-10)时，先要对原来的固有模态，用插值的方法求得按气动力计算节点相应位移表示的固有模态；还要注意 $\boldsymbol{f}_i$，$\boldsymbol{f}_j$相应的点也不同。$\boldsymbol{f}_j$与气动力计算时的边界条件相联系，所以是控制点处的模态；而 $\boldsymbol{f}_i$与力作用点的位移相联系，是力作用点处的模态。

式(8-10)可以表示为

$$Q_i = \sum_{j=1}^{n} Q_{ij}\xi_j \tag{8-11}$$

式中

$$Q_{ij} = \frac{1}{2}\rho V^2 \boldsymbol{f}_i^{\mathrm{T}} \Delta\boldsymbol{S}\boldsymbol{D}^{-1}\left(\frac{\partial \boldsymbol{f}_j}{\partial x} + \mathrm{i}\,\frac{\omega}{V}\boldsymbol{f}_j\right)$$

颤振时，机翼作简谐振动，即

$$\xi_j = \bar{\xi}_j \mathrm{e}^{\mathrm{i}\omega t} \qquad (j = 1,2,\cdots,n)$$

把式(8-11)代入到式(8-9)中，就得到颤振方程，可应用 $V-g$ 法或 $p-k$ 法解出颤振速度 V_{F}、颤振频率 ω_{F}。

当用 $V-g$ 法计算时，要引入结构阻尼，则得到颤振运动方程

$$\left[\boldsymbol{M} - (1+\mathrm{i}g)\left(\frac{\omega_1}{\omega}\right)^2 \boldsymbol{K} + \bar{\boldsymbol{Q}}\right]\boldsymbol{\xi} = \boldsymbol{0} \tag{8-12}$$

式中 $\boldsymbol{M}=\mathrm{diag}\,(M_1 \quad M_2 \quad \cdots \quad M_n)$；

$\boldsymbol{K}=\mathrm{diag}\left[M_1\left(\frac{\omega_1}{\omega_1}\right)^2 \quad M_2\left(\frac{\omega_2}{\omega_1}\right)^2 \quad \cdots \quad M_n\left(\frac{\omega_n}{\omega_1}\right)^2\right]$；

$\bar{\boldsymbol{Q}}=[\bar{Q}_{ij}]$；

$\boldsymbol{\xi}=[\xi_1 \quad \xi_2 \quad \cdots \quad \xi_n]$；

$\bar{Q}_{ij}=\dfrac{Q_{ij}}{\omega^2}$，它是马赫数 Ma、减缩频率 k 及模态 f 的函数。

由此得颤振行列式

$$\left|\boldsymbol{M} - \lambda\boldsymbol{K} + \bar{\boldsymbol{Q}}\right| = 0 \tag{8-13}$$

式中

$$\lambda = (1+\mathrm{i}g)\left(\frac{\omega_1}{\omega}\right)^2$$

对于上式，当阶数 n 较高时，便不能用行列式展开的方法，而要用求特征值及特征向量的方法。

图 8-2 给出了一个真实飞机采用 $V-g$ 法解颤振的算例的结果。作图时，首先在 $V-\omega$ 平面上作等 k 线，并把每个 k 下的(V,ω)点标出，$V=0$ 时所对应的频率值即为固有频率，按不同 k 值连线，即为 $V-\omega$ 曲线。$V-g$ 图的作法与 $V-\omega$ 图的作法相似，一般地说，在上面曲线的连线中，要相互参照其走向。注意到在颤振点上的斜率值，它愈大，表示颤振暴发的程度愈大，这就必然导致灾难性后果。斜率值很小时，表示发生颤振的过程是缓和的。

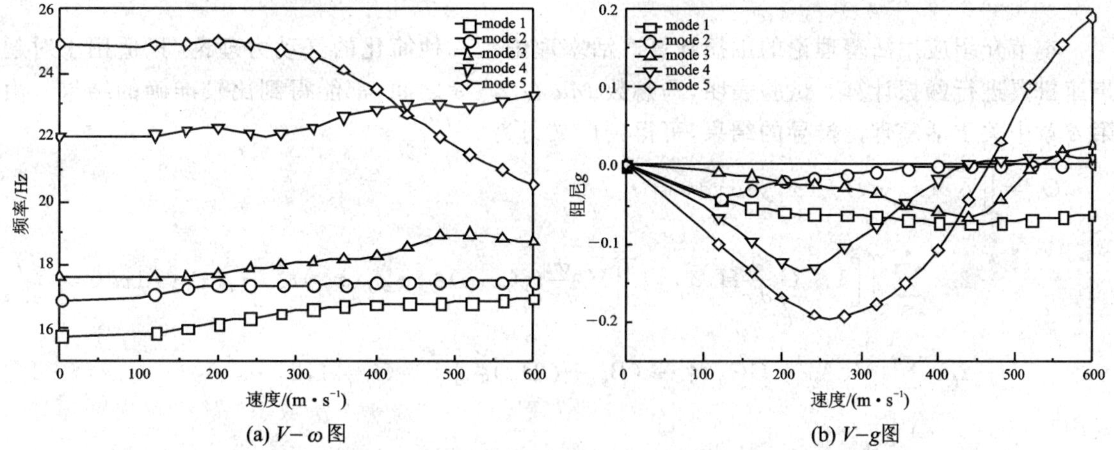

(a) $V-\omega$图　(b) $V-g$图

图 8-2　采用 V-g 法计算颤振的算例

注意到上述采用偶极子格网法的工程计算中，虽然也计及压缩性效应，但对跨声速状态下的绕流特点反映不出来，因此颤振计算只能做到出现跨声速效应以前。通过跨声速颤振模型的风洞试验，可以作出颤振速度 V_F 随马赫数 Ma 的变化情况，如图 8-3 所示。在 $Ma=1$ 处，V_F 下降呈凹坑状，即所谓的"跨声速凹坑"。在气动弹性的设计中，通常是由风洞试验作出 V_F-Ma 曲线，从而找出 V_F 的最低点 V_{F_D}，由此即可得到在较低马赫数 Ma 下计算的颤振速度 V_{F_0} 和 V_{F_D} 的比值 $f_c=V_{F_0}/V_{F_D}$。然后用这个比值作为修正常数，来修正按较低马赫数(例如按

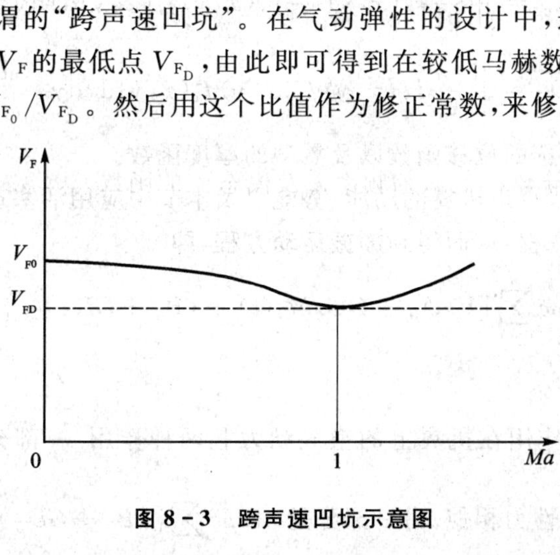

图 8-3　跨声速凹坑示意图

$Ma=0.1$)。算出的颤振速度 V_F,即取 V_F/f_c 作为所设计飞机的颤振速度。这种处理方法称做"空气压缩性修正",f_c 称做空气压缩性修正系数,它也可以按经验来确定。在我国,通常取 $f_c=1.15\sim1.2$。

8.3 应用活塞理论的颤振计算

本节介绍应用活塞理论的颤振计算。活塞理论是一种简化的气动力理论,只适用于对超声速机翼进行颤振计算。试验表明,马赫数 Ma 在 2~5 之间,都能得到比较准确的结果。由第4章中关于活塞理论推导的结果,可得到广义力为

$$Q_i=\iint_S \Delta p(x,y,t) f_i(x,y)\mathrm{d}x\mathrm{d}y=$$

$$-2\rho c\sum_{j=1}^{n}\iint_S\left[1+G\frac{\partial}{\partial x}H(x,y)\right]\left[V\frac{\partial}{\partial x}f_j(x,y)\xi_j+f_j(x,y)\dot{\xi}_j\right]f_i(x,y)\mathrm{d}x\mathrm{d}y=$$

$$-2\rho c\sum_{j=1}^{n}[V(A_{ij}+GC_{ij})\xi_j+(B_{ij}+GD_{ij})\dot{\xi}_j]\qquad(i=1,2,\cdots,n)\tag{8-14}$$

式中

$$\left.\begin{aligned}A_{ij}&=\iint_S\frac{\partial}{\partial x}f_j(x,y)f_i(x,y)\mathrm{d}x\mathrm{d}y\\B_{ij}&=\iint_S f_j(x,y)f_i(x,y)\mathrm{d}x\mathrm{d}y\\C_{ij}&=\iint_S\frac{\partial}{\partial x}H(x,y)\frac{\partial}{\partial x}f_j(x,y)f_i(x,y)\mathrm{d}x\mathrm{d}y\\D_{ij}&=\iint_S\frac{\partial}{\partial x}H(x,y)f_j(x,y)f_i(x,y)\mathrm{d}x\mathrm{d}y\end{aligned}\right\}\tag{8-15}$$

这些都是常数,取决于所选的位移函数以及翼型的厚度函数。

按8.1.2小节的方法算出机翼的动能、势能以及本节中应用活塞理论导出的广义力,就可以把它们代入拉格朗日方程,从而得到颤振运动方程,即

$$M_i\ddot{\xi}_i+M_i\omega_i^2\xi_i=-2\rho c\sum_{j=1}^{n}[V(A_{ij}+GC_{ij})\xi_j(t)+(B_{ij}+GD_{ij})\dot{\xi}_j]\qquad(i=1,2,\cdots,n)\tag{8-16}$$

由式(8-16)可以看出,作用在机翼上的空气动力起两种作用:一部分是 $-2\rho c\sum_{j=1}^{n}[V(A_{ij}+GC_{ij})\xi_j]$,起的作用和弹性力相似;另一部分是 $-2\rho c\sum_{j=1}^{n}[(B_{ij}+GD_{ij})\dot{\xi}_j]$,起的作用和阻尼力

相似。

在颤振临界状态，机翼作简谐运动，即

$$\xi_i(t) = \bar{\xi}_i e^{i\omega t}$$

再引入结构阻尼，则式(8-16)的颤振方程就化成

$$M_i\left[\left(\frac{\omega_i}{\omega_1}\right)^2\left(\frac{\omega_1}{\omega}\right)^2(1+ig)-1\right]\bar{\xi}_i+\frac{2\rho}{Ma}\sum_{j=1}^{n}\left[\left(\frac{V}{\omega}\right)^2(A_{ij}+GC_{ij})+i\frac{V}{\omega}(B_{ij}+GD_{ij})\right]\bar{\xi}_j=0$$

$$(i=1,2,\cdots,n) \tag{8-17}$$

式中，Ma 表示马赫数；g 表示阻尼系数，并假设对各阶固有振型阻尼系数是一样的。

在具有 n 个自由度的情况下，为方便起见，可以把颤振行列式写成

$$\left|\frac{Ma}{2\rho}\left(\frac{\omega_1}{\omega}\right)^2(1+ig)\boldsymbol{K}-\frac{Ma}{2\rho}\boldsymbol{M}+[\boldsymbol{A}+G\boldsymbol{C}]\left(\frac{V}{\omega}\right)^2+i[\boldsymbol{B}+G\boldsymbol{D}]\left(\frac{V}{\omega}\right)\right|=0 \tag{8-18}$$

式中，$\boldsymbol{M}=\mathrm{diag}\,(M_1\quad\cdots\quad M_n)$；$\boldsymbol{A}$，$\boldsymbol{B}$，$\boldsymbol{C}$ 和 $\boldsymbol{D}$ 均为矩阵，其元素分别为 A_{ij}，B_{ij}，C_{ij} 和 D_{ij}。

应用活塞理论计算颤振临界速度，其结果的准确程度随马赫数 Ma 的增高而增加。与试验结果相比较可知：应用活塞理论所求得的颤振速度都是比较保守的。当 $Ma=1.3$ 时，计算结果与试验结果比较，误差是 23 %；当 $Ma=2$ 时，误差是 9 %，都过于保守。此外，一些实验的结果表明，对于三角形机翼，应用活塞理论所得的结果要比非尖削的后掠机翼的情况好。这个原因可能是由于非尖削的后掠机翼存在着很大的翼梢效应所致，特别是在低马赫数下格外显著，而在活塞理论中是根本不考虑这些效应的。

8.4　关于计及压缩性影响的颤振计算

在各种颤振求解方法中，有些是没有计及压缩性影响的，即所引用或所计算出的气动力都是按不可压缩流动建立起来的。在考虑压缩性影响时，气动力除了取决于减缩频率外，还取决于马赫数 Ma。在计算颤振时，除了预设 k 值外，还必须预设马赫数 Ma，根据这二者去查取气动力系数。例如在 $V-g$ 法中，开始是对减缩频率 k 的试凑迭代求解，求得的是在一组 k 值下的 $V-g$ 曲线所确定的颤振速度 V_F。若在某给定的高度(即当地声速也随之而定)，就相应有一个马赫数 Ma。这就引出一个新问题，即计算所得的 V_F 除以给定的声速算出的马赫数 Ma，不一定和原始的马赫数 Ma 相等。为了确定与预设的 ρ，M 相匹配的 V_F，就必须进行一个针对马赫数 Ma 的迭代过程。在给定 ρ 值后，要设一组马赫数 Ma，对每一个 Ma，给定一组减缩频率 k 值，求得 V_F。在此基础上作 $V_F/b\omega_\alpha-Ma$ 曲线，如图 8-4 所示。

图 8-4 中的虚直线代表对于给定高度(即给定声速 c)，飞行速度 V 与飞行马赫数 Ma 成正比，即 $V=Ma\cdot c$，于是 $(V/b\omega_\alpha)=Ma(\alpha/b\omega_\alpha)$ 也是直线关系。当虚直线与数值计算结果所连成的曲线 $V_F/b\omega_\alpha-Ma$ 相交时，交点所对应的马赫数 Ma 及 $V_F/b\omega_\alpha$ 即为颤振临界点的对应值。若虚直线与数值计算结果连成的曲线不能相交，则表示不会发生颤振。

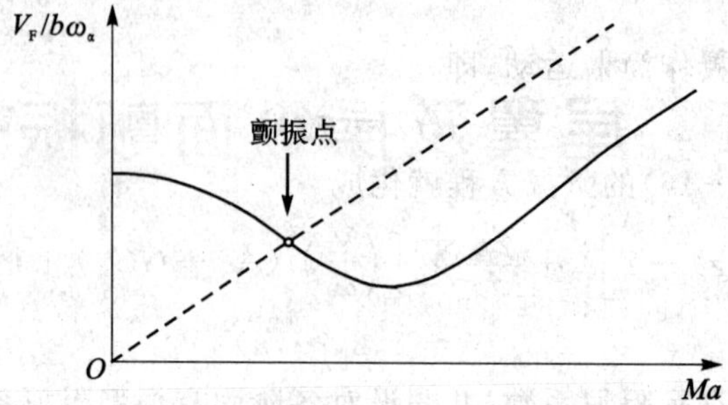

图 8-4 $V_F/b\omega_\alpha$ - Ma 曲线

图 8-4 中的实线有一定的代表性。因为一般翼剖面上的空气动力在马赫数 Ma 接近 1 时达到最大值,故这时 $V_F/b\omega_\alpha$ 最小。当 $Ma \gg 1$ 时,由空气动力的活塞理论,气动力压力正比于 $\rho V^2/Ma$,故 $Ma \gg 1$ 时,V_F 大体上正比于 $\sqrt{Ma}$。

思考题

8.1 小展弦比机翼在颤振分析上与大展弦比机翼相比有哪些特点?

8.2 把 8.2 节中的 $V-g$ 法改为 $p-k$ 法,写出其基本运动方程。

8.3 采用活塞理论作颤振分析时,试述其应用范围及其所具有的特点。

8.4 在颤振计算中如何计及空气压缩性效应?

参考文献

[1] Fung Y C. 空气弹性力学引论. 冯钟越,管德,译. 北京:国防工业出版社,1963.
[2] 伏欣 H W. 气动弹性力学原理. 沈克扬,译. 上海:上海科学技术文献出版社,1982.
[3] 诸德超,陈桂彬,邹丛青. 气动弹性力学. 航空工业部教材编审室,1986.

第 9 章　尾翼及操纵面颤振分析

本章讨论尾翼颤振及操纵面颤振两个重要的主题。首先在 9.1 节中介绍尾翼颤振分析的特点，这里涉及常规的固定尾翼、全动的水平尾翼以及 T 形尾翼；在 9.2 节中，介绍操纵面的颤振分析；在 9.3 节中简要地介绍操纵面嗡鸣的概念及工程上的处理方法。

9.1　尾翼颤振分析

飞机是一个无穷多自由度系统，而颤振的发生是在各部件同时参与下进行的，各部件的振动是相互联系在一起的振动。在研究机翼的颤振时，忽略了它与其他部件的联系，是因为机翼和机身间的连接比较刚硬，机身对机翼的影响较小。而后机身是柔度较大的结构，它和尾翼的振动密切相关，必须要考虑机身的影响，这就使尾翼的颤振分析变得复杂了。在分析方法上，对于尾翼大体上也可以直接应用前述的方法。尾翼具有多种结构形式，如常规的固定尾翼、全动水平尾翼及 T 形尾翼等。每一种构型的尾翼，可能发生的颤振形式也是多种多样的，很难预料哪几种自由度的组合会产生最低的颤振速度；同时，还要保证应有的准确度，所以如何选择自由度是一个很重要的问题。在作简化假设时，必须建立在实际经验和实验结果的基础上。以下将分别对不同构型的尾翼介绍其在颤振分析上的特点。

9.1.1　常规的固定尾翼颤振分析

在没有其他的理由可以作为依据时，至少应该考虑以下的自由度。

(1) 对于对称的尾翼颤振

① 升降舵绕铰链轴的转动(升降舵可作为简单的刚体处理)；

② 机身的垂直弯曲；

③ 水平安定面的弯曲。

如果水平安定面的弯曲固有频率比机身弯曲的固有频率高得多(例如大 3 倍以上)，则可以认为水平安定面是刚硬的。因此，上述颤振形式就简化为两个自由度(即机身的垂直弯曲及升降舵的偏转)的颤振问题了。

(2) 对于反对称的尾翼颤振

1) 升降舵颤振

① 升降舵绕其铰链轴的转动，左右两个升降舵转动方向相反；

② 机身的扭转；

③ 水平尾翼的弯曲。

2) 方向舵颤振

① 方向舵绕其铰链轴的转动;

② 机身的侧向弯曲;

③ 机身扭转或垂直安定面的弯曲。

如果垂直安定面的第一次弯曲频率比机身的第一次弯曲或扭转频率大得多,那么也可以把它们看做刚体,而取消相应的自由度。此外,两个升降舵如果是刚硬连接的,那么自然也不会发生机身扭转、升降舵反方向偏转型的颤振。

在计算时,可以把机身看做是一个自由梁,而机翼和尾翼是附在机身上的集中质量。对于小型飞机还可进一步简化,把机身自机翼后梁起作为一个悬臂梁那样来处理,而取消了飞机整体俯仰自由度。确定了自由度后,采用固有模态为位移函数,就可以按照前面的原理,利用拉格朗日方程,或者利用伽辽金方法进行求解。

注意,舵面的平衡度对于颤振临界速度有着重大的影响。通常,在规范中规定,当舵面达到完全平衡或稍微超平衡时,可以不进行颤振临界速度的计算。只有当平衡不满足规范中的要求时,就有必要进行颤振分析了。最好能作出不同的平衡度下,颤振速度随频率比(舵系统频率与对应的机身弯曲、扭转频率之比)的变化曲线,以及对不同频率比作出颤振速度对平衡度的变化曲线。这些曲线可以帮助判别是否会发生颤振,或者需要采取什么措施。

9.1.2 全动水平尾翼的颤振分析

对于全动水平尾翼的颤振分析,应研究对称和反对称两种模态情况。对全动翼面颤振机制有作用的所有模态都应包括在颤振分析中。这些模态通常包含一阶和二阶弯曲模态、旋转模态和扭转模态。必须考虑机身、尾翼和尾翼操纵系统。但机身-尾翼颤振和尾翼颤振这两种颤振型,仍可能成为颤振的临界状态。在全动尾翼操纵系统刚度较小的情况下,尾翼的旋转频率远低于尾翼的一阶扭转频率。这时操纵系统旋转刚度就成为影响全动水平尾翼颤振的关键因素。

全动水平尾翼在结构构型上与普通常规的尾翼不同。最常见的构型是通过一根大轴把平尾安装于后机身上的。由于大轴是可以转动的,就不可避免地存在间隙,给全动水平尾翼刚体模态的支持刚度带来不确定因素;而且在飞机的使用过程中,由于磨损会使间隙发生变化。为此在颤振分析时应作变参数分析,使支持刚度能覆盖所要求的范围。

由于间隙的存在,转动轴在间隙范围内作微幅振动时,其刚度等于零,这就有可能发生振幅急剧扩大。振幅扩大到超过间隙的范围时,大轴就受到了约束,系统具有了原有的刚度,颤振速度立即得到提高,振动趋于衰减;但振动衰减到小于间隙时,剧烈的振动再度发生。最终的现象是大轴连同水平尾翼,作极限环振动。

对于线性系统，颤振临界条件与振幅无关。但是，在具有非线性结构的系统中，振幅的变化明显地改变颤振临界条件。目前，在飞机的飞行中，已经遇到过由于结构非线性引起的颤振问题。在工程上较为简单的方法是采用描述函数法进行非线性分析。描述函数法给出计及结构非线性效应后的等效刚度，即

$$K' = \bar{\delta}K$$

式中，K 是假定不存在结构非线性效应时的系统物理刚度；$\bar{\delta}$是一个系数，在不同的情况下有不同的表达式。例如，在自由间隙情况，分析如图 9-1 所示的载荷-位移图，其中 $\bar{s}$ 表示间隙值的一半。对于这种情况，描述函数$\bar{\delta}$的表达式如下：

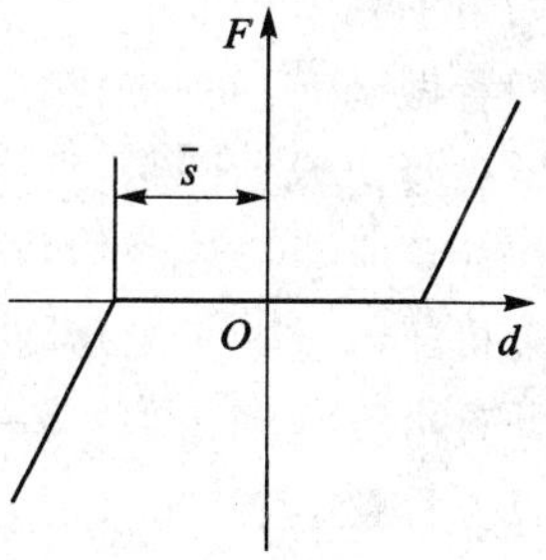

图 9-1　载荷-位移图(自由间隙)

当振幅 $A \leqslant \bar{s}$ 时

$$\bar{\delta} = 0$$

当振幅 $A > \bar{s}$ 时

$$\bar{\delta} = \frac{1}{\pi}(\pi - 2t_1 - \sin 2t_1)$$

式中

$$t_1 = \sin^{-1}\left(\frac{\bar{s}}{A}\right)$$

上述描述函数体现了结构非线性的对称间隙。$\bar{\delta}$对$(A/\bar{s})$的曲线如图 9-2 所示。当$\bar{\delta}=1$时，即 $\bar{s}=0$ 的情况，就是一般的线性状态。这样的处理方法就是把一个非线性问题准线性化了。

在实际的飞行中，水平尾翼上是有空气动力载荷作用的。因此还应考虑有间隙的系统在外载荷作用下的情况，即如图 9-3 所示的预载间隙。其描述函数的表达式比较复杂，读者需要时可参看有关文献，此处从略。

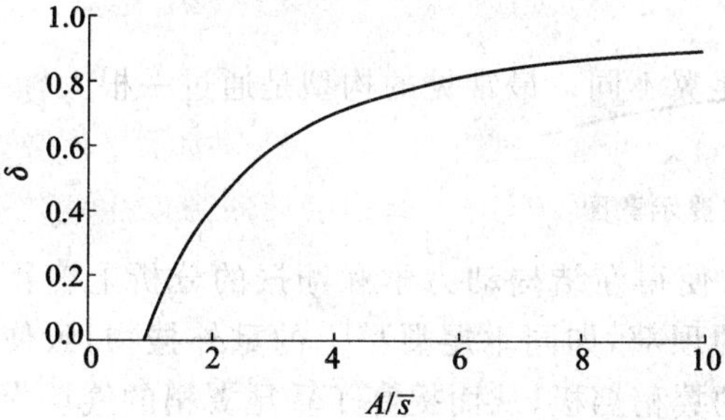

图 9-2　$\bar{\delta}$-$(A/\bar{s})$曲线

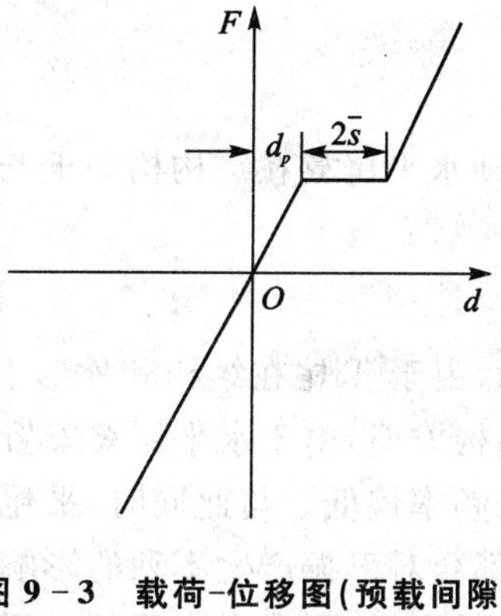

图 9-3　载荷-位移图(预载间隙)

为了使用描述函数法,需要使用非耦合模态,即如图 9-4 所示的机身-全动水平尾翼组合。为了计算尾翼支持轴承(即图中的 A 和 B)及操纵系统中的间隙,使用了尾翼刚体扑动和刚体旋转模态。在线性假设下的这两个频率值,需要用试凑的方法确定,以便同机身-全动尾翼组合的固有频率和模态协调。

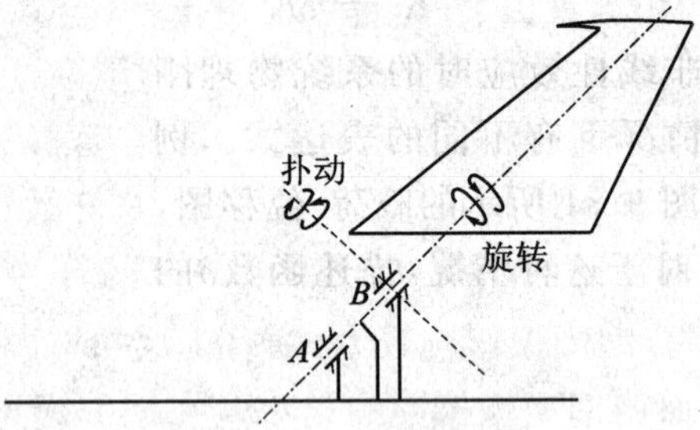

图 9-4 机身-全动水平尾翼组合图

9.1.3 T 形尾翼的颤振分析

所谓 T 形尾翼是指水平尾翼置放于垂直尾翼顶端翼稍处的尾翼构型,简称为 T 尾,如图 9-5所示。由于 T 尾布局在小攻角时能减少机翼尾流影响,提高平尾气动效率,且有利于在机身尾部设置大开口,因而对于没有大机动要求的飞机采用 T 尾是比较有利的气动布局。目前,T 尾已较为广泛地应用于一些客机和运输机上。

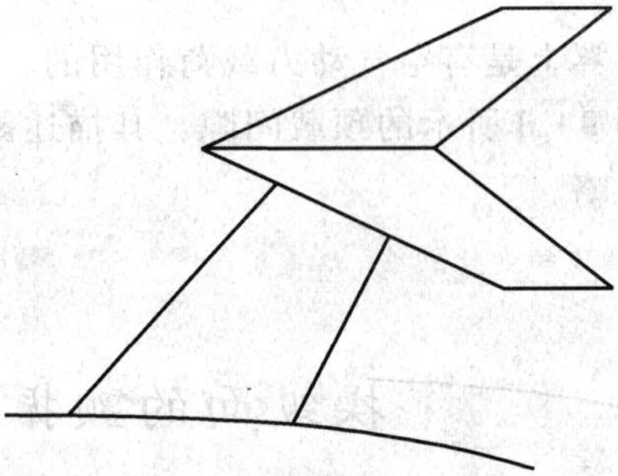

图 9-5 T 形尾翼示意图

然而,由于 T 尾在结构和外形上的特殊性,常使得在结构动力学和颤振的分析上变得复杂。在结构方面,由于水平尾翼安置在垂直尾翼的顶部,如同垂尾翼稍上的重外挂物,致使垂尾的固有频率偏低。与此同时,平尾又成为垂尾的翼稍挡板,从而提高了垂尾翼稍的气动力载荷,这些都会对颤振产生不利的影响。T 尾和常规尾翼在颤振分析上的主要不同点,是在计算非定常气动力时,要考虑平尾的上反角以及静升力等定常参数。这一点在常规的颤振计算中是不需要考虑的。

上反角对 T 形尾翼结构振动特性及气动特性都有影响。在零上反角时，无论是 T 形尾翼的偏航、垂尾的扭转和弯曲，都会在平尾上产生滚转力矩。滚转使平尾静升力改变了方向，由此产生了在 Y 方向的一个分量，在计算广义气动力 Q_Y 时，必须计入平尾静升力。

T 形尾翼颤振的基本机制是垂直尾翼的一弯和一扭的耦合模态，但也可能出现平尾的弯扭耦合型；当平尾具有安定面俯仰自由度时，也可能出现平尾安定面俯仰型颤振。在一架运输机上，对 T 形尾翼颤振分析计算及风洞试验表明有如下的结论可供参考：

① 攻角对垂尾弯扭耦合型颤振影响较大，随着攻角增大，颤振速度下降；而攻角对平尾弯扭型颤振和平尾安定面俯仰型颤振影响很小。一架具有 T 形尾翼的模型，在风洞试验中测得的攻角对垂尾弯扭耦合型颤振试验的结果，如图 9－6 所示。

② 上反角对垂尾弯扭耦合型颤振影响较大，随着上反角增大，颤振速度下降；而上反角对平尾弯扭型颤振和平尾安定面俯仰型颤振影响很小。在同一模型中，测得上反角对垂尾弯扭耦合型颤振的试验结果，如图 9－7 所示。

③ 侧滑角对 T 形尾翼的各种耦合型颤振的影响均很小。

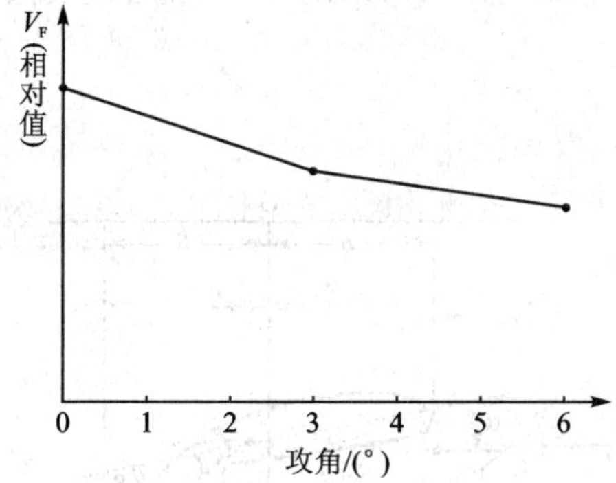

图 9－6　颤振速度随攻角变化曲线

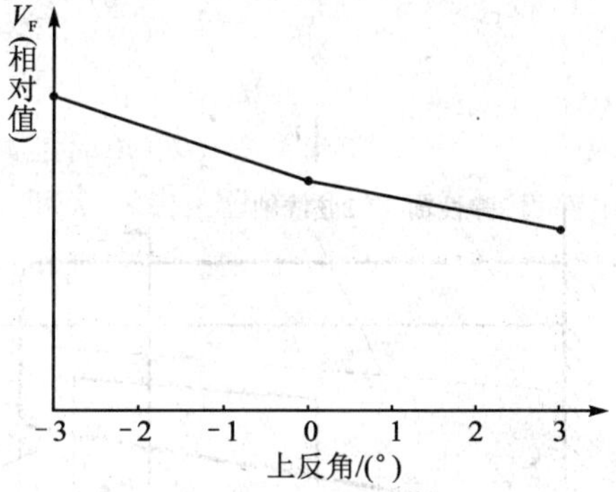

图 9－7　颤振速度随上反角变化曲线

9.2　操纵面的颤振

操纵面与调整片颤振是最常发生的颤振形式。而其中方向舵发生颤振的可能要远小于副翼和升降舵。飞机在飞行过程中，若发生了操纵面或调整片的颤振，不一定会导致灾难性的事故。当速度超过颤振速度时，振幅会逐渐增大，但并不一定出现振幅无限增大的现象，这是由于非线性的作用，会使颤振维持在一个大而有限的振幅下。有利的非线性作用，给予了驾驶员降低速度的时间。人们对于这种非线性的确切实质并不十分了解，所以在任何情况下，都不能依赖于这种作用，而必须在飞机结构设计中绝对避免这种颤振的发生。在历史上，由于操纵面甚至调整片颤振，曾引发过多次结构破坏，有时则导致飞机坠毁。

操纵面颤振会出现多种形式，诸如机翼弯曲-副翼型、机翼扭转-副翼型、机翼弯曲和扭转-副翼型、平尾-升降舵型、后机身垂直弯曲-平尾-升降舵型、垂尾-方向舵型、后机身扭转-垂直尾翼-方向舵型以及含有调整片的一些颤振型等。本节中作为举例，只介绍上述的一种颤振型，即机翼弯曲和扭转-副翼的颤振分析。依据同样的原理，也可分析上述涉及的升降舵和方向舵的颤振。

承接6.4节二元机翼-副翼颤振的介绍，在本例中除同样要考虑机翼的弯曲和扭转变形外，还要考虑副翼的偏转(当机翼作对称振动时，副翼作同向偏转；当机翼作反对称振动时，副翼作反方向偏转)。考虑图9-8所示的机翼-副翼图，其半翼展长设为 l，副翼区起始于 l_1，终止于 l_2。它们相应的弯曲模态为 $f(y)$、扭转模态为 $\varphi(y)$，并分别选取广义坐标为 $h(t)$ 及 $\alpha(t)$。副翼的偏转振型为 $\psi(y)$，一般取 $\psi(y)=1$，其相应的广义坐标为 $\beta(t)$。以上的 y 均表示沿翼展方向的坐标，图中的 a,b,e 和 c 等都是 y 的函数。参见式(6-51)，这里用 $f(y)h(t),\varphi(y)\alpha(t)$ 及 $\psi(y)\beta(t)$ 分别置换 h,α 和 β，则机翼上任一点的位移可表示为

$$\left.\begin{aligned} z(x,y,t) &= f(y)h(t)+(x-ab)\varphi(y)\alpha(t) && \text{(在非副翼区)} \\ z(x,y,t) &= f(y)h(t)+(x-ab)\varphi(y)\alpha(t)+(x-cb)\psi(y)\beta(t) && \text{(在含副翼区)} \end{aligned}\right\} \tag{9-1}$$

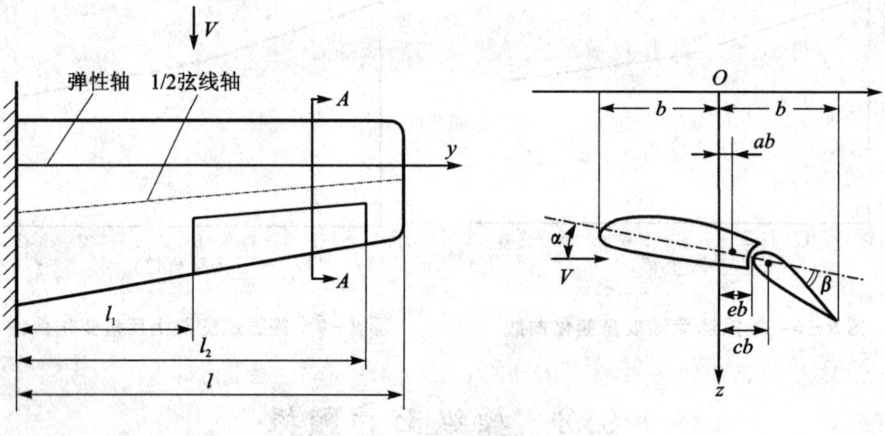

图9-8 机翼-副翼图

机翼的动能可写为

$$T=\frac{1}{2}\iint_S \dot{z}^2(x,y,t)\gamma(x,y)\mathrm{d}x\mathrm{d}y=$$

$$\frac{1}{2}(c_{11}\dot{h}^2+c_{22}\dot{\alpha}^2+c_{33}\dot{\beta}^2)-c_{12}\dot{h}\dot{\alpha}-c_{13}\dot{h}\dot{\beta}-c_{23}\dot{\alpha}\dot{\beta} \tag{9-2}$$

式中 γ——单位面积机翼质量。

$$\left.\begin{aligned}
c_{11} &= \int_0^l f^2(y)m(y)\mathrm{d}y \\
c_{12} &= -\int_0^l f(y)\varphi(y)S_\alpha(y)\mathrm{d}y \\
c_{22} &= \int_0^l \varphi^2(y)I_\alpha(y)\mathrm{d}y \\
c_{33} &= \int_{l_1}^{l_2} \psi^2(y)I_\beta(y)\mathrm{d}y \\
c_{13} &= -\int_{l_1}^{l_2} f(y)\psi(y)S_\beta(y)\mathrm{d}y \\
c_{23} &= -\int_{l_1}^{l_2} [S_\beta(y)(c-a)b+I_\beta(y)]\varphi(y)\psi(y)\mathrm{d}y
\end{aligned}\right\} \tag{9-3}$$

式中 $m(y)$—— 单位展长机翼的质量，$m(y)=\int_{-b}^{b}\gamma(x,y)\mathrm{d}x$；

$S_\alpha(y)$—— 单位展长机翼质量对弹性轴的静质矩，$S_\alpha(y)=\int_{-b}^{b}\gamma(x,y)(x-ab)\mathrm{d}x$；

$I_\alpha(y)$—— 单位展长机翼质量对弹性轴的惯性矩，$I_\alpha(y)=\int_{-b}^{b}\gamma(x,y)(x-ab)^2\mathrm{d}x$；

$S_\beta(y)$—— 单位展长副翼质量对副翼转轴的静质矩，$S_\beta(y)=\int_{eb}^{b}\gamma_a(x,y)(x-cb)\mathrm{d}x$；

$I_\beta(y)$—— 单位展长副翼质量对副翼转轴的惯矩，$I_\beta(y)=\int_{eb}^{b}\gamma_a(x,y)(x-cb)^2\mathrm{d}x$ 。

式中，γ_a 为单位面积副翼质量。机翼的应变能为

$$U=\frac{1}{2}\int_0^l EI(y)\left[\frac{\mathrm{d}^2 f(y)}{\mathrm{d}y^2}\right]^2 h^2(t)\mathrm{d}y+\frac{1}{2}\int_0^l GJ(y)\left[\frac{\mathrm{d}\varphi(y)}{\mathrm{d}y}\right]^2\alpha^2(t)\mathrm{d}y+\frac{1}{2}K_\beta\beta^2(t)=$$

$$\frac{1}{2}(a_{11}h^2(t)+a_{22}\alpha^2(t)+a_{33}\beta^2(t)) \tag{9-4}$$

机翼的弯曲、扭转及副翼偏转各自独立运动时，引入频率 ω_h，ω_α 及 ω_β，即

$$\left.\begin{aligned}
\omega_h^2 &= \frac{a_{11}}{c_{11}} \\
\omega_\alpha^2 &= \frac{a_{22}}{c_{22}} \\
\omega_\beta^2 &= \frac{a_{33}}{c_{33}}
\end{aligned}\right\} \tag{9-5}$$

则应变能写为

$$U=\frac{1}{2}(c_{11}\omega_h^2h^2+c_{22}\omega_\alpha^2\alpha^2+c_{33}\omega_\beta^2\beta^2) \tag{9-6}$$

代入拉格朗日方程，得到颤振微分方程如下：

$$\left.\begin{aligned} c_{11}\ddot{h}-c_{12}\ddot{\alpha}-c_{13}\ddot{\beta}+c_{11}\omega_h^2 h &= Q_h \\ -c_{12}\ddot{h}+c_{22}\ddot{\alpha}-c_{23}\ddot{\beta}+c_{22}\omega_\alpha^2\alpha &= Q_\alpha \\ -c_{13}\ddot{h}-c_{23}\ddot{\alpha}+c_{33}\ddot{\beta}+c_{33}\omega_\beta^2\beta &= Q_\beta \end{aligned}\right\} \tag{9-7}$$

在颤振临界条件下,引入机翼作简谐运动的条件,同时再引入结构阻尼,得

$$\left.\begin{aligned} -\omega^2(c_{11}h-c_{12}\alpha-c_{13}\beta)+(1+\mathrm{i}g)c_{11}\omega_h^2 h &= Q_h \\ -\omega^2(-c_{12}h+c_{22}\alpha-c_{23}\beta)+(1+\mathrm{i}g)c_{22}\omega_\alpha^2\alpha &= Q_\alpha \\ -\omega^2(-c_{13}h-c_{23}\alpha+c_{33}\beta)+(1+\mathrm{i}g)c_{33}\omega_\beta^2\beta &= Q_\beta \end{aligned}\right\} \tag{9-8}$$

根据广义力的定义,有

$$\left.\begin{aligned} Q_h &= \int_0^l L'(y,t)f(y)\mathrm{d}y \\ Q_\alpha &= \int_0^l M'_E(y,t)\varphi(y)\mathrm{d}y \\ Q_\beta &= \int_0^l T'(y,t)\psi(y)\mathrm{d}y \end{aligned}\right\} \tag{9-9}$$

式中 L'——单位展长机翼的升力;

M'_E——单位展长机翼气动力对弹性轴的力矩;

T'——单位展长副翼气动力对副翼铰链轴的气动力矩。

这些气动力可在相关文献资料或书中查到,这里只直接引用其结果。

$$\left.\begin{aligned} Q_h &= \pi\rho b_r^3\omega^2\left(A_{hh}\frac{h}{b_r}+A_{h\alpha}\alpha+A_{h\beta}\beta\right) \\ Q_\alpha &= \pi\rho b_r^4\omega^2\left(A_{\alpha h}\frac{h}{b_r}+A_{\alpha\alpha}\alpha+A_{\alpha\beta}\beta\right) \\ Q_\beta &= \pi\rho b_r^4\omega^2\left(A_{\beta h}\frac{h}{b_r}+A_{\beta\alpha}\alpha+A_{\beta\beta}\beta\right) \end{aligned}\right\} \tag{9-10}$$

式中,b_r为参考半弦长,通常取75%半翼展处的半弦长。气动力系数A_{hh},$A_{h\alpha}$,$A_{h\beta}$,$A_{\alpha h}$,$A_{\alpha\alpha}$,$A_{\alpha\beta}$,$A_{\beta h}$,$A_{\beta\alpha}$及$A_{\beta\beta}$的含义可由L',M'_E和T'代入到式(9-9)的过程中查明,此处略去了推导过程。但须注意,这些气动力系数是减缩频率$k(k=\omega b/V)$的函数,而其中的b是y的函数,所以气动力也是y的函数。为简化起见,对气动力系数中的西奥道生函数$C(k)$都取成参考半弦长处的$C(k_r)$。对其中显含的k,则用当地实际的k值。对于副翼,考虑到其弦长变化不大,所以对其气动力系数,即使把显含的k用k_r代替,也不致引起多大的误差。但对副翼以外的气动力系数,凡显含的k,仍要用当地弦长计算。将式(9-10)代入到式(9-8),就可得到相应的运动方程和颤振行列式,从而求得机翼-副翼的颤振速度。

最后应注意,在上述的计算过程中,需要给出副翼操纵系统的刚度K_β,但K_β很难用计算方法给出精确值,必须依靠实验手段来测定。当飞机设计过程中,实施颤振计算时,这个实验还没有做。所以通常的做法是,假设一组ω_β值,从而求出一组颤振速度V_F,以供设计人员参

考。此外，要充分估计操纵面颤振中可能存在的误差，由于计算中诸多的不利因素，例如操纵面非定常气动力计算不准、操纵面的铰链和支持刚度难以计算以及各种非线性因素的影响等，所以在设计阶段的计算通常是不可靠的。

9.3　操纵面的嗡鸣

20 世纪的 40 年代到 50 年代中期，操纵面嗡鸣一直是最常见的气动弹性不稳定形式之一。

嗡鸣是在跨声速飞行时发生的一种单自由度自激振动。最早的嗡鸣是发生在副翼上，因此过去常称之为副翼嗡鸣。嗡鸣的本质特征与经典的基于多模态耦合型颤振完全不同，它本质上是由操纵面旋转自由度构成的一种单自由度颤振。在发生嗡鸣时，操纵面的振动引起激波的前后移动，激波的前后移动又引起操纵面产生压力脉动，由此使操纵面处于一种持续振动状态。可见激波和附面层影响以及它们相互干扰有关的气动相位滞后，导致气动阻尼丧失而构成发生嗡鸣的因素。在一定的速度、高度和升力系数下，嗡鸣的振幅是有限的，嗡鸣的振幅通常随升力系数增大而增大。

嗡鸣按其发生时的流动情况大致可分成三种类型，它们分别是激波在操纵面铰链前的主翼面上、激波在操纵面上和激波在操纵面的后缘。每一种类型的激振机理也有所不同，主要取决于马赫数。第一种嗡鸣是超过临界马赫数后，舵面自发产生的颤振，它具有有限的极限振幅，当速度低于临界马赫数时便消失，其范围在(0.75～0.9)Ma 之间。第二种类型嗡鸣发生在(0.9～1)Ma 范围，这时在操纵面转轴到操纵面后缘之间上下表面都存在激波，所以操纵面处于亚、超声速的混合流之中。该型嗡鸣大多不是谐和振动，而是随机的。最后一种嗡鸣发生在(1～1.4)Ma 的范围，这时升力面和操纵面都处在超声速范围内。它和上一类型嗡鸣之间存在一个稳定的速度范围，但很难去确定它。这种超声速速度范围内的单自由度操纵面颤振，理论上可以采用大结构阻尼和高操纵面固有频率才能防止。

操纵面的嗡鸣可能会因疲劳或因过大的振幅而导致操纵面的损伤，降低操纵面的助力器、铰链和轴承的使用寿命，甚至使操纵面遭到破坏。但目前还没有一个完全可信的解析方法，可用来预计发生操纵面嗡鸣的速度和频率。尽管早已开展了应用计算流体力学技术和在风洞中进行跨声速操纵面嗡鸣的相关研究，但长期以来，在飞机设计中，对于嗡鸣还只能依靠经验设计准则。

为了防止嗡鸣的发生，在工程上可采用的措施有：提高操纵面操纵系统的刚度，或者降低绕铰链轴的惯性矩；增大铰链轴线的后掠角及减小翼型厚度比；采用阻尼器、涡流发生器或扰流片等措施，对防止嗡鸣或推迟嗡鸣的发生都有显著的作用。此外，操纵面展弦比对嗡鸣有重要影响，无论哪种类型嗡鸣，小展弦比均可明显降低甚至消除这种颤振危险。机翼后掠角对嗡鸣特性有明显影响。操纵面前缘后掠角增大，会降低颤振危险。但要注意到，质量平衡不能防止嗡鸣,反而由于质量平衡增加了操纵面的转动惯量,对嗡鸣有不利影响。

思考题

9.1 考虑尾翼颤振分析的特点,应考虑哪些自由度,为什么?

9.2 分别考虑常规尾翼、全动平尾及 T 形尾翼三种不同的构型,在颤振分析中各具有什么特点。

9.3 试考虑操纵面的颤振分析所具有的特点。

9.4 在飞机设计的过程中,认识操纵面颤振分析的重要性及难点。

9.5 为了防止嗡鸣,在工程实际上可采取哪些措施?

参考文献

[1] Fung Y C. 空气弹性力学引论. 冯钟越,管德,译. 北京:国防工业出版社,1963.

[2] 伏欣 H W. 气动弹性力学原理. 沈克扬,译. 上海:上海科学技术文献出版社,1982.

[3] 诸德超,陈桂彬,邹丛青. 气动弹性力学. 航空工业部教材编审室,1986.

[4] 管德主编. 飞机气动弹性力学手册. 北京:航空工业出版社,1994.

第 10 章　飞行器的防颤振设计

在气动弹性问题中，颤振无疑是最具危险性因而也是最受关注的课题。这就促使防止颤振成为重要的研究课题，由此形成了飞行器设计的重要设计内容之一。

本章共分 5 节，10.1 节防颤振设计概要中，介绍在设计速度范围内保证稳定性的一般准则；10.2 节介绍防颤振设计的一般程序；10.3 节介绍飞机结构强度规范有关防颤振的要求；10.4 节介绍操纵面的防颤振设计；10.5 节简要介绍颤振主动抑制的概念。

10.1　防颤振设计概要

防止飞行器发生颤振是一个由来已久的课题，随着飞行器的发展，这项课题的研究也就不断地深入。一个成功的气动弹性设计，并不需要在结构上增加过多的材料（即超过了结构为承受静或动载荷而需要的量），就可以保证稳定性。

飞行器设计中，要求提供足够的结构强度，同时也必须具有足够的刚度。一方面为了承受地面和飞行载荷，另一方面要保证防止发生气动弹性不稳定。在给定的设计要求下，不仅要保证结构安全，还要求质量最小。

为了保证在设计速度范围内的稳定性，有下列途径可以遵循。

1. 提供足够的刚度

提供足够的刚度，从而提高气动弹性不稳定性的临界速度，以保证在设计速度范围内是稳定的。

在飞机设计过程中，刚度设计始终是设计者关心的主要内容之一。初步设计阶段常采用判别式的方法。下面介绍两个由英国人提出的颤振判别式，可以作为一种估算手段，在判别式的这些参数中，可以看到刚度起着重要的作用。

(1) 后掠翼的弯扭判别式

$$V_1 = 0.46\sqrt{\frac{K_\theta}{\rho l b_{0.7}^2}} \times \frac{0.9\left(0.77+\dfrac{0.1}{r}\right)\left(1+\dfrac{0.8}{A}\right)}{x_G}\sec\left(\Lambda-\frac{\pi}{16}\right)$$

$$V_F = V_1(1-0.166Ma_1\cos\Lambda) \qquad (Ma_1\cos\Lambda<1)$$

$$V_F = 0.834V_1 \qquad (Ma_1\cos\Lambda>1.2)$$

式中　0.46——由英制转换为公制所用的系数；

l——沿弹性轴的半展长，单位是 m；

$b_{0.7}$——0.7l 处垂直于弹性轴的弦长，单位是 m；

x_G——0.7l 处剖面重心到前缘的距离除以 $b_{0.7}$；

$A=2l/b_m$——全翼的展弦比，b_m——平均弦长(垂直于弹性轴)，单位是 m；

K_θ——0.7l 处的扭转刚度，单位是 kg·m/rad；

r——刚度比，$r=0.6K_h b_m/K_\theta$，K_h 是 0.7l 处的弯曲刚度，单位是 kg·m；

$Ma_1=V_1/a$——马赫数，a 是当地声速；

ρ——大气密度，单位是 $kg\cdot s^2/m^4$；

Λ——前缘后掠角，单位是 rad；

V_F 的单位为 m/s。

有关符号参见图 10-1。

(2) 小展弦比机翼颤振判别式

该判别式适用于刚度比 $r\geqslant 0.5$ 的情形，参见图 10-2。

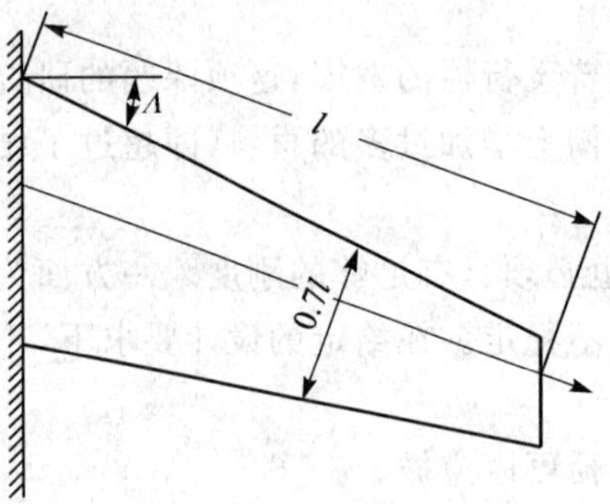

图 10-1 后掠机翼应用颤振判别式示意图

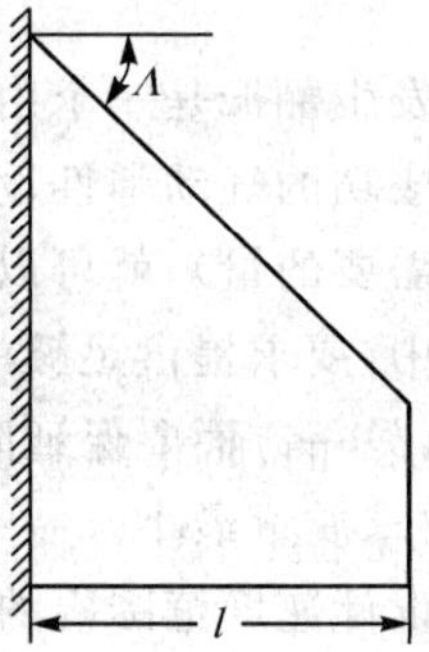

图 10-2 小展弦比机翼应用颤振判别式示意图

$$V_1=0.46\sqrt{\frac{K_\theta}{\rho l b_{0.7}^2}}\cdot\frac{\left(0.77+\frac{0.1}{r}\right)\left(0.95+\frac{1.3}{\sigma_W}\right)}{x_G}\left[\sec\left(\Lambda-\frac{\pi}{16}\right)\right]^{\frac{3}{2}}$$

$$V_F=V_1(1-0166Ma_1\cos\Lambda)\qquad(Ma_1\cos\Lambda\leqslant 1.265)$$

$$V_F=0.79V_1\qquad(Ma_1\cos\Lambda>1.265)$$

式中 σ_W——机翼密度比，$\sigma_W=\rho_W/\rho$，ρ_W=机翼质量$/lb_m^2$。其余符号意义与上同。

要特别注意，这里采用的单位不是国际单位制，而是由英制单位转化的公制单位。在没有更可靠的判别式时，可以用它来试算(引自 ARC. Reports, Memorand No 3231 和 Aircraft Engineering 1960 Dec)。

2. 消除惯性耦合及空气动力耦合

消除惯性耦合及空气动力耦合可以有 3 种途径：

① 恰当地安排质量和刚度的分布，尽量使弹性轴、惯性轴和空气动力中心相互靠近。

② 采用配重的方法，通常可以增加铰链前配重，把操纵面质心移向铰链。这是消除弯扭耦合有效的方法。

③ 安排质量分布，机翼展向质量分布的弦向位置对颤振十分重要。二维非定常空气动力学表明，节线在前缘和 1/2 弦线之间运动是稳定的。

3. 提供良好的空气动力设计

对于需要产生气动力的结构，应使其在使用条件下，保持气流不分离。而对于不希望产生空气动力的结构，如对于土木结构、桥梁等，就应设法使结构的空气动力效率降低，从而减小升力和阻力。

由上述途径可以看到，当其他因素保持不变时，防止颤振的根本保障是结构刚度。虽然刚度也取决于结构布置形式，但通常也在于结构使用的材料。

最后要提及的是装备伺服机构来控制操纵面运动，以达到抑制颤振的目的，这也是一种防止颤振的方法。在一架高性能的飞机上，要得到最佳的设计是十分困难的，往往不得不付出性能的代价。这就促使飞机设计者在条件成熟时，由被动地防止颤振转入主动地抑制颤振。

10.2　防止颤振设计的一般程序

颤振问题是复杂的，防止颤振更是气动弹性设计的重大课题。为了切实做好防止颤振设计，必须遵循一些既定的指导原则，力图避免在设计的后期又要求对飞行器作大修改。因此，防止颤振设计有两个主要任务：一是防止在飞行器上发生气动弹性不稳定，也同时避免因气动弹性问题而作大更改；二是在现代飞行器设计中，利用气动弹性特性提高飞行性能，例如主动气动弹性机翼技术的应用就体现了这点。本节旨在介绍在一般情况下，气动弹性设计规范及设计程序。

10.2.1　防止颤振设计步骤

在飞行器设计中，如何协调好颤振分析的各项工作是十分重要的，以下提供一个简要的颤振分析工作程序，通过它可以了解颤振分析所包含的主要内容，同时也可了解这些工作是如何安排在飞行器设计的各个阶段的。现将这些主要内容以图 10－3 所示的流程图形式表示。需要说明的是，对于不同的飞行器还可根据其特殊性对某些环节进行增减。例如，对改型飞机，就没有必要做完图中的全部工作；而对于导弹、无人飞机等可不进行飞行试验或只考虑飞行中监测。

由图 10－3 可见，颤振分析大体上可分为计算和试验两大类。目前，就颤振分析的计算而言，多已成为一种常规的计算，但仍需要有各种试验验证。

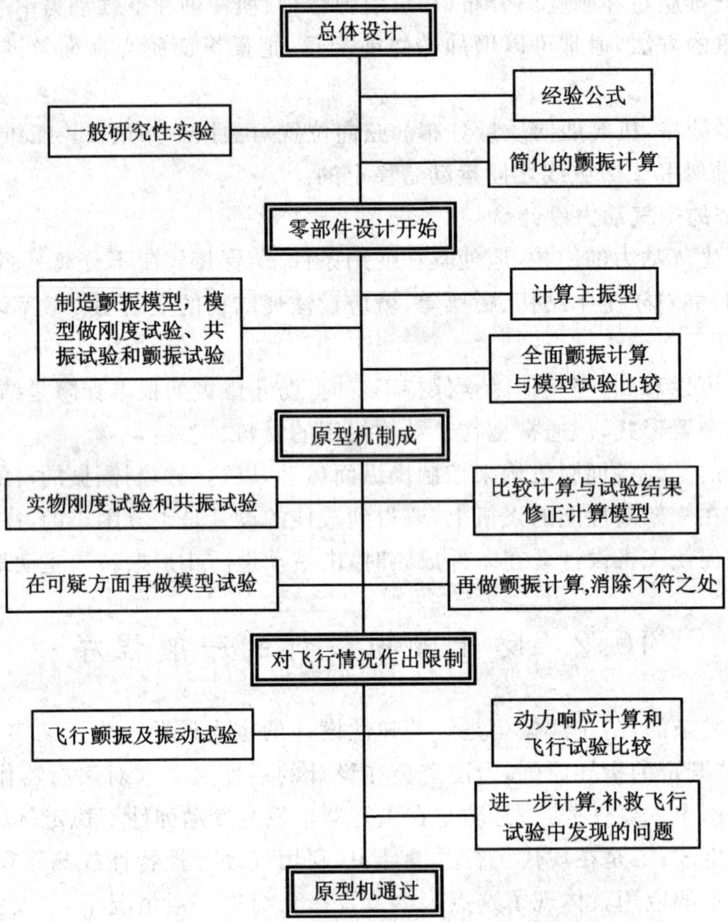

图 10－3　在飞行器设计中颤振分析步骤示意图

10.2.2　对于飞机的基本颤振分析程序

对新设计的飞机,或者改型的飞机已影响到颤振特性时,则需要进行以下必要的分析。

① 首先要对整架飞机进行颤振分析。在对整机进行颤振分析时,可以基于半翼展和全翼展动态数学模型。在半翼展动态模型分析时,要把对称和反对称的边界条件和其他对应的模态都考虑在内。

在新型飞机设计的初步设计阶段,应对各个部件,如机翼、平尾和垂尾等进行颤振计算。此外,还需要对一些重要的参数进行评估,这些重要的参数包括:部件连接刚度,操纵面系统刚度,间隙、操纵面质量平衡,燃油量以及装载情况等。

② 在飞行高度的选择上,需要对三个(或更多)选定的高度进行颤振分析。这三个高度分

别是：可以获得最大设计马赫数的最低高度、最大设计动压的最低高度以及产生跨声速效应的最低高度。此外，对任何其他需要的高度和速度，如在飞行包线内出现的“驼峰式”颤振模态也应进行颤振分析。

③ 在气动力的选择上，应根据飞机的气动外形和所需要进行的颤振计算状态，确定非定常气动力的计算模型。根据计算马赫数，确定采用亚、跨、超声速的非定常气动力理论。对所使用的计算方法的可靠性要进行评估，或根据试验数据进行修正。

④ 在颤振分析中，应采用足够数量的振动模态，并应使用基于地面振动试验结果数据修正过的动力模型进行计算。若经过充分论证，也可以直接采用振动试验实测的模态和频率，或将计算的振动模态和试验得到的振动频率相结合。

⑤ 当颤振分析结果表明颤振处于临界状态，或颤振速度对某一个或多个参数变化敏感时，应该使这个关键参数在所预期的范围内变化而进行颤振分析。

⑥ 应识别和研究临界的颤振机制，对这些机制，预测出颤振边界，如颤振速度随马赫数变化的边界曲线。此外，应进行匹配点颤振计算，以确定各种颤振机制的颤振边界。只有当颤振速度、空气密度及马赫数对某一标准大气情况是一致时，才能得到一个匹配点颤振计算的情况。

⑦ 如果由于空气动力加热，引起较大的刚度变化，则在分析中应考虑瞬态或稳态加热效应，即进行热气动弹性分析。

对以上所进行的分析，提供了对飞机设计的验证，包括结构刚度分布、质量分布、燃油分布、燃油管理以及自动飞行控制系统特性，使其在所有设计情况下的空速安全余量和阻尼安全余量都能得到满足。

10.3　飞机结构强度规范中有关防止颤振设计的内容

《飞机结构强度规范》是飞机设计的指令性文件，是飞机设计时必须要遵守的法则。在国际上很多有独立设计和飞机制造能力的国家，都有自己的强度和刚度规范。我国在充分总结飞机研制的科技成果和经验的基础上，以先进国家飞机强度和刚度规范为主要参考，结合我国国情，编制了我国新的军用飞机结构强度规范。其中第 7 册《气动弹性》就是为防止颤振、发散等不稳定现象所规定的设计指南。对于民用飞机，我国发布了《中国民用航空条例》，其中也有专门针对颤振、发散等的条款。这些规范中，就其总体内容对飞机设计的一般要求是：飞机设计、制造、材料应使飞机及其部件在全部飞行包线内的各种外挂物组合、质量、装载以及引起较大刚度损失的机动飞行等条件下，飞行速度直到 1.15 倍限制速度 V_L 都不发生颤振、发散、嗡鸣以及其他动态气动弹性和气动伺服弹性不稳定现象。对于超声速飞机，如果由于空气动力加热引起较大的刚度损失，还应考虑气动热弹性不稳定现象。

为了确保安全，当分析或试验，或两者同时进行时应证明满足以下条件：

① 在等马赫数和等高度线上所得的飞行限制速度包线的所有点上，提高 15% 当量空速不

会发生颤振,详见图 10-4。

② 在所有高度上,飞行速度从最低巡航速度直到限制速度 V_L,任何临界颤振模态或任何显著的动态响应模态的阻尼系数(包括气动和结构阻尼两部分)至少应为 0.03(见图 10-5)。

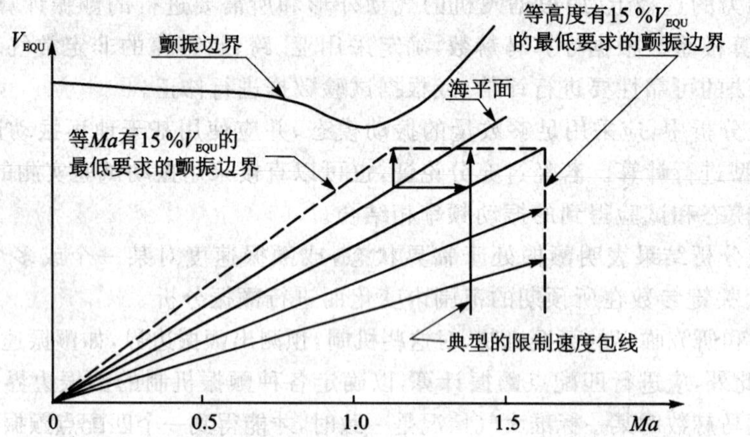

注:当量空速 V_{EQU} 是真空速乘以$\sqrt{\Delta}$,其中 Δ 为给定高度上自由流空气密度与标准海平面空气密度之比。

图 10-4 最低要求的颤振余量图示

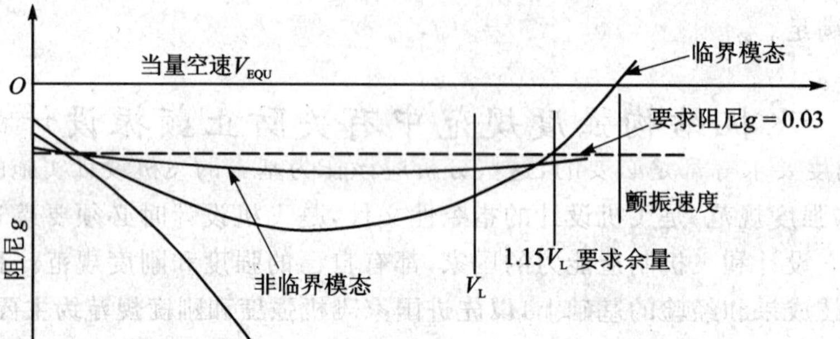

图 10-5 所要求阻尼的图示

对于带有飞行控制系统的飞机,应控制该系统与飞机结构模态之间的相互影响,以防止任何气动伺服弹性不稳定性。在飞行控制系统的工作温度范围,其所有的工作状态,如正常状态、故障状态、模式转换和增强系统的接通和断开(如果断开是设计状态时),都要满足上述的速度余量和阻尼余量要求。此外,对于任何单一的飞控系统反馈回路,在速度直到限制速度 V_L 时,飞机结构模态应有以下稳定性余量:

- 增益余量不低于 6 dB;

● 相位余量不低于 60°。

此外，在详细设计要求中，分别对增稳系统、破损-安全稳定性、旋转颤振、外挂物、壁板颤振、变几何形状飞机、操纵面和调整片等作了详细设计要求的规定。上述的种种要求保证了在飞机设计中的气动弹性及气动伺服弹性的稳定性。

应注意，由于目前跨声速范围的非定常气动力计算，还不能作为工程设计的可靠依据，所以对于在高亚声速以上的飞机，达到最大设计马赫数的最低高度的颤振分析，仅能作为定性的参考。

对于军用飞机，由作战技术要求确定的最大速压，应是飞机俯冲拉起时达到的最大速压，它是飞机结构强度和刚度设计的基础。颤振分析的目的在于确定满足这个速压要求的安全飞行颤振边界。对于达到最大速压的最低高度的颤振分析，通常的做法是：以飞机最终分析结果的颤振速度 V_F（当量空速）为飞行速度限制的基础。颤振速度 V_F 与限制速度 V_L 的关系为

$$V_F \geqslant f_c \cdot f_s \cdot V_L \tag{10-1}$$

式中，f_c 为空气压缩性修正系数，它的确定方法是利用工程型号的跨声速颤振模型进行风洞试验或按经验确定；如果限制速度较低，离跨声速较远，则式中的 f_c 就不需要引用。f_s 是颤振余量，在我国的飞机结构强度规范中已经明确规定为 1.15。

《飞机结构强度》规范是飞机研制的主要国家针对本国飞机设计和制造的实践，结合本国实际情况，总结出的理论和经验。尽管各国规范内容不一样，但其主要的精神是一致的。

10.4 操纵面的防颤振设计

操纵面或调整片颤振在所有飞行速度上都可能发生，对操纵面的颤振分析，以及对确定质量平衡要求和刚度要求等都是必要的，这些分析应该作为基本的飞机设计实施的一部分。

10.4.1 操纵面防颤振设计概要

防止操纵面颤振是一项极为重要的设计工作，一旦出现问题，就会导致飞行器在低速度下发生颤振。操纵面颤振的防止受到质量平衡、助力器刚度、间隙、阻尼以及操纵面展向位置的影响。在同样都基于两个模态的颤振分析中，例如机翼弯曲-副翼偏转型颤振，其分析结果的精度远不及机翼弯扭型颤振分析精度高。依靠理论来获得有关操纵面系数，在使用时必须十分小心。首先，操纵面的非定常气动力理论计算结果不准确，因为在理论计算中忽略了对操纵面铰链气动力影响显著的空气粘性效应；其次，对操纵面支持系统以及结构刚度也很难算准；最后，在操纵系统中不可避免地会存在间隙、摩擦等非线性因素。由于这些因素的存在，也使得防止操纵面颤振设计成为一个重要的设计方面。

在新飞行器设计阶段，考虑操纵面的颤振要晚于考虑机翼的颤振。在试飞临近时，操纵面颤振才处于愈加重要的地位。在一架新型飞机的设计过程中，防止操纵面颤振随各设计阶段

而展开,其步骤如下。

(1) 早期设计阶段

主要的任务是确定预防操纵面颤振的方案,应用关于质量-平衡的简单规则,或用没有质量-平衡的不可逆操纵来预防颤振,以决定操纵系统的总体设计。

(2) 中期设计阶段

已经完成了振动特性的计算,把有关的振动模态取出,并用于操纵面的颤振计算中,来校核对防止颤振的要求。在这个阶段,所作的颤振计算通常是以十分简单的方式完成的;但常常会在一些模态上作一些变化,以判断颤振对这种变化效果的敏感性。这项工作完成以后,有可能保证了今后的设计中不需要进一步的修改。

(3) 试飞之前的阶段

这时地面的共振试验已经完成,设计人员可以根据试验所测得的结果,完成全部的操纵面颤振计算。如果发现振动试验测量的模态与计算出的模态有明显的差异,则可以提出并允许在这个阶段作限制飞行。

(4) 早期飞行阶段

力图要取得飞行试验与理论推算之间的互相关系,这种相互关系将取决于估算的安全裕度。

(5) 后期飞行阶段

通常都会因为气动力的原因而对操纵面进行某种修改。此时,设计人员必须面对全部的修改,进行有关颤振可能性的校核性计算。

在上述这一系列的阶段中,假设不发生颤振,则操纵面颤振设计过程可以告一段落;若万一出现了颤振,就要进行全面的颤振计算。对于这个计划,以及对于机翼颤振的类似计划中,都是在各种形式的指导原则下进行的。在这里,设计者的经验起了很大的帮助作用。这些指导原则有很多还没有提到,将在下一节中比较全面地讨论这些指导原则。

10.4.2 操纵面质量平衡

防止颤振的关键在于破坏各种不同自由度之间任何可能发生的耦合。

现在仍然讨论一个二元机翼,假设它具有无穷大的扭转刚度,在机翼上装有副翼,且副翼的质量中心位于铰链轴的后面。设翼段开始处于静止,当突然给它一个向上运动时,机翼将作垂直运动,副翼则因惯性力引起运动,如图10-6所示,称做惯性耦合。显然,如果副翼的质量中心位于铰链线上,就不会有惯性耦合,但是,还可能存在空气动力耦合和弹性耦合。对于空气动力耦合而言,即使副翼的质量中心位于铰链轴上,也还会由于垂直运动而激起副翼运动,此时可能

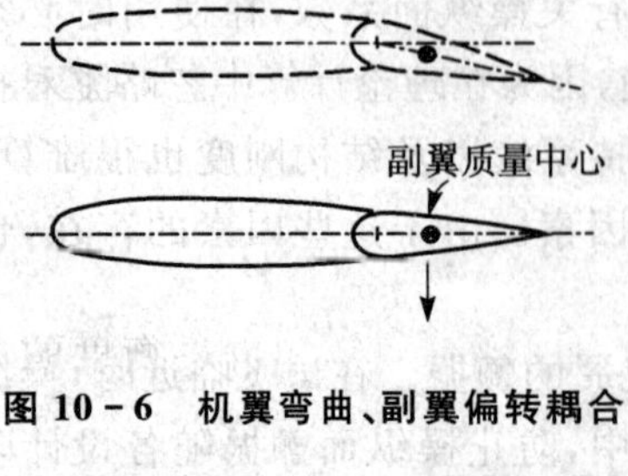

图 10-6 机翼弯曲、副翼偏转耦合

会有不为零的对铰链轴的空气动力力矩，由此造成空气动力耦合。此外，还会有弹性耦合，它是由于可能存在的一些弹性联系，致使机翼的垂直挠度引起副翼转动。

为了说明问题，仍以 9.2 节的讨论为基础。在机翼、副翼发生颤振时，包括机翼弯曲、机翼扭转、副翼偏转等三个自由度。现假设在实际机翼的扭转变形甚小，往往略去不计，只考虑机翼弯曲、副翼刚体偏转形式的颤振，同时假定副翼是一刚体。

现采用假定振型法，取机翼弯曲变形

$$h(y,t) = f(y)h(t)$$

副翼偏转则为 $\beta(t)$。然后，依照 9.2 节的推导过程，分别计算它的动能和势能，并代入到拉格朗日方程，就有

$$\left.\begin{aligned} a_{11}\ddot{h} + a_{12}\ddot{\beta} + c_{11}h &= Q_h \\ a_{12}\ddot{h} + a_{22}\ddot{\beta} + c_{22}\beta &= Q_\beta \end{aligned}\right\} \tag{10-2}$$

式中，a_{11}，c_{11}，a_{22}，c_{22} 符号的意义与式(9-7)中符号的意义不同，其含义中已经去掉了机翼扭转项的有关内容，此处不再列出。和质量平衡概念有关的系数 a_{12} 可表示为

$$a_{12} = \int_{l_1}^{l_2}\int_{Ca} f \cdot x\gamma_a \mathrm{d}x\mathrm{d}y \tag{10-3}$$

或

$$a_{12} = \iint f \cdot x\mathrm{d}m$$

质量平衡的含义就是使操纵面的质量分布满足一定的平衡条件，在这种平衡条件下，机翼振动时，副翼由质量惯性力所产生的对铰链轴的力矩为零。因此，副翼（或操纵面）相对翼面没有转动，好像和翼面连成一个整体运动，由式(10-2)可知，就是要求系数 $a_{12}=0$。当气动力不起耦合作用时，则机翼弯曲和副翼偏转各列一式，亦即机翼作弯曲振动时不会带动副翼偏转。再由式(10-3)可知，a_{12} 值与机翼振型 $f(y)$ 有关，因此副翼的质量平衡也是相对于某个振动形态而言的。也就是说，对某个振动形态达成平衡的质量分布，对于另一种振动形态就不一定是平衡的。所以，质量平衡只能要求按照几个主要振动情况来达到平衡。

通常要求副翼（或操纵面）在静平衡和动平衡两方面合乎一定规定。所谓静平衡就是要使得

$$\sum_{\text{副翼}} m_i x_i = 0 \tag{10-4}$$

式中，x_i 代表微元质量 m_i 离铰链轴的距离，亦即使副翼重心落在铰链轴线上。联系 a_{12} 的式(10-3)，就是当机翼作简单的上下平移运动时 $a_{12}=0$ 的条件。这时 $f(y)=$ 常数（只要将式(10-3)的积分改为和式就立即可以看出这一点）。当 $\sum m_i x_i = 0$ 时，称为 100% 静平衡；若 $\sum m_i x_i < 0$，则称为过度平衡，这表示重心在铰链轴之前。由此可引出静平衡度的概念，它的定义为

$$静平衡度=\frac{实际所加配重}{为达到100\%静平衡所需配重}\times 100\%$$

图10-7绘制了某一机翼弯曲、副翼偏转时，颤振速度 V_F 与静平衡度的关系。对应每一静平衡度可算出两个 V_F 值，在此界限内为不稳定区。由图可见，超过一定过度平衡后，将不再发生这一种颤振。

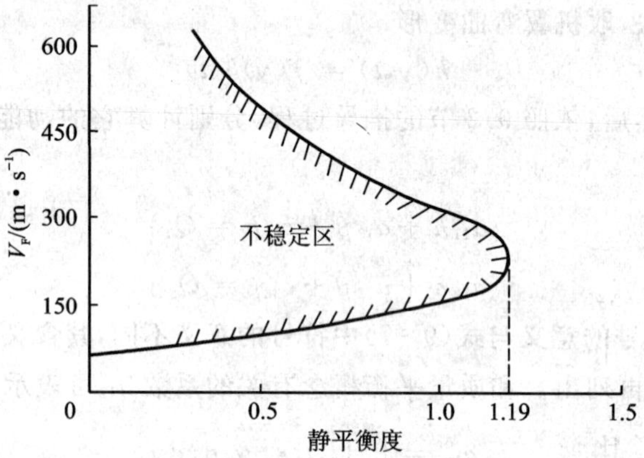

图10-7　某机翼弯曲-副翼偏转时 V_F 与静平衡度的关系曲线

当质量分布能使

$$\sum m_i x_i y_i = 0 \tag{10-5}$$

时，就称为达到100%的动平衡。对于机翼，y_i 通常代表 m_i 到翼根的距离；对于尾面，y_i 则代表到机身弹性轴的距离。动平衡相应于 $f(y)=y$ 时，系数 $a_{12}=0$。这就是说，当翼面运动为简单刚体滚转时，$a_{12}=0$。动平衡度定义为

$$动平衡度=\frac{实际所加配重}{为达到100\%动平衡所需配重}\times 100\%$$

大于100%的动平衡度相应于负值的 $\sum m_i x_i y_i$，也称为过度平衡。

在有关颤振计算的规范中，提出了对操纵面的各种关于质量平衡的要求，例如规定静、动平衡度，这些都是为了防止某一种比较常见的颤振现象而规定的。例如对于方向舵是为了防止机身扭转-机身侧向弯曲-方向舵偏转类型颤振，对于升降舵则是为了防止机身垂直弯曲-水平安定面弯曲-升降舵偏转类型颤振，而对于副翼则是为了防止机翼弯曲-副翼偏转类型颤振。

注意到，把质量平衡作为初步估计颤振趋势的判据是有意义的。但还应看到，质量平衡的机翼并不意味着已经排除了所有颤振的可能性；而另一方面，设计一个对于所有可能的振动形态都是质量平衡的机翼，也是不可能的。不过，质量平衡在防止操纵面颤振方面，仍然是有用的。

10.4.3　不可逆操纵

避免操纵面颤振的另一种方法就是不可逆操纵。不可逆操纵是指操纵面上的力不反馈给驾驶员时的操纵方式。这时操纵面不具有单独的自由度，显然也就不会发生颤振了。现代的高速飞机或重型飞机，操纵是利用辅助动力源来进行的，一般是用液压泵，驾驶员仅仅操作一个与活门类似的装置，这个装置按需要的方向转动操纵面，就构成了不可逆系统。

带有这种形式的操纵系统，从理论上讲应该不会发生操纵面颤振的问题，而且不需要质量平衡。但在实际上副翼与不可逆装置之间一定会有柔性存在，这种柔性通常用操纵面对其系统的固有频率表示。尽管在飞机设计过程中尽量使助力器系统装置靠近操纵面，但仍免不了系统柔性的增加。因此，用不可逆操纵的方法防止颤振，就相当于用提高系统刚度的方法来防止颤振。

这里还应提到一种操纵面系统的类型，即全动舵面。它采用绕垂直于翼根的一根轴线转动的方式，这种方式经常用于飞行器的俯仰操纵。从表面上看，与通常的翼面一样，也会发生典型的弯曲颤振。但事实上，由于通过转轴与机体连接，所以全动操纵面的扭转频率是相当低的，这就使它的颤振危险比通常的翼面要高，有时需要采取质量平衡的措施。

综上所提及的两种防止舵面颤振的方法，前者是基于质量平衡，破坏不同自由度之间耦合的原则；后者若能应用刚固的不可逆操纵系统，便消除了操纵面的自由度。当然，事实上这是不可能的。经验表明：若操纵面的旋转频率高于主翼面颤振危险模态的频率，当高出一定倍数时，则操纵面颤振速度会大大提高，甚至不出现颤振，这就是防止颤振的频率分离原则。值得注意的是，前面所介绍的操纵面质量平衡是基于模态解耦原则的防颤振措施，而在本节中实际上是遵循频率分离的原则。前者由于加了配重，会降低操纵面的旋转频率；而后者是依靠足够高的操纵系统刚度，以提高操纵面旋转频率。所以，这两种防止颤振的方法在混合应用时应慎重。也就是说，为了避免颤振，要么利用质量平衡的方法，要么利用提高系统刚度的方法。

10.4.4　质量平衡对操纵面颤振影响实例

本例选自《颤振预防手册》(AD－A328059/1/XAB)。在一架轻型飞机上，飞机尾部采用常规布置，其后掠垂尾和方向舵如图 10－8 所示。

在原设计中认为：颤振通常是由方向舵偏转、后机身侧向弯曲和扭转模态的耦合引起的。因而，在最初的设计中，把方向舵质量平衡集中在顶端，但是在试飞时仍然发生了垂直尾翼弯曲和方向舵偏转颤振。发生颤振的实际情况表明，与方向舵耦合的模态并非后机身扭转，而是垂直尾翼和方向舵侧向弯曲。这个模态在垂直尾翼展长 60%处有一弯曲节线，如图 10－9 所示。在这种情况下，位于方向舵顶端配重的惯性力，其方向与铰链线后面的质量平衡的惯性力相反。因此，这虽然抵消了机身扭转型颤振的铰链惯性矩，却大大加强了弯曲模态和方向舵偏转模态耦合，于是形成了发生颤振的条件。

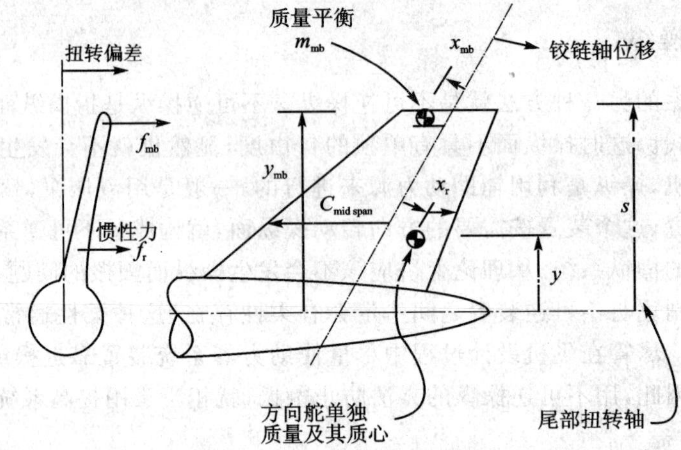

图 10-8 后掠垂尾与方向舵图示

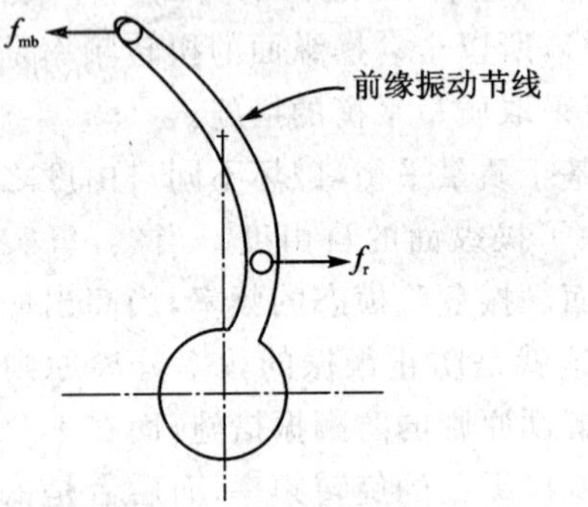

图 10-9 垂直尾翼和方向舵弯曲模态

图 10-10 示意了纠正措施，即减少顶端的配重，使其刚好平衡节线以上部分方向舵质量。而在方向舵下端加另一配重以平衡节线以下的方向舵质量。由此使得方向舵偏转和垂直尾翼、方向舵弯曲解耦。

这个例子说明了如何使用"防止颤振设计规则"。在可能的情况下，在操纵面的展向各点应用分布式配重来平衡该处操纵面展向惯性铰链力矩更为合理。

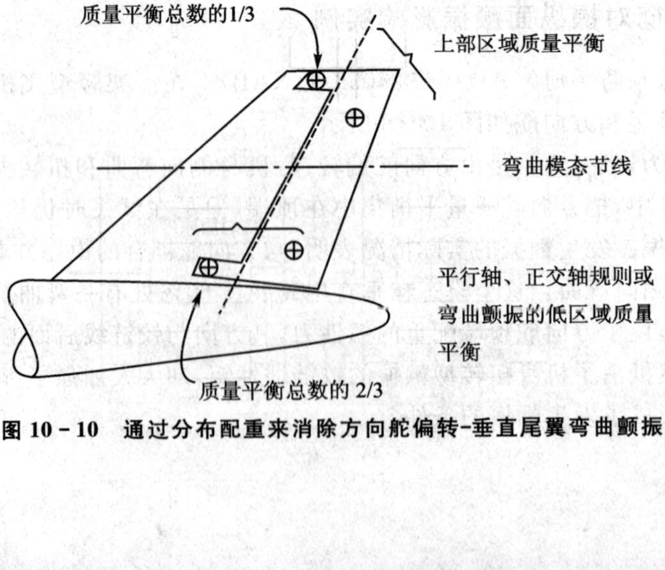

图 10-10 通过分布配重来消除方向舵偏转-垂直尾翼弯曲颤振

10.5　颤振主动抑制的概念

近年来对飞行器性能要求的不断提高和控制系统的长足发展，使得飞机设计逐步与近代控制技术统一起来。它主要表现在主动控制技术的发展上，其中包括了气动弹性与控制方面的密切结合、沟通以及在方法上的互为渗透。颤振问题的研究在这种趋势下，由被动防止跨入了主动抑制。颤振主动抑制的应用，放宽了原机翼设计的防颤振设计要求。例如，为了达到减轻质量的目的，增加了柔性，以致使原设计达不到裕度要求，甚至是气动弹性动不稳定的。这时靠主动控制的控制面产生所需要的运动，从而改变整个升力面的非定常气动力分布，使升力面向气流散逸能量，最后达到颤振抑制。早期的颤振主动抑制就是建立在气动能量概念上，随着现代控制理论的发展，使得颤振主动抑制系统设计成为最典型的气动伺服弹性综合问题，它是主动气动弹性机翼技术的主要问题之一。图 10－11 是一个数字式颤振主动抑制系统的示意图。图中防伪频滤波器是由于离散采样得到的输出加速度信号会由频率混叠，为使信号清晰而引入的。图中 200 Hz 表示采样频率；ACC 表示加速度计；LEO、TEO 分别表示机翼前缘外侧、后缘外侧；AFW 是主动柔性机翼的英文缩写；AFS 是颤振主动抑制的英文缩写。目前人们所关注的问题是发展一种低阶的、鲁棒的、多输入/多输出的以及线性二次高斯(LQG)法

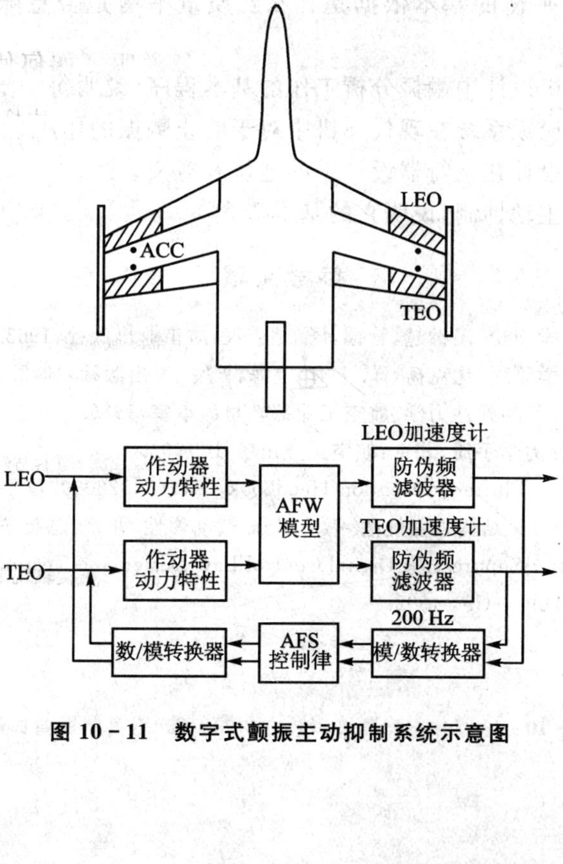

图 10－11　数字式颤振主动抑制系统示意图

的数字控制律。对于控制律的设计，可以有两种设计状况：第一种是不考虑阵风扰动输入的气动弹性系统，该设计比较简单，如基于状态观测器的输出反馈控制律设计，只适用于无阵风扰动的情况；第二种是考虑了阵风等随机扰动的气动弹性系统，需要应用随机最优控制，考虑到随机扰动，控制律要相对复杂，但比较符合工程实际。如线性二次型高斯问题的最优控制律设计，不同于第一种，它考虑了实际系统一般都会受到随机因素的影响，颤振主动抑制系统也同样会受到阵风或测量噪声等的随机干扰。

最后要提及的是，由 LQG 法求得满阶最优控制是随机最优问题中较为常用的方法。但将其用于颤振主动抑制系统，必须解决的是控制律阶数太高的问题，需要作降阶处理。降阶的过程往往会使鲁棒稳定性降低，且响应的均方值增大。所以通常的做法是对降阶的稳定控制律再进一步优化，以提高它的性能及稳定性。

目前，颤振主动抑制早已完成了可行性的原理验证，并已用于验证机的验证。

思考题

10.1 为了保证飞行器在设计速度范围内的稳定性，应遵循哪些原则？

10.2 本章 10.3 节中的两个图(图 10－4 及图 10－5)是结构强度规范中最低要求的颤振余量图，试解释这两张图的构成及其含义。

10.3 操纵面质量平衡的基本依据是什么？质量平衡是否意味着消除了所有颤振的可能？

10.4 试说明在飞机设计中颤振分析工作的基本程序，说明每一步工作的意义和内容。

10.5 分析不可逆操纵系统在现代飞机中对于防止颤振的作用。

10.6 简述防颤振设计在飞行器设计中的地位和意义。

10.7 什么是颤振主动抑制，说明它的基本概念。

参考文献

[1] Fung Y C. 空气弹性力学引论. 冯钟越，管德，译. 北京：国防工业出版社，1963.

[2] 伏欣 H W. 气动弹性力学原理. 沈克扬，译. 上海：上海科学技术出版社，1982.

[3] 诸德超，陈桂彬，邹丛青. 气动弹性力学. 航空工业部教材编审室，1986.

[4] 管德主编. 飞机气动弹性力学手册. 北京：航空工业出版社，1994.

[5] Donham R E，Watts G A. Flutter Prevention Handbook，AD－A328059/1/XAB，1997.

[6] GJB 67.7A—2008. 军用飞机结构强度规范. 第 7 部分. 气动弹性. 北京：总装备部军标出版发行部，2008.

[7] Mukhopadhyay V. Flutter Suppression Digital Control Law Design and Testing for the AFW Wing－Tunnel Model. AIAA 92－2095－CP，1992.

第 11 章　气动弹性试验

在气动弹性分析中，试验工作占有极为重要的地位。现代飞行器设计，需要更加精确的气动弹性特性。至今，在气动弹性的一些重要领域仍然要依据试验的验证，甚至主要依据试验的结果。

气动弹性试验大体上可分为两类：一类是为气动弹性分析取得原始数据的试验，如飞行器结构的刚度试验、结构地面振动试验以及地面伺服弹性试验等；另一类是为取得气动弹性特性的试验，如颤振模型风洞试验、颤振飞行试验以及抖振试验等。

本章仅对气动弹性试验的几个主要试验作一些简要介绍。在 11.1 节介绍飞行器地面振动试验；11.2 节简单介绍结构伺服弹性地面试验；11.3 节介绍颤振模型的风洞试验；11.4 节介绍抖振模型的风洞试验，附带介绍抖振的现象；11.5 节介绍飞行颤振试验。

由于气动弹性试验的重要性，促使它在试验技术上发展较快。所以本章在各节所论及的试验中，更多涉及的是试验的任务、目的和基本原理。对更为先进的试验技术，读者应关注有关的专业文献。

11.1　飞行器地面振动试验

地面振动试验早期称做地面共振试验，因为地面振动试验主要是依据共振原理进行的，其经典方法是相位共振法。

飞行器地面振动试验的任务是测定飞行器结构的振动特性，主要包括飞行器的固有频率和模态、阻尼和广义质量等。这些数据是飞行器动力特性的全面反映，可以用来检验和修正振动计算的结果，是颤振分析计算和其他动气动弹性计算的基础。该试验通常在第一批制造出来的飞行器中进行。无论是新型或改型的飞行器，都要进行这项试验。

飞行器地面振动试验的关键技术在于分离高密集的固有模态，因而其试验技术也主要按这个目标发展。目前比较常见的方法是基于相位共振原理的多点激振方法。它的试验原理是：在某一个固有频率 ω_n 下，调整激振力的分布，使其与阻尼力平衡，此时所有点的振动位移响应彼此之间的相位要么同相，要么反相，且和激振力之间有 90°相位差。就纯模态试验本质来说，就是通过外加激振力来抵消结构的阻尼力，使结构呈现无阻尼振动特性。通常的飞行器地面振动试验系统的示意图如图 11－1 所示。由图可见，飞行器的地面振动试验主要是把握好支持、激励和测量三个主要系统的运作。

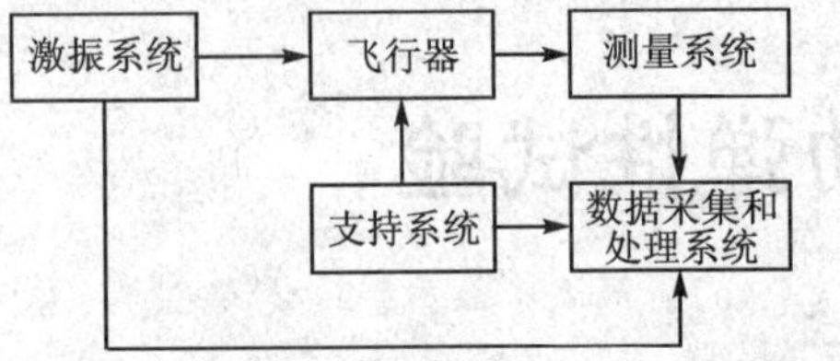

图 11-1　飞行器地面振动试验系统示意图

(1) 支持系统

在飞机地面振动试验中,要求飞机模拟空中状态,即处于一种自由-自由状态。但是飞机在试验时必须放在支持系统上,此时要求支持飞机的作用力仅用来平衡飞机的重量。试件在振动时,支持系统会引起弹性力、惯性力及阻尼力,这些都应限制在一定的水平以下。实际应用表明,当试验飞行器在弹性支持上的刚体运动频率小于最低一阶的弹性体运动频率的1/3时,就可认为由于振动引起的支持系统所产生的弹性力、惯性力及阻尼力可以忽略不计,对试验飞机的固有频率和振型的影响很小,并满足了自由-自由支持状态。

具体的支持系统,可以有多种多样的方式,例如采用气囊支持、橡皮绳悬挂支持和空气弹簧支持等。至于选择什么样的支持系统,要根据试验飞行器的质量和它的最低固有频率这两个主要因素来决定。

(2) 激振系统

为了激励出结构的纯模态,要求激振系统应具有多点激振和调节力分布的能力。为了能够用有限数量的激振器激励出较理想的纯模态,就必须合理地布置激振器。通常,要把激振器布置到全机各主要部件上。在试验过程中,还要根据试验的实际情况,不断调整激振位置,以适应激励纯模态的需要。在确定激振器布置方案时,还要综合考虑节线位置、结构局部强度、结构对称情况及质量分布等因素。

(3) 测量系统

测量系统主要由测量传感器和相应的放大器组成。选择传感器时,除了频率范围、灵敏度等一般要求外,还要注意,对被测试件的附加质量的影响应小到可以忽略不计。

对于模态纯度的检验,一是利用指示函数,即通过相位共振原理,将结构响应的实部和虚部编制成某种函数,并以此作为目标函数来指导调力。在采用指示函数法进行试验时,可在调力调频过程中,随时计算并显示出指示函数,以便于对模态的纯度进行控制。另一种方法是利用模态的正交性,依据广义质量交叉项来判断模态之间的耦合程度,这种方法需要有对应测量点的离散物理质量数据。通常要求质量矩阵中的各项满足 $M_{ij}/\sqrt{M_{ii}M_{jj}}\leqslant 0.15$ 的要求,并以广义质量项 M_{ij} 的大小,检验模态之间的耦合程度,以此判断模态的纯度。

地面振动试验的构型应包括无油构型和其他通过分析认为是有颤振危险性或动力学重要性的加有燃油的构型。此时可以用合适的液体来模拟燃油。

在颤振、气动伺服弹性稳定性、阵风响应以及动态着陆等分析计算中,都要依据全飞行器结构动力学数学模型。而计算的模态与试验得出的模态很难做到完全一致,但振动试验的结果却能提供一个修正刚度和质量分布数据的基础。

11.2　结构伺服弹性地面试验

结构伺服弹性地面试验也称做结构模态耦合试验。该试验是为了确定和验证在气动伺服弹性稳定性分析中所用到的参数；同时，也验证飞行器和飞行控制增稳系统的稳定性，以确保在地面上不发生结构破坏性的或不衰减的运动，由此增加了对飞行中不会发生这种破坏性或不衰减运动的可信度。如果飞行器带有飞行控制或增稳系统，就需要做该项试验，通常在其首飞之前进行，并安排在地面振动试验之后。通常的做法是用这些试验的结果去验证或修改在气动伺服弹性分析计算中所用的数学模型，这就增加了在飞行试验前，气动伺服弹性分析预测的可靠性。

气动伺服弹性的地面特性可以通过飞行器在地面的开环频率响应试验及闭环脉冲响应试验来评估。

(1) 开环频率响应试验

该项试验主要用来预计系统产生不稳定性的可能性。试验前需要把复杂的飞行控制系统转化成典型状态，以便于确定开环位置。例如在一个横滚和偏航耦合的飞行控制系统中，要在偏航回路闭合的条件下，测量横滚回路的开环传递函数；然后，再在闭合横滚回路的条件下，测量偏航回路的开环传递函数。

试验的内容应包括实际飞行状况下不同的装载、不同控制律和系统故障情况。对于每种控制律，取高增益状态作为典型试验状态。试验的频率范围应包括飞行器主要结构的一阶弯曲和扭转；以一定的频率间隔连续扫频，测量飞行器连同飞行控制系统组合回路的开环传递函数。也可根据需要测量飞行控制系统某些环节的传递函数。

(2) 闭环脉冲响应试验

该项试验是在飞行器连同飞行控制系统组合回路闭环的条件下，通过增加系统增益，取得飞行器连同飞行控制系统组合回路的稳定裕度。

应注意，在试验中有可能出现不稳定的情况，所以在试验设计上应有应急措施。通常，先进行开环频率响应试验，在证明其结果满足伺服弹性稳定性要求的情况下，再进行闭环脉冲响应试验。

在上述两项试验中，飞行器的支持应尽量模拟实际情况。例如用空气弹簧支持来模拟飞行状态(与地面振动试验支持相同)，用起落架支持飞机模拟起飞、着陆状态等。

11.3　颤振模型的风洞试验

颤振模型风洞试验是气动弹性试验的重要内容，在诸多的气动弹性试验中，以颤振模型风洞试验中的模型最为复杂。

颤振模型风洞试验的主要任务是:① 在飞行器设计的初期,研究参数变化的影响,以供选择设计方案,所以应在一个足够的变量范围内完成这项试验。这个范围要覆盖飞行包线,以及所要求的各种外挂装载及其状态。研究应包括机翼、机身、尾翼和操纵面的重要参数。② 校核颤振计算并验证理论计算方法。在跨声速范围内,颤振线性分析技术的精度是不可靠的。因此,跨声速模型风洞试验是在颤振试飞前,验证飞机跨声速颤振特性的唯一途径。

气动弹性模型试验的基础是相似律。气动弹性模型的相似律,可以由运动方程的相似变换方法来建立。例如颤振的运动方程为

$$\left[-\omega^2 \boldsymbol{M} + (1+\mathrm{i}g)\boldsymbol{K} - \frac{1}{2}\rho V^2 b\boldsymbol{A}\right]\boldsymbol{q} = \boldsymbol{0}$$

式中,符号的意义均同前。此处引用符号 k_x 表示模型的 x 参数 x_m 与实物的 x 参数 x_a 之比,即 $k_x = x_m/x_a$,则模型的运动方程可用实物参数写为

$$k_q\left[-k_\omega^2 k_m \omega_a^2 \boldsymbol{M}_a + (1+\mathrm{i}k_g g_a)k_K \boldsymbol{K}_a - \frac{1}{2}k_\rho k_V^2 k_b k_A \rho_a V_a^2 b_a \boldsymbol{A}_a\right]\boldsymbol{q} = \boldsymbol{0} \tag{11-1}$$

由上式可知,若

$$k_K = k_\omega^2 k_m = k_\rho k_V^2 k_b k_A \tag{11-2}$$

则模型与实物具有相同的颤振方程。由上式看到,必须有 $k_g = 1$。同时若模型和实物有相同的马赫数 Ma、雷诺数 Re、比热比 γ、重力参数 V/gb、减缩频率 $b\omega/V$、相似的空气动力外形和振动模态,则 $k_A = 1$。在上述前提下,由式(11-2)可得

$$k_K = k_\omega^2 k_m = k_\rho k_V^2 k_b \tag{11-3}$$

考虑到减缩频率相同,$k_b \cdot k_\omega / k_V = 1$,质量比

$$k_m = k_\rho k_b^3 \tag{11-4}$$

刚度比

$$k_K = k_\rho k_V^2 k_b \tag{11-5}$$

对于低速风洞颤振试验模型,由于没有马赫数效应及低速风洞的风速可变,故密度不变。所以其基本比例尺可选择如下。

(1) 长度比

原则上是根据风洞尺寸尽量取大。但应注意重力效应,即 k_V 太小、k_b 太大时模型自重会导致过大变形。故长度比要与速度比协调。

(2) 速度比

按预计实物颤振速度和可用风洞速度来确定。通常取风洞速度范围的中间值。

(3) 密度比

按与要模拟的实物飞行高度所对应的大气密度和风洞工作密度确定。空气密度通常认为是不变的常数。值得注意的是,开始预计模型颤振动压 q_F 时所用的密度 ρ 往往对应于某个飞行高度,它一般不会等于在风洞中达到 q_F 时的密度 ρ_{F_0}。当密度效应明显时,风洞试验中的颤

振动压就严重偏离预计值。

对于高速风洞颤振试验模型，首选的 3 个基本比例尺是：长度、密度及动压。长度比按风洞实验段与实物尺寸来定。密度比按风洞中空气密度及实物飞行状态下的空气密度来定。动压比是根据风洞前驻点压力 p_0 可达到的极限与实物估算出的颤振动压来定。

高速风洞颤振试验比低速风洞颤振试验的难度要大得多，这是因为高速风洞试验段要比低速小得多，给予测试的时间短，且试验模型的强度要求比较突出。

颤振风洞试验是一项非常复杂的工作，从模型设计直到风洞试验，都包含严格的技术过程。例如：模型从加工完毕经调试后到安装在风洞内，要不断经历地面振动试验的校核；又如，全机模型在风洞中的安装及防护等，都包含重大的试验技术，它们都将直接影响试验结果的正确性。

在颤振试验中，为了正确模拟模型的运动情况及支持条件，需要专门设计满足试验要求的支持系统。在低速试验中，对于部件模型通常支持在刚架上，刚架相对于模型来说其刚度及质量要大得多，且在试验所涉及的相关颤振频率范围内，不能出现刚架的固有频率。在做全机模型试验时，一般多采用自由-自由支持，支持系统除支持模型外，还应保持模型至少具有升降、俯仰和滚转三个刚体运动自由度。在高速模型试验中，可将部件模型固支在风洞侧壁上。为减小洞壁附面层的影响，可以把机身部分的宽度适当加大。

颤振风洞试验中，模型有可能被吹坏。为了防止模型破坏对风洞造成不良影响，需在试验过程中进行安全防护。在低速模型颤振试验中要系防护线，当发生颤振时，用防护线拉住模型。对于全机模型，需在各个部件上都设置防护线。对于自由-自由模型，还要有抑制刚体运动的防护线，且应做到多组防护装置的协调一致。超声速模型试验中，颤振模型经受不了超声速时风洞启动和停车的冲击，最好的办法是在风洞的侧壁安装模型收放装置的箱体，模型放置在箱体内，待稳定的流场建立后，把模型送入试验段。模型发生颤振或关车前，应先把模型送入箱体内。总之，在试验过程中，要采取各种措施，防止模型和风洞的毁坏。

颤振模型风洞试验最为关心的问题是颤振临界条件的判断。颤振通常有爆发型及缓和型，前者用直观的方法很容易判断。而后者因为有很长一段阻尼区，模型响应虽大，但并不发散，临界条件的判断比较困难。有时把响应很大的情况定为临界点；有时把振荡开始发散的情况定为临界点，速度误差很大。这时就需要有合适的数据处理方法，来进行亚临界响应的测量分析。其方法是多种多样的，但它的发展方向是由事后分析转变为在线分析。

11.4　抖振模型的风洞试验

由于抖振的发生与气流分离、激波边界层干扰等因素相关，采用理论方法来处理抖振问题尚有很多困难，所以预测抖振响应、抖振边界等所有与抖振相关的参数，几乎都以风洞试验为基础。为了对抖振问题有一个较为全面的了解，本节将首先介绍抖振现象。

11.4.1 抖振现象

抖振是指飞机的某些部件处于紊流中受到激励而产生的随机振动。它不同于颤振，颤振是在其本身的运动引起的气动力激励下发生的，所以颤振是一种自激振动。而在抖振中，激励飞机使发生抖振的气动力与抖振本身的运动无关，所以抖振是一种强迫振动。

抖振的概念出现于 20 世纪 30 年代初，起因于一架容克 13 型商业飞机在英国的米欧发姆失事，促使英国和德国科学家对这次不寻常的事故开展了研究，从而取得了一系列关于扰动抖振的成果。他们对容克商用机的失事作了较为确切的解释：飞机以高速水平飞行时，进入了强烈的上升突风区域，致使攻角急剧增加，在机翼上形成流动分离；而处于机翼尾流中的尾翼，陷入了由于分离流动中的紊流而引起的强烈强迫振动，造成飞机失事。

抖振大体上可区分为升力型和非升力型两类。所谓升力型是指翼面攻角太大时，由于分离流的紊流激励，使机翼本身或处于机翼尾流中的尾翼产生剧烈的随机振动响应，这种现象常称为大攻角抖振。此外，在跨声速飞行范围内，由翼面激波引起分离而产生的响应，常称为激波抖振。而非升力型抖振是指因为飞机的外形突变，使升力面落入不良的气动外形物体的尾流中，常见于飞机炸弹舱门或减速板打开、起落架放下以及装置在预警机机身上的圆盘形天线罩处等。

抖振的出现会影响到飞机的使用性能，直接涉及飞机结构强度与疲劳寿命，也会涉及飞机上电子设备的正常工作，乃至影响飞行员的操纵能力和舒适度。为此，对于民航机来说，在巡航点与抖振起始边界之间必须留有一定的升力系数和马赫数裕量，这就要求必须测定出抖振边界。对于战斗机来说，特别是具有高机动性能的战斗机，经常要在超过抖振边界的状态下飞行，所以抖振响应的预测也显得很重要。

11.4.2 抖振边界的风洞试验方法

抖振试验所用的风洞模型与颤振风洞试验模型有所不同。当抖振风洞试验的目的是为了确定抖振边界时，原则上只要求模型与实物的空气动力外形相似，但通常也还要求与第 1 阶固有频率相似。为了有效地提高雷诺数，多采用半模型。实践证明，采用半模型和全模型所得到的抖振边界是相当一致的。

抖振边界的测量方法很多，诸如翼根均方根弯矩切交法、后缘压力发散法、加速度测量法以及升力线拐点法。通常认为用翼根弯矩切交法求得的抖振边界与试飞结果趋势较为一致。该法是通过在翼根上设置应变片来感受机翼根部弯矩。首先，由测试系统测出与翼根弯矩成正比的电信号的均方根值 σ；然后，在一个固定的马赫数下，画出均方根值 σ 随攻角 α 的变化曲线，如图 11-2 所示。由图可见，在小攻角区域，曲线接近于水平，翼面上没有气流分离，所测出的 σ 值是风洞本身压力脉动的响应。在攻角 α 达到一定值时，气流出现分离，发生了抖振。此后，σ 值会随着攻角的增长而迅速增加。开始迅速增长的转变点，就确定为抖振起始攻角，转变点用切线交点来确定，记为 α_B。与 α_B 相对应的全机配平升力系数就定义为抖振升力系数 C_{LB}。进一步，C_{LB} 随马赫数 Ma 的变化曲线就是模型的抖振边界线。也可以把试验获得的发生抖振时的攻角 α 和马赫数 Ma 记做一个抖振点，由一系列抖振点连成边界曲线。

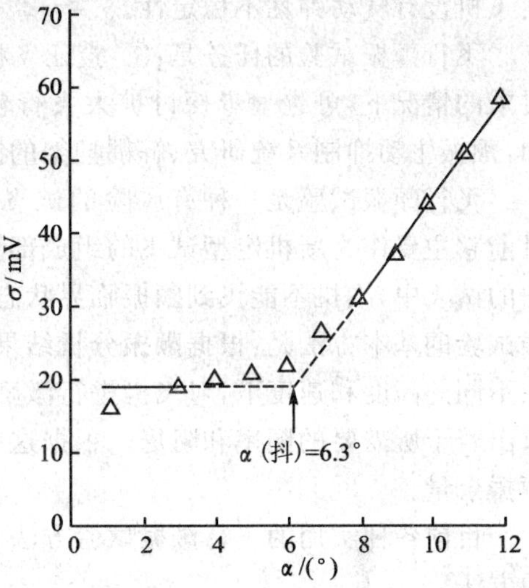

图 11-2　σ-α 曲线示意图

抖振边界几乎完全取决于气动构型。而高速范围的抖振边界对飞机性能，特别是对战斗机性能影响很大。提高抖振边界通常是采用推迟激波的发生和减弱激波、附面层干扰引起的分离等措施。在布局确定后，翼型起重要作用。现代高亚声速大型飞机，有些采用尖峰翼型，可将激波的发生推迟或减弱。此外，增大机翼后掠角会使低速范围的抖振边界降低，而高速范围的抖振边界提高。为了改善抖振边界，可以减小机翼的相对厚度，采用翼刀、前缘锯齿和人工涡流发生器等。

11.4.3　抖振载荷的风洞试验方法

除了上述抖振边界的测量以外，抖振载荷的测量也很重要。进入抖振区，由于气流分离，飞机发生强烈的振动。这种振动引起飞机承受额外的载荷，称为抖振载荷。抖振载荷在尾翼上的体现比较严重，有时可以在尾翼总载荷上增加 30%左右。而就目前的状态，预测抖振响应（或载荷）也都是以风洞试验为基础。预测抖振载荷的风洞试验模型，除了要求与实物几何相似外，还要模拟实物的第 1 阶固有频率。为了得到飞机抖振载荷，仅仅知道均方根载荷的最大值是不够的，还要知道抖振载荷的分布概率，因为它对结构强度和疲劳寿命的影响是重要的。经验表明，抖振载荷的规律近似于高斯分布。

抖振载荷的预估可以由风洞试验直接测量。在模型根部贴上应变片（或其他类型的传感器），直接测量抖振引起的弯矩，但需对均方根值进行标定，以便换算成翼根弯矩。当使用只保持外形和第 1 阶固有频率相似的模型，把模型的试验结果转化为实物的数据时，需经过换算。目前已经有很多种近似方法，可供工程应用选择。

为了正确地确定抖振响应，要求风洞有低紊流度和噪声，以免使所测抖振响应失真。

11.5　飞行颤振试验

飞行颤振试验是检验飞机设计中满足气动弹性要求的最终环节。通过飞行颤振试验以证实飞机没有气动弹性不稳定性。

飞行颤振试验的任务是:① 验证飞机设计的飞行包线范围内的气动弹性稳定性,在满足要求的情况下,可进一步探讨扩大飞行包线的可能性。② 进行与颤振相关的课题研究。例如,颤振主动抑制系统研究、解耦挂架的防颤振原理研究等。

飞行颤振试验是一种有风险的试飞科目,也是在试验技术和分析技术上很复杂的科目。目前它主要作为新机定型试飞的组成部分,用以验证新飞机的颤振余量。通常在为了这种目的的试飞中,飞机不能飞到颤振临界状态,只能在亚临界状态下进行响应测量和分析。飞行颤振试验的基本方法是:根据颤振分析结果,选定飞机所需试验的构型。对每种试验构型,分别在不同的高度和速度下,对飞机进行激励,记录飞机结构对激励的响应。通过对响应的分析,求出若干所需要的频率和阻尼。根据这些亚临界响应参数随速度和速压的变化来确定飞机的颤振余量。

目前各种实用的飞行颤振试验方法中,最根本的区别在于激励方法不同。下面介绍常用的方法。

(1) 脉冲激励

通过飞行员人工激励操纵面,或者借助于小火箭,来产生作用时间很短的脉冲激励信号,对飞行中的飞机进行激励。脉冲激励是一种比较简便的方法,它所用的设备也不复杂,进行一次试验所需的时间比较短。但要得到高信噪比的响应信号比较困难,必须依靠复杂的数据处理方法,才能得到模态频率和阻尼。

(2) 简谐激励

简谐激励可以通过电磁激励器来实现,常用的激励有稳态激励和衰减振荡两种。简谐激励的主要特点是:试验中激励频率可调,激励能量大;但试验的时间长,且试验设备也相对比较复杂。

(3) 扫描激励

利用专用的信号发生器产生一种特定信号,在一个选定的频率范围内,按一定的规律连续改变激励信号的频率,从而对飞机结构进行扫描激励。这种激励方法可以避免简谐激励费时太多的问题,但往往激励能量不能满足要求。

(4) 随机激励

利用大气紊流或机械的、空气动力的方法产生随机信号,对飞机结构进行激励,且记录结构的响应信号。利用大气紊流激励,设备简单,但它在低频范围内能量比较集中,所以比较容易激出低频模态。此外,还需要用较为复杂的参数识别技术来求得模态频率和阻尼。

飞行颤振试验研究是极具挑战性的研究领域,因为它与时间、经费及扩大新飞机的飞行包线的安全性紧密相关,所以在试飞前应编制飞行颤振试验的试飞大纲。近年来,飞行颤振试验有了很大的发展,其研究成果主要集中在三个方面:① 为了减少稳定性估计中不确定性的等级,着眼于激励装置的研究,采用了翼尖气动力激励系统,以改善气动弹性激励,而且把飞行控制系统产生的信号,设计成用来激发气动伺服弹性激励的控制面。② 在信号处理、稳定性估计和系统识别的研究上,将一系列频率、时间和小波分析技术,应用于信号处理、稳定性估计及非线性识别。③ 鲁棒颤振边界预测方法的发展,显著地减少了为要消除颤振而进行的测试项目。

近年来,鲁棒气动伺服弹性分析理论的发展,提出了 μ 分析的方法。把飞行试验和理论计算结合起来。目前研究发展的 μ 方法,既使用计算模型,也使用飞行数据,综合了两种方法的优点。这种方法使用鲁棒稳定性框架,把理论气动伺服弹性模型与一系列描述模型误差和不确定性的范数有界的算子联系起来。以结构奇异值 μ 作为多变量鲁棒稳定性测度,计算稳定裕度,这一稳定裕度在包含了模型误差后是鲁棒的,飞行数据很容易用于 μ 分析方法上,从而大大提高了试飞的质量,降低了试飞的成本。

在一些必要的情况下,和飞行颤振试验一起进行的还有另一项试验,即气动伺服弹性稳定性试验。在下列情况下,必须进行该项试验:① 新型的具有控制增稳系统的飞机;② 由于飞机的变更影响了气动伺服弹性稳定性;③ 分析表明气动伺服弹性的安全余量较低。有关这方面的经验教训,读者可参见 *AIAA/ASME/SAE 16th Structures, Structural, Dynamics and Materials Conference* 第 75～823 页。它记载了一架原型战斗机在早期飞行试验中遇到的两种不同的不稳定。

思考题

11.1　试分别考虑在本章的各项试验中,哪些是为了分析计算取得原始数据的试验,哪些是为了获取气动弹性特性的试验。

11.2　试分别考虑在本章中所列各项试验的任务和目的。

11.3　简要说明地面振动试验的结果和它在气动弹性分析上的应用价值。

11.4　试说明抖振试验的主要内容和它在抖振研究中的重要意义,并区分抖振和颤振的差异。

11.5　简述气动弹性试验在气动弹性学科研究和发展上的重要意义。

参考文献

[1] 管德主编.飞机气动弹性力学手册.北京:航空工业出版社,1994.
[2] 诸德超,陈桂彬,邹丛青.气动弹性力学.航空工业部教材编审室,1986.
[3] 管德主编.气动弹性试验.北京:北京航空学院出版社,1986.

第 12 章　气动伺服弹性(动)稳定性分析

前面各章所讲的气动弹性问题,只涉及单独飞机(不考虑控制系统影响)的弹性结构(例如机翼、操纵面等,当然,还可以推广到全机)和作用在其上的定常和非定常气动力。对于气动弹性问题,所有飞机都必须例行常规的分析和计算。由于现代飞机上普遍使用了伺服控制系统,而该系统所控制的对象正是气动弹性飞机,所以在飞机设计中,如果切断控制系统,去考虑单独飞机的气动弹性,即所谓的无控情况是不够的,还必须考虑弹性飞机与伺服控制系统相互作用下的气动弹性问题。这类问题,称为气动伺服弹性问题。本章将讲述其中最基本的内容——稳定性分析。

伺服控制系统,是指利用液压伺服系统去操纵舵面偏转运动的飞行控制系统。随着飞机的发展,伺服控制系统也在不断发展。最早只是用一种装有液压助力器的操纵系统,来带动舵面偏转;以后又增加了自动控制功能,例如自动驾驶仪和稳定系统;到了现代高性能飞机上,更进一步发展了不同功能的主动控制系统。当然,不论是哪一种飞行控制系统,其末端均为按控制信号操纵的舵面。现代飞机上,几乎所有舵面都不可能是人力操纵,而是借助于伺服操纵的,所以,飞行控制与伺服操纵通常已是不可分割的整体。基于这一事实,在分析结构与控制的耦合时,伺服传动的动力学特点是必须包括的,从而就形成了“气动伺服弹性”的命名。

本章将给出有关气动伺服弹性的基本概念、原理和方法,重点放在以飞机为对象的气动伺服弹性(动)稳定性分析(以下略去“动”字),并通过单输入/单输出系统的频域方法,阐述稳定性分析的主要内容及其过程。其中,将涉及一些新的问题,例如,由于伺服操纵而引起的复刚度(阻抗);由于飞机弹性振动通过伺服控制系统而引入的舵面反馈传递函数。本章还将对导弹的气动伺服弹性中有别于飞机的部分作出补充。

之所以选定将重点放在频域方法的稳定性分析上,有以下两方面的原因:

① 稳定性问题是诸多气动伺服弹性问题中最重要、最具普遍意义的一项,现代飞机设计或改型时,它是必不可少的内容。它和单独飞机的颤振安全有着同样重要甚至更为重要的意义。

② 经典控制理论及其频域方法是诸多理论和分析的基础,有了这一基础,就可以胜任一般的气动伺服弹性稳定性的分析,并有可能深入现代控制理论及其时域方法,进而研究更为深层的问题。

12.1　气动伺服弹性概念

12.1.1　气动伺服弹性力学的定义及分类

气动伺服弹性力学的定义可以叙述如下:它是一门涉及结构动力学、非定常气动力学以及自动控制理论的学科。在这个领域内,专门研究结构弹性力、惯性力、定常和非定常气动力(由于结构刚体运动或弹性振动引起)以及飞行控制系统之间的相互作用原理和分析技术。显然,气动伺服弹性首先是在飞行器设计中受到了关注而发展起来的。

为了进一步划分研究范围,可以用一个气动伺服弹性四面体的图形来说明,如图 12-1 所示。

图 12-1 中,四面体的一个顶角表示伺服控制系统,用字母 S 表示。底部是已经熟知的气动弹性三角形,其三个顶点分别为气动力 A,弹性力 E 和惯性力 I。根据它们是否参与来确定分类。

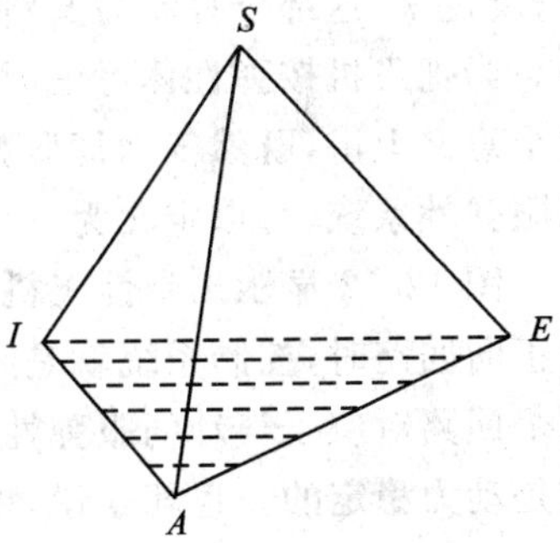

图 12-1　气动伺服弹性四面体

图 12-1 中,已知 A,E,I 三者耦合构成常规的气动弹性动力学问题;而 S,I,E 三者耦合构成伺服机械系统,由于它不考虑气动力,故是一种地面问题。以上两项都不属于气动伺服弹性的范畴。余下的还有 3 种耦合:

① S,A,I 耦合,它不考虑结构的弹性,由此构成的是气动伺服动力学,研究对象是具有伺服控制系统的刚性飞机;

② S,A,E 耦合,构成气动伺服弹性静力学问题;

③ S,A,E,I 耦合,构成气动伺服弹性动力学问题。

其中,S,A,E,I 耦合是气动弹性力学中涵盖面最广的一项,所以它在飞机气动弹性设计中具有重要意义。本章内容将只限于这一部分。

在 S,A,E,I 问题中,可以再细分一下。与单独飞机的气动弹性问题类似,根据系统上是否作用了与飞机运动无关的外部扰动,也可以分为两类。凡是不存在上述外部扰动的,称为气动伺服弹性稳定性问题;反之,就构成气动伺服弹性动响应问题,响应可以是位移或载荷。由于稳定性问题在飞机设计中是必须保证的,所以尤为重要。这类问题实质上属于伺服控制系统参与下的飞机颤振,所以也可以称为伺服颤振或有控颤振。

12.1.2　气动伺服弹性问题的形成

飞机和伺服控制系统是两大不同的系统,但它们之间却有直接的传递关系。飞机的运动信号通过传感器(例如角速度陀螺、加速度计)输入控制系统,通过控制系统产生控制信号又输入伺服操纵的舵面,引起舵面偏转 $\Delta\beta$ 并产生舵面控制力,最终回输至飞机。这可以用一个闭合的框图来说明,如图 12-2 所示。

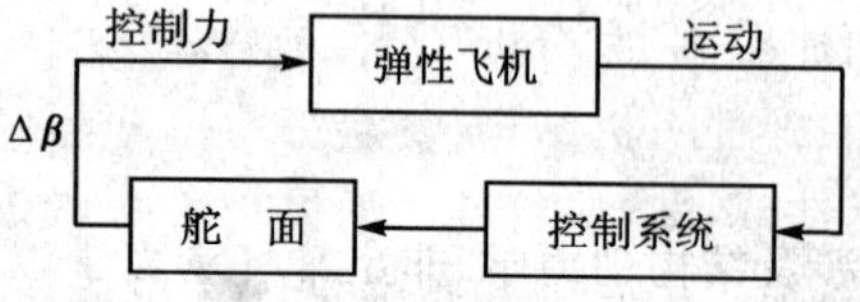

图 12-2　飞机和控制系统构成的闭合回路

假如把飞机视做刚体,这样的闭环系统必定是设计稳定的。

实际上,飞机是一个弹性体。飞机在飞行中一旦受到某种扰动而发生运动,这种运动必然包含了飞机的刚体运动和飞机结构的弹性振动。装在飞机机体上的传感器不仅接收到飞机的刚体运动信号,而且同时接收到结构弹性振动的信号。只要伺服控制的通频带能覆盖飞机的主要固有频率,那么,控制系统通过伺服传动施加于舵面的偏转 $\Delta\beta$ 中就增加了一部分频率较高的偏转运动,从而增加了一部分舵面非定常气动力和惯性力。这就是因控制系统的反馈而额外作用于飞机的控制力;反过来,这部分控制力又将影响飞机的运动,由此形成一个弹性飞机和控制系统的闭合回路。当把飞机按弹性体考虑时,图 12-2 所示的闭合回路,就是典型的气动伺服弹性系统。从这个意义上讲,既然气动伺服弹性是一个闭环系统,那么单独飞机则是开环系统。因此,气动伺服弹性系统,可以定义为一个具有反馈控制的气动弹性系统。

图 12-2 显示出弹性飞机与伺服控制系统之间是互为反馈的。当飞机作为这个闭环系统的正向回路时,控制系统就是闭环的反馈回路。当闭环不存在与飞机运动无关的外部输入时,这个回路对应于气动伺服弹性稳定性分析的状态。通常会遇到的问题是:它们各自的单独系统是动力稳定的。也就是说,单独弹性飞机不发生颤振失稳,单独伺服控制系统也是动力稳定的;而一旦形成如图 12-2 所示的闭环系统,其稳定性明显改变(更关注的是变差),有可能使原定设计的功能变差,甚至变为气动伺服弹性不稳定。这种现象揭示了飞机结构与控制系统之间动力学耦合的严重后果。这种耦合效应不但在飞机设计中必须重视,而且在控制系统的设计中也应该放弃飞机为刚体的假设,否则将因偏离实际情况而带来损失。

由于助力器、自动驾驶仪和增稳系统等伺服控制系统的通频带较低,它们对于频率较高的信号,例如结构弹性振动频率,都有不同程度的衰减。因此,一般来说,控制与结构弹性振动的耦合效应还不至于十分严重。再加上不论是自动驾驶仪还是增稳系统,它们只能操纵舵面的较少行程,也就是"权限"较小,而"权限"小可以使耦合效应有所缓和。比较严重的情况是对于具有主动控制功能(例如放宽静稳定度、直接力控制、载荷减缓以及正在研究中的颤振主动抑制等)的伺服控制系统,它具有较高的通频带,而且"权限"也大,以至于可以操纵舵面的全行程。这些因素使得耦合效应增大,对于稳定性是个不利因素。事实上,对于具有宽频带、高权限的飞行控制系统的飞机,气动伺服弹性不稳定,往往是气动弹性设计的临界状况。一个成功的气动弹性设计必须在确切无误地防止单独飞机的气动弹性危害的同时,确保各种飞行条件下的气动伺服弹性稳定性。

12.1.3　气动伺服弹性的分析与综合

对于气动伺服弹性系统，就其设计任务而言，可以分为两种：一种是“分析”，另一种是“综合”。

首先是气动伺服弹性分析。它指的是对于已经给定的弹性飞机结构、质量分布以及伺服控制系统，检验其在规定飞行条件下的闭环气动弹性稳定性或动响应特性。如果是检验稳定性，则应确定闭环的失稳临界速度，或确定亚临界的稳定裕度。另外，还可以通过计算和实验，对系统的某些参数进行局部补偿或修改，以消除耦合或减少不利因素，从而改善闭环系统的气动弹性特性。总之，气动伺服弹性分析的目的是对给定的设计对象，包括飞机和控制进行气动伺服弹性检验；如果耦合的结果是不利的，则再作局部的改善。可见，所谓分析，通常是属于飞机设计中直接面对的、最基本的也是首要的任务，但它属于一种被动防止的设计模式。

其次是气动伺服弹性综合。它指的是对给定飞机预先设定一项或多项先进的气动弹性性能(或功能)，并以此为目标，设计一个控制律，以此作为闭环的反馈回路，从而实现预期的性能目标。当代飞机上就已经有针对某些功能设计的专门的控制律，例如放宽静稳定度、载荷减缓等；更先进的甚至还把颤振主动抑制应用于气动伺服弹性的综合之中。总之，综合的目的是在给定的性能(或功能)目标下，实现主动控制律的设计，以它与飞机组合的闭环，可以主动地排除不利的耦合，或变不利为有利。可见，所谓综合，是指飞机设计中如何借助于控制系统实现既定目标。要想目标实现得好，就要涉及各种优化理论和技术。这是以性能为目标，以控制系统为核心的主动控制的设计模式。尽管在常规的设计中它是一种“反向”命题，但在当代正在崛起的新的设计理念中，它的意义将超过“分析”而居首位。

12.2　飞机气动伺服弹性稳定性分析的特点

现代高性能飞机上舵面操纵大多数是依靠不可逆的液压伺服系统来实现的。由于这种系统几乎完全的不可逆性，从而获得了高于人力操纵的舵面旋转频率。但伺服操纵舵面的操纵刚度已不能简单地用弹簧常数来描述，它已经转化为伺服传动系统的有效刚度，这就引发了第一个新的特点——复阻抗。复阻抗是由于伺服操纵系统的动力学特性所导致的。另一个特点是气动伺服弹性系统的闭环反馈。这条反馈回路，最终以舵面上附加的偏转振动运动 $\Delta\beta$ 回输至飞机，形成对飞机附加的控制力输入。这条回路上的各个环节都有各自的动力学特点，它们以不同的动力学特性影响闭环系统的动力学耦合。

以下分别介绍其特点。

12.2.1　舵面伺服操纵系统的动力学特性

与人力操纵系统不同，伺服操纵系统是由液压助力器驱动舵面的。液压助力器的结构和工作原理可以用图 12 - 3 表示。

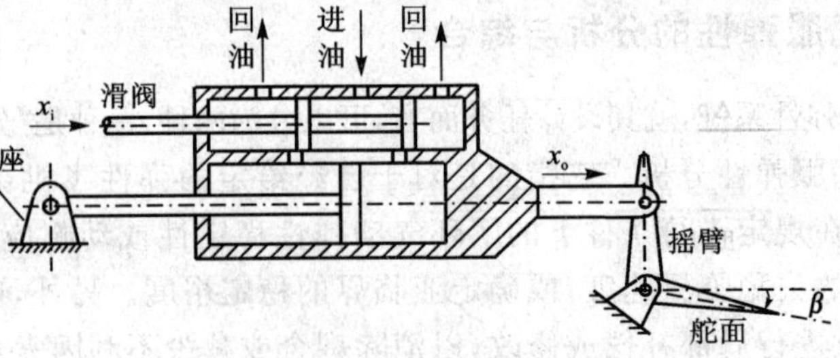

图 12-3　液压助力器示意图

助力器由作动筒本体与分油活门(滑阀)组成。助力器的意义在于由控制系统(或驾驶员)传来的微小电信号(或力信号),可以推动滑阀,开启油门,然后借助于高压油的作用,信号被转化为大的舵面铰链力矩和舵面运动。而反过来,要用外作用力或力矩去改变舵面的瞬态位置时,舵面转轴的刚度几乎是刚硬的,这种性质即为不可逆性。

假定滑阀位置不变,此时,给作动筒一个位移 x_o,高压油立即自动产生反作用力来阻止其移动。如果 x_o是一个低频的正弦运动,则这种自动伺服作用仍然能使作动筒处于静止状态。这就表现为舵面与飞机结构之间的连接变得十分刚硬,呈现出不可逆性。如果 x_o的频率增高,油门通油时间减短,则使高压油的伺服反作用力下降。随着频率增高,伺服作用不断减小,直至某个频率上限,助力器伺服作用变为零。这时,舵面的刚度只取决于油的压缩性、活塞支持的刚度。由此可见,助力器的有效刚度是运动频率的函数,所以,它具有阻抗的特点。

同时注意到,上述伺服作用是假定滑阀位置 x_i不变的,但事实是 x_i可能受到某种激励而有变化。特别是在自动控制系统中,x_i将参与反馈回路,伺服作用或多或少会受到 x_o与 x_i之间的反馈影响。舵面复阻抗是一个受多重因素影响的动力学特性。除了理想条件下可以估计外,复阻抗的确定必须依靠实验。进一步的研究表明,复阻抗不仅与频率有关,而且与振幅、预载均有关。关于复阻抗的解析表达及实验原理见 12.3.2 小节。

12.2.2　结构反馈控制回路的动力学特性

飞机的自动控制系统(包括主动控制系统)的控制对象是一架完整的弹性飞机。它必须由传感器感受到飞机的运动。实际上,运动信号上包括了刚体和弹性体结构振动。然后,运动信号传递至自动控制系统,再经伺服器操纵助力器的滑阀,最终传递至作动筒,实现了舵面偏转运动 $\Delta\beta$,见图 12-4 中虚线所示的部分。

图 12-4 中所示的各个环节,都有各自的动力学特性。在不同的频率下,其响应都不一样,包括相频、幅频特性。这种由弹性飞机的振动到伺服机构的相互链接作用,是用传递函数来解析表达的。传递函数表示的是输入量-输出量之间的关系。在简谐条件下,它表示了系统的频率响应特性,也就是频率传递函数。图中,有一个“模态参数”方框,它把飞机运动从广义

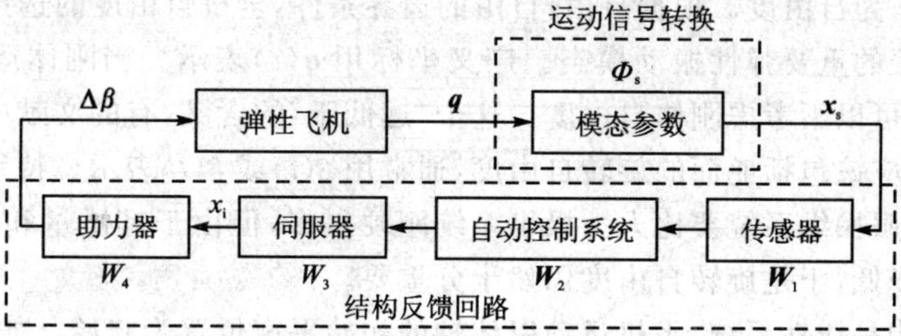

图 12-4　结构反馈控制回路

坐标 $\boldsymbol{q}$ 转化为可量测量 x_s。假定图 12-4 是飞机的纵向控制回路,控制飞机的俯仰运动,这是一个单输入/单输出系统。在这一回路中,传感器应该是接收飞机在垂直平面内的对称振动的,所以一个是位于机身的角速度传感器(陀螺),用来接受飞机的俯仰角速度 ω_z;另一个是位于机身的加速度计,用来接受飞机的垂直振动过载 n_y。在气动伺服弹性分析中,这些传感器也应该反映其动力特性,一般地,可用二阶传递函数来表示。

设传感器感受到的信号为 ω_z 和 n_y,而飞机的振动位移用广义坐标 $\boldsymbol{q}$ 和固有模态表示,则必有关系式

$$\boldsymbol{x}_s=\begin{bmatrix}\omega_z\\n_y\end{bmatrix}=\boldsymbol{\Phi}_s\boldsymbol{q} \tag{12-1}$$

式中,$\boldsymbol{\Phi}_s$表示了飞机振动的广义坐标 $\boldsymbol{q}$ 到传感器测量信号 $\boldsymbol{x}_s$之间的传递。矩阵 $\boldsymbol{\Phi}_s$称为模态参数矩阵,不难推测其元素与振动模态有关,详见 12.4 节。

在图 12-4 的各环节方框外示以传递函数的符号 $\boldsymbol{W}_1$,$\boldsymbol{W}_2$,$\boldsymbol{W}_3$和 $\boldsymbol{W}_4$,则按串联规则,可方便地得出 $\Delta\beta$ 与各环节的关系

$$\Delta\beta=\boldsymbol{W}_4\boldsymbol{W}_3\boldsymbol{W}_2\boldsymbol{W}_1x_s=\boldsymbol{W}_{\Delta\beta,x_s}\boldsymbol{x}_s \tag{12-2}$$

或

$$\boldsymbol{W}_{\Delta\beta,x_s}\boldsymbol{\Phi}_s\boldsymbol{q}=\boldsymbol{W}_{\Delta\beta,q}\boldsymbol{q} \tag{12-3}$$

式中,$\boldsymbol{W}_{\Delta\beta,x_s}$ 和 $\boldsymbol{W}_{\Delta\beta,q}$ 分别表示了 $\boldsymbol{x}_s$对 $\Delta\beta$ 以及 $\boldsymbol{q}$ 对 $\Delta\beta$ 的传递函数矩阵。

12.3　气动伺服弹性运动方程的建立

12.3.1　自由度和运动方程

在气动伺服弹性及其稳定性的分析中,对于飞机运动,首先要建立运动方程。方程是以全机为对象,这一点不同于以往以部件为对象的情况。全机运动的支持条件是自由-自由状态,所以它还会有刚体运动。

飞机是一个弹性体,严格来说,具有无穷多个自由度;为了要把它减少为有限个自由度,必

须采用广义坐标作为自由度。根据自由-自由的边界条件,全机自由度的选择应包括飞机的刚体运动和参与颤振的重要弹性振动模态。广义坐标用 $\boldsymbol{q}(t)$ 表示。当刚体运动频率远低于弹性固有频率时,也可以不考虑刚体自由度。这个"远低于"的含义,有的文献中提的是相差两个倍频程,一般地还应该包括舵面的旋转自由度,通常用 $\beta(t)$ 或 $\delta(t)$ 表示。特别是对于有全动尾翼的情况,尽管伺服操纵系统要比人力操纵系统刚硬得多,但由于其质量和转动惯量的加大,使舵面旋转频率降低,于是旋转自由度仍然十分重要。

假设飞机结构是线性系统,飞机运动以体轴的初始平衡位置为起始。如前所述,根据假定形态法,飞机运动可以表示为广义坐标与相应模态的线性组合。不失一般性,认为系统由 n 个自由度组合,其中含有一个舵面旋转自由度,于是,飞机振动位移可以表示为

$$w(x,y,t)=\sum_{i=1}^{n-1} f_i(x,y)q_i(t)+f_\beta(x,y)\beta(t) \tag{12-4}$$

式中,$f_i(x,y)$ 表示第 i 阶飞机全机固有振动模态(即 f_i),与广义坐标 $q_i(t)$ 对应;x,y 系飞机平面坐标。通常,对于伺服操纵的飞机,在计算 f_i 时都假定用刚性体代替助力器。因为只有这样,排除了液压系统有能源输入这一事实,也只有不存在伺服作用的完全被动飞机才能考虑为基本的弹性力学系统,从而得到 f_i。

$f_\beta(x,y)$ 是舵面旋转形态(即 f_β),这里假定为刚体偏转(当然也可以是舵面弹性旋转模态),与广义坐标 $\beta(t)$ 对应。而对于这个自由度,要考虑舵面的复阻抗。复阻抗表征了舵面操纵系统的伺服作用。

考虑到本章后续各节内容的需要,运动方程将采用频域的表达式,以便于应用频域方法求解稳定性时可直接应用。列写运动方程分两部分展开:第一部分对自由度 $\boldsymbol{q}(t)$;第二部分对自由度 $\beta(t)$。注意,在气动伺服弹性系统的运动方程中,比通常的运动方程增加了控制力 $\boldsymbol{Q}$。这一控制力是由控制系统反馈而回输至飞机的舵面附加偏角 $\Delta\beta$ 所引入的。$\Delta\beta$ 不同于自由度 $\beta(t)$。

① 对于自由度 $\boldsymbol{q}(t)$,运动方程的频域表达式为矩阵方程,即

$$-\omega^2[\boldsymbol{M}_{qq}\quad \boldsymbol{M}_{q\beta}]\begin{bmatrix}\boldsymbol{q}\\ \beta\end{bmatrix}+[\boldsymbol{K}_{qq}\quad 0]\begin{bmatrix}\boldsymbol{q}\\ \beta\end{bmatrix}+\frac{1}{2}\rho V^2[\boldsymbol{A}_{qq}\quad \boldsymbol{A}_{q\beta}]\begin{bmatrix}\boldsymbol{q}\\ \beta\end{bmatrix}=\boldsymbol{Q}_{q,\Delta\beta}+\boldsymbol{P}_q \tag{12-5}$$

式中,$\boldsymbol{M},\boldsymbol{K},\boldsymbol{A}$ 分别是飞机的广义质量、广义刚度和广义非定常气动力矩阵。显然,$\boldsymbol{K}_{q\beta}$ 应为零列阵。

$\boldsymbol{Q}_{q,\Delta\beta}$ 是因附加偏转 $\Delta\beta$ 引起的对应于广义坐标 $\boldsymbol{q}(t)$ 的控制力列阵,反映了伺服控制系统的反馈作用。它由舵面广义质量和广义气动力组成,即

$$\boldsymbol{Q}_{q,\Delta\beta}=\omega^2\boldsymbol{M}_{q,\Delta\beta}\Delta\beta-\frac{1}{2}\rho V^2\boldsymbol{A}_{q,\Delta\beta}\Delta\beta \tag{12-6}$$

$\boldsymbol{P}_q$ 是对应于广义坐标 $\boldsymbol{q}(t)$ 的与运动无关的广义外力列阵,显然,对于气动伺服弹性稳定性问题,$\boldsymbol{P}_q$ 为零。

由此可以得出，求解气动伺服弹性稳定性问题时，对于广义坐标 $\boldsymbol{q}(t)$，运动方程的频域表达式为矩阵方程组，即

$$\left[-\omega^2[\boldsymbol{M}_{qq}\quad \boldsymbol{M}_{q\beta}]+[\boldsymbol{K}_{qq}\quad \boldsymbol{0}]+\frac{1}{2}\rho V^2[\boldsymbol{A}_{qq}\quad \boldsymbol{A}_{q\beta}]\right]\begin{bmatrix}\boldsymbol{q}\\ \beta\end{bmatrix}=\boldsymbol{Q}_{q,\Delta\beta} \tag{12-7}$$

当上式中 $\boldsymbol{Q}_{q,\Delta\beta}$ 为零时，问题转化为单独飞机的开环状态。式中矩阵 $\boldsymbol{M}_{qq}$ 的元素（用离散形式）为（参见 8.1 节）

$$M_{ij}=\boldsymbol{f}_i^{\mathrm{T}}\boldsymbol{M}\boldsymbol{f}_j=\begin{cases}M_{ii} & (i=j)\\ 0 & (i\neq j)\end{cases}\qquad (i,j=1,2,\cdots,n-1) \tag{12-8}$$

列阵 $\boldsymbol{M}_{q\beta}$ 的元素（用离散形式）为

$$M_{i\beta}=\boldsymbol{f}_i^{\mathrm{T}}\boldsymbol{M}\boldsymbol{f}_\beta\qquad (i=1,2,\cdots,n-1) \tag{12-9}$$

广义气动力矩阵 $\boldsymbol{A}_{qq}$ 和列阵 $\boldsymbol{A}_{q\beta}$ 的元素取决于所选非定常气动力理论。以常用的偶极子格网法为例，参见 8.2 节，则有

$$A_{ij}=\boldsymbol{f}_i\Delta\boldsymbol{S}\boldsymbol{D}^{-1}\left(\boldsymbol{f}'_j+\mathrm{i}\,\frac{\omega}{V}\boldsymbol{f}_j\right)\qquad (i,j=1,2,\cdots,n-1) \tag{12-10}$$

以及

$$A_{i\beta}=\boldsymbol{f}_i\Delta\boldsymbol{S}\boldsymbol{D}^{-1}\left(\boldsymbol{f}'_\beta+\mathrm{i}\,\frac{\omega}{V}\boldsymbol{f}_\beta\right)\qquad (i=1,2,\cdots,n-1) \tag{12-11}$$

式中，$\boldsymbol{f}'$ 表示 $\boldsymbol{f}$ 对 x 的偏导，$\Delta\boldsymbol{S}$ 为对角阵。同理，可以得到式(12-6)中 $\boldsymbol{M}_{q,\Delta\beta}$ 和 $\boldsymbol{A}_{q,\Delta\beta}$ 的类似形式。

② 对于自由度 $\beta(t)$，由于列写运动方程时，将出现由复阻抗形式表示的舵面操纵刚度，所以，要根据助力器的具体形式来确定。

这里以一种典型形式作为示例，选用图 12-5 所示的直线运动的液压助力器，且分油活门（滑阀）与作动筒是连为一体的。图中显示了各位置处的位移 x 和各部分的弹性等效刚度。x_{i} 为分油活门的位移，x_{i} 与 x_{o} 的相对运动决定了油门的开启程度。x_m 反映了舵面偏转，它与舵面偏角 β 的关系式是由摇臂等效长度 μ 确定的，即有

$$x_m=\mu\beta \tag{12-12}$$

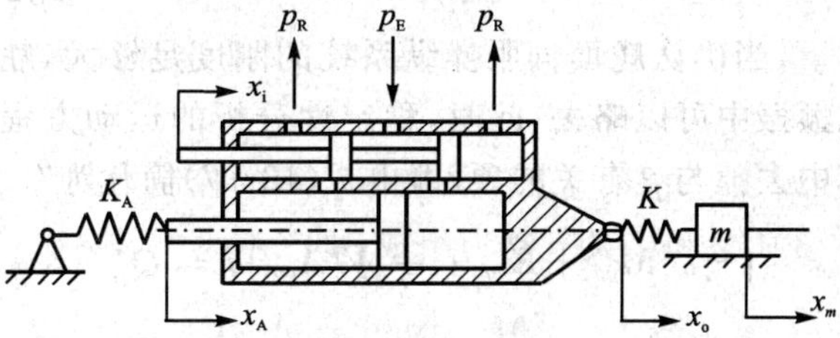

图 12-5 直线运动助力器示意图

从而，对于单一舵面偏转自由度的运动方程，其频域表达式为单一方程

$$-\omega^2[\boldsymbol{M}_{\beta q} \quad M_{\beta\beta}]\begin{bmatrix}\boldsymbol{q}\\ \beta\end{bmatrix}+K(x_m-x_o)\mu+\frac{1}{2}\rho V^2[\boldsymbol{A}_{\beta q} \quad A_{\beta\beta}]\begin{bmatrix}\boldsymbol{q}\\ \beta\end{bmatrix}=\boldsymbol{Q}_{\beta,\Delta\beta}+\boldsymbol{F}_\beta \tag{12-13}$$

式中，$K(x_m-x_o)\mu$ 表征了舵面旋转复阻抗项，K，x_m，x_o的含意见图 12-5，μ 为摇臂有效长度；$\boldsymbol{M}_{\beta q}$，$M_{\beta\beta}$分别为广义质量；$\boldsymbol{A}_{\beta q}$，$A_{\beta\beta}$分别为广义非定常气动力；$Q_{\beta,\Delta\beta}$是因控制系统反馈至舵面的 $\Delta\beta$ 而附加于飞机的对应于广义坐标 β 的控制力，由广义质量力和气动力组成，即

$$Q_{\beta,\Delta\beta}=\omega^2 M_{\beta,\Delta\beta}\Delta\beta-\frac{1}{2}\rho V^2 A_{\beta,\Delta\beta}\Delta\beta \tag{12-14}$$

$\boldsymbol{F}_\beta$是与运动无关的对应于广义坐标 β 的广义外力。同样，在稳定性问题中，$\boldsymbol{F}_\beta$项为零。

由此可以得出，求解气动伺服弹性稳定性问题时，对于自由度 β，运动方程的频域表达式为

$$\left[-\omega^2[\boldsymbol{M}_{\beta q} \quad M_{\beta\beta}]+\frac{1}{2}\rho V^2[\boldsymbol{A}_{\beta q} \quad A_{\beta\beta}]\right]\begin{bmatrix}\boldsymbol{q}\\ \beta\end{bmatrix}+K(x_m-x_o)\mu=Q_{\beta,\Delta\beta} \tag{12-15}$$

式中，当 $Q_{\beta,\Delta\beta}$为零时，问题转化为单独飞机的开环情况。

式中行阵 $\boldsymbol{M}_{\beta q}$为式(12-9)的转置。其元素为

$$M_{\beta j}=\boldsymbol{f}_\beta^{\mathrm{T}}\boldsymbol{M}\boldsymbol{f}_i \qquad (j=1,2,\cdots,n-1) \tag{12-16}$$

元素 $M_{\beta\beta}$为

$$M_{\beta\beta}=\boldsymbol{f}_\beta^{\mathrm{T}}\boldsymbol{M}\boldsymbol{f}_\beta \tag{12-17}$$

广义气动力行阵 $\boldsymbol{A}_{\beta q}$和单一元素 $A_{\beta\beta}$取决于所选非定常气动力理论，以常用的偶极子格网法为例，则有

$$A_{\beta j}=\boldsymbol{f}_\beta\cdot\Delta\boldsymbol{S}\cdot\boldsymbol{D}^{-1}\left(\boldsymbol{f}'_j+\mathrm{i}\,\frac{\omega}{V}\boldsymbol{f}_j\right) \qquad (j=1,2,\cdots,n-1) \tag{12-18}$$

$$A_{\beta\beta}=\boldsymbol{f}_\beta\cdot\Delta\boldsymbol{S}\cdot\boldsymbol{D}^{-1}\left(\boldsymbol{f}'_\beta+\mathrm{i}\,\frac{\omega}{V}\boldsymbol{f}_\beta\right) \tag{12-19}$$

同理，还可以得出式(12-14)中 $M_{\beta,\Delta\beta}$和 $A_{\beta,\Delta\beta}$的表达式。

联立方程(12-7)和方程(12-15)，即为考虑舵面偏转自由度情况下的气动伺服弹性稳定性分析的运动方程。

在某些特定的条件下，当确认舵面伺服操纵系统的刚度足够大，舵面旋转频率很高时，舵面偏转自由度 β 在全机颤振中可以略去，此时，稳定性分析的运动方程中去掉式(12-15)，只保留式(12-7)，并在其中去掉与 β 有关的项，即由式(12-7)简化为

$$\left(-\omega^2\boldsymbol{M}_{qq}+\boldsymbol{K}_{qq}+\frac{1}{2}\rho V^2\boldsymbol{A}_{qq}\right)\boldsymbol{q}=Q_{q,\Delta\beta} \tag{12-20}$$

12.3.2 复阻抗

式(12-13)中，考虑到舵面伺服操纵的刚度，按图 12-5 所示的助力器形式，引入了舵面

旋转有效刚度——复阻抗项 $\mu K(x_m - x_o)$。

复阻抗是由于液压伺服操纵而呈现的动力学特性，它受到很多实际因素的牵制，所以，必须进行实验。作为一个示例，图 12-5 中展示的是作直线运动的助力器，而且分油活门和作动筒做成一体。在这些前提下，对助力器复阻抗可作以下分析。

在线性假设下，对于助力器有下列方程：

平衡方程为

$$A\Delta p + K(x_m - x_o) = 0 \tag{12-21}$$

$$A\Delta p + K_A x_A = 0 \tag{12-22}$$

流量方程和连续方程为

$$Q = C_e e - C_p \Delta p \tag{12-23}$$

$$A(\dot{x}_o - \dot{x}_A) + \frac{V_1}{4N}\Delta\dot{p} = C_e e - C_p \Delta p \tag{12-24}$$

分油活门开启度为

$$e = n(x_i - x_o) \tag{12-25}$$

式中　A——助力器活塞面积；

Δp——进油和回油的液压差；

Q——流量；

C_e, C_p——流量系数；

V_1——助力器工作体积；

N——流体弹性模量；

e——分油活门开启度；

n——$x-e$ 的传递比。

其他符号参见图 12-5。

联立式(12-21)～式(12-25)，并代入简谐振动条件，则可得到 x_o，x_m 和 x_i 之间有以下关系式：

$$x_o = \frac{K\Delta_1}{K\Delta_1 + A(C_e n + \mathrm{i}\omega A)}x_m + \frac{AC_e n}{K\Delta_1 + A(C_e n + \mathrm{i}\omega A)}x_i \tag{12-26}$$

式中

$$\Delta_1 = \frac{\mathrm{i}\omega V_1}{4N} + \frac{\mathrm{i}\omega A^2}{K_A} + C_p \tag{12-27}$$

注意，x_m 与舵面偏角 β 有关系式(12-12)，于是有

$$K(x_m - x_o)\mu = K\mu^2\left[\frac{A(C_e n + \mathrm{i}\omega A)}{K\Delta_1 + A(C_e n + \mathrm{i}\omega A)}\beta - \frac{1}{\mu}\cdot\frac{AC_e n}{K\Delta_1 + A(C_e n + \mathrm{i}\omega A)}x_i\right] =$$

$$\mu^2 K_{\beta\beta}\beta + \mu H_{Fx_i} x_i \tag{12-28}$$

式中

$$K_{\beta\beta}=\frac{A(C_en+\mathrm{i}\omega A)}{\dfrac{\mathrm{i}\omega V_1}{4N}+C_p+\dfrac{\mathrm{i}\omega A^2}{K_{\mathrm{A}}}+\dfrac{A}{K}(C_en+\mathrm{i}\omega A)} \tag{12-29}$$

$$H_{Fx_{\mathrm{i}}}=-\frac{AC_en}{\dfrac{\mathrm{i}\omega V_1}{4N}+C_p+\dfrac{\mathrm{i}\omega A^2}{K_{\mathrm{A}}}+\dfrac{A}{K}(C_en+\mathrm{i}\omega A)} \tag{12-30}$$

式中,$K_{\beta\beta}$称为助力器复阻抗。它反映了当分油活门保持不动时,助力器对舵面旋转自由度β的有效刚度。从式(12-29)可见,它是频率ω的函数,又称复刚度。$H_{Fx_{\mathrm{i}}}$称为助力器的传递特性。它反映了分油活门的运动x_{i}对舵面旋转产生的作用。由式(12-30)可见,$H_{Fx_{\mathrm{i}}}$也随频率而变化。有了以上认识,就不难从中得出测量复阻抗的实验装置。在图12-6所示的实验装置中,固定x_{i},测出$\bar{F}/x_m$,即为$K_{\beta\beta}$;在图12-7所示的实验装置中,固定x_m,测出$\bar{F}/x_{\mathrm{i}}$,即为$H_{Fx_{\mathrm{i}}}$。

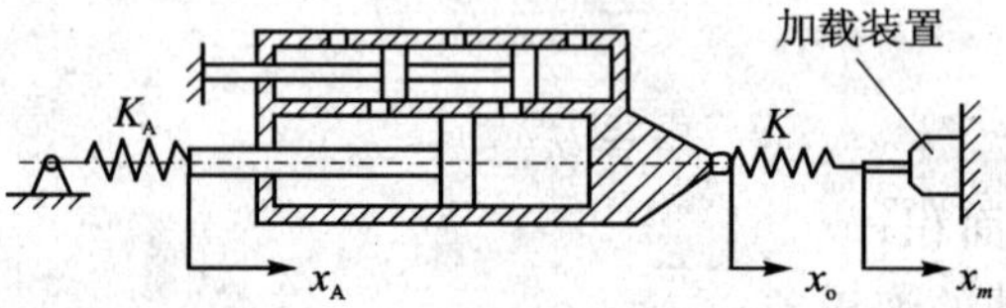

图12-6　$\bar{F}/x_m$ 测量的实验原理

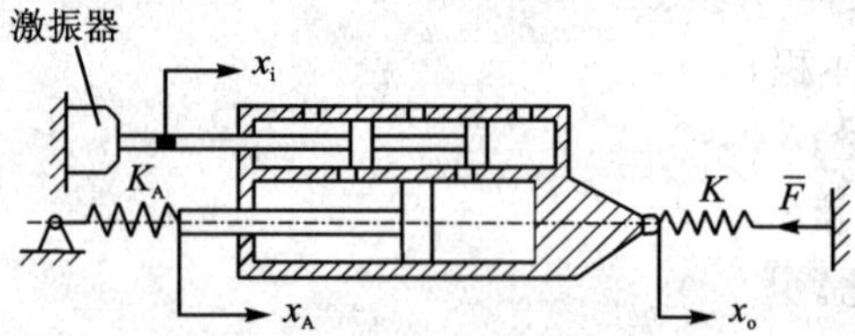

图12-7　$\bar{F}/x_{\mathrm{i}}$ 测量的实验原理

这里,还要提到另一种助力器的形式。其主要不同点在于分油活门与作动筒不在一体上,或是直接可以控制油门开启程度的情况,亦即e与x_{o},x_{i}无关。此时,已无需关系式(12-25),于是有

$$x_{\mathrm{o}}=\frac{K\Delta_1}{K\Delta_1+\mathrm{i}\omega A^2}x_m+\frac{AC_e}{K\Delta_1+\mathrm{i}\omega A^2}e \tag{12-31}$$

式中,Δ_1见式(12-27)。

由此得出

$$K\mu(x_m-x_{\mathrm{o}})=K\mu^2\left(\frac{\mathrm{i}\omega A^2}{K\Delta_1+\mathrm{i}\omega A^2}\beta-\frac{1}{\mu}\cdot\frac{AC_e}{K\Delta_1+\mathrm{i}\omega A^2}e\right)=$$

$$\mu^2K_{\beta\beta}\beta+\mu H_{Fe}e \tag{12-32}$$

式中

$$K_{\beta\beta}=\frac{\mathrm{i}\omega A^2}{\frac{\mathrm{i}\omega V_1}{4N}+C_p+\frac{\mathrm{i}\omega A^2}{K_A}+\frac{\mathrm{i}\omega A^2}{K}} \tag{12-33}$$

$$H_{Fe}=-\frac{AC_e}{\frac{\mathrm{i}\omega V_1}{4N}+C_p+\frac{\mathrm{i}\omega A^2}{K_A}+\frac{\mathrm{i}\omega A^2}{K}} \tag{12-34}$$

对于这种形式，完全可以仿照前述助力器的方式去进行实验，以测出此种形式的复阻抗和传递特性。在图 12－8 所示的实验装置中，测出 $\bar{F}/x_m$ 即为 $K_{\beta\beta}$；在图 12－9 所示的实验装置中，测出 $\bar{F}/e$，即为 H_{Fe}。

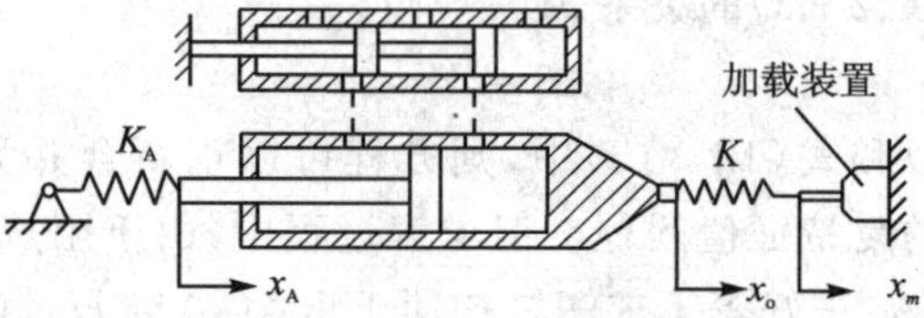

图 12－8　当分油活门与作动筒不在一体时 $\bar{F}/x_m$ 测量的实验原理

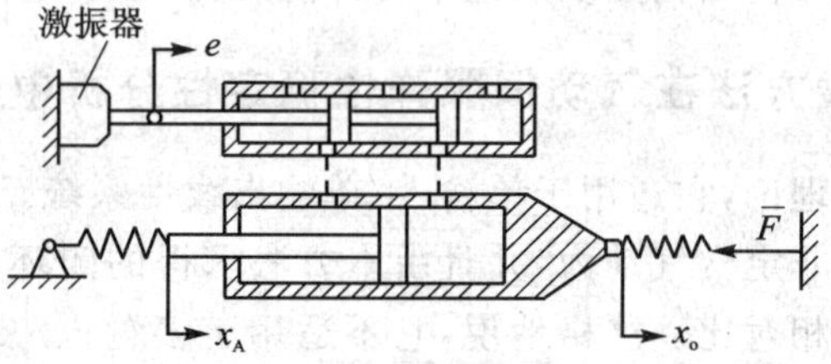

图 12－9　$\bar{F}/e$ 测量的实验原理

图 12－10 是按式(12－29)绘出的复阻抗函数 $K_{\beta\beta}(\omega)$。作为一个示例，虽然这仅仅是在线性假设、无预载的条件下的计算值，但也具有一定的参考意义。它表明了复阻抗的实部和虚部的对比，虚部在频率稍高时比实部要小很多。在低频段，不论实部、虚部，随频率变化都较快，随后的变化都趋于平缓。可以认为，此时液压伺服作用趋于零。

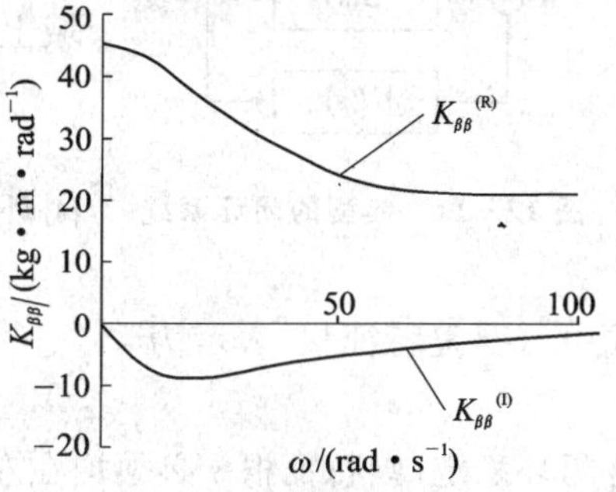

图 12－10　复阻抗函数 $K_{\beta\beta}(\omega)$

应当指出，复阻抗是必须通过实验来确定的。本节关于复阻抗的公式，也只是有助于分析、认识其动力学特性，并且为复阻抗的实验提供一个原理性的基础。

在实际飞机的例子中，也曾发现过不考虑阻抗项中与 x_i 有关的部分(即略去传递特性)，其伺服气动弹性稳定性结果变化不大的情况；甚至不考虑阻抗项的虚部，而以实刚度来计算,其结果差别也不明显。所以,对复阻抗的考虑也要具体分析。

12.4　气动伺服弹性稳定性分析的频域方法

气动伺服弹性稳定性分析中最常用的且又具有普遍适用性的方法是频域方法,特别是因为本问题的特点在于跨越了气动弹性与控制理论两个学科,所以,利用经典控制原理中的奈奎斯特方法去解决气动伺服弹性稳定性问题,更是一条顺理成章的途径。而奈奎斯特方法是一个频域方法。说到频域方法,自然会考虑到解决经典颤振问题的 $V-g$ 法和 $p-k$ 法,它们也同属频域方法。如果把式(12-3)的关系式

$$\Delta\beta = \boldsymbol{W}_{\Delta\beta,q}\boldsymbol{q}$$

代入运动方程组式(12-7)和式(12-15)中,则方程可以重新合并为广义坐标 $\boldsymbol{q}$ 的齐次方程组,从而归结为求解颤振的复特征值问题。但求解过程中,由于阻抗是频率 ω 的函数,所以只有当解得的实数颤振频率 ω_F 正好等于求解之初用于 $K_{\beta\beta}(\omega)$ 与 $H_{Fx_i}(\omega)$ 的频率 ω 时,才具有真实的物理意义。这种相容性,只有通过迭代和插值才能达成。所以比较而言,奈奎斯特方法更为直观。事实上,它已经被普遍地用于飞机的气动伺服弹性稳定性分析,并得到了实验验证,其置信度是高的。因此在飞机结构强度规范中,按此法给出了稳定裕度的指标。

12.4.1　奈奎斯特图线方法在气动伺服弹性稳定性分析中的应用

本方法源于经典控制理论,它适用于单输入/单输出线性系统。由于它是频域方法,所以,可以直接应用简谐运动的非定常气动力,并且由本方法求得的闭环系统稳定裕度可以直接与飞机结构强度规范的指标相对比。严格地说,它不适用于多输入/多输出系统,但在工程分析中,也有了一些推广应用的方法,其结果也可以应用(见 12.4.5 小节)。

本方法的基本特点是利用总的开环系统传递函数的频率响应来绘制奈奎斯特图线,并由该图线判断闭环系统的稳定性及其稳定裕度。

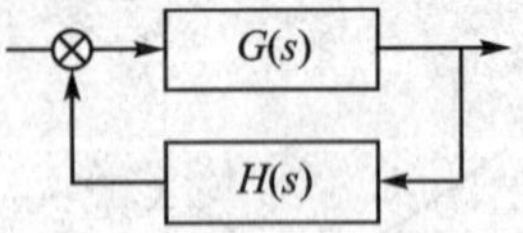

图 12-11　典型的闭环系统

一个典型的闭环系统示于图 12-11。其闭环传递函数在 s 域上为

$$W(s) = \frac{G(s)}{1+G(s)H(s)} \tag{12-35}$$

闭环特征方程为

$$1+G(s)H(s) = 0 \tag{12-36}$$

式中,s 是复特征根,表示为

$$s = \sigma + \mathrm{i}\omega$$

若闭环稳定,则特征根 s 必须均在左半 s 平面,也就是 $1+G(s)H(s)$ 在右半 s 平面无零点。

奈奎斯特稳定性判据是:为使图 12-11 所示的闭环系统稳定,则当 s 沿虚轴由 $-\infty$ 变到

$+\infty$时,总开环传递函数 $G(\mathrm{i}\omega)H(\mathrm{i}\omega)$在其复平面上的轨迹顺时针包围$(-1,\ 0)$点的圈数为

$$N_{\mathrm{r}}=Z-P=0-P=-P \tag{12-37}$$

式中,Z 是 $1+G(s)H(s)$在右半 s 平面的零点数,根据闭环稳定条件,已知为零;P 是 $G(s)H(s)$在右半 s 平面的极点数,负号表示逆时针方向。这条轨迹,称为奈奎斯特图线。

联系到气动伺服弹性稳定性分析,显然,图 12-11 中正向回路的传递函数 $G(s)$对应于单独飞机环节,反馈传递函数 $H(s)$对应于结构反馈的伺服控制系统。

在应用上述判据时,还应区别不同情况。

大多数的情况是在给定速度条件下,单独飞机是颤振稳定的,单独控制系统也是稳定的,而在组成闭环后对稳定性进行检验。此时,分析的前提是开环稳定,即有 $P=0$。若同时要保持气动伺服弹性闭环稳定,即满足 $Z=0$,则由式(12-37),有

$$N_{\mathrm{r}}=0$$

此式表明,总开环传递函数 $G(\mathrm{i}\omega)H(\mathrm{i}\omega)$的轨迹不包围$(-1,0)$点。显然,此时只要沿其正半虚轴($\omega=0\rightarrow\infty$)来绘制奈奎斯特图线即可。

在特殊的情况下,闭环稳定性优于开环,则需要使给定的速度条件超过单独飞机的颤振速度,然后检验闭环稳定性,这种情况也是可能遇到的。此时,分析的前提是开环不稳定,即 $P\neq0$。考虑到 $G(\mathrm{i}\omega)H(\mathrm{i}\omega)$与 $G(-\mathrm{i}\omega)H(-\mathrm{i}\omega)$对于实轴互为对称,则闭环稳定的条件为:当 $\omega=0\rightarrow\infty$时,$G(\mathrm{i}\omega)H(\mathrm{i}\omega)$在其复平面上的轨迹逆时针包围$(-1,0)$点的圈数应等于开环不稳定的分支数。

由奈奎斯特图线还可以直接得出该气动伺服弹性闭环系统的稳定裕度(详见 12.4.3 节)。

要想利用奈奎斯特方法来进行气动伺服弹性稳定性分析,就必须将单独飞机和伺服控制系统分别等效为如图 12-11 所示的传递函数 $G(s)$和 $H(s)$(实际用的是 $G(\mathrm{i}\omega)$和 $H(\mathrm{i}\omega)$),并且要预先计算单独飞机开环颤振的临界速度 V_{F0},以及确认该情况下控制系统是设计稳定的,这样才能使应用判据时有明确的前提。

12.4.2　传递函数的确定

这里主要推导的是单独飞机环节的传递函数,记做 $\boldsymbol{W}_{q,\Delta\beta}$,其下标表示以 $\Delta\beta$ 为输入、q 为输出的传递。飞机环节处于正向回路。至于传感器、伺服控制系统的传递函数应由控制设计部门给定。

根据以下的推导,将会发现由于伺服控制的舵面把复阻抗引入运动方程,使飞机环节传递函数要用 $W_{q,x_{\mathrm{i}}}$(或 $W_{q,e}$)来表示,其下标表示以 x_{i}(或 e)为输入、以 $\boldsymbol{q}$ 为输出的传递,参看图12-4。

已知运动方程组为式(12-7)和式(12-15),考虑到式(12-6)和式(12-14),则有

$$\left[-\omega^2[\boldsymbol{M}_{qq}\quad \boldsymbol{M}_{q\beta}]+[\boldsymbol{K}_{qq}\quad \boldsymbol{0}]+\frac{1}{2}\rho V^2[\boldsymbol{A}_{qq}\quad \boldsymbol{A}_{q\beta}]\right]\begin{bmatrix}\boldsymbol{q}\\ \beta\end{bmatrix}=$$

$$\left[\omega^2\boldsymbol{M}_{q,\Delta\beta}-\frac{1}{2}\rho V^2\boldsymbol{A}_{q,\Delta\beta}\right]\Delta\beta \tag{12-38}$$

和

$$\left[-\omega^2[\boldsymbol{M}_{\beta q}\quad M_{\beta\beta}]+\frac{1}{2}\rho V^2[\boldsymbol{A}_{\beta q}\quad A_{\beta\beta}]\right]\begin{bmatrix}\boldsymbol{q}\\ \beta\end{bmatrix}+K(x_m-x_o)\mu=$$

$$\left[\omega^2 M_{\beta,\Delta\beta}-\frac{1}{2}\rho V^2 A_{\beta,\Delta\beta}\right]\Delta\beta \tag{12-39}$$

式中,复阻抗项见式(12-28),它表示成β和x_i的组合(或在另一种助力器情况下,表示成β和e,见式(12-32),以下均略此说明)。同时注意到上列方程组的输入控制力的$\Delta\beta$项,可以与x_i有传递关系(参看图12-4),即

$$\Delta\beta=W_4 x_i \tag{12-40}$$

式中,W_4是助力器传递函数。

把式(12-40)代入式(12-38)和式(12-39),则有运动方程

$$\left[-\omega^2[\boldsymbol{M}_{qq}\quad \boldsymbol{M}_{q\beta}]+[\boldsymbol{K}_{qq}\quad \boldsymbol{0}]+\frac{1}{2}\rho V^2[\boldsymbol{A}_{qq}\quad \boldsymbol{A}_{q\beta}]\right]\begin{bmatrix}\boldsymbol{q}\\ \beta\end{bmatrix}=$$

$$\left[\omega^2\boldsymbol{M}_{q,\Delta\beta}-\frac{1}{2}\rho V^2\boldsymbol{A}_{q,\Delta\beta}\right]W_4 x_i \tag{12-41}$$

和

$$\left[-\omega^2[\boldsymbol{M}_{\beta q}\quad M_{\beta\beta}]+\frac{1}{2}\rho V^2[\boldsymbol{A}_{\beta q}\quad A_{\beta\beta}]\right]\begin{bmatrix}\boldsymbol{q}\\ \beta\end{bmatrix}+\mu^2 K_{\beta\beta}\beta+\mu H_{Fx_i}x_i=$$

$$\left[\omega^2 M_{\beta,\Delta\beta}-\frac{1}{2}\rho V^2 A_{\beta,\Delta\beta}\right]W_4 x_i \tag{12-42}$$

令$x_i=1$,由上列方程组式(12-41)和式(12-42),可求得单独飞机环节(用广义坐标表示)的频率响应$\boldsymbol{q}$,此即为频域传递函数(列阵),记做$\boldsymbol{W}_{q,x_i}$,亦即图12-11中的$G(s)$(此时$s=\mathrm{i}\omega$)。

还需要求得反馈回路的传递函数(行阵),记做$\boldsymbol{W}_{x_i,q}$。它表示以飞机振动广义坐标$\boldsymbol{q}$为输入,分油活门振动位移x_i为输出的传递。这里仍以图12-4为一示例。结构反馈传递函数为

$$\boldsymbol{W}_{\Delta\beta,q}(s)=W_4(s)W_3(s)\boldsymbol{W}_2(s)\boldsymbol{W}_1(s)\boldsymbol{\Phi}_s(s) \tag{12-43}$$

$$\boldsymbol{W}_{x_i,q}(s)=W_3(s)\boldsymbol{W}_2(s)\boldsymbol{W}_1(s)\boldsymbol{\Phi}_s(s) \tag{12-44}$$

式中 $\boldsymbol{W}_1,\boldsymbol{W}_2,W_3,W_4$——由控制设计部门提供,一般均表示为拉氏域($s$)形式;

W_4——助力器传递函数,一般为一阶环节;

W_3——伺服器传递函数,一般为二阶环节;

$\boldsymbol{W}_2$——自动控制和稳定系统或主动控制律等;

$\boldsymbol{W}_1$——传感器传递函数,一般为二阶(为了反映动态特性,不能用比例环节);

$\boldsymbol{\Phi}_s$——模态参数变换。

模态参数变换这一环节只是为了进行计算而设置的。因为广义坐标$\boldsymbol{q}$是不能量测的,所以要通过$\boldsymbol{\Phi}_s$使之转化为可量测的角速度或过载等。$\boldsymbol{\Phi}_s$的功能是把固有振动模态转换为角速度传感器所在位置的角速度和加速度计所在位置的过载。固有模态要对应于传感器所在部件

的模态。以飞机的纵向回路为例，传感器感受的是俯仰角速度 ω_z 和垂直过载 n_y(以机身体轴为基准)，它们安装于机身上。若机身的垂直面内弯曲振动用 $w(x,t)$ 表示，x 为机身纵轴，则有下列拉氏域(s)表达式：

$$\omega_z = 57.3\frac{\mathrm{d}}{\mathrm{d}t}\left(\frac{\partial w}{\partial x}\right) = 57.3s\left(\frac{\partial w}{\partial x}\right) \tag{12-45}$$

和

$$n_y = \frac{1}{g}\left(\frac{\mathrm{d}^2 w}{\mathrm{d}t^2}\right) = \frac{1}{g}s^2 w \tag{12-46}$$

根据式(12－1)和式(12－4)，则有

$$\begin{bmatrix}\omega_z\\ n_y\end{bmatrix} = \boldsymbol{\Phi}_{\mathrm{s}}\boldsymbol{q}$$

从而可知

$$\boldsymbol{\Phi}_{\mathrm{s}} = \begin{bmatrix}57.3s & \\ & \dfrac{s^2}{g}\end{bmatrix}\begin{bmatrix}f'^{(1)}_{\mathrm{G}} & f'^{(2)}_{\mathrm{G}} & \cdots & f'^{(n-1)}_{\mathrm{G}}\\ f^{(1)}_{\mathrm{A}} & f^{(2)}_{\mathrm{A}} & \cdots & f^{(n-1)}_{\mathrm{A}}\end{bmatrix} \tag{12-47}$$

式中　$f'^{(i)}_{\mathrm{G}}$——角速度传感器位置处第 i 阶机身模态对 x 的斜率；

$f^{(i)}_{\mathrm{A}}$——加速度传感器位置处第 i 阶机身模态。

将式(12－47)代入式(12－44)，且已知 $W_1(s)\sim W_4(s)$ 由控制部门提供，利用简谐条件 $s=\mathrm{i}\omega$，则可得频域传递函数 $\boldsymbol{W}_{x_{\mathrm{i}},q}$，亦即图 12－11 中的 $H(s)$(此时 $s=\mathrm{i}\omega$)。至此可求得总的开环传递函数 W 为

$$W = \boldsymbol{W}_{x_{\mathrm{i}},q}\boldsymbol{W}_{q,x_{\mathrm{i}}} \tag{12-48}$$

值得提出的是，若不计阻抗项中的 x_{i} 影响，则阻抗表达式(12－28)简化为

$$K(x_m - x_{\mathrm{o}})\mu \approx \mu^2 K_{\beta\beta}\beta$$

以此式代入方程组式(12－38)和式(12－39)，则可方便地解出 $\boldsymbol{W}_{q,\Delta\beta}$。对应地，将式(12－47)代入式(12－43)，即可求得 $\boldsymbol{W}_{\Delta\beta,q}$，最终，其总开环传递函数由式(12－48)改为

$$W = \boldsymbol{W}_{\Delta\beta,q}\boldsymbol{W}_{q,\Delta\beta} \tag{12-49}$$

事实上，由于在稳定性分析中，感兴趣的频率处于较高的弹性振动频率段，此时，x_{i} 的影响可能已经不重要了，所以，式(12－49)的形式是经常采用的。

甚至由于同样的原因，更进一步可假定复阻抗的虚部很小，以至于也可以略去。刚度项直接应用地面振动实验得出的实刚度，以它代替复阻抗来求解气动伺服弹性稳定性，也可得到工程上有意义的结果。这里所指的地面振动实验是将全机置于柔性支持上进行，作动筒充以油压，但传感器反馈是断开的。

以上所涉及的简化，都必须以充分的分析和长足的经验为基础，很多先期的积累是至关重要的。

12.4.3 气动伺服弹性系统稳定裕度的确定

根据 12.4.2 小节的推导,可将飞机的气动伺服弹性闭环表示为图 12-11 那样的形式,如图 12-12所示。按奈奎斯特图线法在复平面上绘制总开环的奈奎斯特图线,即可判定其稳定性。已知总开环传递函数为

$$W = \boldsymbol{W}_{x_i,q}\boldsymbol{W}_{q,x_i}$$

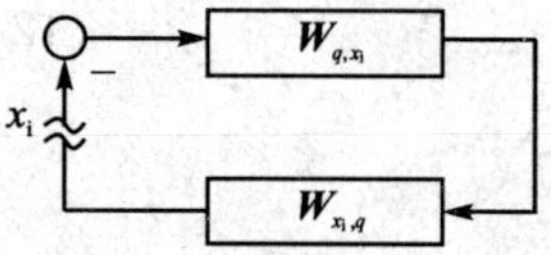

图 12-12 气动伺服弹性闭环系统

应当注意的是,在绘制前,应首先确定单独飞机的颤振速度,而且要保证飞机地面(风速 $V=0$)闭环稳定,因为地面失稳,就没有必要讨论空中的稳定性了。图 12-13 表示了某架飞机在给定的速度、高度下的奈奎斯特图线。图中的横、纵坐标分别是总开环传递函数 W 的实部和虚部。

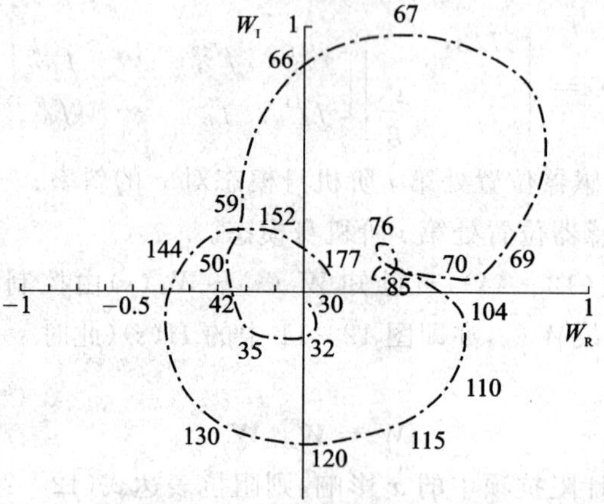

图 12-13 典型的飞机气动伺服弹性的奈奎斯特图线

由图 12-13 可见,该曲线在给定的速度、高度下没有包围(−1,0)点。它与负实轴交于0.46,即在实轴上有负穿越点(−0.46,0)。沿曲线走向,旁注了频率值。当在 130~144 之间的某一频率时,曲线与(−1, 0)点最为接近。可以预见,当给定的速度增大或系统的增益加大,使曲线扩大至恰好穿过(−1, 0)点时,则对应于临界稳定状态。

闭环稳定裕度是稳定性分析的最终结果。稳定裕度包括了幅值裕度和相位裕度。其判断方法可由曲线直接得到。通用的方法用图 12-14 表明。

令 A 点是奈奎斯特图线穿过负实轴且与(−1,0)点距离最近的点。若系统为开环稳定,则幅值裕度为

$$L = 20\log\frac{1}{|G(\mathrm{i}\omega_A)H(\mathrm{i}\omega_A)|}\,\mathrm{dB} \tag{12-50}$$

单位为分贝(dB)。ω_A是 A 点的频率。

再令 B 点是奈奎斯特图线穿过单位圆，且与负实轴的夹角最小的交点，则相位裕度为

$$\theta = -180^\circ + \angle G(\mathrm{i}\omega_B)H(\mathrm{i}\omega_B) = -180^\circ + \alpha \tag{12-51}$$

单位为度(°)。ω_B 是 B 点的频率。显然，若无交点，则说明相位裕度足够。相位裕度表示了使系统从稳定转变为不稳定所允许的相位偏移。

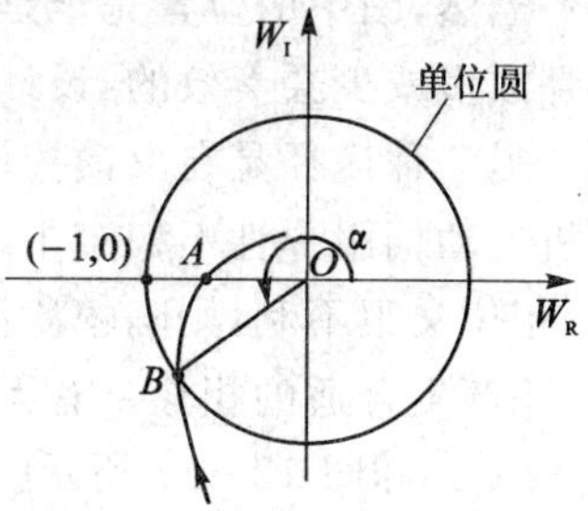

图 12-14　稳定裕度的确定

联系到图 12-13 所示的飞机，经检验其开环为稳定，所以在作气动伺服弹性稳定性的判定时，可按式(12-50)得出闭环系统的幅值裕度为

$$L = (0 - 20\log 0.46)\ \mathrm{dB} = 6.8\ \mathrm{dB}$$

曲线与单位圆无交点，说明相位裕度足够。曲线穿越负实轴时的频率以及负穿越点离(−1, 0)点的距离是人们最感兴趣的，距离变近，则幅值稳定裕度变小。若系统的增益提高 1/0.46 倍，则恰为临界状态；再继续提高，则闭环系统由稳定转入不稳定。

在“飞机结构强度规范”中，对于气动伺服弹性稳定性的稳定裕度，有明确的规定。条款规定，幅值裕度为 6 dB，相位裕度为 60°。这在气动弹性设计中是必须满足的。根据式(12-50)，不难看出，6 dB 对应于实轴上有负穿越点(−0.5,0)。

12.4.4　不利耦合的排除

事实上，假如飞机设计中没有专门关注气动伺服弹性问题，或尚未采取必需的措施，那么飞机发生气动伺服弹性不稳定并非罕见。这是因为现代飞机设计中，弹性飞机结构的振动特性与伺服控制反馈系统的动力学耦合是客观存在的。但这种耦合可以采取不同的方法去减弱，甚至排除。其基本途径可以有两种：一种是尽量减少传感器所感受到的结构反馈信号；另一种是在反馈回路中增设滤波器，对信号进行陷幅或移相。

第一种途径最直接的方法是正确设置传感器的位置，使它尽量减少感受到有关固有振型的弹性振动。例如，若某飞机发生气动伺服弹性失稳的主要因素是反馈了机身第一阶弯曲振动模态，那么，为了减少耦合，应把加速度计尽量安排在该模态的节点附近，并且把俯仰角速度陀螺尽量安置在该模态的斜率接近于零的位置，如图 12-15 所示。

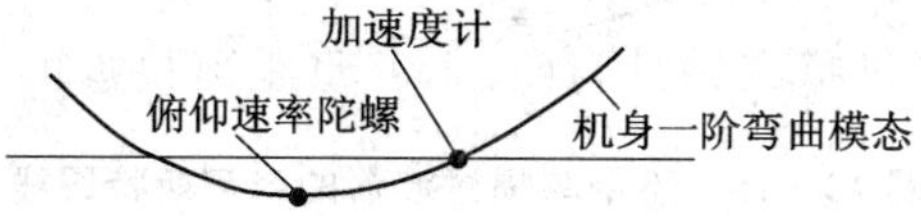

图 12-15　减少结构反馈的传感器位置示例

当然,图中的位置完全是一种理想位置,事实上,零信号的布局是难以实现的;但这种方法总是或多或少会奏效的,设计者都应该把它列为一种措施。

另一种途径是在反馈控制回路中增加结构陷幅滤波器,这是一种通用、可靠的方法。假如飞机气动伺服弹性不稳定中有某个主要的危险频率,在这个频率附近,其响应幅值有急剧升高,相位又很不利,则陷幅滤波器的作用可以使系统在危险频率附近振幅迅速变小,呈陷落状态,并产生合适的相移。有无结构陷幅滤波器在奈奎斯特图(或柏德图)上有明显的区别,如图 12-16和图 12-17 所示。以某型战斗机为例,对于同一给定速度 510 m/s,图 12-16 表示无结构陷幅滤波器时的奈奎斯特图线,负穿点为(−1.5, 0),说明闭环不稳定;图 12-17 表示的是有结构陷幅滤波器时,负穿点移至(−0.27, 0),说明闭环稳定。前者的相位裕度很小,后者则位于单位圆内,相位裕度足够。由此可见,由于陷幅滤波器的设置,使原来不稳定的气动伺服弹性系统转变为稳定的。所以设置陷幅滤波器是设计者不可缺少的措施。一般地其传递函数的形式为

$$W_{\mathrm{n}} = \frac{s^2 + 2\xi_1\omega_1 s + \omega_1^2}{s^2 + 2\xi_2\omega_2 s + \omega_2^2} \cdot \frac{\omega_2^2}{\omega_1^2}$$

式中,ω_1,ω_2 接近陷幅频率,其参数选择应保证总开环传递函数的频率响应降至有 6 dB 的稳定裕度。这种滤波器的优点是凹口的深度和宽度可以独立地调节,且其相位特性较好。

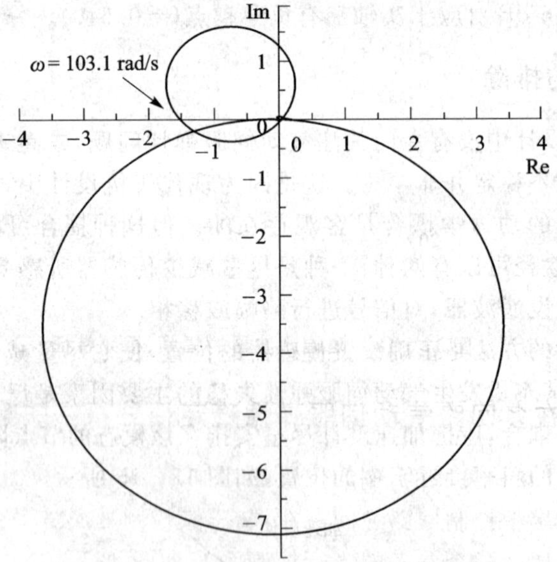

图 12-16 不带陷幅滤波器的奈奎斯特图线

图 12-18 是典型的结构陷幅滤波器的幅频、相频特性。图中的幅值用分贝表示。

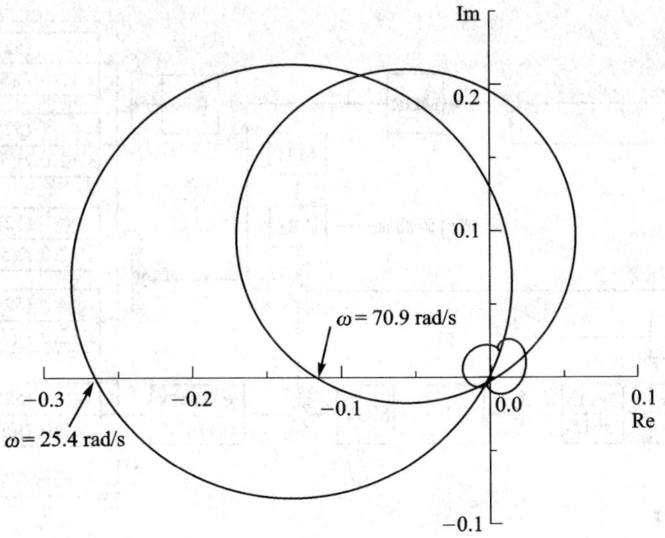

图 12-17　带有陷幅滤波器的奈奎斯特图线

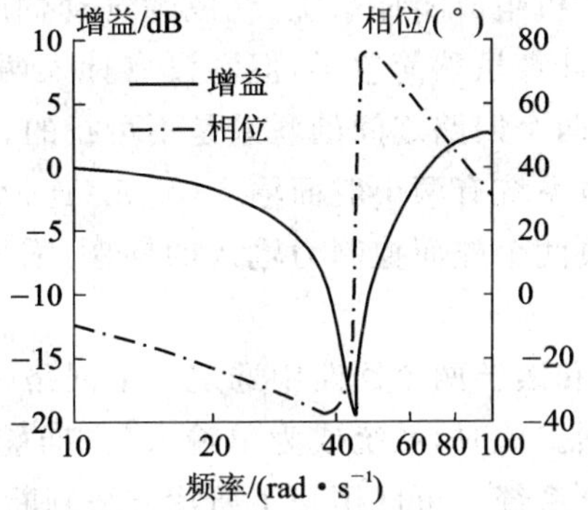

图 12-18　陷幅滤波器的幅频、相频特征

12.4.5　频域方法在多回路气动伺服弹性稳定性分析中的应用

飞机的操纵有时是互相关联的，例如飞机的偏航和滚转就是如此。因此在研究气动伺服弹性问题时，还会遇到多个控制回路之间存在耦合，其控制舵面是多个的情况，如有副翼、方向舵，甚至还有差动的平尾。一个参考的飞行控制系统如图 12-19 所示。这是一个偏航/滚转双回路系统。

图 12-19 中，偏航回路控制方向舵 δ_r，滚转回路控制副翼 δ_a 和差动平尾 δ_H（两者以 1∶0.25 为比率）。但两个回路之间是有交叉的。由于机体运动是非对称的，所以传感器量测的是侧向加速度 a_y、偏航角速度 ω_y 和滚转角速度 ω_x。

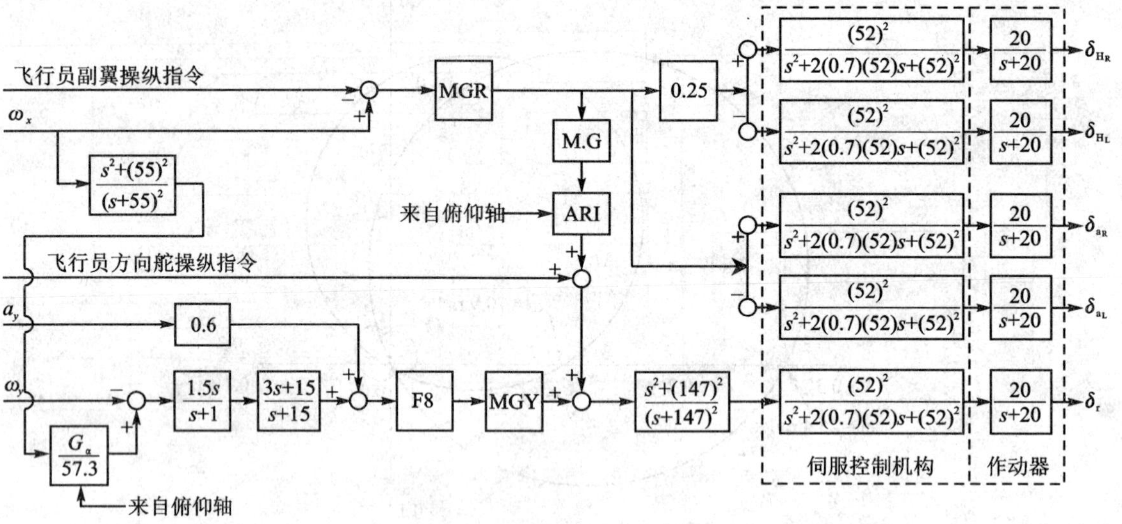

图 12-19　多回路飞行参考系统

上述双回路控制系统与飞机组成闭环系统，就成为气动伺服弹性闭环。如果把两个回路分别孤立为两个单独的回路，计算虽然简单了，但它没有计入两个回路之间的耦合影响，结果就不够可靠。所以，完全切断两个回路之间的联系是不可行的。然而，奈奎斯特方法只能适用于单输入/单输出的系统，一旦系统有两个舵面输入(δ_r，δ_a(连带 δ_H))，就出现了矛盾。为了要继续采用奈奎斯特图线法解决两个舵面控制力输入的问题，需要使原系统转化为两个单一舵面输入的问题。

其基本思路是：先在偏航和滚转两个回路中选定一个回路(例如偏航)与单独飞机闭合，而把另一个回路(例如滚转)切断。此时，系统成为单输入(方向舵 δ_r)，图 12-20 所示即为某战斗机的偏航回路与飞机的闭合系统。可以用奈奎斯特方法判断该回路的闭环稳定性。当确认该系统的稳定性后，再以这个闭环作为新一轮的“飞机”，并将另一回路(滚转)与之闭合。此时，系统仍然是单输入(副翼 δ_a(连带 δ_H))，从而可以再一次应用奈氏判据确定其稳定性。其过程使一个双回路的气动伺服弹性系统等效为相继分两步闭合的单输入/单输出气动伺服弹性系统。可以用图 12-21 来表示这一方法的过程。

在计算闭环之前，仍然要像前述一样，先要确认单独飞机是开环稳定的，即不发生颤振。当选定自由度后，可建立运动方程。由于偏航、滚转是非对称运动，所以自由度应选择主要的反对称和非对称固有振动模态，其中可包括刚体侧向移动、偏航以及滚转。

设选定广义坐标为 $\boldsymbol{q}$，在控制反馈信号下，方向舵附加偏转为 $\Delta\delta_r$，副翼附加偏转为 $\Delta\delta_a$。先按图 12-21 的左边给定的第一步分析。此时，先闭合偏航回路，于是有运动方程

$$\boldsymbol{A}\boldsymbol{q} = -\boldsymbol{A}_{\Delta\delta_r}\Delta\delta_r \tag{12-52}$$

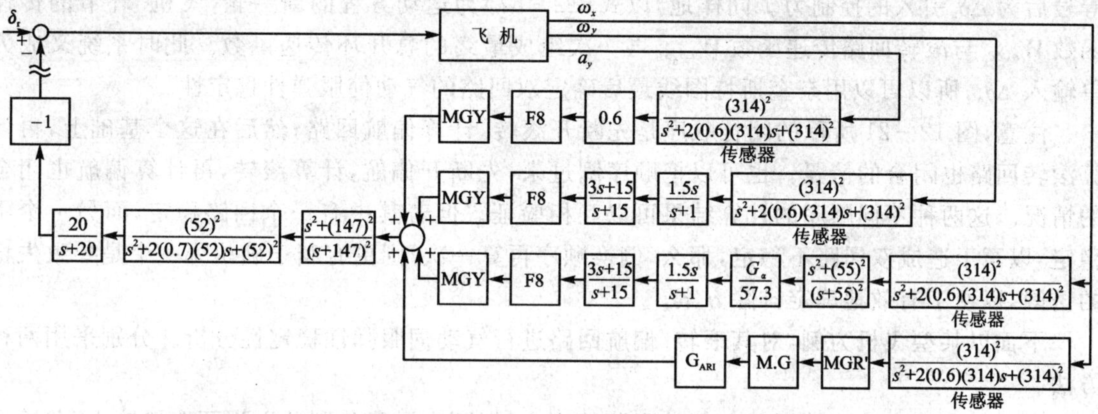

图 12-20　偏航回路与飞机闭合

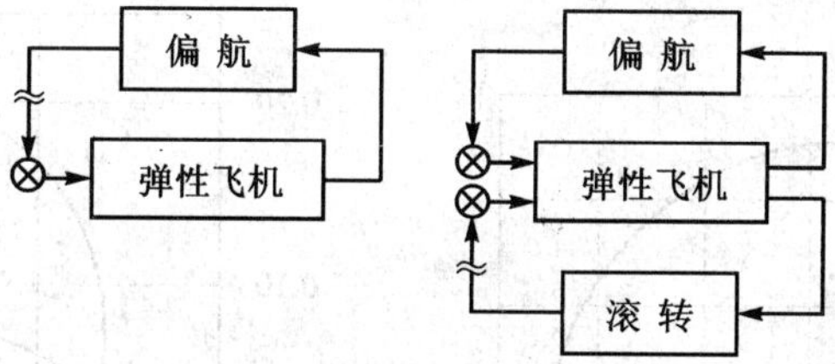

图 12-21　双回路的奈奎斯特方法示意图

式中，$\boldsymbol{A}$ 表示与 $\boldsymbol{q}$ 有关的广义质量、广义刚度和广义气动力各项之和。

如前所述，等号后为 $\Delta\delta_r$ 引起的控制力。令偏航反馈回路有关系式

$$\Delta\delta_r = \boldsymbol{W}_{\Delta\delta_r,q}\boldsymbol{q} \tag{12-53}$$

式中，$\boldsymbol{W}_{\Delta\delta_r,q}$ 是以 $\boldsymbol{q}$ 为输入、$\Delta\delta_r$ 为输出的传递函数，则式(12-52)可成为

$$\boldsymbol{A}\boldsymbol{q} = -\boldsymbol{A}_{\Delta\delta_r}\Delta\delta_r = -\boldsymbol{A}_{\Delta\delta_r}\boldsymbol{W}_{\Delta\delta_r,q}\boldsymbol{q} = -\bar{\boldsymbol{A}}_{\Delta\delta_r}\boldsymbol{q} \tag{12-54}$$

或有齐次方程

$$(\boldsymbol{A} + \bar{\boldsymbol{A}}_{\Delta\delta_r})\boldsymbol{q} = \boldsymbol{0} \tag{12-55}$$

对于以式(12-52)为运动方程的飞机环节传递函数 $\boldsymbol{W}_{q,\Delta\delta_r}$，与偏航回路传递函数 $\boldsymbol{W}_{\Delta\delta_r,q}$ 组成总开环后，就可以按奈奎斯特图线法判断第一步的分析。当该闭环用式(12-55)表示时，可以看出该闭环已形成新一轮的“飞机”。令其行列式

$$|\boldsymbol{A} + \bar{\boldsymbol{A}}_{\Delta\delta_r}| = 0 \tag{12-56}$$

即可判断新一轮“飞机”是否颤振稳定。

接下来要完成的是图 12-21 右边给定的第二步分析。此时，把新一轮的“飞机”与滚转回路闭合起来，于是有运动方程

$$(\boldsymbol{A} + \bar{\boldsymbol{A}}_{\Delta\delta_r})\boldsymbol{q} = -\boldsymbol{A}_{\Delta\delta_a}\Delta\delta_a \tag{12-57}$$

等号后为 $\Delta\delta_a$引入的控制力。同样地，以式(12－57)为运动方程的新一轮"飞机"环节的传递函数 $\boldsymbol{W}_{q,\Delta\delta_a}$ 与滚转回路传递函数 $\boldsymbol{W}_{\Delta\delta_a,q}$ 再一次组成最终的总开环传递函数。此时系统又成为单输入 $\Delta\delta_a$，所以可以用奈奎斯特图线最后确定双回路的气动伺服弹性稳定性。

注意，图 12－21 所示的闭合顺序是先断开滚转，计算偏航回路；然后在这个基础上，再计算滚转回路也闭合的情况。也可以把顺序倒过来，先断开偏航，计算滚转，再计算偏航也闭合的情况。这两种不同顺序的计算结果可以互相验证。但若其中有一个回路稳定，而另一个不稳定，以至于造成双回路不稳定，那么，倒换顺序再算一次，则更有利于确认哪一个是导致失稳的诱因，以便于有效地确定排除方案。

下面以某型飞机为例，对其滚转/偏航回路进行气动伺服弹性稳定性分析。分别采用两种方法。

方法一　不考虑滚转回路和偏航回路的耦合，把两个回路分别独立为两个单输入/单输出系统。采用奈奎斯特方法进行分析，计算结果如图 12－22 所示。

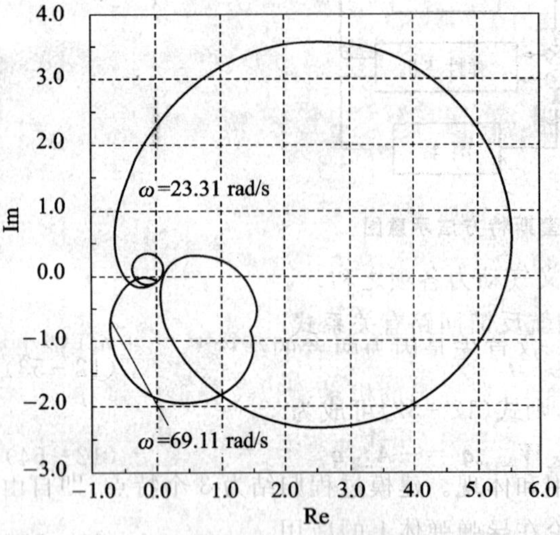

(a) 滚转回路

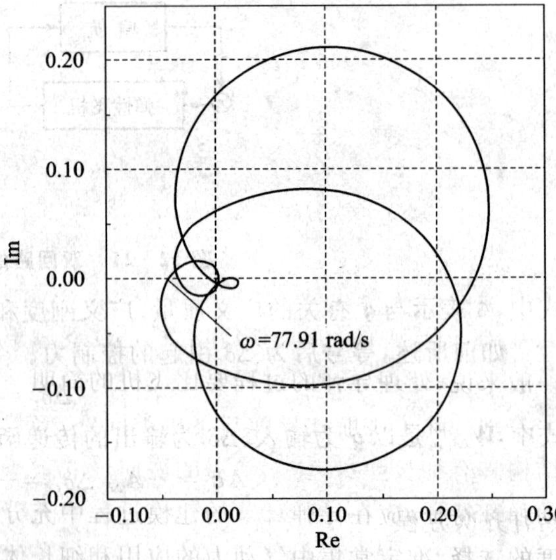

(b) 偏航回路

图 12－22　方法一得出的奈奎斯特图

方法二　考虑滚转回路和偏航回路的耦合，并按本节所述的办法(先闭合其中一个，继而闭合另一个)，将系统等效为相继分两步的单输入/单输出系统；然后再采用奈奎斯特方法进行分析，计算结果如图 12－23 所示。

对比图 12－22 与图 12－23 可以看出，对于该系统，两种方法的结果略有差别，负穿点的频率与幅值很接近。这说明两个回路的耦合很弱，影响不大。图中也显示了系统的滚转、偏航两个回路的闭环均为稳定，但滚转回路的相位裕度不足 60°，而偏航闭环稳定裕度足够。

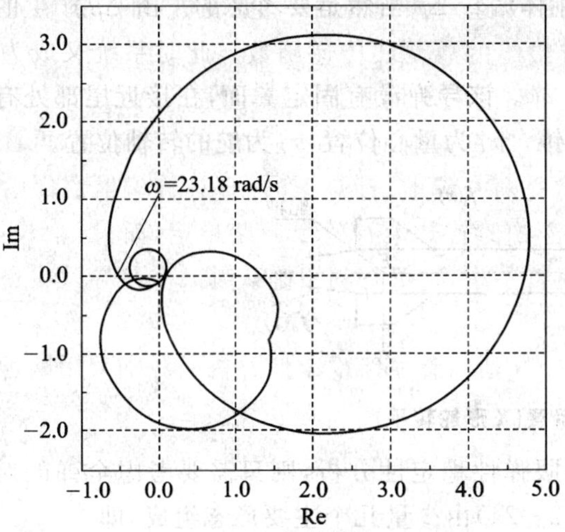

(a) 滚转回路

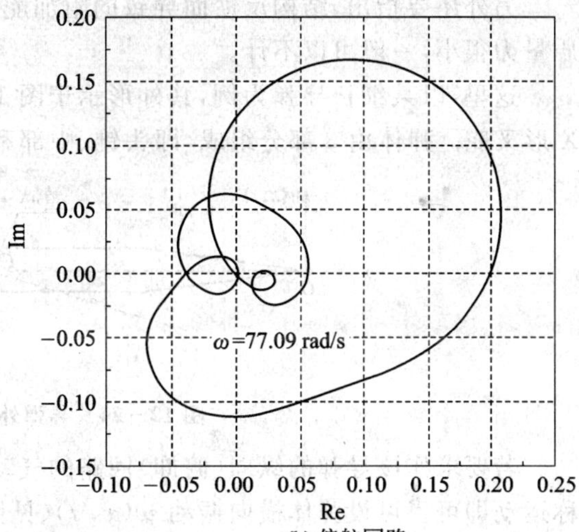

(b) 偏航回路

图 12-23　方法二得出的奈奎斯特图

12.5　导弹的气动伺服弹性稳定性分析

由本章 12.2 节～12.4 节，已经系统地阐明了气动伺服弹性稳定性分析的频域方法，但全部内容都是以飞机为依托的。本节将针对导弹来讨论这一问题。总的来说，两者有很多共同的基础，但导弹的气动伺服弹性稳定性问题也有一些特点，因此本节的重点放在这些特点上。一般来说，处理导弹的过程要比飞机的简明一些。这首先是因为两者的结构与气动布局有很大差别。除了飞航式导弹与飞机类同外，多数导弹（有翼导弹的机动型以及弹道导弹）的主体结构具有细长弹身（体）、弹翼的展向尺寸很小（甚至无弹翼）和舵面尺寸也小的特点。这些气动弹性特征，应在导弹环节的建模过程中充分利用和体现。建模过程归结为 3 个特点，即自由度的选择、准定常集中气动力的应用和细长体理论在导弹弹体上的应用。

12.5.1　自由度选择和运动方程的建立

由于导弹的弹体细长，柔度较大，故与飞机相比，除飞航导弹外，通常导弹的舵面或固定翼面都较小，相对地刚度较大。所以，在这种布局中，以升力面为主的弹性振动模态在气动伺服弹性分析中不会是主要的，一般可以略去。特别是伺服操纵的小舵面，支持刚度很大，舵面旋转频率更高，可以认为，舵面旋转自由度 $\beta(t)$ 在列写运动方程中可以不考虑。这与飞机相比，是一个重要的区别。实际上，导弹的运动方程中，通常只需要考虑全弹的弹体自由度，其中包括刚体自由度和弹体的低阶固有模态弹性自由度。

另外还要指出,结构反馈而导致的附加舵面刚体偏转 $\Delta\beta$ 当然是要考虑的。由 $\Delta\beta$ 产生的质量力很小,一般可以不计。

这里,以某细长导弹为例,其外形示于图 12-24。该导弹没有固定翼面,在接近尾部处有X形叉舵。弹体由3部分组成,即头锥、中部和尾锥。x_C 为重心位置,x_E 为舵的转轴位置。

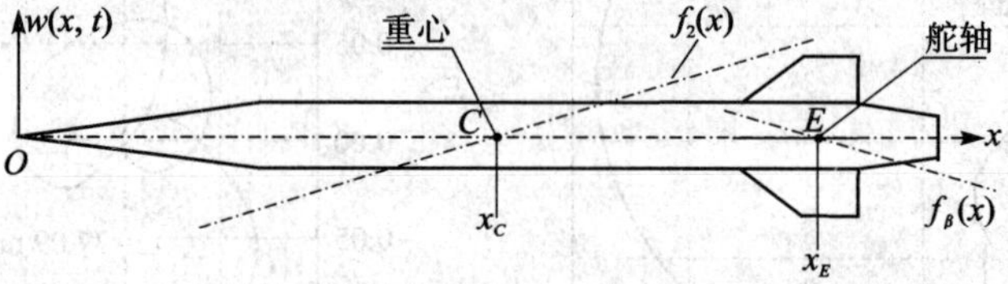

图 12-24 导弹外形示意(X形舵转平)

若要求作该导弹的纵向(俯仰)回路的气动伺服弹性稳定性分析,则只需要考虑全弹的对称运动即可。可设弹体横向振动 $w(x, t)$(见图 12-24)由少量几个主要形态组成,即

$$w(x,t) = \sum_{i=1}^{n} f_i(x) q_i(t) \tag{12-58}$$

式中 $f_1(x)$——弹体刚体平移,即沉浮模态;

$f_2(x)$——弹体绕重心刚体转动,即俯仰模态;

其余 $f_i(x)$——全弹弹体的固有弯曲模态。

还要用到的是舵面的附加刚体偏转 $\Delta\beta$ 的形态 f_β,它在确定广义控制力时是不可少的。可设

$$f_\beta(x) = \begin{cases} -(x - x_E)\dfrac{\pi}{180} & (\text{舵面处}) \\ 0 & (\text{其他处}) \end{cases} \tag{12-59}$$

选定自由度后,仿照式(12-7),则可得到导弹气动伺服弹性稳定性分析的运动方程,即

$$\boldsymbol{M}\ddot{\boldsymbol{q}} + \boldsymbol{K}\boldsymbol{q} = \boldsymbol{A}_q + \boldsymbol{Q}_{\Delta\beta} \tag{12-60}$$

式中,$\boldsymbol{M}$,$\boldsymbol{K}$ 分别为广义质量、广义刚度矩阵;$\boldsymbol{q}$ 是广义坐标列阵;有

$$\boldsymbol{M} = \mathrm{diag}\,[M_{11} \quad M_{22} \quad \cdots \quad M_{nn}] \tag{12-61}$$

M_{11} 对应于全弹质量,M_{22} 对应于全弹转动惯量;而

$$\boldsymbol{K} = \mathrm{diag}\,[0 \quad 0 \quad \cdots \quad K_{nn}] \tag{12-62}$$

$\boldsymbol{A}_q$ 为因导弹振动运动 $\boldsymbol{q}$ 引起的广义非定常气动力列阵;$\boldsymbol{Q}_{\Delta\beta}$ 为因反馈而导致的附加舵面刚体偏转 $\Delta\beta$ 引起的广义控制力列阵。

关于 $\boldsymbol{A}_q$ 和 $\boldsymbol{Q}_{\Delta\beta}$,将在下一小节中讨论。

12.5.2 广义准定常气动力 $\boldsymbol{A}_q$ 和控制力 $\boldsymbol{Q}_{\Delta\beta}$

考虑到图 12-24 导弹的构形,弹身细长,舵面很小,并且舵面在弦长方向的尺寸占弹身总

长很少。对于这种条件，把物理(相对于广义)气动力集中起来，采用作用于其压力中心上的集中力是合理的简化。在气动力理论上利用准定常理论也是合适的。

这里，采用以气动力导数为基础的准定常气动力。这些气动力导数是任何导弹都具备的风洞实验结果。

这一理论是以定常理论为基础的，并且不计气流的尾流影响。把攻角定义为来流速度与下洗速度之间的瞬时攻角 α_e。

设该导弹各部分的气动力用集中于各部分的压力中心的合力来表示，并把它们按同一 x 位置移至导弹弹体上，见图12-25。若导弹头锥、中段、尾锥气动力分别是 $Y_1, Y_2, \cdots, Y_{l-1}$，因舵面随弹身一起振动，这一攻角也会引起舵面上的气动力 Y_l(图中设 $l=4$)。此外，还有因舵偏 $\Delta\beta$ 引起的气动力 $Y_{\Delta\beta}$。因攻角 α_e引起的第 k 个集中力的升力公式为

$$Y_k = -\frac{1}{2}\rho V^2 S C_{yk}^{\alpha} \alpha_{e,k} =$$

$$-\frac{1}{2}\rho V^2 S C_{yk}^{\alpha}\left[\left(\frac{\partial w}{\partial x}\right)_k + \frac{1}{V}\left(\frac{\partial w}{\partial t}\right)_k\right]\frac{180}{\pi} \qquad (k = 1, 2, \cdots, l) \tag{12-63}$$

由于舵面附加偏角 $\Delta\beta$ 引起的升力为

$$Y_{\Delta\beta} = -\frac{1}{2}\rho V^2 S C_y^{\beta}\left(\frac{\partial w_\beta}{\partial x} + \frac{1}{V}\frac{\partial w_\beta}{\partial t}\right)\frac{180}{\pi} \tag{12-64}$$

式中，C_y^{α}，C_y^{β}分别是升力系数 C_y 对攻角 α、舵偏角 β 的偏导数，单位是 1/(°)；$w=w(x,t)$，见式(12-58)；同样

$$w_\beta = w_\beta(x,t) = f_\beta(x)\Delta\beta(t) \tag{12-65}$$

是舵面附加偏转 $\Delta\beta$ 的横向振动；S 是参考面积。

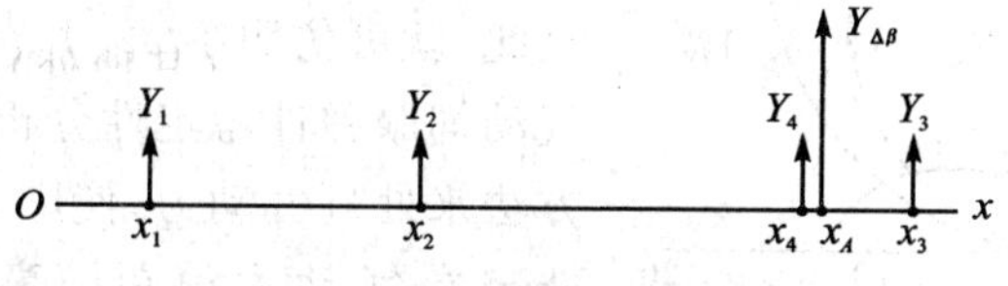

图12-25　弹体上集中力的分布

根据广义气动力定义可知，广义气动力列阵 $\boldsymbol{A}_q$为

$$\boldsymbol{A}_q = \boldsymbol{F}^{\mathrm{T}}\boldsymbol{Y} \tag{12-66}$$

式中，$\boldsymbol{F}^{\mathrm{T}}$是模态矩阵 $\boldsymbol{F}$ 的转置。$\boldsymbol{F}^{\mathrm{T}}$的第 i 行对应于各集中气动力 $Y_1 \sim Y_l$的作用点(压力中心)处的第 i 阶模态值。$\boldsymbol{Y}$ 是各个集中气动力按顺序组成的列阵，即

$$\boldsymbol{Y} = [Y_1 \quad Y_2 \quad \cdots \quad Y_l]^{\mathrm{T}}$$

由式(12-58)、式(12-63)可导出广义准定常气动力列阵为

$$\boldsymbol{A}_q = -\frac{1}{2}\rho V^2 \boldsymbol{C}\boldsymbol{q} - \frac{1}{2}\rho V \boldsymbol{B}\dot{\boldsymbol{q}} \tag{12-67}$$

式中

$$C=\frac{180}{\pi}SF^{\mathrm{T}}C_y^{\alpha}F'$$

称为气动力刚度矩阵；

$$B=\frac{180}{\pi}SF^{\mathrm{T}}C_y^{\alpha}F$$

称为气动力阻尼矩阵。

F'是模态矩阵中各元素对 x 作偏导数，C_y^{α}是各 C_{yk}^{α} 组成的对角矩阵。

同理，广义控制力列阵为

$$Q_{\Delta\beta}=-\frac{1}{2}\rho V^2 E\Delta\beta-\frac{1}{2}\rho VD\Delta\dot{\beta} \tag{12-68}$$

式中

$$E=SC_y^{\beta}F_{\beta,A}^{\mathrm{T}}$$
$$D=SC_y^{\beta}(x_A-x_E)F_{\beta,A}^{\mathrm{T}}$$

式中，$F_{\beta,A}^{\mathrm{T}}$是由 $Y_{\Delta\beta}$的压力中心 x_A处的各阶模态值组成的列阵。

将式(12-67)和式(12-68)代回式(12-60)，则得到采用准定常、集中力情况下的运动方程为

$$M\ddot{q}+Kq+\frac{1}{2}\rho V^2 Cq+\frac{1}{2}\rho VB\dot{q}=-\frac{1}{2}\rho V^2 E\Delta\beta-\frac{1}{2}\rho VD\Delta\dot{\beta} \tag{12-69}$$

由此可求得导弹环节以 $\Delta\beta$ 为输入、q 为输出的频率传递函数 $W_{q,\Delta\beta}$；同时，再由结构反馈求得 $W_{\Delta\beta,q}$。至此，就可仿照第12.4节中所述，完成频域的导弹气动伺服弹性稳定性分析。采用准定常、集中力的方法来处理气动力，使广义气动力的求解方法远比非定常气动力简单。事实表明，此法结果是实用的。

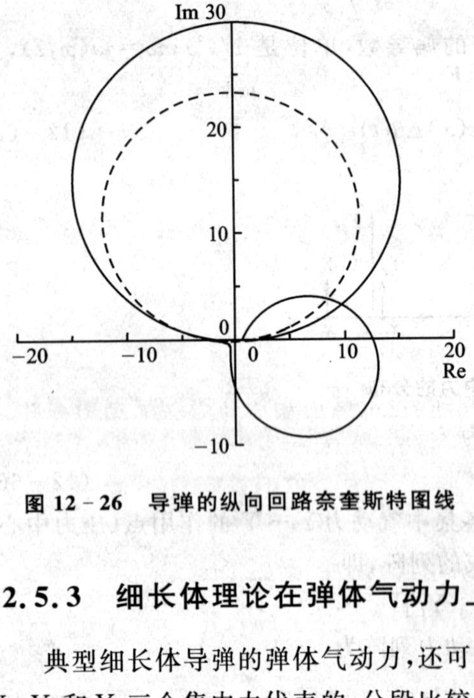

图 12-26 导弹的纵向回路奈奎斯特图线

图12-26是该导弹的纵向回路的奈奎斯特图线。图中实线部分应用了以气动力导数为基础的准定常气动力；虚线部分见12.5.3小节所述。

12.5.3 细长体理论在弹体气动力上的应用

典型细长体导弹的弹体气动力，还可以应用细长体理论。图12-25中，弹体气动力是用 Y_1,Y_2和 Y_3三个集中力代表的，分段比较少，与实际的分布气动力有些差距，所以也可以把弹体部分的气动力置换为细长体理论给出的分布非定常气动力，例如分为 m 个小段，其单位长

度上的气动力为 ΔP。当然，它只能用于细长弹体。至于舵面(因弹身攻角引起)的气动力 Y_4，则仍用准定常气动力。

此时式(10-62)中的广义气动力 A_q 由两部分叠加，即由细长弹体引起的广义气动力和除弹体外其他部分的广义气动力叠加，分别记做 $A_{q,1}$ 和 $A_{q,2}$，分述如下。

1. $\boldsymbol{A}_{q,1}$

应用细长体理论，给出单位长度气动力 ΔP，如 4.1.2 小节所述。给定弹体由前到后分为 m 段，每段段长为 $\Delta x_1 \sim \Delta x_m$，每段横剖面积取为 $S(x_1) \sim S(x_m)$。根据广义气动力定义，则有矩阵表示的弹体部分广义气动力列阵为

$$\boldsymbol{A}_{q,1} = \boldsymbol{F}^{\mathrm{T}} \Delta \boldsymbol{x} \Delta \boldsymbol{P} \tag{12-70}$$

式中，$\Delta \boldsymbol{P}$ 是 m 个段上的气动力分布列阵。利用假定模态式(12-58)，则上式可表示为如下形式：

$$\boldsymbol{A}_{q,1} = \rho V^2 \boldsymbol{C}_1 \boldsymbol{q} + \rho V \boldsymbol{B}_1 \dot{\boldsymbol{q}} \tag{12-71}$$

式中　$\boldsymbol{C}_1$——气动刚度矩阵(由细长弹体引起)，且

$$\boldsymbol{C}_1 = \boldsymbol{F}^{\mathrm{T}} \Delta \boldsymbol{x} \boldsymbol{P}_C \tag{12-72}$$

$$\boldsymbol{P}_C = \boldsymbol{P}_C(\omega^2, \boldsymbol{F}, \boldsymbol{F}', \boldsymbol{F}'', \boldsymbol{S}, \boldsymbol{S}')$$

$\boldsymbol{B}_1$——气动阻尼矩阵(由细长弹体引起)，且

$$\boldsymbol{B}_1 = \boldsymbol{F}^{\mathrm{T}} \Delta \boldsymbol{x} \boldsymbol{P}_B \tag{12-73}$$

$$\boldsymbol{P}_B = \boldsymbol{P}_B(\boldsymbol{F}, \boldsymbol{F}', \boldsymbol{S}, \boldsymbol{S}')$$

$\boldsymbol{F}$——模态矩阵；

$\boldsymbol{F}'$——$\boldsymbol{F}$ 中每个元素对 x 的偏导；

$\boldsymbol{F}''$——$\boldsymbol{F}$ 中每个元素对 x 的二次偏导；

$\Delta \boldsymbol{x}$——各分段长度组成的对角矩阵；

$\boldsymbol{S}$——各分段的弹体剖面积的对角矩阵；

$\boldsymbol{S}'$——$\boldsymbol{S}$ 中每个元素对 x 的偏导。

2. $\boldsymbol{A}_{q,2}$

仍然应用准定常理论，应用式(12-63)所示的气动力，可导出相应的广义气动力列阵，同样可表示为如下形式：

$$\boldsymbol{A}_{q,2} = -\frac{1}{2}\rho V^2 \boldsymbol{C}_2 \boldsymbol{q} - \frac{1}{2}\rho V \boldsymbol{B}_2 \dot{\boldsymbol{q}} \tag{12-74}$$

式中　$\boldsymbol{C}_2$——气动刚度矩阵(由准定常、弹体以外部分引起)；

$\boldsymbol{B}_2$——气动阻尼矩阵(由准定常、弹体以外部分引起)。

综合式(12-71)和式(12-74)，可合并为式(12-67)的形式。

$$\boldsymbol{A}_q = \boldsymbol{A}_{q,1} + \boldsymbol{A}_{q,2} = -\frac{1}{2}\rho V^2 \boldsymbol{C} \boldsymbol{q} - \frac{1}{2}\rho V \boldsymbol{B} \dot{\boldsymbol{q}} \tag{12-75}$$

由上式得到$\boldsymbol{A}_q$后,继而按12.5.2小节求出导弹环节传递函数$\boldsymbol{W}_{q,\Delta\beta}$,就不难绘制其气动伺服弹性稳定性分析的奈奎斯特图线。图12-26中虚线表示的是对12.5.2小节中的同一导弹仅仅把弹体气动力改用细长体理论计算后的奈奎斯特图线。对比图12-26中的实线和虚线,可以看出,弹体部分采用了两种不同的气动力,在结果上有一些差别。

本章阐述了频域方法的气动伺服弹性稳定性分析技术。这是气动弹性设计中的基本内容,也是气动伺服弹性研究的基础。

然而,应当指出的是,气动伺服弹性设计的意义远不止于此。从设计思想的高度来看,"分析技术"属于一种设计检验、被动防止(不良动力学耦合)的设计技术。而当今气动伺服弹性研究已发展到了"综合技术"的阶段,即立足于主动运畴,利用主动控制律来达到优良的气动弹性性能。随着理论与实验技术等方面研究的深化,正在逐步形成结构与控制整体化布局的更新设计理念。

要实现更高的设计技术,用本章所述的频域方法受到了诸多限制。因此,时域方法应运而生,受到青睐。

思考题

12.1 气动伺服弹性问题如何分类?

12.2 气动伺服弹性在飞机设计中有哪些重要意义?

12.3 气动伺服弹性不稳定与颤振有何本质上的相同与不同?

12.4 飞机气动伺服弹性稳定性分析的主要特点是什么?

12.5 伺服操纵舵面系统有何特点?试阐明复阻抗的概念。

12.6 试推导式(12-32)。

12.7 总结一下气动伺服弹性稳定性分析的频域方法的计算步骤。

12.8 推导飞机环节的传递函数。

12.9 导弹与飞机的气动伺服弹性问题有何异同?什么条件下可以采用集中力和准定常的气动力来计算导弹的气动伺服弹性问题?

12.10 评述用频域方法解决单回路和多回路气动伺服弹性稳定性问题的特点。

参考文献

[1] Lotze A, Sensburg O, Kuhn M. Flutter Investigations on a Combat Aircraft with a Command and Stability Augmentation System. Journal of Aircraft, 1977,14(4).

[2] Peloubet R P. YF-16 Active-Control-System/Structural Dynamics Interaction Instability. AIAA PAPER No. 75-823,1975.

[3] 伏欣 H W. 气动弹性力学原理. 沈克扬,译. 上海:上海科学技术文献出版社,1982.

[4] 管德主编. 飞机气动弹性力学手册. 北京:航空工业出版社,1994.

[5] 邹丛青，陈桂彬. 飞机的伺服-气动弹性稳定性，航空学报，1987，8(3).
[6] Arthurs T D, Gallagher J T. Interaction Between Control Augmentation System and Airframe Dynamics on the YF-17. AIAA PAPER No. 75-824，1975.
[7] 管德主编. 气动弹性试验. 北京：北京航空学院出版社，1986.
[8] Benun D. The Influence of Powered Controls. AGARD Manual on Aeroelasticity, Bd. 1, Kap,5, 1959.
[9] Albano E, Rodden W P. A Doublet Lallice Method for Calculating Lift Distributions on Oscillating Surfaces in Subsonic Flow. AIAA Journal, 1969，7(2).
[10] 上滝致孝，长田正，白川详充，等. 自动控制理论. 张洪钺，译. 北京：国防工业出版社，1979.
[11] 邹丛青，陈桂彬. 气动弹性力学的新分支——气动伺服弹性. 北京航空航天大学学报，1996，22(2).
[12] 邹丛青，陈桂彬. 受控系统的舵面振动. 北京航空学院科研报告，BH-B415，1978.
[13] Noll T. Aeroservoelasticity. AIAA 90-1073-CP，1990.
[14] Britt R T, Jacobson S B, Arthurs T D. Aeroservoelastic Analysis of the B-2 Bomber, Journal of Aircraft, 2000，37(5).
[15] 杨超，吴志刚. 导弹气动伺服弹性稳定性分析. 飞行力学，2000，18(4).

